# 地理学导论

## （第 14 版）

## Introduction to Geography, Fourteenth Edition

［美］Arthur Getis　Mark Bjelland　Victoria Getis　著

姜付仁　郭紫薇　等译
李玉龙　审校

电子工业出版社
**Publishing House of Electronics Industry**
北京 · BEIJING

<h1 style="text-align:center">内 容 简 介</h1>

地理学是研究地理要素或地理综合体空间分布规律、时间演变过程和区域特征的一门学科，是自然科学与人文科学的交叉，具有综合性、交叉性和区域性的特点。本书的编写目的是简要介绍地理学各领域的性质、知识及它们之间的逻辑关系。全书共 13 章，内容包括绪论、地理分析技术、自然地理学、人口地理学、人文地理学、人际互动、政治地理学、经济地理学、城市地理学、自然资源地理学、人类对环境的影响等。与上一版相比，新版关注了地理学不同领域的最新研究成果。

本书的特点是，每章提供"学习目标"并以"花絮"开篇，提供几百张全彩地图、图表和照片，提供启发学生思维的"专栏"，每章结尾提供"重要概念小结""关键术语"和"思考题"。本书可作为高等学校地理学及相关专业的学生作为地理学导论课程的教材，也可供对地理学感兴趣的读者阅读。

Arthur Getis, Mark Bjelland, Victoria Geti: Introduction to Geography, Fourteenth Edition
978–0–07–352288–3

版权贸易合同登记号　图字：01-2014-6344

图书在版编目（CIP）数据

地理学导论：第 14 版/（美）亚瑟·盖蒂斯（Arthur Getis），（美）马克·比耶兰（Mark Bjelland），（美）维多利亚·盖蒂斯（Victoria Getis）著；姜付仁等译. —北京：电子工业出版社，2019.12
书名原文：Introduction to Geography, Fourteenth Edition
ISBN 978-7-121-37670-2

I. ①地…　II. ①亚…　②马…　③维…　④姜…　III.①地理学—普及读物　IV. ①K90-49

中国版本图书馆 CIP 数据核字（2019）第 260371 号

审图号：GS（2020）1378 号

责任编辑：谭海平　　　特约编辑：李玉龙
印　　刷：北京市大天乐投资管理有限公司
装　　订：北京市大天乐投资管理有限公司
出版发行：电子工业出版社
　　　　　北京市海淀区万寿路 173 信箱　　邮编：100036
开　　本：787×1092　1/16　　印张：26.5　　字数：777 千字
版　　次：2019 年 12 月第 1 版（原著第 14 版）
印　　次：2025 年 2 月第 5 次印刷
定　　价：158.00 元（全彩）

凡所购买电子工业出版社图书有缺损问题，请向购买书店调换。若书店售缺，请与本社发行部联系，联系及邮购电话：（010）88254888，88258888。

质量投诉请发邮件至 zlts@phei.com.cn，盗版侵权举报请发邮件至 dbqq@phei.com.cn。
本书咨询联系方式：（010）88254552，tan02@phei.com.cn。

# 译 者 序

地理学源远流长。早期以古代中国和古希腊、古罗马的地理成果最为丰富，如《周易·系辞》曰："仰以观于天文，俯以察于地理，是故知幽明之故。"这是我国最早使用地理一词并涉及地理的著作。中国古代还有《尚书·禹贡》《管子·度地》《山海经》《水经注》《大唐西域记》等关于地理的著作。古代其他国家的不朽地理学著作有古希腊人斯特拉波的《地理学》、古罗马人托勒密的《地理学指南》、古阿拉伯人巴尔基的《世界气候图集》等。

指南针和罗盘等工具的使用，以及文艺复兴以来科学技术的巨大进步，大大推动了人类的地理大发现，加深了人类之间的互动，拓展了人类对地理的认识，地理学也形成了门类齐全、研究范围广泛的学科。总之，地理学的产生、演进和发展，始终与人类活动及人类风起云涌的大舞台息息相关。

本书由美国著名地理科学教授亚瑟·盖蒂斯等人编著。自从盖蒂斯教授于 1981 年出版《地理学》第 1 版以来，本书作为不同专业课程的参考书，受到了美国许多大学和研究机构的欢迎。为适应人类社会的快速发展和新技术与新理论的不断增加，作者不断修订了本书的内容。至今，该书仍是美国许多大学地理学的核心教材。我国于 2013 年引进了本书的第 11 版，即世界图书出版公司出版的《地理学与生活》（插图第 11 版），由黄润华、韩慕康和孙颖翻译。黄润华等人长期从事地理教学与地理研究，所译中文版在信达雅方面似乎略胜于英文版。本版的译者认真学习并延续了黄润华等人版本的专业风格。

第 14 版与第 11 版相比，主要有以下三个特点。一是更新了内容，二是调整了部分章节，三是更新了图片和表格。全书结构严谨，论述全面，涉及的知识面广泛。

要说明的是，书中的图形均为对应英文版中的图形。为符合出版要求，出版时对书中的部分图形进行了修正，并通过了地图审核。

参与本书翻译和审校工作的有姜付仁、郭紫薇、李玉龙、范秦军、孙峰、黄鹏鹃、沙元杰、黄涛、胡桂全、孙庆宇、廖四辉、李玉卓、康立芸、杨安妮、文爱花、唐忠辉、程恒、商峰、李韶旭、王建文、刘丰，其中硕士和博士以上学历占三分之二以上，拥有地理学、地质学、水利科学、环境科学、经济学、社会科学、地球物理学等专业背景，长期从事地理、地质、水利、生态环境、经济、教育、管理等方面的研究工作。本书内容较多，涉及面广，为提高译文质量，译者、校者和审阅者之间互相交叉地对全书进行了通读与审校。

本书属于导论性著作，与学术著作相比，语言更加简练、用词更为准确、行文更加流畅，更加符合中国人的阅读习惯。感谢中国水科院十三五重点项目（SS0145B302016、SS0145B142020、SS0145B152020）给予的大力支持。限于本书译者的水平，定有不少不妥甚至不对之处，敬请读者批评指正。

# 序　言

在 1989 年上映的电影《梦想成真》中，"筑巢就会来凤"是凯文·科斯特纳所扮演的角色的一句经典台词，这句台词激励他在美国艾奥瓦州的一块玉米地里建造了棒球场。我们于 1975 年开始考虑撰写本书时，也有着类似的梦想。当时，在美国和加拿大的各所大学，地理系大多不为学生开设导论性课程，而通常只在自然地理学、人文地理学或文化地理学等方面分设单独的课程。考虑到大学期间大多数学生一般只能接触到单一的地理学课程和教材，我们希望编写一本涵盖地理学所有主题的系统性书籍。当然，为了促进更多院系开设地理学导论性课程，这本书必须能够满足学科教学的需要。今天，我们的这个梦想已经实现。

## 0.1  编写思路

本书的编写目的是简要介绍地理学各领域的性质、知识及它们之间的逻辑关系。即使学生们毕业后不从事地理学方面的工作，本书也能满足他们日常关于地理学方面的知识，以便正确理解并判断未来工作中遇到的地理学问题；对于可能有机会继续从事地理学工作的其他学生来说，本书将阐明地理学各个子学科的内容与范围，强调地理学的统一主题，为他们感兴趣领域的未来工作奠定基础。

作为一本教材，本书的组织方式非常灵活，教师可针对具体课程和学时数的要求选择相关的主题进行讲授。本书是半学期、一学期或一学年的教材，老师在讲述某些专题时，也可引入相关的延伸读物。

此外，本书的各章之间彼此独立，因此不需要按照章节顺序来分配阅读时间。然而，本书只是一本导论性的教材，不可能包罗万象，因此教师在课堂上的讲解仍然非常重要。

## 0.2  本版的新内容

本版保留了之前版本的主体框架，但对相关内容进行了修订和增删。

- 关于经济地理学的一章已划分为两章，更广泛地涵盖了农业（第 9 章）与制造业（第 10 章），合并了新兴国际劳动分工与服务业。
- 自然资源地理学（第 12 章）的位置后移，人类对环境的影响（第 13 章）相应地向后顺移。
- 利用当前事件对事实和分析进行更新，并讨论其他相关主题，如在新章节中描述了飓风桑迪及水力压裂技术等。
- 在本书的每个版本中，人口增长与下降的空间变化格局及主要城市地区的人口变化都需要更新。根据 2010 年的人口普查数据，对描述美国人口的地图与表格进行了更新。
- 本书中的表格和图表均经过严格校对，并进行了必要的替换、更新或其他修订。
- 本版照例特别重视前几版评论人员提出的建议，关注地理学不同领域的最新研究成果，尽可能将它们体现在每一章的调整、补充或重要修改中。
- 城市地理学（第 11 章）综合了后工业城市与世界城市的最新研究成果。本章聚焦于美国城市化和郊区化的格局变化，反映回归中心城市和郊区小幅增长的最新趋势；提供了关于无家可归者的最新数据；增加了关于发展中国家城市中贫民窟的新段落，强调了政府对改善贫民窟条件所做出的努力。

- 政治地理学（第 8 章）反映了时事变化，包括对南苏丹石油管道争端的讨论、全球妇女参与立法机构的最新信息及欧元危机等内容。
- 第 7 章原名为"空间互动"，本版将其重新命名为"人际互动"。这种改变不会降低空间观点的重要性，但反映了电子邮件、脸谱和推特等互联网通信对人际互动的影响。
- 在每章的开始部分列出了学习目标。

## 0.2.1  新增或修订的专栏

根据实际情况，更新或替换了上一版中的专栏。

- 修订了关于恐怖主义问题的专栏（第 8 章）。
- 更新了关于环境正义的专栏（第 8 章）。
- 新增了专栏"大学餐厅与本地食品"（第 9 章）。
- 新增了专栏"你的衣服来自哪里"（第 10 章）。
- 修改了专栏"羽毛之鸟"，反映了技术与营销的变化（第 11 章）。
- 修订了专栏"燃油经济性与平均燃油经济性标准"（第 12 章）。

## 0.2.2  新增或修订的专题

- 新增了关于 2012 年飓风桑迪的讨论。
- 新增了关于 2010 年墨西哥湾深水地平线石油泄漏的讨论。
- 新增了关于 2011 年日本福岛核事故的讨论。
- 更新了所有资源利用数据，反映了最新的生产、消费和储量数据。
- 更新了人口数据。
- 新增了关于民族都市的讨论。
- 更新了关于离岸外包和全球工资比较的讨论。
- 更新了对中国经济增长、高科技创新和跨国公司的讨论。
- 新增了关于国际消费电子商品链的讨论。
- 新增了关于联合国千年发展目标中解决性别不平等问题的讨论。
- 新增了关于可持续农业的讨论。
- 新增了关于服务业区位相互依赖理论的表述。
- 新增了关于旅游业和博彩业的讨论。
- 修订了关于经济活动划分的内容。
- 新增关于水力压裂技术的讨论。
- 新增了关于可持续城市和绿色技术的讨论。
- 新增了关于跨界流域的讨论。
- 新增了关于"邻避效应"的讨论。
- 更新了关于气候变化的讨论。

## 0.3  致谢

针对本书这个版本和早期版本的内容，许多读者提出了非常中肯的评论和建议。虽然我们无法逐一采纳及回应，但确实心存感激地进行了认真且细致的审阅。除以前版本中详细说明的评论者外，我们还要特别感谢提出建议的如下人员：Steve Nisbet，贝克学院；Michael Caudill，后京学院；Monica Milburn，金伍德孤星学院；Jeff Bradley，西北密苏里州立大学；Velvet Nelson，山姆休斯敦州立大学；Daniel

Morgan，罗镇技术学院；Adil Wadia，阿克伦韦恩大学；Mary Passe-Smith，阿肯色中央大学；Gerald Reynolds，阿肯色中央大学；Brad Watkins，中央俄克拉荷马大学；Paul C. Vincent，瓦尔多斯塔州立大学。感谢为 LearnSmart 编写和/或检查学习目标的以下人员：Sylvester Allred，北亚利桑那大学；Lisa Hammersley，加州州立大学萨克拉门托分校；Arthur C. Lee，罗恩州立社区学院。

　　非常感谢以上人员及其他不具名人员的帮助，这里需要明确指出的是，"本书中存在的任何事实或解释错误的责任均与他们无关"。最后，对来自出版商"图书团队"的努力，我们深为赞赏和由衷钦佩。

Arthur Getis

Mark D. Bjelland

Victoria Getis

## 0.4　本书特色

本书的特色如下。

- 每章均以"学习目标"开篇，以便指导读者的学习。
- 每章均提供一个开篇"花絮"，旨在提升读者的兴趣。
- 提供了几百张全彩地图、图表和照片。
- 提供了旨在进一步启发学生思维的"专栏"。
- 每章结尾均提供了"重要概念小结""关键术语"和"思考题"。
- 附录 A 介绍了投影方法、地球属性、地图变形和投影分类。
- 附录 B 补充了关于土壤成因、土壤剖面、土壤层、土壤分类及自然植被区域的信息。
- 附录 C 包含了国家、区域和大洲的基本人口及预测数据。

# 目录

CONTENTS

# 第1章 绪 论

**学习目标**

1.1 理解地理学家口中"区位重要性"的含义
1.2 描述自然景观和人文景观的含义
1.3 讨论地理学对于理解国家和国际问题的意义
1.4 解释"空间"一词在地理学中的用途
1.5 了解用来理解人际交互的概念
1.6 总结美国国家标准对地理学的多种理解

2012 年万圣节前夕，美国东部的市民和官员正在为飓风桑迪的到来做准备，当时飓风桑迪的风眼正在向新泽西州的大西洋城移动，北向距离纽约 160 千米，西北向距离费城 96 千米，西南向距离巴尔的摩 192 千米。当时，桑迪已被确认是有史以来侵袭美国内陆地区的最大飓风。虽然飓风很大，但最令人担心的是，流入港口和海滩的大量海水会对沿海建筑物和道路造成巨大破坏。此外，预报显示飓风桑迪到达的时间同样是涨潮时间。更令人不安的是，气象学家警告，来自美国中西部的风暴将与飓风桑迪结合为一个超级风暴。所有这些担心最后都变成了现实。虽然政府和民众做了全面的准备，但仍然无法应对风暴的破坏性影响。10 月 29 日，飓风桑迪如期登陆（见图 1.1）。这个风暴横扫了加勒比海上的几个岛屿，途经 7 个国家，造成 253 人死亡，仅在纽约州和新泽西州（美国人口最多的两个州）就造成了 650 亿美元的损失。破坏性更强的飓风是 2005 年的卡特里娜飓风，它摧毁了新奥尔良市的大部分地区。风暴引发的海啸淹没了街道、地铁隧道及进出纽约的公路隧道。倒塌的电线使得全球金融中心纽约完全陷入瘫痪。随着每天运载 300 万人的交通系统的停运，股票交易市场被迫叫停。

**图 1.1** 飓风桑迪对纽约港口的破坏。2013 年 10 月，飓风桑迪造成了 650 亿美元以上的损失，并使得全球金融中心纽约市陷入瘫痪。自然灾害是人类社会与自然环境之间密切关系的警钟。*U. S. Coast Guard photo by Petty Officer 2nd Class Stephen Lehmann* 授权使用

与飓风桑迪相比，两年前的一次 7.0 级地震摧毁了加勒比海国家海地。海地地震共造成约 25 万人丧生。新闻报道经常称这样的灾难为自然灾害，但海地地震、飓风桑迪及造成惊人破坏的无数灾难并不能完全归因于自然。过去关于在何处进行建设的决定、经济资源是否可以利用、政府对建筑法规的执行及土地使用规定，都对灾害造成的后果起到了重要作用。灾害过后的断壁残垣提醒人们，人类活动是在环境背景下进行的。这也提醒人们，如同地图和卫星图像是风暴预测、应急处理和灾后重建中必不可少的工具那样，世界上的许多紧迫问题都需要民众从地理角度来了解地球系统、人类活动范围及人类社会和环境之间的关系，而这些内容就是地理学的所有重要主题。

# 1.1    什么是地理学

提及地理学一词时，许多人会联想到地点，如缅甸和乌拉圭这样的国家、廷巴克图或阿拉木图这样的城市、自然资源如石油或矿石富集带。有些人以知道哪条河流最长、哪座山峰最高、哪片沙漠最大而自豪。关于世界的这些知识是有价值的，因为它们可让我们将当前事件置于合适的空间环境中。当我们听到土耳其发生地震或车臣发生袭击事件时，我们至少能够想象这些事件发生在何处。然而，了解这些地点发生这些事件的原因更为重要。

地理学远不止地名和地点；相反，它研究的是空间变化，即地表上不同地点的不同事物的区别与成因。此外，地理学还会深入研究可观测空间分布特征如何随时间演化。就像知道人体器官的名称和位置并不能让人具备进行心脏手术的能力那样，知道事物位于何处仅是了解事物成因、了解确定或改变事物分布的事件或过程的第一步。为何地震发生在土耳其而非俄罗斯？为何美国东部的山脉是圆形的，而西部各州的山脉更加高耸崎岖？为何加拿大魁北克省分布有说法语的人群？

在回答上述问题时，地理学家主要关注人类和社会群体与其生存环境（地球）的互动；他们会试图了解自然和人文模式随时间演化的方式与成因。由于地理学家同时研究自然环境和人类对环境的利用，因此他们对影响一个地方的各种因素及其相互作用非常敏感。例如，要解释巴西人每年烧毁很大一部分热带雨林的原因，地理学家就需要了解亚马孙盆地的气候和土壤，巴西农村的人口压力、耕地缺失和扩大种植面积的需要，巴西的外债状况，中纬度地区木材、牛肉和大豆市场及巴西的经济发展目标。此外，要了解燃烧丛林对环境的影响，就需要了解地球的碳氧平衡、燃烧导致的温室效应、酸雨、臭氧层的消耗，以及森林砍伐、土壤侵蚀和洪水泛滥之间的关系。

因此，地理学是研究地球空间和地球空间内容的科学。我们不仅要从地点的角度来思考和响应，而且要从地点所包含的事物的角度来思考和响应。提到某个地点或某个区域时，我们的脑海中通常会浮现当地的自然环境或人们劳作的画面，这通常是我们的直觉，我们并不会有意识地思考这些自然现象和活动是如何关联的。这样的例子包括"孟加拉国""农业"和"洪水"，"科罗拉多""山脉"和"滑雪"。也就是说，一个地区的内容包括自然和人文两个方面，地理学与两者总是息息相关的（见图 1.2）。

图 1.2　科罗拉多州的阿斯彭展示了自然环境与人类活动之间不断变化的相互作用。矿产资源、山区地形和大量降雪成就了不同专长的人们。前景中的砖瓦建筑是这里作为银矿镇最初定居点的遗迹。1890 年，这里的居民超过 5000 人，而到 1930 年则下降到约 700 人。背景中的滑雪场表明，这里已成为滑雪胜地、旅游胜地和社会名流聚居地。© *Punchstock RF*

# 1.2    学科的发展

即使是在最早确立地理学结构的古希腊地理学家的作品中，地理学的兴趣组合也很明显。据称 2200 多年前希腊科学家埃拉托色尼创造了地理学一词。从一开始，这篇文章就把重点放在地球的物理结构及居住在不同大陆上的人们的本质和活动上。斯特雷波（公元前 64 年—公元 20 年）称地理学的任务是"描述人居世界的几个部分……评论世界各国并分析这些国家的差异性"。甚至在更早的时候，希罗多德（公元前 484—前 425 年）就认为，要了解波斯战争的原因和过程，就必须用大量篇幅来描述土地、人民、经济和习俗背景。

希腊（及后来的罗马）的地理学家测量了地球，设计了经纬网，并绘制了已知世界的复杂地图（见图 1.3）。他们探索了气候随纬度的明显变化，并在众多作品中描述了熟悉的地中海盆地和偏远的北欧、亚洲和热带非洲。他们采用近乎现代的概念，描述了河流系统，探索了侵蚀周期和沉积特征，说明了森林砍伐的危害性，描述了自然景观的变化，指出了滥用环境的后果。在这样的背景下，他们关注的重点是人类在家乡和异乡的活动（他们的生活方式）；他们在语言、宗教和习俗方面的异同；以及他们如何利用、改变或破坏所居住的土地。事实上，斯特雷波警告称，不要假设人类的本质和行为是由他们居住的自然环境决定的。他观察到人类是人类-环境伙伴关系中的活跃因素。

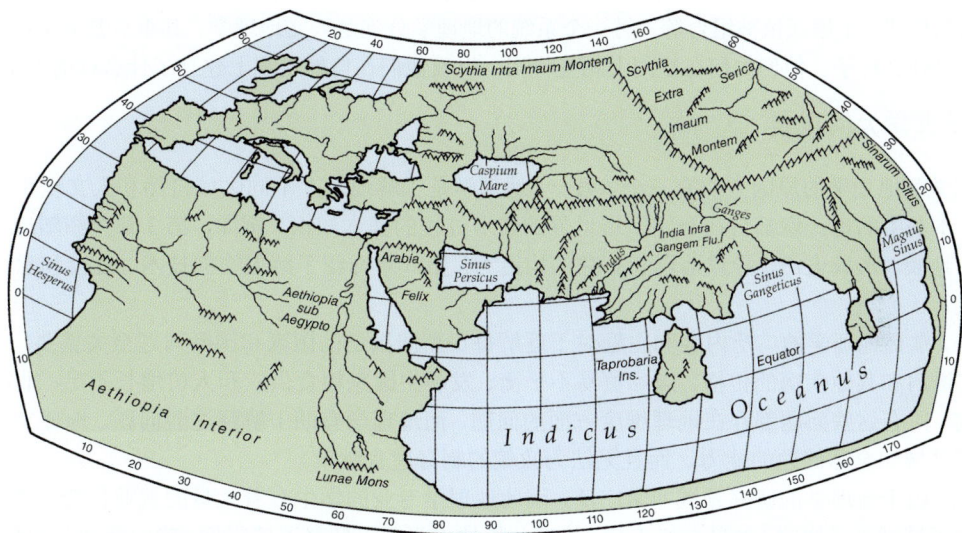

**图 1.3** **希腊-埃及地理学家、天文学家托勒密的世界地图。** 托勒密采用了此前开发的将圆分为 360° 的经纬度地图网格，因此为每个记录的地点提供了精确的数学位置。遗憾的是，假设和测量衰减使得地图及其相应的六卷地名录并不准确。在欧洲被人们视为权威达 1500 年之久的托勒密地图，于 15 世纪和 16 世纪出版了许多版本。此处所示的版本小结了原始版本的范围和内容。它低估了地球的大小，使得哥伦布在西向的短暂航行中到达了亚洲

早期希腊和罗马地理学家的兴趣持久而普遍。例如，古代中国人和西方人一样，都认为地理学是一种解释性观点，但他们彼此之间并无交流。公元 800—1400 年，信奉基督教的欧洲进入中世纪，希腊和罗马的地理作品大量消失，而保留这些知识的穆斯林学者承担了描述和分析已知世界（自然、人文和地区差异）的重任。

15 世纪和 16 世纪，欧洲的探索和发现航行将地理学放在了科学复兴的最前沿。现代地理学起源于 17 世纪开始的学术研究浪潮，这一学术研究浪潮提出了我们今天所知的许多传统学科。在欧洲复兴中，地理学一开始就被视为一种广泛的基础性、综合性研究。如人类关心的那样，作为地球变化的一部分，自然景观的分布特征和过程是早期的研究热点。到 18 世纪末，地质学、植物学、动物学、气候学和其他自然科学的迅速发展强化了区域地理研究，提升了学者和大众对空间和地点之间错综复杂的内部联系的认识。当时，经纬度的准确确定和地球的科学测绘使得地点信息的指定更加可靠、全面。亚历山大·冯·洪堡是这一时期地理学研究的关键人物。德国柏林的洪堡大学以他的名字命名，其作品中记录了遥远地点的科学考察，并合成了大量的地理数据。

## 1.2.1 地理学分支

19 世纪的全国人口普查、贸易统计和民族研究为人类地理研究奠定了较好的基础。到 19 世纪末，地理学已成为整个欧洲和世界其他地区的大学中的一个独特而受人尊敬的学科。专业地理学家和地理学专业的发展，促进了许多日益专业化的细分学科的发展。政治地理学、城市地理学和经济地理学就是这些细分学科的例子。

地理学的各个专业分支并不是孤立的，而是密切相关的。地理学的分支由三个主要关注点表征。第一个关注点是自然和人类现象在地表的空间变化，地理学研究人类社会与自然环境之间的关系。第二个关注点是地球上一个地区的自然现象和人类活动与其他地区的联系。这两个关注点共同导致了第三个关注点，即区域分析：地理学研究特定区位中的人类-环境（或"生态"）关系和空间系统。一些地理学家将这种地区取向研究称为区域地理学。

其他地理学家选择识别特定类别的事物而非地表部分，以便进行专门研究。这些系统地理学家主要研究自然环境或人类与社会的一些相关领域。在每种情形下，课题研究都在与其他空间系统和区域分布特征的相互关系中进行。自然地理学关注人类-环境结构的自然环境方面，内容包括地貌及其分布、大气条件和气候模式、土壤或植被组合等。另一个系统的地理学分支是人文地理学，其重点是人类：他们在哪里、他们是什么样子、他们如何在空间上相互作用，以及他们在自然景观上建立了什么样的人文景观。

### 1.2.2    地理学为何重要

人们学习地理学的原因主要有三个。第一，地理学是了解地表上不同区域自然和人文现象成因的唯一学科。本书中的每一章都旨在介绍塑造世界的众多过程的基本知识。例如，第 3 章介绍塑造翘曲、褶皱和断层地貌、形成火山、导致地震和海啸的构造力；第 6 章介绍了解人文的技术、社会和意识形态组成的框架。

第二，掌握地理学的广泛内容和主题对于理解每日新闻报道的国家和国际问题至关重要。全球气候变化、艾滋病和其他疾病的传播、国际贸易不平衡、发展中国家粮食供应和人口增长不足、非洲和中东地区动荡，所有这些问题都存在地理维度方面的问题，而地理学有助于解释这些问题。地理文盲不仅不具备了解区域和全球问题的能力，而且无法为政策的制订建言献策。

第三，由于地理学的研究领域非常广泛，因此地理学专业的学生有着大量的就业机会。地理培训为许多就业领域铺平了道路（参见专栏 1.1）。地理分析技术正用于解释遥感影像、确定新业务的最佳地点、监测传染病的传播、划分投票区域及执行其他任务。

## 专栏 1.1    地理学的职业

地理学符合通识教育的目标。它可使得见多识广的公民更加了解社区、国家和全球面临的重要问题，进而更好地为解决问题做好准备。

希望从事地理学专业的人士存在就业途径吗？答案是肯定的，即存在许多类型的不同工种。通过教学与研究活动来支撑这一专业本身的群体非常广泛。从小学生到大学研究生，存在各种层次的教学机会。在美国，为落实联邦政府提出的《不让一个孩子掉队法案》并创建地理人文社会，小学和高中对地理学教师的需求不断增加。在大学层面，建立了地理学各分支的专业教育与研究，受过专业地理培训的学者与城市、社区、环境研究、区域科学、区位经济学和其他跨学科项目联系密切。

由于这一领域的广泛性和多样性，地理学培训的内容包括学术界之外各种工种的技术与方法。现代地理学既是一门自然科学和社会科学，又能促进技能的培养，因此其就业机会多种多样，如需要与自然环境、人类经济和社会活动、获取和分析空间数据打交道的公营部门、私营部门和企业。

许多专业地理学家在联邦、州、各级地方政府和许多国际组织中工作。事实上，许多地理学家已就职于美国政府的许多行政部门（如农业部、商务部、教育部、健康与公共事业部、国土安全部、住房和城市发展部等）及各州的相应部门。独立联邦机构如中央情报局（CIA）、美国国家航空航天局（NASA）、联邦贸易委员会、国家地理空间情报局（NGA）、联邦航空局及其他部门也招聘地理学方面的人才。

尽管许多职位并不具备地理学头衔，但自然地理学家可以担任水或其他自然资源分析师、天气和气候专家和土壤科学家等。近期需求较大的地理学人才包括环境管理人员、技术人员和地理信息专家。专门从事环境研究的地理学者可以在公营和私营机构中找到工作，工作内容包括评估待开发项目对空气、水质和濒危物种等的环境影响，在项目施工前编制所需的环境影响报告。

人文地理学家可在公共部门担任许多不同的角色，工作内容包括医疗保健、交通运输、人口研究、经济发展和国际经济的数据采集与分析。许多地理学毕业生在地方和州政府机构担任规划人员，负责住房和社区开发、公园和娱乐规划及城市和地区规划。他们绘制与分析土地利用规划和交通系统，监测城市土地开发，为公共设施的位置提供建议，并参与基本的社会科学研究。

私营部门中也存在类似的工作机会。地理培训非常适合于商业计划和市场分析，工厂、商店和购物中心选址，银行、公用事业和铁路部门的社区与经济发展计划。地图、地图集、新闻和旅游杂志等的出版商会雇用地理学家作为作家、编辑和制图员。地理研究与分析工作所需的综合技能，为地理学毕业生在劳动力市场中提供了竞争优势。这些技能包括熟悉地理信息系统（GIS）、制图和计算机绘图、遥感和摄影测量及数据分析和问题求解的能力。特别熟悉数据源、硬件和软件的 GIS 专业的学生，工作机会更多。下表小结了地理学专业学生就业的机会；另外，还可查阅美国地理学家协会主页 www.aag.org 上关于地理学职业的讨论。

| 地理专业领域 | 就业机会 |
| --- | --- |
| 地图制图和地理信息系统 | 联邦政府（如国防测绘局、地质调查局或环境保护局等机构）或私营部门（如环境系统研究所、ERDAS 公司、Intergraph 公司或 Bentley 公司）制图员；地图馆员；规划局、土地开发商、房地产公司、公用事业公司、地方政府的 GIS 专家；遥感分析师；测量员 |
| 自然地理学 | 气象预报员；户外导游；沿海地区管理人员；水文学家；土壤保持/农业推广代理 |
| 环境研究 | 环境管理人员；林业技术人员；公园护林员；危险废物规划人员 |
| 人文地理学 | 社区开发人员；和平工作队志愿者；保健分析师 |
| 经济地理学 | 商业和工业选址分析师；市场调查员；交通/配送经理；房地产经纪人；经济发展研究员 |
| 城市和区域规划 | 城市和社区规划人员；交通规划人员；住房、公园和娱乐规划人员；健康服务规划人员 |
| 区域地理学 | 联邦政府地区专家；国际商务代表；旅行社；游记作家 |
| 地理教育 | 小学/中学教师；普通地理学学院教授；海外教师 |

来源：*Careers in Geography*, by Richard G. Boehm. Washington, D.C.: National Geographic Society, 1996. Previously published by Peterson's Guides, Inc.

## 1.3 一些核心地理概念

地理学包含的主题多种多样，但这种多样性强调了所有地理学家面临的现实——无论他们的特定专题或区域兴趣如何，他们都被所提出问题和寻求答案的基本概念所维系。无论是自然现象还是人文现象，他们都会问：它是什么？它在何处？它是如何形成并出现在那里的？与影响或受其影响的其他自然或人文现实有何关系？它是如何成为功能性整体的一部分的？它的地点如何影响人们的生活及人们所在的区域？

这些问题及类似的问题都源于地理学对地球空间的关注，源于地理学中持久的中心主题。在回答这些问题时，地理学家会综合利用概念、术语和研究方法，形成地理学的基本结构和词汇。地理学家相信，认识空间分布特征是了解人们如何在地表上生活并改变地表的重要出发点。

地理学家在框定问题和形成概念时，会使用"空间"一词作为重要的修饰词。他们认为，地理学是一门空间科学。它关注现象的空间分布、区域的空间范围、人的空间行为、地表上不同地方的空间关系，以及这些行为和关系背后的空间过程。地理学家使用空间数据来标识空间分布特征，分析空间系统、空间相互作用、空间扩散及不同地方的空间变化。

当然，对地理学家而言，"空间"总是携带事物的分布方式、运动发生的方式及过程在整个或部分地表上的运行方式。因此，地理学家眼中的空间是地球空间，即人类占据或可用的表面积。空间现象在地表上是有位置的，空间相互作用发生地区、事物和人之间。了解这些关系、交互和过程有助于框定地理学家探讨的问题。

在关于地点的位置和性质如何彼此相同或不同的基本观测方面，这些问题都有着自己的出发点。这类观测尽管简单，但对于我们理解所处的世界而言至关重要。

- 地点彼此之间存在位置、方向和距离。
- 地点有大小之分，如大、中、小。因此比例尺很重要。
- 地点具有自然结构和人文内涵。
- 地点的属性或特点会随时间发展和变化。
- 地点的内容是结构化的和可解释的。
- 地点的元素与其他地点相互关联。
- 地点可概括为相似和不同的区域。

这些基本概念是地理学家表达其所研究地球空间的基本观测并将这些观测放到通用参考系中的方式。每个概念都值得深入探讨，因为它们并不像看起来那么简单。

## 1.3.1  位置、方向和距离

位置、方向和距离是评估我们周围的空间并标识我们相对于其他事物与地点的位置的常用要素，在我们研究自然地理学和人文地理学的过程中，它们对于理解空间相互作用过程也非常重要。

### 1. 位置

地点和事物的位置，是所有地理研究及人们日常生活中个人运动和空间活动的出发点。位置分为绝对位置和相对位置两种。

绝对位置是由精确并且公认的坐标系确定的位置，因此有时也称数学位置。公认的坐标系有多种，其中之一是经纬网，经纬网使用经度和纬度的度、分和秒，可精确地描述地球上任意一点的绝对位置。

除经纬网外，人们还使用其他坐标系。例如，美国大部分地区的城镇，会在各自城镇的坐标系中使用距离和范围来描述财产，此时会给出区域层面的数学位置，并使用街道地址精确地定义建筑物。绝对位置对于每个描述的地点而言是唯一的，它与关于该地点的任何其他特征或观测无关，在测量不同地点的距离或确定不同地点的方向时，对地点的合法描述具有明显的价值。

然而，当地理学家或房地产经纪人认为"地点很重要"时，他们所指的通常不是绝对位置，而是相对位置——一个地点或事物相对于其他地点或事物的位置。相对位置表示空间的相互联系和相互依赖，且可能带有社会（邻域特征）和经济含义（空置土地的估价）。在直接和个人层面上，我们认为学校图书馆的位置并不是其街道地址或房间号码，而是其相对于教室、餐厅或其他参考点的位置。在更大的场景中，相对位置告诉我们，人、物和地点并不处在真空中，而处于由不同地点的自然和人文特征组成的世界中。

例如，使用绝对位置描述纽约市时，它位于 40°43′ N 和 73°58′ W，而用空间关系来描述其位置时，我们可更好地了解它所在位置的含义：从大陆内部到哈得孙-莫霍克低地走廊，或到美国东海岸大陆所在的位置。在城市内部，我们可以了解到中央公园或下东区的位置的重要性，它们的位置不仅指街道地址或城市街区，而且指相对于纽约市总体土地利用、活动和人口分布特征的空间与功能关系。

以不同方式看待位置时，地理学家严格区分了关于地点的地点和场所（见图 1.4）。地点是一个绝对的位置概念，指地点本身的自然和人文特征与属性，是更为数学的位置，因为它能告诉我们该地点的特定特征。另一方面，场所是指某个地点和其他地点之间的关系，它使用该地点的重要属性来表示其相对位置。城市中的地点和场所将在第 11 章中深入介绍。

### 2. 方向

方向是第二个通用的空间概念。类似于位置，它也有多种含义，并且分为绝对方向和相对方向。绝对方向基于北、南、东、西方位基点。所有文明中都出现了这些方位基点，因此明显来源于自然的"恩赐"：太阳东升西落，正午太阳的空中位置，以及北方和南方某些恒星的空中位置。

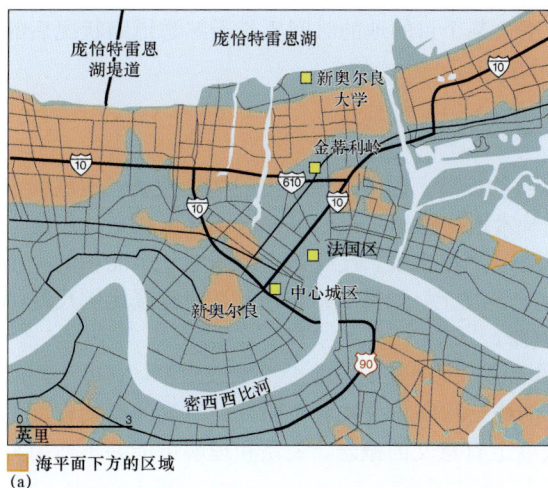

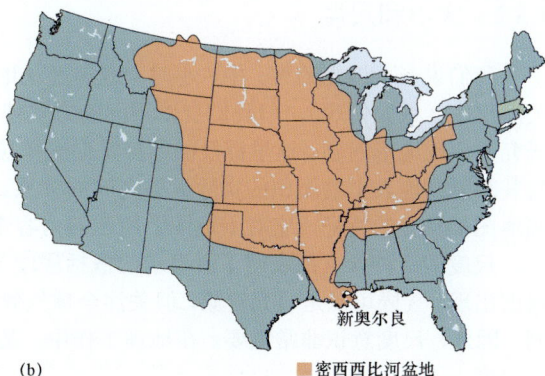

**图 1.4** **地点和场所。**(a)新奥尔良的地点对建造城市而言并不理想。法国人在密西西比河河口附近占据了最合适的高地。该地点从密西西比河旁天然堤坝上的"高地"延伸到了庞恰特雷恩湖附近的湿地。城市和郊区的大部分地区都低于由河流沉积物组成的下沉土壤上方的海平面;(b)新奥尔良的场所对建造城市很理想。新奥尔良通过密西西比河连通了从洛基山脉到阿巴拉契亚山脉的 14400 千米航道

我们通常也使用相对方向。在美国,我们"西出""东归"或"下南";我们担心"近东地区"的冲突或"远东国家"的经济竞争。尽管它们指的是方位基点,但这些方向引用实际上是基本的和局部变化的。从欧洲人的角度来看,近东和远东是亚洲的部分地区;美国人沿用了这种习惯和用法,尽管一个人从美国的加利福尼亚州、加拿大的卑诗省或智利要向西跨过太平洋才能到达。对许多美国人而言,"东归"和"西出"反映的是早期美国几代移民家庭从东向西迁移的路径,因此会勾起他们的回忆。"上北"和"下南"反映的是人们认为地图顶部为北、底部为南的习俗。

### 3. 距离

距离将位置和方向关联为一个通俗的术语,对地理学家而言它具有双重含义。类似于位置和方向,距离也分为绝对距离和相对距离。

绝对距离是指地表上两点之间的空间间隔,其单位通常为千米或米。相对距离则将这些线性测量值转换为对人类而言更有意义的其他单位。

知道两家竞争商场与自己等距对购物之旅的规划可能并不重要,因为交通状况表明,去一家商场需要 5 分钟,而去另一家商场则需要 15 分钟(见图 1.5)。实际上,多数人在日常生活中更加注重时间距离而非线性距离,例如乘公共汽车到市中心需要 20 分钟,步行到图书馆需要 5 分钟。在某些情形下,金钱甚至可以取代时间作为距离单位。例如,在城市中乘坐出租车到达目的地可能需要 10 美元,这会影响到人们最终是否出行及出行的方式。大学生知道离校区越远,公寓的租金越便宜。

**图 1.5** **2002 年圣地亚哥市区的出行时间,单位为分钟。**出行等时线在给定时间范围内标出了从起点到目的地的不同线性距离。等时线边界的指纹状轮廓反映了道路状况、地形、交通拥堵和其他运动障碍的变化。注意高速公路对出行时间的影响

线性距离也常转换为心理距离。例如,人们觉得经过不熟悉或危险的小区返回汽车的时间,通常要

长于经过熟悉或友好街区回到汽车的时间，同时觉得首次去某个目的地的时间要长于熟悉道路状况后的时间。非线性距离和空间相互作用将在第 7 章中深入探讨。

### 1.3.2　大小和尺度

我们说一个地点的大、中、小时，既涉及该地点本身的性质，也涉及该地点的概括性质。地理学家关注尺度（或比例尺），但我们会以不同的方式使用这一术语。例如，我们可在区域尺度或全球尺度上研究人口或地形问题，这里提及的纯粹是研究单位的大小。严格来说，尺度是指地图上一个面积的大小与其映射到地表上的面积的实际大小之间的关系。在这一意义上，如第 2 章中所述，尺度或比例尺是每幅地图都具有的特征，它对于地图上所示的内容至关重要。

尺度的两种含义都表明了所表示的概括程度（见图 1.6）。地理查询可能会很宽或很窄，它以不同的尺度出现。气候可以是研究对象，但关注全球气候研究的概括程度与关注城市微气候研究的概括程度不同。因此，尺度意识非常重要。在地理工作中，某个尺度上有意义的概念、关系和理解可能并不适用另一尺度。

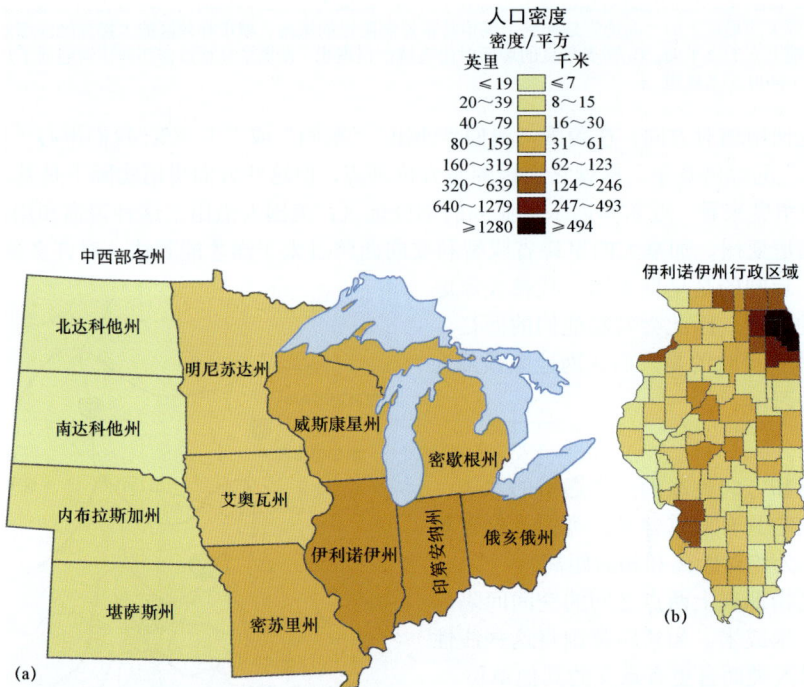

图 1.6　人口密度和地图尺度。"真实结果"取决于查询的尺度。地图(a)表明 2010 年中西部各州的最大人口密度不超过 123 人/平方千米。然而，地图(b)表明 2010 年伊利诺伊州三个县的人口密度超过了 494 人/平方千米。如果进一步减小查询尺度，那么检查芝加哥市的各个街区时，会发现人口密度达 2500 人/平方千米或更大。因此，尺度非常重要

例如，研究全球农业模式时可参考全球气候模式、人文食物偏好、经济发展水平和全球贸易模式。这些大尺度关系在美国各个县内的作物模式研究中很少涉及，因为各个县内的地形、土壤和排水条件、农场规模、所有权、资本总量甚至个人管理偏好可能更具有解释意义。

### 1.3.3　自然属性和人文属性

所有地点都有区别于其他地点并赋予自身特点、潜力和含义的独特自然属性与人文属性。地理学家关心的是识别和分析这些属性的细节，尤其是识别人类-环境界面的自然要素和人文要素之间的相互关系。

一个地点的自然特征包括气候、土壤、给水状况、矿物资源、地形特征等。这些自然属性为人类活动提供了条件，帮助塑造但不支配人们的生活方式。例如，资源基础是由自然决定的，但如何认识和利用资源则是由人文决定的。

环境状况直接影响农业的潜力和可靠性，并间接影响就业模式、贸易往来、人口分布、国民膳食等。自然环境同时展现人类必须应对的有利和不利因素。因此，大多数地点会根据气候适宜性、自然灾害、农业和渔业生产力、自然资源和自然风光进行权衡。例如，风景秀丽的火山有一天可能会爆发，气候温和的沿海地区易受飓风的袭击等。第 3 章和第 4 章将探讨自然环境模式与过程。

同时，人们会通过占据某个地点而改变其自然属性。人类活动在地表上留下的可见印记，称为人文景观。人文景观也存在不同的尺度和不同层次的可见性。墨西哥与南加利福尼亚之间的农业实践与土地利用对比在

**图 1.7**　这幅陆地卫星图像显示了墨西哥-加利福尼亚州边界的不同人文景观。将视线逐步从索尔顿湖（图像顶部的暗斑）向南移至图像边缘的农田，注意规则的农田和明亮的色彩（表示正在生长的植被）是如何让路于明显的分割线的，分割线处不规则农田和不发达的农业非常明显。分割线的上方是加利福尼亚州的帝王谷，下方是墨西哥。© *NASA*

图 1.7 中非常明显，而洛杉矶市唐人街的标志、建筑和人群在大都市区域本身的较大人文景观中仅留下了很小的印记。

地点的自然特征和人文特征，是理解人们与其所处并改造的环境之间的简单和复杂相互作用及联系的关键。这些联系和改造不是静止的或永久的，而是不断变化的。

在人文世界和物质世界的持续相互作用过程中，人类是活跃且频繁的有害因素（见图 1.8）。如第 12 章和第 13 章所述，人类的所有活动都会在土壤、水体、植被、动物、其他资源和大气中留下印记。

**图 1.8**　类似于华盛顿州阿纳科特斯的炼油厂，是向大气、土地和水体中排放有毒化学物质的主要场所。污染控制技术已明显降低但未消除其对环境的负面影响。无论它们多么难看或难闻，炼油厂提供的汽油、柴油、航空煤油和沥青产品对工业化国家的经济活动和日常生活都必不可少。© *Walter Siegmund*

### 1.3.4　总在变化的地点属性

我们周围的自然环境看起来是永恒不变的，但事实并非如此。在地质年代的框架内，变化既是连续的，又是明显的：岛屿形成并消失；山脉抬升并遭受侵蚀而下降为沼泽平原；大陆冰川形成、移动和融化，海平面下降和抬升。地质年代非常漫长，但塑造陆地的力量是永不停息的和无止境的。

即使是在近期大陆冰川后退的短时间内（12000 年前或 13000 年前），人类占据的环境也在变化。冰川后退本身标志着一个气候变化时期，它将人类的可居住区域扩展到了此前被巨厚冰层覆盖的欧亚大陆和北美大陆的北部。随着气候条件变得温和，植被和动物区系发生变化。在全球尺度上，这些都是自然环境的变化；人类的数量太少且技术有限，因此无法实质性地改变自然事件的进程。然而，在区域尺度上，即使是早期的人类社会也会对其所处的环境产生影响。例如，人类放火清除森林中的灌木，以便维持或扩大牧场，进而清理林地空间来发展原始农业。

随着文明的萌芽及农业技术的发明和传播，人类加速对已不再是"自然"的环境的管理和改造，甚至古希腊人也注意到其所居住的环境要比以前更糟。随着人口的增长，尤其是工业化和欧洲技术在全球的传播，区域内容的变化步伐加快。建筑景观（人类进步的产物）越来越多地取代了自然景观。每个新定居点或城市，每次农业用地对森林的侵占，每个新矿山、大坝或工厂都改变了区域的内容，并改变了人类与环境之间临时建立的空间联系。

今天的地点特征是不断改变过去条件的结果。它们是不同人类与环境平衡将被打破的前兆。地理学家关注的是特定时段的地点。然而，要充分理解地点的本质和发展，掌握地点的相对位置的重要性，了解地点的自然特征和人文特征的相互作用，地理学家就必须将地点视为此前自然和人文过程作用的当前结果。

回顾可知地理学家关于地点或事物的问题之一是"它的成因是什么，位于何处？"这是一个关于过程和结果的询问。今天，塑造地点的自然环境并解释其人文环境的力与事件，是地理学的主要关注点，也是本书大部分章节的主题。要理解它们，就要了解我们这个临时世界的空间秩序的变化本质。

### 1.3.5　地点之间的相互关系

前面介绍的相对位置和相对距离的概念，直接导致了另一个基本的空间现实：地点之间以结构化的和可理解的方式相互关联。在描述人群互动的过程和模式时，地理学家为位置和距离的概念添加了可达性和连通性。

托布勒地理学第一定律告诉我们，从空间的角度来看，任何事物都是相关的，事物彼此之间越近，关系越强。因此，我们的观测是，地点之间相互作用的强度和频率随着地点之间距离的增大而减小，这是第 7 章中将要探讨的"距离衰减"概念。你是愿意去隔壁的快餐店还是愿意穿越城镇去另一个几乎相同的餐厅？我们做出的决定有时不可预测，但此时大多数人可能会选择较近的地方。

考虑距离意味着评估可达性。克服"摩擦距离"有多容易或有多困难？也就是说，克服地点的时空分离障碍有多容易或有多困难？距离分隔了北美洲与欧洲，船舶（和飞机）的发展缩短了两个大陆之间的有效距离。古代和中世纪的所有城市都可以步行到达；它们是"步行城市"，但当城市面积和人口随着工业化的步伐扩张后，这种状态不再复返。只有通过发展公交系统，才能保持城区之间的可达性，因为公交系统的固定线路增大了在连通地点之间移动的便利性，而区域之间的距离并未因交通线路本身而减小。

因此，可达性表明了连通性的概念，这是一个更广泛的概念，它意味着地点的所有有形和无形连通方式：通过电话线、街道和道路系统，以及管道和下水道；通过无拘无束的开阔乡村；通过电台和电视；通过手机服务区域；甚至通过风力系统和洋流的运动。在路线固定且流动渠道化的地方，网络（连接多个地点的路线模式）决定了移动的效率和各点的连通性。在当今的发达社会中，全球即时连通性的需求是常见且毫无疑问的。如我们的生活方式所示，技术和设备具有增值作用。手机、电子邮件、宽带无线互联网、即时通信等已为那些孤立的个人和组织消除了时空障碍，减少了人们对物理移动和景观中固定网络的依赖。

连通地点之间不可避免地存在交换。空间扩散是想法或事物（如一种新消费品或一首新歌）从中心原点分散到更远的点的过程。扩散的速率和范围同样受分隔新想法或技术源点与最终使用它的其他地点之间的距离的影响。扩散速率还受人口密度、沟通方式、创新优势和起源节点的重要性或声望等因素的影响。第 7 章中将深入探讨空间扩散。

地理学家研究空间关系的动态变化。运动、连接和互动是为地点和区域赋予角色的社会与经济过程的一部分（见图 1.9）。全球范围内持续增强的这些空间互动由术语全球化表示。全球化意味着随着全方位的社会、人文、政治、经济和环境进程在规模和效果上变得国际化，越来越多的人和地区开始相互联系。随着全球可达性和连通性的持续提升，全球化还包括空间交互、可达性、连通性和扩散等其他的核心地理概念。第 7 章和第 10 章中将深入介绍全球化的含义。

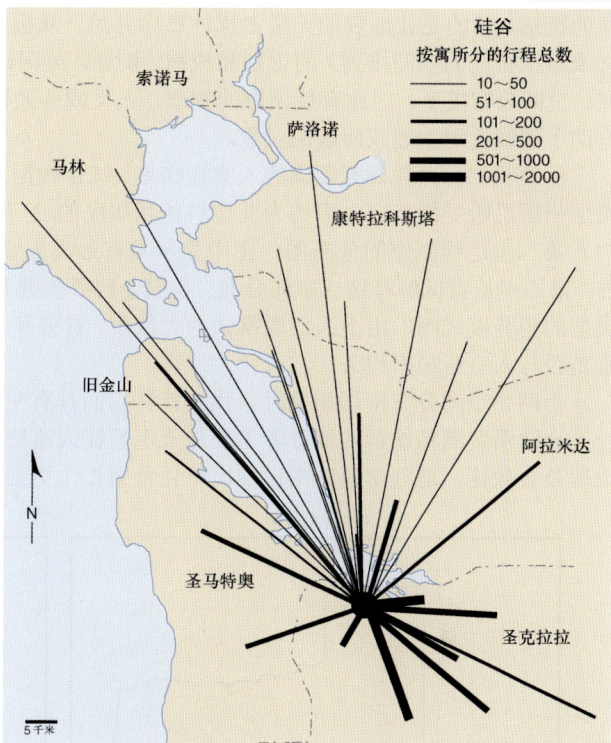

**图 1.9**　表示空间相互作用和连通性的"愿望线"图，记录了人们每天从旧金山湾区到硅谷上班的行程。愿望线的末端确定了由路网定义的物理交互区域的外沿。随着路网的扩大和完善、硅谷就业基地的发展、工人通勤范围的增大，这一区域的大小和形状也在随时间变化。当然，这幅图并未显示硅谷通过其他沟通方式而实现的可达性和交互性。经 Robert Cervero, Suburban Gridlock 许可重绘。© 1986 Center for Urban Policy Research, Rutgers, the State University of New Jersey

## 1.3.6　地点的相似性和区域

地点的显著特征（自然、人文、位置）立即引出了两个重要的地理概念。首先，地表上任何两个地点都不可能完全相同。它们不仅有不同的绝对位置，而且类似于人类的面部特征，地点的自然特征和人文特征的精确组合不能精确地复制。地点的独特性看起来会使得空间信息的概括不可能实现。

第二个重要概念并不会导致上面的结果，它认为地点的自然和人文特征在某些方面会表现出相似的模式。例如，在法国从事野外调查的地理学家可能会发现，某个地区的所有农民都使用一种类似的技术在农田周围构筑篱笆。通常，这样的相似性足以让我们意识到空间规律的存在。它们允许我们识别和定义区域，这些区域显示了重要元素的内部一致性及周围地域的外部差异性。因此，一个地点既与其他地点存在不同，也与其他地点存在相似性，从而形成了区域差异和固有空间相似性模式。

历史学家和地理学家的问题是相似的。他们都须概括本质上独特的研究项目。历史学家为引用和研究方便起见，会建立武断但有意义、有用的历史周期。"兴旺的 20 年代"和"维多利亚时代"是特定时间跨度的简称，其内部相当复杂多变，但与之前或之后的情形截然不同。地理学家所说的地区等效于历史学家所说的时代：将复杂的地表划分为可以管理的各个部分。如历史学家关注关键事件以便描述特定的历史时期那样，地理学家为确定区域的边界，会重点关注要素或类似性的统一。通过识别和命名区域，通过更简单的构造可以轻松地传递一组复杂的相关环境或人文属性。

### 1. 空间分布

就像人类历史进程并未划定"时代"那样，自然界也未划定"区域"。区域是人为划分的，是对空间的概括，目的是让地表的无限多样性秩序井然。从根本上说，区域是对空间分布（研究所选环境、人文或组织特征的空间排列）的识别和成图。例如，英国讲威尔士语的位置就是一个可以识别和成图的分布。空间分布很多，因此有待调查的物理、人文或连通性元素也很多。然而，所选的研究对象仅是那些有助于理解特定主题或问题的对象。

假设我们有兴趣研究美国的入室盗窃率。统计数据表明有些州的入室盗窃率明显高于其他州。亚利桑那州居民所受的盗窃之害约为北达科他州居民的 3 倍。我们可能会问入室盗窃率的分布是否随机的？第一步是绘制空间分布图，图中显示具有最高入室盗窃率的几个州看起来沿南部边界和西海岸分布。第二步是尝试解释这一空间分布。我们会问哪些因素导致了所观测到的模式？这种模式类似于其他类型的犯罪模式吗？由于人们通常认为大城市、贫穷和年轻人群与犯罪有关，因此我们希望了解这些因素是否与入室盗窃率相关。

当两个空间分布密切相关时，我们就称它们具有空间关联性。在图 1.10 中，我们发现得克萨斯州社区合法消费酒精饮料的消费者主要是天主教徒或路德教教徒，而且社区中的居民主要是浸礼会教徒或卫理公会教徒。地理学家试图识别比单凭希望相比更强的空间关联性。

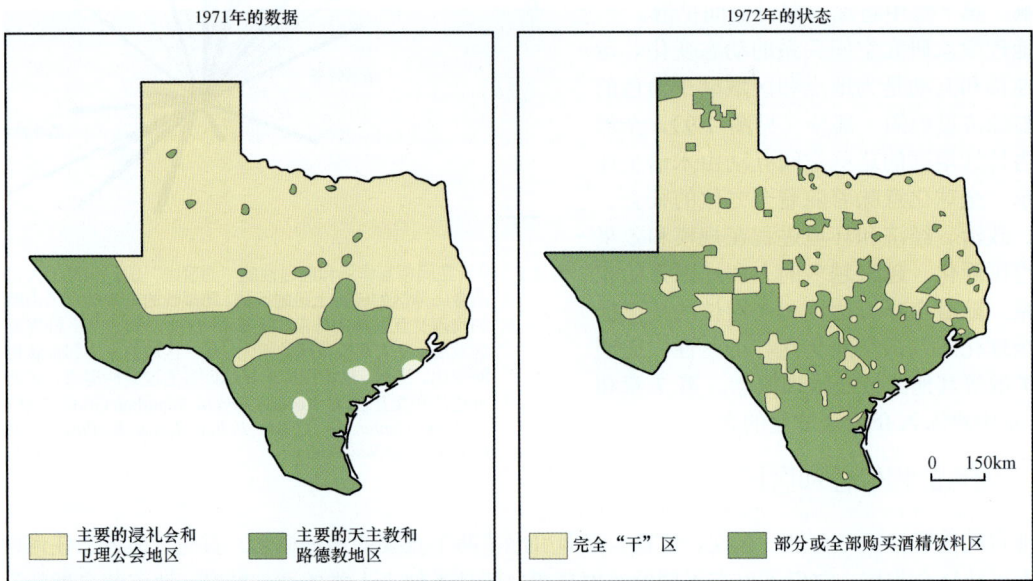

**图 1.10** **得克萨斯州宗教和酒精销售的空间分布。** 天主教和路德教地区趋于赞成饮酒，浸礼会和卫理公会地区趋于禁止饮酒。传统上，浸礼会和卫理公会都反对饮酒。这两幅图显示了宗教与禁酒令之间的空间关系。来源：*38th Annual Report of the Texas Alcoholic Beverage Commission, Austin,1972, p. 49; and Churches and Church Membership in the United States: 1971, National Council of Churches of Christ in the U.S.A., 1974.*

### 2. 区域类型

区域分为行政区域、同质区域、功能区域和感知区域。行政区域由法律、条例或规章界定，例子包括国家、州、县、城市和学区。世界政治地图显示了一组行政区域的边界；甚至足球场的终点区域也是一个行政区域。行政区域的边界可通过测量精确确定，法律和法规通常适用于这些边界内的所有地点。

同质区域是指具有单一自然或人文特征的区域，或具有自然或人文特征的有限组合的区域。例如，"玉米带"表示一个以农场经济和优势作物为主的区域。图 1.11 给出了同质区域模式。同质区域是根据客观因素划分的。无论同质区域的定义依据是什么，它都是一个较大的区域，在其中可对一个或多个属性进行有效的同质概括。

相比之下，功能区域可视为一个空间系统，其各组成部分是相互依存的，区域的整个范围作为一个动态的、有组织的单位运作。类似于同质区域，功能区域也是根据客观因素划分的，但功能区域在非静态意义上的运作连通方式具有统一性。功能区域互动与联系的界定特征，主要由其节点或核心识别，靠近边缘时节点或核心的地位降低。当一个功能区域的控制和互动程度与范围发生变化时，其边界也会发生变化；也就是说，只有在建立其的交换保持不变时，功能区域的边界才会保持不变。例如，城镇的贸易区域、报纸的流通区域、电视信号的接收区域，以及区域首府的金融、行政、医疗、零售和服务功能的属地，如芝加哥、亚特兰大或明尼阿波利斯（见图1.12）。

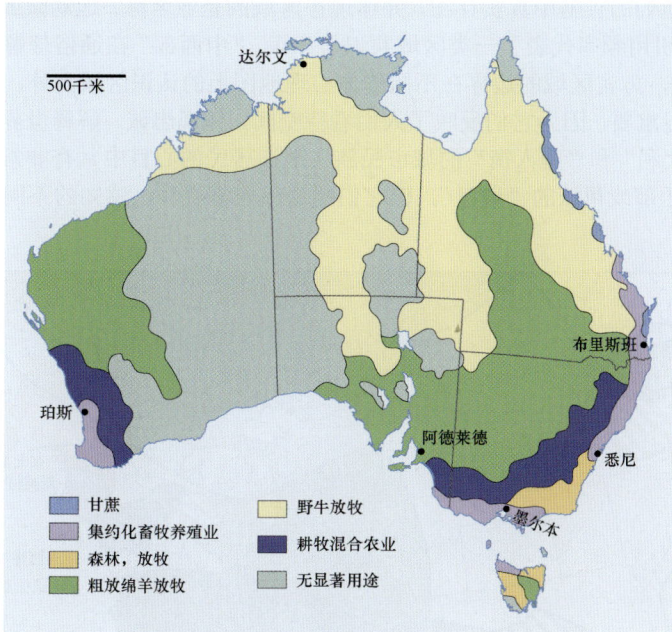

**图 1.11** 这幅澳大利亚的土地用途概查图是由一些同质区域组成的，这些同质区域的内部经济特征显示了本质的一致性，因此与条件或用途不同的相邻地区区分开来

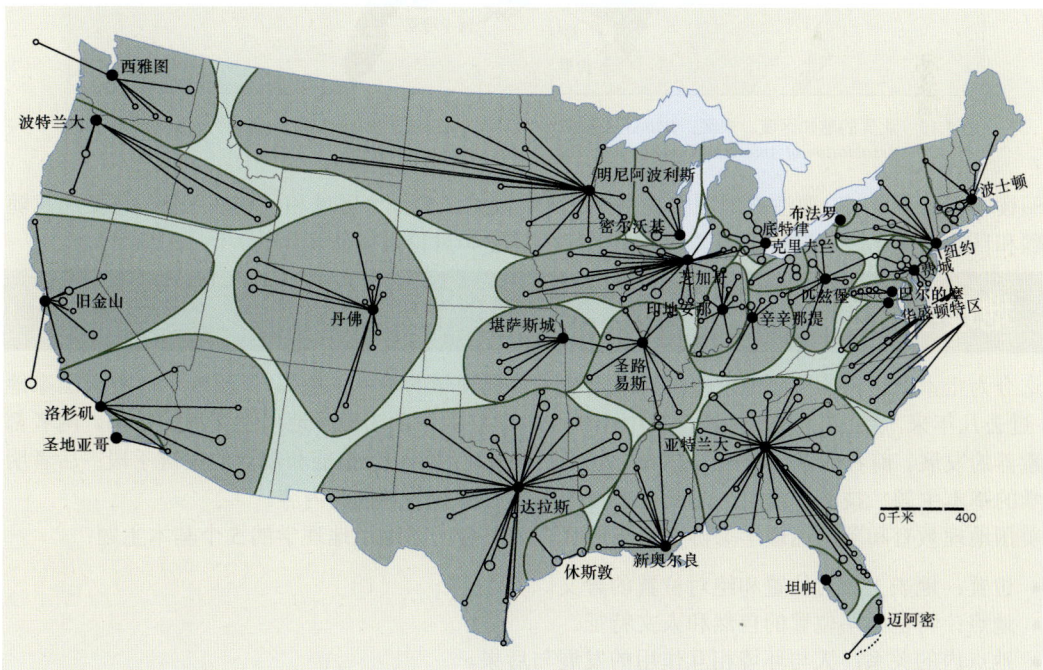

**图 1.12** 图中所示的功能区域是根据中心城市的大型银行与它们从前服务于小城镇的"代理"银行之间的联系划分的。尽管全国性银行的兴起降低了这些代理银行的作用，但这些区域曾是主要城市和邻近中型城市之间的一种重要连通方式。来源：*Annals of the Association of American Geographers, John R. Borchert, Vol. 62, p. 358, Association of American Geographers, 1972.*

与同质区域和功能区域相比，地理学家对感知区域的划分并不严格。它们是已有的区域，能感知到其居民和一般社会。作为民间的心理地图，感知区域反映的是情感和印象而非客观数据。因此，在个体的日常生活中，感知区域要比地理学家划分的客观区域更有意义。

普通人了解空间变化的概念，并能运用区域的概念来区分地域。个人和集体都认同他们的住地。他们认识的方言区域在他们的头脑中真实存在，并体现在区域的企业名称、运动队或广告语中。在美国东北部，"新英格兰"的引用频率代表了一类区域共识与意识，"中西部"在通俗理解和文学参考中也是如此（见图 1.13）。当然，方言区域的边界在不同群体心理地图上的认识区域内外，都会发生变化。尽管如此，这些区域仍然很重要，因为它们反映了人们看待空间、体现忠诚、解释世界的方式。在不同的尺度下，类似于"小意大利"和"唐人街"的城市民族飞地在居民的心目中具有非常高的区域认同感。外来者并不了解城市俱乐部或帮派的"地盘"，但它们的边界非常明显，感知的不同主要表现在居民的日常生活与活动中。

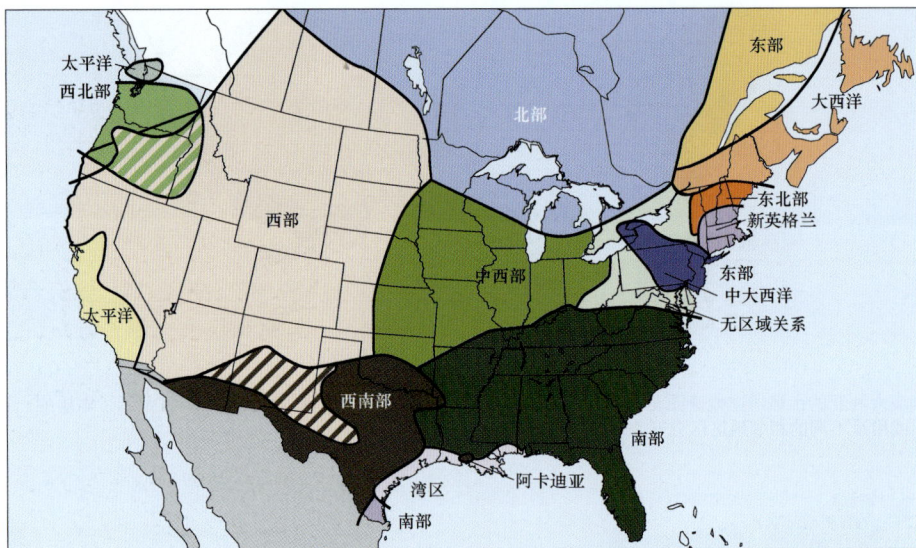

图 1.13　北美的感知区域。来源：*Wilbur Zelinsky, "North America's Vernacular Regions" in Annals of the Association of American Geographers Vol. 70, Figure 1, p. 14, 1980.*

阅读本书的各章时，要注意地图中提供、正文中讨论了多少个区域和区域性示例。还要注意随着示例主题和目的的变化，这三种不同区域类型之间的描述和讨论是如何变化的。

## 1.4　地理学的主题和标准

迄今为止本章讨论的核心地理概念，既反映了"地理学的基本主题"，又反映了《美国国家地理标准》。过去几年来，"主题"和"标准"在中小学和大学层面帮助明确了地理学课程的结构。两者都注重地理素养的发展。前者代表一种教学方法，是学生掌握地理知识、技能和观点的关键手段；后者明确了地理学的基本主题、技能和观点，是受过教育的成年人所必须掌握的内容。

美国地理教育和美国地理学家协会组成的联合委员会，总结了地理学的 5 个基本主题：

- 位置：地表上相对位置和绝对位置的含义。
- 地点：特色鲜明位置的自然和人文特征。
- 地点内的关系：人与环境相互作用的发展与后果。
- 运动：地球上人类空间相互作用的模式与变化。
- 区域：它们如何形成与变化。

《美国地理标准》是《目标 2000：美国教育法案》（参见专栏 1.2）的一部分，它是美国公立学校的学生掌握基本地理知识的指南，本书的内容符合这一标准。

## 专栏 1.2　国家标准

美国将地理学作为评估指标之一反映了这样一种理念，即了解和掌握地理技能至关重要，因为它是在全球经济发展中提升公民生产效率和素质的需要。除正文中回顾的"基本观察"外，1994 年发布的《美国国家地理标准》中也明确了学习地理学的目的和好处。

18 个地理学标准明确了人们需要了解的地理学知识。

**地理技术和技巧**

1. 如何使用地图和其他地理工具与技术，从空间角度获取、处理和报告信息。
2. 如何使用心理地图在空间环境中组织有关人员、地点和环境的信息。
3. 如何分析地表上人员、地点和环境的空间组织。

**自然系统**

4. 塑造地表模式的自然过程。
5. 地表生态系统的特征和空间分布。

**人类系统**

6. 地表人类种群的特征、分布和迁徙。
7. 地球人文镶嵌的特征、分布和复杂性。
8. 地表经济相互依存的模式与网络。
9. 人居环境过程、模式和功能。
10. 人际合作和冲突如何影响地表的划分与控制。

**环境与社会**

11. 人类行为如何改变自然环境。
12. 自然系统如何影响人类系统。
13. 资源的含义、用途、分布和重要性发生的变化。

**地理学的用途**

14. 如何运用地理学来解释过去。
15. 如何运用地理学来解释现在和未来的计划。

**地点和区域**

16. 地点的自然特征和人文特征。
17. 人类划分区域来解释地球的复杂性。
18. 人文和经验如何影响人们对地点和区域的看法。

来源：*Geography for Life: National Geography Standards 1994*. Washington, D.C.: National Geographic Research and Exploration, 1994.

# 1.5　本书的结构

尽管存在多样性的外观，但地理学的基本目标是一致的，即研究数量有限但紧密相关的区域。图 1.14 显示了地理学家研究的范畴和本书的规划。然而，本书并不重点介绍某些特定的区域，如欧洲、密西西比河流域、发展中国家等，它们将在单独开设的课程中讨论。本书首先介绍地理分析的基本概念和技术（第 1 章和第 2 章），重点介绍地图的性质和绘制地图所需的技能，还将介绍基本的制图技术和一些新技术，如地理信息系统（GIS）和全球定位系统（GPS）。简要介绍空间分析时，将介绍使

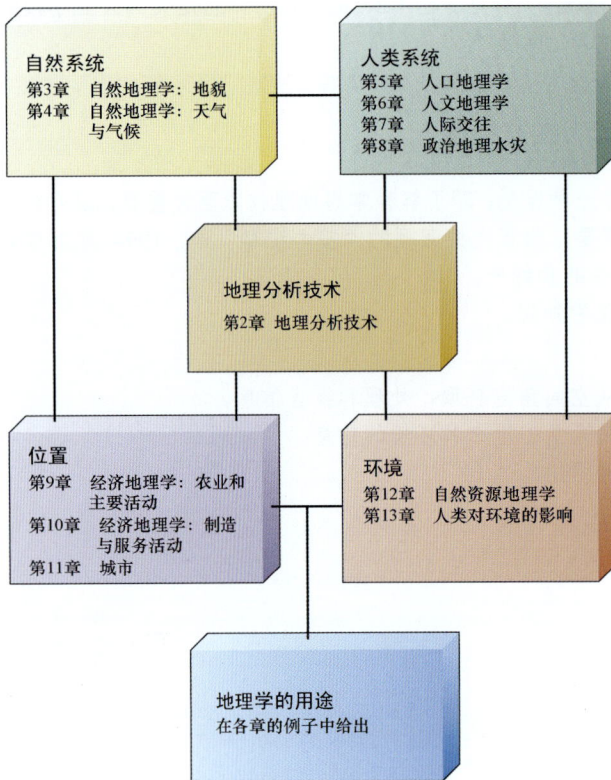

图 1.14   地理学研究的各个领域并不是孤立的，而是彼此关联的，并且都依赖于统一的研究技术与工具。如图所示，这些章节可按自然系统、人类系统、位置和环境来分组

用地图来了解变化（如人口增长、疾病传播、企业扩张等）模式的几种方法。

为了解地球的自然与人文特征，本书从第 3 章开始介绍自然系统。地理学的方法是尝试认识导致表面自然特征（如山脉和溪流）的过程。第 4 章介绍天气和气候，主要内容有地日关系对地球低层大气的影响和基于地理分类系统的气候清单。

地球上的人类系统很多且很复杂。在人类系统的发展过程中，地理学找到了划分这些复杂性的有效方法。第 5 章到第 7 章分别介绍一个特定的人类系统。第 5 章介绍人口地理学。尽管与人口统计学有着许多的共同之处，但人口地理学关注的重点是人口随时间的位置、分布和空间变化趋势。第 6 章讨论人文地理学的基本知识，包括人类行为的技术、社会学和思想体系。语言、宗教和族裔差异在人类使用地球时起重要作用。关于性别和人文的小节有助于读者深入了解人在地理变化中扮演的角色。第 7 章主要介绍人类活动的概念，以便帮助读者了解地理对沟通和商业的控制，主要小节涉及迁徙对人类系统的影响。第 8 章全面介绍政治制度的地理特征。从人文和历史角度来了解各个国家、各个州、合作行为及地方和区域政治组织，地理学的重点在于政治团体的大小、位置和边界的内聚性。

第 9 章到第 11 章介绍位置，主要介绍人类活动的位置、使人类活动起作用的系统，以及由不同层次的人类活动演化而来的定居点。第 9 章介绍人类的主要活动，它们与自然环境的利用相关，如采矿业和农业。一个重要的观点是，这些活动都不是偶然发生的，土地性质和土地需求与人类参与活动的类型关系密切。

主要活动的产出导致了工业（第二产业）和商业（第三产业）活动，这些内容在第 10 章中探讨。地理学的观点是试图了解这些活动的位置。研究位置原理后，讨论由此产生的相互作用和商业贸易。对第一产业活动、第二产业活动活动和第三产业活动的产出与需求，导致了定居点的规模变化和复杂性。这些复杂性表示第 11 章介绍的城市地理学领域。介绍了城市及其腹地；讨论了不同人文和社会中城市的内部空间分布。本章讨论城市系统原理及日益交织的全球城市系统。

最后两章介绍自然环境与人类环境的相互作用及它是如何被人类滥用的。第 12 章介绍可再生资源和不可再生资源，重点介绍当代的关键资源如能源和土地。我们的目的是，如果人类能够了解与开发资源相关的问题，那么人类就能更好地应对资源的枯竭。因此，我们会介绍相对较新的能源如太阳能、风能和天然气。第 13 章介绍人类对环境的影响，主要探讨与人类影响相关的重大问题，如人类对水、空气、气候、地形、植被和动物的影响，并介绍如何对它们的利用进行合理的社会调控。

全书中介绍了当前面临的问题和一些公共政策。高素质的公民在面临选择时，应对如何利用地球做出明智的决策。

## 关键术语

| | | | |
|---|---|---|---|
| absolute direction | 绝对方向 | relative location | 相对位置 |
| natural landscape | 自然景观 | environment | 环境 |
| absolute distance | 绝对距离 | scale | 尺度，比例尺 |
| perceptual region | 感知区域 | formal region | 同质区域 |
| absolute location | 绝对位置 | site | 地点 |
| physical systems | 自然系统 | functional region | 功能区域 |
| accessibility | 可达性 | situation | 场所 |
| region | 区域 | globalization | 全球化 |
| administrative region | 行政区域 | spatial diffusion | 空间扩散 |
| relative direction | 相对方向 | human interaction | 人际交往 |
| connectivity | 连通性 | techniques of geographic analysis | 地理分析技术 |
| relative distance | 相对距离 | human systems | 人类系统 |
| cultural landscape | 人文景观 | | |

## 思考题

1. 地理学家所称的位置有哪两种含义？地理学家称"位置很重要"时，他们对位置的哪些方面感兴趣？
2. 什么是人文景观？自然环境指出了人文景观的什么本质？
3. 相对距离存在哪些类型的距离变换？心理距离与相对距离有何关系？
4. 距离、可达性和连通性是如何与人际交往过程相关的？
5. 地理学家为何要关注区域？在概念和定义上同质区域和功能区域有何不同？

# 第 2 章    地理分析技术

2005 年 1 月 8 日，旧金山号核潜艇高速航行在南太平洋水面下方约 150 米深处，从关岛赶赴澳大利亚的布里斯班。当 136 名船员中的大多数人正在吃午饭时，忽然传来一阵可怕的尖叫声，然后雷鸣般的爆炸声接踵而来。瞬间，船员们就像人体模型一样被抛来抛去，最终导致 1 人遇难、98 人受伤，其中多人伤势严重。旧金山号迎头撞进了一座海山，它是海底火山链与珊瑚礁的一部分。尽管这座海山的高度位于海平面下方 30 米之内，但并未标在核潜艇的航海图上，航海图显示事故所在位置 4.7 千米范围内无任何潜在障碍物。

再向前推 3 年，宾夕法尼亚州西南部的奎克里克煤矿发生了一起透水事故，9 名煤矿工人被困在地下 73 米深处，国人对此高度关注。2002 年 7 月 24 日，矿井里的某机器操作员凿通了 38 年前已废弃且注满水的邻近矿井，导致数百万加仑的地下水一拥而入。矿工们疯狂地寻找出路，遗憾的是，所有出口均已被水淹没。根据劳工部调查人员发布的报告，矿工们此时做了如下一些事情：

"基于水位的上升速度，估算还有约 1 小时剩余生存时间。矿工们花了一些时间反思所面临的形势，并为最坏的情况做好充分准备。几名矿工自愿绑在一起，以便死后便于人们寻找。他们给家人写了纸条，将其放入塑料桶，用盖子盖上，然后用电工胶带密封，固定在锚杆钻机的顶部附近，防止其漂走。"

地面救援人员采用"钻孔+水泵"的方法将水抽出，并沉入一根直径为 0.8 米的通风管。在被困井下 78 小时后，9 名矿工全部安全返回地面。

这次事故本可避免。在采矿公司所用的 1957 年编绘的地图上，显示奎克里克煤矿 138 米之外是老矿井（1964 年关闭）。但是，老矿井在关闭之前又开采了 42.1 万吨煤，关键是还增加了一个紧靠着奎克里克矿井的新竖井，而这些内容并未反映在地图上。

这些示例表明，地图准确与否确实生死攸关，无论怎样强调空间信息的价值都不为过。政府机构在制定长期规划时，需要参考洪水灾害图、火山喷发图、地震灾害图及易发山体滑坡图等地图；流行病学家通过绘制疾病时空分布图，帮助确定疾病暴发的来源，并制订计划来阻止其传播；执法机构利用地图来识别特定类型的犯罪模式，帮助预测这些犯罪的未来可能发生地。

## 2.1    地理学工具：地图

"地理学是人类理解世界的平台，地理信息系统（Geographic Information Systems，GIS）使地理学变得更加鲜活，将数据、信息与科学浓缩成一种很容易理解的语言：地图" ——ESRI（美国环境系统研究所，全球最大的 GIS 软件提供商）总裁杰克·丹杰蒙德如是说（*ArcNews*，2012 年秋季刊）。作为空间分析的首要工具，地图对地理学者具有特殊意义。由于各种各样的原因，地理学者一般对空间分布、空间格局及空间关系兴趣浓厚，但经常不容易从景观自身观察到或获得相关解释。

- "许多现象"空间分布广泛，如地貌、农业区或主要城市等，但无法从一个或几个有利位置对其进行整体观测或研究。
- "许多分布"虽属空间现象，如语言或宗教信仰等，但并非有形或可见。
- "许多交互、流动与互换"将动态性质传递给空间互动，但可能无法直接观测。

即使通过实地考察能够看到和测量地理学者所感兴趣的一切事物，但一个地区具有无限多样的有形与无形内容，几乎不可能孤立地研究与解释适用于专项调查而筛选的少数主题。

由此，地图成为地理学者既必要、又独特的一种工具。只有在地图的帮助下，才能把自然界的任何空间分布与相互作用浓缩至一种可观测的维度，或者将其分离出来开展单项研究，或者通过合并或重组来揭示景观本身不能直接测量的关系。

制作地图的艺术、科学与技术称为"制图学"。尽管古希腊地球科学家的早期贡献也相当著名，但真正具有现代意义的科学制图实际上起源于 17 世纪，当时不仅确认了地球的球体形状，而且开发了地图投影和格网系统。遗憾的是，古希腊制图传统在中世纪的欧洲多已失传，基本上不得不重起炉灶。精确制图学诞生于文艺复兴时期，主要获益于印刷术、托勒密及其他希腊人成果的再发现，以及发现新世界的大航海等技术的进步。

此外，随着欧洲许多国家的民族主义崛起，人类迫切需要确定及准确描绘国界与海岸线，描述国境范围内所包含的各种地貌类型。17 世纪，法国与英国都开展了意义重大的全国性调查，地图数据表达的许多惯例都源于这些调查。

通过了解地图的信息记录方法，可以帮助我们正确地查阅及解释地图。为了防止得出不准确的结论，避免受到变形或错误信息的误导，一定要理解与评估地图的表达方式。当然，由于要把圆形地球描绘在平面上，用符号来表示某些对象时要进行归一化处理，要以不同于实际大小的尺寸来记录要素特征，因此所有地图都必然会变形、失真。这种对现实的失真很有必要，既由于地图小于其所描绘的内容，又由于其有效沟通依赖于只选择性地强调现实的一部分。只要了解常用地图类型的局限性，并理解哪些关系是失真的，一般读者都能正确地解读地图。

## 2.2　球体定点

第 1 章曾经介绍过，所有地理学研究的起点都是地点与对象的位置，确定绝对位置需要选择精确且适当的坐标系。

### 2.2.1　地理格网

为了可视化描述地球上定位点的基本系统，可将其想象为一个上面没有任何标记的球体。当然，如果不建立一个参照系，就没有办法描述球体上某个特定点的确切位置。"地理格网"应运而生，这是以直角相交的一组虚拟线条，形成定位地球表面点的参照系，关键参照点是北极、南极、赤道和本初子午线。

北极与南极是地球绕之旋转的轴线的端点，赤道是垂直于轴线的两极之间一半处环绕地球一周的线。在描述一个点的位置时，可以说明该点距赤道以南或以北的距离，结合其与地心的交角。因为圆有 360°，所以两极之间的距离是 180°，赤道与每极之间的距离是 90°。"纬度"是离赤道北部或南部的角距，以度为单位进行测量，数值范围从 0°（赤道）到 90°（南极与北极）。从图 2.1a 中可以看出，纬圈彼此平行，且与赤道平行，呈东西走向。

地球的极圆周长为 40071 千米，纬线之间的距离为 40071/360，即约 111 千米。如果地球是一个理想球体，那么所有纬线应是等间距的，但实际上两极地区略微扁平，因此两极附近的纬线间距（111.70 千米）略大于赤道附近（110.56 千米）。

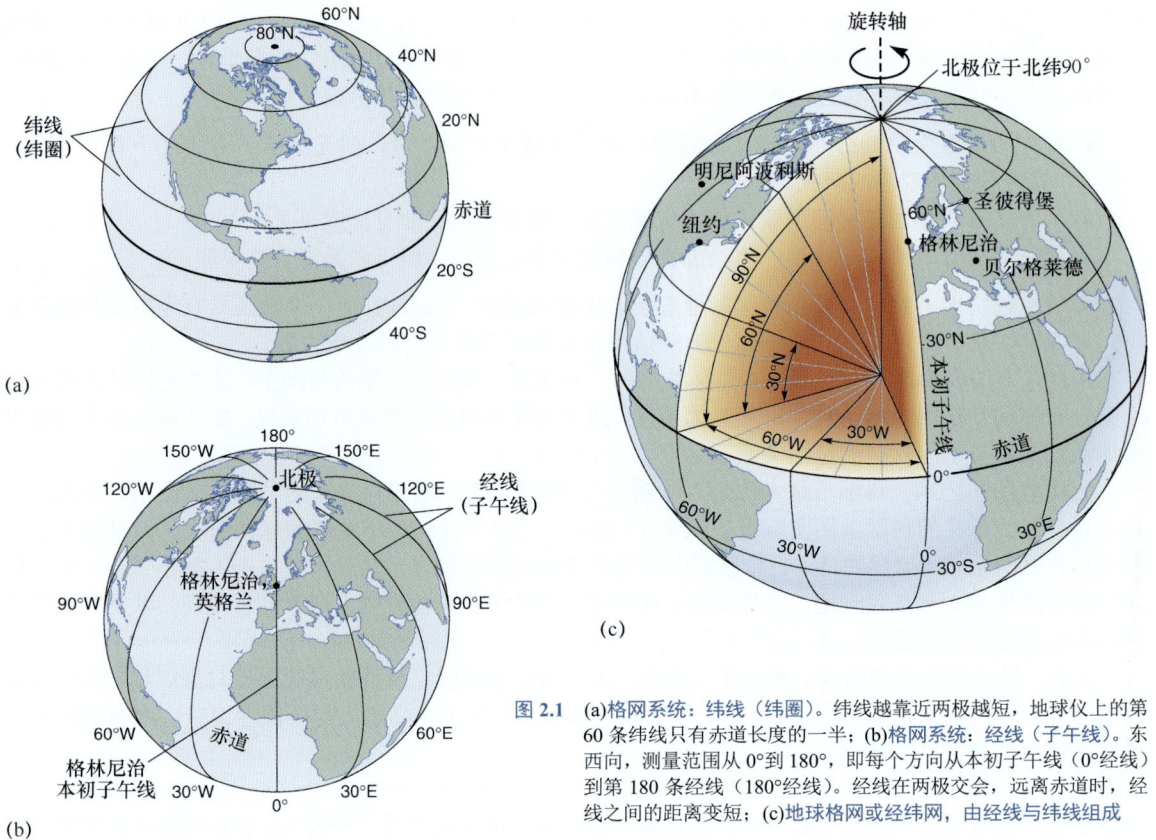

(a)

(b)

(c)

图 2.1　(a)格网系统：纬线（纬圈）。纬线越靠近两极越短，地球仪上的第 60 条纬线只有赤道长度的一半；(b)格网系统：经线（子午线）。东西向，测量范围从 0°到180°，即每个方向从本初子午线（0°经线）到第 180 条经线（180°经线）。经线在两极交会，远离赤道时，经线之间的距离变短；(c)地球格网或经纬网，由经线与纬线组成

为了用更精确的方式记录某个地点的纬度，可将 1 度（°）划分为 60 分（′），1 分再细分为 60 秒（″），这与 1 小时的时间划分基本相同。纬度的 1 分约为 1.85 千米，纬度的 1 秒约为 31 米。例如，芝加哥市中心的纬度为北纬 41°52′50″。

由于到赤道的南北距离本身并不足以确定某个点的空间位置，因此需要指定第二套坐标，标识从统一基准线向东或向西的距离。大多数国家的制图员将本初子午线作为东西向测量的起点，这是一条通过英国格林尼治皇家天文台的假想线，1884 年在一次国际会议上被选为 0°经线。与所有的经线一样，它是连接地球两极的真正南北向的线条（见图 2.1b）。"真南、真北"不同于"磁南、磁北"，后者是指地球磁极的方向，即罗盘指针的指向。经线在赤道位置间距最大，随着纬度的增加而越来越靠近，最终交会在南北两极。与纬线不同，所有经线的长度都一样。

经度是从本初子午线向东或向西的角距离，以度为单位表示，数值范围从 0°到180°。与本初子午线相对的经线是位于太平洋的 180°经线。像纬度一样，经度也可细分为"分"和"秒"。相邻经线之间的距离随着远离赤道而减小，最终在两极位置交会。除阿拉斯加的少数群岛外，南美洲与北美洲均位于西经区域；除西伯利亚楚克奇半岛的一部分区域外，亚洲与澳大利亚均位于东经区域。

地球时区与经度相关。地球每 24 小时自转完整的一周（即 360°），人们据此将其划分为 24 个时区，每个时区的经度间距约为 15°。本初子午线所在时区的时间称为"格林尼治标准时间"（GMT）。新的一天开始之处称为"国际日期变更线"，通常沿着 180°经线，但在某些地方发生了偏离。国际日期变更线呈之字形，目的是避免同一个国家或群岛内存在两个不同日期，例如使西伯利亚与俄罗斯其余地区的日期保持一致，确保阿留申群岛与斐济群岛不被分开。新的一天从国际日期变更线开始并向西推移，因此该线以西总是比该线以东晚一天。

通过用度、分来表示经纬度（必要时可能还会用到秒），可以描述出地球表面任意地点的具体位置。例如，芝加哥市中心位于北纬 41°52′50″、西经 87°38′28″，香港位于北纬 22°17′40″、东经 114°10′26″。

## 2.2.2 土地测量系统

从英国统治下成功独立后，美国联邦政府决定在安置居民前对公有土地进行调查与细分，并颁布了《1785 年土地条例》，系统地建立了称为"镇区与范围"的调查体系。该体系以测量线为基本方向，基线是东西走向的，经线是南北走向的，如图 2.2 所示。网格线以 9.7 千米的间距将土地划分为一系列方块，每个方块的大小为 9.7 千米见方，称为 1 个镇区；每个镇区可划分为 36 个镇段，每个镇段的大小为 1.6 千米见方，面积为 259 公顷；每个镇段又被细分为 4 个四分之一镇段，面积为 64.8 公顷，大小相当于一个标准农场，最初设计用作安置居民的最小面积。这个最小面积后来减小到 32.4 公顷，然后再减小到 16.2 公顷。每块土地都有唯一的标识码。

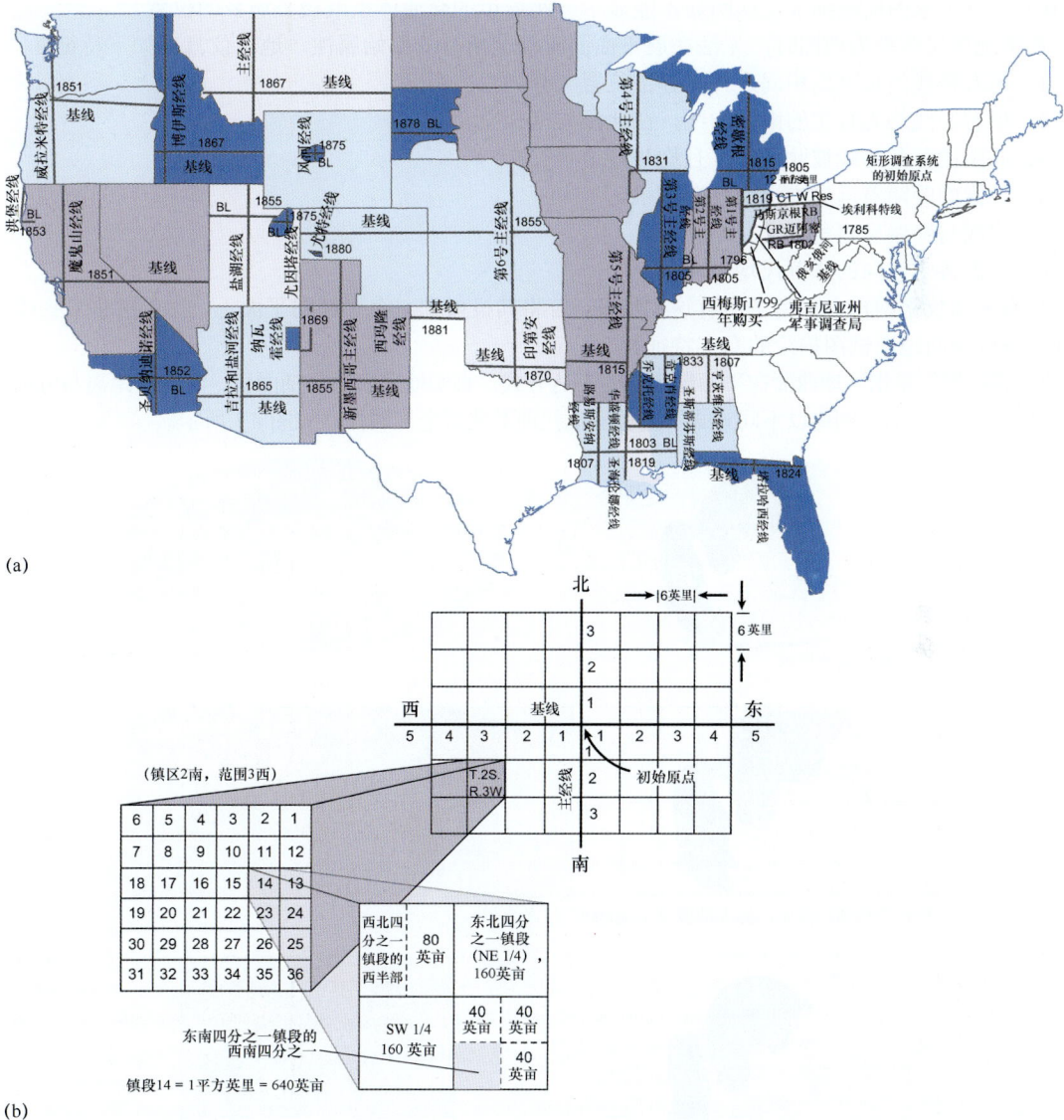

(a)

(b)

**图 2.2** (a)美国公用土地测量系统（USPLS）的基线与经线；(b)USPLS 的镇区、镇段和细分镇段，"镇区与范围"测量系统为每片土地提供一个独特的身份标识。镇区按行（称为层）和列（称为范围）进行编号，在本例中，位于基线以南第 2 层及本初子午线以西第 3 层的那个镇区被标记为"T.2S, R.3W"。每个镇区均被划分为 1.6 千米见方的若干镇段，从东北角开始编号（1～36）。镇段还可细分为四分之一镇段、八分之一镇段与十六分之一镇段。在右下图中，阴影区域的土地办公代码层级为：（1）T.2S, R.3W（镇区）；（2）Sec. 14（镇段）；（3）SE 1/4（四分之一镇段的东南象限）；（4）SW1/4（四分之一镇段的西南象限）。来源: (a)*U. S. Department of the Interior, Bureau of Land Management, Surveying Our Public Lands. Washington, D.C.: U.S. Government Printing Office, 1980.*

"镇区与范围"矩形测量系统首先应用于俄亥俄州东部，后来扩展至美国绝大部分地区，西至太平洋，北至阿拉斯加。加拿大的土地测量系统与美国类似，采用基线与经线将土地划分为镇区、范围、镇段及更加细分的镇段。矩形测量系统深刻影响了美国中西部及加拿大的景观，建立了最小民事管辖区的基本棋盘格局、国家道路的镇段线与四分之一镇段线规范模式、田地与农场的街区模式及城镇的街道格网系统等。

## 2.3　地图投影

只有地球仪才能较为精确地表现地球，但地球仪不像平面地图那样便于存储或使用，而且也不能描述太多细节。如果有一个直径为 1 米的大型地球仪，那么就必须在边长只有几厘米的有限面积内拟合超过 10 万平方千米的地表细节，这明显不能显示一座城市的交通体系或极小城乡的位置。

在将地球仪转换为地图时，无法在展平曲面时保全所有的原始属性。地球仪具有如下特征：

1．所有经线的长度均相同，并在赤道位置一分为二。
2．所有经线均为真实的南北向线，在北极与南极交会。
3．纬圈的各条纬线彼此平行，且均与赤道平行。
4．纬圈间距随着远离赤道而逐渐减小。
5．经线与纬线呈直角相交。
6．地表各个方向的比例尺均相同。

只有地球仪格网自身保留了所有这些特征，若将其投射到一个平铺的平面上，就会扭曲某些或全部属性，导致歪曲地图试图描绘的真实特征。

"地图投影"是指地球曲面在平面地图上的表达方式。真实地球表面包括面积、形状、距离与方向 4 个主要属性，所有平面地图均以不同方式不同程度地扭曲某些或全部属性，如图 2.3 所示。

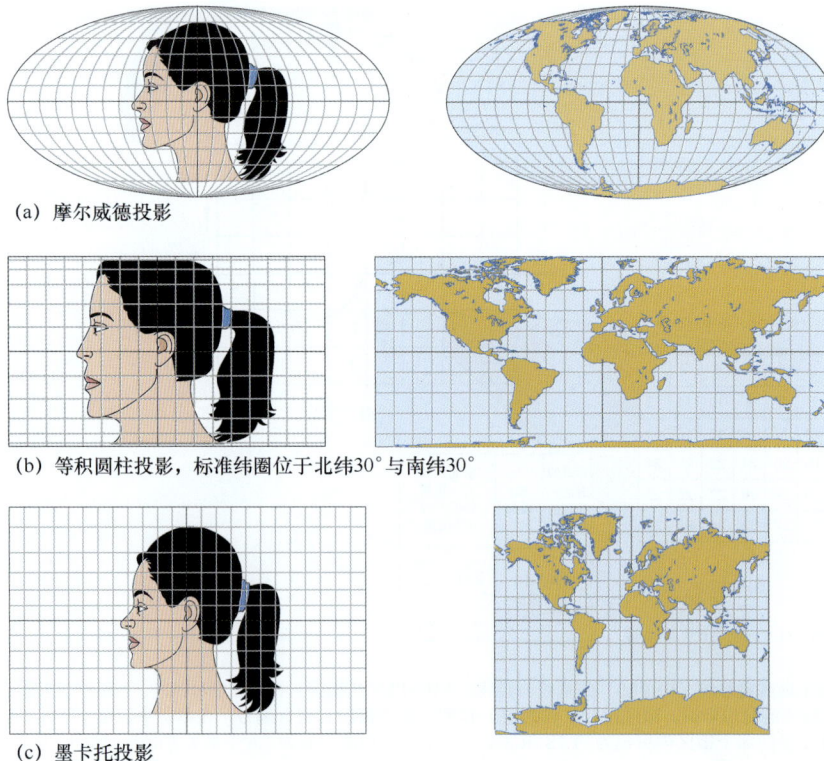

(a) 摩尔威德投影

(b) 等积圆柱投影，标准纬圈位于北纬30°与南纬30°

(c) 墨卡托投影

图 2.3　三种不同地图投影的内在变形。保持纬度与经度不变，将采用某种投影（这里是摩尔威德投影）绘制的头像转换至另外两种投影图。这只是示例而已，并非说明第一种投影最优，头像可以先画在任何一种投影图上，然后转换至另外两种投影图。来源：*Arthur Robinson et al., Elements of Cartography, 5th ed., Fig. 5.6, p. 85. New York, Wiley, © 1984.*

### 2.3.1　面积

采用摩尔威德投影或等积圆柱投影（见图 2.3），制图员能够以正确或不变的比例来表示区域面积，令地图上任意位置的单位面积代表相同的实地面积。在保证面积不变的情况下，需要付出的代价是所描绘的形状不可避免地会发生变形，例如地球上的正方形可能会在地图上变成矩形，但该矩形的面积正确无误，这种投影称为"等面积投影"或"等积投影"。显示正确面积关系的地图总是会扭曲形状，当地图倾向于显示地表现象的实际面积时，最好采用等面积投影。

### 2.3.2　形状

尽管没有任何投影能为大面积区域提供正确的形状，但是某些投影可以通过保留正确的角度关系来精确地描绘出小块面积的形状（见图 2.3c）。这些能够表现真实形状的投影称为"等角投影"或"正形投影"，保形性的重要意义在于区域与要素"看起来正确"，并且具有正确的方向关系。为了实现这些属性，需要确保纬线与经线以直角相交，并在任何给定位置的所有方向上均采用相同的比例尺。这两种情形可共存于地球仪上，但平面地图只能将其保留在面积相对较小的区域。有鉴于此，较大区域（如大陆板块）的形状总是与其真实的地球形状不同，即使在正形地图上也是如此。对同一幅地图来讲，不可能既等积又等角。

### 2.3.3　距离

地图上的距离关系几乎总是失真的，但有一些投影会沿特定方向或线条保持真实距离，还有一些投影能够在所有方向上显示真实距离，这种投影称为"等距投影"。实际上，等距投影有些名不符实，只适用于一个或两个中心点（见图 2.4a），而所有其他地点之间的距离均不正确，并且很可能被极大地扭曲。例如，以底特律为中心的等距地图可以显示底特律与波士顿、洛杉矶及地图上任何其他地点之间的正确距离，但无法显示洛杉矶与波士顿之间的正确距离。对同一幅地图来讲，不可能既等距又等积。

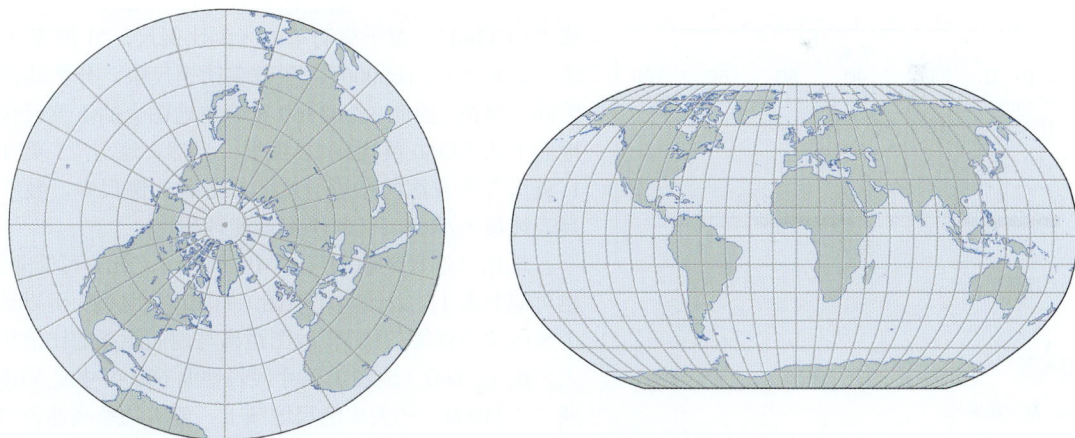

(a)　等距方位投影，以北极为例　　　　　　　　　　(b)　罗宾逊投影

图 2.4　(a)等距投影，只有从中心点（北极）到所有地点的距离与方向才是真实的，没有任何平面地图能够既等距又等积；(b)罗宾逊投影，这是等积投影与等角投影的折中，表现出一个相当真实的世界。最显著的形状失真位于人口较少的高纬度地区，如加拿大北部、格陵兰岛及俄罗斯。在地图上，加拿大比实际大 21%，美国本土的 48 个州比实际小 3%

### 2.3.4　方向

正如距离的真实性一样，所有点之间的方向不可能没有失真。但是在"方位投影"中，从中心点到所有其他点的显示方向都是真实的，从中心点以外的其他点到其余各点的方向或方位角都不准确。方位角是一条直线的起点与经线的夹角，投影的方位角属性并不唯一，即方位角投影可以等积、等角或等距。

图 2.4a 显示的等距地图是以北极为原点的真实方向地图。

并非所有地图都是纯等积、等角或等距的，大多数都是这几种情况的折中，例如本书中的大多数世界地图均采用罗宾逊投影，这种投影展示了整个世界的较佳视觉效果（见图 2.4b）。这种投影不显示真实的距离或方向，既不等积，又不等角，反而为改善陆地形状而夸大了高纬度地区的面积。在大量人口居住的温带与热带地区，这种投影的大小与形状最为准确。

在地图的编制过程中，制图员必须熟悉各种投影的属性，选择最适合其用途的那种投影。如果地图只显示一块较小的面积，那么投影的选择并非关键，实际上可以采用任何投影；当要展示的面积涉及相当大的经度与纬度时，投影选择就会变得非常重要。地图投影的选择通常取决于地图的用途，例如某些投影对航海很有用；若利用数值型数据进行绘图，则涉及区域的相对大小应该正确无误，可能需要选择一种等积投影；挂图通常采用等角投影。绝大多数地图都标明了所采用的投影，将地图的属性及其失真情况告知读者。要了解与地图投影相关的更多信息，请参阅附录 A。

地图格网取决于投影，选择合适的地图格网是制图员的首要任务。接下来，要确定地图的比例尺。

## 2.4 比例尺

"比例尺"是地图上某物的测量值与实际值之比，通常包括三种表达方式：文字、图形或数字（见图 2.5）。文字比例尺用文字进行描述，例如"1 英寸 = 1 英里"或"10 厘米 = 1 千米"；图形比例尺有时也称"线条比例尺"或"线段比例尺"，类似于放置在地图上具有细分刻度的一条线或一根棒，标识地图上的单位距离在地球上的实际对应长度。

数字比例尺用两个数字（RF）的分数式进行表示，第 1 个数字代表地图上的距离，第 2 个数字代表地球上的实际距离。分数式包括多种书写方式。众所周知，1 英里等于 5280 英尺，1 英尺等于 12 英寸，5280 乘以 12 等于 63360，这就是 1 英里的英寸数。对于"1 英寸 = 1 英里"地图来讲，数字比例尺可以表达为"1：63360"或"1/63360"。对于更简单的米制比例尺，"1 厘米 = 1 千米"就是"1：100000"。在数字比例尺中，分数线两侧使用同一单位，因此 1：63360 意味着地图上的 1 英尺代表着地面上的 63360 英尺或 12 英里。当然，这与"1 英寸代表 1 英里"所表达的意思一致。在各种比例尺中，数字比例尺表述最为准确，任何语言均能理解。

地图比例尺是地图尺寸与实际尺寸之比，可能非常大，也可能非常小。大比例尺地图（如城市规划图）可以显示某个地区相当详细的细节，地图距离与地面距离的比值相对较大，如 1：600（地图 1 英寸代表地面 600 英寸或 50 英尺）或 1：24000。在大比例尺地图上，建筑物及高速公路等标志物可以按比例绘制。小比例尺地图（如国家或大洲地图）的比例尺要小得多，建筑物、道路及其他小型标志物不能按比例绘制，必须放大并用符号来表示才能看到。尽管没有严格的数值限制来区分大比例尺地图与小比例尺地图，但大多数制图人员会认为大比例尺地图的比率为 1：50000 或更大，1：500000 或更小比率的地图则称为小比例尺地图。

"1英寸 = 1英里"
"1厘米 = 5千米"
(a) 文字比例尺

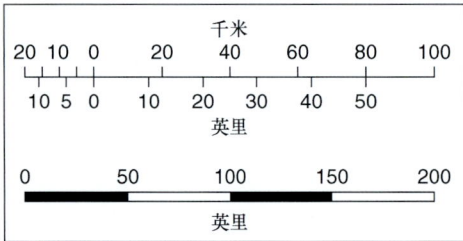

(b) 图形比例尺

$\frac{1}{62500}$    1：62500

(c) 数字比例尺

图 2.5 地图比例尺将地图距离与地球表面距离关联在一起。(a)文字比例尺用语言表示；(b)图形比例尺将一条线划分为几个刻度，每个刻度表示地球表面两点之间的距离。当把地图复制成不同尺寸时，图形比例尺是唯一保持正确的比例尺，能够自动放大或缩小相同倍数；(c)数字比例尺是一个分数式或比率，分数式两侧的距离单位相同

图 2.6 展示了以波士顿为中心但比例尺不同的 4 幅地图，注意观察比例尺如何影响 2 英寸见方正方形区域所能描绘的细节数量。在 1：2.5 万（1：25000）比例尺地图(a)上，约 2.6 英寸代表 1 英里，2 英寸方格的覆盖面积不到 1 平方英里，因此能够轻易识别出各个建筑物、高速公路及其他景观要素。在 1：100

万（1∶1000000）比例尺地图(d)上，1 英寸代表约 16 英里，2 英寸方格的覆盖面积近 1000 平方英里，只能显示主干高速公路及城市位置等主体要素，甚至用途符号也经过了归纳简化，若按真实比例绘制需要占据更多宝贵的地图实际空间。

图 2.6 中的(c)和(d)则为高度概括的小比例尺地图，体现了主体要素"相对位置"这个常规概念，无法提供精确测量数据，细节要比大比例地图少得多，通常会抹去海岸线、河流及高速公路等内容。

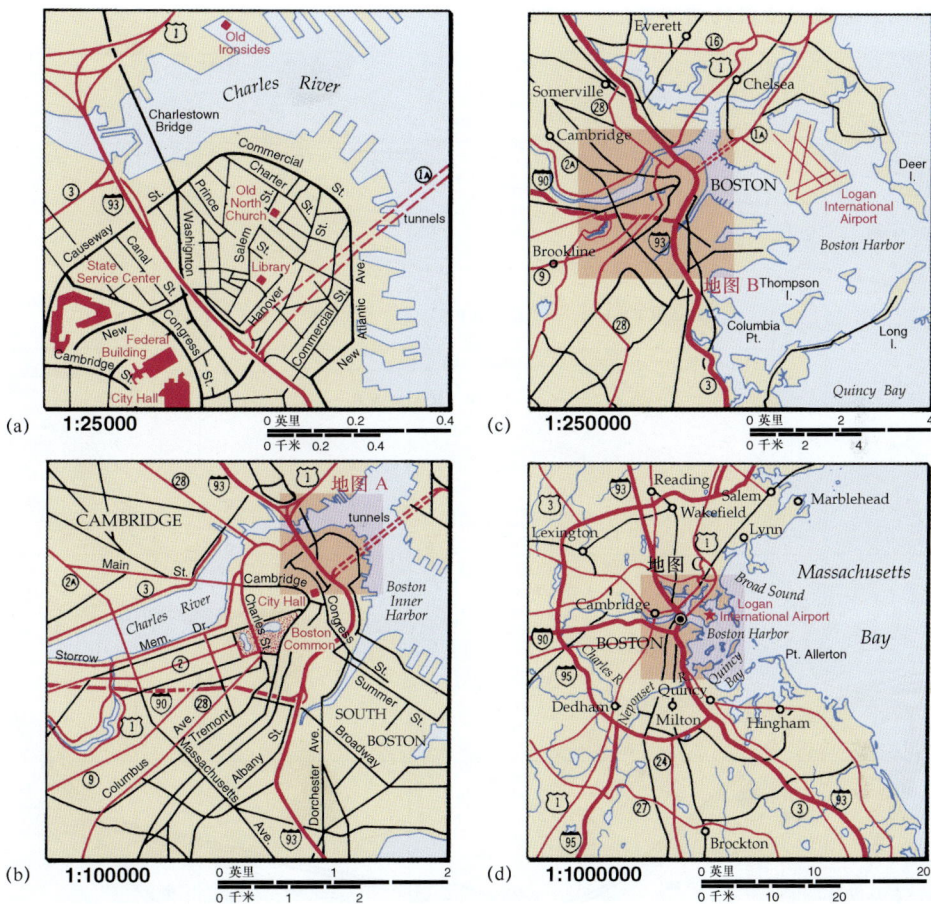

图 2.6　**比例尺对面积与细节的影响**。这 4 幅地图均以波士顿为中心，只是比例尺不同，比例尺越大，所含要素的数量与种类就越多。地图(a)的比例尺为 1∶25000，显示了街道、街道名称及建筑物；地图(d)的比例尺最小，仅显示大城市、高速公路和水体。地图(a)的覆盖区域由地图(b)上的方形掩膜表示，地图(b)的覆盖区域由地图(c)上的方形掩膜表示，地图(c)的覆盖区域由地图(d)上的方形掩膜表示

## 2.5　地图类型

在地图可以展示的众多要素中，地理学者必须首先选择与手头问题相关的那些要素，然后决定以何种方式展示以传递信息。为了实现这一目标，需要从不同类型的地图中进行选择。

通用地图、参考地图或位置地图都是大家熟悉的地图类型，用于展现某个地区或全世界的一个或多个自然和/或文化要素，常见自然要素包括水体（海岸线、河流及湖泊等）和地形的形状与高程等，常见文化要素包括交通路线、人口稠密区、财产所有权范围、政治边界和地名等。

另一类地图称为专题地图或专用地图，显示某种特定的空间分布或数据类别，制图对象包括自然要素（气候、植被及土壤等）和/或文化要素（人口、宗教、疾病或犯罪分布情况等）。与参考地图不同，专题地图仅限于表达特定的空间分布信息。

## 2.5.1  地形图与地形表示法

描绘地形的形状与高程的通用地图称为"地形图"，通常应用于相对较小区域的地表要素，往往具有极高的精度（见图 2.7）。地形图不仅能够显示地貌、溪流及其他自然景观，而且可以展示交通路线、建筑物、土地利用情况（如果园、葡萄园和墓地）等人文景观。此外，地形图还描绘了许多类型的边界，如各州边界、土地边界或机场边界等。

图 2.7　美国地质调查局绘制的 7.5 分地形图系列，加利福尼亚州拉乔亚（圣地亚哥）地区。比例尺为 1:24000，显示了相当多的细节信息，深色调建筑物为学校、教堂、墓地、公园及其他公共设施。来源：美国地质调查局

美国地质调查局（USGS）是美国负责地形测绘的主要联邦机构，采用标准比例尺出版了数个系列的地形图。其中，完整覆盖美国全域的地形图有两种比例尺（1∶25 万与 1∶10 万），其他各种比例尺地图覆盖了部分区域。各州地图所用比例尺取决于面积大小，从 1∶12.5 万（康涅狄格州）至 1∶50 万（阿拉斯加州）不等。

在这些地形图系列中，单张地图称为"方庭地图"，即四边形地图。1:24000 比例尺方庭地图已经全部覆盖了美国本土的 48 个州、夏威夷及其他领土，总数量达到 57000 幅。每幅地图均覆盖"7.5 分纬度×7.5 分经度"的矩形区域（见图 2.7），包含关于自然与文化要素的区域性详细信息。由于阿拉斯加州地广人稀，因此选择 1∶63360（1 英寸代表 1 英里）比例尺，2900 余幅地图构成了该州的方庭地图系列。

如前所述，地形图描绘的是地球表面，制图员需要应用各种技术在二维地图上呈现出三维地球表面。为了显示地形起伏与海拔变化，最简单的方法是用所谓的"地面点高程"数字来表示特定地点的海拔高度。"基准点"是一种特定类型的地面点高程，是用于计算附近位置高程的参照值（参见专栏 2.1）。

地形图上显示高程的主要符号是等高线，组成等高线的所有各点都具有基准面（通常为平均海平面）以上的相同高度。等高线是假想线，假设将某一垂直要素按等间距、平行地切成一系列水平薄片，所出现的轮廓线就是等高线。图 2.8 显示了假想岛屿的等高线及其与高程的对应关系。

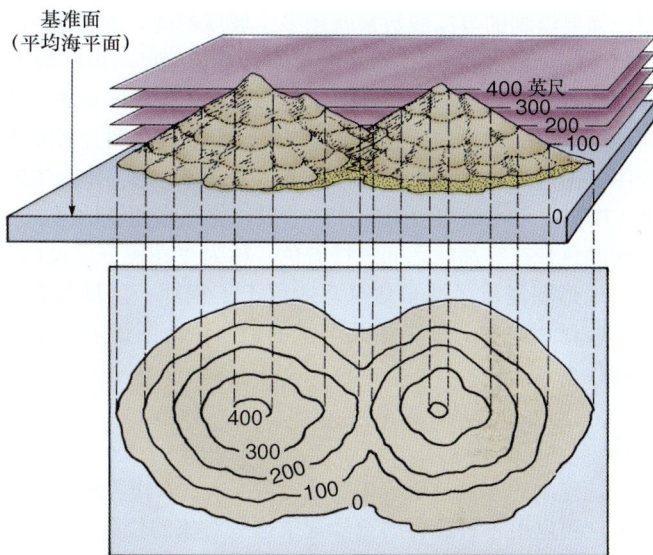

图 2.8　绘制虚构岛屿的等高线。这个被平行于海平面的平面切割形成的地形交汇点集合，就是标识该平面海拔高度的等高线

## 专栏 2.1　大地测量控制数据

经度与纬度仅能表示某个地点的水平位置，若要完成三维空间定位，还需要界定高程的垂直控制点，通常根据海拔高度来确定。水平位置与垂直位置数据组合在一起，即可构成"大地测量控制数据"。美国拥有能够覆盖全美地区的大地测量控制数据网络，内含超过 100 万个控制点，每个点的经度、纬度及高程信息均被精确地确定、记录与标记。

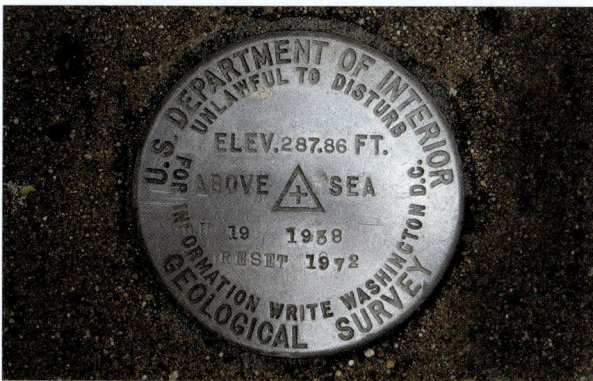

© Roger Scott

每个控制点都有一个固定在地面上的青铜标记物，可能位于山顶或丘陵地区，也可能位于城市人行道上。竖立的这些标记物称为"基准点"，标有放置机构名称、高程数据及放置日期等内容。美国地质调查局（USGS）绘制的每一幅地图都标注了地图覆盖区内的标记物，并且存有包含每个标记物的描述、位置与高程信息的大地测量控制数据清单。在地图上，基准点用大写字母 BM、小写字母 x 与高程组合来表示。

经过 12 年的艰苦努力，美国联邦科技工作者于 1987 年对这些清单进行了修订，完成了全美约 25 万个基准点精确位置的重新计算。在利用卫星定位系统对 1927 年以来全国控制点进行首次重新调查时，美国国家海洋和大气管理局（NOAA）发现了一些位置变化，例如纽约帝国大厦的位置应在其原官方认定位置的东北方向 36.7 米处，华盛顿纪念碑向东北方向移动了 28.8 米，加利福尼亚州萨克拉门托国会大厦的圆顶重新定位到西南 91.7 米处，西雅图太空针塔现在位于其原官方标识以西 93 米、以南 20 米处。与以距离和角度为基础的旧土地测量系统相比，卫星测量调查提供的位置更为准确，从而形成更准确的地图和更精确的导航。

"等高线间距"是等高线之间的垂直间隔，按惯例通常在地图上加以说明。一般来讲，地表越不规则，需要绘制的等高线数量就越多；坡度越陡，渲染该山坡的等高线就越密。常见等高线间距为 10 英尺和 20 英尺，但相对平坦区域可能只有 5 英尺，山区则可能为 40 英尺、100 英尺甚至更大。

尽管等高线可以形象地展示地形地势，为地图读者提供大量信息，例如地图上任何位置的高程及任何地形要素的大小、形状与坡度等，但大多数地图读者发现很难从等高线想象出景观本身。为了增强地形图的图形效果，制图员有时会采用"晕渲地形"作为等高线的补充。通常假设光源从西北方向照射过来，模拟太阳光线与阴影的外观效果，建立照亮该地区的三维地形效果模型。此外，还可以用不同高程范围的色带在等高线之间进行着色，称为"高程分层设色"。

地形图提供了海量信息，适用于工程师、区域规划人员、土地利用分析与开发人员、徒步旅行者及临时用户等。基于如此丰富的信息，地图读者应能够对该地区的自然特征与土地文化用途做出合理推断。

### 2.5.2  专题图与数据表示法

地理学的本质是研究事物或对象（人、农作物或交通流动等）的空间格局及其相互关系。在专题地图上，可以用各种各样的符号记录这些对象的位置或数量。符号与地图既可以定性，又可以定量。

定性专题图的主要用途是显示某类特定信息的分布情况，如世界产油油田的位置、国家公园的分布及国内农业专业化地区的格局等。人们感兴趣的内容是这些对象在哪里，而不是开采的石油桶数、公园的游客数量或农作物的价值等信息。

定量专题图主要显示数值型数据的空间特征，通常选择人口、收入或土地价值等单一变量，展示该变量在不同地点之间的变化。若为多变量地图，则同时显示两个或更多变量。

#### 1. 点状符号

对于地图上某一特定空间点出现的要素，可以用点状符号来表示。地球上有数千种这样的要素，如教堂、学校、墓地及历史遗产遗迹等。点状符号包括点、十字丝、三角形及其他形状，在定性专题图上，每个符号仅记录该要素在地球上的特定点位置。

然而，人们有时可能会对若干地点事物的数量变化感兴趣，如典型城市的人口、某些港口处理货物的吨数或特定机场的乘客数量等。

采用点状符号来表示这些分布形态时，有两种主要方法，分别如图 2.9a 和图 2.9b 所示。第一种方法是选择一种符号（通常是点），标识出制图项目的给定数量（如 50 人），必要时可以将该符号重复多次。

这样的地图很容易理解，为地图读者提供了该格局的视觉印象。有时候，为了获得更好的视觉效果，人们还会使用图片符号（如人像或油桶）。

当数据的变化范围很大时，地理学者会发现重复符号并不适用。例如，假设某个国家的人口数量是另一个国家的 500 倍，或者某个港口的货物吞吐量是另一个港口的 50 倍或 100 倍，那么一方面必须在地图上放置更多的点，另一方面这些点可能会发生重叠。为了规避这个问题，制图员可以选择第二种方法，即"分级符号法"，使符号大小随所表示的数量多少而发生变化。因此，如果使用正方形或圆形，那么该符号的面积通常与数量成正比（见图 2.9b）。

(a)

(b)

(c)

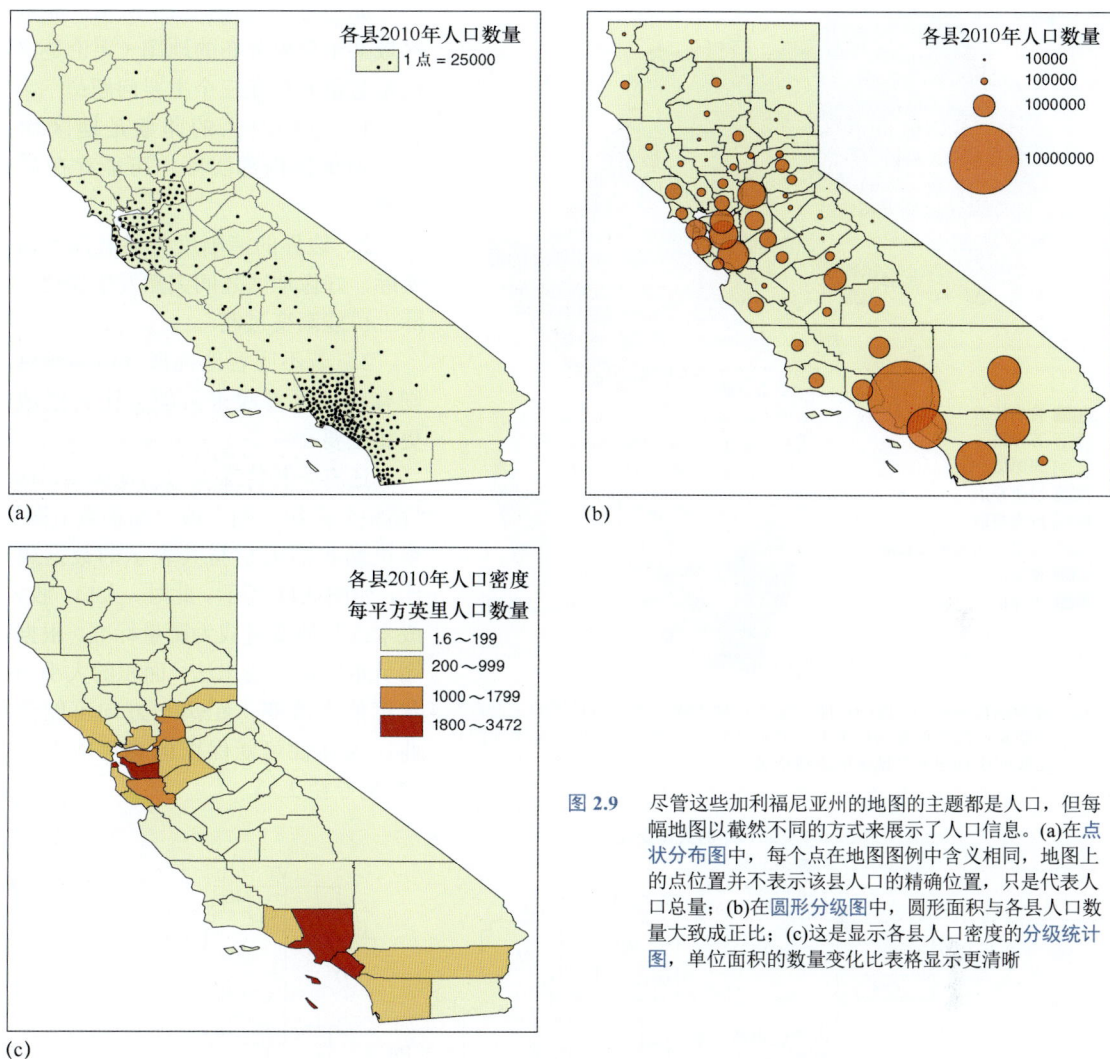

图 2.9　尽管这些加利福尼亚州的地图的主题都是人口，但每幅地图以截然不同的方式来展示了人口信息。(a)在点状分布图中，每个点在地图图例中含义相同，地图上的点位置并不表示该县人口的精确位置，只是代表人口总量；(b)在圆形分级图中，圆形面积与各县人口数量大致成正比；(c)这是显示各县人口密度的分级统计图，单位面积的数量变化比表格显示更清晰

在有些情况下，数据的变化范围非常大，即使圆形或正方形也会占用极大数量的地图空间。此时可以应用球体或立方体等符号，使其体积与数量成正比。遗憾的是，许多地图读者不能有效地识别体积所隐含的附加维度，因此大多数制图员不推荐采用这种符号。

**2. 面状符号**

需要表现某种现象的数量随地区变化而发生的变化时，还有一种有效方法是"分级统计图"，它表示的数量既可以是绝对数值（如县人口数），又可以是派生数值，如百分比、比值、比率和密度（如县人口密度）。数据划分为有限的几种类别，每种类别都用独特的颜色、阴影或图案进行区分。图 2.9c 是分级统计图示例，图中的面积单元是州，其他常用细分单元包括县、乡镇、城市及人口普查区等。

对于地球表面定义区域内的诸多要素，可以用面状符号将其绘制在地图上。正如点状符号一样，面状符号地图也分为两大类，一类显示种类差异，另一类显示数量差异。第一类地图示例数量非常多，如宗教类型地图、语言地图、政治实体地图、植被图或岩石类型图等。通常，不同区域用不同颜色或图案填充，如图 2.12 所示。

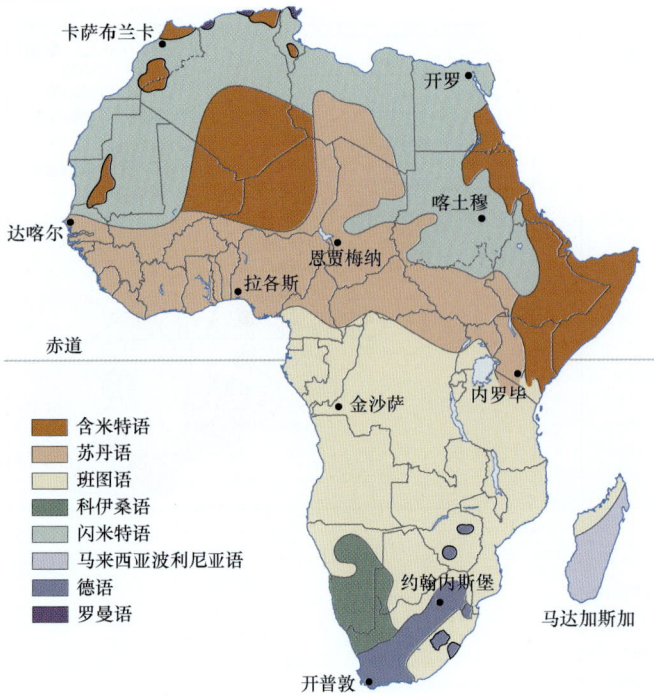

图 2.10　**非洲语言分布图**。此图可能会给人一种"特定区域内只讲固定语言"的错觉，比如说非洲南部大部分地区只讲班图语。其实，此类地图只是倾向于描述某个地区的主流语言

如图 2.9c 和图 2.10 所示，显示某区域某个现象分布的地图（无论是定性还是定量）存在三个主要问题：

1. 它们给人的印象是地区均一化，但地区内部实际上可能存在显著差异。

2. 边界的清晰度与显著性不切合实际，好像地区之间突然发生变化，实际上可能渐变过渡。

3. 若不明智地选择合适的颜色，则有些地区看起来可能会比其他地区更加重要。

还有一种特殊类型的地区图，称为"面积分区统计图"或"面积数值图"，单位面积的大小与其表示的数据成正比，如图 2.11 所示。此时，人口、收入、成本或其他变量成为衡量标准。根据制图员希望传达的想法，面积的大小与形状可能会改变，距离与方向可能会扭曲，连续性可能保留但也可能不保留（参见专栏 2.2）。

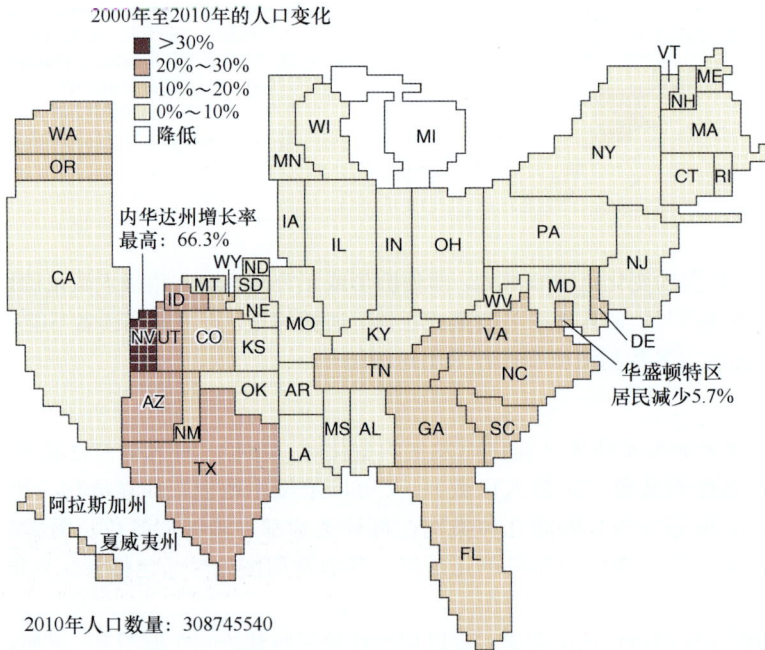

图 2.11　根据美国人口普查局的报告，依据 2010 年各州的居民数量来确定地区规模，这就是**分区统计图**。本图还显示了 2000 年至 2010 年的人口变化百分比。来源：美国人口普查局

## 专栏 2.2　红色州和蓝色州

　　每幅地图都有其用途。地图制作者负责确定需要展示哪些数据，以及如何展示这些数据，这就可能影响公众对现实的看法。例如，媒体用"红色"州与"蓝色"州来探讨 2012 年美国总统大选的结果，红色州的大多数选民投票支持共和党候选人米特·罗姆尼，蓝色州的大多数选民支持民主党候选人巴拉克·奥巴马。如图所示，48 个本土州都涂上了相应的颜色，红色表示共和党占多数，蓝色表示民主党占多数。

　　从全国范围来看，民主党险胜，奥巴马的支持率为 51%，罗姆尼的支持率为 48%。然而，地图(a)给人的印象是共和党候选人赢得了选举，因为地图上的红色比蓝色多。虽然地图数据准确无误，但其误导性在于：大多数红色州的人口较少，而大多数蓝色州的人口较多。密歇根大学复杂系统研究中心的三名研究人员编制了面积分区统计图(b)，依据人口规模而非土地面积来重新划分各州。在该地图上，显然蓝色比红色多，有些人数较多的州比人数较少的州要大一些，例如拥有 110 万居民的罗得岛州的图中面积约为拥有 50 万人口的怀俄明州的 2 倍，尽管怀俄明州的土地面积是罗得岛州的 60 倍。

　　研究人员绘制了描述选举结果的大量其他地图，其中有些地图按县显示选举结果，有些地图按州面积与选票数量的比例来显示选举结果，还有一些地图则在红色与蓝色之外加入了第三种颜色（紫色），表明民主党与共和党的选票比例接近平衡。

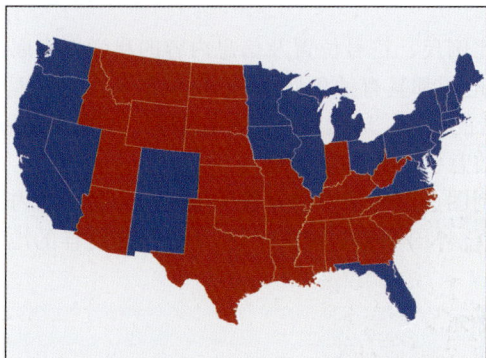

(a)常规视角。这幅地图显示了 2012 年 11 月美国总统选举的各州投票结果，红色表示共和党得票数较多，蓝色表示民主党得票数较多

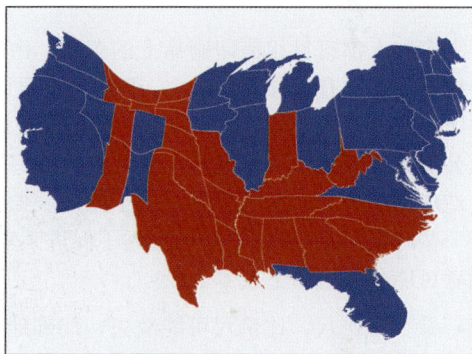

(b)人口视角。选举结果显示图中州的大小基于人口数量而非土地面积

### 3. 线状符号

　　线状符号表达具有长度但无显著宽度的要素。地图上的某些线条没有数值意义，如河流、行政边界、公路和铁路的标识线条。

　　但是在地图上，线状符号经常表示特定数值，如连接平均海平面以上相同高度地点的等高线称为"等值线（或恒值线）"，其他类似线条还包括等雨量线（相同降雨量）、等温线（相同温度）及等压线（相同气压）等。

　　"流线图"适用于不同地点之间的线性运动，既可以定性描述，又可以定量描述。定性描述示例如显示洋流或航线的地图，线条具有均匀的宽度，一般通过箭头来表示运动方向。在定量描述流线图上，线条的宽度可依据其表示的数量成比例缩放，居民流、交通流和商品流通常采用此种方式，路线的位置、运动方向及流量等均能加以定量描述。显示的数值既可以是绝对值，又可以是派生值，如实际交通流量或每英里流量值等。在图 2.12 中，流线的宽度与美国跨州移民的数量成正比。

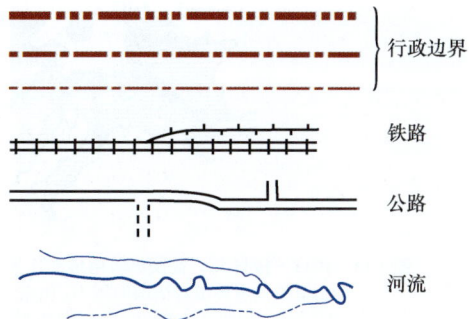

行政边界

铁路

公路

河流

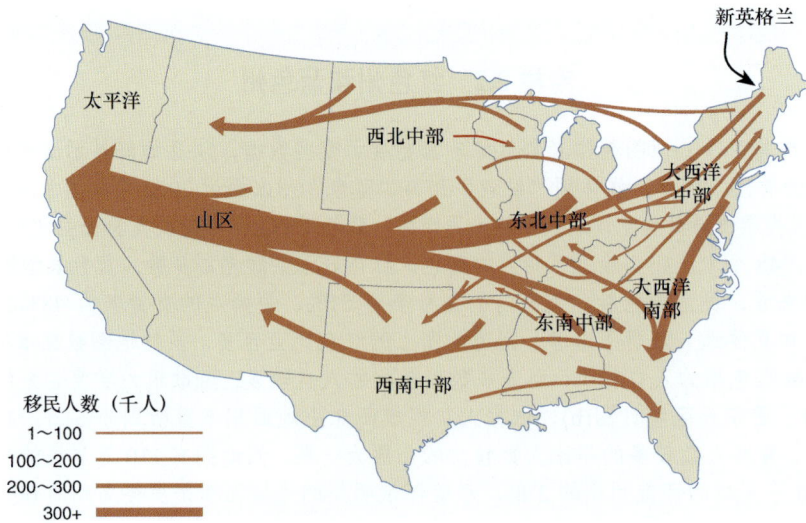

图 2.12　美国 20 世纪 50 年代移民格局的定量流线图

### 2.5.3　地图误用

大多数人都盲目相信印刷品上的东西，由于线条、比例尺、符号位置及信息内容的科学严谨属性，使得地图更加具有较强的公信力。但是一定要记住，任何地图都具有抽象属性，不可避免地会扭曲现实。正如所有交流形式一样，地图所传达的信息反映了制图者的意图，这就有可能存在偏差。制图者可以巧妙或公然地操纵地图制作过程，使其包含他们所赋予或故意包装的虚假信息。

造成制图失真的原因有时是出于无知，如中世纪的制图员用神话中的异兽来填充未知的大陆内部。还有一些时候，扭曲事实的动机是为了促进某项事业或阻挠外国军事与情报行动。为了制作这样的地图，制图者可能会采用如下技术手段：

- 缺少比例尺。比例尺可能缺失，局部地区放大或缩小。
- 简化设计，去除使地图更准确的数据或要素。
- 添加具有强烈心理影响的颜色。
- 使用粗体、超大号和/或误导性的符号。
- 标注动作符号，如用箭头表示军事入侵或撤退，用钳子符号表示受到包围威胁的区域（见图 2.13）。

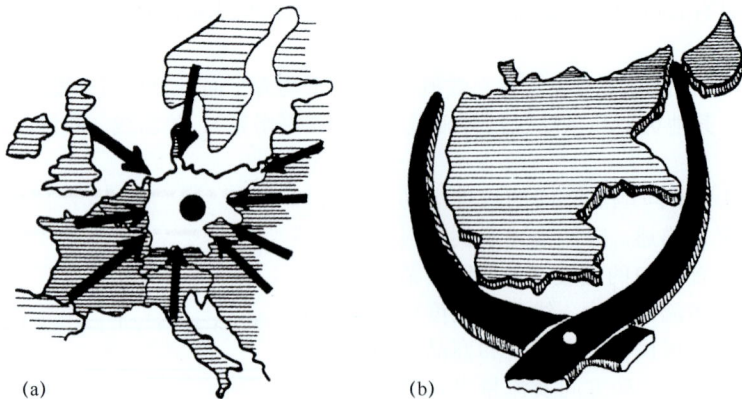

(a)　　　　　　　　　　　(b)

图 2.13　1933—1945 年，德国纳粹用地图作为宣传工具。地图被设计成受到包围威胁，从而增加公众对德国的同情。(a)箭头代表各国对德国的压力；(b)钳子代表法国与波兰对德国的包围。来源：*Karl Springenschmid, Die Staaten als Lebewesen: Geopolitisches Skizzenbuch (Leipzig: Verlag Emst Wunderlich, 1934)*

- 数据的选择性遗漏。例如，许多政府并未在地图上标明军事设施的位置；航空公司杂志中的枢纽地图通常显示从枢纽辐射到所服务城市的线路，给人带来的第一印象是"航班直达"。
- 为军事对手准备的谬误信息或"虚假情报"。苏联首席制图员于 1988 年承认，苏联政府持续 50 年故意篡改该国几乎所有公开出版的地图，包括偏移或省略标志物，或采用不正确的格网坐标等。由此，公路、河流及铁路的路线有时会改变多达 10 千米；某个城市或城镇显示在一条河的东岸，但实际上可能位于西岸；即使标志物正确显示，经纬网也可能会错位。
- 不恰当的投影。十几年来，约翰·伯奇协会和其他政治团体大量采用墨卡托投影，片面夸大高纬度地区的面积，将中国与俄罗斯涂成红色。还有一种"彼得斯投影"，有些人用其推动社会正义（参见专栏 2.3）。

总而言之，地图具有两面性，既能传递可验证的空间数据或科学分析结果，又能轻易形成扭曲或谎言。对这些可能性了解得越多，地图读者就能越深入地理解地图投影、符号化、专题图及参考地图标准的常见形式，也就越有可能合理地质疑并清楚地理解地图所传递的信息。

## 专栏 2.3　彼得斯投影

彼得斯投影由德国记者兼历史学家阿诺·彼得斯开发与推广，力求世界不那么以欧洲为中心，提醒人们更加关注第三世界问题。该投影可生成等积地图，彼得斯称其显示了地球上人口密集地区与第三世界国家彼此之间的适当比例，成功说服对第三世界有特别兴趣的大量社会机构进行关注并采用此图，包括世界教会理事会、美国路德教会、教科文组织以及联合国的其他几个组织。

自 1973 年提出后，该投影方法就被认为是一项"新发明"，引发了一波争论风暴。评论者指出，与墨卡托投影相比，彼得斯投影更公平、更准确。彼得斯将墨卡托投影作为毫无意义的陪衬，像对待"稻草人"一样进行敲打。如果彼得斯想论证欠发达国家需要更多的舆论关注与资源份额，他可能会更好地使用面积分区统计图（见图 2.11），该图中的每个国家均根据居民人数进行缩放，这样做才能呼吁人们更多地关注人口数量极大的第三世界国家，如印度和印度尼西亚等。诋毁者指出，彼得斯投影错误地扭曲了热带地区与高纬度地区的形状，许多等积投影生成的世界地图则有较少的形状扭曲。另外，除了在很有限的条件下，距离与方向不能测量。最后，该投影并不是新的发明创造，实际上只是对詹姆斯·加尔于 1855 年开发的等积投影进行了非常微小的调整。

# 2.6　现代空间技术

20 世纪下半叶见证了一场地理数据的收集、存储与分析技术革命，同时促进地图的制作方法、种类、数量及应用方式取得了巨大进步。其中，最重要的两项新技术是遥感与全球定位系统。

## 2.6.1　遥感

最初编制地形图时，必须要通过外业工作来获取数据，这是非常缓慢且冗长的过程，涉及将地球表面的特定测量点与其他点的距离、方向及高程建立联系。现在，"遥感"技术已经取代了很多外业工作，使人们不必直接接触地面就可以探测目标物的属性。20 世纪初期，固定翼飞机为照相机和摄影师提供了平台；20 世纪 30 年代，按计划位置与路线拍摄的航空照片可以为地图测绘工作收集到可靠数据。

虽然目前存在各种各样的传感装置，但装备返回式胶片照相机的航空摄影仍然是一种应用广泛的遥感技术。与地面测量相比，空中制图具有明显优势，最明显的证据是制图员可获得鸟瞰图；在立体镜等设备的辅助下，可以确定标志物（如山脉、河流及海岸线等）的确切坡度与大小；对于山区及沙漠等难以调查的其他地区，从空中也能很容易制图。更进一步说，通过应用遥感技术，可以在很短时间内调查数百万平方千米的土地。

　　标准摄影胶片能检测到电磁波谱的可见光部分反射的能量（见图2.14a），可以与特殊感光的红外胶片互为补充，后者业已证明对记录植被与水文特征特别有用。彩红外摄影能够制作假彩色影像，因为胶片不能产生自然界的真彩色影像（见图2.14b）。例如，健康植被的叶子具有较高的红外反射率，在红外胶片上记录为红色；不健康或休眠的植被表现为蓝色、绿色或灰色；清澈的水体表现为黑色，但含沙水体可能呈淡蓝色。

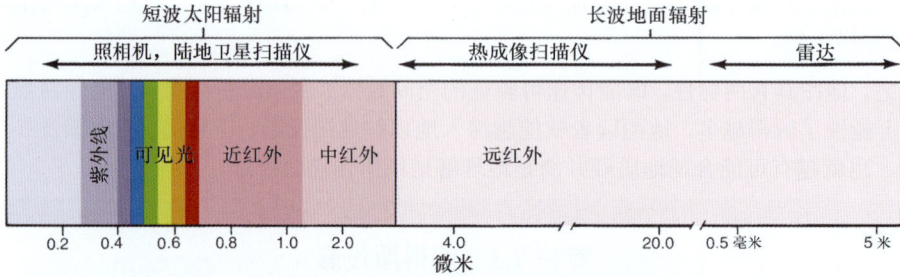

(b)

**图 2.14** (a)以微米计量的电磁波谱波长。1微米等于百万分之一米。太阳光由不同的波长组成，人类的眼睛只对其中一些波长敏感，所看到的就是彩虹的颜色。近红外波长虽然看不见，却可以记录在特殊的感光胶片上，也可以通过卫星上的扫描仪记录下来。扫描仪可以记录可见光与近红外部分的反射光。地面辐射的特征是波长大于4微米；(b)华盛顿特区的彩红外航空照片。来源：美国地质调查局

　　对于波长超过1.2微米的电磁波谱，必须使用传感设备而非摄影胶片。非摄影成像传感器包括热成像扫描仪、雷达和激光雷达。

- 热成像扫描仪记录由水体、云层、植被、建筑物及其他物体发出的长波辐射，用于生成热辐射图像，如图2.15所示。热敏感应技术与传统摄影技术不同，晚上与白天均可以使用，适用于军事等领域，广泛应用于研究水资源的各个领域，如洋流、水污染、地表能量平衡及灌溉制度制定等。

- 雷达（无线电探测与测距的简称）系统可运行于电磁波谱的不同波段，也可以全天候应用于白天或夜晚。鉴于雷达能够穿透云层、植被与黑暗，因此特别适用于监测飞机、船舶及风暴系统的位置，也特别适合于绘制世界上无休止云雾弥漫地区的地图（见图2.16）。

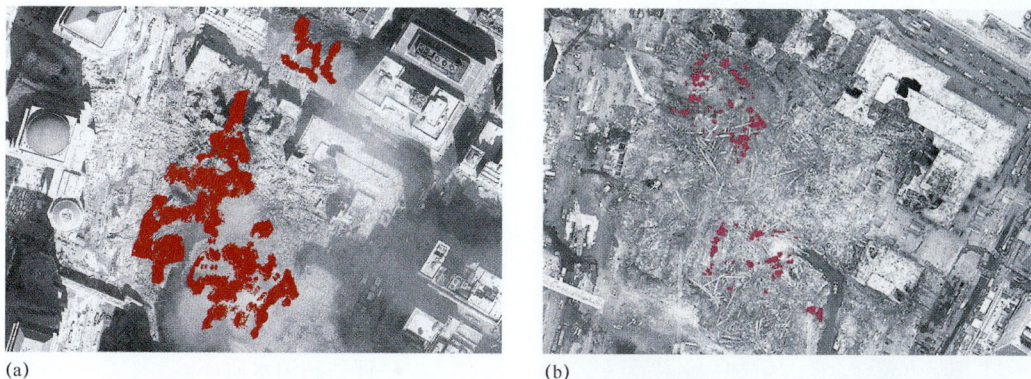

图 2.15　**2001 年纽约世界贸易中心的热辐射影像。** 2001 年 9 月 11 日，当双子塔倒塌后，消防队和搜救队依靠每日的废墟热成像图像来探测瓦砾和地下的火情，并根据所揭示的火情来确定当天的工作地点。(a)恐怖袭击发生几天后，几乎稳定的炽热场（红色部分）覆盖了 16 英亩遗址的大部分地区；(b)1 个月后，地下火焰大部分被限制在两座塔曾经耸立的位置。来源：*New York State Office of Cyber Security and Critical Infrastructure Coordination (CSCIC) © 2001*

图 2.16　**加利福尼亚州洛杉矶的机载侧视雷达图像。** 通过飞行器或卫星上的机载侧视雷达（SLAR），可将微波能量传输到地面。返回至传感器的部分信号则被记录为可在照相胶片上显示的数值。"侧视"的角度产生不同长度的阴影，增强了地形的细微特征。这幅镶嵌图像采用了许多雷达图像。来源：美国地质调查局

- 激光雷达（光探测与测距的简称）是一种相对较新的遥感技术，它利用航空激光器将光线照射到物体后，某些光线被反射回来，仪器分析反射光，以获取目标相关信息。激光雷达非常适合需要精确描绘地表的任何制图（见图 2.19）。

自 20 世纪 70 年代以来，载人及无人航天器作为飞机的补充，已经成为地球特征的主要成像工具。现在，许多影像来自不间断运行的轨道卫星，或者来自载人航天飞行器，如阿波罗号和双子座号。卫星之所以受欢迎，一是覆盖速度快，二是区域视野广。

此外，卫星能够记录并报告来自人类视力范围之外电磁波谱的其他波段的数字地球信息，并将这些不可见信息绘制成图，如大气与天气条件；可以为农业与森林资源普查、地质构造与矿床识别提供影像；可以监测各种环境现象，如水污染及酸雨影响等；遥感影像还可以应用于军事领域，帮助改善飞机导航，改进武器瞄准性能，增强战场管理与战术规划，但也会因此产生访问这些信息的权限问题（参见专栏 2.4）。

最著名的遥感航天器或许是"陆地卫星"，第一颗陆地卫星发射于 1972 年。陆地卫星的不同传感器

图 2.17　2007 年 10 月 22 日拍摄的加利福尼亚州南部卫星影像图，显示了靠近洛杉矶、圣贝纳迪诺山区和圣控哥的三大火灾区。遥感影像数据可用于跟踪火灾的范围与强度，而且能够每天多次更新明火地图，帮助地面消防管理人员确定消防员遏制火苗的最佳位置，评估火灾发生后的损失情况，并规划灾后重建工作。© *Images courtesy of MODIS Rapid Response Project at NASA/GSFC*

能够分辨 15～60 米大小的目标，法国的 SPOT 卫星甚至能够生成更清晰的影像，其传感器可以显示大于 10 米的目标。卫星影像通过电子信号转发到接收站，接收站的计算机将信号转换成类似照片的影像，然后可用于长期科学研究及测绘工作计划等。

陆地卫星影像大量应用于科学研究，主要包括如下领域：

- 追踪洋流
- 评估湖泊水质
- 绘制积雪图、冰川图及极地冰盖图
- 分析土壤与植被条件
- 监测全球森林砍伐情况
- 监测露天开采与复垦
- 识别地质构造及相关矿床
- 绘制大都市区人口变化图

有些陆地卫星数据并不用于长期科学研究，而是重点定位于实时监测、绘制地图及应对自然灾害与人为灾害（如风暴、洪水、地震、火山、森林火灾和石油泄漏事件）等，如图 2.17 所示。

## 专栏 2.4　民用侦察卫星

虽然遥感卫星已绕地球轨道运行了约 30 年，但只是 1999 年以来才有本专栏所示的高分辨率卫星影像可供普通民众使用。一直以来，与军用卫星相比，商业卫星影像更加模糊且细节不足。最近情况发生了变化，美国联邦政府 1994 年解除了对私营公司的技术限制，允许他们制造新一代民用"侦查"卫星，并可将卫星影像出售给任何买家。太空成像公司位于科罗拉多州丹佛市，1999 年发射了第一颗高分辨率商业卫星 Ikonos1（希腊语"影像"）。次年，美国另外两家公司也发射了类似的卫星。新的成像技术非常强大，可以探测并记录地面上 1 米宽的目标，包括汽车、房屋甚至热水浴池等。

对于商业卫星提供的高分辨率影像，军事指挥人员如获至宝，因为其不仅能够提供最新信息，而且比传统地图具有更高的分辨率与精度，还可以将多重数据（如地形图中的信息、当前天气情况及野外士兵报告等）添加到影像中，非常有利于制定作战计划。驻扎在伊拉克的美国陆军部长充分发掘了这些影像的价值，例如定位狙击手可能藏身的高层建筑物，确定桥梁是否已被毁坏，以及识别可设埋伏路线的小巷等。

新影像不仅受到地质学家、城市规划者及救灾官员等客户的欢迎，许多非政府公益机构也开展了大量研究与实践，他们迫使政府恪守环境法律与条约、追踪难民流动、探测非法废物堆放及监控军控协议等。与此同时，由于卫星影像存在数据高清性与获取便捷性特征，使得有些人对国家安全感到忧心忡忡。"引入一种强大的新技术时，投入使用就意味着战争"，某情报官员指出，"新技术存在很多优势，但凡事均有正反两面性，新技术同样存在被滥用的可能性，我们必须要考虑到这样的情形"。

人们主要关注这个问题：这些影像的清晰度与准确度可媲美军事侦察卫星，万一落到威胁国家利益的那些人手中可不得了，敌人在战时可用其追踪军队与军事装备的位置，恐怖分子可用其搞突然袭击。美国太空司令部负责人理查德·梅耶将军警告政府部门，必须决定在发生武装冲突时应该做些什么，"当销售可用于对付自己的东西时，这样的行动就会产生作战风险"。

美国公司的运作受到一系列安全限制，禁止向来自多个国家的客户出售卫星影像，政府还可以为国家安全考量而划定任何禁区。例如 2001 年 9 月 11 日后，五角大楼从太空成像公司购买了阿富汗与巴基斯坦地区所有卫星影像的专有权。

#### 问题探讨

1. 你认为这些详细的新卫星影像会对国家安全构成潜在威胁吗？获取敌方影像是否会让好战国家变得比现在更危险？理由是什么？
2. 获取卫星影像可能以何种方式阻止环境与社会不稳定的趋势？
3. 对于向卫星发放许可牌照的联邦政府来讲，是否应该允许其在战时停止影像销售？

旧金山国际机场的卫星影像。直到最近一段时期，社会公众才能方便地获取如此详细、准确、高质量的商业卫星影像。© 2000 *Space Imaging. All Rights Reserved*

### 2.6.2　全球定位系统

近年来，全球定位系统（GPS）的广泛应用使目标定位变得更加便捷。GPS 是一套导航与定位系统，20 世纪 70 年代设计开发，由美国国防部（DoD）负责维护。GPS 技术利用美国国防部的卫星网络，这些卫星在地球上空约 2 万千米的轨道上运行，每 24 小时飞过地面上方的同一位置。卫星在绕轨道运行时，持续发送位置、时间及其他数据信息。GPS 接收器同时记录多颗卫星的位置，即可确定其纬度、经度、高度与时间等。

GPS 是一套非常复杂的系统，由 24 颗轨道卫星、控制卫星的地球跟踪站及便携式接收器等组成。基于 3 颗或更多卫星接收信号的时间延迟（从技术角度讲，实际以从卫星到地球往返所需时间的若干时间信号为参考），便携式接收器可以确定准确的地理位置。

GPS 技术的最初设计目标是军事领域应用，特别是海军与空军导航。这项技术促进了精确制导武器的发展，即可以瞄准目标的所谓智能炸弹。政府在各个领域主导了 GPS 技术应用，包括利用 GPS 接收器来监测地球断裂带与洋流、感知全球大气变暖、辅助消防救援及绘制灾情图件等。

例如，2003 年 2 月 1 日，哥伦比亚号航天飞机重返大气层后莫名解体。为了寻找相关线索，美国联邦政府调查人员充分应用 GPS 技术，将碎片范围限定于得克萨斯州、路易斯安那州及其他几个州。数百名志愿者与执法官员发现并收集了数千件碎片，将其精确位置输入装有特殊制图软件的计算机。当悲剧发生仅仅几天后，在联邦应急管理局位于得克萨斯州拉夫金市的灾难野外办公室，每天的地图打印数量超过 1000 幅。这些地图帮助应急工作人员确定重点搜索区域，从而找回更多的航天飞机碎片。

随着技术的不断进步，GPS 接收器的体积越来越小，重量越来越轻，价格越来越便宜，在民用领域的应用也成倍增长（参见专栏 2.5）。例如，有些汽车制造商研发了车载导航系统，并将其作为新款车型的备选配件。车载导航系统利用 GPS 信号来监控汽车的确切位置，然后将其与存储在电子介质上的数字地图进行比对，不断更新的汽车位置会显示在仪表盘的计算机屏幕上，使驾驶员能够据其确定当前位置及抵达目的地的路线。驾驶员可以给出街道地址，或电影院、医院或其他建筑物的名称，然后该系统将其显示在屏幕上，指出距离有多远，预测要花多长时间才能开到那里。该系统还可以通过屏幕地图来指示转弯方向，或者通过电子语音来"说出"方向。

## 专栏 2.5　地理藏宝

地理藏宝（Geocaching）是时下最热门的休闲活动，被誉为"高科技捉迷藏"，也是对传统藏宝游戏的一种新尝试。游戏规则很简单，首先将装有数件物品（钢笔、钥匙链、小玩具或其他廉价饰品等）与日志的防水容器（即宝藏）藏在室外某个公共场所，然后在 geocaching.com 或其他网站发布所藏宝物的经纬度坐标，还可以提供一些线索来帮助寻宝者。

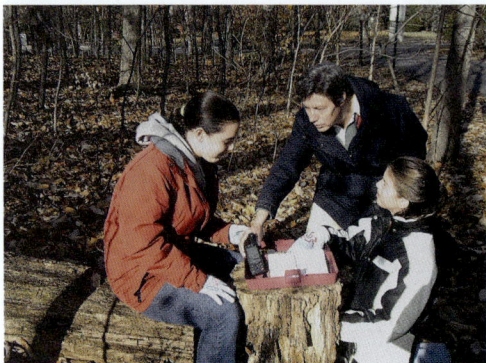

*Courtesy of Arthur Getis*

寻宝者前往发布藏宝坐标的网站，选择所在地区的某个站点，将坐标加载到自己的便携式 GPS 设备中，然后使用该设备去寻找宝藏。如果寻宝成功，首先在日志中写下自己的姓名、日期及时间，然后从宝藏中取出一件物品，再留下自己的特色物品，最后在原有精确位置对宝藏进行替换。

地理藏宝诞生于 2000 年，美国政府刚允许民用 GPS 设备可与军用设备具有相同的精度，该游戏几乎立刻就在全球流行起来，网络上很快张贴了数十万个宝藏坐标。狂热爱好者们纷纷表示，地理藏宝给他们提供了锻炼自己的机会，激发了探索新领域的激情，积累了越野识途的经验。

在过去几年中，为了满足不断增长的目标定位需求，人们开发了各种各样的小型 GPS 接收器，如手表、手镯、手机甚至狗项圈。许多州将 GPS 监控设备用作侦察系统，跟踪假释与缓刑人员的活动范围。不过，对于执法部门应用 GPS 技术来追踪犯罪嫌疑人的做法，目前引发了关于个人隐私权与公共安全的法律及伦理争议（参见专栏 2.6）。

## 专栏 2.6　侵犯隐私？

2005 年，在调查纽约莱瑟姆发生的一系列入室盗窃案时，警方在犯罪嫌疑人的汽车保险杠下安装了 GPS 接收器，时间长达 65 天。根据跟踪到的信息，警方指控嫌疑人盗窃了两家商店。在另一起案件中，有人在弗吉尼亚州北部袭击妇女，从后面抓住并调戏她们，事后逃脱。在 6 个月内记录了 11 起案件后，警方最终确认了一名嫌犯，为了掌握嫌犯的活动情况，在其货车上放置了 GPS 设备。当嫌犯把一名妇女拖进树林后不久，警方很快就将其抓获。在这两起案件中，警方均没有获得合法搜查令。

执法机构还利用嵌入手机的 GPS 技术，通过分析犯罪嫌疑人的电话记录，将其与犯罪现场建立关联。通常，这些记录会显示通话开始与结束时的大致位置。在纽约发生的一起谋杀案中，夜总会的一名保安杀害了在酒吧遇到的一名女研究生。当从皇后区的住所开车到布鲁克林的某条偏僻街道时，他打了好几个电话，这些电话记录为警方破案提供了有力证据。

在成百上千起案件中，警方通常会在没有获得逮捕令或法院命令的情况下，利用 GPS 来追捕凶手、偷车贼、毒贩、性侵者、窃贼和强盗。"秘密使用 GPS 技术追踪犯罪嫌疑人"是否违反美国宪法第四修正案中对不合理搜查与扣押的保护权利？为证明将移动电话用户与犯罪活动联系在一起的可能原因，政府是否应该出示搜查令？

执法机构是否能在没有搜查令的情况下追踪手机用户位置？现行法律并没有提供明确或统一的指导意见，各个司法管辖区有权酌情自行裁定。为便于理清法律责任，电话公司希望国会对法律予以澄清，但是美国最高法院并未解决此问题。截至 2009 年，少数州给出了各自的处理意见。在纽约、华盛顿州和俄勒冈州，如果没有许可证，警方不能使用 GPS 接收器来跟踪个人的行踪；威斯康星州上诉法院裁定，使用 GPS 跟踪不违反第四修正案的权利，即使个人不是犯罪嫌疑人，警方也没有获得搜查令，仍然可以将 GPS 接收器安放在嫌疑人的汽车上。

**问题探讨**

1. 倡导无担保使用 GPS 技术的人士认为，GPS 追踪与警方追踪个人基本一致，只不过更便宜、更准确，正如某位律师所说"有助于减少追踪某人的必要警察人数"。另一方面，另一位律师则称"虽然警方可以在不侵犯其权利的情况下，对公共街道上的人进行监视，追踪他们到哪里去，并在其毫不知情的情况下，将记录信息保存至计算机数天甚至数月，这显然是一种不同类型的侵权行为"。你赞成哪一种观点？

2. 皇后区的一名地区检察官认为，"遵守法律的人无须担心手机被追踪，为提高打击犯罪的效率，执法部门有责任跟上最新的技术进步"。隐私倡导者则认为，"人们期望对自己的自然位置有合理的隐私权"，正如某位法官所说"大多数美国人不知道他们的手机会记录自己的行为，为政府未通知理由而擅自访问自己的私密信息而感到震惊"。你关心这个问题吗？如果只要打开手机，行动就会被追踪，你会怎样做？你知道手机会发送自己的活动信息及信息去向吗？如果要收集地点信息，是否应该提前通知人们并让人有机会退出？

3. GPS 设备为政府及企业提供与个人相关的大量信息，包括去了哪家俱乐部和餐馆，拜访了哪个朋友，参加了什么政治会议等。你认为携带手机是否应以损失个人隐私为代价？除特殊情况外，你是否希望自己的一举一动不会在不知情情况下被技术设备持续无限期地监控？

### 2.6.3　虚拟地图与交互式地图

自 1993 年诞生以来，万维网（World Wide Web）就在传播地理信息与促进地理空间数据整合等方面发挥了重要作用。人们可以轻松、自由及广泛地利用网络地图，并且在线制图系统可使用户能够查看地球上几乎任何地方的卫星影像。在互联网地图服务领域，谷歌、微软和雅虎等公司最具知名度。

谷歌地球（Google Earth，earth.google.com）不仅提供航空照片、卫星影像与地图等基础数据，还能叠加街道、地形及其他各类专题数据。谷歌地球为普通用户提供免费版本，专业人员可以从该公司购买高级版本，如 Plus 或 Pro。谷歌地球为用户提供了某地的空中视野，通过输入地名、经纬度，或简单地滚动虚拟地球仪并放大特定位置，即可访问所需的数据信息。影像的准确度与清晰度各不相同，大多数航空照片与卫星影像均为 3 年内所拍摄，谷歌公司会定期更新。对某些大城市来讲，分辨率可能非常高，足以为单体建筑物提供清晰的三维影像，或者看清街道上行驶汽车的颜色。谷歌地球的功能非常强大，突出特点是用户能够放大、缩小、倾斜或旋转影像。

Web 应用能够整合集成多源数据，如将谷歌、微软及某些互联网公司生产的数字地图与其他来源的数据合并在一起，这就是当今网络上流行的所谓"糅合"。例如，由于"交互式制图"糅合模式日渐流行，地图制作不再为专业制图员所垄断，任何具有中级编程技能的人都能制作地图，采用此种方法制作的地图成品已达数百万幅。糅合既可以很简单，又可以很复杂。有些人只是将事件位置信息（如犯罪数据）叠加于街区在线地图，使其用户可以按类型、位置或作案日期进行检索。到目前为止，多种类型信息已与地图叠加在一起，如自行车道、低价加油站及学校排名等，此清单实际上能够无限增长。在数字地图或照片上，有些人标注了文字（如最新新闻事件与评论）、照片、声音甚至视频。要了解交互式网站的数量与类型等信息，请上网搜索"交互式地图"。现在已能提出餐馆与电影院等相关问题。当特别感兴趣的事物就在附近时，手机很快就会发出语言或声音信号。

## 2.7　集成技术：地理信息系统

如果没有计算机，前面描述的技术肯定无法实现。在制图过程的几乎每个阶段，从数据的采集与记录，到地图的制作与编辑，计算机已经成为不可分割的重要组成部分。尽管计算机设备的初始成本很高，但其投资回报在于地图的制作与编辑更高效、更精确。

计算机是地理信息系统（GIS）的核心，该系统是采集、存储、制作、分析及展示地理信息的计算机程序集，空间上能够定位的任何数据均可加载其中。地理信息系统由以下 5 大部分组成：

1．数据输入：将地图及其他数据从现有格式转换为数字格式或计算机可读的格式。
2．数据管理：存储与管理数据。
3．数据制作：同时操作多源数据。
4．数据分析：从数据中提取有用信息。
5．数据输出：将地图与数据表展示在计算机显示器上，或者输出为硬拷贝（如纸张）。

在地图制作过程的许多阶段，虽然计算机和打印机能够提高速度、灵活性与准确性，但是在地图的设计与表达方面，仍然需要地图制作者最大限度地发挥自己的聪明才智。

### 2.7.1  地理数据库

GIS 开发的第一步是创建地理数据库，这是指从地图、外业调查、航空照片和卫星影像等来源获取地理信息的数字记录。只要数据库中的数据记录与地理位置相关，GIS 就能使用不同来源、不同格式的这些信息。研究目标决定需要输入数据库中的数据类型，例如对于研究湿地对特定地区破坏敏感性的自然地理学者来说，数据源可能包括不同地点的降雨量图、土壤类型图、植被覆盖图、水污染源图、等高线图及河水流向图等。另一方面，在城市地理学者或地区规划者使用的 GIS 数据集中，可能会包含美国人口普查局收集并公布的特定地区的大量信息，如政治边界、人口普查区、人口分布、建筑物清单、族裔、民族、收入、住房和就业等。

当地理信息以数字形式存储到计算机中后，这些数据就能以其他方式无法实现的速度与精度进行处理、分析和展示。计算机可以在数秒内处理数百万条数据，特别适用于需要同时分析许多变量的研究人员。地理信息系统的发展降低了利用地图来存储信息的重要性，并使研究人员能够专注于利用地图来分析与表达空间信息。利用适当的软件，计算机操作员可以展示数据的任何组合，并且几乎可以立即显示变量之间的关系（见图 2.18）。从这个意义上讲，GIS 允许计算机操作员生成地图或进行空间分析，这在数十年前几乎不可能做到。

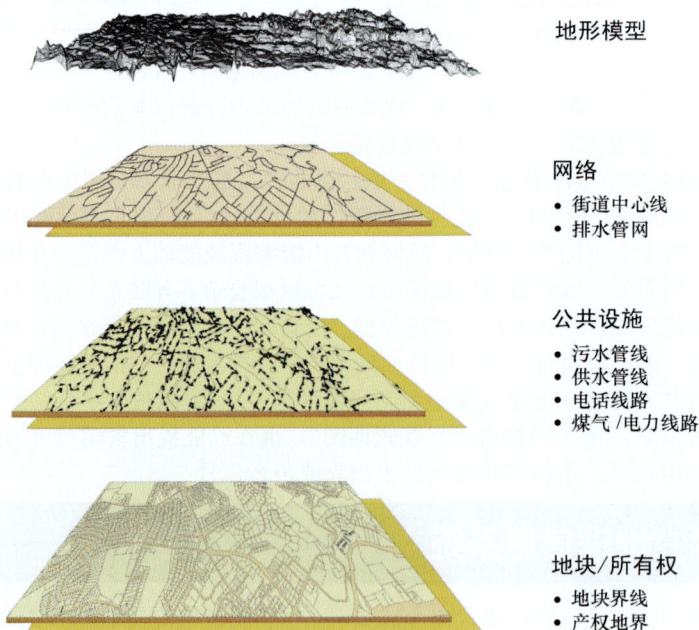

**地形模型**

**网络**
- 街道中心线
- 排水管网

**公共设施**
- 污水管线
- 供水管线
- 电话线路
- 煤气/电力线路

**地块/所有权**
- 地块界线
- 产权地界

**图 2.18　地理信息系统模型**。GIS 的本质是信息分层，已转换为数字数据的地图信息以不同的数据"层"存储在计算机中，用户能够只把想要的图层组合成地图，并分析这些变量彼此之间的相互关系。在本例中，不同信息层以不同组合用于城市规划目标，如果要求你在市区找到星巴克新店，需要用到哪些图层呢？经 *Shaoli Huang* 允许影印

**区划/分区**
- 总体规划
- 市政区划
- 投票区
- 校区
- 人口普查区/块

**底图**
- 路面
- 建筑物
- 围栏/停车场
- 排水系统
- 林地
- 高程点
- 等高线
- 娱乐设施

图 2.18　**地理信息系统模型**。GIS 的本质是信息分层，已转换为数字数据的地图信息以不同的数据"层"存储在计算机中，用户能够只把想要的图层组合成地图，并分析这些变量彼此之间的相互关系。在本例中，不同信息层以不同组合用于城市规划目标，如果要求你在市区找到星巴克新店，需要用到哪些图层呢？经 *Shaoli Huang* 允许影印（续）

GIS 操作能够产生若干类型的输出：计算机显示器、数据列表或硬拷贝。制作地图时，专家可以快速调用想要的数据。地理信息系统对修订现有的地图特别有用，因为过时数据（如人口数量）可以很容易地修改或替换掉。另外，通过快速更改变量和/或模型参数，并使用多个空间比例尺，GIS 操作员能够进行探索性空间分析。

## 2.7.2　GIS 应用

GIS（地理信息系统）的用户是哪些人呢？实际上，GIS 用户遍布各行各业，从业者成千上万。ESRI 公司（美国环境系统研究所）位于加利福尼亚州雷德兰兹市，旗下的 *ArcNews* 季刊杂志刊登了许多领域的大量 GIS 应用实例。在人文地理学领域，空间数据数量庞大且不断增长，促使人们利用 GIS 来探索区域经济社会结构模型，考察交通系统与城市增长模式，研究投票行为模式等；在自然地理学领域，对理解自然环境的过程与相互关系而言，GIS 的分析与建模能力至关重要。

除地理学者外，从考古学到动物学等诸多领域，还有大量研究人员正在使用 GIS。

- 生物学家和生态学家利用 GIS 来研究各种环境问题，包括空气污染、水污染、景观保护、野生动植物管理及濒危物种保护等。
- 流行病学家利用 GIS 来绘制精确地图，研究疾病传播与昆虫学风险因素，包括疟疾、非典型肺炎（SARS）、艾滋病和登革热等。
- 政治学家利用 GIS 来评估已有立法区，研究其紧密性与邻近性，提出重新划界的建议。
- 社会学家利用 GIS 来识别族裔隔离人群，考察族裔隔离结构随时间的变化关系。

## 2.7.3　系统、地图与模型

许多私营公司采用计算机化的地图制作系统，其他机构（如油气公司、餐饮连锁店、软饮料罐装商及汽车租赁公司）还依赖 GIS 去执行各种任务，如识别钻井位置、挑选特许经营新址、分析销售区域及计算最优驾驶路线等。

在本地、地区、州和国家等各级政府中，很多部门与机构均应用地理信息系统，包括高速公路与交通管制、公共设施及规划等部门。执法机构应用基于空间位置的软件系统来分析犯罪模式，识别犯罪活动的"热点"，并相应地重新部署警务资源。

政府官员也经常用到地理信息系统，尤其是规划自然灾害与人为灾害的应急响应，如龙卷风、飓风、地震、洪水及森林火灾等。自然灾害通常突然发生，严重威胁人类与建筑物的安全，因此会造成混乱与恐慌。相关部门越来越多地应用 GIS 技术来防范灾害威胁，制订应对计划，例如通过综合分析道路类型、消防站的位置、消防队与救援队的预期响应时间及其他数据信息，规划者可以编制描绘疏散区域、疏散路线和避难场所位置的地图。灾难（无论是亚利桑那州的森林大火，还是俄克拉荷马州的龙卷风）发生以后，在执行建筑物定位、识别房地产所有权、帮助指挥人员决定向何处派遣野外工作组或搜救人员、为野战医院与护理人员基地选址等任务时，地理信息系统及其制作的地图经实践证明价值无限。当灾难发生后，地图已经广泛应用，主要是定位受损建筑、评估财产损失及为清理废墟做准备。

2001 年 9 月 11 日，世界贸易中心遭遇恐怖袭击后，GIS 发挥了令人瞩目的巨大作用。当时，应急与修复团队迫切需要了解很多事情，包括瓦砾与残余建筑物的稳定性、哪些地铁线路被破坏、总水管在哪里及哪些地方停电等。袭击现场的大火仍在燃烧，市长的规划办公室遭到破坏。GIS 专家组接到命令，立即开始收集并提供该地区的高精度地图所需的数据。地图持续不断地更新，辅助追踪地下火灾范围的扩大或减小，确定救援设备如何进入现场、大型修复设备安全放置何处及由何线路清理废墟等（见图 2.19）。

图 2.19　世界贸易中心遗址的三维激光雷达图像。在"9·11"袭击事件发生后的清理与恢复工作中，综合利用遥感、全球定位系统与地理信息系统技术，精确编制了世界贸易中心遗址地图。GPS 系统用于定位地面与机载测绘传感器，飞行器配备有三种传感器，收集了高分辨率航空摄影、热成像和激光雷达（光探测和测距）数据。收集数据后数小时内，来自政府、产业界和学术界的 GIS 专业人员立刻就位，将数字数据进行合并处理，制作建筑物及其周边区域的高分辨率大幅面图像。利用激光雷达系统创建的三维模型，工程师们能够计算瓦砾堆的体积，追踪其移动与变化，并确定起重机将其清除所需的范围。来源：*NOAA/U.S. Army JPSD*

GIS 专业技术人员的职业发展前景非常好，不仅保险、营销、房地产、流行病学、医疗保健、环境资源管理、交通运输、国土安全及灾害响应等各种私营企业欢迎他们，而且联邦、州和地方政府部门提供了大量就业岗位，如区域规划、社区规划、水务、警察、消防、污水管网、交通、健康、教育和福利等。

地理信息系统主要关注重要功能性空间变量，包括位置、距离、方向、密度、连通性及其他基本概念。系统包含很多组件，对组件角色的分析有助于揭示整个系统的运行。为在系统或子系统结构内查看并分析其功能，必须将系统各组件分离开来，以实现单独识别与操作。地图与模型是地理学者开展独立研究所采用的方法。

数字地图能够自如缩放，为了更清晰地查看某些系统元素，可以缩放至适当比例尺。通过压缩、化简与抽象，地图以可管理的维度来记录感兴趣的真实世界。模型是对现实的简化抽象，旨在阐明要素之间的关系。地图是模型的一种类型，以理想化的形式表达现实内容，使某些特征更加清晰。

空间系统分析的复杂性（及计算机与复杂统计技术推动的系统定量分析机会）使地理学者可以在工作中使用其他类型的模型。模型通常由科学家构建，用于简化复杂情形和消除不重要的细节，或为特定研究与分析目标分离整个系统中的一个（或多个）相互作用元素。模型还允许地理学者在进行实验时，模拟现实的一部分而非全部。

例如，第 7 章将介绍一个交互模型，说明两地之间的预期交易量取决于它们之间的距离与人口规模，人口越多，距离越近，交易量就越大。这种模型有助于分离空间系统的重要组件，然后分而治之，最终得出关于其相对重要性的结论。当某个模型能够令人满意地预测大部分城际交互数量时，若某些情况下结果不一致，则可特别关注偏差情况。例如，若连接道路的质量、政治障碍或其他变量可能会影响所考察的特定地点，则可将这些不利因素提取出来，进一步开展专题研究。

## 重要概念小结

- 像文字、照片和定量分析技术一样，地图对地理学者来说必不可少。之所以依赖地图，主要是需要分析与解决这个时代的大量关键问题，如气候变化、污染、国家安全和公共卫生等，所有这些问题都需要准确地表达地表要素。
- 由经度与纬度组成的地理格网可用于定位地球表面上的点，纬度是赤道向南或向北的距离量度，经度是 0°经线（本初子午线）向东或向西的角距离。
- 在平面地图上展现曲面地球时，所有系统都会扭曲一个或多个地球特征。任何投影都会扭曲面积、形状、距离或方向。
- 方庭地图是最准确、最有用的大比例尺地图，由国家主要测绘机构制作，包含丰富的自然景观与人文景观信息，用途非常广泛。
- 航空遥感与卫星遥感是空间数据的重要来源，配备了各种传感器。由于人们对海量遥感数据的存储、处理与提取需求日益增多，在一定程度上刺激了地理信息系统的发展，提供了一种空间模式搜索方法。

在阅读本书的其余部分时，请关注地图的诸多不同用途，例如第 3 章介绍了地图对人们理解大陆漂移理论的重要性，第 6 章介绍了地图如何帮助地理学者识别文化区域，第 7 章介绍了行为地理学者如何用地图来记录人们对空间的看法。

## 关键术语

area cartogram　面积分区统计图

azimuthal projection　方位投影

cartography　制图

choropleth map　分级统计图

conformal projection　等角（正形）投影

contour interval　等高线间距

contour line　等高线

equal-area (equivalent) projection　等面积（等积）投影

equidistant projection　等距投影

flow-line map　流线图

geographic database　地理数据库

geographic grid　地理格网

geographic information system (GIS)　地理信息系统

Global Positioning System (GPS)　全球定位系统

globe properties　地球仪属性

International Date Line　国际日期变更线

isoline　等值线

Landsat satellite　陆地卫星

latitude　纬度

longitude　经度

map projection　地图投影

prime meridian　本初子午线（0°经线）

remote sensing　遥感

scale　比例尺，尺度

topographic map　地形图

## 思考题

1. 本初子午线（0°经线）对地图与地球的重要参考作用是什么？本初子午线或其他子午线是由自然界决定还是由人类设计？本初子午线是如何指定或识别的？
2. 接近北极和南极时，经度的长度会发生什么变化？赤道和两极之间的纬度会有什么变化？
3. 在世界地图中，用度（°）与分（′）标示出纽约、莫斯科、悉尼和你自己家乡的位置。

4.　列出地球仪的至少 5 种属性。

5.　从属性与用途方面简要说明等角（正形）投影、等积投影和等距投影的差异，给出一或两个最适合表达该投影类型的地图示例。

6.　给出一或两个地图误用实例。

7.　地图比例尺的表达方式有哪些？将下列地图比例尺转换为文字比例尺：1∶1000000，1∶63360，1∶12000。

8.　等高线的用途是什么？何谓等高线间距？密集间距等高线表现了哪种景观特征？

9.　术语遥感提出了哪些数据获取方式？遥感影像有什么用途？

10.　地理信息系统的基本组成部分是什么？具体应用有哪些？

# 第 3 章　自然地理学：地貌

**学习目标**

3.1　描述三大岩类的特征

3.2　定义褶皱、节理和断层

3.3　图解说明板块构造与地震的相关性

3.4　解释海啸的成因

3.5　物理风化与化学风化对地貌的影响对比

3.6　地下水侵蚀与地表水侵蚀的影响对比

3.7　冰川成因与其侵蚀形成地貌景观的相关性

3.8　定义三角洲、冲积扇、天然堤防及冰碛物等地貌特征

3.9　了解波浪、海流和风引起的地貌变化

日光浴和潜水爱好者们有福了（虽然说这样的话为时尚早），由瓦胡岛、毛伊岛和考艾岛等风景秀丽的岛屿组成的夏威夷群岛将会增加一个新成员——距离夏威夷主岛 27 千米处海平面下方 0.8 千米的洛伊希岛。这个岛屿的上升速度需要以地质年代进行计量，它露出海面的时间很可能要 100 万年左右。从科学角度而言，这是地球表面时刻发生变化的一个很好例证。当最西端的岛屿遭受侵蚀并沉入海平面以下时，新的岛屿将会出现在主岛东端。洛伊希岛最近的一次火山喷发发生在 1996 年，科学家们担心火山喷发引发的巨浪可能会摧毁这些岛屿，包括檀香山城和著名的威基基海滩。所幸的是，这种情况并未发生。

在人类的生命旅程中，变化、活跃、运动的自然环境时刻伴随左右。大多数时候我们能够泰然自若地应对这些变化，但是当高速公路被地震撕裂或由于洪水暴发而无家可归时，人们会突然意识到需要花费生命中的很长一段时间去努力应对来自自然环境的挑战。

对地理学家而言，世界上就没有绝对不变的东西！不仅包括冰山或海中升起的新岛屿等小事件，或能够改变自身形态的喷发中的火山等大家伙，而且包括一些庞然大物，如像游牧民族一样漂泊的大陆及能够像破旧外套一样从中间扩张、收缩和分裂的大洋盆地等。

地质时期如此漫长，塑造大地形状的力量同样永恒持久。创造与破坏过程持续不断地交织进行，改变着人类生活和工作的环境，周而复始，生生不息。两种类型的力相互作用，形成了地球表面千变万化的各种"地貌"：（1）挤压、推移和抬升地球表面的力；（2）冲刷、清洗和磨平地球表面的力。山脉上升，然后被侵蚀，土、沙、鹅卵石和石块等被搬运到新位置，成为新地形地貌的一分子。本章的主题即定位于这些过程的时间周期、原理机制及其产生的效果。

地形地貌的研究成果大部分来自地貌学家的辛勤工作。作为地质学与自然地理学的一个分支，"地貌学"主要研究地形地貌的起源、特征和演化，着重强调对形成地貌各种过程的研究。地貌学家考察物质的侵蚀、运移和沉积，以及气候、土壤、植物和动物等与地貌之间的相互关系。

本章只能概要介绍地貌学家的工作内容。讨论各种不同地貌特征后，我们会进一步探讨更为深入的话题，如"构建地表，打磨地表，塑造地貌"。

## 3.1　地球物质

地壳中的岩石随矿物成分的不同而变化，由氧、硅、铝、铁和钙等常见元素及部分微量元素组合而

成。具有特定硬度、密度和晶体结构的化合物称为矿物，如石英、长石和云母等常见矿物。由于组成矿物的性质不同，岩石有硬有软，密度有大有小，颜色有红有绿，化学性质或稳定或不稳定。有些岩石坚硬无比，另一些岩石则容易破碎。常见的岩石类型包括花岗岩、玄武岩、石灰岩、砂岩和板岩等。

　　虽然可以依据物理性质对岩石进行分类，但更常见的方法是按照成因进行分类，此时岩石可以分为三大类型：火成岩、沉积岩和变质岩。

### 3.1.1　火成岩

　　火成岩由高温熔融的岩石冷却后固结而成。地壳中的开口为高温熔融的岩石提供了机会，使其能够找到涌入地壳或喷发至地表的通道。高温熔融的岩石冷却后，就会凝固并变成火成岩。地面以下熔融的岩石称为"岩浆"，地面以上熔融的岩石称为"熔岩"。地面以下岩浆凝固形成侵入岩，地面以上熔岩凝固形成喷出岩（见图 3.1）。

(a) 玄武岩（火成岩）

(b) 石灰岩（沉积岩）

(c) 页岩（沉积岩）

(d) 片麻岩（变质岩）

图 3.1　各种岩石类型。(a) © *The McGraw-Hill Companies, Inc./Photo by Bob Coyle*；(b) *Photo by I. J. Witkind, USGS Photo Library*；(c) *The McGraw-Hill Companies, Inc./Photo by Bob Coyle*；(d) *The McGraw-Hill Companies, Inc./Photo by Jacques Cornell*

　　在一定程度上，岩浆、熔岩的成分与冷却速度决定了所形成的矿物。冷却速度主要控制晶体的大小，大型石英晶体（一种硬矿物）在地球表面下缓慢形成。当石英与其他矿物组合在一起时，形成的侵入岩称为花岗岩。

　　向上运移到地表的熔岩大部分位于海洋盆地，这种喷出岩称为"玄武岩"，是地球表面最常见的一种岩石。如果熔岩不是涌出而是从火山口喷出，那么它就会迅速冷却，形成的一些火成岩含有孔隙且密度较轻（如浮岩）。有些火成岩为玻璃质（如黑曜岩），这种岩石是熔岩遇到静态水时突然冷却形成的。

### 3.1.2　沉积岩

　　一些沉积岩由已有岩石被侵蚀后形成的砾石、沙子、淤泥和黏土颗粒组成。地表水将沉积物携带到海洋、沼泽、湖泊或潮汐盆地中，这些物质受到顶部沉积物的附加重力压实作用，通过水及某些矿物的化学活动引起的胶结作用而形成沉积岩。

　　沉积岩在水下呈水平床状层层发育称为"地层"（见图 3.2）。通常一种类型的沉积物会聚集在一定的区域，颗粒既大又圆滑（如砾石的大小和形状）的固结性岩石称为砾岩，砂粒是砂岩的主要成分，淤泥和黏土是页岩或粉砂岩的主要成分。

　　另外一些沉积岩来源于珊瑚、贝壳和海洋生物骨骼等有机物质，这些物质在浅海海床中

图 3.2　亚利桑那州大峡谷中的沉积岩证据。© John Wang/Getty RF

沉淀，形成石灰岩。如果有机物主要来自被分解的植被，那么它会发育成一种称为烟煤的沉积岩。石油也是一种生物产品，在数百万年的埋藏期间，通过化学反应将有机物转化为液体和气态化合物而形成。石油和天然气很轻，若围岩是渗透性较低的页岩，则需要透过围岩之间的孔隙向上运移。沉积岩的颜色（从煤黑到粉笔白）、硬度、密度和耐化学分解性等方面的差异明显。

　　陆地的大部分地区都存在沉积岩，例如美国几乎整个东半部都覆盖有这种岩石。这种现象表明，在漫长的地质历史中，海洋覆盖地表的面积远比现在大得多。

### 3.1.3　变质岩

　　变质岩源自火成岩和沉积岩，通过热力、压力或化学反应等地球应力作用而形成。"变质"一词的英文字面意思是"改变了形状"。地球内的应力可能大到其热力和压力足以改变岩石的矿物结构，从而形成新的岩石，例如页岩（一种沉积岩）在巨大压力下会变成具有不同性质的板岩，石灰岩在一定条件下可能会变成大理岩，花岗岩可能会变成片麻岩。地球深部的变质物质只有在覆盖物被缓慢剥蚀后才会暴露出来，这些岩石是地球上已知的最古老的岩石之一。与火成岩和沉积岩一样，变质岩的形成同样是一个持续不断的过程。

a) 胶结和压实（岩化）
b) 热量和压力
c) 风化，运移，沉积
d) 冷却和凝固

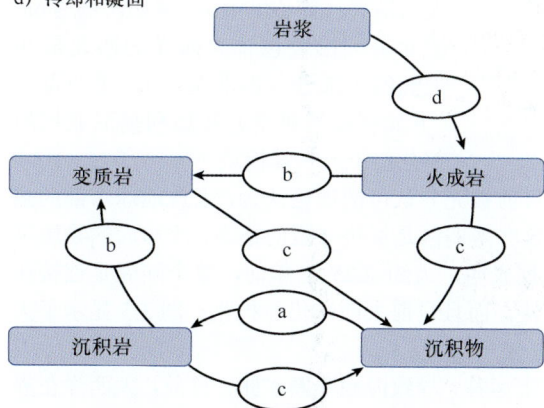

图 3.3　岩石循环转化。来源：*McConnell et al., The Good Earth, p. 209, Checkpoint 7.22,* © *McGraw-Hill, 2008*

　　岩石是大多数地貌不可分割的一部分，软硬程度、渗透性和矿物质含量等属性决定了岩石的形状及其重塑方式。改变岩石的主要过程有两个：（1）一是构建地貌的应力；（2）二是地貌灭失的渐变过程。所有岩石都是岩石循环转化的一部分，老岩石通过这些过程不断地变成新岩石，整个地球历史中没有一种岩石能够保持原封不动。图 3.3 显示了岩石循环转化及其形成过程。

## 3.2　地质年代

　　地球诞生于大约 45 亿年前。一个人活到 100 岁就算长寿了，所以地球很明显非常古老。当谈论数十亿年时，通常的时间概念小到不值一提。不妨将地球的年龄与我们更熟悉的东西进行对比，这样更容易理解。

假设芝加哥市西尔斯大厦的高度等于地球的年龄，即 110 层或 412 米。相对而言，即使是放在大厦顶部的一张纸，其厚度也要比同等数字所代表的普通人的寿命大得多。在高耸入云的整个大厦中，仅 4.8 层就可以代表海底自形成至今的 2 亿岁年龄。

在这种情况下，我们所居住环境的地貌曾经非常缓慢地诞生与消亡，演化过程跨越了非常漫长的时间，任何地方在不同时期都可能是海洋或陆地。今天，地球上的很多景观特征可以追溯到数百万年前，虽然构建与破坏那些特征的过程同时进行，但通常具有不同的速率。

自 20 世纪 60 年代以来，基于 20 世纪早期魏格纳的地质研究成果，科学家们开发了一个有用的框架，使人们可以更好地研究持续变化的自然环境。魏格纳提出了"大陆漂移"理论，他认为所有大陆曾经是一个联合在一起的超级大陆，并将其命名为"泛大陆"。泛大陆经过千百万年的演化，内部各大陆彼此之间撕裂并逐渐远离，缓慢地漂移到当前所在位置。尽管魏格纳的理论最初被彻底否定，但近年来新证据及对旧知识的再认识使其已被地球科学家们广泛接受。魏格纳的思想是广义板块构造理论的先驱，下一节将对此进行阐述。

## 3.3   大陆板块运动

由制图员绘制的地貌图只是地壳（即薄岩石盖层）的表面特征（见图 3.4）。地球内部靠上位置有一个部分熔化的层圈称为"软流圈"，其上支撑着一个薄而坚固的岩石固体壳称为"岩石圈"。岩石圈外部较轻的部分是地壳，由位于海洋下方的一组岩石和构成大陆的另一组岩石组成。

岩石圈分为约 12 个大型刚性板块和许多小型刚性板块。根据板块构造理论，每个板块在厚重而半熔融的软流圈上非常缓慢地滑动或漂移。通常来讲，单个板块既包含大洋地壳（简称洋壳），又包含大陆地壳（简称陆壳）。例如，图 3.6a 中的北美洲板块包含大西洋的西北部和北美洲的大部分（但非全部），墨西哥半岛（下加利福尼亚州）和加利福尼亚州的一部分位于太平洋板块。

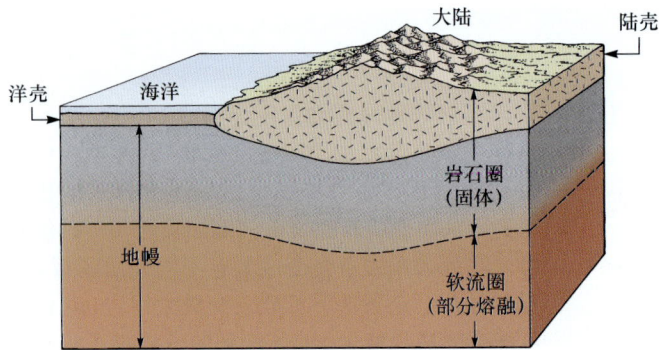

图 3.4   地球的外部区域（未按比例画出）。岩石圈包含地壳，软流圈位于岩石圈下方

科学家们无法确定岩石圈的板块为什么会移动，目前被充分认可的理论认为，来自地球内部的热量和受热物质通过对流向上运移到特定的地壳薄弱区，这些薄弱区是板块分裂的根源，冷却后的物质下沉到俯冲带，板块就是以这种方式运动的。强有力的证据表明，大约 2.25 亿年前，整个陆壳是连接在一起的超级大陆，后来因大洋海底扩张而裂解为数个板块，而且目前大西洋仍在扩张。图 3.5 显示了大陆漂移的 4 个阶段。

来自软流圈的物质沿着大西洋中部的裂缝一直向上运移，导致海底不断扩张。目前，大西洋在赤道附近的宽度为 6920 千米。正如科学家估算的结果，如果海底以略小于 2.5 厘米/年的速度分裂，那么可以计算出大陆板块的分裂确实开始于大约 2.25 亿年前。在图 3.6a 和图 3.7 中，注意观察构成大西洋的中脊线如何平行于南美洲和北美洲的东海岸及欧洲和非洲的西海岸。

板块之间彼此分离的边界称为"离散型边界"，"剪切型边界（转换断层型边界）"发生在相邻两个板块水平剪切错动的位置，两个板块彼此相向运动会产生"汇聚型边界"（见图 3.6b）。当岩石圈板块移动时，碰撞时有发生。板块交界位置产生的压力可能会引发地震，若干年的地震活动期会改变地貌的形态与特征。图 3.8 显示了最近一段时间的近地表地震的位置。图 3.8 与图 3.6a 的比较表明，地震最活跃区域位于板块边界，例如 2010 年 1 月 12 日海地发生地震（见第 1 章），海地首都太子港靠近加勒比海板块和北美洲板块之间的边界位置。

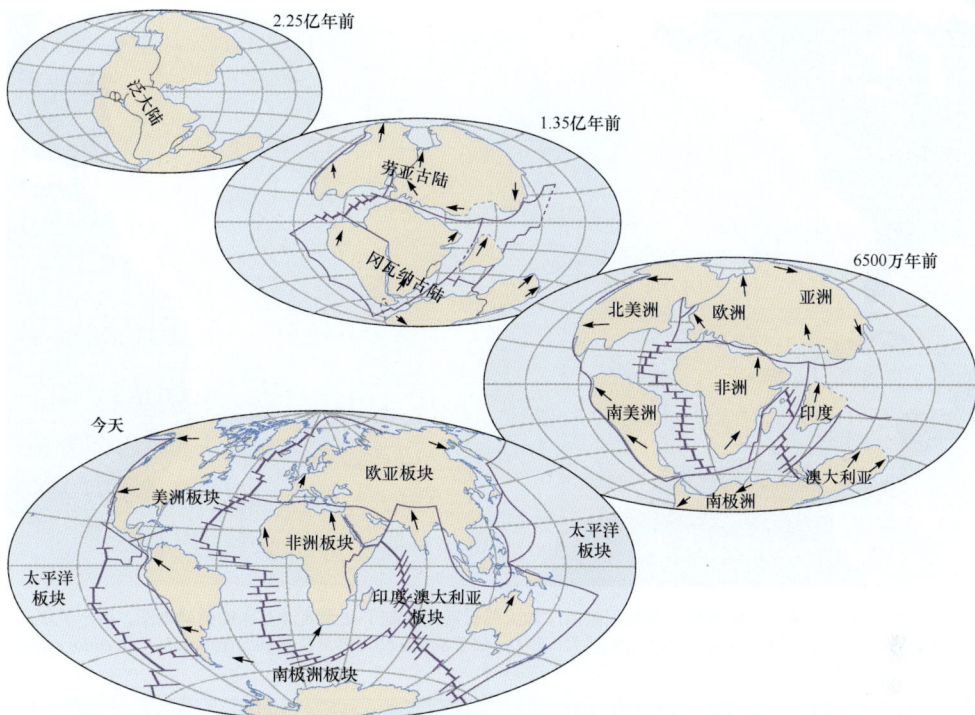

**图 3.5  过去 2.25 亿年中板块运动的重建。** 泛大陆的北部和南部分别称为劳亚古陆和冈瓦纳古陆，这些古陆在约 2.25 亿年前曾连成一块超级古陆，分裂后逐渐移动到当前位置。注意观察印度大陆如何从南极洲脱离并与欧亚大陆碰撞，喜马拉雅山脉即形成于碰撞接触带。来源：美国石油协会

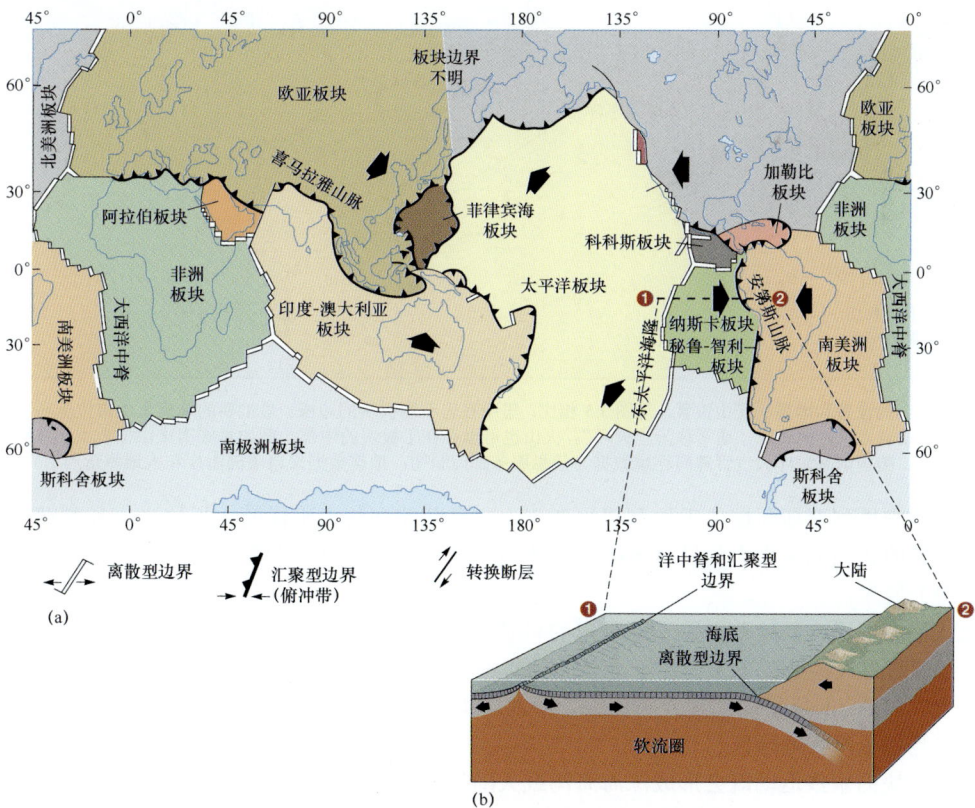

**图 3.6  (a)全球主要岩石圈板块。** 箭头表示板块运动的方向；**(b)板块从离散型边界向汇聚型边界运动**

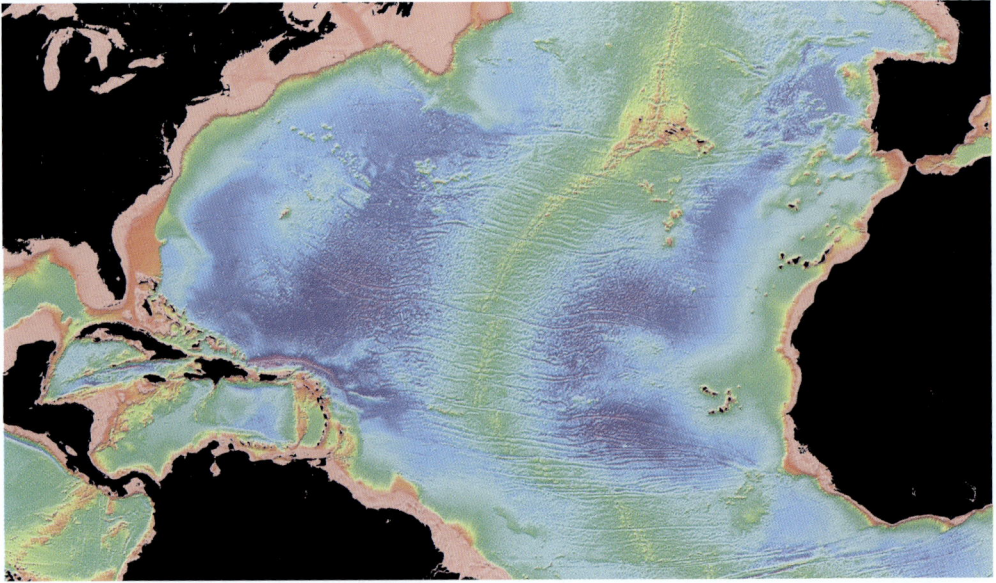

图 3.7　利用卫星观测的重力测量数据，美国国家海洋和大气管理局绘制了北大西洋海床的精确地图，展示了塑造大陆和洋盆的动态过程。颜色越深，海洋深度越大。© David T. Sandwell, 1995. Scripps Institution of Oceanography

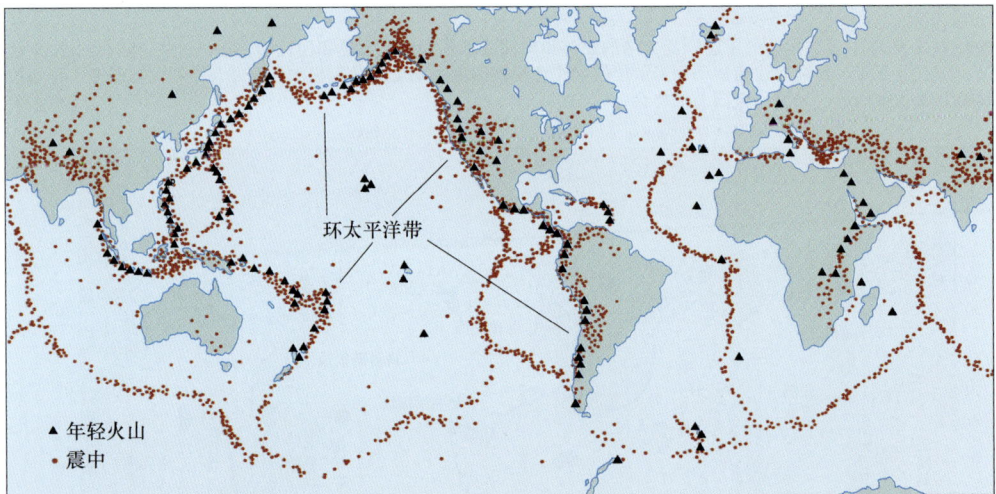

图 3.8　**年轻火山的位置和地震的震中位置**。与图 3.5 相比，集中在岩石圈板块的边缘。最重要的地震集中带位于环太平洋地带，环绕着太平洋的边缘，通常称为"火环"。火山也可以存在于板块的中部，例如夏威夷火山位于太平洋板块的中间位置。美国国家海洋大气管理局环境数据与信息服务部门制图；地震数据来自美国海岸和大地测量局

　　著名的圣安德烈亚斯断层位于加利福尼亚州，它是北美洲与太平洋两大板块之间长裂缝的一部分。当接触带位置的张力或压力大到只有地壳运动才能释放这种压力时，地震便沿断裂带（即曾经发生位移的岩石裂缝）发生。

　　尽管人们能够很容易地获得关于地震带的科学知识，但普遍忽视其危险性是一种难以解决的文化现象，每年都有数百人甚至数千人伤亡于地震的预防不足。在某些人口密集的地区，发生毁灭性地震的可能性非常大。在图 3.8 所示的地震分布图中，日本、菲律宾、东南亚部分地区和美洲西部边缘区域等人口稠密地区均属于潜在危险区。

　　岩石圈板块的聚敛运动既会形成深海海沟或大陆规模山脉，又可能会诱发地震。组成大陆地壳的岩石比组成海洋地壳的岩石轻，不同类型的地壳板块边缘聚敛在一起时，密度大但更薄的海洋地壳趋向于

俯冲并潜没于软流圈中。在海洋中这条汇聚型边界的所在位置，通常会形成一条深海沟。这种类型的碰撞称为"俯冲"（见图 3.9），全球俯冲带如图 3.6a 所示。

整个太平洋的大部分地区下伏着同一个块板，该板块与其他板块相互推动和挤压，导致相邻板块的陆壳被迫抬升并发生挤压变形，最终形成了太平洋板块边缘的活火山带（有时称为"火环"）。1980年，华盛顿州圣海伦斯火山发生了大规模喷发，这是太平洋板块边缘火山持续活动的鲜活示例。近年来，圣安德烈亚斯断层诱发了多次破坏性地震，震中（震源正上方的地面点）位于断裂带上。最近一次强震发生在 2004 年，对加利福尼亚州的帕索罗布尔斯市造成了重大损失。

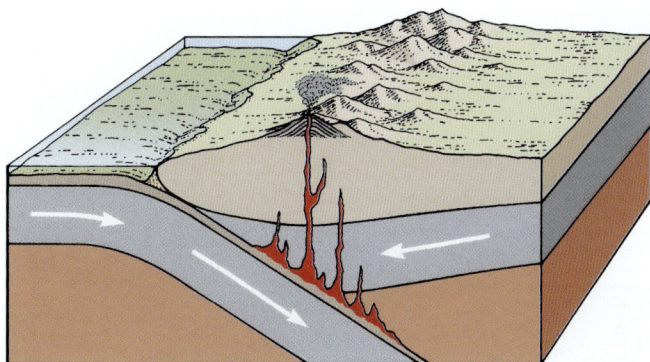

图 3.9　俯冲过程。岩石圈板块碰撞时，密度较大的洋壳通常会被挤压到较轻的大陆板块下方。全球俯冲带参见图 3.6a

板块碰撞带不是岩石圈重新调整的唯一敏感地带，随着岩石圈板块的移动，地壳发生破裂或破碎的地方实际上有数千处。某些破裂处薄弱到一定程度就会成为（岩浆的）热点，即由于熔化的物质向上运移而引起火山喷发的区域。这些熔化的物质可能会从火山中喷发出来，或从裂缝中渗透出来。稍后讨论地球构造力时，我们还会再次讨论火山活动。

# 3.4　构造力

板块运动产生的恒作用力能够改变地壳。源自地球内部的构造力通过两种方式塑造及再造地壳的形状，一种方式是地壳形变，另一种方式是火山活动。地壳形变是作用于板块的巨大压力，使岩石发生褶皱、扭曲、挠曲、破碎或压实等变形；火山活动是将炙热物质运移至（或向）地表的作用力。当陆上某地遭遇地壳形变或火山活动的影响时，发生的变化可能像岩石的弯曲和开裂一样简单，也可能像火山口和圣海伦斯火山喷发一样猛烈。

## 3.4.1　地壳形变

在板块运动过程中，地壳的各个部分都会承压，使地壳缓慢地（通常是数千年）发生变形（参见专栏 3.1）。通过研究岩石成因，地质学家们能够追溯某个地区的演化史。经过漫长的地质时期，绝大多数陆域地区都经历过构造活动，以及反复多次的形成与灭失过程，大多数曾经存在过挠曲、褶皱、断层和平原等复杂形状。例如，今天的某些平原历史上很可能会是雄伟的山脉。

### 1. 挠曲

大陆板块运动形成的巨大构造力可能会使整个板块发生弯曲。同样，大面积地区的重量变化也可能会使其表面发生挠曲变形，例如美国东部的坳陷盆地（下挠曲）明显表现为许多不规则形状的三角洲，随着沿海地区向下坳陷（弯曲），在海水入侵后，就形成了河口三角洲和海底峡谷。

### 2. 褶皱

若板块运动产生的挤压力非常巨大，多组岩层同时发生弯曲，结果可能会形成一种挠曲或弯曲效应，或者发育成一套褶皱脊或一系列平行褶皱。图 3.10 显示了褶皱作用形成的各种构造。褶皱可向上逆冲数千米，并侧向延伸若干千米。美国东部的岭谷地区是海拔 300~900 米的低矮平行山脉，但岩石证据显示，山脉顶部曾经是海拔 9100 米的山脊间峡谷（见图 3.11）。

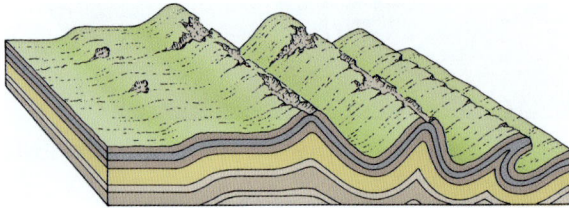

图 3.10 褶皱的典型形态。褶皱程度从稍微偏离水平的微小波状起伏层，到被高度挤压，甚至发生倒转

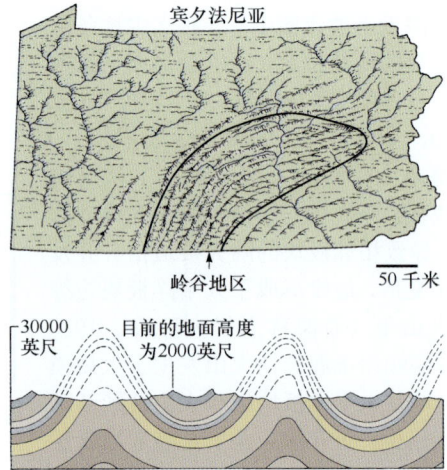

图 3.11 宾夕法尼亚州的岭谷地区，现在被侵蚀成丘陵山地，原为高达 9100 米的褶皱，削低形成向斜（下拱形）山丘和背斜（上拱形）山谷。最初的岩石因受到持续挤压，不易受到侵蚀

## 专栏 3.1　珠穆朗玛峰：皇冠上的宝石

喜马拉雅山脉是地球上生长速度最快的山脉，也是世界上最高的山脉。喜马拉雅山脉中心附近矗立着世界上的最高山峰——珠穆朗玛峰，目前实测海拔高度为 8844 米。最近的测量表明，珠穆朗玛峰与乔戈里峰等许多其他山峰一样，仍在以约 1 厘米/年的速度抬升。

随着山脉越来越高，巨大的重量使得下面的物质变软，造成山地下沉。换句话说，有两种力量在起作用。一种是造山作用力，即印度板块向北移动，撞入欧亚板块。喜马拉雅山脉位于欧亚板块边缘，被这种巨大力量推挤得越来越高。但显然还存在着抗衡造山作用力的第二种力量，它阻碍地球上的山脉抬升超过 15000～18000 米高度，将这些巨大的山脉保持在一种平衡状态。因为它们的块头越大，就会变得越重，也就越容易下沉。

这两个板块之间的争斗始于大约 4500 万年前。一般来讲，某个板块会被推挤（俯冲）到更稳定的板块下方，但是这里的两个板块在岩石重量与密度上非常相似，因此没有发生俯冲现象，而是在地表产生了适度的褶皱，进而形成了地球上最高、最险峻的山脉。喜马拉雅山脉是地球上最壮丽的风景之一。印度板块包含相对低海拔的印度次大陆，从印度北部平原眺望喜马拉雅山脉，风景一览无余，美不胜收。珠穆朗玛峰是登山者王冠上的宝石，自埃德蒙德·希拉里和丹增·诺尔盖伊于 1953 年首次登顶后，1500 多名登山者先后成功登顶，其中大多数是在 1990 年以后。令人痛心的是，176 人在攀登珠穆朗玛峰的过程中罹难。

© Corbis RF

### 3. 断层

断层出现在岩石滑动形成的断裂或裂缝位置，诱发断层的应力导致地壳沿裂缝处发生位移。图 3.12 以图解方式显示了断层类型的示例。断层的一侧为上升盘，另一侧则为下降盘。某些情况下可形成一个陡峭的斜坡，称为断层崖，可能会有数百米高、数百千米长。应力可将一个断层盘向上推到另一个断层盘上，断层所在位置的两个断层盘分开则可能导致陆地下沉，从而形成裂谷（见图 3.13）。

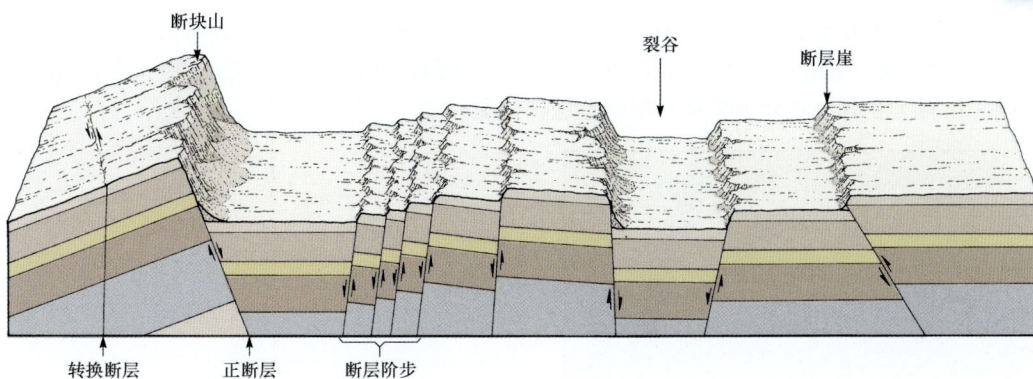

图 3.12　断层存在多种类型，这是发生巨大变形山脉的共同特征。按照断层两盘沿着断层面的相对滑动方向，可以对断层进行分类。图中所示特征并非发生在同一期次

图 3.13　东非大裂谷。地壳中的巨大裂缝下沉，形成了壮观的东非大裂谷（见图 3.12）。有些纵断层（平行断层）深达海平面以下 610 米，与邻接的高原交界处形成峭壁形态，此位置的高原海拔超过 1500 米

　　许多裂缝只是未发生明显位移的裂隙（称为节理），而在另一种情况下，众多山脉（如位于加利福尼亚州的内华达山脉）因断层作用而抬升。与通常的向上或向下移动不同，断层有时也会沿着地表水平移动，图 3.14 所示的圣安德烈斯转换断层就是这种情况。

图 3.14　加利福尼亚州的圣安德烈斯断层，附 1900 年以来发生的 6.0 级以上的地震震中分布图。来源："The San Andreas Fault System", *California, ed. by Robert E. Wallace, U.S. Geological Survey Professional Paper 1515, 1990*

　　无论何时，只要沿断层或薄弱点发生位移，就会引发地震。位移越大，地震震级就越大（参见专栏 3.2）。当构造力作用于岩石且最终达到临界点时，就会引发地震，随后张力减小。

　　1964 年耶稣受难日那天，阿拉斯加州发生了人类目前所观测到的最强地震之一，震级达到里氏 9.2 级。尽管该地震的震源距离安克雷奇 121 千米，但地震波的振动导致城市下方的弱黏土发生移动，安克雷奇市区的路段向山下滑行，部分商业区下沉了 3 米。

当海洋底部发生地震、火山喷发或水下滑坡时，通常会令周围的海水形成巨大波浪，从而引发海啸（参见专栏 3.3）。海啸在开阔的海面上以极快的速度行进，几乎不可察觉，类似于快速移动的潮汐。尽管与潮汐无关，但是经常被错误地当作"潮汐波"。当海啸接近海岸进入较浅水域时，波浪与海底发生摩擦而减速，海水急剧增高至 15 米甚至更高。当冲击海岸尤其是进入狭窄港口和海湾入口却被约束到较小空间时，海啸会携带巨大的破坏力横扫内陆。

全世界每天都有数百个地方会发生地震，大多数是微震，只能被记录地震波的仪器（地震仪）观测到。但是偶尔也会发生强烈地震，例如 2003 年的伊朗地震（35000 人死亡）和 1976 年的中国地震（242000 人死亡）。大多数地震发生在环太平洋地带（见图 3.8），该地区来自汇聚型岩石圈板块的应力最大。在阿拉斯加州的阿留申群岛、日本、中美洲和印度尼西亚，每年都会发生大量中等强度的地震，例如海地地震造成了大量破坏（见第 1 章），旧金山湾区的大地震造成了相当大的破坏。近年来，在土耳其、伊朗和阿尔及利亚等非太平洋地区，也发生过重大的地震和火山活动。

2005 年 10 月 8 日，克什米尔地区发生了强烈地震，它警示人们：地处三大板块边界的喜马拉雅山脉地区的各个国家（西至阿富汗和巴基斯坦，东至缅甸）同样容易遭受地震灾害。

## 专栏 3.2　地震分级

1935 年，C. F. Richter 首次提出了地震的"震级"概念，用于衡量地震释放的能量。地震实际上是一种能量释放的形式，表现为穿越地球表层的波动。地震波从震源位置向各个方向辐射，距离震中越远，能量越弱，直至消失。在里氏震级体系中，通过测量地面运动来估算地震释放的能量。地震仪可以记录地震波，然后通过比较波高来确定地震的相对强度。虽然里氏震级范围为 0～9，但地震损失严重程度没有绝对上限，迄今为止人类所记录的最强地震震级达到 8.5～8.6。

"烈度"测量的是地震对人类和建筑物的影响规模。与烈度不同，震级可以准确测量，因此里氏震级被广泛采用，虽然它仍然只是地震所释放能量的近似值。此外，地震台站下面的岩石物质会影响地震波的幅值，有些地震学家认为里氏震级低估了大地震的震级。

近年来，地震学家采用了一种称为"矩震级"的测量方法，它描述的是地震期间地球表面的运动。如果运动（滑动）距离很大，那么与断层的大小（长度）相比，矩震级就很大。大断层上的小滑动被认为是轻微地震。与加利福尼亚州北岭地区 1994 年地震具有类似的里氏震级和矩震级，早 30 年前在阿拉斯加发生的灾难性"耶稣受难日"地震的里氏震级为 8.2，矩震级则达到 9.0。

| 里氏震级[a] | 近地表地震对城市的影响 | 矩震级 | 定　义 |
|---|---|---|---|
| 1, 2 | 感觉不到 | <3 | 极小 |
| 3 | 轻微感觉 | 3～3.9 | 较小 |
| 4 | 窗户晃动 | 4～4.9 | 轻微 |
| 5 | 普遍有感，震中附近有轻微损坏 | 5～5.9 | 中等 |
| 6 | 建造质量差的建筑物被损坏，10 千米范围内遭受损失 | 6～6.9 | 较强 |
| 7 | 损失范围达到 100 千米 | 7～7.9 | 非常强 |
| 8 | 数百千米的巨大损失 | >8 | 剧烈 |
| 9 | 罕见的巨大地震 | | |

a 里氏震级采用对数关系表示，整数的每个增量表示幅度增加 10 倍，因此 4 级地震的影响要比 3 级地震大 10 倍。地震对人类的实际影响不仅取决于地震的严重程度及海啸或山体滑坡等次要影响，而且取决于受影响地区的人口密度和建筑物质量。矩震级是最准确的地震规模表达方式。

### 专栏 3.3　海啸

2011 年 3 月 11 日，日本发生了里氏震级为 9.0 级（矩震级超过 8 级）的强烈地震，造成高达 10 层楼（40.5 米）的海啸，超过 15000 人死亡，约 100 万幢建筑物遭到破坏或摧毁，引发了福岛第一核电站的核灾难。2004 年 12 月 26 日，印度洋海啸以同样方式造成了更大的生命损失，共有 283000 人遇难。这次印度洋海啸主要影响沿海地区，如印尼的苏门答腊岛、泰国、斯里兰卡、印度和南非等。在位于苏门答腊岛北端的班达亚齐市的遥感影像中，显示了海啸发生前几个月和两天后的不同情形。

海啸由海底地震、火山爆发或滑坡等水下地震性扰动形成。在印度洋海啸案例中，海水快速涌入地震造成的洋底沉陷。这次 9.2 级地震发生在印澳板块和欧亚板块之间 1300 千米长的边界地带，推动前者潜入后者下方约 15 米。海水首先从海岸抽离，然后又以海啸形式反冲回来。在日本的海啸案例中，地震引起太平洋板块与欧亚板块之间发生边界俯冲现象，迫使海床上升，海水被迫四处奔流，引发了毁灭性的海啸。日本很多城镇被整体摧毁。海啸破坏的废弃物甚至漂到了北美洲西海岸，遥远的加拿大不列颠哥伦比亚省及美国华盛顿州与俄勒冈州遭到了高达 2.4 米海浪的重创。在这两个案例中，最终波浪传播速度非常快，与喷气式飞机速度（640 千米/小时）大致相当，但波峰不是很高。海浪接近陆地、

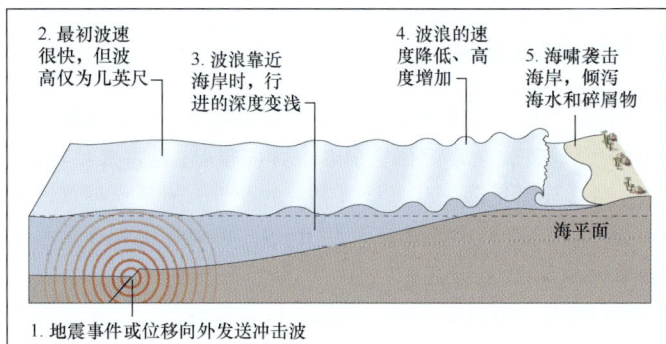

海水变浅时，速度降低到约 48 千米/小时，但波高却显著增加。汹涌的海水携带着恐怖的力量（每立方米水重达 1 吨）奔向海岸，并向内陆推进，淹没了沿岸的低洼地区，树木、汽车、路面或建筑物的残片都变成了致命的炸弹。

1948 年，为尽量降低太平洋沿海地区的生命损失，美国海岸和大地测量局建立了海啸早期预警系统，太平洋地区预期发生海啸的任何重大地震扰动都要报告给位于檀香山市的海啸预警中心。如果探测到海啸，那么该中心就会向处于危险境地的低洼沿海地区发布海啸的来源、速度和预计到达时间等信息。毫无疑问，这个系统在日本挽救了许多生命。同样，正是由于发生了印度洋海啸，才促成了印度洋海啸预警系统的建立。

苏门答腊岛班达亚齐市的卫星影像：(a) 2004 年 6 月 23 日；(b) 12 月 25 日，发生海啸 2 天后。© *Digital Globe*

### 3.4.2　火山活动

第二种构造力是火山活动。熔融物质最可能运移至地表的位置就是板块的交会处或其附近，热点等

其他区域也容易受到火山活动的影响（见图 3.15），例如夏威夷火山群就形成于地球内部相对稳定的热点之上。

如果有足够的内部压力使岩浆上涌，那么地壳中的薄弱处或断层就能使熔融物运移至地面。熔融物可能会以一系列爆炸形式喷出，运移至地球表面，形成由凝固的熔岩、火山灰和火山渣交互层构成的陡峭火山锥，称为"层状火山"或"复合火山"（见图 3.16a）。这种爆发也可能没有爆炸，而是形成一个平缓的盾形火山（见图 3.16b）。

世界上的主要火山带与主要地震带和断裂带相吻合，位于板块的聚敛位置。另一类火山活动带位于板块离散边界位置，如大西洋中央。

熔融物可以平稳地流出火山口，也可以夹带着爆发力射入空中。某些相对平静的火山有长而平缓的斜坡，表明熔岩流平缓；而爆炸性火山则有陡峭的侧面。现在，世界上有近 300 座活火山仍在不断地喷出水蒸气和其他气体。公元 79 年，维苏威火山喷发，将意大利庞贝城的部分地区埋在约 5 米厚的火山灰和浮石之下。

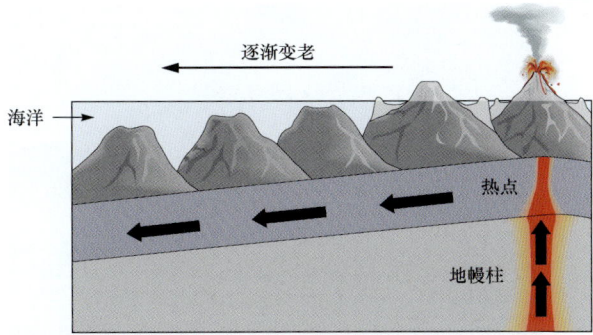

(a)

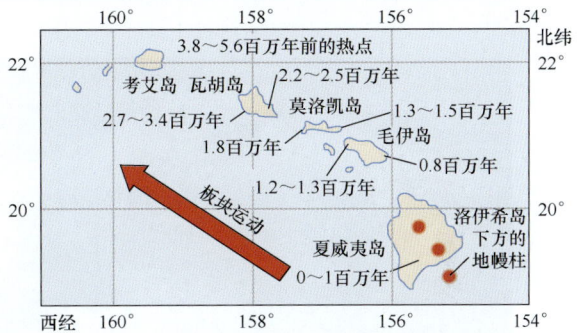

(b)

**图 3.15**　(a)地幔柱即狭窄的高温地幔岩石柱，能形成火山活动在地表的"热点"。某些地幔柱从大洋板块中央下方而非其交会点位置上升，例如夏威夷下方的地幔柱从太平洋板块中间升起。当板块在地幔柱上方移动时，就会形成一连串的火山，例如当太平洋板块向西北方向移动时，每座火山会被一带离热点处；(b)夏威夷群岛火山岩的年龄，向西北部逐渐变老。夏威夷群岛有两座活火山，即莫纳罗亚和莫纳克亚，以红点标识

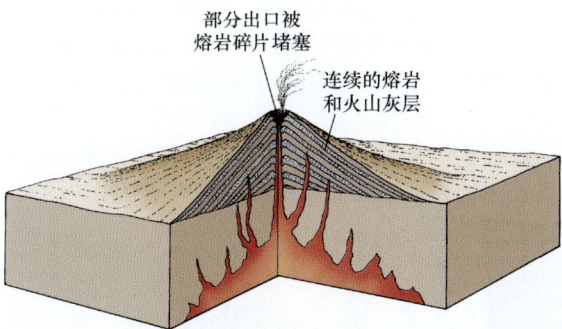

(a)

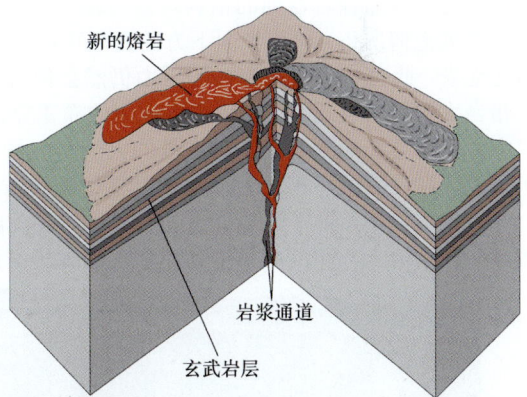

(b)

**图 3.16**　(a)复合火山由不同的凝固熔岩、火山灰和火山渣组成。熔岩内的气体突然减压导致岩石爆炸，形成火山灰和火山渣；(b)盾状火山的剖面图。盾状火山由凝固的熔岩流组成，宽阔而平缓地倾斜

当压力增加时，火山口就会变成一个由蒸汽、气体、熔岩和火山灰等物质翻滚而出的热气腾腾的大锅（见图 3.17）。1980 年，圣海伦斯火山在北坡形成了一个大凸起，地震后又发生了一次爆炸，将火山碎屑物喷射到空中，面积约 400 平方千米的区域被彻底毁坏，华盛顿州东部和爱达荷州与蒙大拿州的部分地区降下了约 1 厘米厚的火山灰，火山的高度降低了 300 多米。

(a)

(b)

(c)

图 3.17 (a) 1980 年 5 月 18 日,华盛顿州圣海伦斯火山爆发前的景象；(b)火山喷发将炽热的火山灰喷入 15 千米高的天空,形成了锥形的蒸汽云,泥石流将火山灰和更粗糙的火山碎屑物携带到山下；(c)爆炸掀翻了火山的顶部和一侧的大部分,使火山的顶部下降了近 400 米。(a)～(c)来源：美国地质调查局

在很多情况下,地壳下的压力不足以使岩浆出露至地表,此时岩浆会凝固成各种地下的火成岩,有时会影响地表的地貌特征。然而,上覆岩石可能会被逐渐侵蚀,此时坚硬且抗侵蚀的火成岩就会露出地表,纽约城西面裸岩遍地的帕利塞兹山脉和佐治亚州亚特兰大市附近的石头山就是这种地形。

在其他情况下,地球表面下方的岩层可能允许岩浆大面积增长,但由于其上覆岩石密度较大而不能到达地表,此时岩浆侵入施加的压力仍然会使岩石表面发生弯曲、鼓起或碎裂。此外,还可能会形成体积相当大的熔岩穹丘,例如南达科他州的布莱克山。火山爆发的一个副作用是将大量火山灰喷射到大气层中,有时会影响到数千千米之外的天气与气候模式。例如,爪哇岛附近著名的喀拉喀托火山于 1883 年爆发,爆发后的一年之中影响着世界气候格局。

有证据表明,熔岩有时会通过裂缝或断裂流出,但并未形成火山,渗出的熔岩流可能会覆盖在大洋底部。在陆地上,印度的德干高原和美国太平洋西北地区的哥伦比亚高原是典型案例（见图 3.18）。

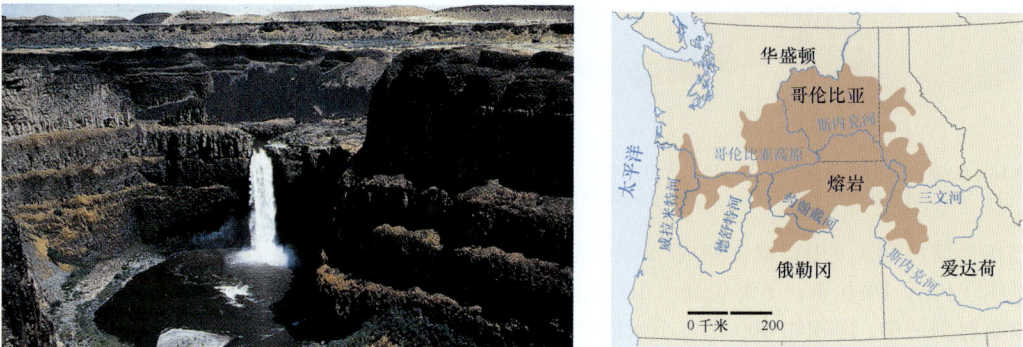

图 3.18 流动的熔岩造就了面积达 13 万平方千米的哥伦比亚高原。一些熔岩厚达 100 多米,并流动到离裂缝 60 千米远的位置。© *McGraw-Hill Companies, Inc*

# 3.5　渐变过程

渐变过程是陆地表面削低的主要原因。如果陆地某处曾经有山峰矗立，但现在变成了低矮平坦的平原，那么表明那里发生了渐变过程。这些磨蚀、刮擦或吹走的物质沉积在新的地方，结果就创造了新的地貌。就地质年代而言，落基山脉是最近出现的地貌，那里的渐变过程像所有陆地表面一样也很活跃，只不过还没有足够的时间跨度去削平这些巨大的山脉。

渐变过程包括三种类型：风化作用、块体运动和侵蚀作用。风化作用（无论是机械风化还是化学风化）将岩石变成土壤，或通过重力或侵蚀作用将岩石运移到新位置；块体运动通过重力将岩石碎屑和土壤等松散物质从高处沿坡向下运移；流动的水、移动的冰、风、波浪和水流等作用力将这些松散物质运移到其他地区，创造新地貌或改造旧地貌。

## 3.5.1　风化作用

风化作用是指地表及其附近的岩石与矿物在大气因素（水、空气及温度）作用下发生破碎和分解，主要体现为机械作用和化学作用。

### 1. 机械风化

机械风化是指地表或其附近的土壤物质发生物理破碎，即较大的岩石破碎成较小的碎屑物。机械风化包括多种成因类型，最重要的是冻融作用、盐分晶体的发育和植物根系作用。

如果渗入岩石（颗粒之间或沿着节理裂隙）的水发生冰冻，那么形成的冰晶会对岩石产生压力。当该过程（冰冻、融化）重复发生时，岩石便开始解体破碎，城市街道上的坑洼通常就是这样形成的。盐分晶体在干燥气候中的作用与此相似，地下水通过毛细管作用（水由于表面张力而上升）被吸引到地面，类似于植物中的液体养分通过茎和叶向上迁移。蒸发作用留下盐分在岩石中形成结晶，逐渐增大，最终使岩石崩解。树木和其他植物的根也可能进入岩石节理裂隙，随着它们逐渐生长，导致岩石发生破碎、裂解。这些都是机械作用，本质上是物理性质，并不会改变所作用物质的化学成分。

### 2. 化学风化

化学风化过程使岩石分解而非破碎，换句话说，构成岩石的矿物通过化学反应而非破碎作用分离成不同成分。化学风化的三种最重要的过程是氧化作用、水解作用和碳酸化作用。因为这些作用都需要水的参与，所以与潮湿、温暖地区相比，干燥、寒冷地区发生化学风化的程度较低。

"氧化作用"是氧与铁等矿物成分结合形成氧化物的过程，某些类型的岩石与氧气接触后即开始分解；水与特定的岩石矿物（如铝硅酸盐）接触时会产生分解作用，这种化学变化称为"水解作用"；来自大气的二氧化碳气体溶解在水中时会形成弱碳酸，这种化学变化称为"碳酸化作用"，对石灰岩效果特别明显，主要是由于作用过程中产生的碳酸氢钙易于溶解，很容易为地下水和地表水携带移走。

无论是机械风化还是化学风化，它们本身并不会形成独特的地貌，但会储备足够的岩石颗粒以适用于侵蚀作用和土壤的形成。风化作用将岩石分解后，重力及流动的水、风和移动的冰等侵蚀作用力可将风化后的物质运移至新位置。

机械风化和化学风化都能创造"土壤"，即位于下伏坚硬岩石之上的薄薄一层细粒物质，由有机物、空气、水和风化岩石等物质组成。土壤类型是区域气候与下伏基岩类型共同作用的结果，温度与降雨作用于岩石矿物，并与覆盖矿物之上植被的腐烂分解作用相结合形成土壤。要了解与此相关的更多信息，请参阅第 4 章。

## 3.5.2　块体运动

重力是地球对其表面或地表附近物体的吸引力，它永恒地拉动着所有物质。物质由于重力作用引起的沿坡下移运动现象称为"块体坡移"或"块体运动"，出于更具有描述性考虑，本书采用第二个术语。如果没有坚固的岩石或其他稳定物质作为支撑，小型颗粒或巨大石块将会从斜坡上掉下来。块体运动的壮观行为包括雪崩和山体滑坡，土壤蠕变和泥石流等（见图 3.19）虽然更普遍，却不太引人注目。一般来说，水成物、冰成物和风成物等非刚性形成物都会在重力作用下沿斜坡向下移动。

(a)　　　　　　　　　　　　　　　　　(b)

图 3.19　(a)小山丘落石形成堆积物，这里是悬崖底部的破碎岩石；(b)蠕动的土壤导致树木倾斜。(a) © *Robert N. Wallen*；(b) *Courtesy of Victoria Getis*

　　特别是在干旱地区，有一种由山脚下堆积的岩石颗粒形成的地貌，称为"堆积物"，它普遍而又非常引人注目，如图 3.19a 所示。由于风化作用的影响，从山腰裸露基岩上脱落的砾石、岩石颗粒或大石块大量坠落和堆积时，就会形成大型锥形地貌。由于较大岩石的移动距离比细砂粒远，这样后者便保持在堆积物顶部附近。

### 3.5.3　侵蚀营力和沉积作用

　　侵蚀营力包括风、水和冰川等，可将既存地貌刻蚀成新的形状。快速移动的侵蚀营力能够搬运碎屑物，慢速移动的侵蚀营力则能够使碎屑堆积起来。已经被磨蚀、刮擦或吹走的物质沉积在新位置，就形成新地貌。每种侵蚀营力都与一组独特的地貌相关联。

#### 1. 流水

　　流水是一种强大的侵蚀营力，无论是漫流在地表的水，还是流淌在河道中的水，都会在削弱地貌和塑造地貌方面发挥巨大作用。

　　流水的侵蚀能力依赖于以下几个因素：（1）降水量；（2）斜坡的长度和陡度；（3）岩石和植被覆盖的种类。当然，斜坡越陡，水流越快，侵蚀速度就越快。植被覆盖有时会减缓水流侵蚀速度，当植被由于农业耕种或牲畜放牧而减少时，侵蚀可能会变得更为严重，如图 3.20 所示。

　　降水（大雨或冰雹）的影响也会引起侵蚀。在强降雨冲击土壤后，雨水的力量会使地表变得更加密实，因此后续的降水难以渗透土壤，继而变成侵蚀地表的水。水中的土壤和岩石颗粒被带到溪流中，沉落在沟渠和河床。

　　水和河流携带的颗粒都是侵蚀营力。当岩石颗粒撞击河道堤防和河床时，就会发生磨损、磨蚀作用。由于水流力量的作用，砾石等大型颗粒沿着河底滑动，沿途磨削河床中的岩石。

　　洪水和快速流动的水是造成河道规模和外形发生巨大变化的主要原因，有时会形成新的河床。在铺装地面时覆盖了能够吸水或持水土壤的那些城市中，一旦出现强降雨，径流就会迅速汇集，以致这些城市附近的江河湖泊水面迅速上升，水的流速也会迅速增大，通常会出现山洪暴发和严重的水土流失。

　　诸如黏土和淤泥之类的小颗粒悬浮在水中，与溶解在水中的物质或沿河底拖曳的物质一起，构成了河流含沙量。快速移动的河道洪水携带了巨量泥沙。随着高水位下降或洪水退去，水流速度降低，水流中包含的泥沙不再保持悬浮状态，颗粒就开始沉降。重且粗糙的物质下降最快，较细的颗粒携带较长时间并搬运得更远。当溪流在海湾、海洋和湖泊中遇到缓慢流水时，速度的下降和由此产生的沉积作用尤其明显、突出，淤泥和沙子在交会处积聚形成三角洲，如图 3.21 所示。

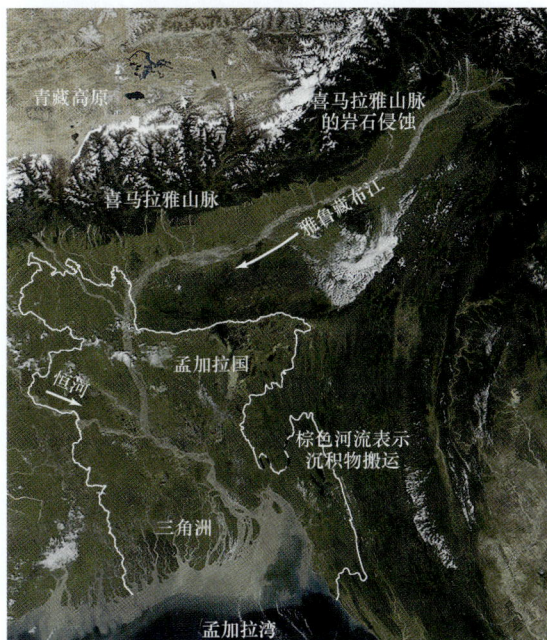

图 3.20　大雨和不良耕作技术形成的沟沟坎坎，包括牲畜过度放牧或农作物多年轮作。植被太薄而无法保护表层土时，地表径流很容易将表层土冲走。来源：美国农业部自然资源保护局

图 3.21　恒河和雅鲁藏布江由喜马拉雅山脉的溪流汇入而成。注意观察进入孟加拉湾的棕色沉积物。来源：*NASA*

虽然像中国长江这样的大江大河有着既庞大又不断生长的三角洲，但是许多溪流的河口三角洲并不太明显。在阿斯旺大坝最近竣工以前，尼罗河的庞大三角洲一直在生长，现在大部分泥沙都沉降在三角洲上游的大坝后面的纳赛尔湖中。

在与河流相邻的平原中，河流携带的泥沙有时会形成土壤。如果沉积下来的物质很肥沃，那么它就会受到热烈欢迎，成为农业活动的不可或缺的组成部分，例如历史上著名的埃及尼罗河沿岸；如果沉积物由贫瘠的沙子和砾石组成，那么以前肥沃的土壤可能会遭到破坏。洪水本身也可能会淹没庄稼或居民区，由此造成巨大的生命财产损失，例如在 1887 年中国黄河发生的特大洪水中，总计超过 90 万人丧生。

#### 2. 河流景观

河流景观是陆地抬升与侵蚀之间的一种特定平衡状态。抬升与侵蚀同时发生，快速抬升之后并没有次序分明的侵蚀阶段。在特定的位置与时间，一种力量可能比另一种力量更大。但是到目前为止，人类仍无法精准预测景观演化的"下一个"阶段。

区分河流对地貌影响的最重要的因素是近代（如过去几百万年）气候是趋于湿润还是趋于干旱。

**湿润地区的河流景观。** 地表的薄弱物质或岩石的凹陷处也许适合于河流河道的发育。当河流经过山区下坡或悬崖时，可能会形成跌水或瀑布。陡峭的下坡坡度使水流快速流动，在岩石中切割出狭窄的 V 形通道（见图 3.22a）。在这种条件下，侵蚀过程大大加速。随着时间的推移，水流可能已经磨蚀了足够多的岩石，使跌水成为急流，河床切入周边地形高度之下。在特拉华州、康涅狄格州和田纳西州的河流上游，均不同程度地存在着这种明显的证据。

在湿润地区，河流侵蚀的结果是使地形变得浑圆。当河流沿着中等坡度流动时，切割出越来越宽阔的山谷，周围的山丘变得圆润，河谷拓宽变平，山谷最终成为"河漫滩"。河流的作用是拓宽河漫滩。河道蜿蜒曲折，不断形成新河床。新河床出现后，遗留下来的老河床就变成了"牛轭湖"，如密西西比河的河漫滩上就有数百个牛轭湖。牛轭湖呈新月形，占据了自由河曲带的废弃河床（见图 3.22b）。

**图 3.22** (a)怀俄明州黄石公园，河流迅速下切，形成了 V 形山谷；(b)毗邻怀俄明州的一条自由河曲带的**牛轭湖**。(a) © *Robert N. Wallen*; (b)美国地质调查局

　　在近似平坦的河漫滩中，海拔最高的地方可能是河流两岸，这些天然堤防是洪水期间泥沙沉积在河道边缘形成的。能够令天然堤防溃决的洪水灾难性特别大，因为洪水会淹没整个河漫滩，直到达到与上涨河水相同的高程。美国陆军工程兵团加固了特别易受影响地区的天然堤防，如密西西比河下游两岸，但是在 2005 年 8 月卡特里娜飓风期间，其中一些堤防仍然出事了（见图 3.23）。

　　**干旱地区的河流景观。** 干旱地区的河流侵蚀作用与湿润地区差别很大。干旱地区植被缺乏，流水的侵蚀作用明显较强。假如河道穿越沙漠的话，发源于山区的河水甚至永远也不会汇入海洋。实际上，河道可能只在雨季有水，其余时间干涸。雨季来临时，河水冲下山坡，汇集成临时湖沼。在这个过程中，冲积物（沙子和泥土）在湖泊和低海拔处沉降下来，沿着山坡形成冲积扇（见图 3.24）。冲积扇是河流横穿坡麓到达低洼地时由泥沙和砾石向外堆积产生的。如果这个过程持续时间特别长，冲积型沉积物可能会埋没以前被侵蚀的山体，如在内华达州、亚利桑那州和加利福尼亚州的沙漠地区，透过被侵蚀的物质，能够看到不少被部分掩埋的山地。

**图 3.23** 遭受卡特里娜飓风袭击后的航空照片，2005 年 8 月 30 日。来源：美国联邦应急事务管理署

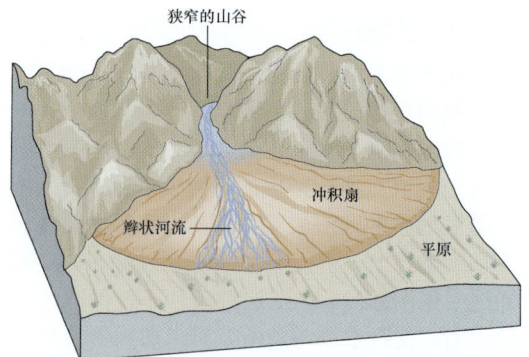

**图 3.24** 水流抵达坡麓的平坦位置时，流速减小，形成冲积扇。坡度与速度突然变化，降低了河流的承载能力，泥沙于是开始堆积，堵塞河道，并使水流改道。上游谷口固定了冲积扇的头部，水流来回摆动，形成并延伸出一片宽广的堆积区。来源：*Charles C. Plummer and David McGeary, Physical Geology, 8th ed*

干旱地区的河流只能暂时性存在，侵蚀能力无法与湿润地区自由流动的河流相提并论，几乎不可能塑造景观。在某些情况下，移动迅速的水流可能会刻蚀出深且笔直的干涸沟壑，流水可能以复杂的多股编织物形式冲到冲积平原上，遗留下一个冲积扇。这种季节性急流形成的河道称为冲蚀沟。如图 3.25 所示，犹他州屹立着一些陡峭的孤峰和方山，这证实了干旱区不受约束的流水的侵蚀营力。

### 3. 地下水

有些来自雨雪的水渗入岩石与土壤的孔隙和裂缝中，并不形成地下池塘或湖泊，而是构成浅层物质。当地下水积聚时，形成一个称为含水层的饱和带，水流在该层中可以自由移

图 3.25　犹他州大峡谷国家公园。方山顶盖的抗蚀岩层保护了较软的下伏地层免受下切侵蚀。当顶盖岩层被搬运走后，横向侵蚀削低地表，留下方山作为以前高位景观广阔而明显的遗迹。© Corbis RF

动。如图 3.26 所示，饱和带的上层是地下水位，下方的土壤和岩石中充满了水。为确保能够找到供水源，水井应该打到含水层。地下水虽然不停移动，但速度非常缓慢（通常每天只有几厘米）。大多数地下水存留于地下，试图达到最深层。当陆地表面下降到地下水位以下时，就会形成池塘、湖泊和沼泽。通过土壤或植被中的毛细管作用，某些水流可能进入地表。当地面延伸到地下水位以下时，最常见的特征就是发育成河流。

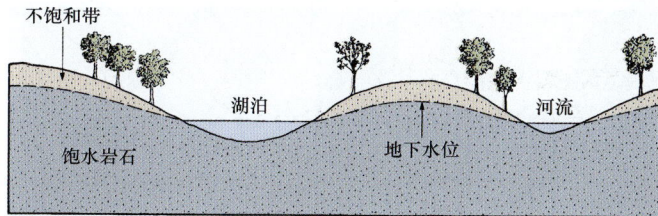

图 3.26　地下水位通常随地表等高线起伏，但是起伏和缓。地下水缓慢流过饱和岩石，在低于地下水面的地表洼地中出露。在干旱期间，地下水面降低，河道变干。

地下水（特别是与二氧化碳结合时）通过溶解作用等化学过程，能够溶解可溶性物质。虽然地下水能分解许多类型的岩石，但它对石灰岩的影响最为显著，世界许多大型洞穴的成因皆来自地下水穿过石灰岩地区的移动。通过上覆岩层向下渗透的水流滴入空洞时，就会留下碳酸盐沉积物，悬挂在洞穴顶部形成钟乳石，从洞穴底板向上发育则形成石笋。在有些地区，地下水对石灰岩侵蚀不均匀，在洞穴崩塌区形成了落水洞和地表洼地等系列景观。

"喀斯特地貌"是以落水洞、深大洞穴和地下暗河为代表的大型石灰岩地区的地貌景观，如图 3.27 所示。佛罗里达州中东部是喀斯特地区，由于落水洞的形成和扩大而遭受了相当大的破坏。该地貌名称来自意大利-斯洛文尼亚边境的亚得里亚海的某个地区。肯塔基州的猛犸洞区是另一个喀斯特地貌区，拥有数千米彼此连通的石灰岩洞穴。

### 4. 冰川

引发侵蚀和堆积作用的另一种营力是冰川作用。虽然冰川在今天的分布并不广泛，但在 1 万～1.5 万年以前，冰川覆盖了地球陆地表面的很大一部分，许多地貌由冰川的侵蚀或堆积作用造成。

冰川仅存在于非常寒冷的地区，这些地区夏季短暂或不存在夏季，年降雪量超过年融雪量和蒸发量。雪的重量使其底部压实，继而成冰。当降雪量达到约 100 米厚时，底部的冰就会变成厚牙膏状，开始缓慢移动。冰川是一种大型冰体，缓慢地沿着斜坡向下移动，或从陆地表面向外扩展（见图 3.28）。有些冰川边缘的融化速度和蒸发速度与冰的前进速度相等，所以这些冰川看似处于静止状态。冰川每天可移动多达 1 米。

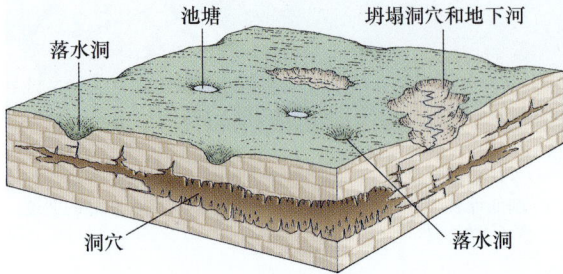

图 3.27 石灰岩在有水的情况下容易被侵蚀。(a)如图所示的喀斯特地貌，在潮湿地区，平坦的石灰岩出露在地表；(b)佛罗里达州中东部的卫星照片，显示喀斯特地貌落水洞中形成了许多圆形湖泊。(b) *NASA*

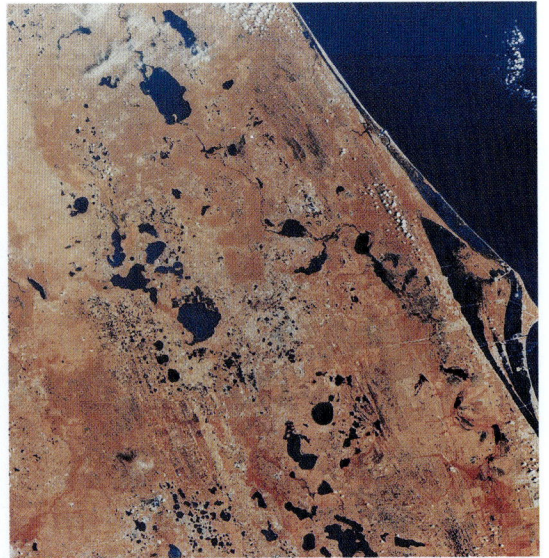

(a)

(b)

图 3.28 阿尔卑斯冰川地貌。冰劈作用和冰块运动刻蚀出冰斗，其不规则的底部可能包含冰川融化后形成的湖泊（山中小湖）。冰斗壁与背后山坡邻近处形成刀刃状的山脊，称为"刃脊"。刃脊被过度侵蚀的山隘所截断，三个或更多刃脊相交就形成了角峰。从冰斗壁落下的岩石碎片被运动的冰带走，冰和谷壁之间形成侧冰碛，内侧冰碛标志着两个山谷冰川相连的侧冰碛汇合。后退碛在冰川末端长期固定不动，由砂石堆积而成。终碛是冰川前进最远处的标志。沉积物堆成的圆锥形山丘称为"冰碛阜"

　　大多数冰川的成因理论都与地球气候变冷有关，或许以下理论组合能够合理解释冰川的演化。第一种理论将气候变冷归因于大气中含有过量火山灰的时期，认为火山灰尘层减少了抵达地球的太阳能量，有效地降低了地表的温度。第二种理论将冰河时代归因于地球围绕太阳运动的轨道形状、倾角和季节位置在过去 50 万年间发生了变化，改变了地球接收的太阳辐射量及其在地球上的分布。最新的一种理论认为，当大陆板块漂移到极地时，地球上的温度变得非常极端，导致了冰川的发育。然而，此理论无法解释最近的一次冰河时代。

　　现在，规模达到大陆级别的冰川存在于南极洲、格陵兰岛和加拿大的巴芬岛，但世界上许多地方都有山地冰川，地球上大约 10%的陆地面积都被冰川覆盖。在最近一次的冰川扩张时期，格陵兰岛的大陆冰层曾经覆盖了几乎整个加拿大（见图 3.29），以及美国和欧亚大陆最北端的一部分。这块巨大冰川的厚度达到了 3000 米（约为格陵兰岛的当前纵深），覆盖了整个山系。上一个冰河时代的另一个特点是多年冻土层的发育，即一种长期冻结的地层，深度可达 1500 米。由于多年冻土层可防止水分向下渗透，因此只在短暂的夏季一层薄薄的表面融化时，地表土壤才可能会被水饱和。近年来，由于南北半球极地地区的气候变暖，冰川的融化速度比其发育速度要快。气候变化将在第 4 章中讨论。

　　冰川的重量压碎了下面的岩石，为移动冰川搬运岩石做好了准备，冰川就此通过侵蚀改变了地貌。冰川在移动时冲刷土地，在岩石表面留下刮痕或擦痕。加拿大东部的大部分地区都曾被冰川冲刷，这些冰川虽然遗留的土壤很少，但留下了许多冰蚀湖和河流。由冰川冲刷产生的侵蚀地貌有若干名称。冰川槽谷是一种深切的 U 形山谷，只有在冰川后退后才能看到。如果形成的山谷现在位于海平面以下，那么正如在挪威或不列颠哥伦比亚省一样，其将称为"峡湾"或"峡江"。一些由冰川冲刷形成的地貌如图 3.28 所示。图 3.30 显示了冰斗湖（冰斗向外敞开凹地中的小湖和刀脊）分割相邻冰川侵蚀谷的锐脊，冰斗由冰川谷顶的冰侵蚀形成。

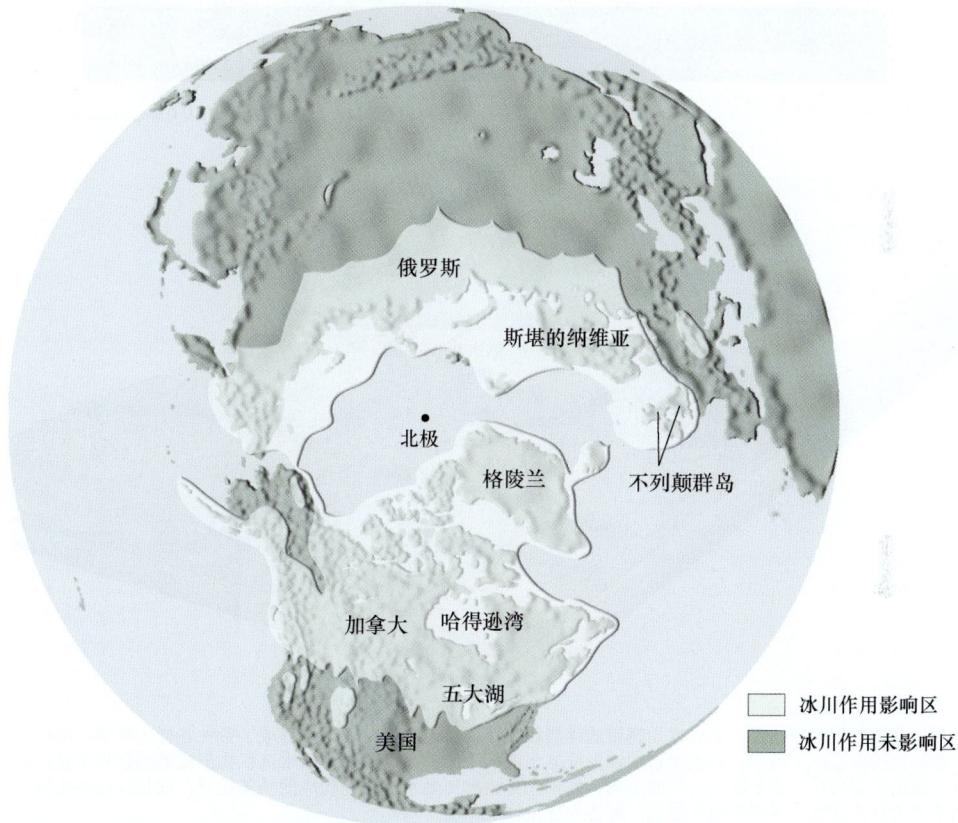

| | |
|---|---|
| ☐ | 冰川作用影响区 |
| ▨ | 冰川作用未影响区 |

**图 3.29**　北半球大陆冰川的最大规模（约 15000 年前）。由于大量水分以冰的形式保存在陆地上，且冰川扩展到现今的大陆岸线以外，从而使海平面比现今低。积雪和冰层独立发育，北美洲西部山脉和扩张的冰川前缘之间形成了大型湖泊，南方的巨大河流带走了冰川融水

　　当冰川将其携带的岩屑堆积下来时，也会形成地貌景观。这些沉积物称为冰碛，由岩石、砾石和淤泥组成。当巨大的冰舌向前移动时，岩屑积聚在冰川的各个部分，前进的舌尖及冲刷谷壁的冰包含了更多岩屑。当冰川融化时，会留下不同大小和形状的冰碛丘岗，如冰碛丘、蛇形丘和鼓丘（见图 3.31）。

　　冰川会造就很多其他地貌，最重要的是冰水沉积平原，即冰川融化前缘缓缓倾斜的一片区域。冰川沿着宽阔的前缘融化开来，呈辫状从冰川中流出成千上万的小河流，留下由沙子和砾石组成、层理清晰的冰川堆积物。冰水沉积平原实际上是一个巨大的冲积扇，覆盖了非常广阔的区域，为土壤形成提供了新的母质。在美国中西部大部分地区，土壤肥力皆归功于风对冰川沉积的影响。

图 3.30　科罗拉多州圣胡安山冰川作用形成的冰斗湖及其后的刃脊。© *McGraw-Hill Companies, Inc.*

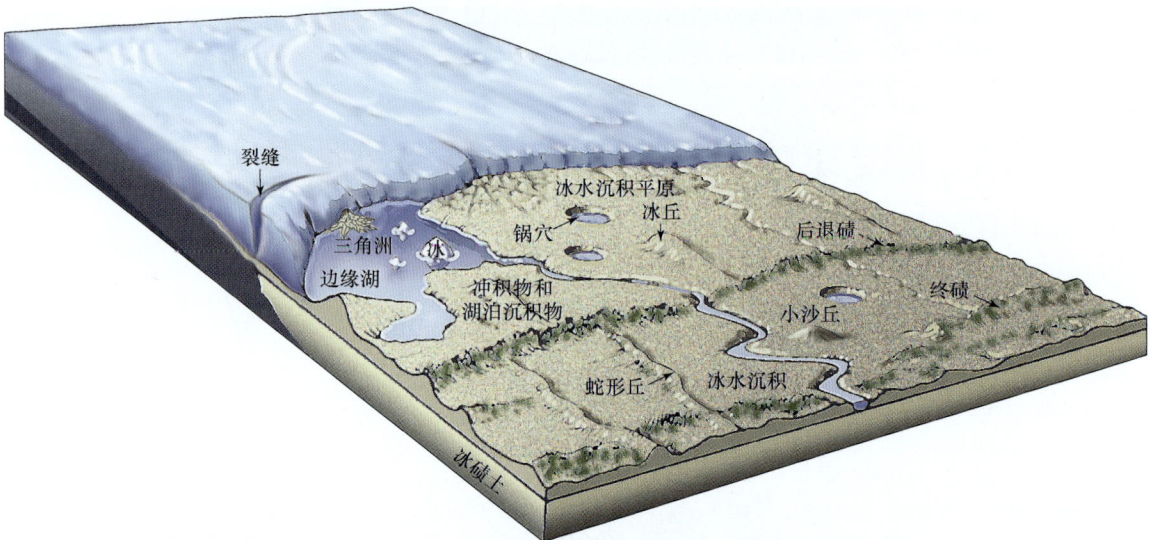

图 3.31　**冰盾形成的堆积地貌特征。**大陆冰川携带的碎屑物在冰川后退时遗留下来，形成了各种各样的地貌：冰碛是在冰川后退边缘形成的杂乱冰川堆积；溪流携带泥沙形成冰水沉积平原；冰碛阜是由冰水沉积物形成的圆锥状小丘；鼓丘是由冰碛物构成的长条形丘，指示冰川运动的方向；蛇形丘是由冰川融水沉积物构成的长条丘脊；锅状洼地是由停滞的冰块融化后形成的封闭洼地，为沉积物所覆盖，周边为沉积物所环绕

　　在最近的冰河时代结束前，更新世 150 万年间至少发生了三次重大冰进。没有确凿的证据证明，我们是否已经崛起于冰川扩张和退缩的循环期。在评估冰川新的扩张可能性之前，必须考虑第 4 章讨论的有关地球温度变化的因素。在 20 世纪上半叶，如同近年来的情况一样，世界上的冰川融化速度超过了它们的成长速度。

　　**5. 波浪、海流和沿海地貌**

　　在漫长的地球历史演化过程中，冰川作用虽然断断续续，波浪对大陆海岸和岛屿的冲击破坏作用持续不断，造成沿海地貌发生了相当大的变化。抵达靠近岸边的浅水区域时，波浪由于受到海床摩擦而陡然增高，然后回落形成碎浪，如图 3.32 所示。海水上涌不仅携带了适于沉积的泥沙，而且侵蚀着海岸地貌，回流海水还会带走所侵蚀的物质。根据条件不同，这种海浪活动形成不同类型的地貌。

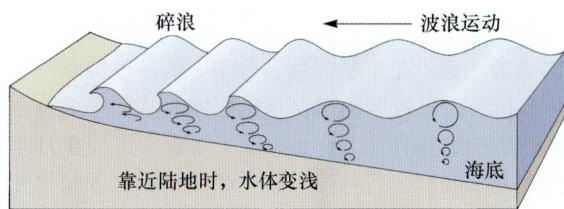

**图 3.32　波浪和碎浪的成因。**(a)当近海波浪涌入缓倾的海滩底部时，形成波峰尖锐的波浪，直至令海水产生陡波，然后回落成为前冲碎浪；(b)沿坡度平缓均匀的岸坡，连续的波浪形成均匀间隔的碎浪。© Carla Montgomery

如果海岸上的陆地远高于海平面，那么波浪作用会形成海蚀崖。然后，根据岩石对咸海水不断冲击的抵抗程度，海蚀崖会以一定的速度被侵蚀。发生风暴潮时，上冲的波浪会释放出非常巨大的能量，从而发生更严重的侵蚀。在沿海风暴潮期间，有可能会发生山体滑坡，特别是在弱沉积岩区或存在冰碛物的地区。

海水携带的泥沙通过沉积作用而形成海滩，沙子主要来源于河流及大规模的海岸侵蚀（见图 3.33）。沿岸流大致平行于岸边的沿岸海流，输送泥沙，形成海滩和沙嘴。对于有屏障的区域来讲，在海滩的形成方面具有得天独厚的优势。

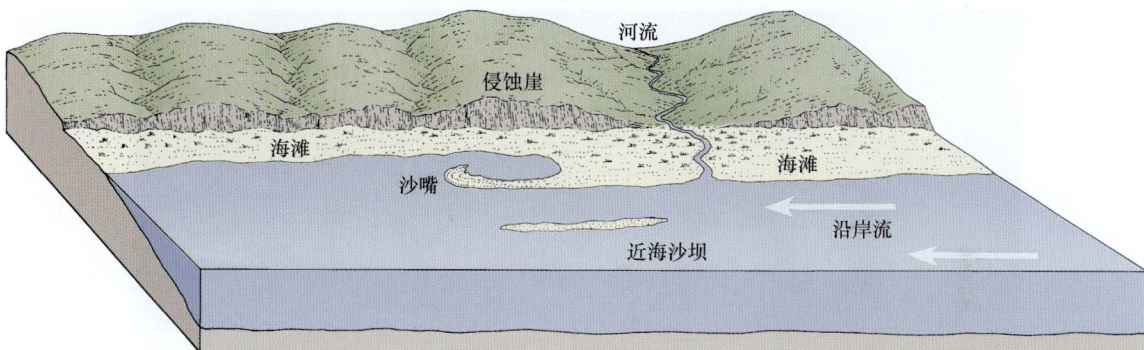

**图 3.33　在风暴潮和高水位期间，波浪侵蚀形成的岸边悬崖。**海蚀崖与河流沉积物形成海滩堆积物，沿岸流将一些沉积物向下搬运形成沙嘴，海滩物质经后退波浪再搬运与沉积而形成近海沙坝。通常，此处显示的各种地貌不会出现在同一地点

如果没有沿岸流，那么海浪后退会将沙子搬离海滩，在距离海岸线不远处形成沙坝。如果沙坝持续扩大，那么最终可能会封闭坝岸周边，形成包含封闭潟湖或小海湾等格局的新沿海地貌。在这些区域及其周边，经常有盐沼发育。例如，北卡罗来纳州的外浅滩由若干带状长沙坝组成，由于沿岸海流和风暴潮作用而不断变化。

珊瑚礁并非由砂砾组成，而由热带浅水区的珊瑚虫在温水与阳光照射下分泌的碳酸钙形成。珊瑚礁由千百万个五颜六色的珊瑚骨骼组成，属于离岸近距离发育。在澳大利亚东北部海岸，分布着世界上最著名的珊瑚礁——大堡礁。在南太平洋还发现了环状珊瑚岛，这是在火山周围的浅水水域中形成的珊瑚礁，此后被覆盖或几乎被水覆盖（见图 3.34）。

**图 3.34　珊瑚礁。**这是澳大利亚东海岸大堡礁的一部分。Corbis Royalty Free

## 6. 风

在湿润地区，植被覆盖是限制风对沙质沙滩地区影响的主因；在干旱气候条件下，风是侵蚀和沉积作用的强大营力。干旱地区植被有限，裸露的沙子、黏土和粉砂颗粒容易受到风的影响，从而形成许多机械风化成因的刻蚀地貌，即因沙尘颗粒吹向岩石表面产生的磨蚀作用。若在农业干旱重灾区发生沙尘暴，则有极大的可能重创农业，例如在 20 世纪 30 年代，美国俄克拉荷马州、得克萨斯州和科罗拉多州很多农场被"沙尘暴"所笼罩，当地居民受灾极为严重。

风吹起的沙子能够形成多种地貌，图 3.35 描绘了其中的一种地貌。虽然沙质沙漠不如砾质沙漠（亦称沙漠砾石覆盖层）那么普遍，但其地貌特征为人们所熟知。在撒哈拉沙漠、戈壁沙漠和美国西部沙漠中，大部分地区都覆盖着岩石、砾石和卵石（而非沙子），每个地方也有一小部分（沙特阿拉伯沙漠则是大部分）区域为沙子所覆盖，被风吹成一系列沙垄或沙丘。除非植被将沙丘固定，否则风会从迎风面把沙子向上吹，越过顶部，接下来就会发生沙丘的移动。最独特的沙漠沙丘是新月形沙丘。沿着海岸和内陆湖岸，无论是潮湿还是干燥的气候，风都可以形成高达 90 米的沙脊。有时，沿海社区和农田会受到流沙的威胁或破坏（参见专栏 3.4）。

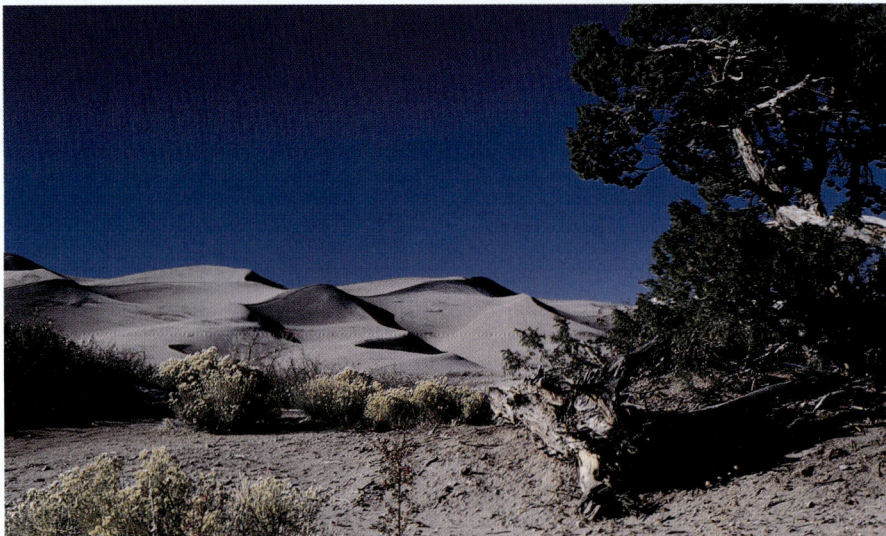

图 3.35    来自左侧的盛行风形成的横向沙丘，具有平缓的迎风坡和陡峭不规则的背风坡。*James A. Bier* 供图

## 专栏 3.4    濒临绝境的海滩

在很多报刊的头条中，出现了诸如"濒临绝境的海滩""狂风暴雨角环境脆弱""反对开发潮汐""州政府筹集资金来重建海岸"等字样，标志着人类社会对海岸线状况的日益关注。这些标题提出了一个核心问题，即如何在合理利用海岸线的同时能够不破坏它们。飓风桑迪对纽约州和新泽西州密集的海滨房产造成了严重破坏。

世界上许多人在沿海地区生活或度假，这些地区往往人口密集，海岸作用过程对人类会产生相当大的影响。大自然的力量正在塑造和重塑海岸地貌，处于不断变化的动态环境中。有些作用过程很剧烈，可能会引起短时的快速变化，如热带气旋（飓风和台风）、海啸和洪水会造成严重破坏，夺取成千上万人的生命，在数小时内造成巨额经济损失。尽管可能会放大风暴潮的影响，海滩侵蚀仍然是一种危险程度较低的作用过程。

有些海滩侵蚀由自然过程引起（既包括海洋因素，又包括陆地因素），海浪携带着巨量悬浮泥沙，沿岸流不断地沿着海岸线搬运泥沙，海蚀崖的风化与侵蚀形成沉积物，河流将泥沙从山区搬运到海滩。

　　人类活动既影响侵蚀进程，又影响沉积进程。例如，水库大坝拦截了上游沉积物，减少了泥沙流向水体边缘；人类填埋湿地，建造堤防，推平沙丘，或移走固定沙丘的天然植被。在悬崖和沙丘上修建道路、房屋和其他建筑，或者在它们上面种植树木和草坪，相当于加速了侵蚀进程。

　　堰洲岛是与大陆平行的狭长沙带，特别容易受到海水侵蚀，自然条件下不稳定，末端经常迁移，尤其是在风暴潮期间。有些堰洲岛的开发程度很高，人口密集，如大西洋城和迈阿密海滩等。

　　在滨水区内修建宾馆、公寓、铁路和高速公路后，为了保护这些设施，人们会努力防止海滩被侵蚀。譬如说建造防波堤等离岸建筑物，吸收大型碎浪力，并为海岸附近提供静水区。这些近海建筑的设计目标是拦截泥沙，从而延缓侵蚀过程，但并不总是很成功。尽管有些地区通过形成新沉积区而得到局部利益，但几乎无一例外地会加速邻近地区的侵蚀进程。单个社区行为经常被附近城镇及城市管理部门所否定，后者强调需要由政府部门来协调统一行动，制定一套适用于整个广阔海岸线的土地利用综合规划。

　　人工干预的另一种选择是海滩修复，即在海滩上补充因侵蚀而流失的沙子，这不仅能减轻风暴潮带来的破坏，而且为人们提供了休闲场所。沙子可以由港口疏浚获得，也可以从近海沙坝上抽取。这种技术也存在缺点，就是疏浚工程会干扰海洋生物，寻找合适匹配的沙子也存在一定难度，并且修复的海滩可能不一定长久。例如，1982 年新泽西州的海洋城花费 500 多万美元修复了海滩，却在 3 个月后遭到一系列东北风袭击，海滩踪影全无。还有一个例子，2000 年圣地亚哥的大型清淤工程耗资 1700 多万美元，共修复了 8 千米长的海滩，但数月后遭到一年中最大的海浪袭击，超过一半的沙子都消失了。

(a)　　　　　　　　　　　　　　　　　　　　　　　(b)

**1996 年飓风"弗兰"对北卡罗来纳州外滩造成的损失。**(a)风暴前；(b)风暴后。*U.S. Geological Survey Center for Coastal Geology*

　　针对沿海地区的维护费用，存在两个基本问题：谁受益？谁应该付费？有些人认为，沿海资产产权拥有者的利益与公共利益不相容，花费大量的公共资金来保护少数人的财产非常不合理。他们认为滨海的企业和房主是海岸保护措施的主要受益者，却经常拒绝公众进入自己房产前的海滩，因此应该为维护海岸线的大部分费用买单。但是目前来看，这种情况很少发生，成本通常由社区、州和联邦政府共同分担。事实上，共有 51 类联邦项目对沿海地区的开发与整治提供资助，其中补贴最多的项目是"国家洪水保险计划"，为洪水易发地区的房主提供低成本保险。在这个保险计划的保障下，人们可在任何地方建造房屋，包括存在较高风险的沿海地区。

### 问题探讨

1. 从 1994 年到现在，美国陆军工程兵团每年花费数百万美元，从海底把沙子吹填到新泽西州的侵蚀海滩上。这个正在进行的项目基于如下假设：随着海滩的侵蚀，每 5～6 年需要修复一次。目前，联邦政府支付了 65% 的费用，州政府承担了 25%，地方政府承担了 10%。新泽西州参议员弗兰克·劳滕伯格认为，海滩修复对该地区的未来发展至关重要，"人们的生命和财产危在旦夕，泽西岛海滩为该州带来了重要的旅游收入"。但是，环境保护基金会的詹姆斯·特里普认为，海滩重建只是把纳税人的钱扔进了大海，"吹填世界上所有的沙子也不会转危为安"。你认为海滩修复计划是对纳税人资金的明智使用吗？联邦政府有义务保护或重建遭受风暴潮破坏的海滩吗？理由是什么？

2. 海岸侵蚀对于海滩而言不是问题，只是对那些想要利用它们的人来说才是问题。你是否认为人类应该学会与侵蚀共处？是否可在沿海地区建造房屋（临时性建筑除外）？社区是否应该采取分区规划，比如说禁止在离岸 50 米以内的未开发土地上建造房屋？

3. 联邦政府是否应该削减为海滨房屋和企业提供廉价风暴潮保险的项目，以及为无保险覆盖的风暴潮维护提供快速拨款和贷款？是否应该允许人们重建遭受风暴潮破坏的建筑物，即使很容易预见到所面临的未来损失？理由是什么？

4. 如果目前海平面上升（大约每 12 年上升 2.5 厘米），随着全球变暖导致海水膨胀或极地冰盖融化，海岸侵蚀情况将变得更加严重，世界上许多主要城市将面临海平面上升的威胁。这些城市有哪些？它们应如何自我防护？

　　"黄土"是另一种质地为粉砂的风积物，常见于中纬度西风带，主要出露于美国（见图 3.36）、中欧、中亚和阿根廷的广大地区。黄土在中国北方最为发育，覆盖了数十万平方千米的土地，厚度常达 30 米以上。黄土的风成起源性质已被证实，主要分布于大型沙漠区的顺风下游地区，主要沉积物为风蚀成因，推断来自冰川消融后的非植被泥沙沉积物。由于肥沃土壤通常来自黄土基质，如果气候适宜的话，该地区将成为世界上生产力最高的农业用地之一。

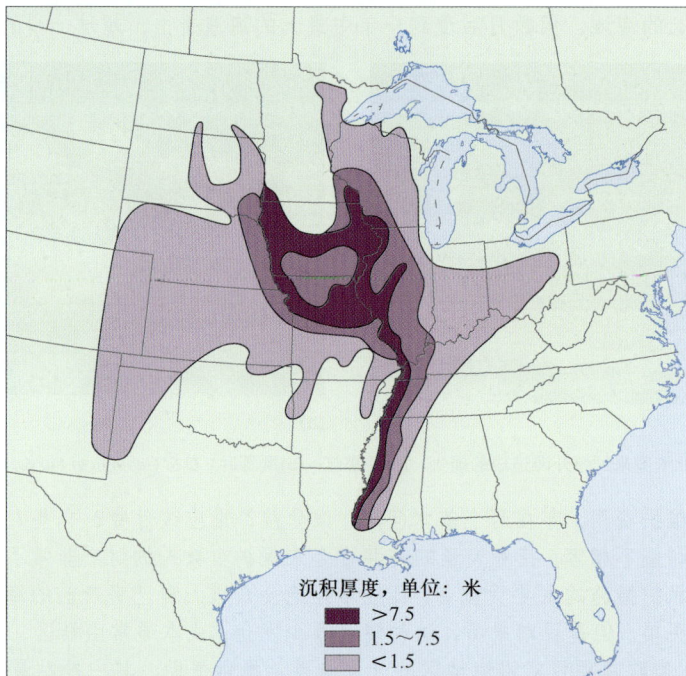

沉积厚度，单位：米
- >7.5
- 1.5～7.5
- <1.5

**图 3.36　美国风积粉砂（包括黄土）分布状况。**密西西比河上游地区分布着较厚的堆积层，与风成成因冰川碎屑堆积有关。西侧远端大平原的风积物质为沙质，而非黄土质。来源：*Geology of Soils by Charles B. Hunt, copyright 1972 W. H. Freeman and Company*

# 3.6　地貌区

　　每块未覆盖建筑物的土地都包含一些历史演化线索，地貌学家们根据这些线索来研究地球物质与土壤、水资源可供性、排水模式、侵蚀证据和冰川历史等内容。纳入分析的区域规模可以小到一条河流，或者大到一个地貌区，即地貌类型之间存在大量同质性的地表片区。

　　山脉与海底的汇聚型板块边界，与地震多发区域高度吻合。南北美洲、欧洲、亚洲和澳大利亚都有广阔的平原，这些地区中的许多地方历史上都曾是海底，海洋收缩时出露为陆地。这些地方及一些较小平原区均属于世界上一些大河的流域，如密西西比-密苏里河、亚马孙河、伏尔加河、尼罗河、恒河和底格里斯-幼发拉底河等，这些河流刻蚀的山谷及其堆积的泥沙构成了世界上农业生产力最高的地区。地球上有很多各种各样的高原地区，非洲的高原面积最大。非洲地貌以低山和丘陵为主，海拔约 700 米。非洲主要由古老的大陆板块构成，这些板块经历了数百万年的侵蚀，从构造活动的角度来看比较平静。

人类受到景观、地貌、大陆运动及地震的广泛影响，同时也会在其中扮演重要角色。除了偶尔发生的自然灾害，对大多数人来讲，这些自然要素还是安静、可接受的。影响人类生命与财富的更直接因素是气候的变化。气候有助于确定当前技术水平下的经济局限性，人们通过判断每天的天气变化情况来合理地安排野餐、庄稼收割、植被与土壤灌溉等。第 4 章将重点关注自然环境中的这些元素。

## 重要概念小结

- 岩石是构成地球表面的物质，包括火成岩、沉积岩和变质岩。
- 在地球 45 亿年历史的最近 2 亿年中，软流圈上的大陆板块漂移到当前位置。
- 在板块交会位置或其附近，构造活动表现为两种形式：一种是地壳运动，如断层活动导致地震甚至引发海啸；另一种是火山活动，将熔融物运移至地球表面。
- 地球表面的建立由三个渐变过程（风化作用、块体运动和侵蚀作用）来平衡。风化作用（机械风化和化学风化）通过分解岩石来储备搬运物质，助力土壤的发育；块体运动效果的例证是碎石堆积和土体蠕动；侵蚀作用（流水、地下水、冰川、波浪、海流及风等）将物质搬运到新位置。
- 由被侵蚀物质形成的地貌类型包括冲积扇、三角洲、天然堤防、冰碛丘和沙丘等。

## 关键术语

| | | | |
|---|---|---|---|
| alluvium | 冲积层 | loess | 黄土 |
| asthenosphere | 软流圈 | mass movement | 块体运动 |
| chemical weathering | 化学风化 | mechanical weathering | 机械风化 |
| continental drift | 大陆漂移 | metamorphic rock | 变质岩 |
| diastrophism | 地壳形变 | mineral | 矿产 |
| erosional agents | 侵蚀营力 | permafrost | 永久冻土 |
| faults | 断层 | plate tectonics | 板块构造 |
| floodplain | 河漫滩 | sedimentary rock | 沉积岩 |
| fold | 褶皱 | subduction | 俯冲 |
| glacier | 冰川 | tsunami | 海啸 |
| gradational processes | 渐变过程 | volcanism | 火山作用 |
| igneous rock | 火成岩 | warping | 挠曲 |
| karst topography | 喀斯特地貌 | water table | 地下水位 |
| lithosphere | 岩石圈 | weathering | 风化 |

## 思考题

1. 如何对岩石进行分类？根据来源列出三大岩类。区分方法是什么？
2. 板块构造理论的合理证据是什么？
3. 什么是俯冲？它有何效果？
4. 解释渐变过程和火山作用的含义。
5. 褶皱、节理和断层的概念是什么？

6. 绘制图表，描述断层的各种成因。
7. 地震与哪种地球运动有关？什么是海啸？分别描述其成因。
8. 机械风化与化学风化有何区别？风化作用是否形成地貌？冰川以何种方式进行机械风化？
9. 解释通常在沙漠环境中发现的各种地貌的成因。
10. 冰川是如何形成的？与冰川侵蚀和堆积作用有关的景观特征是什么？
11. 冲积扇、三角洲、天然堤防和冰碛地貌是如何形成的？
12. 地下水侵蚀与地表水侵蚀有何区别？
13. 波浪和海流变化与风力变化的作用过程有何关系？
14. 你居住地区的地貌特征的决定性因素是什么？

# 第4章 自然地理学：天气与气候

## 学习目标

4.1 了解天气和气候的区别。

4.2 掌握大气术语，如日照、递减率和温度逆增。

4.3 比较陆地和水域对等量日照的不同响应方式。

4.4 解释行星风和气压系统的工作原理。

4.5 了解不同类型的大规模降水的起源。

4.6 详细解释包含锋面、温度和降水的当前天气图，并利用它预测未来48小时的天气状况。

4.7 总结不同气候的特点。

4.8 讨论导致气候变化的因素。

2005年8月29日，密西西比河三角洲附近海平面以下的新奥尔良市，正好位于飓风卡特里娜的移动路径上。大多数居民根据飓风前的疏散命令，离开了这座城市。风暴来袭时，大部分穷人和无车的人落在了后面。速度约为200千米/小时的大风袭向城市，吹倒了树木和电线杆，河水倒灌城市。

最初，新奥尔良遭受的破坏程度要比预期的小，但最糟糕的情形还未到来。在有些地点，阻挡密西西比河和庞恰特雷恩湖的堤坝坍塌。这些破坏是灾难性的；风暴过后的两天，水位继续上升并涌入了城市。新奥尔良约80%的面积被1～3米高的洪水淹没（见图4.1）。在风暴最终于田纳西州上空消失之前，估计新奥尔良及路易斯安那州、密西西比州和亚拉巴马州的其他城镇约有1800人丧生。

风暴过后，新奥尔良一片狼藉。卡特里娜飓风是美国历史上最严重的自然灾害之一。这座城市的所有系统都被摧毁，包括给排水系统、电网、交通网络和通信系统。雪上加霜的是，三周后飓风丽塔又袭击了墨西哥湾沿岸。尽管丽塔出现在西边更远的地方，但新奥尔良遭受了新一轮的洪水侵袭。在两次飓风过后的一个多月里，大多数居民都未被允许返回家园，因为城市的大部分地区仍处于断电状态，且饮用水的供应也未恢复。

重建新奥尔良需要花费数十亿美元。在重建工作开始之前，还有许多工作要做：清除瓦砾、排出洪水、修复堤坝、清理有毒物质、恢复电力和污水处理系统。

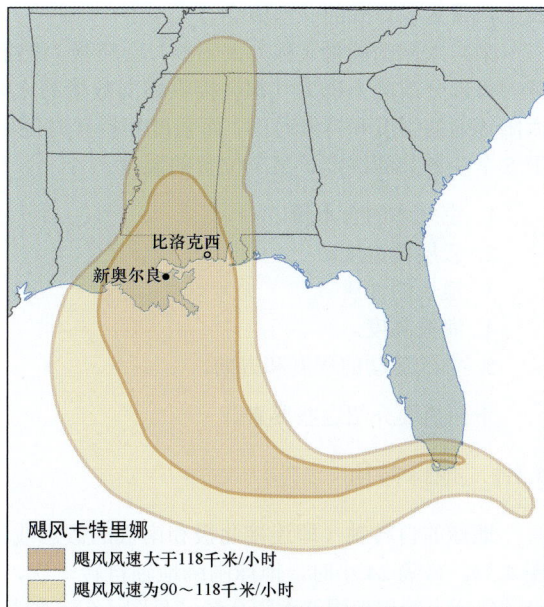

图4.1 2005年8月飓风卡特里娜的移动路径

亚洲和北美洲也出现了类似于卡特里娜和桑迪这样的风暴，它们都造成了巨大的破坏，影响了每个人的生活。热带风暴是一种极端的天气现象。大多数人都会收看电视中的天气预报并据此安排自己的生活。本章回顾自然地理学中涉及天气与气候的内容，包括普通模式现象导致的极端天气事件，如卡特里娜飓风。

天气预报员描述有限区域（如城区）的当前天气情况并预测未来的天气状况。如果能以指定的时间间隔（如每小时）记录构成天气的因素如温度、风和降水，就能形成一份天气状况。找出所采集数据在一段时间内的趋势后，就能了解典型的天气状况。这些特征的累积描述了一个区域的气候。天气描述的是低层大气的即时状况，而气候描述的是一个地区或地点一段时间内的典型天气状况。地理学家为了了解气候因素对人类开发地球的影响，会分析不同地点的天气与气候的差别。

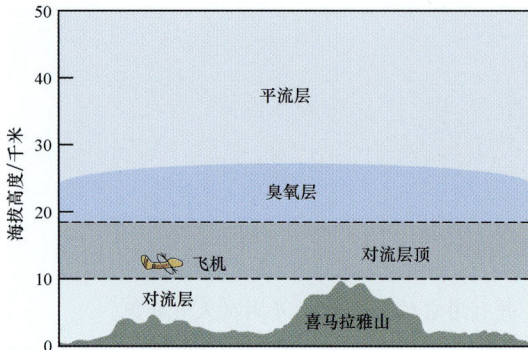

图 4.2 对流层。地球上几乎所有的空气、云和降水都包含在对流层中

在地理学中，我们对周围的自然环境特别感兴趣，这就是我们关注地球大气层中对流层的原因。对流层从地面向上延伸约 10 千米，几乎包含了地球上的所有空气、云和降水（见图 4.2）。

本章试图回答关于低层大气特征的问题。通过从平均或平均变化的角度讨论这些答案，我们试图给出地球的气候差异，这对于了解人们使用土地的方式非常重要。气候是宏观了解全球人口分布的关键。平均而言，人们很难生活在非常冷、非常热、非常干燥或非常潮湿的地区，同时人们也会受到巨大风暴或洪水的影响。本章首先介绍构成天气状况的要素，然后描述地球上的各种气候。

# 4.1　气温

关于天气最基本的问题可能是："不同地点的温度为何不同？"要回答这个问题，就要了解关于地表上热量累积方式的一些概念。

来自太阳的能量（称为太阳能）会转换为热能，它主要集中在地表上，其次集中在大气中。并非地球的每部分或其上覆大气都会接收相同数量的太阳能。在某个地点，入射太阳辐射量（或日照）取决于太阳辐射的强度和持续时间，而强度和持续时间则由阳光入射角和日照时间决定。这两个基本要素和如下 5 个变量共同决定了某个位置的温度：

1. 空气中的含水量。
2. 云层覆盖度。
3. 地表的性质。
4. 海拔高度。
5. 空气运动的程度和方向。

下面简要介绍这些要素。

## 4.1.1　地球倾角

地球的自转轴（即连接北极和南极的假想线）总是保持在相同的位置。它偏离垂直方向 23.5°（见图 4.3）。每隔 24 小时，地球围绕地轴自转一次，如图 4.4 所示。在自转过程中，地球也会在一个近乎圆形的轨道上缓慢地围绕太阳公转（见图 4.5）。如果地球的自转轴与垂直方向一致，那么某个纬度接收的太阳能在一年中都不会变化。此时，阳光会直射赤道，离赤道越远，太阳高度角越小，能量强度越低，因此气候仅与纬度相关（见图 4.6 和图 4.7）。

然而，由于存在这种倾斜，一年中有着最高入射太阳能的位置是变化的。北半球倾向于太阳时，阳光直射的位置在北纬 23.5°（北回归线）。阳光直射地球上这个位置的时间是 6 月 21 日，即北半球的夏至日和南半球的冬至日。大约在 12 月 21 日，阳光直射的位置在南纬 23.5°（南回归线），此时南半球开始进入夏季，北半球则进入冬季。在这一年的剩余时间，地球相对于太阳的位置会导致阳光直射地球的位置从北纬 23.5°移到南纬 23.5°，然后再返回。约在 3 月 21 日（春分）和 9 月 21 日（秋分），阳光直射赤道。

地轴倾斜还意味着一年内白天和黑夜的长度不同。地球的一半总被太阳照亮，但只在赤道处一年中的每天才 12 小时有阳光。离赤道越远，白昼或黑夜的时间越长，具体取决于阳光是直射赤道以北还是直射赤道以南。夏季，从北极圈（66.5°N）到北极的日照最长时间可达 24 小时，而同一时期从南极圈（66.5°S）到南极的夜间最长时间可达 24 小时。

由于 24 小时的阳光照射，夏季极地地区的可用太阳能似乎很多。然而，此时的太阳高度角会小到使太阳能分布在广阔的表面上。相比之下，相对较长的天数和接近 90°的太阳高度角共同使得夏季南北纬 15°～30°的地区获得最多的太阳能。

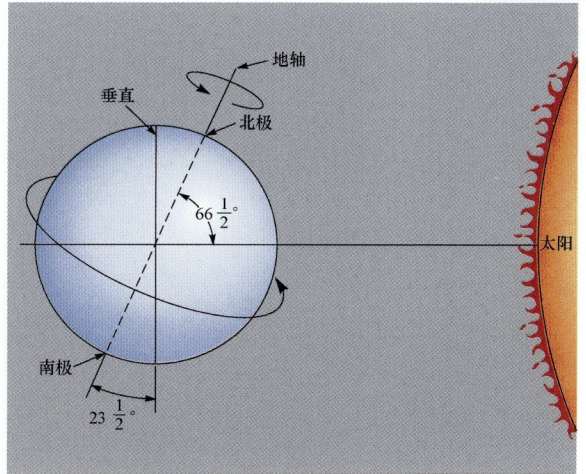

图 4.3　地球相对于太阳的位置。图中地球的北半球处于夏季（南半球处于冬季）

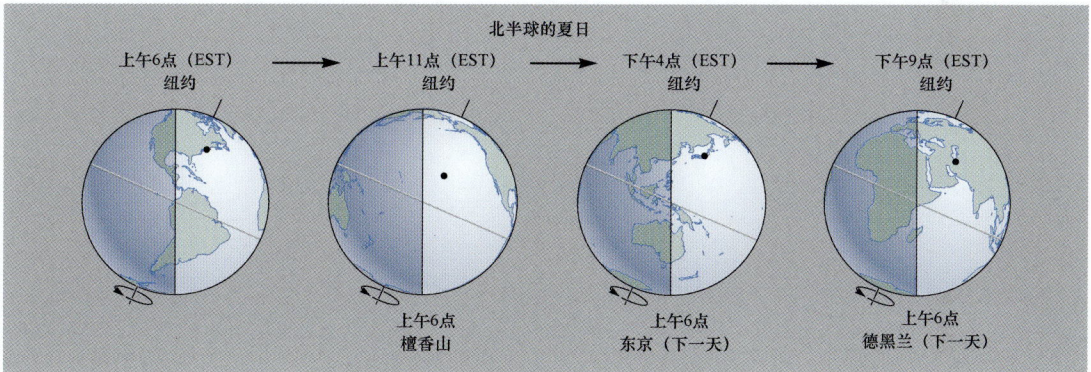

图 4.4　地球关于地轴的 24 小时自转过程

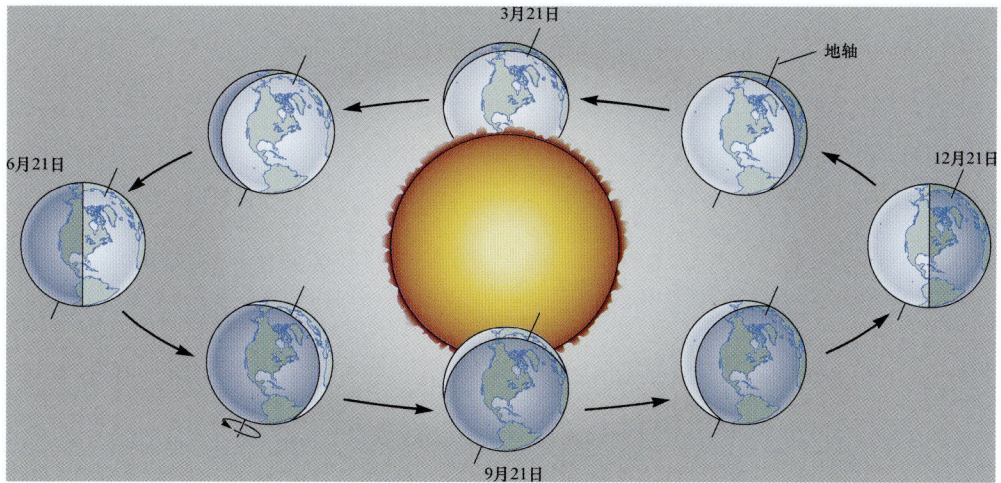

图 4.5　地球围绕太阳公转的过程。距离地球约 14700 万千米的太阳未按比例画出；相对于地球，它要大得多

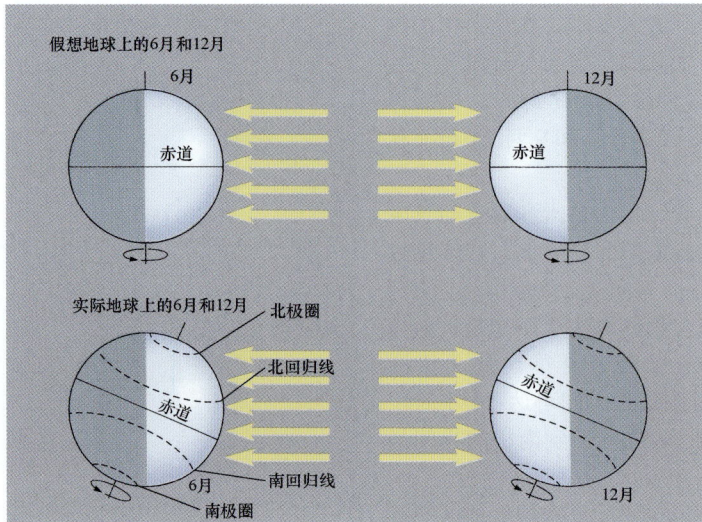

图 4.6　在底部的两幅图中，当地球自转时，6 月的北极地区 24 小时阳光普照，南极地区则暗黑无边。6 月最强的阳光出现在赤道以北，12 月出现在赤道以南。这一事实对上部两幅图中的例子不适用

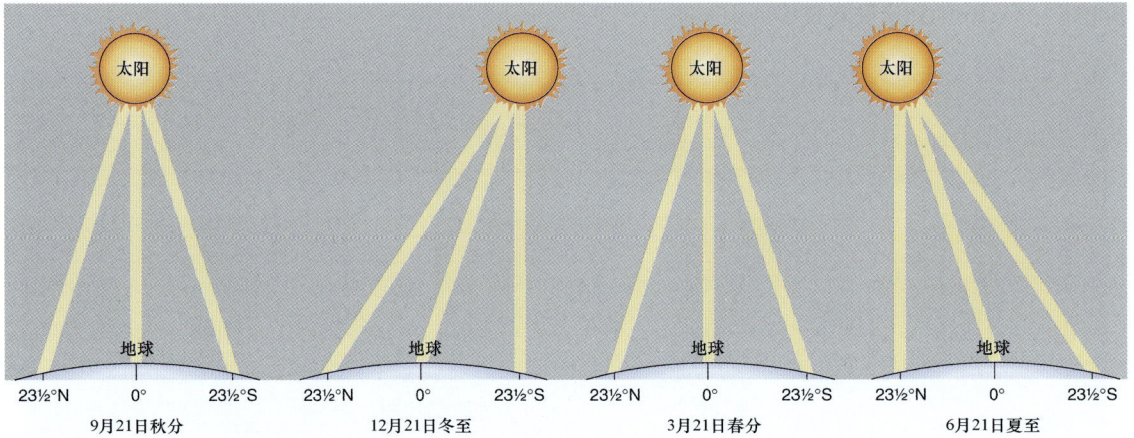

(a)

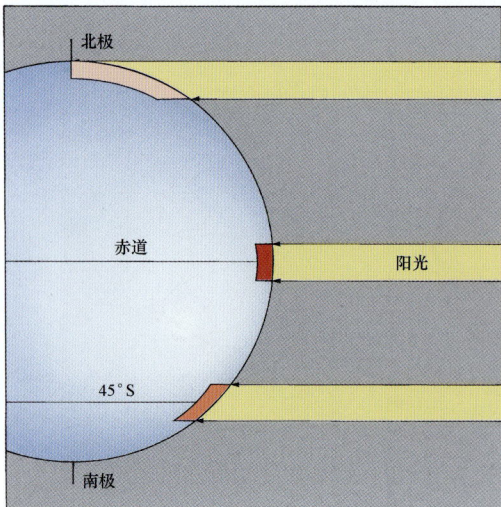

(b)

图 4.7　假想的太阳射线。(a)春分、秋分、夏至和冬至的假想太阳射线。(b)春分时，照射地球不同纬度的 3 个相等的假想太阳射线。离赤道越远，射线越分散，因此显示了阳光的强度在高纬度地区是如何被稀释的

## 4.1.2　反射和再辐射

事实上，地球接收的许多太阳辐射会被对流层反射到外层空间中。由密集的悬浮小水滴或冰粒组成的云层会反射大量的能量。浅色的表面，尤其是被冰雪覆盖的表面，也会反射大量的太阳能。

能量通过再辐射和反射丢失。在再辐射过程中，地表起能量传播者的作用。如图 4.8 所示，被陆地和水体吸收的能量会以地面辐射的形式返回大气。晴朗的夜晚没有云层阻挡或扩散运动时，随着地球再辐射其一天内接收并存储的热量和能量，温度持续下降。

有些地表物质（特别是水体）与其他物质相比，会更有效地存储太阳能。水是透明的，因此阳光可向下穿透较大的距离。存在水流时，热量会更有效地分布。

另一方面，陆地表面不透明，因此其接收的太阳能都集中在表面位置。表面上有着更多热量的陆地与水体相比，会更快地再辐射能量。

空气是由地球的再辐射过程而非通过其的阳光加热的。由于陆地与水体相比加热和冷却的速度更快，因此地球上有记录以来的极端高温和低温出现在陆地而非海洋上。

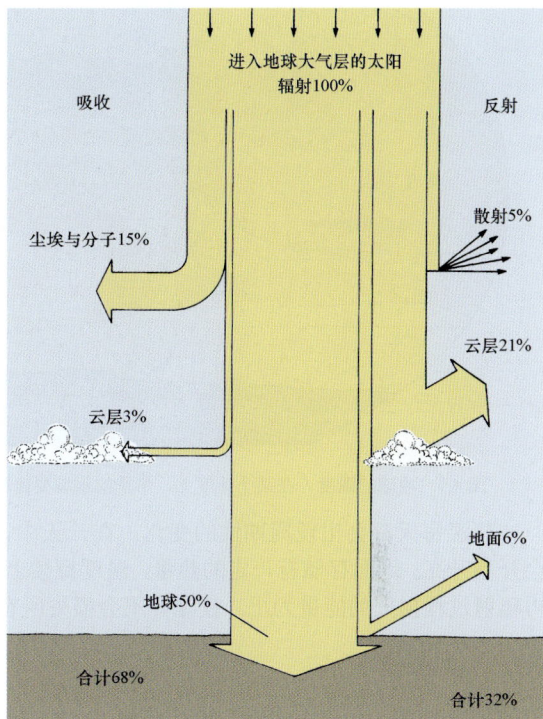

图 4.8　入射太阳辐射为 100% 时，被地球吸收的部分（50%）最终会释放到大气中，然后再辐射到太空中

陆地附近出现的大量水体会降低温度。如图 4.9 所示，除海岸外，在离赤道相同距离的位置，沿海地区夏季的气温较低，冬季的气温较高。受水体适度影响的陆地区域称为海洋环境；不受附近水体影响的区域称为大陆环境。

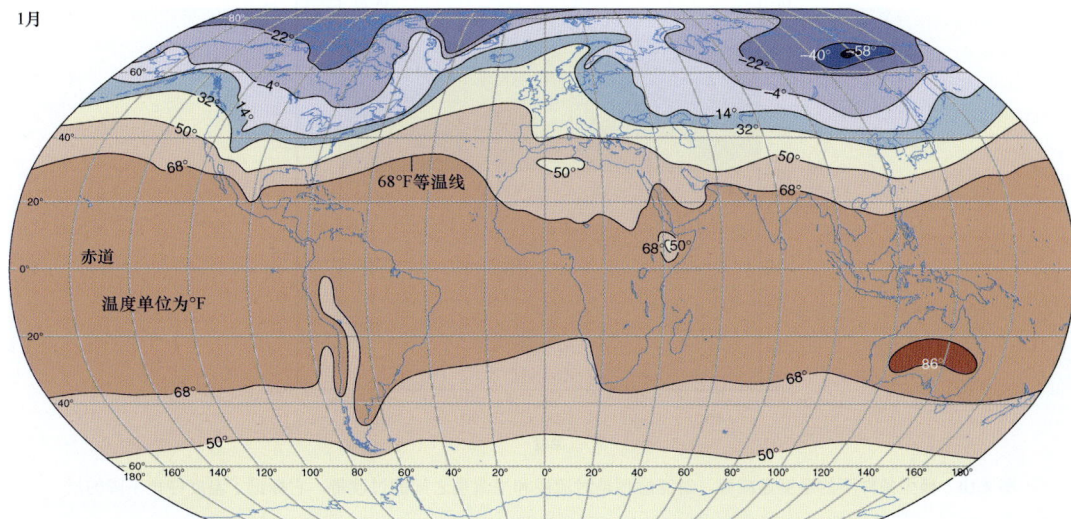

图 4.9　地球的温度。在某个纬度上，冬季的水域要比陆地暖和，夏季则要冷一些。等温线是指温度相等的线

7月

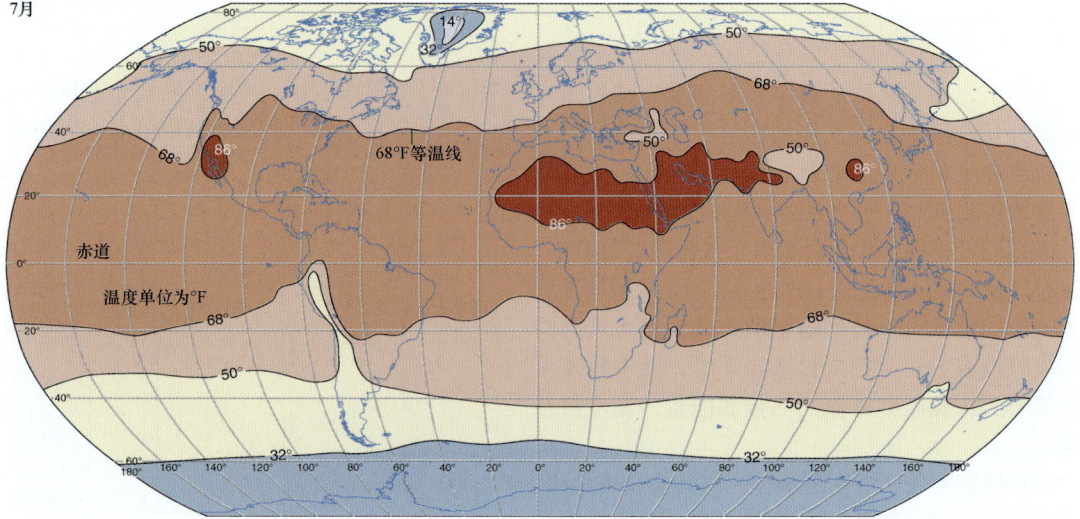

图 4.9 地球的温度。在某个纬度上，冬季的水域要比陆地暖和，夏季则要冷一些。等温线是指温度相等的线（续）

气温每天都会出现周期性的变化。在一天中，当入射太阳能超过因反射和再辐射的能量时，温度就会开始升高。地面存储有一定的热量，温度持续上升，直到太阳高度角小到接收的能量不再超过因反射和再辐射过程损失的能量为止。夜晚并不会损失所有的热量，但漫漫长夜会明显消耗存储的能量。

## 4.1.3 递减率

人们可能会认为从地球上垂直移向太阳时，温度会上升。然而，对流层内的情形并非如此。地球吸收并再辐射热量；因此，地表的温度通常最高，而随着海拔的升高，温度逐渐降低。注意在图 4.10 中，这个温度递减率（对流层中温度随高度增加的变化率）平均约为 6.4℃/千米。例如，丹佛和派克峰之间的相对高差约为 2700 米，这一高差通常会导致 17℃ 的温差。9100 米高空的气温比地面气温低约 56℃。

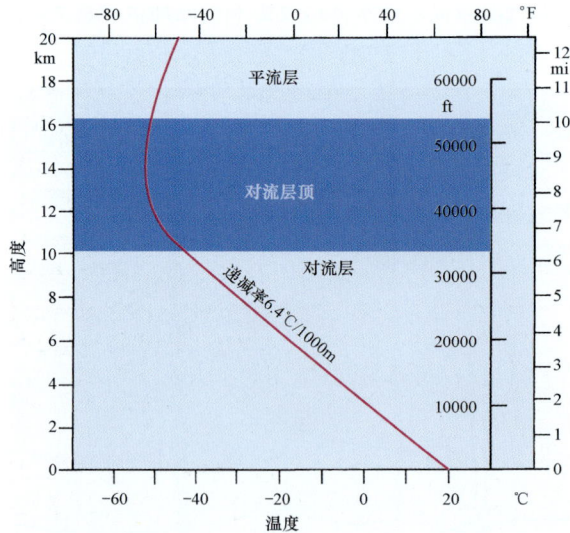

图 4.10 典型条件下的温度递减率。对流层顶是对流层和平流层之间的过渡带，它标记了温度停止下降的层

然而，并不会总是维持正常的温度递减率。快速的再辐射有时会使得地面之上高处的温度高于地表的温度。低空气温低于高空气温的特殊情形称为温度逆增。温度逆增很重要，因为它会影响空气的运动。通常会上升的地表暖空气可能会被因温度逆增而更暖的空气阻挡（见图 4.11）。因此，地表空气会被罩

住；如果其被汽车尾气或烟雾充填，则会形成严重的烟雾条件（参见专栏 4.1）。由于附近山脉的影响，洛杉矶经常会出现温度逆增现象，使得阳光变暗（见图 4.12）。

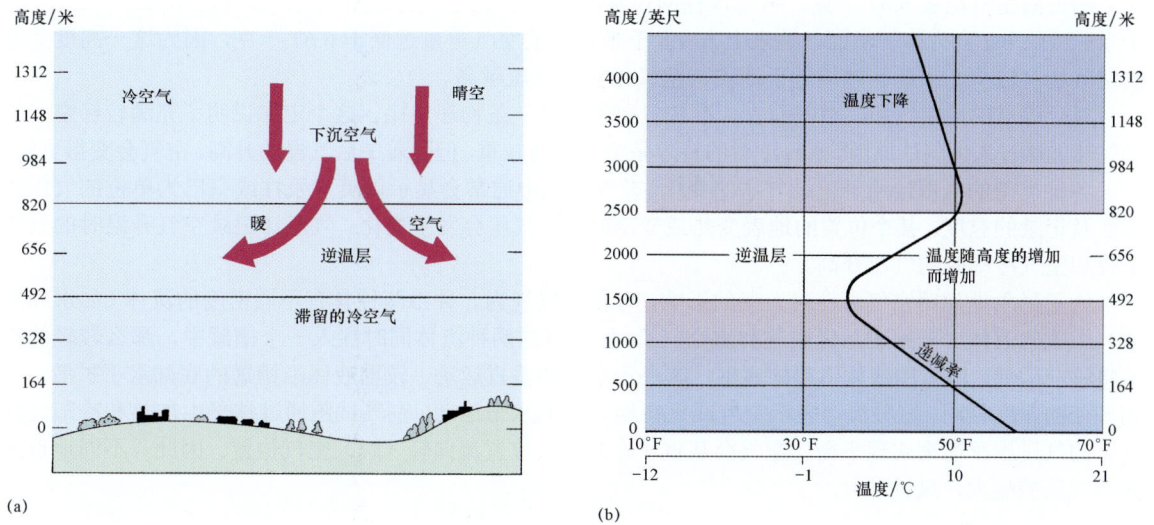

图 4.11　温度逆增。(a)温暖的下沉空气起盖层作用，临时将冷空气推向地面。(b)注意，气温随着到地面距离的增加而降低，直到到达逆温层，此时温度开始升高

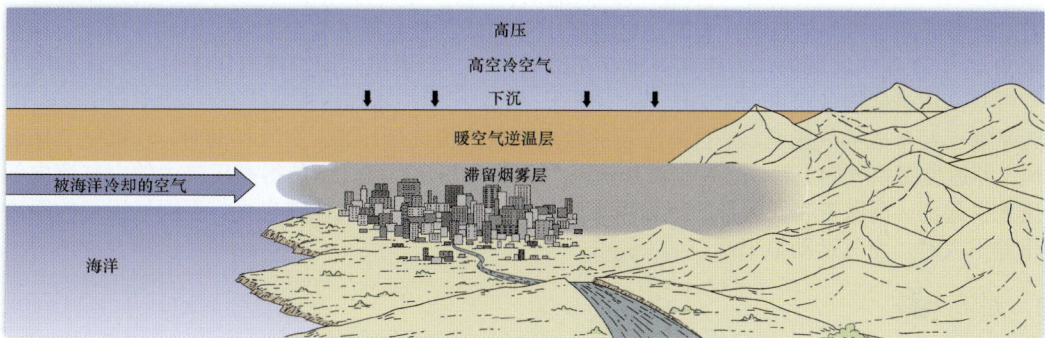

图 4.12　洛杉矶地区的烟雾。在逆温层下方，停滞空气持续增加主要由汽车尾气导致的污染物

空气运动对温度的影响将在下面的"气压和风"一节中介绍。

## 专栏 4.1　多诺拉悲剧

1948 年 10 月下旬，美国宾夕法尼亚州的山谷小镇多诺拉出现了大雾。受周围山丘形状和温度逆增的影响，山谷中富含水分的空气滞留不散，且地面上方因锌厂的废气排放慢慢地形成了一层工业烟雾。连续 5 天，烟雾浓度不断增加；锌厂排出的二氧化硫通过与空气接触，不断转化为致命的三氧化硫。

不论是否存在呼吸系统疾病史的老年人和年轻人，都向医生和医院抱怨说呼吸困难和胸痛。烟雾累积近一周后，20 人死亡，数百人住院。一次无害的富水过程，因自然天气过程和人类活动变为了致命的毒药。

# 4.2　气压和风

关于天气和气候的第二个基本问题涉及气压：不同地点的气压差如何影响天气条件？要回答这个问题，首先要解释为何会出现气压差。

空气是一种其质量会影响到气压的气态物质。假设能在地表处切割 16.39 立方厘米的空气并测量其质量，那么加上该立方体上方所有其他立方厘米体积内的空气质量，正常条件下的总质量约等于在海平面处测得的空气质量 6.67 千克。考虑气柱的尺寸时，实际上这一质量并不大：2.54 厘米×2.54 厘米×9.7 千米，或约 6.2 立方米。然而，地表上方 4.8 千米以上的空气重量远低于 6.67 千克，因为这一高度上方的空气相对较少。因此，越接近于地表，空气越重，气压越高。

对于等量的冷空气和热空气而言，准空气更致密是一条物理定律。这个定律说明了充满较轻空气的热气球能够升入大气的原因。寒冷凌晨的特点是空气相对较重，但随着午后气温的升高，空气会变得更轻。

各种类型的气压计用于记录气压的变化。天气预报中通常会显示以英寸汞柱或毫巴为单位的气压计读数及记录的温度。某个位置的地表变热或变冷时，其气压会发生变化。气压计记录空气升温时的气压下降和空气冷却时的气压升高。

为了形象地说明空气流动对天气的影响，可将空气视为一种由两种具有不同密度的流体（如水和汽油）组成的液体（分别表示轻空气和重空气）。如果将这两种流体同时注入一个槽罐中，那么较轻的液体将移向顶部，较重的液体将移向底部，这表示空气的垂直运动。较重液体沿槽罐的底部水平扩散，直到各处的厚度相同。这种流动表示空气或风在地表上的水平运动。空气试图通过抹平由加热和冷却过程导致的气压不平衡来实现平衡。空气会从重（冷）空气位置流向轻（暖）空气位置。因此，不同地点之间的气压差越大，风就越大。

## 4.2.1  气压梯度力

由于地表的性质不同（水体、积雪、深绿色森林、城市等），且存在影响能量接收和保留的其他因素，因此会形成高压带和低压带。有时，这些高压带和低压带会覆盖整个大陆，但通常情况下很小（几百千米宽），且在这些区域内，短距离内也存在细微差别。当区域之间存在气压差时，气压梯度力就会使得空气从高压带吹向低压带。

为平衡已经形成的气压差，来自高压带的较重空气会流向低压带。空气移动时，较重空气接近地表产生风，并迫使暖空气向上移动。速度或速率与气压差成正比。风是由使得高压带中的空气流向低压带的气压差引起的。高压带和低压带的距离很短时，气压梯度大，因此风速也大。不同气压带的距离很远且气压差不大时，空气运动很平缓。

## 4.2.2  对流系统

房间地板处的温度要低于天花板处的温度，因为暖空气会上升而冷空气会下沉。冷空气的下沉和暖空气的上升循环运动称为对流（见图 4.13）。表面受热的暖空气上升并替代上方的冷空气时，就会导致对流风系统。

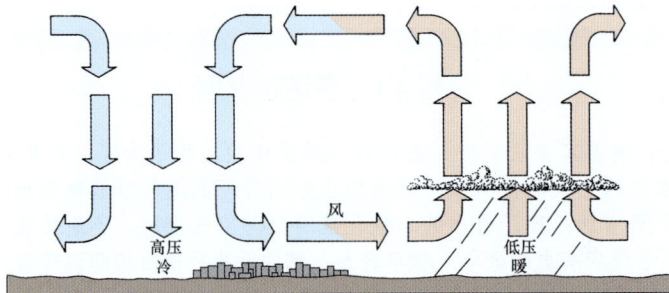

图 4.13  对流系统。下沉的冷空气流向低压带。降水通常发生在低压带。暖空气上升时会冷却和变得超饱和而产生降水

## 4.2.3  陆风和海风

对流系统的一个较好例子是陆风和海风（见图 4.14a 和 b）。在靠近大量水体的位置，陆地和水体之间的白天加热差异很大。因此，地面上的暖空气会垂直上升，留下的空间只能被海洋上的冷空气替代。晚上的情形恰恰相反，即水体要比陆地热，形成吹向海洋的陆风。陆风和海风使得沿岸地区的天气温暖舒适。

## 4.2.4　山风和谷风

如图 4.14c 所示，重力会使得山区的积雪滑向山谷，形成较重的冷空气。因此，山谷处会变得比山坡处更冷，出现温度逆增现象。由于寒冷，山坡是山区农业的首选地点，因为来自山风的冷空气可能会在山谷中导致冰冻。在工业企业密布的狭谷中，空气污染会变得非常严重。山风通常出现在夜间；暖空气沿山坡上升引发的谷风通常出现在白天（见图 4.14d）。南加利福尼亚的峡谷中会出现强山风和谷风，干旱季节甚至会因遍布的灌木而导致火灾。

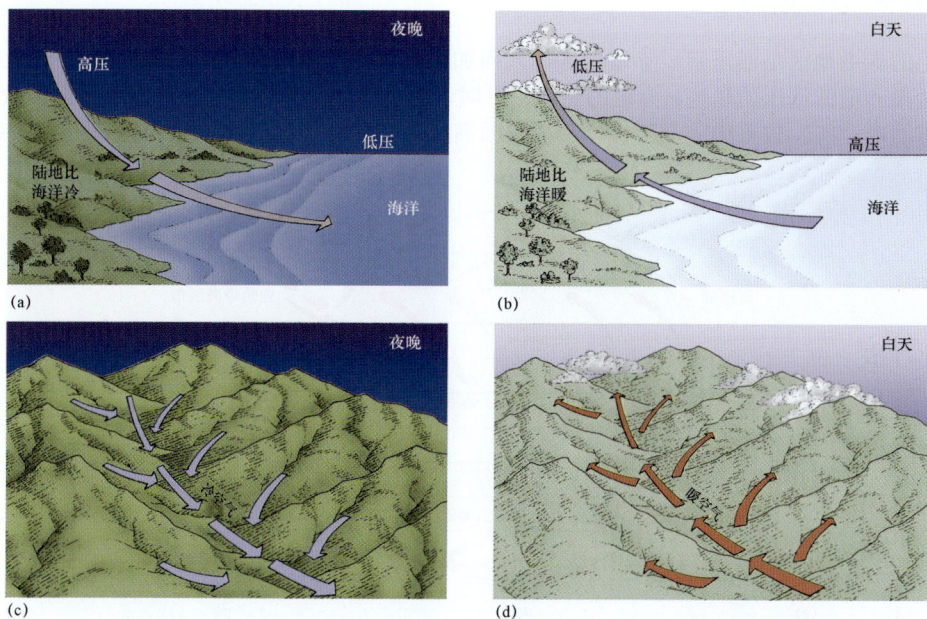

**图 4.14**　加热和冷却的不同引发的对流风效应。(a)陆风；(b)海风；(c)山风；(d)谷风

## 4.2.5　科里奥利效应

空气从高压带流向低压带的过程中，其北半球的行进方向会出现右偏现象，南半球的行进方向则会出现左偏现象。这种偏转称为科里奥利效应。不存在这种效应时，风会完全按气压梯度定义的方向流动。

为了说明科里奥利效应对风的影响，我们来看一个熟悉的例子。假设几名滑冰者并排手牵着手沿圆形冰场滑动，此时最内圈的滑冰者须滑得较慢，而最外圈的滑冰者须滑得较快。类似地，由于地球围绕其轴自转，因此赤道地区的自转速度要远快于极地地区的自转速度。

接着，假设中间的滑冰者将一个小球直接抛给最外侧的滑冰者。小球到达时，它会通过外侧滑冰者的后方。如果滑冰者正逆时针方向滑行——类似于从北极观测时的地球运动方向，那么从位于北极的人看来，小球会通过外侧滑冰者的右方。如果滑冰者正顺时针方向滑行——类似于从南极观测时的地球运动方向，那么小球左偏。因为空气（类似于小球）并不是牢固地黏附在地球上的，因此它也会发生偏转。空气会保持其运动方向，但地表会从空气下方移出。由于空气的位置是相对于地表测量的，因此空气看起来偏离了其直线行进路径。

科里奥利效应和气压梯度力产生的是螺旋形而非直线形的风，如图 4.15 所示。

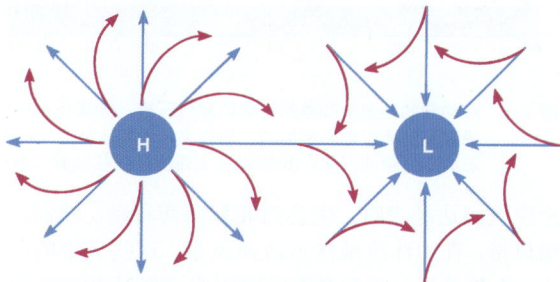

**图 4.15**　科里奥利效应在北半球对流动空气的影响。直箭头指示风从高压缩（H）带向低压带（L）流动的路径，即它们的路径由气压差给出。弯箭头表示科里奥利效应的视在偏转。由图中弯箭头指出的风向总由风来自的方向给出

螺旋风是许多风暴的基本形式，它对地球上的空气循环系统非常重要。本章稍后将探讨这些风暴模式。

### 4.2.6　摩擦效应

风的运动会因地表的摩擦阻力而减慢。这种效应在地表最强，而随着高度的升高，其逐步下降，直到高空约 1500 米处消失。不仅风速会在地表下降，而且风向也会改变。与由气压梯度力或科里奥利效应不同的是，摩擦效应会使得风沿一条中间的路径流动。

### 4.2.7　全球大气环流模式

地球上的赤道地区是低压带。赤道地区的太阳加热会引发对流效应。注意图 4.16 中南北方向暖空气上升并远离赤道低气压的趋势。赤道的空气上升时，会冷却并变得致密，此时靠近地面的较轻空气无法支撑上方的冷空气。较重的空气下沉，形成表面高压带。副热带高压区位于赤道 30°N 和 30°S 处。

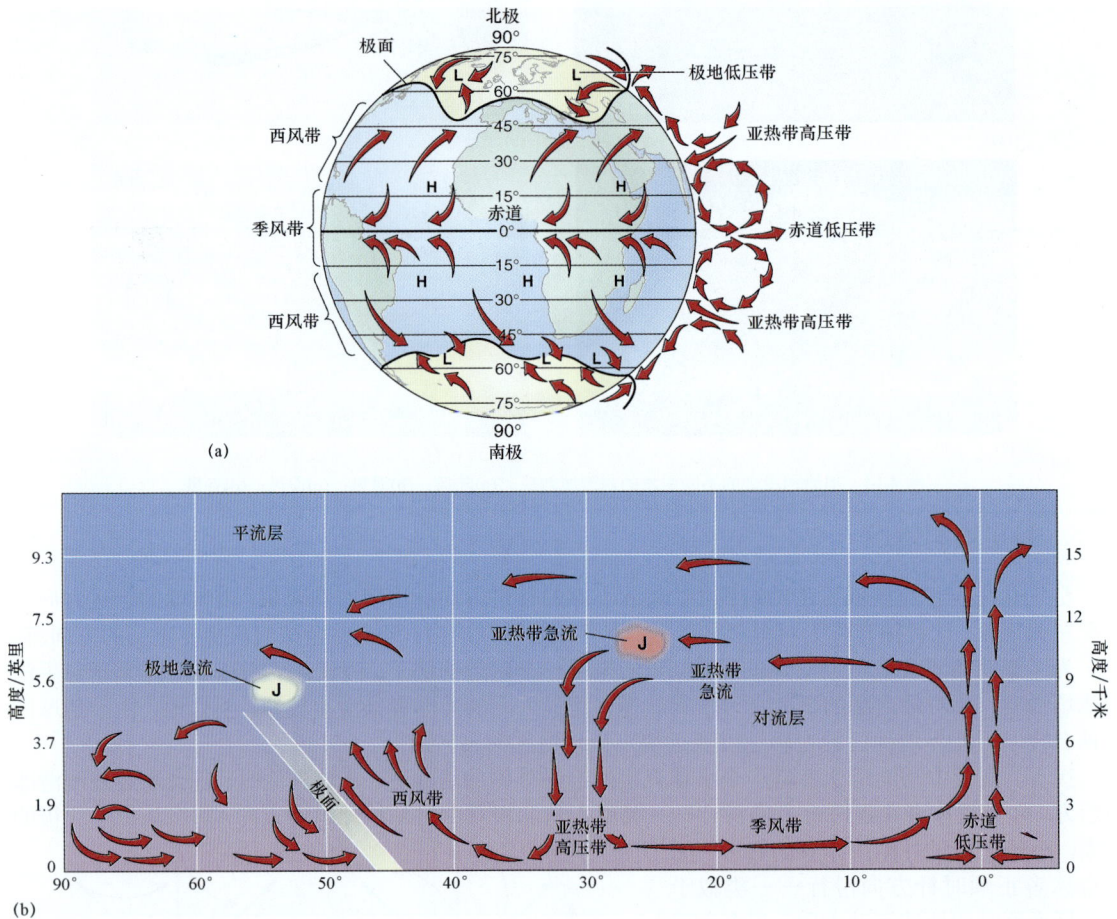

图 4.16　在均匀的地表上形成的行星风和气压带。(a)高压带和低压带表示表面气压条件；风带气压梯度和科里奥利效应导致的盛行地表风运动。地表上陆地和水体之间的对比在北半球表现得非常明显，因此给这种简单的模式造成了复杂的变化。(b)地表之上高度增加时风的一般模式。空气下沉时，气压升高；空气上升时，气压下降

冷空气到达地表时，也会向北和向南移动。然而，科里奥利效应会改变风向，在北半球的热带形成东北信风带，在中纬度地区形成西风带。这些风带的名称指出了风的来向。美国的大部分地区都位于西风带内；也就是说，空气在美国范围内通常从西南流向东北。在西风带以北的海洋上还存在一系列称为副极地低压的上升空气单体。这些地区寒冷且多雨。极地东风带连接了副极地低压带和极地高压带。局地风会改变普通的全球大气环流模式。

应了解的是，阳光直射的位置改变时，这些风带会整体移动。例如，北半球夏季期间，赤道以北地区的赤道低压条件非常明显，而在南半球夏季期间，赤道以南地区的赤道低压条件非常明显。大气环流将在"降水类型"一节中详细讨论。

9～12 千米高空的风最强，它称为急流。速度为 160～320 千米/小时的这些气流在南北半球都从西向东移动，并以一种波动环绕地球，即当它们向西运动时，先向北，再向南。在北半球的任何时刻都有 3～6 个波动，但这些波动并不总是连续的。这些起伏或波动控制着地表的气团流动。更为稳定的波动可能会形成类似的日常天气条件。这些波动通常会隔离寒冷的极地空间与温暖的热带空气。当一个波动在北半球南倾时，冷空气会被带向赤道，暖空气则向极地方向移动，给中纬度地区带来恶劣的天气变化。急流在冬季比夏季更为明显。

季节性变化方式对人类影响最大的地区是人口密集的亚洲东南部。夏季来自印度西南部的风，在温暖的印度洋上空吸收大量水分后到达大陆。当它穿过海岸山脉和喜马拉雅山麓时，就会形成季风降水。季风是季节性改变方向的风。夏季的季风会给南亚的大部分地区带来大雨。

在亚洲南部和东部的部分地区，农业经济特别是水稻完全依赖于夏季的季风降水。如果由于某些原因导致风向转变来得太迟或降水过多或过少，那么会造成农作物歉收。1978 年夏季过度延长的季风降水引发了洪水，在印度和东南亚地区造成了农作物歉收和人员伤亡。

整个区域会逐渐过渡到干燥的冬季季风，北部地区 9 月开始变得明显。1 月大部分次大陆都很干燥。然后，南部地区从 3 月开始重复这一年度模式。

# 4.3　洋流

表面洋流大致对应于全球风向模式，因为是全球性的风导致了洋流运动。另外，类似于气压差导致空气流动那样，水体的密度差导致水体运动。一部分水分蒸发后，会留下盐分和其他不易蒸发的矿物质，因此会使得剩下的水体的密度更大。高密度水体位于高压带，高压带中的下沉干燥空气会稳定地吸收水汽。在降水充沛的低压带，海水密度较低。风向（包括科里奥利效应）和密度差共同导致了海洋中的水体运动。

地表空气运动和地表水体运动有着很大的不同。陆地会阻碍水体运动，如改变水流的方向，有时甚至会使水体反向运动。相反，空气在陆地上方和水面上方均能自由运动。

洋盆的形状也会对洋流模式产生重要影响。例如，从西向东移动的北太平洋海流首先撞击加拿大和美国的西海岸，然后被迫向北和向南移动，主要运动是沿加利福尼亚海岸南移的寒冷洋流。然而，在大西洋中，洋流向东北方向运动时，受海岸形状（加拿大新斯科舍省和纽芬兰岛延伸到了大西洋）的影响改变了方向，此后它横穿越大西洋，经过不列颠群岛和挪威，最终到达俄罗斯的西北海岸。这种流向北部大陆的温暖水流，称为北大西洋暖流，对北部大陆的居民而言意义重大，没有这一暖流，北欧地区会更寒冷。

洋流不仅会影响海洋附近陆地区域的温度，而且会影响海洋附近陆地区域的降水。陆地附近的寒冷洋流会使得紧靠水体上方的空气变冷，而再上方的空气是温暖的，不会形成对流，因此水汽不会流向附近的陆地。全球的海岸沙漠通常毗邻寒冷洋流。另一方面，温暖洋流（如印度沿岸的洋流）会将水汽带至邻近的陆地区域，尤其是当盛行风刮向陆地时（参见专栏 4.2）。

现在，我们已了解气压差影响天气的方式，即一年中的不同季节和一天中的不同时刻，不同地表上方的冷暖空气运动。然而，要完整回答不同天气的成因，就要解释不同地点接受降水的敏感性，因为降水和风型高度相关。

## 专栏 4.2　厄尔尼诺

几十年前，厄瓜多尔和秘鲁沿岸的渔民发现每隔三四年，圣诞前后的海水就会变暖，他们称这种现象为厄尔尼诺。在此期间，渔民的渔获量显著减少。如果渔民了解今天海洋学家和气候学家对此的解释，那么就会降低厄尔尼诺现象对其渔获量的影响。

1997—1998 年的冬季，严重的厄尔尼诺现象导致了巨大的破坏，几百人死亡。美国西海岸（尤其是加利福尼亚）的降水量是往年的 2～4 倍。冬季，旧金山的降水量是 102.24 厘米，而普通年份的降水量仅为 41.63 厘米。旧金山 1998 年 2 月 38 厘米的降水量是有记录的 150 年来的最大降水量。墨西哥阿卡普尔科度假城因暴雨和风暴潮而遭受重创。南美洲的部分地区（尤其是厄瓜多尔、秘鲁和智利）洪水和泥石流肆虐，南美洲东部地区、澳大利亚和亚洲的部分地区（尤其是印度尼西亚）则干旱和火灾频发。厄尔尼诺现象所生成急流的南向分支由于比此前更强，因此形成了几十起龙卷风，在亚拉巴马州、佐治亚州和佛罗里达州造成 100 多人死亡。

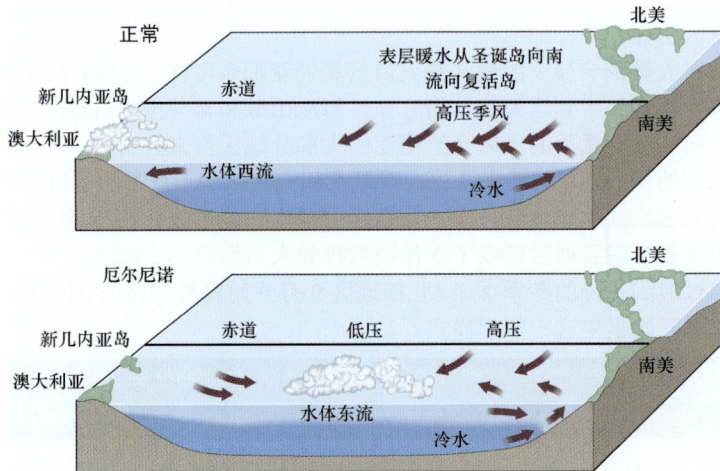

上图显示了南太平洋的正常环境。季风向西吹动温暖的表层海水，并在南美洲沿岸将冷水带到表层。下图显示了厄尔尼诺期间，来自澳大利亚的风将暖水向东吹向了南美洲的沿岸

## 4.4  大气中的水分

空气中包含的水汽（我们感觉为湿度）是所有降水的来源。降水是指从大气降落到地表的任何形式的水粒（雨水、冻雨、雪花、冰雹）。上升的空气因为压力降低，因此很容易膨胀。来自低空空气的热量大范围散布到对流层中时，空气变冷。与暖空气相比，冷空气保持水汽的能力要差（见图 4.17）。

空气中的水汽含量过多而发生冷凝（从气体变为液体）并由细小颗粒形成液滴时，我们称此时空气过饱和。这些颗粒（主要为灰尘、花粉、烟雾和盐晶）几乎总是存在。起初，小水滴太轻而无法下落。当许多小液滴聚集为更大的液滴时，就会因太重而无法悬浮在空中，以雨的形式下落。当低于冰点的温度使得水汽形成冰晶而非水滴时，就会以雪花的形式下落（见图 4.18）。

大量雨滴或冰晶形成云层，云层由缓慢上升的气流支撑。云型和云高取决于空气中的含水量、温度和风的运动。高压带中的下沉空气通常会形成无云的天气。只要有温暖潮湿的空气上升，就会形成云层。最引人注目的云层是积雨云，如图 4.19 所示，它是通常伴随有大雨的砧顶云。寒冷季节与温暖季节相比，更常出现低空的灰色层云。所有季节都会出现完全由冰晶组成的高空卷云。积云通常称为天气晴好云。

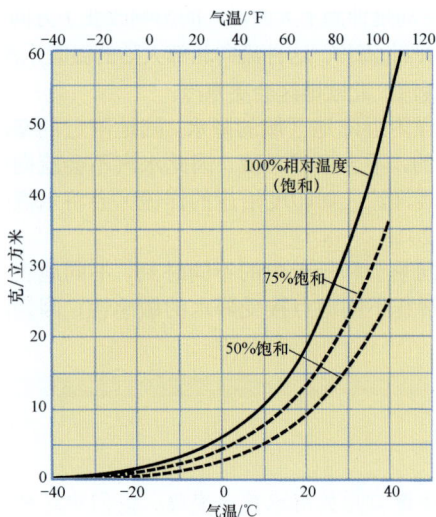

图 4.17  空气中的含水量和相对湿度。相对湿度等于空气中的实际含水量除以饱和含水量（×100）。实线表示不同温度下的空气饱和含水量

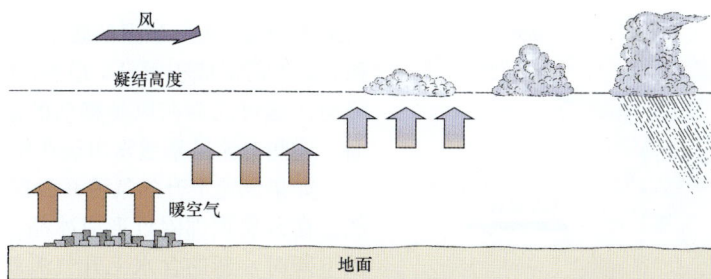

图 4.18 降水。暖空气上升时冷却，冷却时水汽凝结成云。空气变得过饱和时，就会出现降水

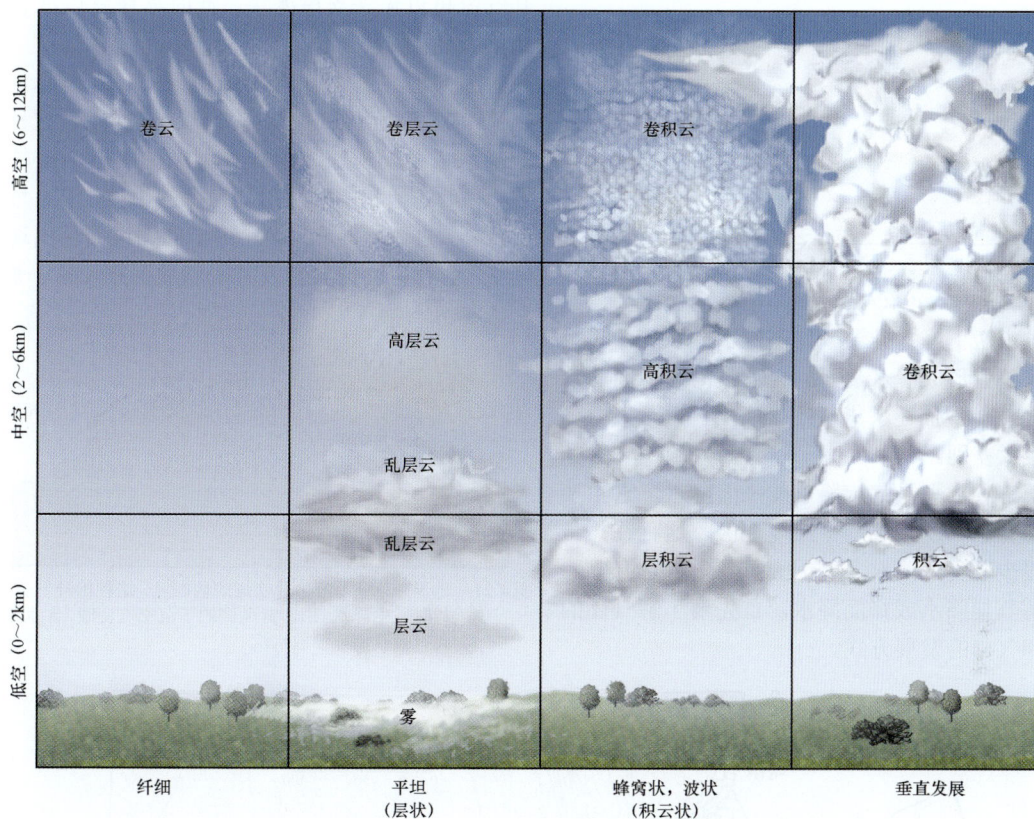

图 4.19 云型。云层根据高度和外观分类。大多数云层都会出现在特定的高度范围内，但有些云层（如与雷雨有关的积雨云）可能会跨越多个高度层次

相对湿度是指空气的含水量百分比，它表示为含水量与当前温度下可能存在的最大值之比。当空气变暖时，含水量增加。如果相对湿度为 100%，那么空气中的水汽完全过饱和。热天相对湿度值为 60% 意味着空气非常潮湿，让人非常不舒服。然而，冷天相对湿度为 60% 则表明，虽然空气中的含水量较高，但相对热天而言闷热天要少得多。这个例子表明，相对湿度仅在我们知道气温时才有意义。

早晨地面上的露水意味着夜间的温度下降到了发生冷凝的程度（见图 4.17）。冷凝的临界温度称为露点。地面上出现云雾表明已达到露点，且相对湿度值为 100%。

## 4.4.1 降水类型

大量空气上升时，会发生三种类型的降水：（1）对流降水，（2）地形降水，（3）气旋或锋面降水。

第一种类型是对流降水，它由上升的暖湿空气导致。空气上升时会冷却，达到露点时会发生冷凝和降水，如图 4.20 所示。这种类型的降水主要是热带和大陆气候下的夏季风暴或阵雨。通常，早晨和午

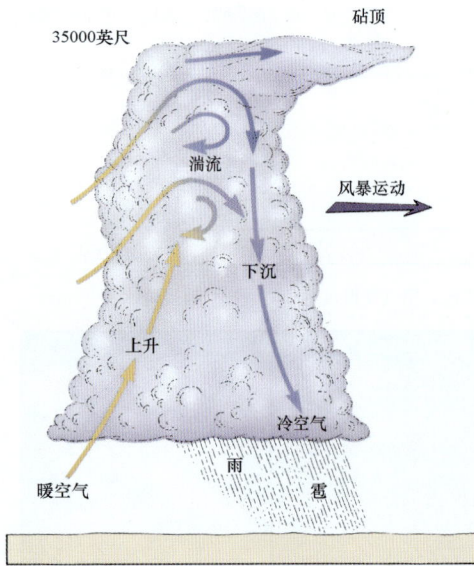

图 4.20　对流降水。暖湿空气上升时，形成积雨云并发生对流降水。系统内部下落的颗粒物使得高空的冷空气下沉

后地面会被加热。积聚的暖空气开始上升，首先形成积云，然后形成积雨云。最后，出现闪电、雷声和强降雨，这可能会在风暴移动的短时间内影响部分地面。这些对流风暴通常出现在傍晚。

如果迅速上升的气流在云层内循环空气，那么可能会在云层顶部附近形成冰晶。当这些冰晶大到足以下降时，新的含水上升气流就会迫使它们回升，从而扩大冰块。这个过程可能会重复发生，直到上升气流再以无法支撑冰块，此时冰块就以冰雹的形式落到地面。

第二种类型是地形降水，如图 4.21 所示，暖空气被山峦阻挡而被迫上升时出现这种降水。这种类型的降水主要出现在海洋或大型湖泊附近山峦的迎风坡。海上的饱和空气吹向陆地上的山坡，沿山坡上升并冷却，进而冷凝和降水。山峦的迎风面会出现大量降水，而背风面或雨影及其毗邻地区则非常干燥。空

气通过山峦下降并升温。如图所示，下沉的暖空气不仅不会形成降水，而且会吸收沿途地面的水分。图 4.22 中描述了华盛顿州地图上短距离内降水的巨大差别。

第三种类型是气旋降水或锋面降水，它主要出现在冷暖气团相遇的中纬度地区。这种在热带地区很少发生的降水，通常是飓风和台风的起源。要了解气旋降水或锋面降水，首先要了解气团的性质和气旋的发展方式。

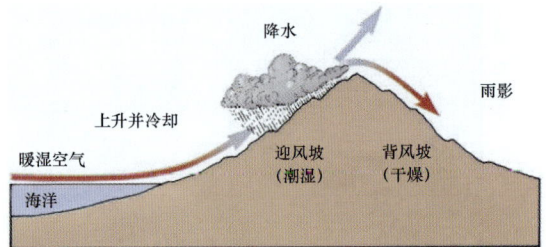

图 4.21　地形降水。山峦抬升吹过的地面风。这种抬升气流足够冷却时发生降水。山峦背风侧的下沉空气变暖，含水量增大，此时吸收而非释放水汽

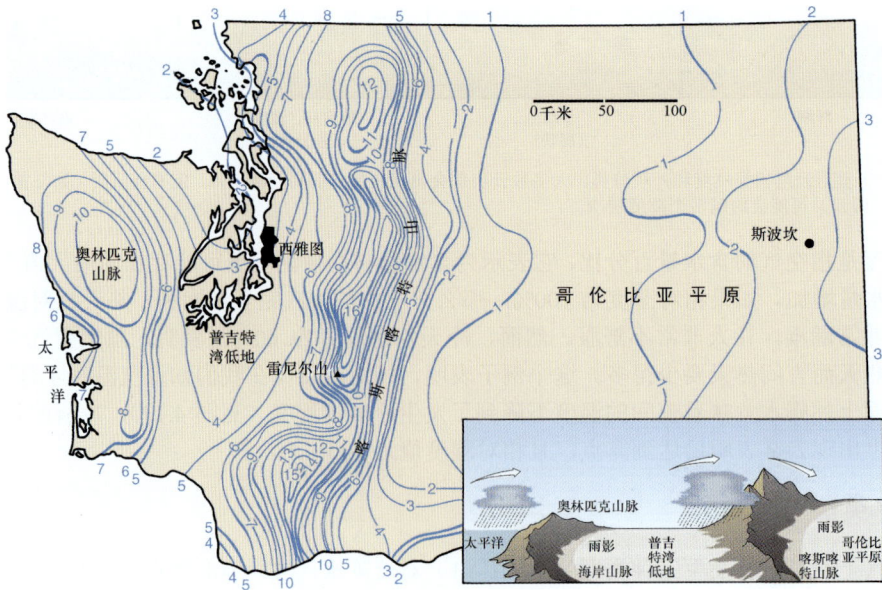

图 4.22　华盛顿州 11 月的降水示意图（单位为英寸）。暖温的太平洋空气首先沿 1500～2100 米高的奥林匹克山脉的迎风坡抬升，然后下降到普吉特湾低地，再沿 2700～4300 米高的喀斯喀特山脉的迎风坡抬升，最后下降到东华盛顿的哥伦比亚平原

气团是温度和湿度整体类似的巨大空气体；它们在源区上方形成。源区包括大面积的均匀表面和相对一致的温度，如加拿大北部、俄罗斯中北部寒冷的陆地区域，赤道附近温暖的热带海洋区域。图 4.23 显示了北美的源区。在几天或一周内，源区就可能生成一个气团。例如，在加拿大北部的秋天，冰雪覆盖广阔的亚北极地区时，冰冻的陆地表面就会形成寒冷、致密、干燥的空气。

源区分为 4 种：大陆极地、海洋极地、大陆热带和海洋热带。极地气团在陆地或高纬度的冰面上方形成时，称为大陆性气团，这种气团又冷又干。气团在高纬度地区的海洋上方形成时，称为海洋性气团，这种气团又冷又湿。类似地，发源于北非的北回归线和北澳大利亚的南回归线的气团称为大陆性气团，这种气团同样温暖而干燥。在南北回归线的海洋上空生成的气团称为海洋性气团，这种气团是暖湿气团。完全形成的单个气团通常会覆盖地球上数千平方千米的面积。

当大陆极地气团移向南方的较轻、较暖的气团时，气舌的前缘被称为锋面。此时，锋面会沿途分隔所遇到

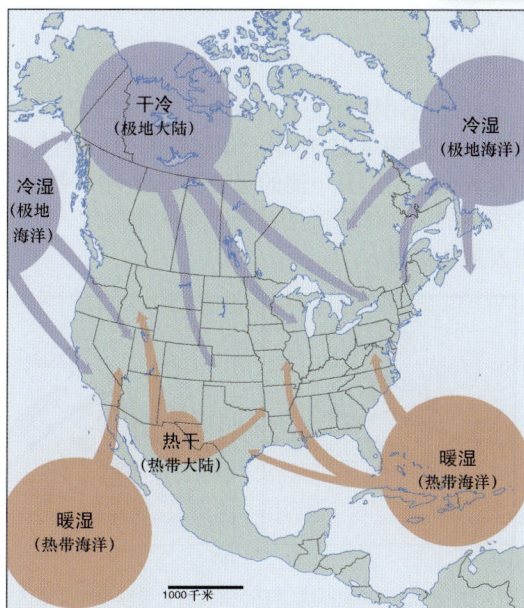

**图 4.23** 北美洲气团的源区。位于不同气团源区之间的美国和加拿大会出现大量风暴和恶劣天气（来源：*T. McKnight, Physical Geography: A Landscape Appreciation, 4th ed.,* © 1993, Prentice Hall, Englewood Cliffs, NJ.）

的其他干冷气团。暖湿气团位于极地气团的前面时，密度更大的冷空气会下沉，并迫使上方较轻的气团上升。上升湿空气冷凝，发生锋面降水。另一方面，冷空气上方上升的暖空气反过来又会将冷空气推回，再次造成降水。在第一种情形下，当冷空气移向暖空气时会形成积雨云，此时的降水时间短，但降水量大。锋面经过时，气温明显下降，天空晴朗，空气明显变得干燥。在第二种情形下，暖空气在冷空气上方移动时，形成雨层云，降水稳定而持久。锋面经过时，天气温暖且闷热。图 4.24 小结了锋面的移动情况。

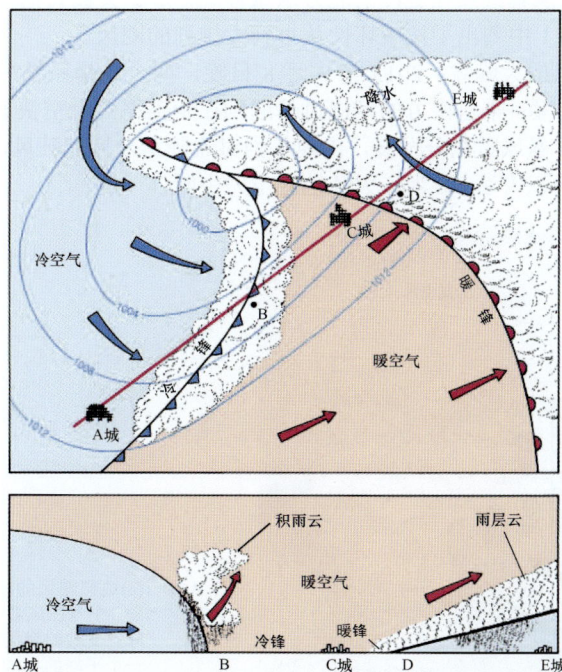

**图 4.24** 锋面。在这幅图中，北半球的一个冷锋最近经过了 A 市，正移向 B 市。不同气团的会合线称为锋面。暖锋正从 B 市移向 C 市。风向由箭头表示，气压由等压线表示。等压线表明最低气压出现在冷暖锋的相交处

### 4.4.2  风暴

两个气团接触（一个锋面）时，就会形成风暴。如果两个气团的温度和湿度相差很大，或它们的风向相反，如图 4.25 所示，那么锋面中可能就会产生波动。波动一旦产生就会放大。锋面一侧的冷空气沿着表面移动，另一侧的暖空气上移到冷空气之上。上升暖空气创造了一个低压中心。在北半球，逆时针方向的风在低压区通常会带来大量降水。以低气压区为中心的大型大气环流系统称为中纬度气旋，它可发展为风暴。

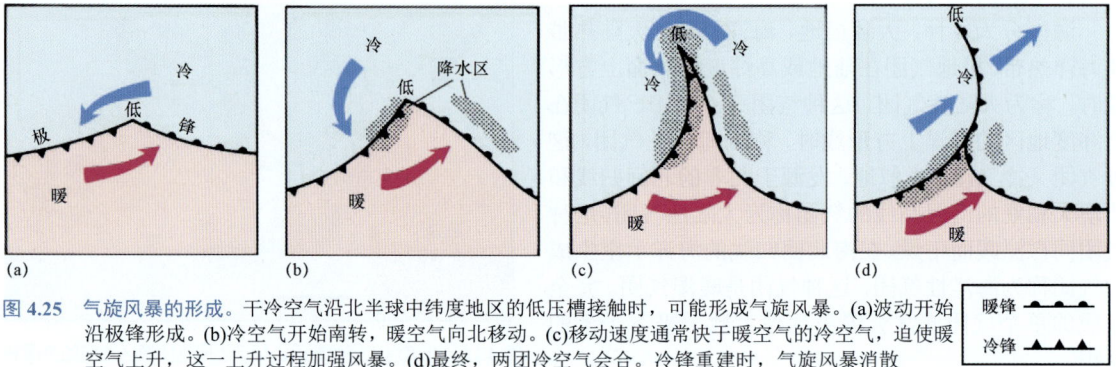

图 4.25  气旋风暴的形成。干冷空气沿北半球中纬度地区的低压槽接触时，可能形成气旋风暴。(a)波动开始沿极锋形成。(b)冷空气开始南转，暖空气向北移动。(c)移动速度通常快于暖空气的冷空气，迫使暖空气上升，这一上升过程加强风暴。(d)最终，两团冷空气会合。冷锋重建时，气旋风暴消散

暖锋 ▲▲▲
冷锋 ▲▲▲

强烈的热带气旋或飓风通常产生于北半球温暖水域上方的低压区。在发展中的飓风内，表面的暖湿空气上升，因此不断从表面吸积空气，最终形成高大的积雨云。由这些高耸云层释放的能量会加热成长风暴的中心。飓风的特征是有一个平静和晴朗的风眼（见图 4.26a）。西太平洋的飓风又称台风。

图 4.26b 显示了全球飓风的常见路径。这些风暴的风逆时针方向运动，在中心附近会聚，并以几个同心圆带上升。这些大风（时速超过 119 千米）会造成巨大的损失，并使得海水涌向沿海低地。在飓风的中心即风眼处，空气下降，形成阵阵微风，天空相对晴朗。在陆地上方，这些风暴因丧失暖水能量来源，因此会迅速减弱。如果风暴继续往更冷的北方水域移动，那么会被其他气团阻挡，失去能量来源的同时，会进一步减弱。表 4.1 中列出了按破坏性从小到大排列的飓风。

暴风雪是指伴随有大风的大降雪。2013 年 2 月 8 日晚，两个风暴系统沿新英格兰海岸碰撞。新英格兰人称这种情形为东北风暴。来自南方的潮湿风暴遇到在新英格兰上空快速发展的极地风暴时，就会发生这种扰动。到了晚上，暴风雪充分发展，出现了强对流降雪，掀起狂风，并逐步引发破坏性潮汐，到 2 月 9 日早晨，地面上的积雪达 0.8 米，大片地区电力中断。

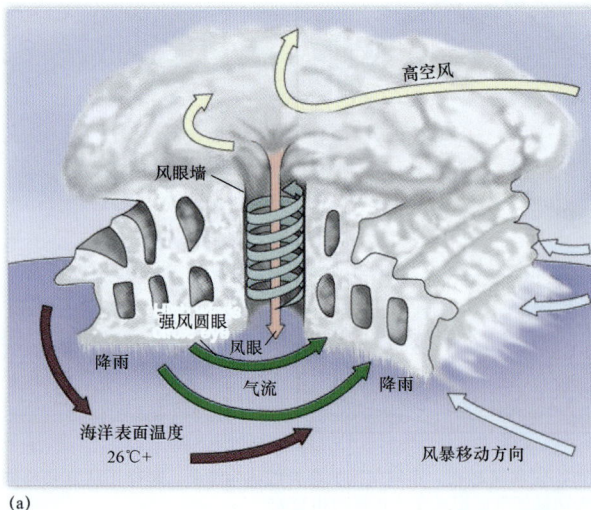

图 4.26  (a)成熟飓风的特征。积雨云的螺旋带产生强降雨。空气在风暴中心附近的云层中上升。中心下降且变暖的空气创造风眼，风眼下方地球上形成一个平静的小区域。强烈的对流循环在远离风眼的位置产生强风；(b)飓风路径

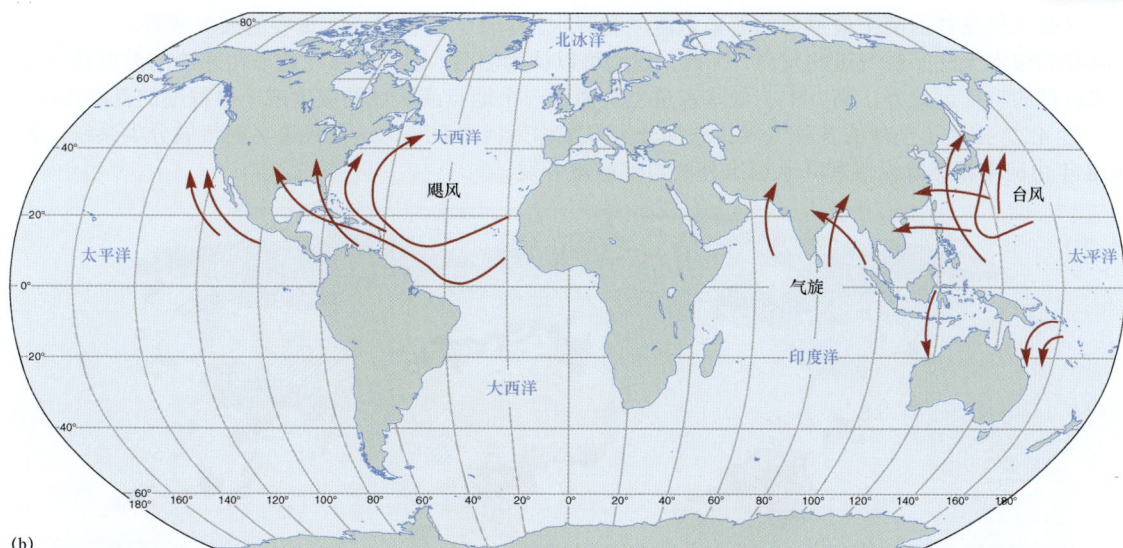

(b)

图 4.26 **(a)**成熟飓风的特征。积雨云的螺旋带产生强降雨。空气在风暴中心附近的云层中上升。中心下降且变暖的空气创造风眼，风眼下方地球上形成一个平静的小区域。强烈的对流循环在远离风眼的位置产生强风；**(b)**飓风路径（续）

**表 4.1　萨菲尔-辛普森飓风等级**

| 类别 | 气压（英寸） | 风速（千米/小时） | 破 坏 性 |
|---|---|---|---|
| 1 | >28.94 | 118～152 | 破坏对象主要有树木、灌木丛、未固定的房屋；风暴潮毁坏所有物体。风暴潮通常比正常值高 1.2～1.5 米 |
| 2 | 28.50～28.94 | 153～176 | 有些树木被吹倒；主要破坏暴露的活动房屋；屋顶轻微受损。风暴潮：1.8～2.4 米 |
| 3 | 27.91～28.49 | 177～208 | 吹落树叶，吹倒大树；摧毁活动房屋；损毁小型建筑物的结构。风暴潮：2.7～3.7 米 |
| 4 | 27.17～27.90 | 209～248 | 吹倒所有标志；大范围破坏窗户、门和屋顶；洪水涌入内陆地区达 10 千米；主要破坏沿岸建筑物的下层。风暴潮：4.0～5.5 米 |
| 5 | <27.17 | >248 | 严重破坏窗户、门和屋顶；掀翻小型建筑物；严重破坏距离海岸 458 米内海平面下方 4.6 米处的结构。风暴潮：高于正常值 5.5 米 |

　　所有风暴中最猛烈的是龙卷风，它也是最小的风暴，直径通常不到 30 米。龙卷风产生于巨大的积雨云中，后者有时在暴风线上先于冷锋到达。在春季或秋季，当相邻气团的特征差别很大时，美国的中部地区会出现大量此类漏斗状的杀手云。虽然风速可达 500 千米/小时，但这些风暴很小，在地面上移过的距离不到 1.6 千米，因此受影响的区域有限，但可能会造成很大的破坏。水域上的龙卷风通常称为水龙卷。

　　龙卷风强度的改良藤田级数（EF）将破坏程度与风速关联起来，其范围从 EF0（风速达 137 千米/小时的"弱"龙卷风）到 EF5（风速达 322 千米/小时的"强"龙卷风）。大多数（74%）龙卷风属于 EF0 或 EF1 级；25%的龙卷风属于 EF2 或 EF3 级，即导致主结构毁坏的"强"龙卷风；只有 1%的龙卷风属于极强级别（EF4 和 EF5）。

# 4.5　气候区域

　　前面介绍了引发天气变化的一些原因，即来自高压带的气流向低压带运动，锋面通过时导致波动，温度达到露点，出现海风。全球的有些地区与其他地区相比，会更快和更频繁地经历这些变化。

　　日常天气条件可由本章讨论的原理来解释。然而，如果不了解地球的表面特征，那么就无法了解天气要素（温度、降水、气压和风）的影响。地球上不同位置的天气预报员必须要了解当地的自然环境和建筑环境，才能深入了解这些天气要素。

　　日常天气条件的复杂性可由关于气候的说明来概括。一个地区的气候通常基于日常和季节天气条件。平均而言，夏天热吗？冬天可能会下大雪吗？风通常是东南风吗？气候平均值是典型的每日天气条件吗？是应关注气候条件的平均变化还是应关注平均值？要合理描述不同地点的气候差异，就要回答这些问题。

区分天气条件的两个最重要的要素是温度和降水。尽管气压也是一个重要的天气要素，但不用气压计时我们根本无法了解气压的差异。因此，我们可以认为温暖、温和、寒冷或非常寒冷的温度是一个地点或区域的特征。此外，高、中、低降水量也是衡量一个地点或区域的湿度或干旱程度的良好指标。

图 4.27 描述了全球的各种气候。这种分类方案称为柯本系统，这是最著名的气候分类系统，它于 1918 年由柯本根据除温度和降水标准外的自然植被开发。

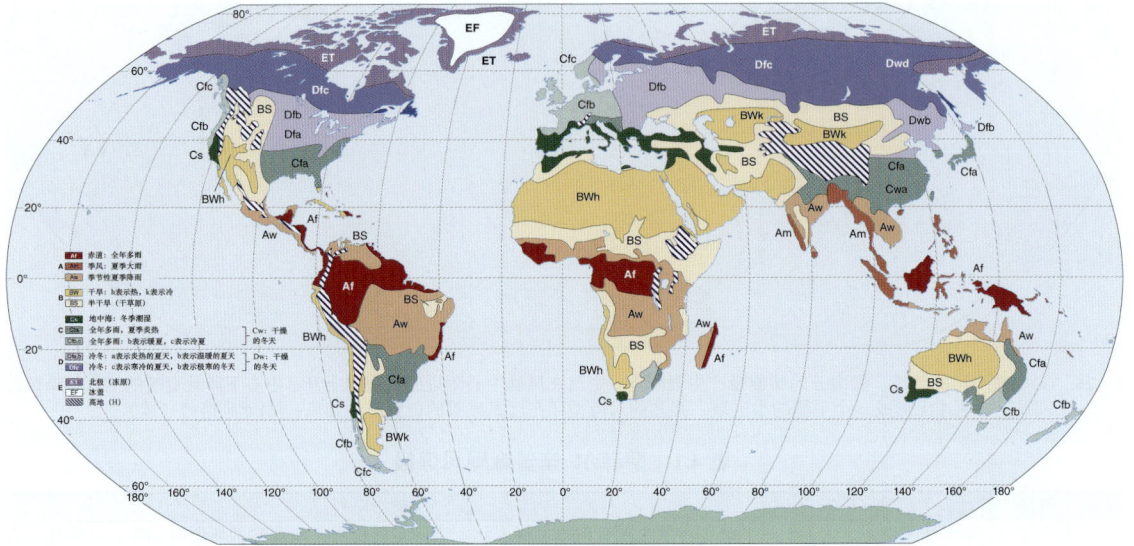

图 4.27　全球气候

表 4.2 显示了由柯本开发的多级系统，它分为 6 类，分别命名为 A、B、C、D、E 和 H。A 为热带气候，B 为干燥气候，C 为中纬度温和气候，D 为中纬度严冬气候，E 为极地气候，H 为高地气候。

表 4.2　气候特征

| 气候类型 | 柯本分类 | 温度和降水 | 土壤和植被 |
|---|---|---|---|
| 热带气候 | **A** | | |
| 热带雨林 | Af | 恒定高温，全年大雨；高云量，高湿度 | 树木茂密，光线穿过丛林，土壤养分缺失 |
| 稀树大草原 | Aw | 高温，夏季高太阳期降水量大，冬季低太阳期干燥 | 从森林到草地，具体取决于降水量，土壤与施肥条件相关 |
| 季风 | Am | 雨季前出现最高气温 | |
| 旱地气候 | **B** | | |
| 炎热沙漠 | BWh | 夏季温度极高；暖冬，雨量极少，湿度低 | 石质或沙质环境下的灌木，爬行动物，土壤与灌溉条件相关 |
| 草原和沙漠 | BS, BWk | 夏天从温暖到炎热，寒冬，夏季有少量对流性降水，冬季有一些锋面降雪 | 草地和沙漠灌木，土壤天然肥沃 |
| 湿润中纬度气候 | **C** | | |
| 地中海 | Cs | 夏天从温暖到炎热，温和的冬天到寒冷的冬天，夏季干燥，冬天出现锋面降水，湿度通常较低 | 灌木丛，土壤与灌溉条件相关 |
| 湿润亚热带 | Cfa | 夏季火热，温和的冬天，夏季出现对流性降水，冬季出现锋面降水 | 落叶林，土壤丰富；针叶林，特别是沙壤 |
| 海洋西海岸 | Cfb | 全年西风，夏天凉爽少雨，冬天寒冷，出现锋面降水 | 广袤的针叶林；平原落叶林，酸性土壤需要农业施肥 |
| 湿润大陆气候 | **D** | | |
| 亚北极 | Dfa, Dfb Dfc, Dfd | 夏季从炎热到温和，冬天从寒冷到极冷，夏季出现对流性降水，冬季出现锋面降雪 | 针叶林，土壤贫瘠 |
| 极地气候 | **E** | | |
| 苔原 | ET | 夏天寒冷，冬天酷寒 | 苔藓和地衣 |
| 冰盖 | EF | 酷寒，降水量小 | |
| 高地气候 | H | 随高度的不同变化巨大，盛行风，阳面或阴面斜坡，纬度，峡谷或非峡谷，险峻 | |

表 4.2 最右侧的一列列出了不同气候下的典型土壤和植被。土壤类型和各种植被形式与温度和降水的季节性分布相关。附录 B 中将详细探讨气候与土壤和植被的关系。

下文各节标题中的柯本系统的字母参见图 4.27 和表 4.2。

## 4.5.1　热带气候（A）

热带气候通常与位于阳光直射的最北纬线（北回归线）和最南纬线（南回归线）之间的地表相关。

### 1. 热带雨林气候（Af）

这种气候所在的区域横跨赤道，通常位于赤道低压带。这些区域称为热带雨林。冬天和夏天，这里都是暖湿气候（见图 4.28a 和 b）。降水通常来自每日的对流性雷暴，多数日子阳光明媚，天气炎热，午后形成积雨云，随后发生对流性降水。图 4.28a 的图题说明了如何解释气候图。

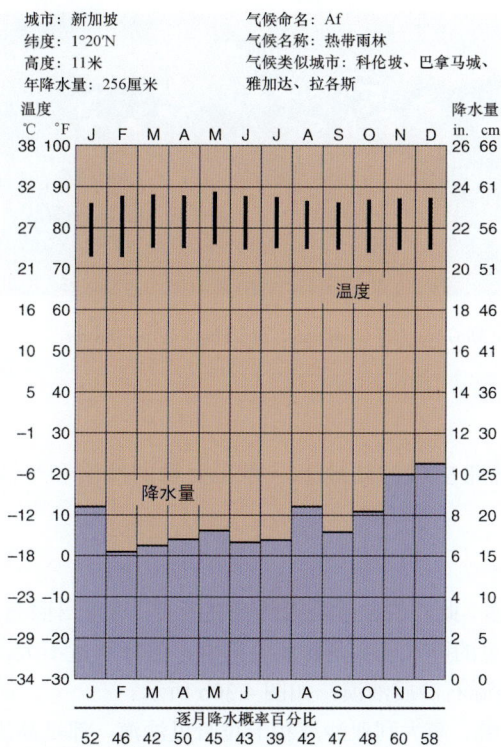

图 4.28　(a)这幅图和随后的气候图显示了每日的平均高温和平均低温、每月的平均降水量及每日的降水概率。新加坡 8 月份每日的平均高温为 30.5℃，平均低温为 24℃，月平均降水量为 21 厘米，8 月某天的降水概率为 42%。(b)热带雨林。植被主要是阔叶林和藤蔓。© Getty RF

热带雨林中通常遍布天然植被，它仍然存在，但由于南美亚马孙河流域和非洲扎伊尔河流域大规模放火毁林，使得面积不断缩小。高大茂密的阔叶树和浓密的藤蔓丛生。在热带雨林中发现的数百种树木中，既有喜阴树木，也有喜阳树木，还有海绵状软木（如轻木）和硬木（如柚木和桃花心木）（见图 4.30b）。热带雨林也会从赤道处沿海岸延伸，这里盛行风为沿海高地持续提供水汽。此外，地形效应也为这些森林中的茂密植被提供了充足的降水。

### 2. 稀树大草原气候（Aw）

夏季，随着阳光直射位置远离赤道，赤道低压带也会随之移动。因此，夏季热带雨林的北部和南部地区空气潮湿，一年中剩下的时间里虽然炎热，但由于亚热带高压带的干燥空气取代了潮湿的赤道低压带，因此空气干燥。由于这一区域生长的是天然植被，因此称为稀树大草原。

　　稀树大草原的天然植被类似于灌木林；然而，今天这些地区已是树木分布广泛的草原。由于当地农场主和猎人周期性地焚烧森林，因此森林覆盖率的自然增加受到了抑制。人类活动改造了草原，有的草原甚至像公园一样，如图 4.29 所示。东非的肯尼亚和坦桑尼亚有着著名的草原（如塞伦盖蒂国家公园）、耐火树种、大型动物（如长颈鹿、狮子、大象）。南美洲的坎普斯和拉诺斯是其他的大草原。

图 4.29　干燥热带草原特有的公园式草地景观。来源：*The McGraw-Hill Companies, Inc./Photo by Jill Wilson*

## 4.5.2　旱地气候（B）

　　在山脉阻挡了西风的大陆内部，或在远离暖湿热带空气的陆地上，存在大量的沙漠和半沙漠地区。

### 1．热带沙漠气候（BWh）

　　在热带草原的向极侧，杂草开始变短，灌木逐渐增多。此时的位置是亚热带高压带，这里日照充足，夏季炎热，降水稀少。注意图 4.30a 中的小降水量。这里的降水确实是对流性降水，但降水量不大。当条件变得干燥时，抗旱灌木会越来越少，有些地区仅是砾石沙质沙漠，如图 4.30b 所示。

　　全球广袤、炎热的沙漠，如撒哈拉沙漠、阿拉伯沙漠、澳大利亚沙漠和卡拉哈里沙漠，都是高压带导致的。通常，这些沙漠中最干燥的部分沿西海岸分布，因为这里存在冷洋流（前面介绍了冷洋流与沙漠之间的关系）。

### 2．中纬度沙漠和半沙漠气候（BWk，BS）

　　图 4.31a 显示了中纬度旱地的典型温度和降水模式。偶尔情形下，会出现夏季对流风暴和有一定湿度的锋面系统。极端干旱的地区称为寒漠，中度干旱的地区称为干草原。天然植被是草，但在干草原的干燥区域会发现图 4.31b 所示的沙漠灌木。雨水欠丰，但土壤肥沃，因为草会将养分回馈至土壤。土壤呈深褐色到黑色，是世界上最肥沃的天然土壤之一。干草原天气炎热，夏天干燥，冬季寒风刺骨，有时还会出现暴风雪。

城市：埃及开罗　　　　　气候命名：BWh
纬度：29°52'N　　　　　气候名称：炎热沙漠
高度：116米　　　　　　气候类似城市：麦加、
年降水量：2厘米　　　　卡拉奇

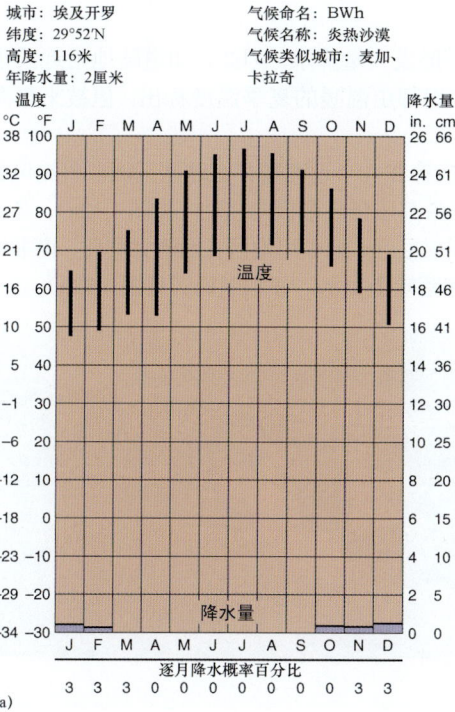

逐月降水概率百分比
3　3　3　0　0　0　0　0　0　0　3　3

(a)

(b)

图 4.30　(a)埃及开罗的气候图。(b)加利福尼亚莫哈维沙漠。由于缺乏起固定土壤作用的植被，沙子在复杂的沙丘地层中不断重新排列。© *Parvinder Sethi* 博士

城市：伊朗德黑兰　　　　气候命名：BS
纬度：35°41'N　　　　　气候名称：中纬地旱地
高度：1220米　　　　　气候类似城市：盐湖城、
年降水量：26厘米　　　安卡拉

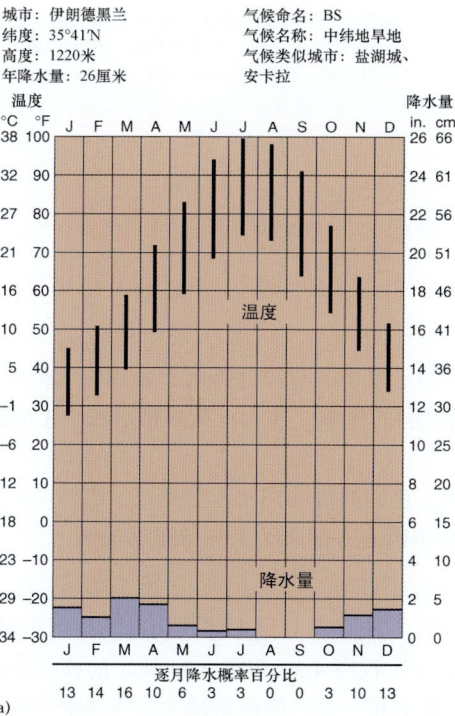

逐月降水概率百分比
13　14　16　10　6　3　0　3　3　10　13

(a)

(b)

图 4.31　(a)伊朗德黑兰的气候图。(b)墨西哥北部中纬度旱地的沙漠灌木。© *Steven P. Lynch*

## 4.5.3　湿润的中纬度气候（C）

　　潮湿气候地区的冬天、夏天都不具备沙漠条件。另外，湿润中纬度气候的特点是冬天的温度远低于热带气候。如果没有山脉、温暖洋流或寒冷洋流和陆地-水体分布的影响，那么这些气候类型几乎可以平行于纬度来定义，而恰好是上述因素造成了中纬度气候的最大变化。

### 1. 地中海气候（Cs）

中纬度风在北半球和南半球通常是西风，锋面系统会形成大量降水。因此，知道陆地附近的水体冷暖非常重要。中纬度地区明显分为几个明显的气候带，它们都由温暖的夏季温度标出，但被来自海洋的西风冷却的区域中的气候带除外。

在炎热沙漠的向极侧，副热带高压带和湿润西风带之间存在几个过渡带。在这些区域，气旋风暴只在冬季西风吹向赤道时才带来降水。夏季炎热干燥，因为副热带高压带轻微极向移动（见图 4.32a）。冬天并不寒冷。地中海气候通常分布在中纬度大陆的西海岸。南加利福尼亚、地中海地区、西澳大利亚、南非南端和南美洲的智利中部都属于这种气候。这些地区生长有灌木和落叶小乔木，如胭脂栎（见图 4.32b）。

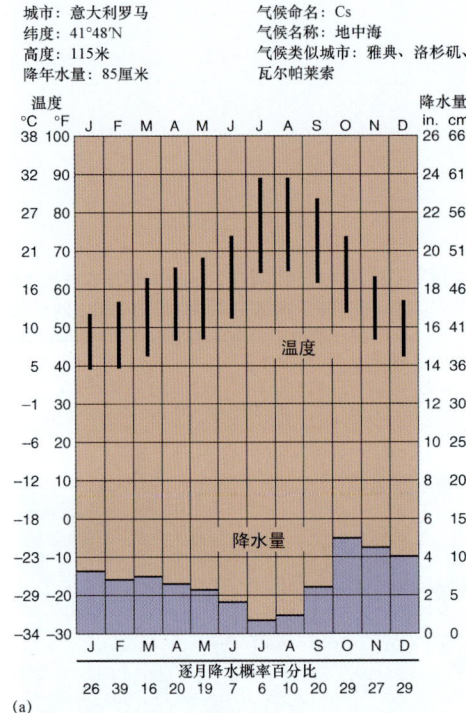

图 4.32　(a)意大利罗马的气候图。(b)地中海气候区域（加利福尼亚沿海）的典型植被。树木和灌木短而稀疏。© Digitalvision RF

### 2. 亚热带湿润气候（Cfa）

大陆东岸从赤道气候过渡到亚热带湿润气候。降水来源于夏季的对流性阵雨和冬季的气旋风暴。如图 4.33 所示，这种气候的特点是炎热潮湿的夏季和温暖湿润的冬季。秋天，在热带水域中生成的飓风会袭击沿海地区。

均匀分布的降水使得落叶阔叶林出现，如橡树和枫树，它们的树叶在秋末会变红。此外，还会出现针叶树与落叶树混生的次生林。巴西南部、美国东南部和中国南方都属于亚热带湿润气候。

### 3. 海洋西海岸气候（Cfb）

海洋西海岸气候靠近极地，但仍位于在西风带内。这里，气旋风暴和地形降水所起的作用相对较大。冬季，与地中海气候相比，这里的降水更多，气温更低。请比较图 4.32 和图 4.34 所示的模式。在地中海气候的极向过渡带中，夏季少雨；然而，越靠近极地，夏季和冬季的降雨量越大。西部吹来的海风使得夏季和冬季气温适中，因此夏天舒适宜人，冬天寒冷，但不会发生冰冻。

这种气候影响的陆地面积相对较小。由于北欧没有大型山脉阻挡从西向东流动的潮湿空气，因此海洋西海岸气候在整个大陆上延伸至波兰。在波兰，发源于北极地区的气旋风暴值得我们注意。北欧的温暖气候也要归功于相对温暖的洋流，它影响了从爱尔兰到中欧近 1600 千米长的地区。

城市：澳大利亚悉尼　　　　　气候命名：Cfa
纬度：33°58′S　　　　　　　气候名称：湿润亚热带
高度：9米　　　　　　　　　气候类似城市：广州、查理斯顿、
年降水量：116厘米　　　　　　　　　　　新奥尔良

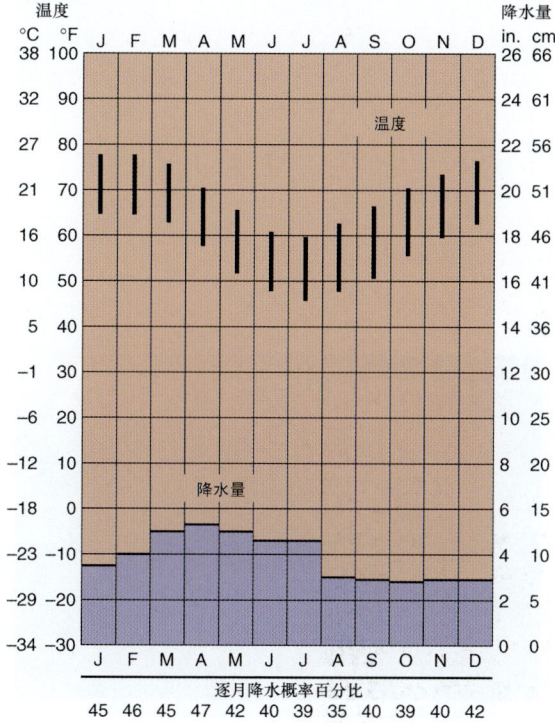

城市：加拿大温哥华　　　　　气候命名：Cfb
纬度：49°17′N　　　　　　　气候名称：海洋西海岸
高度：14厘米　　　　　　　　气候类似城市：西雅图、伦敦、
年降水量：105厘米　　　　　　　　　　　巴黎

图 4.33　澳大利亚悉尼的气候图。悉尼位于南半球，
　　　　因此 1 月最热，7 月最冷

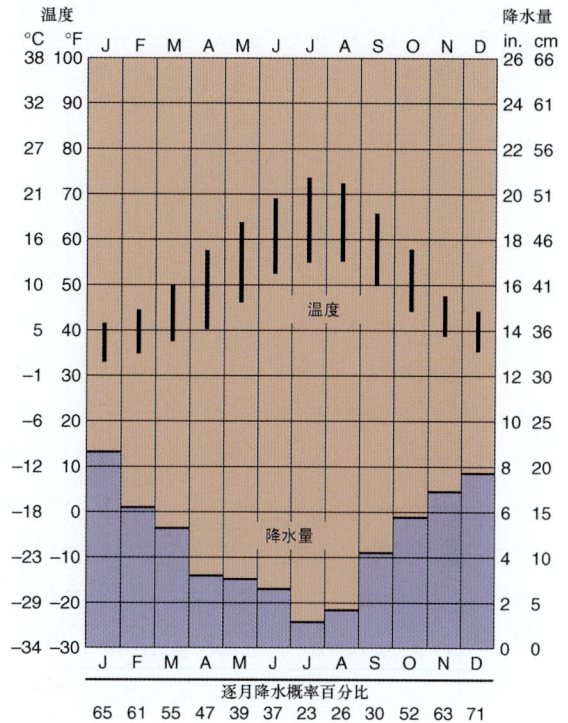

图 4.34　加拿大温哥华的气候图

美国西北部、加拿大西部和智利南部山区的地形效应，会形成大量降水，这种降水通常以雪花的形式降在山脉的迎风面。山脉低地覆盖了广袤的针叶林（针叶树，如松树、云杉和冷杉）。由于山脉阻止潮湿空气继续流向背风面，因此在这些海洋西海岸气候带会出现中纬度沙漠。

### 4.5.4　湿润大陆性气候（D）

大陆性气候的极向过渡气候特点是，越来越冷的冬天和更短的夏天。在这一方向，气旋风暴降水量要大于对流阵雨降水量。这一区域不再是亚热带湿润气候，而是湿润大陆性气候（Dfa, Dfb）。

发源于极地附近并移向赤道的气团和从热带移向极地的其他气团产生锋面降水。当暖空气或海洋空气阻挡大陆冷气团，或大陆冷气团阻挡暖空气或海洋空气时，就会发展为锋面风暴。图 4.35 显示了这种气候类型下冬季温度的范围和优势。

大陆性气候可与海洋西海岸气候类比，只不过前者具有来自陆地的盛行风，后者具有来自海洋的盛行风。针叶林在两极方向变得更为普遍，直到温度低到树木没有足够的生长时间为止（见图 4.36）。

全球的三大地区属于湿润大陆性气候：（1）美国北部和中部，加拿大南部；（2）俄罗斯位于欧洲的大部分地区；（3）中国北部。由于南半球的同纬度地带没有陆地，因此南半球不存在这种气候。事实上，南半球唯一的非高山寒冷气候是南极洲的极地气候。

#### 1. 亚北极气候（Dfc, Dfd, Dwb）

北美和欧亚大陆再往北的内陆地区，温度越来越低（见图 4.37a）。寒冷的气候使得树木变得矮小，在图 4.37b 所示的地区最终只存在苔藓和其他植物。

城市：伊利诺伊州芝加哥　　　气候命名：Dfa
纬度：41°52′N　　　　　　气候名称：湿润大陆性（暖夏）
高度：181米　　　　　　　气候类似城市：纽约、柏林、华沙
年降水量：85米

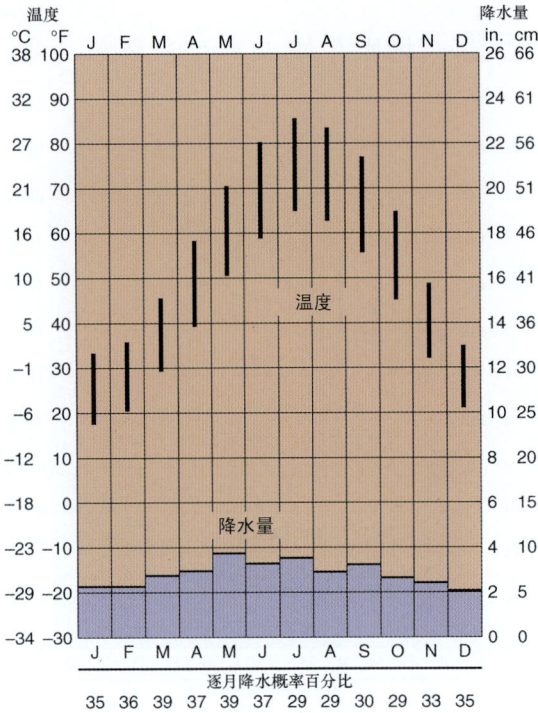

图 4.35　伊利诺伊州芝加哥市的气候图

逐月降水概率百分比
35 36 39 37 37 39 29 29 30 29 33 35

图 4.36　亚北极气候。在加拿大东中部和莫斯科周围的广大地区，夏季较长，针叶林茂密。越往北方，针叶林越不茂盛。© Getty RF

城市：阿拉斯加费尔班克斯　　气候命名：Dfd
纬度：64°51′N　　　　　　气候名称：亚北极
高度：134米　　　　　　　气候类似城市：耶洛奈夫、
年降水量：31厘米　　　　　雅库茨克

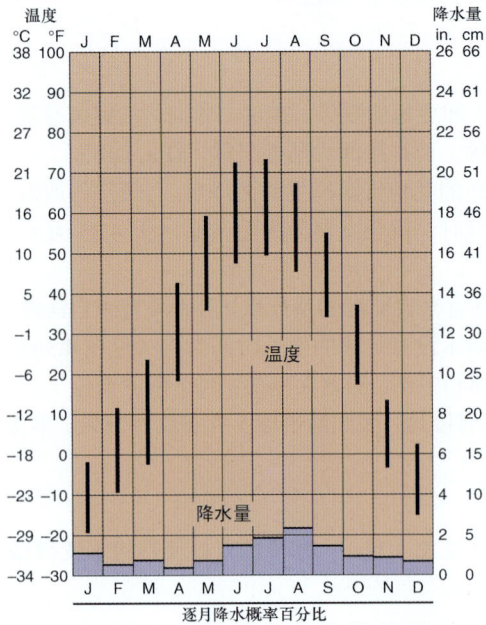

逐月降水概率百分比
32 21 19 13 29 33 42 48 33 35 33 23

(a)

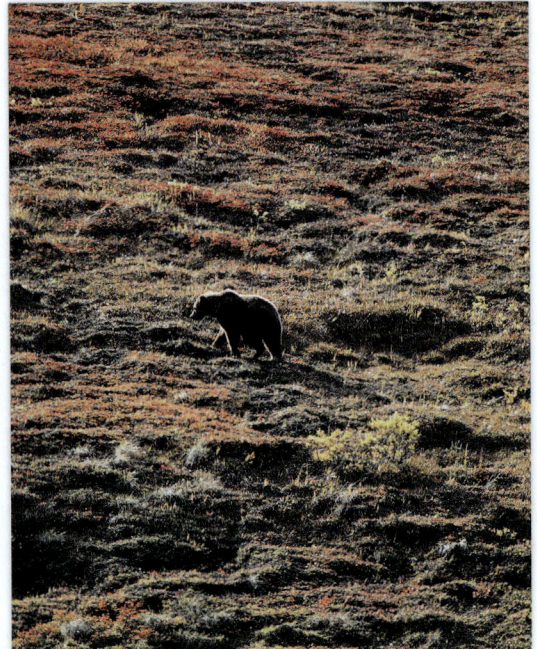

(b)

图 4.37　(a)阿拉斯加费尔班克斯的气候图。(b)加拿大的苔原植被。© Getty RF

### 4.5.5　北极气候（E）

苔原（ET）一词常被用来描述生长树木的亚北极区域的北部边界。由于冬天寒冷且漫长，因此一年的大部时间大地都被冰雪覆盖。时长几个月的凉爽夏季，蚊虫滋生。虽然苔原极度寒冷，但降雪量并不充沛。冬季强劲的东风、冰雾和微弱的阳光，使得气候恶劣。阿拉斯加、加拿大北部、俄罗斯北部是稀疏分布矮小树木的区域或无树木的苔原。然而，南极洲和格陵兰岛则是冰原（EF）。

### 4.5.6　高地气候（H）

前面介绍过在正常递减率下，温度会随着高度的增加而降低。因此，同纬度的高地温度要低于低地温度。高地气候较为复杂，因为高度和纬度只是决定高地性质及其所支撑动植物的两个要素。有些山坡面向盛行风，有些山坡则背向盛行风；有的山坡朝阳，有的山坡朝阴。有些山坡早晨才能被太阳照到，有些则在炎热的午后才能被太阳照到。山谷的气候明显不同于山峰的气候。因此，每个山脉都含有多种无法详细描述的气候，如图 4.29 所示。

全球气候状况简图为我们提供了大部分区域的基本模式。任何一天的气候状况可能与本章中讨论的或图中显示的情形非常不同。然而，我们通常只关注总体的自然气候过程。应用关于天气要素的知识，我们可以深入了解气候。

## 4.6　气候变化

要强调的是，气候反映的只是平均值，每日的天气状况可能差异很大。图 4.38 说明了全球年降水量的变化。与不同年份的降水量相比，温度变化不大，但也存在不同。如何解释这些变化？世界各地气象站的科学家正在研究这一问题。他们所用的数据范围从每日的温度和降水记录到地球相对于太阳位置的计算。由于多数地点的日常记录仅能回溯 50～100 年，因此科学家们通过岩层、地球物质的化学成分、冰芯、湖底沉积物、树木年轮和其他来源得到关于过去气候的信息。

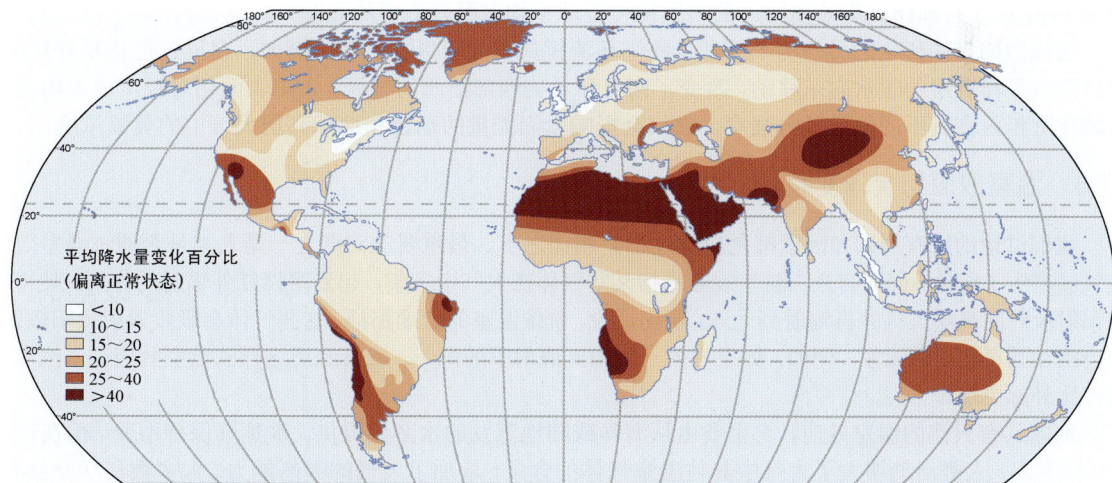

图 4.38　降水变率的全球模式。总降水量低的地区往往具有较高的变化率。一般来说，气候越干燥，不同年份降水和/或降雪存在较大差异的概率越大

### 4.6.1　长期气候变化

不同地质年代已发生了重大的气候变化。例如，约 6500 万年前，地球气候突然变冷，人们认为它是造成约 75% 的物种（包括大多数恐龙在内）灭绝的原因。再如，在过去的冰期，冰层形成和破裂的

周期至少发生了 5 次，它历时 10 万年，最后在 11000 年前结束。

气候学家已经确定过去 1000 年中存在两个主要的气候时期：中世纪暖期和"小冰期"。中世纪暖期的时间范围约为公元 800 年至 1200 年，那时的气温与现在一样温暖，或比现在更温暖。聚落与农业向北扩展到了更高的纬度地区，维京人殖民到了冰岛和格陵兰，英国遍布葡萄园。小冰河期的时间范围约为公元 1300 年到 1850 年，那时北极冰川扩张，地球上较为干燥的地区变得更加干燥，作物歉收，饥荒不断。

科学家们针对气候的这种长周期变化提供了几种解释。有些气候变化被认为是由地球运动的三个方面引起的，所有这些方面都会影响到达地球表面的太阳辐射量。首先是地球围绕太阳公转的轨道形状，它在约 10 万年的时间内从近圆形变成了椭圆形。轨道接近圆形时，地球经历相对较低的温度。轨道为椭圆形时（现在就属于这种情形），地球在几个月内接近太阳，这时会得到更多的太阳辐射，因此温度更高。

另一个周期对应于地轴相对于轨道平面的倾角。每隔 41000 年，倾角会从 21.5°变化到 24.5°，到达极地区域的太阳辐射量随着倾角的变化而变化。低倾角位置伴随着较冷的气候时期，而寒冷气候被认为是形成冰盖的关键。

最后，就像一个不平衡的旋转陀螺那样，地球自转时会稍微摆动，以便将其方向对准太阳。每隔 23000 年，自转轴就回转一次。地轴倾角最大时，极地区域接收的太阳辐射要比其他时间少，因此变得更冷。

### 4.6.2　短期气候变化

气候变化可能要比地球循环所表现的更快且更不规则。大火山爆发可能会改变气候达数年之久，它们会将大量的灰烬、水蒸气、二氧化硫和其他气体喷入高层大气。当这些固体和液体颗粒遍布地球的大部分地区时，就会阻挡到达地面的入射太阳辐射，产生冷却效应。新英格兰地区就出现过"无夏天的一年"——1816 年，当年 6 月出现了降雪，7 月出现了霜冻，这可能是由一年前印度尼西亚坦博拉火山爆发造成的。爆发造成约 2 亿吨气溶胶和 50 立方千米灰尘进入大气，反射性冷却效应持续多年。同样，1883 年印度尼西亚喀拉喀托火山爆发后也出现了类似的降温。20 世纪 90 年代早期气温小幅下降，这是由于 1991 年 7 月菲律宾皮纳图博山的喷发使得全球平均气温降低了约 0.5℃。

造成短期气候变化的另外两个因素是海洋环流模式和太阳黑子活动。例如，在厄尔尼诺事件期间，来自西太平洋表层的暖水向东移动，改变了南美和北美西部沿海的气候。太阳表面相对较冷的太阳黑子区域在数年内会有不同的数量与强度，它们会影响太阳能量的输出和地球高层大气中的臭氧浓度。

### 4.6.3　温室效应与全球变暖

我们讨论的所有周期和因素都是自然过程。相比之下，最重要的问题之一是人类是否通过温室效应使气候产生了变化。简而言之，温室效应是指某些气体在大气中富集，起到阻挡红外辐射的作用，使得这些辐射反射回高层大气并再辐射到地球。换句话说，就像温室的玻璃那样，这些气体会吸收入射太阳辐射，但会阻止其再辐射回太空。例如，如果进入一辆阳光照射下的汽车，就会经历这样的温室效应——汽车的内部比外部更热。

地球具有天然的温室效应，它主要由从海洋或陆地蒸发的水蒸气提供。水蒸气保持不变，但在过去 150 年左右，人类活动增大了大气中其他温室气体的含量，增加了大气的吸热能力。大多数科学家担心，温室效应增强会导致地表的平均温度逐渐升高，并对地球的生态系统产生重大影响，这一过程称为全球变暖。这种温室效应远不如其名称暗示的那样温暖和营养。

政府间气候变化专门委员会（IPCC）由来自约 120 个国家的数千名科学家组成，它于 2007 年 5 月发布的报告表明：全球大气中二氧化碳、甲烷和一氧化二氮的浓度自 1750 年以来由于人类活动而显著增加，现在远远超过了几千年来冰芯确定的工业前值。全球二氧化碳浓度上升的主要原因是化石燃料的使用和土地利用的变化，而甲烷和一氧化二氮产生的主要原因是农业。

二氧化碳是人类活动增大含量的主要温室气体。虽然这是自然发生的，但过量燃烧化石燃料会释放二氧化碳。从 18 世纪中期的工业革命开始，大量煤炭、石油和天然气已被用于电力工业，为城市供暖和降温，并驱动车辆。它们的燃烧将燃料转化为二氧化碳和水蒸气。与此同时，农田的开垦导致人们砍伐了大量森林。砍伐森林以两种方式增大了温室效应：吸收二氧化碳并生成氧的森林减少，燃烧木材使得二氧化碳以更快的速度返回大气。二氧化碳对全球变暖的贡献约为 55%。

受人类活动影响的其他重要温室气体有：

1．来自天然气和煤炭开采、农业和畜牧业、沼泽和垃圾填埋场的甲烷。

2．来自机动车辆、工业和含氮肥料中的氮氧化物。

3．工业化学品中广泛使用的氯氟碳化合物、氢氟碳化合物和全氟化碳。

虽然这些气体的含量较少，但其中一些气体的吸热能力要比二氧化碳更强。例如，一氧化二氮的吸热能力约为二氧化碳的 360 倍，甚至在吸收靠近地球的热量时，二氧化氮的效率要比二氧化碳高 24 倍。

随着 19 世纪工业革命在欧洲和北美的发展，大气中的二氧化碳浓度从工业化前的约 274ppm 上升到了 1958 年的 315ppm；此后，从 2005 年的 379ppm 上升到了 2005 年的 379ppm。低层大气中的甲烷浓度已比工业化前的浓度翻了一番多，目前每年仅约增长 1%。科学家担心，过去 50 年来加速变暖的趋势已超过了典型的气候变化，并引用了以下证据：

- 20 世纪是过去 600 年来最热的一个世纪，大部分最暖的年份集中在世纪末。20 世纪全球平均地表温度上升了约 0.6℃，而 90 年代是 20 世纪最热的十年。这种变暖模式一直持续到 21 世纪（见图 4.39）。

- 自 20 世纪 50 年代以来，北极冬季的气温上升了约 4℃，整个北极正在失去冰帽。从 1978 年到 2000 年，冬季北极海冰的覆盖率下降了 6%，北极冰的平均厚度从 3.1 米下降到了 1.8 米，下降了 42%。同样，自 1970 年以来，南极半岛以西的海冰已减少了 20% 以上。

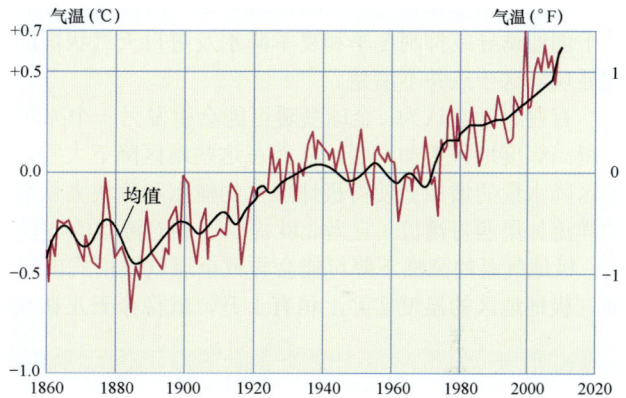

图 4.39　1860—2010 年高于和低于长期平均值（设为 0）的全球温差。来源：NOAA

- 在每个大陆上，冰川正在变薄和退缩。例如，20 世纪乞力马扎罗山和肯尼亚山山顶上的冰川萎缩了 70% 以上，估计自 1850 年以来，瑞士阿尔卑斯山的冰川减少了一半。这些冰川变薄和退缩的模式出现在阿拉斯加、秘鲁、俄罗斯、印度、中国、印度尼西亚的伊里安查亚省和新西兰等地。在有些地方（如美国蒙大拿冰川国家公园和喜马拉雅山东部），20 世纪冰川融化并未完全消失。虽然冰川成长和退缩已长达数千年，但在过去几十年中其融化速度已经加快，且现在的融化速度已超过了近几个世纪的任何时候。

无论造成全球变暖的原因是什么，多数气候学家都认为它会产生一定的后果（见图 4.40）。海水温度升高会导致海水轻微膨胀（热膨胀），而极地冰盖至少会融化一点。格陵兰冰盖的融化及世界各地冰川的迅速退缩或全面融化将造成更严重的后果。虽然融化的海冰对海平面没有影响，但大陆融化的水增加了海水量。不可避免的是，海平面会上升，在 100 年内可能会上升 1 米，并带来破坏性影响，特别是在热带地区和暖温带地区，许多海岸线已经后退。非洲、南亚和东南亚的北部与西部沿海及太平洋和印度洋的低洼珊瑚环礁地区是最脆弱的地区。此外，较高的温度会导致更加剧烈的高温事件，使得老年人、婴儿和体弱者的死亡率上升，而飓风桑迪也可能是全球变暖的产物。

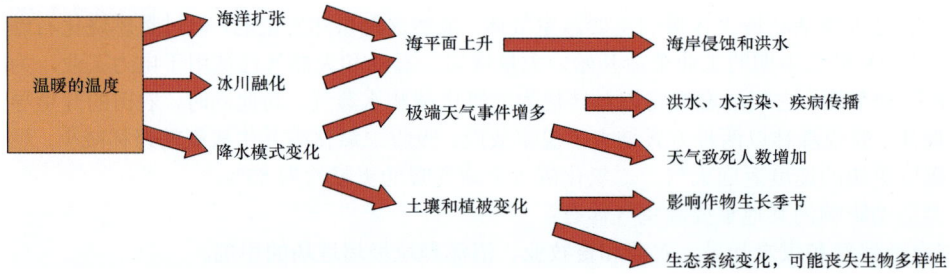

图 4.40　**全球变暖的潜在影响。**全球变暖可能会增大极端天气事件与灾难出现的频率与破坏程度：强降雨、洪水、飓风、热浪、干旱和野火。短期极端天气的次生效应是动植物的范围变化，水污染加重，变暖加快疾病的传播速度，潮湿天气扩展带病昆虫的活动范围

　　其他问题可能由降水模式的变化引起。湖泊和海洋的变暖会加速蒸发，从而在大气中产生更加活跃的对流。注意，降水变化是区域性的，有些地区的降水量要比现在少；极地和赤道地区的降水量可能会更大，而中纬度地区的大陆内部可能会变得更为干燥，至少会遭受周期性干旱；更加偏北的农业区，如加拿大的部分地区、斯堪的纳维亚半岛和俄罗斯，可能会受益于温度上升；生长期越长，它们的生产力就越高。温度和降水的变化会影响土壤和植被。森林的构成会发生变化，因为某些地区对某些植物种类会变得不太有利，但对其他地区却是有利的。

　　许多气候学家指出，气候预测不是一门精确的科学。温度差是引发风和洋流全球循环的引擎，并有助于创造诱导或抑制冬季和夏季降水及每日天气状况的条件。这些重要的气候细节究竟如何在本地和区域显现，这一点并不清楚。

　　有些科学家认为，全球变暖可能会引发另一个冰河时代。他们认为，与温室有关的温度升高可能会使得高纬度地区更加温暖，从而在这些地区降下大雪，如格陵兰岛北部（这里的降雪量很少）。高纬度地区降水量的增加会使得极地融化的淡水和冰块大量涌入海洋，而这种涌入会稀释海洋的含盐量；主要的洋流如墨西哥湾流（它为北欧提供了相对温暖的气候）会减缓，且它们对北部地区的变暖效应也会减慢。极地气温的突然下降可能会导致全球气候模式出现重大变化。最近的证据表明，在上次冰期开始之前，极地地区的温度实际上稍有上升，就像今天正在变暖一样。

## 重要概念小结

- 太阳能对温度、湿度和气压等主要天气要素具有重大影响。这些要素的空间变化是由两个因素造成的：地球的广阔自然特征（如赤道太阳辐射大于极地太阳辐射）和局地的自然特征（如水体或山脉对当地天气条件的影响）。
- 气候区域帮助我们简化亚洲季风或南美西海岸寒冷洋流等特殊情况造成的复杂性。
- 气候知识告诉我们一个人完成日常工作的条件。
- 气候变化源于长期和短期自然过程。
- 人类开发自然会影响气候。

虽然后面几章主要关注人文景观的特点，但应记住自然景观会对人类行为产生重大影响。

## 关键术语

| | | | |
|---|---|---|---|
| air mass | 气团 | convectional precipitation | 对流降水 |
| air pressure | 气压 | Coriolis effect | 科里奥利效应 |
| blizzard | 暴风雪 | cyclone | 气旋 |
| climate | 气候 | cyclonic (frontal) precipitation | 气旋（锋面）降水 |
| convection | 对流 | dew point | 露点 |

| | | | |
|---|---|---|---|
| El Niño | 厄尔尼诺 | pressure gradient force | 气压梯度力 |
| frictional effect | 摩擦效应 | reflection | 反射 |
| front | 锋面 | relative humidity | 相对湿度 |
| global warming | 全球变暖 | reradiation | 再辐射 |
| greenhouse effect | 温室效应 | savanna | 稀树草原 |
| humid continental climate | 大陆湿润性气候 | sea breeze | 海风 |
| hurricane | 飓风 | source region | 源区 |
| insolation | 日照 | steppe | 干草原 |
| jet stream | 急流 | temperature inversion | 温度逆增 |
| land breeze | 陆风 | tornado | 龙卷风 |
| lapse rate | 递减率 | tropical rain forest | 热带雨林 |
| marine west coast climate | 海洋西海岸气候 | troposphere | 对流层 |
| monsoon | 季风 | tundra | 苔原 |
| mountain breeze | 山风 | typhoon | 台风 |
| North Atlantic drift | 北大西洋漂流 | valley breeze | 谷风 |
| orographic precipitation | 地形降水 | weather | 天气 |
| precipitation | 降水 | | |

## 思考题

1. 天气和气候有何区别？
2. 什么因素决定地表上某点接收的日照量？接收到的所有太阳能实际上都能到达地球吗？为什么？
3. 大气是如何被加热的？什么是递减率，它对大气热源有何指示？描述温度逆增。
4. 气压和地表温度之间有何关系？什么是气压梯度，天气预报关注它的什么？
5. 陆地和水域对等量日照有何不同响应？这些响应如何与大气温度和气压关联？
6. 绘制并张贴行星风和气压系统图表。考虑每个气压带的产生和特征。为何这些气压带与纬度存在关联性？
7. 什么是相对湿度？它如何受气温变化的影响？什么是露点？
8. 大尺度降水有哪三种？每种情况如何发生？
9. 什么是气团？什么是锋面？描述气旋风暴的发展，并说明它与气团和锋面的关系。
10. 影响当天天气的要素有哪些？
11. 总结每种气候在温度、湿度、植被和土壤方面的不同。
12. 东京、伦敦、圣保罗和曼谷分别是什么气候？
13. 温室效应的成因是什么？它对环境有何影响？

# 第 5 章　人口地理学

### 学习目标

5.1　总结全球人口如何随时间的推移而增长，以及 21 世纪预测的人口增长。

5.2　解释出生率、生育率和自然增长率的不同，举例说明如何使用它们来预测人口变化。

5.3　为快速增长、稳定和衰退的人口绘制示例人口金字塔，解释金字塔如何表示人口的组成和增长率。

5.4　总结人口转变模型，解释出生率、死亡率和自然增长率在转型的每个阶段如何发生变化。

5.5　在世界地图上确定全球 4 大人口集中区。

5.6　总结和批判马尔萨斯关于人口与资源的观点。

5.7　总结不同国家实施的人口政策。

5.8　比较全球欠发达地区和发达地区面临的主要人口挑战。

新加坡政府 1972 年提出了"人口零增长甚至负增长"的口号。"二战"结束时（1945 年）新加坡的人口为 100 万，到 20 世纪 60 年代中期人口翻倍。为避免人口过剩，政府提出了"生男生女，两个就好"的口号，同时取消了三胎或三胎以上妇女分娩的产假和健康保险。堕胎和绝育开始合法化，家庭第 4 个以上的孩子的入学受到歧视。到 20 世纪 80 年代中期，该国的出生率已低于人口更新所必需的水平，堕胎率超过了妊娠的 1/3。

1986 年，新加坡政府提出了"至少两个，三个更好；如养得起，四个也行"的口号，这反映了对早期人品控制过于严厉的担忧。由于担心人口过剩会导致国家长期处于第三世界的贫困状态，因此政府希望受过教育的年轻一代能够取代老龄化人口，进而增强国力。1990 年，新加坡政府开始为 28 岁以下的母亲生育第二个孩子提供长期退税。1997 年，由于单凭财政政策无法确定是否能使人口增加，新加坡政府每年还会接纳 10 万其他地区的华人。

新加坡的人口政策逆转反映了一个复杂的人口现实，即当前的人口结构决定着未来的人口形势。今天，人口的规模、特征、增长趋势和迁移，有助于我们估计尚未出生但数量和分布基本可以确定的人口的福祉。人口的数量、年龄和性别分布，人口出生率和死亡率的模式与趋势，聚落的密度和增长率，都会受到政治和经济因素的影响。通过人口数据，我们可以了解特定地区的人们是如何生活的，他们是如何互动的，他们是如何使用土地的，他们的资源压力是什么，以及他们未来的前途是什么。在民众提及"人口爆炸"并就移动政策、人口增长和资源政策辩论时，这些内容都是重要的关注点。当然，更重要的是，人口的数量和位置是人文地理学的基础。

人口地理学是指了解和预测人口规模、构成和分布的概念与理论。与人口统计学不同的是，人口地理学关注的是空间分析——位置、密度和模式。区域自然资源、经济发展类型、生活水平、粮食供应、健康和福利条件是人口地理学所要研究的基本问题，也是人文地理学的核心，是人类环境关系的基本表现形式。

# 5.1　人口增长

2012 年年初的某个时候，全球人口达到 70 亿。1999 年，这一数字是 60 亿。在短短 12 年的时间里，全球新增了 10 亿人，平均每年新增 7700 万人，或每天新增约 21 万人。虽然增长一直在持续，但每年的增长率却在下降。20 世纪 90 年代初，美国人口普查局和联合国人口署的报告称，每年增长的人口数量为 8500 万～9000 万。即使增长的步伐有所放缓，2006 年联合国也预测到 2050 年，全球人口总数可能会达到 93 亿。联合国预测 2100 年全球的人口数量为 62 亿～158 亿。

然而，所有人口预测都认为未来的人口增长基本上全部来自发展中国家（见图 5.1），尤其是 49 个最不发达地区。人口最多的多数国家都是发展中国家，到 2050 年这一趋势将会变得更加明显（见表 5.1）。本章后面将详细探讨这些预测。

数百万计和数十亿计的数字意味着什么？我们用什么来比较 2012 年爱沙尼亚（约 130 万人）或印度（约 13 亿人）的人口数量？体会 100 万和 10 亿之间的巨大差距较为困难。下面这个由人口资料局提供的例子可帮助我们了解其含义：一沓 2.5 厘米厚的美国纸币包含 233 张钞票。如果你有 100 万美元，每张钞票的面值为 1000 元，那么这沓美元的厚度为 11 厘米。如果你有 10 亿美元，每张钞票的面值为 1 美元，那么这沓美元的厚度为 109 米。

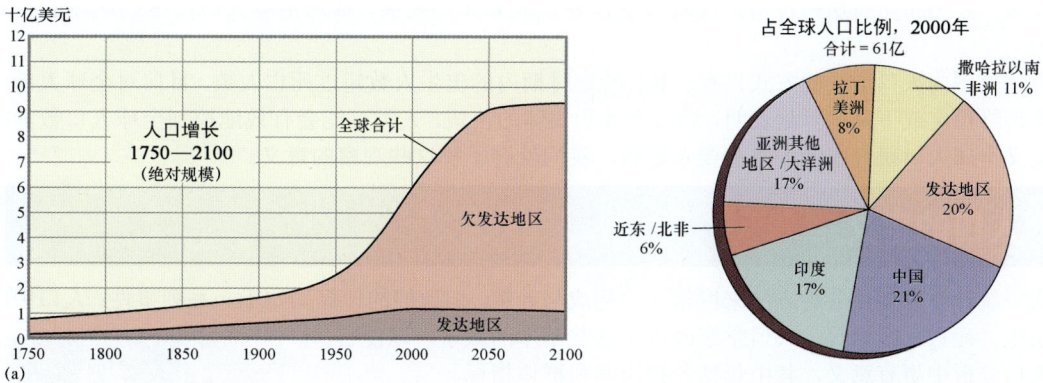

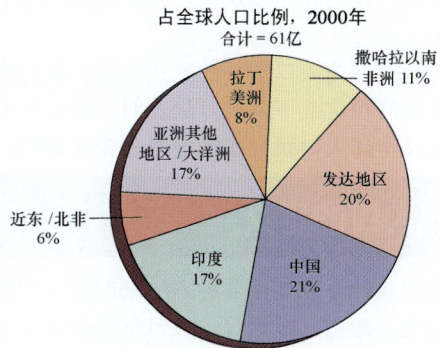

图 5.1 **全球人口数量与预测。**(a)经历两个世纪的缓慢增长后，全球人口在"二战"后开始爆发式增长。联合国的人口统计学家预测到 2050 年全球人口为 93 亿。由于大部分发展中国家的人口增长率正在下降，2100 年的全球人口预测数量将从 100 亿降低到 94 亿～95 亿；有些人口学家认为这一数字会降低到 80 亿～90 亿。发达国家 2100 年的人口数量将保持稳定或低于 2000 年初期的数量。然而，美国 2010 年至 2050 年会因为较高的生育率和移民导致人口增长约 1/3，而大量移民涌向欧洲可能会改变其人口下降的预测。来源：*Population Reference Bureau and United Nations Population Fund*；(b)从 2010 年到 2100 年，几乎所有的全球人口增长将发生在一些欠发达的高生育率国家，如非洲的许多国家。预计中国和欧洲的人口数量将略有下降，它们在全球人口中所占的比重也会下降。来源：*United Nations and U.S. Bureau of the Census data and projections*

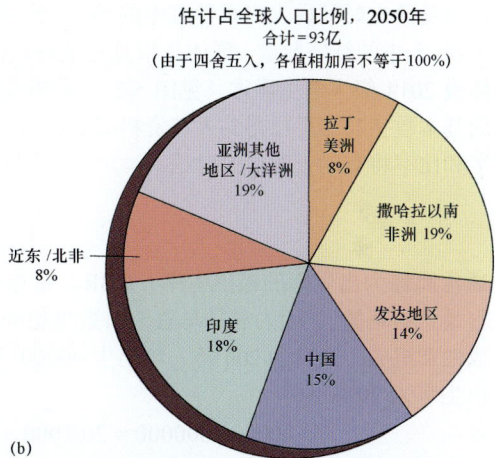

表 5.1 **2012 年和 2050 年全球人口最多的国家**

| 2012 年 | | 2050 年 | |
|---|---|---|---|
| 国 家 | 人口（百万） | 国 家 | 人口（百万） |
| 中国 | 1350 | 印度 | 1748 |
| 印度 | 1260 | 中国 | 1437 |
| 美国 | 314 | 美国 | 439 |
| 印度尼西亚 | 241 | 印度尼西亚 | 343 |
| 巴西 | 194 | 巴基斯坦 | 335 |
| 巴基斯坦 | 180 | 尼日利亚 | 285 |
| 孟加拉国 | 153 | 孟加拉国 | 222 |
| 尼日利亚 | 170 | 巴西 | 215 |
| 俄罗斯 | 143 | 刚果民主共和国 | 189 |
| 日本 | 128 | 菲律宾 | 150 |

来源：美国人口资料局

　　当前人口的数量及其潜在的增长趋势，会影响到社会、政治和生态。约 12000 年前，随着大陆冰川的后退，人类的足迹开始扩散到此前的无人居住区，并逐渐开始了农业革命。当时构成全人类的 500 万或 1000 万人明显具有扩展人口数量的潜力。回顾往事，我们发现地球上自然资源支撑人口的能力，远超早期狩猎对部落施加的压力。

　　有些观察家认为，当前的人口数量或合理预测的未来人口数量并不会影响人类的适应性和创造力。然而，其他观察家却对全球人口增长引发的资源需求感到恐惧（全球人口从 1900 年到 2000 年增加了 3 倍，即从原来的 16 亿增加到了 61 亿），他们将地球比作一艘自给自足的飞船，认为空间有限的飞船无法承载越来越多的乘客。他们认为会不时出现营养不良和饥饿问题（尽管这些问题实际上是分配不公问题，而不是全球粮食生产不足的问题）。他们根据全球气候变化、空气和水污染、森林和农田损失、矿物和化石燃料价格上涨及其他世界资源紧张的现实，认为全球人口已达到地球的实际承载能力。

　　全球范围内人口增长的方式只有一种：特定时期内的出生人数超过死亡人数。目前对全球人口增长放缓并最终稳定或下降的预测表明，通过个体和集体的决策，人类可能会有效地控制全球人口数量的增长。定义全球人口研究中的一些重要术语后，我们就会了解这些观察的意义。

## 5.2　人口的定义

　　人口统计学家使用各种方法来度量人口构成与趋势，但他们的计算均始于一系列事件：人口中的个体、出生、死亡、婚姻等。人口学家改进了这些基本的数字，以便它们在人口分析中更有意义，其中包括各种比率和群体指标。

　　比率是给定时间内人口事件发生的频率，如结婚率是指上一年内美国每 1000 人中的结婚数量。群体是指具有某种共性的人群，如 1～5 岁的群体或 2014 级大学生群体（见图 5.2）。分析全球人口和人口趋势时所用的基本数字与比率已得到人口资料局的许可，详见附录 C。了解这些数字和比率将有助于随后的讨论。

### 5.2.1　出生率

　　通常简称为出生率的粗出生率（CBR）是指每千人中的年出生人数，它是“粗略的”，因为它只与总人口数量相关，而未考虑到人口的年龄或性别组成。人口为 200 万、年出生 40000 人的国家，每 1000 人的粗出生率为 20‰，即

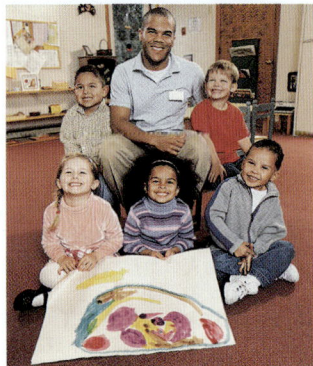

图 5.2　无论族裔、性别或民族有何差异，托儿所老师周围的孩子在人口统计学方面都聚类为单个出生群体。© Getty RF

$$40000/2000000 = 20/1000$$

　　一个国家的出生率受其人口年龄和性别结构、居民习俗和家庭规模预期及人口政策的强烈影响。由于这些条件千差万别，2012 年的全国出生率记录变化很大，如 2012 年撒哈拉以南的一些非洲国家的出生率高达 40‰，日本、新加坡、韩国和一些欧洲国家的出生率则低于 10‰。30‰及以上的出生率才称得上是高出生率，如撒哈拉以南的非洲各国、阿富汗、危地马拉、伊拉克、约旦、老挝和东帝汶等，这些国家普遍贫困，年轻女性的比例很高（见图 5.3）。在许多这样的国家中，真实出生率可能要比官方发布的出生率高得多。现有数据表明，每年未登记的新生儿达 5000 万。

　　出生率低于 18‰ 是工业化、城市化国家的特点。所有西方国家（包括俄罗斯、美国、加拿大、澳大利亚、新西兰）和亚洲工业化国家的粗出生率都很低。中国和其他一些国家采取了有效的计划生育政策（参见专栏 5.1）。其他国家也因文化习俗的变化而降低了家庭规模。一些较小的发展中国家和新工业化国家（如 1994 年进入这一行列的印度）的出生率则体现为过渡性出生率（18‰～30‰）。

　　如新加坡和中国的近期人口历史所示，出生率可能会发生变化。欧洲国家及其殖民地目前的低出生率通常可归因于工业化、城市化和近年来成熟的人口。中国的计划生育政策将 1970 年的出生率 33‰迅速

降低到 1986 年的 18‰，工业化国家日本在政府干预较少的情况下，1948—1958 年的出生率下降了 15‰。事实上，经济发展阶段似乎与各国出生率的变化密切相关，但这一相关并不完美。整体而言，2012 年全球发达国家的粗出生率为 11‰，欠发达国家（不包括中国）的粗出生率为 25‰（1990 年为 35‰）。

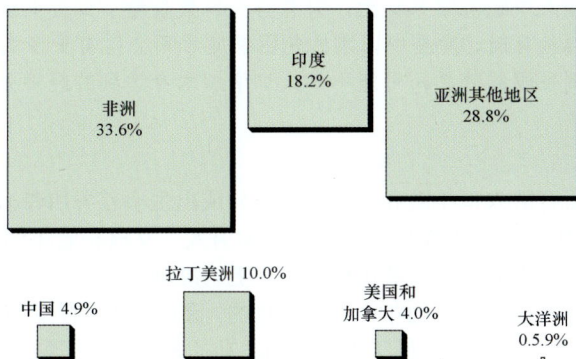

图 5.3 2002 年和 2050 年不同地区对全球人口的贡献率（单位为百分比）。预计 21 世纪上半叶全球人口的年增长率将放缓。今天，除东欧外，全球所有地区的人口数量都在增长。预计到 2050 年，撒哈拉以南的非洲地区将成为全球人口增长的主要贡献者。届时，几乎所有的人口增长都发生在欠发达国家。来源：世界银行和联合国

宗教和政治信仰也会影响出生率。许多天主教徒和穆斯林，因教义禁止使用人工节育措施，出生率通常很高。然而，信奉天主教的意大利是世界上出生率最低的国家之一。类似地，有些欧洲国家因为担心出生率太低而无法维持当前的人口水平，采取了对出生婴儿进行补贴的政策。图 5.3 小结了各个地区对全球人口增长的贡献百分比。

## 专栏 5.1 中国和其他国家的人口政策

1965 年，中国的人口出生率为 37‰，人口总数为 5.4 亿人。1976 年，中国的人口数量达到 8.52 亿，但出生率却下降到了 25‰。20 世纪 70 年代，当增加人口的消费量超过国内年生产总值增量的一半时，中国推出了"两孩家庭"的政策。此后，中国的出生率在 20 世纪 70 年代后期下降到了 19.5‰。

"一对夫妇，一个孩子"成了 1979 年中国推出的计划生育政策的口号，为落实这一政策，激励措施和惩罚措施并重：鼓励晚婚晚育，免费提供避孕药具，现金奖励，实行堕胎和绝育手术。对于第二胎则执行严厉的罚款政策。1983 年，政府下令对不止一个孩子的丈夫或妻子进行绝育。

1986 年，中国的粗出生率已下降到 18‰，远低于其他欠发达国家的 37‰。1984 年，独生子女政策弱化，开始允许农村地区生育第二胎，由于对农村地区出生率的低估，2002 年中国又强化了独生子女政策。相比之下，城市居民的生育率低于更替水平，丁克家庭逐步增多。

中国过去和现在的人口政策取得了成功，到 2000 年，中国的人口数量要比不实施计划生育政策减少了 3 亿。事实上，人口学家和政府官员开始严重关注人口下降而非增加的问题。预测显示，由于生育率下降，2026 年后中国的人口数量将开始下降。目前，中国已开始面临一个紧迫的社会问题：劳动人口比例下降，以及缺少健全的福利制度来照顾人口数量迅速增加的老人。

出于对人口增长的关切，许多发展中国家也推出了自己的强调避孕和绝育的计划生育政策。国际机构因这些政策的成功而对其持鼓励态度。例如，1970 年至 1990 年，孟加拉国已婚育龄妇女采用避孕措施的比例从 3% 上升到了 40%，生育率下降了 21%。

研究表明，生育率下降的原因是女性希望家庭更小，而不是所采取的避孕措施。观察表明，19 世纪北欧人的生育率比今天中等收入国家的生育率更低。证据表明，提高女性的受教育程度而非采取强制性生育政策是降低生育率的可行办法之一。针对个别国家的研究表明，女性接受 1 年的教育可使生育率下降 5%～10%。然而，未受过教育的泰国妇女的生育率仅为受过中等教育的乌干达妇女的 2/3，这表明

教育之外的其他因素也会影响生育率。

相反，这种需求似乎与贫困家庭对子女作用的看法密切相关。如果这些家庭希望能将更多的公共资源转化为家庭财产，那么就会生育更多的子女。事实上，可供"夺取"的公共资源越多，家庭就会有更大的动力来生育子女。有些人口经济学家认为，只有当人口数量增加到公共资源全部转化为私有财产，且儿童能受到良好的抚养和教育时，发展中国家的贫困家庭才不会生育更多的孩子。因此，采取强制性政策、避孕和教育作为控制手段的效果，可能不如人口增加本身达到的经济效果。

## 5.2.2　生育率

粗出生率能够表示由于育龄人口年龄和性别构成差异或出生率差异所带来的区域变动率。这一比率是"粗略的"，因为其分母中包含了不能生育的人群，如男人、女孩和老年妇女。总生育率（TFR）是指育龄阶段妇女生育的平均子女数量，它要比粗出生率更为准确。

总生育率是根据育龄阶段妇女当前的年生育率计算的。因此，总生育率为 3 表示一名女性一生中平均会生育 3 个后代。生育率最大限度地降低了人口结构波动的影响，总结了妇女的已有和预期生育行为。因此，对于区域比较和预测目的而言，它比粗出生率更有用和更可靠。

这里，一个有用的概念是更替水平生育率，即每代妇女生育相同数量的下一代妇女来确保人口延续的生育水平。虽然 2.0 的总生育率足以更替当前的人口（一名婴儿更替一名父亲），但替代水平生育率只有在略高于这一数值时，才能补偿更高的男孩出生率和妇女将孩子养大前的死亡率。在发达国家中，更替水平生育率通常假设为 2.1。然而，人口的死亡率越高，更替水平生育越高。例如，对于 21 世纪初的莫桑比克来说，更替水平生育率是 3.4。

全球 2012 年的 TFR 为 2.4；20 年前它为 3.6。2012 年发达国家的 TFR 为 1.6，低于 1987 年的 2.0。由于许多发展中国家的繁殖行为正在迅速发生变化，因此这种下降在数量和意义上都相形见绌。自 1960 年以来，欠发达国家的平均 TFR 下降了一半，即从 6 下降到了 2012 年的 2.6。这种急剧下降表明发展中国家的男性和女性变得更为晚婚晚育，符合发达国家的生育模式。计划生育和避孕药具的使用也出现了大幅增加。2001 年，联合国关于全球生育率的报告指出，92%的国家直接或间接支持计划生育政策并分发避孕药具。

发展中国家近期生育率的下降要比任何人预期的迅速和普遍。自 20 世纪 60 年代初以来，由于许多国家的总生育率下降明显（见图 5.4），因此人们普遍认为全球人口在 21 世纪末达到 105 亿或更多的预测将不会实现。事实上，联合国估计 2010 年全球 50%的人口生活在生育率为 2.1 或更低的国家中。中国的 TFR 从 1960—1965 年间的 5.9 下降到了 2012 年的约 1.5，孟加拉国、巴西、莫桑比克和其他几个国家的 TFR 的下降与此类似，这种下降说明生育率反映的是文化价值而非生理需求。如果当前的需求是使儿童的数量更少，那么就需要调整根据早期高总生育率做出的人口预测。

事实上，人口学家一直认为近期观察到的发展中国家乃至全球的生育率下降将会长期维持，从而保持人口的稳定。然而，无论是在逻辑层面上还是在历史层面上，都需要人口保持稳定。因此，2008 年联合国不再像过去那样假设生育率下降到 2.1 后不变，而是认为全球人口的生育率会长期维持在低于更替水平的 2.02（到 2050 年）。如果联合国对生育率的估计是正确的，那么全球人口不仅会像过去预测的那样停止增长，而且会不可避免地下降（参

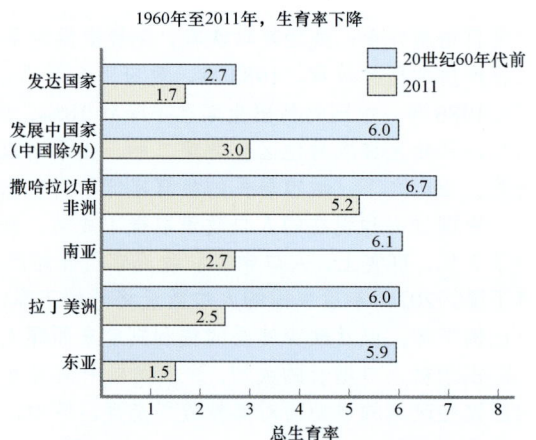

图 5.4　1960—2011 年的不同生育率下降。拉丁美洲和东亚地区的生育率下降最为迅速，撒哈拉以南的非洲地区的生育率下降缓慢。欧洲的生育率远低于更替水平，2012 年的 TFR 为 1.6；美国的 TFR 为 1.9，刚好低于更替水平。来源：*Population Reference Bureau, 2012 and United Nations Population Fund*

见专栏 5.2）。当然，如果文化价值再次变得重视儿童，那么人口增长就会持续。不同的 TFR 估计意味着相互矛盾的人口预测，以及不同区域和全球对人口关注点的不同。

各个国家根据当前生育率预测的人口数量可能会因移民而不准确。受政治不稳定尤其是经济发展不平衡的影响，目前正在发生大规模的国际人口流动。例如，近年来欧盟的人口自然增长率为负，但自 2000 年以来，仅因为东欧、亚洲和非洲移民的涌入而保持了人口数量的稳定。

附录 C 和其他资料表明，全球区域性生育率和国家生育率在不同人群之间有较大的变化。印度公布的总生育率 2.6 只是一个统计数据，它隐藏了喀拉拉邦的总生育率 1.8 和北方各邦的总生育率 4.4 之间的差异。2010 年，美国的具体生育率是，西班牙裔为 2.4，非洲裔为 2.0，非西班牙裔白人为 1.8，亚裔为 1.7。

## 专栏 5.2　人口爆炸

在 20 世纪后半叶的大部分时间里，人口学家和经济学家非常关注"人口爆炸"及其带来的全球粮食和矿物资源短缺而无法持续发展的问题。某些观察家的担忧在 20 世纪末正被一个新的预测取代，即这个世界的人口太少而非太多。

两个相关的趋势得出了这一可能性。1970 年，第一个趋势变得非常明显，当时欧洲 19 个国家的总生育率都低于人口更替水平生育率 2.1，欧洲的人口金字塔开始扭曲，年轻人的比例越来越小，中年人和退休群体的比例越来越大。1970 年，由于本地劳工群体的减少，这些国家开始引进非欧洲的劳工，以便维持经济的增长并为老龄人口提供福利。

西欧和东欧的许多国家试图采取鼓励生育的政策来阻止出生率的下降。东欧各国采取了对怀孕和生育给予补贴、免费医疗、延长产假等措施；法国、意大利和北欧各国也为头胎、二胎等推出了类似的奖励措施。然而，尽管提供了这些优惠条件，生育率仍然持续下降。到 2003 年，受文化和个人生活方式的影响，43 个欧洲国家和地区的生育率都低于更替水平生育率。这些决定受到了如下因素的影响：妇女受教育程度的提高、受教育年限的延长和结婚年龄的推迟；妇女在职业生涯中的工作机会；抚养子女成本的上升。人们关于理想家庭规模的文化期望已转向更小的家庭，越来越多的成年人选择了个人价值的实现而非家庭义务。这对国家人口增长前景的影响无疑是巨大的。例如，西班牙和意大利的人口预计在 2000—2050 年将减少 1/4（2005—2050 年乌克兰的人口将减少 43%）。据预测，到 21 世纪中叶，整个欧洲的人口将减少 7000 万。

其他发达国家很快也出现了欧洲的这种局面。1995 年，美国、加拿大、澳大利亚、新西兰、日本、韩国、新加坡和其他新兴工业化国家的生育率已低于更替水平生育率。就像他们对欧洲所做的预测那样，简单的预测表明这些国家的人口会出现老龄化现象，且人口会下降。例如，日本的人口数量在 2006 年开始下降，当时日本 21% 的人口年龄为 65 岁或 65 岁以上。21 世纪 20 年代末或 30 年代初，中国的人口也将减少；联合国预测到 2050 年，50 个国家的人口将比 2006 年时的人口少。

第二个趋势表明，全球人口数量在今天大学群体的生命周期内应该是稳定甚至下降的，这是第一个趋势的简单延伸：TFR 正在降低到各个国家在全球所有经济发展阶段的更替水平生育率。尽管 1975 全球总人口中仅有 18% 生活在生育率低于更替水平生育率的国家，但到 2010 年时将有 48% 的人口居住在这些国家。非洲，特别是撒哈拉沙漠以南的非洲，以及南亚、中亚和西亚的一些地区，这一趋势存在例外；然而，即使在这些地区，生育率也在下降。1997 年，法国国家人口研究所观察发现近年来全球化正在降低全球各地的生育率。

这一结论得到了联合国 2008 年预测欠发达地区的长期生育率将降至 2.05 的支持。联合国预测，这些国家的生育率将在 2050 年或之前低于更替水平生育率。如果这些假设正确，那么全球人口减少可能会在 21 世纪中叶之前开始。一项预测表明，2040—2050 年间，全球人口将减少约 8500 万（大致相当于 20 世纪 90 年代的年增长数量之和），且每代人口会进一步减少约 25%。

如果联合国的设想全部实现或部分实现，那么全球人口和经济前景将完全不同于"人口爆炸"所预测的未来。人类面临的粮食和矿产资源压力将降低而非增大，进而使得全球、区域和国家经济萎缩。实现零人口增长（ZPG）的社会和经济后果并非总能被其拥护者察觉。劳动力的持续减少无疑会导致老年人越来越多，年轻人越来越少，进而导致养老金需求的增大和社会服务成本的增加。

### 5.2.3　死亡率

粗死亡率（CDR）也称死亡率，其计算方式与粗出生率相同，即每千人中的年度死亡人数。过去一种有效的概括方法是，死亡率和出生率一样，随国家发展的水平而变化。非洲、亚洲和拉丁美洲欠发达国家的死亡率最高（大于 20‰），欧洲发达国家、美国和加拿大的死亡率最低（小于 10‰）。"二战"后，发展中国家的死亡率急剧下降，且随着抗生素、疫苗和杀虫剂的使用逐步增多，以及城乡卫生设施和饮用水的改善，婴儿的死亡率下降，预期寿命得到提高。

发达国家和欠发达国家之间的死亡率差异下降明显。例如，1994 年欠发达国家的整体死亡率实际上已低于发达国家的整体死亡率，且此后一直保持为较低的死亡率。值得注意的是，这种下降并未延伸到婴儿死亡率或产妇死亡率（参见专栏 5.3）。类似于粗略的出生率，仅当我们研究具有相同结构的人群时，死亡率才有比较意义。影响健康与长寿的国情相同时，丹麦和瑞典等老年人比例较高的国家的死亡率，预计要高于冰岛等年轻人比例较高的国家。类似于卫生和健康条件的改善，发展中国家的人口明显年轻化，因此是这些地区近年来死亡率下降的一个重要影响因素。

要实现可比性，可针对特定年龄的人群计算死亡率。例如，婴儿死亡率是指 1 岁及以下婴儿与 1000 名存活婴儿之比，即

$$死亡率 = 1 岁及以下婴儿的死亡数量/1000 名存活婴儿$$

婴儿死亡率具有重要意义，因此随着更好医疗条件的出现，这一年龄段的死亡率已大幅下降。婴儿死亡率的下降是过去几十年来总体死亡率下降的主要原因，因为第一年的死亡率通常高于其他任何一年。

两个世纪之前，1000 名婴儿中 200～300 名婴儿在第一年死亡的情况非常普遍。今天，发达国家的婴儿死亡率仅为个位数，全球的婴儿死亡率为 50‰（见图 5.5）。尽管如此，区域和国家的不同，婴儿的死亡率也不同。所有非洲国家的婴儿死亡率为 67‰，个别战乱国家的婴儿死亡率甚至高于 100‰。不同国家的婴儿死亡率也不同，例如，苏联的全国婴儿死亡率为 23‰（1991 年），而部分中亚地区的死亡率高于 110‰。

现代医药卫生事业的进步提升了人类的预期寿命，改变了出生率和死亡率之间的古老关系。20 世纪 50 年代初，北欧仅有 5 个国家的人口预期寿命超过 70 岁。

2012 年，全球平均预期寿命已上升至 70 岁，但非洲仍有很大的差距。现代健康与卫生方法的采用在不同地区是不同的，最不发达国家从中受益最小。在撒哈拉以南的非洲贫困地区，艾滋病之外的主要致死因素是发达地区不再关注的疾病，如疟疾、肠道感染、伤寒和霍乱等，尤其是婴儿和儿童的营养不良、腹泻脱水。

观察到的全球预期寿命的提高及成人死亡率和婴幼儿死亡率的下降中，并未计入艾滋病的影响。艾滋病已成为全球第四大致死因素，其致死人数预计将超过 14 世纪的黑死病（曾导致欧洲死亡 2500 万人、中国死亡 1300 万人），因此可能成为历史上最严重的流行疾病。联合国艾滋病规划署的一份报告称，2000 年至 2020 年，艾滋病预计会在 45 个受影响最严重的国家中导致 6800 万人丧生；撒哈拉以南的非洲地区将会死亡约 5500 万人，其中女性占 60%。在这个受影响最严重的地区，有些国家 1/4 的成年人感染了艾滋病毒，因此平均预期寿命大大缩短。南非 21 世纪初出生的婴儿预期寿命应是 66 岁，由于艾滋病的影响，其降低为 47 岁；博茨瓦纳的这一预期寿命变成了 34 岁而非 70 岁；津巴布韦的这一预期寿命从 69

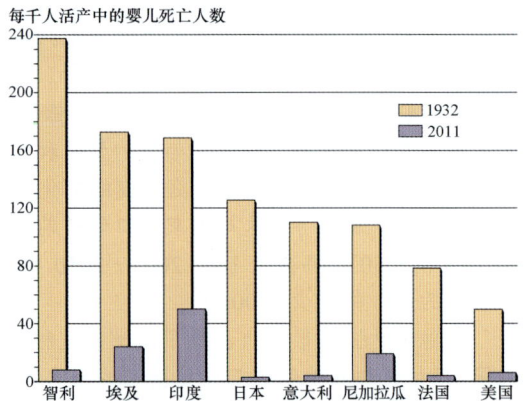

图 5.5　一些国家的婴儿死亡率。针对发展中国家的国际医疗卫生服务计划，使得这些国家的婴儿死亡率急剧下降，但按比例下降最大的仍是一些工业化、城市化国家，因为这些国家的医疗服务更先进、饮用水更洁净。来源：美国人口普查局和人口资料局

岁下降到 37 岁。总体而言，自 20 世纪 50 年代以来，艾滋病已导致约 1700 万非洲人死亡。随着撒哈拉沙漠以南非洲地区人口预期寿命的大幅降低，到 2015 年其总人口预计将比没有这种疾病时减少 6000 万。

据估计，2008 年撒哈拉沙漠以南的国家因艾滋病导致国民收入下降了 12%。南部非洲的经济以农业为主，妇女除照看家庭外，还要从事大部分农业工作。在艾滋病夺去的生命中，妇女比男人更多，在撒哈拉沙漠以南的地区出现了粮食短缺现象。因此，营养不良、饥饿和易患其他疾病是艾滋病附加到国民收入下降的成本。

尽管如此，由于高生育率，除南非之外的所有撒哈拉沙漠以南国家的人口仍有望在 2000—2050 年间显著增长，使得整个大陆的人口增加近 10 亿。事实上，尽管艾滋病的死亡率很高，但根据联合国的预测，由于高生育率，世界上 49 个最不发达国家的人口在 2000—2050 年间将几乎增加两倍。然而，艾滋病在俄罗斯、乌克兰、南亚和东亚迅速蔓延引发了新的全球人口问题，尽管一些非洲和东南亚国家的感染率和死亡率正在下降。

## 专栏 5.3　母性的风险

全球范围内的粗死亡率并不适用于与怀孕有关的死亡。事实上，孕产妇死亡率（每 10 万例活产中孕产妇的死亡人数）是发达国家和发展中国家之间的最大差距。根据世界卫生组织的报告，每天约有 1500 名妇女因怀孕或分娩原因死亡。每年有 100 多万名儿童因孕产妇死亡而失去母亲。孕产妇死亡率的地理分布极不均衡；99%的孕产妇死亡发生在欠发达国家，欠发达国家的孕产妇死亡率约为发达国家的 21 倍。根据 2008 年的数据，阿富汗每 70 次妊娠中就有 1 起死亡，希腊 50000 次妊娠中有 1 起死亡。

怀孕、分娩和堕胎并发症是发展中国家育龄妇女的主要杀手。孕产妇死亡率极高的国家通常出现在饱受战乱蹂躏或政治不稳定的地区，如布隆迪、乍得、几内亚比绍、利比里亚、塞拉利昂和索马里。

发展中国家的绝大多数孕产妇死亡是可以预防的。孕产妇死亡最主要的原因是女性在家庭环境中面临的社会、文化和经济障碍：营养不良，贫血，缺乏基本的产妇保健，发育迟缓导致身体不成熟，生产前得不到合理的护理或训练。这个问题的一部分是，妇女的社会地位较低，但妇女的地位与孕产妇的死亡率之间的关系并不明朗。在这些文化中，人们并不关注妇女的健康或营养，怀孕虽然是主要死亡原因，但仅被认为是一种正常状况，并不值得特别考虑。

认识到与可预防孕产妇死亡有关的巨大痛苦后，联合国将孕产妇保健纳入到了其 8 个千年发展目标中。具体而言，这一目标要求在 1990—2015 年间将孕产妇的死亡率降低 3%。世界各地都取得了重大进展，最明显的进展出现在南亚地区，1990—2008 年，南亚的孕产妇死亡率从 5.9‰下降到了 2.8‰。与此同时，撒哈拉沙漠以南非洲的孕产妇死亡率从 8.5‰下降到了 6.4‰，但达到目标要求仍有很长的路要走。

部分地区孕产妇死亡人数，2008 年

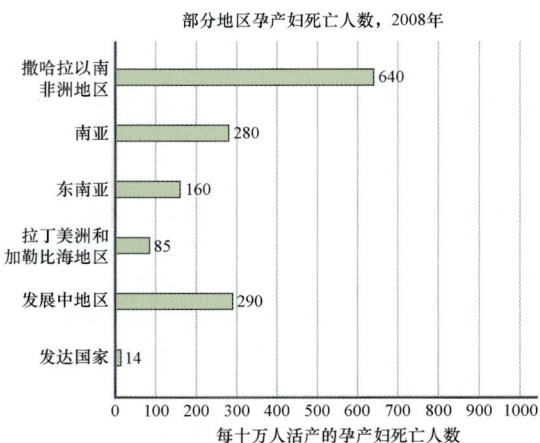

来源：图形数据摘自 Maternal Mortality in 2008 Geneva, Switzerland: WHO Press, 2010.

### 5.2.4　人口金字塔

人口金字塔是显示和比较人口年龄与性别构成的有力工具。金字塔一词描述了 19 世纪许多国家的人口图表形状：底部是较宽的年轻年龄组，向上随着年老人口的死亡而逐渐变窄。今天，已出现了不同的形状，不同形状对应于不同的人口历史（见图 5.6），因此称其为人口概况可能更为合适。通过显示不同年龄群体的规模，金字塔突出了"婴儿潮"、减少人口的战争、出生率下降和外来移民的影响。

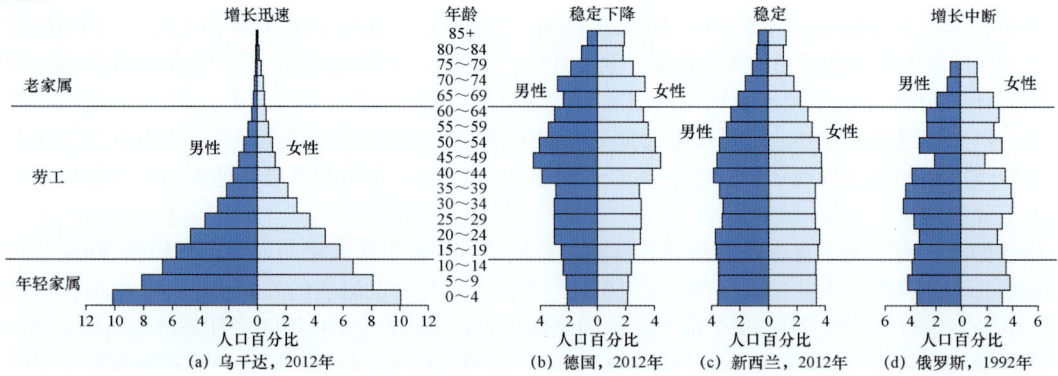

**图 5.6 人口结构的 4 种模式。** 这些图形表明，人口金字塔存在多种形式。一个国家的人口年龄分布反映过去、记录现在并预测未来。在类似乌干达这样的国家中，与年轻人有关的社会成本很重要，而经济增长为新劳动力进入市场提供就业也至关重要。德国的人口负增长表明其未来的劳动力会减少，因此未来可能无法负担人口老龄化所带来的社会服务需求。新西兰是一个人口结构稳定的例子。1992 年，俄罗斯的人口金字塔反映了"二战"期间出生率急剧下降，在 45～49 岁人群处形成了一个瓶颈，且 65 岁以上的男性人口极少，这表明了"一战"和"二战"期间男性的极高死亡率，以及苏联后期大龄男性的急剧减少。来源：*U.S. Bureau of the Census, International Data Base; and for Russia: Carl Haub, "Population Change in the Former Soviet Republics," Population Bulletin 49, no. 4 (1994)*

有些快速发展的国家如乌干达，最小年龄群体中的人数最多；老年群体中的人数逐步下降，形成了一个明显倾斜的金字塔。通常，在不发达国家的老年群体中，女性的预期寿命会降低，如乌干达老年群体中的女性数量就明显低于瑞典等国。妇女的预期寿命和死亡率也可能受文化原因而非经济发展原因的影响（参见专栏 5.4）。新西兰是一个人口增长率非常缓慢的富裕国家，其人口在各年龄群体之间几乎是平均分配的，因此形成了一个近乎垂直的"金字塔"。德国的较大年龄群体中，男女之间存在不平衡，因为妇女的预期寿命更长。俄罗斯 1992 年的金字塔表明，战争的影响主要体现在这个国家日渐枯竭的年轻群体和男女之间的差距上。乌干达和德国金字塔之间的鲜明对比，总结了全球发展中国家和发达国家的不同人口关切。即使是在一个国家内，迁移、城市化和族裔差异也可能使得人口分布存在巨大差异。大学城、退休社区、印第安保留地及大部分西班牙裔边境城镇的独特人口结构，在其人口金字塔中得到了明确体现（见图 5.7）。

## 专栏 5.4 男女失衡现象

联合国的一项估计表明，全球缺失 1.13 亿～2 亿名女性，主要原因在于性别歧视。缺失女性是那些重男轻女国家堕胎、遗弃、谋杀、虐待女婴等行为造成的。如果联合国的这一估计正确，那么每年会有 150 万～300 万妇女、女孩因性别歧视和暴力而丧生。其中大部分看起来是由出生差距造成的。

在印度、巴基斯坦、新几内亚和许多其他发展中国家，重男轻女的传统意味着女孩的不受重视和死亡，其中数以百万计的女婴在出生时就被杀害，而受重视的男孩则认为是家庭的希望。例如，印度等国家会使用超声波和羊膜穿刺术来确定胎儿的性别，若是女性就可能会选择堕胎。

女性缺失的证据始于如下事实：受孕和出生 100 名女性的同时，会受孕和出生 106 名男性。通常情况下，女孩要比男孩更坚强，更能抵抗疾病，在营养和医疗方面男女相同的条件下，男性和女性的人数会随着年龄的增长而逐渐达到平衡。然而，在许多亚洲国家，自 20 世纪 80 年代以来，男女比例一直在上升。东亚地区的男女失衡现象最为严重，男女比例达 119:100。

二胎及以后的分娩，使得男女比例更为失衡。例如，在韩国，最新的首胎男女比例基本正常，但第三胎的男女比例会上升到 185:100，因此性别失衡现象越来越严重。印度和巴基斯坦缺少妇性的比例最高，约占女性总人口的 8%。

然而，并非所有贫穷国家都会出现同样的差异。在撒哈拉以南的非洲国家，贫穷和疾病比任何其他大陆都要普遍，但由于没有致命的暴力侵害妇女，因此男女比例为 100:102；在拉丁美洲和加勒比地区，男女人数相等。文化习俗而非贫穷或不发达，似乎决定了缺失女性的命运和数量。

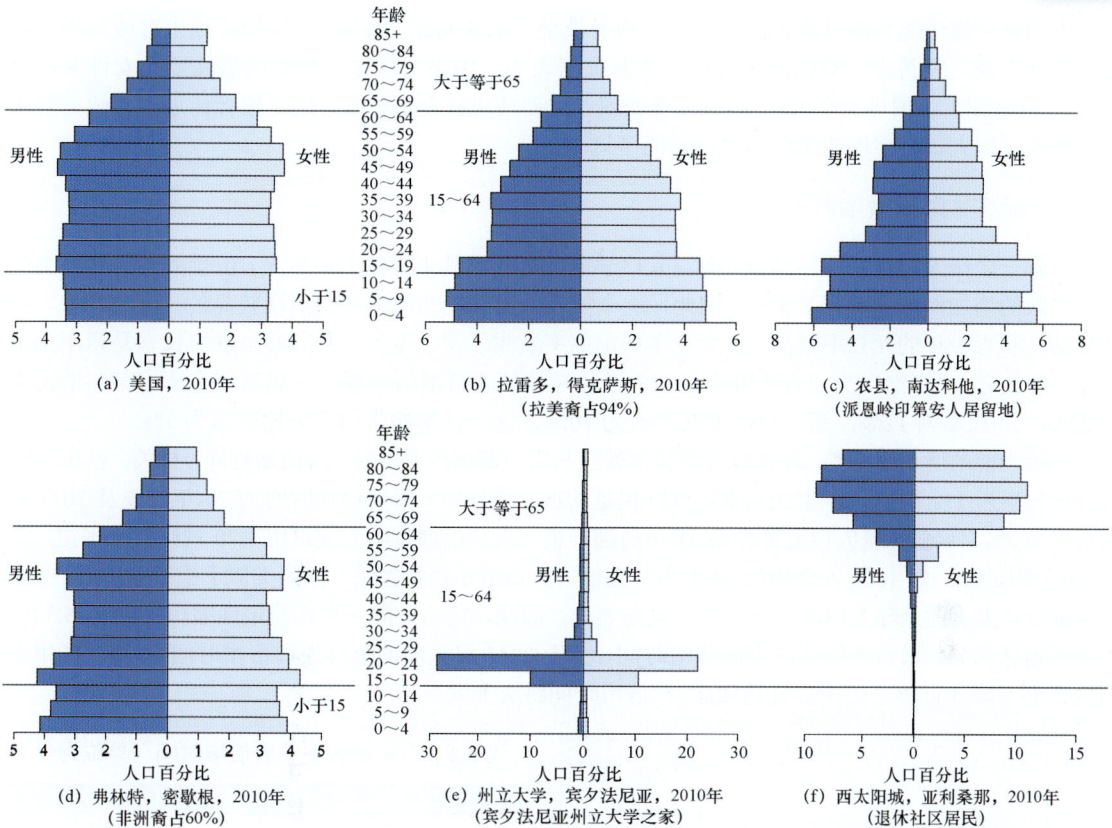

图 5.7　不同社区的人口金字塔。2010 年的这些金字塔显示了美国不同地区的社区人口结构。得克萨斯州美墨边界的拉雷多、南达科他州的香农县和印第安松岭保护区，由于出生率高，因此以年轻人为主。在密歇根州的弗林特，由于经济落后导致青壮年人口外出务工。大学城、退休社区的人口分布清晰地呈现了人口年龄差异的分布。来源：美国人口普查局，2010

　　人口概况快速提供了直观、实用且有预测价值的人口结构图。例如，一个国家中每个年龄群体的百分比会强烈影响国民经济对商品和服务的需求。一个国家的年轻人比例越高，对教育设施和某些医疗服务的需要也会越高。此外，大部分人口会因年龄太小而得不到工作机会。另一方面，老年人的人口比例高时，也需要特定年龄段的医疗用品和服务，且这些人需要由比例较少的劳动力赡养。一个国家的人口概况变化时，会对其社会和经济制度提出不同的要求（见图 5.8）。赡养是指每百名劳动力（通常为 15～64 岁）所需赡养的老幼人数。人口金字塔可快速给出这一比率。

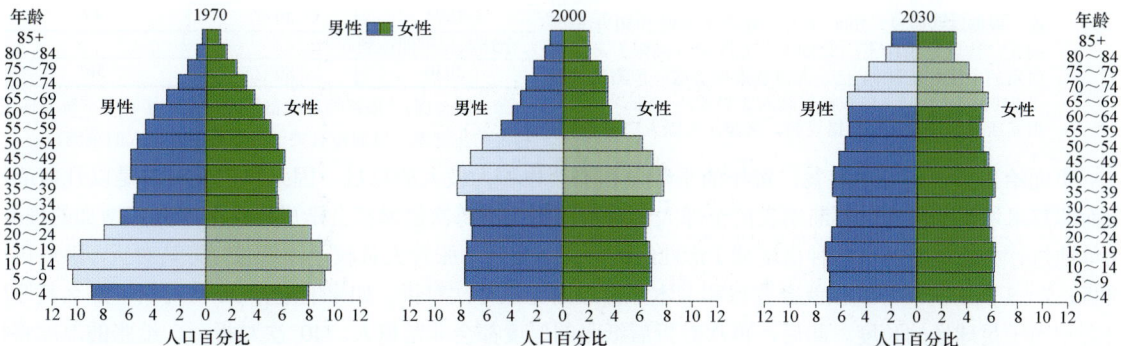

图 5.8　美国婴儿潮（1946—1964 年间大量出生婴儿）的进程。美国人口金字塔与美国人的生活方式和消费模式的变化相关。1970 年，美国重点关注儿童和青少年的兴趣，以及年轻群体的需求和教育。21 世纪初，婴儿潮一代在适龄劳动人口中所占的比重最大，他们的需求和消费模式主导了美国的文化和经济。到 2030 年，他们的需求（现在是退休设施和养老服务）将再次成为焦点。来源：*Christine L. Himes, "Elderly Americans." Population Bulletin 56, no. 4 (Dec. 2001), Fig. 1*

　　人口金字塔还能预测当前人口政策与措施所带来的未来问题。例如，中国的计划生育政策和家庭的重男轻女思想，使得金字塔偏向于男性。现有证据表明，中国每年进入婚龄的男性要比女性多约 100 万，到 2020 年，中国可能会出现 4000 万单身汉，进而造成社会不稳定，这是推行计划生育政策时未曾预料到的，但人口金字塔的扭曲清楚地表明了这一点。

## 5.2.5　自然增长和倍增时间

　　了解一个国家的性别和年龄分布后，人口学家就可预测其未来的人口水平，但预测的可靠性会随着预测年数的增加而降低（见图 5.9）。因此，一个年轻人比例较高的国家会出现较高的自然增长率，除非其婴幼儿和青少年的死亡率很高，且生育率和出生率发生了重大变化。人口的自然增长率是粗出生率与粗死亡率之差。"自然"一词意味着不包括由迁移导致的人口增加或减少。如果一个国家某年的出生率为 22‰，死亡率为 12‰，那么自然增长率就为 10‰。这一比率通常用百分比表示为 1%。

　　如果当前的增长率不变，那么自然增长率就只与人口翻倍所需的时间（倍增时间）相关。表 5.2 表明，人口增长率为 1%（约为 21 世纪初泰国或阿根廷的自然增长率）时的倍增时间为 70 年。埃及 2011 年的增长率为 2%，这意味着人口数量将在 35 年后翻一番（人口倍增时间大致可用"70 规则"来确定，即用 70 除以增长率）。每 1000 人仅增加 20 人为何会使得人口增长如此之快？原因类似于银行业所用的复利。直到最近，人类的全球人口增长率仍然一直在上升。因此，倍增时间一直在稳定地缩短（见表 5.3）。增长率因地区而异，增长率较高国家的倍增时间，少于 2011 年预测的全球人口倍增时间 60 年。如果全球的生育率下降（近年来的情形就是如此），倍增时间将会加大。

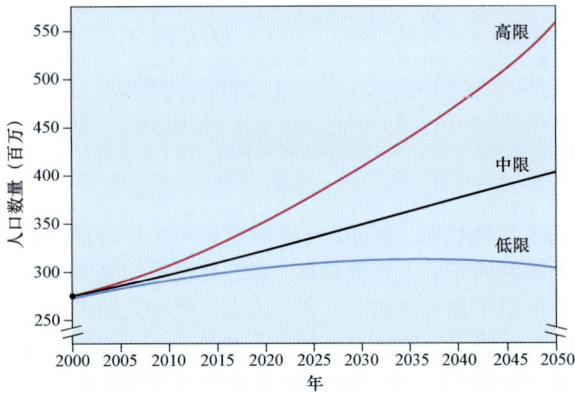

图 5.9　美国未来的人口前景。对 2050 年人口的这些预测表明，未来的人口数量取决于生育率、出生率、死亡率和移民情况。根据这些假设，2000 年人口普查局预测 2050 年美国的人口数量是 3.14 亿（低限）～5.53 亿（高限），最常引用的中限数是 4.04 亿。人口普查将这一预测延伸到了 2100 年（此时人口数据预测为 2.83 亿～12 亿），因此据其所做的决策无疑是错误的。来源：美国人口普查局

### 表 5.2　不同增长率下的倍增时间（单位为年）

| 年增长率（百分比） | 倍增时间（年） |
| --- | --- |
| 0.5 | 140 |
| 1.0 | 70 |
| 2.0 | 35 |
| 3.0 | 24 |
| 4.0 | 17 |
| 5.0 | 14 |
| 10.0 | 7 |

### 表 5.3　公元元年以来的人口增长与和倍增时间

| 年份 | 估计人口 | 倍增时间（年） |
| --- | --- | --- |
| 1 | 2.5 亿 | |
| 1650 | 5 亿 | 1650 |
| 1804 | 10 亿 | 154 |
| 1927 | 20 亿 | 123 |
| 1974 | 40 亿 | 47 |
| 全球人口可能达到： | | |
| 2030 | 80 亿 | 56[a] |

来源：联合国。[a]最终估计的倍增时间反映了正在下降并逐步稳定的生育率。目前没有关于倍增到 160 亿人的预测。

　　下面给出前一问题的答案。每年的小数量相加会累积为较大的总量，因为我们面对的是以几何或指数而非算术增长的问题。不断增长的全球人口基数已达到了每次倍增都会造成天文数字人口增加的程度。简单地进行心算即可明白这种倍增或 J 形曲线的后果。找到一张较大且较厚的纸张，将其对折，然后再次对折，7~8 次对折后，纸张就会变得和书本那样厚而无法再次对折。如果能进行 20 次对折，那么其厚度将会相当于足球场的长度。此后，再次对折后纸张的厚度都会非常惊人。40 次对折后，纸张的厚度将相当于我们到月球的距离，70 次对折后，纸张的厚度相当于我们到太阳的距离。图 5.10 中的 J 形曲线表明，曲线拐点（1900 年）附近的 1950 年以后，全球人口数量将达到地球无法承载的程度。

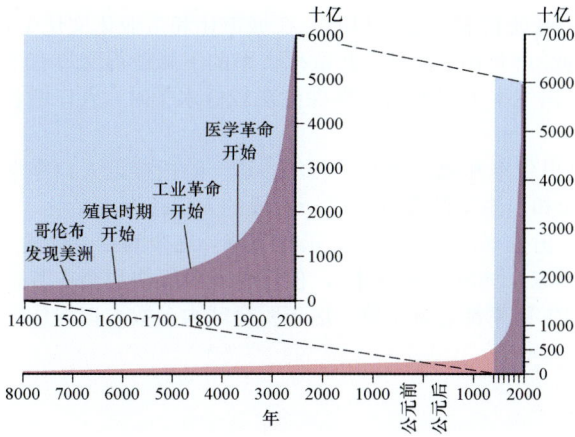

图 5.10　公元前 8000 年到公元 2000 年的全球人口增长。注意 J 形曲线的拐点对应于 18 世纪中叶，当时工业革命开始为农业和粮食供应提供新的手段，因此人口开始增加。此外，医学、营养和卫生的进步，也降低了 20 世纪初期的死亡率

然而，今天发达国家（尤其是欧洲国家）的自然增长率正接近于零甚至为负值。个别国家的人口增长还取决于移民的出入情况和预期寿命的变化。也就是说，与国家的"总体"增长相比，只考虑以出生和死亡为基础的"自然"人口增长时，预测人口会大大降低，且倍增时间更长。考虑移民问题后，这种对比可能更为惊人。例如，加拿大人口的自然增长率为 0.4%，倍增时间为 175 年，但由于移民率较高，因此其总体增长率仅略高于 1%，倍增时间为 64 年。

由于大多数发达国家的更替水平生育率低于生育率，因此人们对长期倍增时间预测的适用性表示怀疑。尽管倍增时间要比增长率更易于理解，但它们可能具有误导性，因为它基于目前增长率无限持续的可疑假设。

# 5.3　人口转型

人口指数增长不可能无限持续，必须采用某种制动机制来控制人口的增长。若不采取自愿的人口控制措施，则会发生诸如饥荒、疾病或战争等非自愿的人口控制措施。

伴随经济发展和现代化进程出现的一种自愿人口控制措施是人口转型模型，它跟踪与工业化、医疗保健改善、城市化及生育观念变化有关的人类生育率、死亡率的变化。当社会进入模型的各个阶段时，低出生率和低死亡率就会取代高出生率和高死亡率（见图 5.11）。在模型的各个中间阶段，人口会在最终阶段稳定前快速增长。

人口转型模式的阶段 1 的特点是出生率高，但死亡率会波动。出生率和死亡率类似，人口增长缓慢。人口学家认为这发生在公元元年到公元 1500 年之间，其间人口从 2.5 亿增长到 5 亿，人口倍增时间为 150 年。当然，这一增长并不稳定。有时灾难（战争、流行性疾病、作物歉收和自然灾害等）会导致人口下降，如

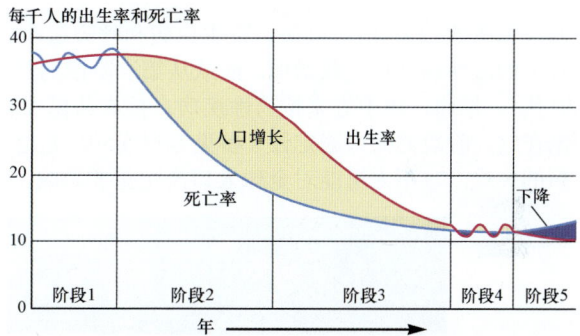

图 5.11　人口转型的各个阶段。在阶段 1，出生率和死亡率都较高，人口增长缓慢。死亡率下降而出生率仍较高时，人口快速增长。在阶段 3，出生率下降，人口增长缓慢。在阶段 4，出生率和死亡率都较低，人口自然增长率较高，死亡率超过出生率时人口甚至下降。许多欧洲国家的增长率为负，其他地区出生率的下降表明阶段 5（人口下降）是区域性（并最终全球性）的，因此是转型模型的合理扩展

14 世纪席卷欧洲的黑死病估计杀死了欧洲 1/3 到 1/2 的人口，席卷欧洲和西半球的流行性疾病在 1～2 个世纪内估计使人口下降了 95%。阶段 1 的高出生率、高死亡率和低人口增长描述了公元 1750 年前的人类史，此后西欧进入阶段 2。在过去的 150 年间，表征进入阶段 2 的低死亡率遍布全球。今天，即使是最贫穷国家的死亡率也低于 20‰，任何国家都不再处于人口转型的阶段 1。

转型模型的阶段 2 通常与欧洲工业革命和现代化的后果相关。在阶段 2，人口迅速增长的原因是出生率超过了死亡率。医药、卫生、农业生产力和粮食分配方面的进步，使得预期寿命大幅增加。阶段 2 的城市化大大改善了卫生、医疗和粮食分配。出生率不再随着死亡率的下降而下降；根深蒂固的文化信仰和社会关系的变化远慢于技术的变化。在大多数传统社会中，大家族因其社会和经济优势而受到重视。儿童是文化传播活动与仪式的重点，在低收入家庭，为供养父母，他们年龄很小时就开始工作，特别是在农场或家庭产业中。

人口转型的阶段 3 出现在出生率开始下降，人们开始控制家庭规模时。在城市化和工业化文化中，抚养孩子非常昂贵。事实上，这种文化会将儿童视为经济负担。此外，儿童死亡率的下降使得父母有信心少生孩子，因为他们知道大多数孩子会活下来。当出生率下降而死亡率保持在较低水平时，人口增长率就会减缓。

人口转型模型终结于阶段 4，这个阶段的特征是出生率和死亡率几乎相等。这一阶段接近人口零增长的条件，自然增长率降至零。随着预期寿命的延长和出生率的降低，这一阶段的人口逐渐老龄化。

在已完成人口转型的一些国家，死亡率大于等于出生率，人口实际上正在下降。迄今为止，阶段 4 扩展到阶段 5 的人口下降，仅局限于富裕的工业化国家（如欧洲和日本），但这种现象很快也会在其他国家出现。自 20 世纪 80 年代以来，几乎所有国家的生育率都急剧下降，这表明全球大多数人口居住在人口增长唯一显著的地区。

## 5.3.1    西方经历

人口转型模型最初用于说明西欧国家从农业社会向工业社会转型的经历。因此，这一模型可能无法准确预测全球各地的人口变迁。在欧洲，能追溯到 16 世纪的有些教堂和市政记录表明，在人口转型之前，人们倾向于晚婚或根本不结婚。在工业革命之前的英国，15～50 岁年龄段的女性中有一半未婚。婴儿死亡率高，预期寿命低。大约在 1800 年，25% 的瑞典婴儿在一周岁生日前死亡。随着 18 世纪和 19 世纪工业化的到来，工厂直接发放工资而不再采取长期学徒制，使得人们开始早婚和早育。

从约 1860 年开始，死亡率和出生率先后逐渐明显下降。这场"死亡率革命"首先作为流行病学转型到来：此前致命的流行疾病变成了地方病，即人口基本上保持不变。随着人们免疫力的提升，死亡率下降。海外殖民地牲畜饲养、轮作、使用肥料和新作物（如马铃薯）的改良，提高了整个欧洲人口的健康水平。

与此同时，污水处理系统和卫生用水供应在大城市开始变得普遍，因此霍乱和伤寒等疾病的发病率降低（见图 5.12）。由传染病、寄生虫病和呼吸道疾病及营养不良引起的死亡人数减少，而与人口老龄化有关的慢性病死人数增加。西欧从第一阶段的"瘟疫和饥荒的时代"过渡到"退化和人类起源疾病的时代"。然而，由于近来抗药性疾病、抗农药昆虫和艾滋病的出现，人们开始怀疑不发达国家和发达国家在这一阶段的人口稳定性（参见专栏 5.5）。无论如何，即使疟疾、结核病和艾滋病死灰复燃且出现了新的灾难，也不太可能对全球人口产生重要影响。

图 5.12    19 世纪，北美和欧洲城市用自来水取代了各户的临时水井，下水道和垃圾处理厂取代了简易厕所。图中所示拉斯维加斯的自来水厂帮助完成了发达国家的疾病转型。© *USDA, Natural Resources Conservation Service*

在欧洲，随着社会开始改变其理想家庭规模的传统观念，死亡率下降的同时，出生率也开始下降。在城市，童工法和义务教育意味着儿童不再是家庭经济的重要来源。"救济"法案和其他形式的社会福利取代了家庭资助结构，儿童作为社会安全网络的价值下降。随着工业革命的普及，家庭消费模式发生了变化（消费品一度被认为是奢侈品）。对某些人而言，儿童看起来是会妨碍而不是加快社会流动、改进生活方式和自我提升的因素。最重要的也许是妇女受教育程度、职业机会和社会地位的变化，她们认为控制生育是自己的权利与利益。

## 专栏 5.5 我们脆弱的健康状态

死亡率急剧下降和现代医药卫生事业的进步，提高了发达国家和许多发展中国家民众的生活质量与预期寿命。然而，人类与传染病和寄生虫病的斗争不但未取得胜利，反而愈演愈烈。抗生素发现半个多世纪后，其要根除的疾病正在上升，老新致病微生物正在出现并在全球各地传播。传染病和寄生虫病每年导致 1700 万～2000 万人死亡，占每年全球死亡人数的 1/4～1/3，由于诊断结果不明确，这一比例可能会更高。全球发病率也在上升。

六大传染病杀手依次为急性呼吸道感染（如肺炎）、腹泻、艾滋病、结核病、疟疾和麻疹。艾滋病每年会造成 180 万人死亡，其中撒哈拉以南非洲地区占 3/4。当然，感染率要远高于死亡率。例如，全球近 30% 的人感染了结核病毒，但每年只有 200 万～300 万人死于这一疾病。超过 5 亿人感染疟疾、昏睡病、血吸虫病和河盲症等热带疾病，每年死亡人数约为 300 万。新病原体不断出现，如引发拉沙热、裂谷热、埃博拉热、汉坦病毒肺综合征、西尼罗河脑炎、丙型肝炎和严重急性呼吸道综合征（SARS）的病原体。事实上，自 20 世纪 70 年代中期以来，至少出现了 30 种以前未知的传染病。

传染病的传播和肆虐与地球自然与社会环境的剧烈变化密切相关。气候变暖会使得温度限制性病原体入侵新地区。森林砍伐、水污染、湿地排水和其他人为导致的自然环境改变扰乱了生态系统，同时破坏了自然系统对这些传染病的控制。人口的快速增长、城市化进程的加快、全球性旅游业的增长、战争和迁徙造成的人口波动及世界贸易的增加，增加了致病微生物的传播速度和范围。公共卫生项目的规划不当或执行不力、卫生基础设施的投资不足、医疗人员和设施的低效分配，都会影响到许多疾病的流行。

防治流行性疾病的最有效武器已广为人知，具体措施包括：改进健康教育、疾病预防与监测、疾病媒介与发病区域研究（利用地理信息系统和空间分析）、药物治疗监测、蚊虫防治、清洁水供应、儿童免疫补救与预防等。然而，所有这些都需要人们对正在传播的疾病加大投入和关注。

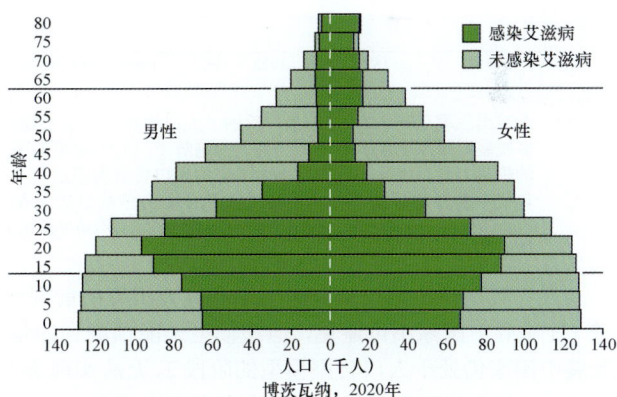

博茨瓦纳，2020年

### 5.3.2 大道趋同

整个欧洲出现的死亡率急剧下降，同样出现在 1950 年后的发展中国家。引进西方医学与公共卫生技术（包括抗生素、杀虫剂、卫生、免疫、婴幼儿保健）并消灭天花后，发展中国家人口的预期寿命迅速提高。技术和治疗手段的引进在几年内就得以完成，而欧洲则经历了 50～100 年的时间。例如，斯里兰卡广泛喷洒"滴滴涕"来防治疟疾，8 年后的人口预期寿命从 1946 年的 44 岁跃升到了 60 岁。随着类似公共卫生项目的实施，印度在 1947 年后的人口死亡率也稳步下降。同时，国际粮食援助也降低了这个国家因干旱和其他灾害造成的死亡人数。因此，人口转型的阶段 2（死亡率下降的同时伴随着持续的高出生率）遍布全球各地。

非洲、拉丁美洲和南亚的一些国家在人口转型模型中表现出了阶段 2 特点。出生率为 31‰、死亡率为 8‰的加纳和出生率为 30‰、死亡率为 6‰的危地马拉就是典型的例子。这些国家的人口年增长率为 2.3%～2.4%，因此人口会在 30 年内翻番。当然，这种比率并不意味着全球都能感受到现代化的影响，但它们确实意味着欠发达社会已受益于其产生的生命保护技术。

当然，出生率下降部分取决于节育技术，但主要取决于社会对小规模家庭观念的认同。不同地区对这一观念的认同程度并不相同。发展中国家整体出生率的急剧下降表明，多数国家已进入人口转型的阶段 3 或阶段 4（见图 5.13）。1984 年，只有 18%的全球人口生活在生育率小于等于更替水平生育率的国家（即在人口转型中已达到阶段 4 的国家）。然而，到 2010 年，42%的全球人口生活在这样的国家，此时很难根据生育率来区分这些国家是发达国家还是发展中国家。在印度的各个邦（如喀拉拉邦和泰米尔纳德邦）和斯里兰卡、泰国、韩国和中国等国家，这一比率都要低于美国。亚洲和拉丁美洲经济近期高速增长的其他国家，生育率也开始下降到接近更替水平生育率，因此低生育率看来已成为区分富裕与贫穷、发达与发展的特征。

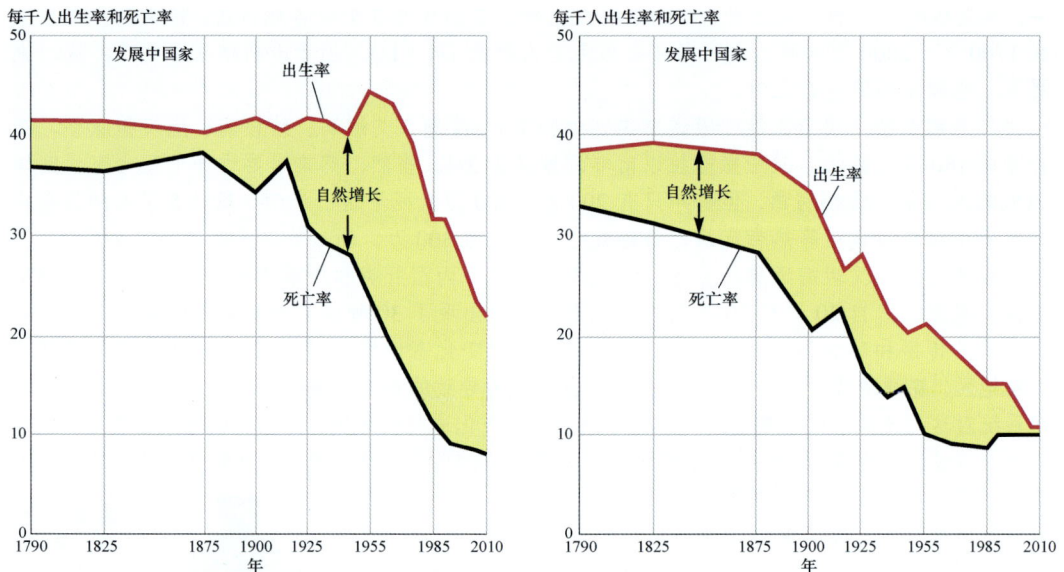

图 5.13　全球出生率和死亡率。"二战"后的"人口爆炸"反映了发展中国家人口死亡率大幅下降和出生率下降的影响。今天，许多发展中国家出现了三个相互关联的趋势：（1）生育率的下降要比 25 年前预测的更快；（2）避孕措施快速普及；（3）婚龄快速上升。因此，有些发展中国家的人口转型周期已从一个世纪压缩到了一代。在另一些国家，生育率自 20 世纪 70 年代中期开始持续下降，反映了许多社会仍然希望的子女平均数量——4 个或更多。来源：*Elaine M. Murphy, World Population: Toward the Next Century, revised ed. (Washington, D.C.: Population Reference Bureau, 1989) and World Population Data Sheet (Washington, D.C.: annual)*

人口转型模型假设从高出生率和高死亡率的前现代（非工业化）社会进入低出生率和低死亡率的先进（工业化）国家不可避免，但该模型未能预测到的是，欧洲的经历并不同于发展中国家的经历。有些发展中国家仍处于人口转型模型的阶段 2，无法实现进入低出生率的阶段 3 所需的经济发展和社会变革。因此，尽管生育率大幅提升，但许多观察家指出人口鸿沟正在持续扩大。鸿沟的一方是占全球人口 42%的低生育率国家，这些富裕国家的低生育率会导致未来人口衰退和迅速老化；鸿沟的另一方是一群高生育率国家，这些国家的人口仅占全球人口的 18%，但预计到 2100 年这些国家的人口会增至现在的 3 倍，到时将占全球人口的 42%。几乎所有高生育率国家都被联合国列为最不发达国家清单，其中大多数位于撒哈拉以南的非洲地区，这些国家的人均收入低、文盲率高、生活水平低、卫生和保健设施不足。

高生育率地区和低生育率地区的既定模式往往会自我强化。低人口增长会增加个人收入并积累财富，提高生活质量，进而使得大家庭不再具有吸引力。相比之下，在高生育率地区，人口增长需要加大对社会服务的投入，而这些投入可能用在促进经济增长方面。不断增长的人口对有限的自然资源提出了更高的要求。环境恶化和生产力下降会阻止人口转型所依赖的经济发展（参见专栏 5.6），高生育率国家与其他国家之间个人和国家繁荣的不同前景，使得人口鸿沟成了国际上不断关注的问题。

## 专栏 5.6　国际人口政策

1994 年 9 月在开罗经过 9 天的激烈争论后，联合国人口与发展国际会议签署了 2015 年让全球人口稳定在 72.7 亿的战略文件。179 个签字国接受的为期 20 年的行动计划，旨在避免人口过度增长对环境造成的后果。因此，这次会议的建议与 1992 年 6 月在里约热内卢举行的联合国环境与发展会议的主题密切相关。

开罗计划抛弃了几十年前基于目标和配额的政府人口控制计划，转而给予妇女更大的自主生活权利、经济平等权利、就业机会权利和生育发言权利。该计划认识到限制人口增长将取决于妇女少生孩子并成为经济发展推动者的方案。基于这一认识，会议承认并记录了妇女受教育、就业机会增加与出生率下降、家庭规模较小之间的联系。此前的人口会议（1974 年在布加勒斯特召开的会议和 1984 年在墨西哥城召开的会议）并未充分讨论平等、就业、教育和政治权利等问题，因此未能预期实现出生率降低的目标，主要原因在于传统社会中的许多妇女无权强制避孕并害怕避孕而导致绝育。

此前的两次会议谨慎地避免或有意回避了堕胎这种计划生育方法。开罗会议关于堕胎的公开讨论引发了梵蒂冈的愤怒，许多穆斯林国家和拉丁美洲国家也反对堕胎合法化和婚外性行为。虽然会议宣言的第一稿并未出现任何堕胎字眼，也未将堕胎作为计划生育的一种手段，有些代表团仍然对其关于性和堕胎的措辞持保留意见。然而，在会议结束时，梵蒂冈却接受了宣言的基本原则，包括将家庭视为"社会的基本单无"和需要"推动经济增长、促进性别平等和赋予妇女权利"。

1999 年联合国召开的"开罗+5"特别会议建议对先前的协定做一些调整。会议敦促堕胎合法的国家采取措施确保堕胎的安全性与方便性，并呼吁学龄儿童接受性教育和生殖健康教育，要求各国政府为青少年提供计划生育和保健服务，降低患艾滋病的风险。

2004 年，联合国发布了开罗会议和"开罗+5"特别会议所定目标的进展情况。结论认为要做的事情还有很多，如向最贫穷的人群推广这一计划，加大对农村发展和城市规划的投入，完善反对歧视妇女的法律，督促捐助国兑现计划确定的资金等。尽管如此，开罗计划也出现了一些积极成果，如全球许多人口最多的发展中国家的生育率开始下降。有些人口学家和妇女卫生组织认为生育率的下降与政府的政策无关，而是妇女对其经济生活与生育有了更大控制权的结果。联合国人口署署长指出："一个村中的妇女是决定要一个小孩还是决定要多个小孩并不是什么大事，但印度、巴西和埃及的妇女数以亿计，因此对全球人口的影响很大。"

人口专家指出，妇女正在做出这些决定，因此反映了自开罗会议以来出现的重要文化因素。卫星电视把避孕信息传送到偏远的村庄后，观众开始效仿看起来幸福的小规模家庭。城市化削弱了传统家庭对妇女的控制，避孕药具更易获得，婴儿死亡率的下降使得母亲们确信婴儿会健康成长。人口专家认为，最重要的因素也许是大多数发展中国家中女性入学率的大幅度提升（女孩和年轻妇女的文盲率相应下降），而这些女性本身很快就会做出生育的决定。

### 问题探讨

1. 国际机构促进影响诸如生育和家庭计划等纯个人或国家关心的政策是否适当或有用？为什么？
2. 当前国际社会对人口增长、发展和环境的关注是否有效？在全球的许多传统社会中，这样做是否会冒失去文化规范和宗教习俗的风险？为什么？
3. 开罗计划呼吁发达国家提供资金支持发展中国家控制人口，然而多数情况下这些国家并未兑现承诺。捐助国政府可能面临着许多其他国际和国内问题，你认为捐助国提供财政支持合理吗？为什么？
4. 许多环保人士认为，世界只是一个有限的系统，它无法支持不断增长的人口；超过这个系统的极限将造成可怕的环境破坏和全球性灾难。许多经济学家反驳说，自由市场将根据日益增长的需求来供应所需的商品，必要时科学技术会提供扩大生产的解决方案。鉴于对人口增长后果的这两种截然相反的看法，你认为国际项目偏向任何一方是否合适或明智？为什么？

# 5.4　人口方程

一个地区的人口变化源于三个基本的生活事件：人的出生、迁移和死亡。迁移是指人们从一个住地长距离地搬移到另一个住地。迁移发生在政治边界时，就会影响原籍国家和目的地国家的人口结构。人口公式总结了人口自然变化（出生人数减去死亡人数）和净迁移（迁入人数减去迁出人数）对区域人口的影响。当然，在全球范围内，所有人口变化都由自然变化来解释。单位面积的人口数量减少时，迁移对人口方程的影响随之增大。

### 5.4.1　人口迁移

对某些欧洲国家而言，移民是在其人口转型期间缓解人口快速增长压力的重要方式。例如，在 90 年的时间跨度中，不列颠群岛的人口自然增长了 45%，1846—1935 年，约 6000 万欧洲人离开了这个大陆。尽管近期亚洲、非洲和拉丁美洲边界出现了大规模的经济和政治难民，但今天的移民并没有为发展中国家提供类似的安全阀。由于总人口数量太大，即使移民数量达数百万人，其影响也可忽略不计。在少数几个国家，如阿富汗、古巴、萨尔瓦多和海地，近几十年来移民人口数量多达 10%。第 7 章将详细介绍国际和国内移民过程与模式。

### 5.4.2　移民的影响

跨境流动足够大时，移民就可能对人口方程产生显著影响，并使得迁出地区和目的地区的人口结构发生显著变化。例如，过去来自欧洲和非洲的移民，改变和创建了西半球和澳大利亚殖民地的人口结构。在 18 世纪末和 19 世纪初的几十年中，美国增长人口的 30%～40% 就是移民带来的。同样，东迁的斯拉夫人在人口稀少的西伯利亚殖民，并超过了当地民众。

移民通常并不能代表其所离开的人口群体的截面，但会增大其加入群体的年龄和性别不平衡。观察表明，移民群体通常倾向于年轻的单身人士。移民是以男性为主还是以女性为主，受当地环境的影响。尽管跨国移民中男性的数量要超过女性，但近年来女性在跨国移民中所占的比例为 40%～60%。

移民接收国的人口结构至少会因为外来年轻人口（和未婚群体）的增多而改变，因此其人口金字塔会必然会改变，未来的出生率和自然增长率也会改变。人口迁出地区的年轻人或育龄人口将减少，因此会影响其人口性别比例和人口老化率。人口迁入地区的出生率可能会增加，平均年龄将会下降。

## 5.5　全球人口分布

全球人口在地球上的分布并不均匀。全球人口分布图的最明显特征是分布极不均匀。有些地区几乎无人居住，有些地区人口稀少，而有些地区人口密集。不久前的农村人口要多于城市人口，但 2007 年后城市居民的数量开始不断增长。

地球上自然环境非常类似的地区，由于不同文化群体生活习惯的不同而有着不同的人口数量和人口密度。例如，人类在北欧和西欧定居的时间要比在北美定居的时间早数千年，虽然其陆地面积不到美国的 70%，但居民非常多；今天西半球不同族裔的人口数量远多于早期美洲人的原住民数量。

根据不均匀但并非不合理的人口分布，我们可得出如下的一般性结论。第一，几乎 90% 的人口居住在赤道以北，其中 2/3 居住在北纬 20° 和北纬 60° 之间的中纬度地区。第二，全球绝大多数的居民只占据一小部分陆地面积，超过一半的人居住在约 5% 的陆地上，2/3 的人占据 10% 的陆地，近 9/10 的人仅占据 20% 的陆地。第三，人类聚居在低洼地区，随着海拔的升高，数量剧减。温度、生长季节的长度、坡度和侵蚀问题甚至高海拔地区的氧气减少等，都会限制高海拔地区的可居住性。据估计，所有人中，34% 生活在 100 米以下的地区，这种区域的面积约占陆地面积的 17%。第四，虽然低洼地区是首选的定居点，但并非所有这些地区都受到人们同样的青睐。大陆边缘的定居点最为密集。平均而言，沿海地区的人口密度约为全球平均人口密度的 2 倍。然而，纬度、干旱程度和海拔高度限制了许多海滨地区的吸引力。北半球北极沿海低地的低温和贫瘠土壤限制了人们在这里定居。在任何纬度，山地或沙漠海岸几乎都是稀疏地，有些热带低地和河谷由于森林密布和疾病多发，也不适合人类居住。

全球范围内有利于人类定居的 4 个地区含有众多的人口：南亚地区、东亚地区、欧洲地区及美国东北部/加拿大东南部。南亚地区主要包括孟加拉国、印度、尼泊尔、巴基斯坦、斯里兰卡等国家，它是全球人口最多的地区，人口几乎占全球的 1/4。东亚地区包括日本、中国、韩国、朝鲜等，是全球人口数量第二多的地区，其中中国的人口就约占全球人口的 1/5。因此，南亚地区和东亚地区的人口约占全球人口的一半。

欧洲地区（从欧洲南部、西部和东部到乌克兰和俄罗斯的一部分地区）是全球第三大人口集中地区，其人口约占全球人口的 11%。美国东北部/加拿大东南部地区的面积和人数要少得多。全球范围内其他较小但人口集中的地区有印度尼西亚爪哇岛和埃及尼罗河沿岸地区。

宜居地是指地球表面上的永久居住区，古希腊人曾使用该词来形容他们所知的世界，当时他们认为南赤道地区和北极极地地区不适合人类居住。显然，自然条件并不像古希腊地理学家认为的那样苛刻。古代和现代技术已将不适合人类居住的地区改造成了宜居地。灌溉、梯田、筑堤和排水是拓展宜居地的方法之一（见图 5.14）。

在全球范围内，古代对宜居带的观察看起来非常有效。地球上的非宜居带（无人居住区或人烟稀少地区）包括北极和南极的永久性冰盖及北亚和北美的苔原和针叶林带，但非宜居带并不是连续的，而是散布在全球的所有地区，包括赤道地带的部分热带雨林、北半球和南半球的中纬度沙漠与高山地区。

图 5.14　山坡梯田化是扩大耕地面积的手段之一。印度尼西亚巴厘岛有效使用了这一技术。© Getty RF

即使是在这些无人居住和人烟稀少的地区，也会因灌溉农业、采矿和工业活动等而出现人口稠密的定居点或定居带。在有些地区被视为非宜居带的典型案例也许是南美的安第斯山脉和墨西哥高原。在这些地区，美洲原住民发现了不同于干燥沿海地区和炎热潮湿亚马孙盆地的温带条件，肥沃的高原盆地已养人口长达 1000 多年。

即使存在这些局部例外，地球上的非宜居地仍然分布广泛；全球陆地面积的 35%～40%不适宜居住，而这只是古代或 19 世纪人们认为的非居住地的一小部分。自冰期约在 12000 年前结束以来，人类稳步扩大了定居地区。

## 5.5.1　人口密度

人类学会由新定居地的资源来养活自身时，宜居地的边界就会扩展。承载人口的规模取决于这些地区的资源潜力及占有这些地区的人口所具有的文化水平与技术。人口密度是指居民人数与其所占据面积之比。

密度图表示人类分布的区域变化，但它有时具有误导性。人们常用人口的粗密度或算术密度来表示这一变化，即某个政治实体的边界内部，单位陆地面积上的人数。只要具有总人口和总面积信息，就可计算出粗密度，但结果可能具有误导性，即它可能会掩盖许多现实情况。粗密度是一个平均值，它包括一个国家中的人烟稀少地区和人口密集地区。一般来说，用于计算粗密度的行政单位的面积越大，粗密度值的用处就越小。

为更好地描述人口分布，人们对这一密度进行了改进。研究区的面积分为大小相等的多个小区域或单元后，粗密度的精度就会提高。因此，知道 2010 年新泽西州的人口密度为 467 人/平方千米、怀俄明州的人口密度为 2 人/平方千米，肯定要好于美国的人口密度为 32 人/平方千米。例如，可以改进这一计算来了解农村与城市之间的人口密度差。美国农村的人口密度不到 115 人/平方千米，而部分主要城市的人口密度为数千人/平方千米。

粗密度的另一个有用改进是，将人口不仅与总国土面积关联，而且与可耕种面积关联。总人口除以可耕种面积时，得到的数字就是生理密度，即人口施加到农业用地上的压力。不同国家生理密度的不同及相同国家粗密度与生理密度之间的对比表明，实际定居压力并不由粗密度单独揭示（见表 5.4）。然而，生理密度的计算取决于可耕地和耕地的不确定定义，假设所有可耕地的生产率相同。

农业密度是另一个有用的变体，它在生理密度的计算中排除了城市人口，而只描述单位面积农业用地上的农村居民人数，因此是一个国家的农村人口对农业用地的压力估计，见表 5.4。

表 5.4　部分国家人口密度的比较

| 国家 | 粗密度 人数/平方千米 | 生理密度[a] 人数/平方千米 | 农业密度[b] 人数/平方千米 | 国家 | 粗密度 人数/平方千米 | 生理密度[a] 人数/平方千米 | 农业密度[b] 人数/平方千米 |
|---|---|---|---|---|---|---|---|
| 阿根廷 | 15 | 125 | 10 | 印度 | 350 | 717 | 502 |
| 澳大利亚 | 3 | 45 | 5 | 日本 | 339 | 2930 | 995 |
| 孟加拉国 | 1050 | 1990 | 1450 | 尼日利亚 | 176 | 408 | 212 |
| 加拿大 | 3 | 70 | 14 | 英国 | 258 | 1020 | 102 |
| 中国 | 141 | 951 | 540 | 美国 | 32 | 183 | 33 |
| 埃及 | 83 | 2670 | 1520 | | | | |

来源：World Bank, *Little Green Data Book 2010; and* Population Reference Bureau, *World Population Data Sheet 2011.*
[a] 总人口除以可耕种面积；[b] 农村人口除以可耕种面积。四舍五入可能会导致明显的转换差异。

### 5.5.2　人口过剩

比较人口密度值后，通常会得出人口过剩或过度拥挤的结论。要记住的是，人口过剩反映的是环境或领土无法承载其当前人口的观察或判断（相比之下，人口不足是指一个国家或地区的人口太少而无法开发资源来提高居民生活水平）。

人口过剩反映的不是单位面积的人数，而是土地、农业技术的承载能力及提供食物的能力。大量使用灌溉、化肥和杀虫剂的能源密集型商业农业区，与第 9 章中描述的刀耕火种农业区相比，可以更高的生活标准承载更多的人口。利用煤炭和铁矿石等资源并能获得进口食品的工业社会，与技术原始的国家相比，人口压力要小得多。事实上，与其他动物相比，我们应慎重地对待源于生态学的承载力概念，因为人类会采用新技术和全球贸易方式来获得超过其生理需求的消费。

在全球化日益加深的今天，高生理密度本身并不意味着人口过剩。农业上能做到自给自足的国家很少。如表 5.4 所示，日本的生理密度非常高，且仅能生产其人口消耗卡路里的 40%，但其福利和财富指标名列前茅。对于目前大量进口粮食的国家如日本、韩国和马来西亚来说，突然停止以工业品交换食品和原材料的国际贸易，将会引发巨大的灾难，因为与不发达国家相比，这些国家的国内粮食生产无法维持其人口现有的饮食水平，进而导致"人口过剩"。

人口过剩的一个衡量标准可能是缺少粮食安全。粮食安全意味着能够获得足够的安全和营养食品，满足符合文化偏好的个人饮食需求。遗憾的是，人口年轻且脆弱的发展中国家很可能会出现膳食不足的问题，进而对预期寿命、身体活力和精神发育造成长期的负面影响。过去几十年来，撒哈拉以南非洲地区的人口增长速度超过粮食生产速度，扩大了人口与粮食的差距，于是增加了对粮食进口的依赖。对于贫穷国家而言，依赖粮食进口意味着这些国家在国际市场价格波动时非常脆弱，粮食价格上涨时，人口营养不良的比率就会上升。国际粮农组织（FAO）估计，2005 年至 2007 年，全球最不发达国家 32% 的人口营养不良。虽然人们普遍认为粮食供给不足的国家会出现人口过剩，但深层原因在于贫穷与人口压力的相互作用。

关于人口密度与发展水平之间的关系，我们很难得出有意义的结论。欠发达国家的人口密度整体上高于发达国家。具有大量未开垦土地和未定居土地的澳大利亚、加拿大、新西兰、挪威和美国，人口密度要远低于土地基本上是可耕地的那些国家，例如，孟加拉国的人口密度是 1046 人/平方千米，是全球人口最为稠密的非岛屿国家。然而，反例比比皆是。位于中国和俄罗斯之间的蒙古国，其人口密度为 1.8 人/平方千米，而高度城市化的岛国——新加坡的人口密度是 7656 人/平方千米，新加坡的收入却是蒙古国的 15 倍。许多非洲国家的人口密度较低，生活水平也较低，而日本的人口密度和收入较高。

## 5.6　人口数据和预测

人口地理学家、人口学家、规划人员、政府官员和许多其他相关人员依靠详细的人口数据来评估当前各个国家和全球的人口模式，并估计未来的状况。出生率和死亡率，生育率和自然增长率，人口的年龄和性别组成及其他指标，都是他们研究的对象。

### 5.6.1　人口数据

学者使用的人口数据主要来自联合国统计署、世界银行、人口资料局及国家人口普查和抽样调查局。遗憾的是，这些数据很不完善。对于很多发展中国家来说，全国人口普查是一项艰巨的任务。人口分布广泛、交通不便、资金不足、普查人员素质不高、文盲率高等因素会限制调查问卷的内容，对普查人员持怀疑态度的民众也会限制人口报告的频率、覆盖范围和准确性。

无论数据以何种方式得到，有关当局仍会将详细的数据印发给全国各单位，即使这些数据不符合事实或根本上就是编造的。例如，多年来索马里都会定期报告并每年修订有关总人口、出生率、死亡率和其他重要统计数据，而索马里事实上从未进行过人口普查，也没有记录出生的制度。埃塞俄比亚也定期报告看起来精确的数据。1985 年该国首次进行人口普查时，至少有一个数据源不得不将其出生率估计值下调 15%，并将全国总人口增加 20%以上。1991 年，尼日利亚有争议的全国人口普查的正式报告称全国人口为 8850 万，远低于当时普遍接受并广泛引用的 1.1 亿～1.2 亿。

所幸的是，全球范围内的普查覆盖率正在提高。几乎每个国家现在至少已进行了一次人口普查，大多数国家都会定期进行抽样调查。然而，发展中国家中仅有约 10%的人口生活在具有完善出生和死亡登记制度的地方。据估计，印度尼西亚、巴基斯坦、印度和菲律宾的活产婴儿中不到 40%有正式记录；根据联合国儿童基金会的数据，撒哈拉以南非洲地区的未登记新生儿比例最高（65%）。整个亚洲的死亡登记数据与出生数据相比要差很多，非洲的统计数据更不完整、更不可靠，当然，这只是对出生数据和死亡数据而言的。

### 5.6.2　人口预测

尽管所有数据都存在不足，但当前以国为单位的数据形成了人口预测、未来人口规模估计和性别比例的基础。预测不是预报，人口学家并不是气象领域的天气预报员。天气预报员会将大量准确的观测数据应用到一个已知并经过检验的大气模型中。相比之下，人口学家使用的是稀疏的、不准确的、过时的数据，并且缺少适用于人类行为的数据。

因此，人口预测基于对未来应用当前数据的假设，而这些数据本身往往存疑。由于预测不是预报，因此永远不会出错。预测仅是关于现有人口不同年龄群体生育、死亡率和迁移率及尚未出生群体出生率、存活率和迁移率的计算结果。当然，计算得到的未来人口规模和结构可能像预测的那样是错误的。

公众并不了解预测所做的假设，而认为这些预测是科学的，因此有些机构（如联合国）在预测非洲 2025 年的人口时，通常会提供三种预测结果：高、中等和低。对于像非洲这样大的地区，中等预测有助于消除误差并补偿庞大人口的统计预测行为。对于非洲的各个国家和规模较小的人口，中等预测结果可能不令人满意。预测倾向于认为当前的状态适用于未来。显然，未来越遥远，假设越不可能为真。由此得出的结论是，对小区域未来人口结构的预测越遥远，隐含且不可避免的误差越大（见图 5.13）。

## 5.7　人口控制

随着人口的增长和宜居地范围的扩大，人们开始考虑控制人口过剩的可能性。中国古代思想家孔子反对人口快速增长，古希腊哲学家柏拉图和亚里士多德也曾认真思考过理想城邦的人口规模。所有的人口预测都包括一个假设，即生育率会在某个时间点稳定到更替生育率水平，此时人口将停止增长。否则，未来的人口将会变得非常庞大。按照目前的增长速率，从现在开始的 4 个世纪后，地球上的人口将达到 1 万亿。

人口压力并不来自人类占有的自然空间的大小。例如，计算表明，全人类很容易在特拉华州的边界内调整。问题主要来自支撑人口并吸收废物的能源、粮食、水和其他资源。显然，人口在某个时间点必须停止增长。人口转变模型表明，伴随现代化出现的出生率下降会自动使得人口零增长。然而，发达国家几乎稳定的人口与一些发展中国家迅速增长的人口之间存在显著的人口差距，使得一些观察员质疑模型的普遍性。这些观察员认为，最不发达国家完成人口转型的时间不会很快发生。如果人口转型模型中的内隐增长的自我诱导限制不会发生，那么环境限制将会以更为戏剧性的方式出现。

英国牧师和经济学家托马斯·罗伯特·马尔萨斯（1766—1834 年）于 1798 年出版的《人口论》一书，为关于人口与资源的争论奠定了基础。在马尔萨斯之前，大多数欧洲经济和政治思想家都鼓励提高人口出生率，即他们支持人口增长，以满足国家对工人和军人的需要。马尔萨斯认为，人口增长的生物潜力要超过增加粮食供应以满足人类生存需求的潜力。本质上，马尔萨斯认为，如果不加以限制，人口数量将以几何级数增加，而粮食供则以算术级数增长。如果人类不以道德方式（如晚婚或单身）限制自身的生殖能力，那么大自然就会对人口过剩进行惩罚。

马尔萨斯在得出关于人口增长和资源的悲观结论时并不孤单；中国学者洪亮吉在 19 世纪写道："在一百年左右的时间里，人口会增加 5～20 倍，而生活资料……只能增加 3～5 倍。"

不可避免的是（根据马尔萨斯的人口论、历史上的证据和关于动物种群的观测结果），人口数量和支持资源之间必须保持平衡。任何物种的数量过剩时，其数量就会不可避免地减少。J 形曲线的急剧上升段弯曲为水平状，且 J 形曲线会转为 S 形曲线。如图 5.15 所示，它发生在人类历史初期。S 形曲线的顶部表示能被可开发资源支持的人口规模。当人口等于所占区域的承载力时，我们就称其已到达稳态台阶。

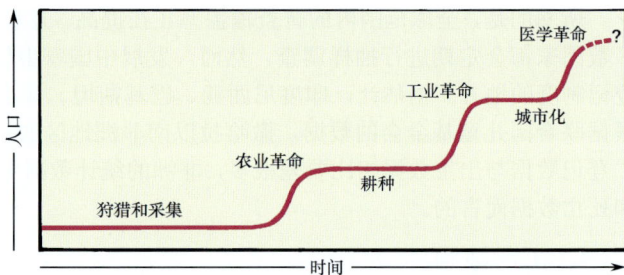

图 5.15　人类实现的稳定的高稳态台阶（平衡状态）证明他们有能力通过技术进步来提高土地的承载力。每个新台阶都表示 J 形曲线到 S 形曲线的过渡。"医疗革命"意味着现代卫生和公共卫生技术及疾病预防和治疗方面的进步，因此大大降低了发病率和死亡率

虽然马尔萨斯没有目睹欧洲正在进行的人口转型或避孕药和食品生产技术即将取得的进步，但这并未阻止其思想在"二战"后进入人口转型阶段 2 的许多发展中国家的复兴。20 世纪，斯坦福大学生物学家、畅销书《人口炸弹》的作者保罗·埃尔利希更新了马尔萨斯的观点。1968 年，埃尔利希在书中写道：拯救人类的战斗业已结束。尽管现在已快速实施了一些计划，但 20 世纪 70 年代和 80 年代仍将有数百万人死于饥饿。提高粮食产量并公平分配虽然拯救了许多生命，但现在要阻止全球死亡率的大幅增长为时已晚，除非在人口控制方面态度坚决。

新马尔萨斯主义赢得了环保人士和国际发展专家的认可，他们认为人口迅速增长将会损害环境，并会分流稀缺资源。要提高生活水平，死亡率下降国家的政府必须提出降低出生率的方案来平衡人口。因此，新马尔萨斯理论成了各个国家和国际社会的人口控制计划的基础。这些计划由联合国和非政府组织在全球推广，其影响力在中国和印度等亚洲国家非常大，并由此推出了全面计划生育的方案。目前，有些计划已取得成功。新加坡于 1965 年成立了人口与计划生育委员会，当时该国的生育率是每名妇女生育 4.9 人，而到 1986 年这一比率已下降到 1.7 人，远低于发达国家 2.1 的更替生育率。

非洲和中东地区对新马尔萨斯理论的反应并不敏感，因为这些地区民众关于大家庭的观念根深蒂固。尽管大多数撒哈拉以南非洲国家的总生育率已开始下降，但仍都高于更替水平生育率。近东地区和北非地区也存在反对出生限制的文化因素，但伊朗政府已开始执行一系列避孕计划。南欧和拉丁美洲信奉天主教的国家，其生育率已开始下降。

控制生育还存在其他障碍。西方国家首次提出经济要发展就须采用新马尔萨斯理论来控制人口时，遭到了许多欠发达国家的反对。这些国家认为，是殖民时代社会、经济和阶级结构的残余而非人口增长阻碍了发展。有些政府领导人认为，人口规模和权力之间存在关联性，因此推行鼓励生育的政策。

以丰饶论者著称的一些经济学家提出了相反的观点。例如，丹麦经济学家埃丝特·伯瑟拉普在经过详细的历史和实地研究后认为，过去的农业进步是由人口压力导致的。为了养活更多的人，农民采用了

许多新方法来集中使用土地和劳动力。换句话说，伯瑟拉普认为人口增长对发展起刺激作用而非遏制作用。美国经济学家朱利安·西蒙走得更远，他认为资源不存在于自然界，而是由人的智慧创造的。对于像西蒙这样的波多黎各人而言，更多的人意味着会出现更多的科学家和创新。从马尔萨斯时代开始，他们就观察到，全球人口从 9 亿增长到 70 亿后并未出现预测的可怕后果，这表明马尔萨斯未能认识到技术在提高地球承载力方面的作用。他们认为，现在的人口数量是可持续的，甚至有可能改善所有人的生活水平。

一种中立的观点认为，诸如绿色革命（见第 9 章）等人类独创的技术会使得粮食生产跟上人口迅速增长的步伐，但他们也警告称无法保证粮食生产技术的持续进步。近年来自傲且不深入的研究支持阻碍了持续进展。他们指出，即使取得了进一步的进展，也并非所有国家或地区都有利用它们的社会和政治意愿。那些未利用这些技术的国家将不能满足民众的需求，并会陷入不同程度的贫困和环境衰退，进而导致国家和地区危机。

# 5.8　人口前景

无论人口哲学、理论或文化规范如何，许多或大多数发展中国家的人口增长率仍在明显下降。全球生育率和出生率似乎正在下降到连悲观的新马尔萨斯主义者也无法料到的程度，即下降速度会使得全球人口数量达到峰值的时间要比以前预测的更快（参见专栏 5.2）。在全球所有地区，过去几年的生育率都在稳定下降，即由 20 世纪 50 年代初每名妇女 5 名子女的生育率下降到了 2012 年每名妇女 2.4 名子女的生育率。大多数发达国家的未来人口增长要归因于过去的高生育率，而老龄化是近期生育率变化的必然结果。

## 5.8.1　增长惯性

即便骑车人停止踩踏，自行车也会沿道路再行驶一段距离。同样，即使生育率降低到 2.1 的更替生育率，人口增长也不会马上停止。由于许多社会的年龄构成，即使生育率下降，出生人数也会继续增长，原因在于人口惯性，关键在于一个国家人口的年龄结构。

当年轻人的人口比例较高时，过去的高生育率会使得进入育龄期的人员越来越多；今天全球大部分地区的情形就是如此。发展中国家的年轻人口要远高于发达国家，非洲 15 岁以下的人口超过 40%。这些年轻人还未到生育的年龄。无论生育水平如何，拥有更多年轻人的人口往往会迅速增长。随着大批年轻人群逐渐成熟并分布到人口金字塔中，结果会持续显现。

不可避免的是，尽管这种情形正在发生，即使是最严格的限制人口增长的国家政策也无法完全阻止它。尽管出生率下降，但目前人口基数庞大的国家将会出现大幅度的人口增长。事实上，最初的生育率越高，后来生育率的下降越急剧，惯性作用就越大，即使出生率下降到低于更替生育率。例如，伊朗最近执行了强有力的人口政策，将生育率降到了 1.9，远低于更替生育率。然而，由于惯性很大，预计到 2050 年这个国家的人口将从 7800 万增加到 1 亿。人口增长惯性将越来越多地导致全球人口增长（见图 5.16）。

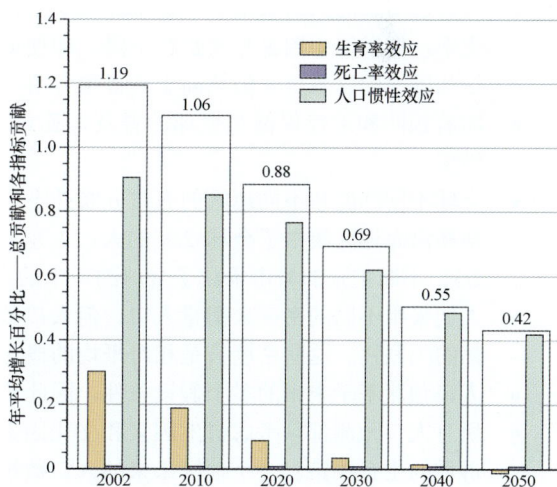

图 5.16　**2002—2005 年人口惯性效应。**全球总生育率的下降并未立即反映在自然增长率的相应下降上。由于过去的生育水平，育龄妇女的绝对数量和相对数量都在增加。因此，生育率对全球人口增长的贡献将稳步下降，人口增长惯性在预计全球人口增长中的占比很大。来源：美国人口普查局，2004

### 5.8.2　老龄化

当然，年轻人会慢慢变老，即使是年轻的发展中国家也开始面临这一现实的后果。工业化带来的人口快速老龄化问题已在一些发展中国家出现。纵观整个人类史，年轻人的数量是超过老年人数量的；在 2015 年到 2020 年之间，65 岁及以上的人口数量将超过 5 岁以下的人口数量。欧洲是全球人口年龄最大的地区，而非洲则是人口年龄最小的地区。日本是全球 65 岁及以上人口比例最大的国家，其比例为 21.6%，意大利和德国紧随其后。

人口老龄化的进程不可逆转，这是高出生率和低死亡率导致的全球人口过剩的必然结果。过去年轻人数量占优势的情况不会再出现。联合国预计，到 2050 年，全球 60 岁以上人口将超过总人口的 1/5。

到 2050 年，发展中国家的老年人数量预计将达到总人口的 20%，而 2000 年 60 岁以上人口的这一比例为 8%。由于人口转型快速发生，发展中国家的老龄化速度要快得多。因此，他们应对老龄化的时间要比发达国家的短，进而导致个人收入水平和国家经济实力都要比发达国家低下。

不管是在富裕国家还是在贫穷国家，劳动人口的负担都会越来越大。潜在赡养比（PSR），即 15～64 岁的人口数量与 65 岁或以上老年人的数量之比，正在稳定下降，1950 年到 2000 年，PSR 从 12 下降到了 9，到 21 世纪中期，预计 PSR 将下降到 4。这种变化会严重影响到社会保障、健康保险、财政和社会负担等。80 岁以上老龄人口的急剧增加，需要更多的健康服务和长期护理，这无疑会进一步加重社会负担。人口老龄化的后果对世界上最贫穷的国家来说最为棘手，他们的健康将无法保障、收入低微、没有住所，且社会服务体系无法满足这些老年居民的需求。因此，发展中国家必须提高人口增长率来应对老龄化带来的社会和经济问题。

## 重要概念小结

- 出生率、死亡率、生育率、迁移率和增长率是了解人口数量、组成、分布和空间趋势的基础。
- 对日益增长的人口数量的预测现在出现了错误。生育率已低于更替生育率的许多发达国家的出生率，像发展中国家那样也在下降。即便如此，未来的人口增长也基本上发生在欠发达国家，这些国家的总生育率仍然高于更替生育率。
- 随着预防和治疗保健在全球的普及，死亡率快速下降，出生率和死亡率的降低导致全球人口转型。
- 全球不同纬度和不同地区的人口分布并不均匀。不到陆地面积 10% 的北半球、中纬度地区、低地和沿海地区集中了全球 2/3 的人口。东亚、南亚、欧洲和美国东北部地区的人口占总人口的 2/3。不断扩张的城市承载了全球约一半的人口。
- 人们采用不同的密度来衡量人口，但人口数量和各种密度的差别与人口过剩或人口过少并无必然的关联性。这些密度只是相对平均的概念，而不是绝对的数字。
- 人口预测基于未来的多个假设条件，因此预测可能不准确。预测的时间跨度越大，精度越差。
- 所有人口预测都须考虑自然因素和文化因素对人口数量的控制作用，如环境的承载力、个人和群体的生育决策。一个地区未来的人口数量主要受该地区人口金字塔体现的年龄和性别结构的影响。由于人口惯性和人口老龄化，在年轻人比例较高的地区，人口会不可避免地增加。

人口数量并不能只通过统计分析来了解。人类社会的显著特征在于，它不仅包括人口总数、各种比率和变化趋势，而且包括经验、信仰、认知能力和意愿等，这些因素共同控制着人类空间和文化分布的差异性，这是人类多样性研究的基础。

## 关键术语

| | | | |
|---|---|---|---|
| agricultural density | 农业密度 | Malthus | 马尔萨斯 |
| carrying capacity | 承载力 | neo-Malthusianism | 新马尔萨斯主义 |
| cohort | 群体 | nonecumene | 非宜居地 |
| crude birth rate | 粗出生率 | overpopulation | 人口过剩 |
| crude death rate | 粗死亡率 | physiological density | 生理密度 |
| mortality rate | 死亡率 | population density | 人口密度 |
| crude density (arithmetic density) | 粗密度（算术密度） | population geography | 人口地理学 |
| demographic equation | 人口方程 | population projection | 人口预测 |
| demographic transition | 人口转型 | population pyramid | 人口金字塔 |
| demography | 人口统计学 | rate | 比率 |
| dependency ratio | 抚养率 | rate of natural increase | 自然增长率 |
| doubling time | 倍增时间 | replacement level | 更替水平 |
| ecumene | 宜居地 | S-curve | S 形曲线 |
| food security | 粮食安全 | total fertility rate | 总生育率 |
| homeostatic plateau | 稳态台阶 | zero population growth | 人口零增长 |
| J-curve | J 形曲线 | | |

## 思考题

1. 粗出生率和生育率有何不同？表示人口的繁殖数量时，哪种说法更准确？
2. 如何计算粗死亡率？全球自 1945 年以来死亡率下降的原因是什么？
3. 如何构建人口金字塔？何种形状的金字塔反映人口快速增长和慢速增长国家的结构？由金字塔的这些形状，能得到未来人口数量的什么信息？
4. 在人口自然增长率中能看出什么空间分布模式？在人口增长中呢？多大的人口自然增长率将使人口在未来 35 年内翻一番？
5. 如何根据现有的条件预测未来的人口数量？预测与预言有何差异？
6. 描述人口转型的各个阶段。转型的最后一个阶段出现在何处？
7. 比较粗人口密度、生理密度和农业密度，它们分别用在何种场合？承载力如何与这些密度概念相关？
8. 论述人口增长与粮食供应之间的关系时，马尔萨斯理论有什么基本假设？新马尔萨斯主义和原始学说有何不同？新马尔萨斯主义隐含了哪些政府政策？
9. 为何预测人口时要考虑人口惯性的作用？在世界上的哪些地区，计算人口增长、稳定或下降时人口惯性的作用最大？

# 第6章 人文地理学

## 学习目标

6.1 解释社会学家如何定义文化

6.2 解释如何区分文化的技术、社会及意识形态子系统，举例说明其融合方式

6.3 比较社会学家用于理解文化与环境之间关系的三个主要框架

6.4 解释族裔与人种的差异

6.5 解释全球化如何改变语言的空间分布

6.6 确定世界主要宗教的起源地，并追踪其传播路径

在世外桃源般的克劳人印第安部落，伟大的精灵总是能够适得其所，"在家日日好，出门事事难"说的就是这样的地方。这里既有白雪皑皑的雪山，又有阳光明媚的草原，年年有四季，季季有佳肴。当炎热的夏天炙烤草原之时，人们可以在雪山脚下挥毫泼墨，尽享甜美凉爽的空气；当秋天山上牧场的马儿又肥又壮之时，可以骑马下山到平原上猎杀野牛，或在河溪中捕捉河狸；当冬天来临之时，还可以栖身于河边温暖舒适的树洞。幸福的克劳人啊，一切都恰到好处，事事美好，除此以外，别无圣地。

这段描述来自19世纪初克劳人印第安部落首领阿拉波什，该部落位于美国怀俄明州大巨角盆地。然而，雷诺兹上尉则对此持不同意见，他于19世纪60年代向美国联邦战争部长报告说，该峡谷"几无任何优势可言，四周为山峰所环绕，只能生产少量农作物"。

在第3章和第4章中，我们主要关注自然景观。第5章的主题是70亿人口，虽然同属于一个人类大家庭，但可划分为各具特色文化的许多分支家庭。阿拉波什和雷诺兹见证了同样的自然景观，但其立场却出自不同的文化背景。世界由多姿多彩的各种类型的文化组成，非常值得深入开展地理学研究。文化就像透明的有色玻璃那样，影响和扭曲了人类对地球的看法。文化限定了人们的土地观，决定了他们利用及改变土地的方式，也影响了他们在土地上进行互动的方式。类似的局限性是地理学的"文化-环境"传统的重点关注，这是一种关于景观的传统，并非自然科学意义上的传统。在本章中，景观成为我们将要谈论的一个新话题，只不过视角为文化维度而非纯自然维度。

对于某些作者和评论家而言，文化意味着艺术（文学、绘画和音乐等）。对于社会科学家来说，文化是用来概括一群人生活方式的特定行为模式、理解力与适应性。在这个更广泛的意义上，与地形、气候及其他自然环境一样，文化也是地球区域差异的一部分。可见及不可见的文化证据（建筑物与农业类型、语言与政治组织）是空间多样性的重要元素，成为地理学调查的关注与主题。文化的区域差异会形成千姿百态的人文景观，就像巴黎、莫斯科和纽约的不同"感觉"一样微妙。

正是由于存在这样的差异，人文地理学才应运而生，并且设置了一个专业来解决"为什么""是什么"及"怎么样"等一系列问题。既然人类由单一物种组成，为什么文化差异如此巨大？区分文化与文化区域的最明确方法是什么？当前不同文化区域的起源是什么？文化特质与文化创新在何处演变？它们怎样在全球广泛传播？为什么文化差异在明显不同的群体之间仍然长期存在，即使在看似"大熔炉"的美国或表面上均质化的欧洲文明古国中也同样存在？今天，文化差异相关知识是否很重要？这些问题及类似的相关问题都是人文地理学的关注点。

# 6.1　文化的组成

通过模仿、传授与示范，文化在社会群体内部代代相传。文化并非天生，与本能或遗传基因无关，需要学以致用。作为社会群体中的成员，个体将会获得成套的行为模式、环境认知、社会认知及技术知识，人们必须从自己所在环境的文化氛围中学习各种知识，但不必（事实上也不可能）学会全部内容。至于在整个文化中被灌输的是哪些方面，年龄、性别、地位与职业是重要决定因素。

一方水土养一方人，一种文化展示一种社会结构（个人与所在群体的角色及相互关系的框架）。尽管总体上具有普遍性与确定性特征，甚至外观保持一致，但文化实际上并非同质的。例如，"美国"文化包含无数复杂、组合及经常相互竞争的子群，包括：农民与城市居民，女性与男性，青少年与退休人员，自由主义者与保守主义者，企业主与员工，各种宗教、政治、社会或其他正规组织的成员等。每个人都要学习，不仅要遵守总体的文化规则与约定，还要遵守个人所属子群的特定规则与约定，这些子群可能拥有各自内部公认的社会结构。

文化是行为与态度相互联锁的一个复杂网络，若只将注意力集中在明显的几个有限特质，则不可能领会其完整性与多样性的内容，事实上还可能产生完全误解的情形。对于独特的餐具、特殊的手势或宗教典礼的仪式等，虽然可以简单地描述为一种文化特征，但实际上文化结构极其复杂，这些只是其中无关紧要的部分，只有深入体验才能领悟其全部内容。

考虑到人类生活的丰富性与复杂性，我们将努力开展专门研究，提炼出为社会提供结构与空间秩序的那些最基本的文化变量。首先探讨文化特质，这是文化中最小的独特细节，也是后天习得的行为单元，包括语言、工具或游戏等。一种特质可以是一个物体（如鱼钩）、一种技术（编织渔网）、一种信仰（水中神灵）或一种态度（认为鱼肉优于其他动物肉）。当然，相同的特质（基督教或西班牙语）可能是不止一种文化的一部分。文化特质既是文化的最基本表达，又是不同群体复杂行为模式的基石。

具有普遍性的"文化情结"由功能相互关联的多个单一文化特质构成。例如，养牛曾经是肯尼亚与坦桑尼亚马赛人的文化特质，他们按所拥有的牛的数量来衡量个人财富，有喝牛奶和牛血的习惯，蔑视与放牧无关的劳动，这些特质与其他相关特质组合在一起，就形成了描述马赛人社会某方面的文化情结（见图 6.1）。在美国或其他社会群体中，通过采用完全相同的方法，可以很容易识别出宗教、商业及体育运动等情结。

图 6.1　**非洲东部原本游牧的马赛人目前大多已定居，部分人移居到城市，但通常还是围栏农场的主人。** 牛是马赛人文化的传统基础，不仅代表着财富与社会地位，还提供了饮食中重要的牛奶与牛血。© *The McGraw-Hill Companies, Inc./ Barry Baker, photographer*

文化系统（文化体系）是更广泛的一种概括，指在特定领域内由群体共享、文化特质与文化情节相互作用的集合。在多民族社会中，或许可以将文化系统进一步细分为语言差异、不同食物偏好及许多其他内部差异，但仍然可以共享足够的共同特质，使其成为自己与他人可识别的独特文化实体。当然，美国"大熔炉"的公民将自己视为美国人，共同构成了世界舞台上独一无二的文化系统。

文化特质、文化情结和文化系统具有一定的空间范围，当标绘在地图上时，就可以揭示文化组成部分的区域特征。地理学家对这些个体元素的空间分布很感兴趣，但他们通常关注的是文化区（文化区域），即地球表面上具有可识别的独特文化特质的人群分布情况，如政治组织的制度设计、宗教、经济形式，甚至包括衣服、餐具和住宅等。此类文化区的数量相互庞大，类似于按人口进行分组的独立文化特质与文化情结。

最后，通过将具有一定关联的文化情结与文

化景观的一组文化区组合在一起，还可以形成文化圈（文化领域）。在同一个文化圈内，地球表面大部分区域的文化特征基本一致，并且与相邻的文化圈有明显差异。从某种意义上讲，文化圈是对文化区的最大规模的概括。事实上，概括规模非常宽泛，而所识别的文化圈具有巨大的多样性，可能会使文化圈的确切概念产生误导而非更清晰。

事实上，文化圈分布情况是否合理，目前越来越受到人类社会与经济各方面所谓全球化的挑战。某些观察家认为，全球化的结果是文化的同质化，因为经济体已经融合，跨国公司生产的标准化商品能够满足消费者的统一需求。然而，另外一些观察家坚持认为，世界还远未同质化，全球化将继续受到地方主义、地区认同及族裔保护等方面的强力抵制。

# 6.2　文化子系统

对于置身于某种文化以外的人来说，要完全理解这种文化或许不可能，但为了便于分析起见，可以对文化特质与文化情结（构件与表达）进行分类，然后将其作为文化整体的子集进行研究。人类学家莱斯利·怀特建议文化由三个子系统组成，包括技术子系统、社会子系统和意识形态子系统。这些子系统共同构成了整个文化的结构，既相互融合，又相互影响。

技术子系统由实物（也称人工制品，包括工具及其他用具）及其应用技术组成，使人们能够解决食、衣、住、防卫、运输及娱乐等方面的问题；"社会子系统"是人们期待与接受的人际关系格局的总和，存在于经济、政治、军事、宗教、血缘关系及其他关系中；"意识形态子系统"包括某种文化的思想、信仰与知识，以及言语或其他交流形式中的表达方式。

## 6.2.1　技术子系统

对全球各地人群的文化与生存方式的变化研究，目前主要集中在一系列常见问题上，例如某一地区的人们如何谋生？他们利用哪些资源及工具（何种人造物品）来解决自己的衣、食、住问题？农业人口是否比制造业人口占比更高？开车、骑自行车还是步行上班？购买食物还是自种自食？

这些问题是关于不同文化在"谋生"中所采用的适应性策略的，从广义上讲，它们触及了那些文化的技术子系统——人们为谋生而日常使用的器械与工具。在人类历史的大部分时间里，人们依靠狩猎与采集等手段来生存，主要仰仗大自然的恩惠，对武器、工具与火的依赖较小。人们的适应能力很强，但技术水平很低，几乎没有专门工具，只能利用有限的潜在资源，很少或根本无法控制人力以外的资源。他们对环境的影响很小，但各地的土地承载能力都很低（见第 5 章），因为所有群体的技术与工艺基本相同。

最近的一次冰川退却发生在 12000～13000 年前，这标志着一个前所未有的文化发展时期的开始。从最初的原始狩猎采集经济，经过农业与畜牧业发展阶段，最终形成了城市化、工业化及错综复杂的现代技术子系统。由于并非所有文化都同时经历所有阶段，因此各人类群体之间的文化差异日趋明显。

古代社会之间的文化多样性反映了技术的扩散，使得粮食供应更有保障，资源利用更广泛深入。在不同的环境条件下，为开采自己所认知的资源，不同群体开发了专业化的工具与方法。然而，工业革命于 18 世纪发端，开启了一种相反的趋势，即走向技术同质化。

今天，高级社会群体所掌握的工具与技术几乎难以区分，他们经历了文化趋同，包括技术、组织结构甚至文化特质与手工制品的共享，这些东西已经明显地通过即时通信与高效运输联系在一起。在发达社会与欠发达社会之间，仍然存在技术差异，既反映了国家与个人财富、经济发展阶段及经济复杂性，更重要的是反映了利用能源的水平与类型（见图 6.2）。

在技术先进的国家中，许多人受雇于制造业或服务业，人均收入往往很高，教育与营养水平、预期寿命与医疗服务水平也很高。这些国家拥有巨大的经济实力与政治实力，而且可以第一时间获得最新技术。相比之下，在技术较为落后的国家中，从事农业的人口比例很高，大多数农业人口处于维持生计的水平，人均收入、预期寿命、识字率、技术水平甚至互联网接入率往往较低。

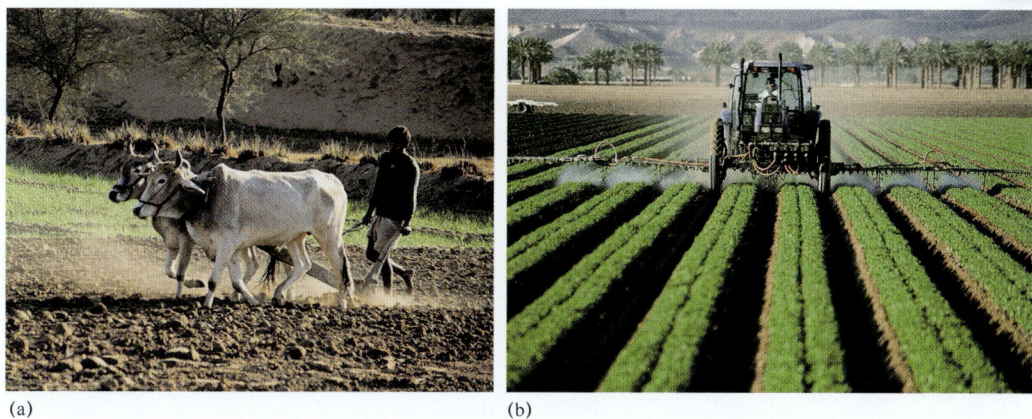

图 6.2　技术子系统之对比。(a)在印度的拉贾斯坦邦，农民利用畜力与代表自给自足经济中低技术水平的工具进行耕作；(b)在拥有先进技术子系统的文化中，通过应用复杂的机械、化石燃料与化学品（如照片中的杀虫剂）来提高产量。(a) *Getty RF*; (b) *Photo by Jeff Vanuga, USDA Natural Resources Conservation Service*

当被贴上"先进—落后""发达—欠发达"或"工业—非工业"等标签时，可能会被误解为"高级—低级"。其实，这种理解完全不正确，因为这些术语仅与经济条件和技术条件有关，与音乐、艺术、宗教及人际关系等重要文化并无定性关系。

但是，只有正确理解了这些术语及经济发展指标后，才能揭示国家之间与世界区域之间的不同文化在技术子系统方面的重要差异。几乎所有欧洲国家及日本、美国和加拿大（即"北方"）的技术水平都相对较高，大多数欠发达国家则位于拉丁美洲、非洲和南亚（即"南方"）。[1]

世界各国都具有一定的复杂性，认清这些指标反映的全国平均值所隐藏的内部差异非常重要，每个国家内部都可能存在不同发展水平的区域。同时也必须记住，技术发展是一个动态概念，只有在不断变化的技术水平与技术子系统中，持续动态地对全球各国进行评估，才能获得最有用、最准确的结果。

## 6.2.2　社会子系统

对宗教团体、政治团体、正规教育机构、非正规教育机构及构成文化社会子系统的其他各类机构来说，它们同样具有连续性与变化特征，共同界定了一种文化的社会组织形式，起调控个体相对于群体（家庭、宗教机构或国家）的作用。

大多数文化都具有各种正式或非正式的行为准则与行为方式，除此之外，这些机构中的任何一种相互作用均无"固定"模式。不同行为模式对社会的重要性因文化而异，并且在文化之间构成明显的差异。不同行为模式是后天学习文化的表达方式，并通过正规教育、偶像崇拜或不懈追求等途径，一代代薪火相传，如图 6.3 所示。

文化群体的社会体系与其技术系统密切相关，因此狩猎采集者有一套体系，而工业社会则有完全不同的体系。在农业文明之前的社会，文化群体主要由具有亲属关系的小群体组成，群体内部几乎没有社会差异或专业分工。现代社会仍然存在类似情形，例如干旱非洲南部的桑族人（布须曼人）群体和亚马孙雨林流域的孤立群体等，如图 6.4 所示。

动植物驯化大约始于 1 万年前，这种食物生产革命触发了社会转型，包括人口增长、城市化、劳动分工及社会群体内部结构差异等。在政治领域，随着定居型农业社会的形成，统治规则与体制随之发生变化，例如从忠诚于亲属群体转向忠诚于国家，资源不再是所有人的共同财产，而是变成了私有财产。在 18 世纪的工业革命后，世界发生了同样意义深远的变化，形成了今天在发达国家能够体验并控制的人类社会组织体系，世界各地的所有文化也日益受其影响。

---

[1]　"北方"与"南方"是两个约定俗成的术语，用于描述不同国家与地区的相对发展水平，最初出现于国际发展问题独立委员会 1980 年出版的《北方-南方：生存计划》（有时称为"勃兰特报告"）。苏联当时尚属北方国家，由于其 1991 年解体，联合国随后将格鲁吉亚、乌兹别克斯坦及位于亚洲的其他前加盟共和国纳入欠发达国家。

(a)　　　　　　　　　　　　　　　　　　(b)

(c)　　　　　　　　　　　　　　　　　　(d)

**图 6.3　不同社会群体培养孩子的文化特征。** 在各个场景中，人们将某些价值观、信仰、技能及得体的行为方式传授给年轻人。(a)© *Cary Wolinsky/Stock Boston*；(b)© *John Eastcott/Momatiuk/The Image Works*；(c)© *Sidney Bahrt/Photo Researchers*; (d)© *Photodisc/ Getty RF*

**图 6.4　狩猎是人类历史上持续时间最长的生活方式。** 随着人口数量不断增多，对某种果腹食品的需求量越来越大，这些狩猎者开始与生活更为清苦的农民们进行交易。与定居某地的农民及其后代不同，狩猎者的年龄与性别（而非社会地位与经济地位）差异是人际关系与劳动分工的首要基础。这些博茨瓦纳的桑族（布须曼）猎人是非洲乃至全世界为数不多的少数群体之一，至今仍追求（至少部分）这种古老的生活方式。© *Martin Harvey/Peter Arnold/Getty*

　　文化是复杂交织在一起的整体。每种组织形式（或体系）都以错综复杂的方式影响着相关的文化特质与文化情结，并反过来受其影响。例如，土地与财产所有权及控制制度均为社会子系统在体制上的表现，同时又是经济分类的明确核心，还是理解经济发展的空间格局与结构模式的核心（见第 9 章与第 10 章）。对每个国家而言，所采用的法律与司法体制是与社会学子系统相一致的文化变量，不过其影响扩展到经济与社会组织的方方面面，包括第 8 章将讨论的政治地理系统。

### 6.2.3　意识形态子系统

　　定义与鉴别文化的第三类要素是意识形态子系统，包括思想、信仰、知识及语言表达方式等内容，神话、神学、传说、文学、哲学、民间智慧及常识性知识等均归入此类。这些抽象的信仰系统或精神产物代代相传，告诉人们应该相信什么、重视什么及如何行动。信仰是社会化进程的基础。

　　通常可以从书面材料知道某个群体的信仰是什么，但有时必须从该群体的行动或目标出发，辨别其真实想法与价值观。对客观存在的"言行不一"情况，"事实胜于雄辩"与"说一套，做一套"均存在，价值观不能仅凭书面材料进行推断。

　　在某种文化中，没有什么东西能够完全孤立存在。社会群体的观念改变可能会影响社会制度与技术体系，正如技术进步可推动社会制度变革一样。在"一战"（1914—1918 年）结束后，俄国的意识形态结构从君主制农业资本主义制度急剧改变为工业化共产主义制度，而且国家文化体系发生了全方位的突然变化。到了 20 世纪 90 年代初，苏联共产主义制度突然解体，同样破坏了所有已建立的经济、社会与行政体系。文化各方面相互联锁的性质称为文化融合。

　　通过认识三种独特的文化子系统，虽然有助于理解其结构与复杂性，但同时也可能会模糊文化个体元素的多面性。文化融合意味着任何文化的目标或行为都可能具有许多含义，例如服装作为蔽体的人工制品，不仅要适合气候状况，采用适用的面料与技术，而且要适合穿用者所从事的活动。但是，服装、房屋及其他人工制品可能具有社会属性，可借以识别个体在社区或文化社会体系中的作用与地位；也可能具有精神属性，能够使人联想起更大社区的价值体系（见图 6.5）。

(a)

(b)

(c)

图 6.5　(a)房屋是重要的人工产物，为居住者提供住所。这些传统房屋位于印度尼西亚苏门答腊岛西海岸的尼亚斯岛上，反映了对炎热潮湿热带气候的巧妙文化适应性。高架地板可使居住者在倾盆大雨中保持干燥，迎来凉爽的微风循环。陡峭的屋顶挡住了雨水，并为内部遮住了热带阳光；(b)房屋也是社会产物，反映了某种文化的家庭、亲属关系与共同理想。这是位于内华达州拉斯维加斯的独立单户住宅及后院游泳池，反映了美国式的社会关系，强调个人主义、隐私与核心家庭；(c)房屋也是精神产物，反映了某文化群体关于合适的设计、方向与建筑材料的喜好。这是位于华盛顿特区的白宫，反映了古典希腊建筑及欧洲帕拉第奥和格鲁吉亚房屋的美学与对称性文化思想。(a) © *Jane Sweeney/Getty*; (b)*USDA/NRCS Natural Resource Conservation Service*; (c) © *Getty RF*

# 6.3　人类与环境

　　文化在一种自然环境中演变而来，这种环境以自己的方式造就不同人群之间的差异。在现代化之前的自给自足社会中，衣食住的获取（文化的全部）取决于人类对周边自然资源的利用。特定地区人类与环境的相互关系、对环境的感知与利用及对环境的影响是地理学相互交织的永恒主题，受到探索人文生态学的那些地理学家们的特别关注。人文生态学研究某个文化群体与其占据的自然环境之间的关系。

　　地理学家和人类学家注意到，自给自足的牧民、狩猎采集者及园丁的生产活动（并延伸到其社会组织与关系）与其所在栖息地的特定自然条件相适应。据推测，类似自然环境条件影响着相似适应性响应的演化，也影响着交通闭塞的遥远地区的文化效果。当然，初始影响并不能预先确定后续文化发展的全部细节。

## 6.3.1　环境对人类的制约

　　初看上去，全球大多数最不发达国家都位于热带地区，大多数发达国家都位于中纬度或高纬度地区，这种事实存在说明"环境在文化演化过程中起关键作用"。然而，长期以来，地理学家们一直拒绝接受并理智地限制环境决定论，认为它根本不正确。环境决定论在 19 世纪末与 20 世纪初最为流行，认为自然环境（特别是气候）决定了哪种文化最先进和哪种经济最发达。然而，世界各地出现的文化差异并不是由该社会群体的自然环境决定的，技术水平、社会组织体系及关于真理与正义的观点与环境条件并没有明显关系。全球南北方之间的发展差异有很多原因，包括殖民主义与奴隶贸易等历史因素。

　　环境确实对人类的土地利用施加了某些限制，但是这种限制不是绝对、持久的限制，而是与技术、成本因素、国家愿望及外部世界联系有关的。当人类选择所用的景观时，会受到群体对其定居地和自然资源开发可能性与愿望的看法的影响，这些方面并非土地的固有条件。

　　或然论认为文化发展的动力是人类而非环境。某种文化的需求、传统及技术水平会影响其如何评估某个区域的可能性，并决定了该文化在面积与形状等方面的选择。正如本章关于克劳人印第安部落的开篇故事所示，每个社会群体均根据其自身文化来利用自然资源，群体的技术能力或目标变化会改变其对土地效用的看法。当然，对该区域的利用也存在一些环境制约，例如若某个地区缺乏衣食住等方面的资源，或者虽不缺乏但无法找到，人们就没有占据该地区的动机。拥有这种公认资源的环境只是一个良好的开端，可以为文化发展提供保障。

## 6.3.2　人类对环境的影响

　　人类也能改变环境，这是地理学家研究的"人类-环境"关系的另一半内容。包括人文地理学在内，地理学既考察人们对自然环境的反应，又考察人类对环境的影响。在利用环境的同时，人类也改变了环境，例如在自然景观中增加人工雕琢物（城市、农场及道路等），如图 6.6 所示。这些变化的表现形式是人类置身于其中的文化群体的产物，即人文景观。人文景观是地球表面由于人类活动而形成的变化，也是一种特定文化的有形实体记录，例如房屋、交通网络、公园、墓地及定居点的大小与分布等，均为人类开发土地所采用的一些指标。

　　一般而言，技术越进步，文化越复杂，人类对环境的影响就越大。即使在前工业化社会，也可能而且经常会对所占据的土地施加破坏性压力（参见专栏 6.1）。在城

图 6.6　**自然景观与人文景观。** 先进社会能够改变自然环境，使人文景观成为控制环境的要素。加利福尼亚州洛杉矶市是一种"建筑环境"，建在海拔较高的地方，经常掩盖其周围的自然环境。©*Robert Landau / Corbis RF*

市蔓延的工业化社会中，人文景观对人们日常生活的影响已经超过了天然环境。人文景观插足于天然与人类之间，这些社会的城市居民可以过着很少接触或很少关注自然环境的生活，比如在有空调的建筑物中生活及工作，开车去封闭式购物中心，以及在世界各地的网站闲逛等。

### 专栏 6.1　查科峡谷废墟

人们不清楚阿纳萨兹人何时首次来到查科峡谷，只知道他们于公元 1000 年就已经在现在的亚利桑那州和新墨西哥州建立了一种非常繁荣的文明。在美国西南部，始于约公元 900 年中世纪温暖时期的前后 300 年，阿纳萨兹人大量种植玉米。仅在查科峡谷，他们就建起了多达 75 个城镇，印第安人村落围绕在其周边，巨大的石头与土坯公寓建筑高达五层楼，拥有房间多达 800 个。在 19 世纪末北美洲主要城市建造钢结构摩天大楼之前，这些建筑物最大、最高。同时，精心设计的公路网与灌溉渠道互相连通，支撑着这些印第安人村落。但是，大约在公元 1200 年，这些定居点突然被废弃。根据某些学者的说法，阿纳萨兹人在农业与建造住宅方面的技能领先，由此给脆弱不堪的环境带来了巨大压力，进而造成生态灾难，最终导致自己不得不迁居他乡。

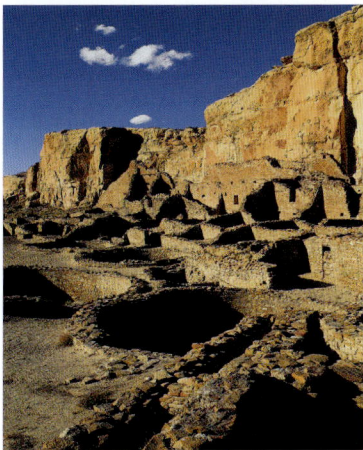
© Corbis RF

除了砍伐木材作为燃料，大量原木还被用作房屋的横梁与围墙，导致峡谷中的松树（杜松）林地很快消失殆尽。为获取建造房屋所需的大量木材，他们继续砍伐大约 40 千米以外的北美黄松，最终使这些黄松也于公元 1030 年消失得无影无踪。最后，他们盯上了峡谷周边山顶上的云杉和道格拉斯冷杉，同样的悲惨情形再次发生。当 1200 年离开此地时，阿纳萨兹人的命运已经注定，不只因为丧失了森林，森林砍伐与农业开垦还引发了不可逆转的生态变化。随着森林不断减少，侵蚀作用破坏了表土，用于灌溉的地表渠道因加速侵蚀而刷深，从而变成了不断扩大、对农业毫无用处的干谷。

由于文化的物质根源被摧毁，阿纳萨兹人开始相互攻击，战事撼动了整个地区。较小的群体到别处避难，重建了缩小版的印第安人生活方式，但只能建在几乎无法进入、高度防御的台地及悬崖等地。阿纳萨兹人造成了巨大破坏，反过来也毁灭了自己。

## 6.4　文化变迁

人文地理学反复出现的主题是"变化"，没有哪种文化是（或曾经是）以永久固定不变的物质实体、组织体系或意识形态为特征的。尽管能够长期存在于一个稳定、与世隔绝的社会中，但这种隔离状态与稳定状态非常罕见。总体来讲，虽然本质上保守，但文化总是不断变化的。

当然，许多个别变化非常轻微，最初几乎很难引起注意，但综合起来可能会实质性地改变受影响的文化。与 1940 年相比，今天的美国文化发生了天翻地覆的变化，或许没有本质性区别，只是引入了不可胜数的电气、电子与交通技术，而且这些技术及其他技术变化引起了娱乐、社会与行为方面的调整。这些调整继而引发了就业格局的变化，妇女更多地参与到劳动力队伍中，社会大众对妇女角色的态度发生了改变。之所以会发生这种累积性变化，是因为任何群体的文化特质都不独立，而是以互相耦合与互相融合的模式聚集在一起的。小规模变化会随相关特质的改变而发生，从而适应特质的调整，进而产生广泛的影响。文化中的大小变化均由创新、空间扩散及文化适应引发。

### 6.4.1　创新

创新是由社会群体内部自身创造的思想所产生的文化变化，可能是弓箭或喷气发动机等物质技术的改进，也可能是针对社会结构与社会互动等非物质形态（如封建主义或基督教）的演变。

在前现代社会与传统社会中，创新或接受变化的速度较慢。在与环境处于均衡状态且别无所求的社会中，变化没有适应性价值，也没有理由发生。实际上，所有社会都根深蒂固地抵制变革，因为创新不可避免地会在新现实与其他已有社会经济条件之间制造紧张关系，这些紧张局势只有在整个系统的其他部分做出适应性变化时才能解决。在采用新技术与其他慢节奏社会特质之间，可能会出现明显差距，称为文化滞后，例如抱怨年轻人喜欢赶时髦，大力颂扬往日的美好时光，这些都是不愿意接受或不适应变化的常见实例。

创新（发明）常常在压力下出现，已经成为人类历史上的标志性事件。当小冰河时代结束时，伴随着人口不断增长带来的压力，食物基地必然不断扩大；在若干公认的农业发明地区中，动植物驯化似乎独立发生。据推测，大约2000多年前，当大多数人类从狩猎采集转变为定居农业时，食物类型、生产技术及经济与社会组织的新模式迅速传播。所有创新都对文化网络产生一定的辐射影响，创新越大众化，影响就越普遍。

在人类的历史长河中，农业革命是最基础的创新，影响着社会的各个方面，并在农业社会前的"狩猎-采集"文化与"定居务农"文化之间产生了不可调和的冲突。这两种文化短兵相接，在争夺领土控制权方面，农民成为胜利者，狩猎采集者最终落败。这种竞争一直延续到现代社会，近500年以来，欧洲扩张完全主导了其在全球大部分地区（如北美与澳大利亚）遇到的狩猎-采集文化（参见专栏6.2）。农业及其定居生活方式加速了文化的改变，农业本身也成为一种生活方式。人们学会了纺纱与编织动植物纤维的技术，学会了使用制陶转轮来烧制黏土器具，开发了制砖、砂浆及建筑施工技术，发明了采矿、冶炼与铸造金属的技能，本地特有的资源或产品优势还促进了长途贸易关系的发展。在技术进步的基础上，出现了一种更加复杂的剥削文化，将社会划分为多个阶层，取代了以前大体平等的狩猎采集经济体。

社会革命与技术革命的源区最初在空间上具有局限性，文化发源地一词用于描述那些创新地区，关键文化元素从这些地区向外扩散，对周围地区产生影响。文化发源地可视为任何文化群体的摇篮，形成的谋生与生活方式创造了独特的人文景观。在世界各地发展起来的成千上万个文化发源地中，大多数仍处于低水平的社会与技术发展阶段，只有少部分具有文明标识，通常包括文字（或其他形式的记录保存）、冶金、长途贸易关系、天文学、数学、社会阶层、劳动分工、正规化政府体系及结构化城市社会等。伴随着粮食革命，若干主要文化发源地应运而生，最早的文化发源地诞生于7000~8000年前，最著名的早期创造中心位于埃及、美索不达米亚、印度次大陆的印度河流域、中国北方、东南亚及非洲、美洲和其他若干地方。

在大多数现代社会群体中，尽管仍可能被某些单独文化子群所拒绝，但创新性的变革已经变得习以为常、可预期和不可避免。至少基于授予的专利数量来衡量，发明的速度正在稳步增加，而且从概念到形成实用产品之间的周期一直在缩短。在一般情况下，可以获得的想法越多，能够利用与组合它们的精英越多，创新的速度就越快。由于思想交流更加有效，大型城市往往会成为创新中心。实际上，这些想法不仅激发了新思想，而且创造了一种开发新解决方案的理想环境，从而保持了社会高速前进的步伐（见图6.7）。

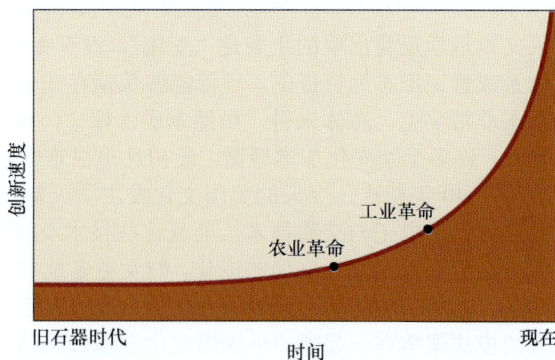

**图 6.7** **人类历史的创新趋势**。狩猎采集者的生活与其环境和资源基础达到平衡，几乎没有创新需求，也缺乏文化变革的必要性；农业革命加速了驯化、城市化、贸易思想及技术传播；伴随着工业革命的到来，社会经济全方位创新急剧增加，开始改变世界各地的文化

## 专栏 6.2　地理条件是注定的吗？

在 1997 年获得普利策奖的代表作《枪炮、细菌和钢铁：人类社会的命运》一书中，贾里德·戴蒙德写道，"不同民族的历史遵循不同的道路，主要是由于环境差异而非生物学差异"。戴蒙德有时被指责为环境决定论者，他认为欧亚大陆在世界上占据主导地位，因为这块土地孕育有大量适合驯化的动植物，而且广阔的东西向陆块适合动物、粮食作物及技术的远距离转移，其他任何大陆均没有这些优势。

粮食生产最为关键。在冰河时代结束后，农业独立发展于全球几个有限地区，中东居民幸运地拥有大量适合驯化的植物，包括八种最重要的食用草中的六种（含远祖小麦）。这些植物易于栽培，生长迅速，营养价值高，可以养活大量人口。欧亚大陆也有大量可以驯化的大型动物，包括牛、猪、羊和马，这进一步刺激了人口的增长。另一方面，由于生活在与动物接近的地方，欧亚人不幸染上了流行病，后来证明对其他大陆居民具有极大的破坏性，但同时也形成了对这些疾病的免疫力。

食品制造技术起源于中东等文化源区，沿欧亚大陆的巨大东西轴线扩散开来，这里具有大致相似的气候，适合相同的农作物与牲畜组合，从中国一直延伸到西班牙。欧亚大陆的巨大规模也意味着来自不同民族的庞大人口数量，他们开发了很多可以远距离传播的新技术。在这里，人口增长、农业生产力及创新思维创造了非常灿烂的文明，包括中央政府、城市、劳动专业化、纺织、陶器、文字、数学、长途贸易、金属加工及最终征服欧亚人并进入其他大陆的枪支等。

纵观全球，没有任何其他地区享有欧亚大陆的环境优势与技术优势。对于非洲或美洲发展起来的少数粮食作物来讲，无法有效地跨越这些南北向大陆的气候与生态屏障。由于自然灾害或早期居民对大型动物的大规模捕食，撒哈拉以南非洲和澳大利亚都未能产生驯化动物，美洲也只有本地化的美洲驼。如果没有欧亚大陆的食物基础与便捷的东西向移动，全球其他地方的人口会非常稀少，从而更加孤立及缺乏创造力。公元 15 世纪，人类开启了地理大发现和殖民化的大航海时代，以事实证明欧亚人的优势不可阻挡。来自其他大陆的居民对疾病没有抵抗力，缺乏马匹、盔甲、火器及征服者那样的组织，很快就被制服并受制于人。在贾里德·戴蒙德看来，不是因为天生的自卑感，而是由于地理上的劣势，限制或推迟了他们的发展前景。

### 6.4.2　扩散

空间扩散是使概念、实践、发明或物质从源点扩散至新区域的过程。扩散形式种类繁多，主要包括两个基本过程，或者是人们携自身文化迁移至新地区（如美国殖民地的移民），或者关于创新的信息（如带刺铁丝网或杂交玉米）传遍整个文化。在任何一种情况下，新思想都会从其源区转移至新领域或不同文化群体。在第 7 章中，我们将更详细地讨论空间扩散。对于两个不同地区存在的同一种文化特质，并不总是能够确定其是扩散还是独立（或平行）创新的结果。文化上的相似性并不一定证明空间扩散已经发生，例如埃及与中美洲的金字塔很可能出自各自的独立构思，无法证明有些人曾提出过的"前哥伦比亚时期，从地中海航行到美洲"，毕竟石器时代的建筑文化只有几种有限形状可供选择。

历史上的独立、平行发明数不胜数，最常见的例子如纳皮尔（1614）与伯吉（1620）发明对数、牛顿（1672）与莱布尼茨（1675）发明微积分、格雷与贝尔（1876）发明电话等。毫无疑问，农业不仅在新世界与旧世界中独立发明，而且在东西半球都有不止一个文化发源地。

所有文化都是从其源区在空间上传播并融入受体社会结构中的无数发明的混合物。据估计，在任何社会群体中，只有不超过 10%的文化项目为其成员所创造，其余 90%则通过传播而进入（参见专栏 6.3）。

## 专栏 6.3　本土文化

关于一个"100%的美国人"生活中的普通早晨，拉尔夫·林顿写道：

一个真正的美国公民早晨醒来。床上的图案起源于中东，但在传播至美国以前，在北欧进行了修改。他掀开用印度种植的棉花制造的棉毯，或在中东种植的亚麻被，或同样来自中东的羊毛毯，或中国发明的丝棉被。所有这些材料均采用中东人发明的纺织工艺⋯⋯他脱掉睡衣，那是印度发明的服装，用古代高卢人发明的肥皂洗脸⋯⋯

　　回到卧室⋯⋯穿上最初来自亚洲大草原游牧民族式样的皮衣，由古埃及发明的鞣革工艺和按地中海古典文明式样裁剪制成的皮鞋⋯⋯外出吃早餐之前，他透过从埃及发明的玻璃制成的窗户向外瞥了一眼，如果正在下雨，就会穿上由中美洲印第安人发现的橡胶所制成的雨靴，并带上东南亚人发明的雨伞⋯⋯

　　吃早餐时，他面前是一整套新的舶来元素，盘子用中国发明的陶器做成；刀是钢制的，合金首先在印度南部制造；叉子是中世纪的意大利发明；勺子起源于罗马。他先吃一个来自地中海东部的橙子，再吃一块来自波斯的哈密瓜或非洲西瓜。就着这些水果喝咖啡，那是一种阿比西尼亚植物⋯⋯他可能吃一种在印度支那驯化的鸟类的蛋，或在东亚驯化的动物的细肉条，这些动物肉是用北欧开发的一种加工工艺所腌制和熏制的⋯⋯

　　吃完早饭后⋯⋯他阅读当天的新闻，那是在中国发明的材料上用古闪米特人发明的字符书写并用德国人发明的工艺印刷的。当得知这些舶来品的种种辛劳时，如果是一位保守派的好公民，他就会用印欧语言感谢一位希伯来神：我是 100% 的美国人。

　　来源：Ralph Linton, *The Study of Man* © 1936, renewed 1964, pp. 326-327, Prentice Hall, Inc., Englewood Cliffs, NJ.

　　当然，如第 7 章所解释的那样，扩散确实存在障碍。一般而言，两个文化区域越接近、彼此越相似，这些障碍就越小，采纳创新的可能性就越大。当然，受体文化可以选择性接纳来自供体社会的某些物品或想法，也可以拒绝其他物品或想法。接纳决定取决于受体群体的自身文化，政治限制、宗教禁忌及其他社会习俗都是传播的人文障碍。例如，法裔加拿大人虽然在地理位置上紧邻多伦多、纽约和波士顿等众多扩散中心，但他们有选择性地接受英国人的影响。某些传统群体（如纽约市哈西德派犹太社区）或许受到严格的宗教信仰控制，可能在很大程度上拒绝他们所处更大群体的文化特质与技术（参见专栏 6.4），如图 6.8 所示。

图 6.8　在宗教信仰的推动下，"美好生活"必须简化为最简朴的形式。在伊利诺伊州中东部的阿米什社区，人们摒弃了周围主流世俗社会的现代奢华，孩子们每天坐马车去上学，而不是乘校车或汽车。*Jean Fellmann* 授权使用

## 专栏 6.4　民俗文化与流行文化

　　即使在发达社会中，也并非所有文化群体都很容易采纳或适应文化变革。总体来说，文化是一种生活方式，包括为什么做、怎么做、吃什么、穿什么、如何自娱自乐、相信什么及钦佩谁等。但是对人们所接受"生活方式"的普遍性，还需要加以区分。

　　民俗群体之所以能够保留至今，主要是由于空间的隔离，或者从更大社会群体的共同文化中自愿脱离出来，其本应是这个更大群体的一部分。民俗文化蕴含着传统及非时尚的生活方式，主要特征为同质和较强的凝聚力，属于一种自我保护群体，基本上孤立于（或抵抗）外部影响。民俗文化受传统控制，对变革的抵制力很强，在工具、食物、音乐、故事和礼仪中，自家制作及手工制品占主导地位。民俗生活是由有形元素与无形元素构成的文化整体。物质文化是有形部分，由可见的物理对象组成，如乐器、家具、工具和建筑物等。在民间社会中，这些东西是家庭或社区本身的产品，而不是大规模生产的商品；非物质文化是无形部分，由精神与社会产物组成，如口述传统、民歌、民间故事及习俗行为等，主要通过教导与示范方式，将言语方式、礼拜模式、观点及价值体系等传递给下一代。

在美国与加拿大，真正的民俗群体很少，而且数量至今仍在萎缩。以前，此类群体数目较多，主要是由于大量移民移居新大陆，带来了不同的风俗习惯与宗教信仰。这些族群有着各自的语言、宗教信仰与发源地，随着时间的推移，他们带来的许多民族特征变成了美国的民俗风貌。例如，弗吉尼亚州西部的传统歌曲，既可视为南部高地的非物质文化，又可视为移民传承英国乡村先民的证据。

就此而论，我们每个人都具有民族起源与民俗生活的痕迹，例如使用自己家庭或所属文化的谚语，讲述孩童时代的童谣与神话，懂得击木祈福或根据月亮圆缺来种植花草，了解各种节日及其庆祝方式，熟悉制作佳肴的"正确"方法等。然而，此类民俗文化大多是生活中的次要元素，美国目前只残存少量这样的群体（如旧规阿米什人，他们拒绝电力、内燃机及其他"世俗"装备，热衷于马车、手工工具与传统服装），使人回想起这是原先广为人知的民俗文化的非凡之处。另一方面，加拿大保留了大量清晰可辨的传统民俗与装饰艺术。

流行文化是民俗文化的对立面，也是其替代品。流行是指一般大众而非小群体（民俗文化）的独特性与个性，属于一种不断接纳、追随并迅速摒弃的共同行为模式，具有变幻莫测的时尚特征。在这个过程中，本地的独特生活方式和民俗文化特质（物质与非物质）多半被取代并丧失，同一性取代了多样性，小群体身份逐渐消失。对大多数人而言，同一性深受欢迎。例如在 18 世纪 50 年代，乔治·华盛顿写信给英国代理商，要求购买"……两副刺绣褶润边饰……如果它已过时，就请发送时尚的……"，又说"无论给我发送何等货物……一定要是流行式样"。类比到今天，他的要求就是要融入同龄人及其所属社会环境之中。

我们既可把流行文化视为一种"趋同"的力量，又可把流行文化视为一种"释放"的力量。一方面，它泯灭了群体在隔离与自给状态下形成的、具有地方特色的民俗文化生活方式；另一方面，群体中的每个人又有更多机会接受种种影响（衣着、饮食、工具、娱乐及生活方式等方面），而在原来文化环境受风俗习惯和隔离状态的控制所限制且选择有限的情况下，这种影响很小。广泛的区域一致性（如形式上雷同的全国性折扣店商品目录、完全相同的大型购物中心里千人一面的零售商，或无处不在的快餐连锁店）可能取代地方民俗文化的地方特性，这种文化一致性的内容、多样性与可能性比其取代的任何文化都要丰富得多，但是它所包含或鼓吹的社会价值与宗教价值不一定是一种进步。

扩散后的思想与实物经常会经历某种意义或形式的改变，使之能够为借鉴的族群所接受。新老结合的过程称为融合，这是文化变迁的重要特征。为在新旧信仰之间寻求可接受的一致性，皈依某种宗教的社会群体常在宗教仪式与教条上做些改变。例如，奴隶把伏都教从西非带到了美洲，并在海地与路易斯安那州蓬勃发展。多年来，伏都教吸收了法国与西班牙天主教教义、美洲印第安人的精灵实践，甚至受到共济会传统的影响。尽管存在这些适应性融合，但许多信徒认为自己是天主教徒，并认为基督教与他们对保护精灵与伏都教的其他信仰之间没有矛盾。还有一个更为常见的情形，反映了融合思想对引进的民族菜系进行微妙或明显的改变，使其更符合美国快餐特许经营的要求。

### 6.4.3　文化适应

文化适应是指某个文化群体在采纳另一个文化群体（通常更为强势）的许多特征后发生重大改变的过程。在实际生活中，文化适应可能涉及两个群体在长期接触过程中的一种或两种原有文化模式的改变，这种情况可能发生在被征服或被殖民的地区，通常征服者的数量优势或技术水平压倒一切，臣服于人或受制于人的群体则被迫适应或接受。

罗马占领区的欧洲部落、斯拉夫人占领西伯利亚后的土著居民及欧洲定居北美后的土著印第安人都经历了这种文化适应。文化适应还存在另一种表现方式，即美国人在"二战"结束后占领并强加给日本的政治体制与思想体系的变化，日本还接受了美式生活中某些娱乐方式的变化。反过来，通过对日本的食物、建筑、哲学及流行文化的认识，更加丰富了美国人的生活，这显示了文化适应的双向本质。

有时，入侵其他族群也可能会被同化。例如 13—14 世纪，蒙古部落征服了中国的大部分地区，但历史悠久的汉族文化却战胜了入侵的蒙古文化。宗主国与其殖民地的关系也可能导致殖民者文化的永久性改变，即使很少的人口直接接触也可能如此。例如，由于受到美洲殖民地的影响，许多欧洲人吸烟成瘾，同时还大量引进了马铃薯、玉米和火鸡；在英国，喝茶和吃咖喱虽然是民族传统，但均属舶来品，反映了在印度的殖民经历。

第 5 章讨论过人口迁移和移民带来的影响，这在现代社会中会形成全世界前所未有的文化混合。传统的"大熔炉"观点（正式名称为融合理论）认为，当移民融入某个社会群体（如美国）时，接收群体与各种新加入群体最终将合并为一种复合的主流文化，其中会叠加各种群体的许多文化特质。更现实地说，新加入群体若想被接受，就必须学习所进入群体文化的行为方式与反应模式，以及工作场所与政府的主导语言。对他们来说，文化适应包括接受该社会的价值观、态度、行为方式和语言，而该社会本身也会因吸收新群体的文化而发生变化。在这个过程中，移民群体会逐渐丧失大部分独立的文化特征，随着时间的推移而接受更多的东道主群体文化。

在一般情况下，文化适应表现为"少数群体应采用主流群体的模式"。但这个过程可能是相互的，即主流群体也可能采纳新加入少数群体的某些模式与习惯，从而形成更广泛、更多样化的复合文化。这不再是原来的"熔炉"概念，而是形成了"沙拉碗"或"大块炖肉"的文化混合物。

这种融合过程完成后，就会发生文化的同化作用。但是，同化并不意味着原始文化身份意识的减弱或丧失，竞争理论表明，随着少数群体开始取得成功并进入主流社会与经济生活，他们对文化差异的认识可能会得到增强，逐步转变为我行我素的少数群体，努力在主流社会内追求捍卫及保护其自身地位的目标和利益。在极端情况下，有些好战的少数民族通过自决方式来做出某些决定，可能会导致文化适应过程中的社会稳定与文化融合的丧失，而这些正是西欧及北美等移民目的地国家日益关注的问题。

## 6.5　文化多样性

在刚开始讨论文化主题时，我们介绍了技术、社会与意识形态三个子系统，了解到这些子系统的独特构成（特定文化的文化特质与文化情结的组合及相互作用）会因为受到创新、空间扩散、吸收和文化适应而发生变化。然而，即使经过数千年的文化接触与交流，这些文化发展与改造的过程也没有形成同质化的全球文化。

如之前所见，在一个日益融合的世界中，大多数人和社会群体都可以广泛使用现代生活所需的各种物品与技术，逐渐形成重要的文化共性。然而，全球文化并未统一，仍然存在分裂。事实上，某些观察家指出，当整个世界随着全球化进程而变得愈发同质化时，某些群体会更加紧密地依赖于本地、族裔、宗教或其他文化身份。作为地理学者，我们的关注点是确定具有空间表达的文化特质，始于一种文化如何在全球广大区域中随特质而变化，又如何以宽泛概括的样式有别于其他社会群体。

语言、宗教、族裔和性别符合我们的标准，在区分文化特质的差异化方面最为突出。语言与宗教是文化的基本组成部分，有助于确定个体的身份，并将其明确归类于具有相似特征的人群。上述术语为文化意识形态子系统的组成部分，有助于塑造社会群体的信仰体系，进而影响文化的技术与社会子系统。

族裔是一种文化概括，而非单一的文化特质，它建立在具有与众不同特征的共有身份的基础上，可能包括语言、宗教、民族起源、独特习俗或其他标识符的组合。与语言和宗教一样，族裔也显示出清晰的地理格局，在复杂的社会与国家内部，也可作为界定文化多样性与构成的要素。

基于语言、宗教或族裔对男女是否一视同仁，我们可以判别其文化特征。在文化结构中，最突出的部分是社会结构（社会体系），其基于男女性别来分配特定的职责、关系和标准。性别是分辨社会差别的参考术语，既能决定人们利用空间的方式，又能评估经济机会与文化机遇。因此，女性地位是重要的文化空间变量。

## 6.6　语言

变化与发展是语言的永恒主题。语言通过口头或书面形式使不同文化群体能够相互理解并通力合作，形成可区分于其他文化群体的共享行为模式。语言是最重要的文化传播媒介，可简单地定义为一种有组织的讲话体系，人们通过语言彼此沟通以达成相互理解。语言让父母能够教育子女，让他们了解世界及其作为社会成员的角色与责任。某些人认为，一个社会群体的语言代表了该群体成员的认知能力。通过包含的词语及表达的观念，语言决定了一个社会群体的做派、理解力和反应。因此，语言既是文化差异的原因，又是文化差异的标志，如图 6.9 所示。

如果这个结论正确无误，那么文化异质性问题可能就很容易理解。全世界共有约 70 亿人口，语言种类约为 6900 种。总体来讲，非洲拥有在用"活语言"的近 1/3（尽管 85% 的非洲人讲 15 种核心语言的一种或多种变体），由此就不难理解这个大陆的政治分歧与社会差异。仅在欧洲一地就存在 230 种语言和方言，如图 6.10 所示。语言是文化多样性的标志，目前全球主要语言的分布不仅记录了各语言先祖的迁移与征服过程，而且记录了最近数个世纪人类迁移、定居及殖民的持续动态格局。

图 6.9  威尔士语是英国境内凯尔特人的一种语言，它能生存至今说明了语言对文化认同的重要性。经历一个多世纪的衰退后，英语开始主导教育与公共生活，20 世纪 90 年代通过的法律规定威尔士语在威尔士具有与英语相同的平等地位。威尔士语教学在 16 岁之前属于强制性，威尔士的大多数政府出版物与道路标志均为双语。英国政府一直支持威尔士，并将权力下放给威尔士政府。© *Mark Bjelland*

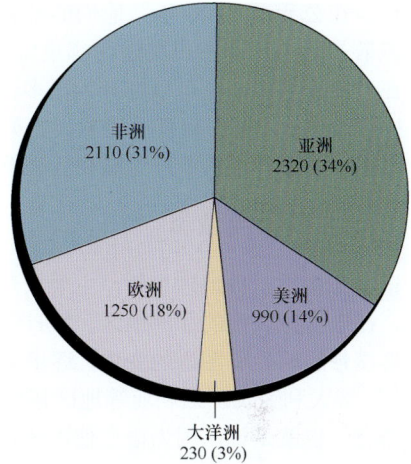

图 6.10  2009 年世界"活语言"分布情况。在今天仍然存在的约 6900 种语言中，约 1/3 位于亚洲。据语言学家估算，地球上曾经存在的语言数量为 31000～300000 种。由此看来，即使采用较低或最低的估算因子，已经消失的语言数量也要远超现有的活语言。在巴布亚新几内亚或印度尼西亚的森林中，每周都会有一或两种口语消失。相比之下，作为民族与文化的广泛混合结果，最近 4 个世纪产生了 100 多种新语言。来源：*Estimates based on Lewis, M. Paul (ed.), 2009. Ethnologue: Languages of the World, Sixteenth edition. Dallas, Tex.: SIL International*

如果重要性可通过语言使用人数的平均值来表示，那么语言的相对重要性的差别就会特别大。在全球数千种语言中，超过一半居民的母语仅为其中的 8 种，至少有一半居民经常使用其中的 4 种语言之一。表 6.1 列出了超过 9000 万人口使用的那些语言。还有另一个极端现象，就是许多语言迅速走向衰落，使用者数量仅为数百或数千。事实上，当今世界的语言要远少于历史上曾经出现过的语言，每年都会有大量方言消失，被英语或其他语言取代。学者们估计，约有一半现代口语濒临消失，而且 21 世纪肯定会消失。这意味着孩子们不再学习这些口语，他们中的最年轻者也会步入中年。

表 6.1  9000 万或更多人使用的第一语言（2009 年）

| 语  言 | 人口数量（百万） | 世界人口占比（约） | 语  言 | 人口数量（百万） | 世界人口占比（约） |
|---|---|---|---|---|---|
| 汉语[a]（中国） | 1213 | 18 | 孟加拉语(孟加拉国，印度) | 181 | 3 |
| 西班牙语 | 329 | 5 | 葡萄牙语 | 178 | 3 |
| 英语 | 328 | 5 | 俄语/白俄罗斯语 | 144 | 2 |
| 印地语/乌尔都语[b]（印度，巴基斯坦） | 243 | 4 | 日语 | 122 | 2 |
| 阿拉伯语[c] | 221 | 3 | 德语 | 90 | 1 |

数据来源：*Ethnologue: Languages of the World*, 16th ed.; *Linguasphere 2000* 等。

[a] 中国约有 6.5 亿人讲官方语言，即汉语普通话；对于 1500 余种地方方言，即使彼此之间无法有效沟通，也被计入汉语。

[b] 印地语和乌尔都语源自同一种语言印度斯坦语。以梵文书写时，称为印地语，这是印度的官方语言；以阿拉伯文书写时，称为乌尔都语，这是巴基斯坦的官方语言。

[c] 这里的数字包括许多口语版阿拉伯语的使用者，这些版本通常互不理解。《古兰经》的语言是古典版或文学版阿拉伯语，标准统一，但仅限于作为口语的正式用法。由于与宗教切相关，阿拉伯语是伊斯兰国家许多居民除母语外的第二语言。

　　了解各种语系后，语言的多样性就很简单。语系（语言谱系）是共同起源于某种单一早期口语的一组语言，印欧语系是其中最为突出的一类语言，涵盖了绝大多数欧洲语言、大部分亚洲语言及部分引入（非本地）的美洲语言。总而言之，印欧语系的使用人数约占全球人口的一半。

　　通过识别大多数印欧语言中的类似词语，语言学家们推断出这些语言来自称为古印欧语的同一祖先，这是约 5000 年前生活在东欧某地的人们所说的语言，但有些人认为土耳其中部是更可能的发源地。至少在公元前 2500 年，他们的社会群体明显已经四分五裂，部分人离开故土，母体文化的片段四处飘散。无论这个杰出民族在哪里定居，他们似乎都能成为统治者，并将语言强加给本地人。

　　在一种语系中，还可以细分为更多语族（或亚语系），例如罗曼语族（如法语、西班牙语和意大利语，拉丁语继承者）与日耳曼语族（如英语、德语和荷兰语）都是印欧语系的亚语系、语族或分支。在同一语族中，各种语言或许无法相互理解，但发音、语法结构及词汇等经常具有相似性。

## 6.6.1　语言传播与变革

　　语言传播是一种地理事件，主要表现为随着时间的推移，某种语言区域逐渐扩大或迁移至新地方。例如，在撒哈拉以南的非洲地区，"班图线"南部存在 300 余种班图语言，它们是由不断扩大的文化先进人群携带的原始班图语的变体，逐步从语言上取代了先前人口的语言。更近一段时期，当欧洲人将南北美洲、澳大利亚及西伯利亚等地区拓展为殖民地后，各欧洲殖民者的语言同样取代了其殖民地人口的土著语言。也就是说，因为语言使用者占领了新领土，所以其语言可能会传播开来。

　　然而，拉丁语取代西欧早期的凯尔特语却并不是因为人数占优，来自罗马的士兵、行政人员和殖民者并不占多数，由于罗马帝国的影响与控制，土著人口逐渐放弃了自己的语言。在大多数历史与现代案例中，语言传播遵循的规律是"接纳"而非"驱逐"。也就是说，因为语言获得了新使用者，所以才可能会传播。

　　语言传播的两种方式（原使用者的扩散或获得新使用者）都可能由于族群的隔离与孤立，而形成一些分离、相互无法理解的语言。对于单一语言的词义、发音、词汇和语法（单词组成短语及句子的组合方式）来讲，发生变化的过程规范而自然。由于变化逐步显现，一般不易察觉，但逐步累积后可能会导致巨大的语言变化，并在历经数个世纪的打磨后形成一种全新的语言。虽然莎士比亚的英文作品（17 世纪）与詹姆斯国王钦定版的《圣经》（1611 年）听起来非常生硬，但是 8 世纪的作品《贝奥武夫》更加晦涩难懂。语言演变可能是渐进的、累积的，每代人均在很小程度上偏离其父辈的说话风格与常用词汇；语言也可能发生大规模或突然性改变，主要反映在征服、迁移、新贸易联系及文化孤立等事件中，对语言可能会造成毁灭性打击。

　　从许多方面看，英语是一种多元文化语言，不仅归功于不列颠群岛的原始居民凯尔特人，而且受益于随后的侵略者，包括讲拉丁语的罗马人及讲日耳曼语的盎格鲁人、撒克逊人和丹麦人。11 世纪，在不断演变的英语中，讲法语的诺曼征服者增添了约 10000 个新单词。16—17 世纪，发现新大陆及殖民地极大限度地丰富了英语词汇，不仅新增了食物、植物、动物及人工器物等新词汇，而且融入了原有土著美洲人、澳大利亚人、印第安人及非洲人所用的词汇。例如，仅美洲印第安语就带来了 200 多个相当普通的英语日常用语，其中 80 个（或更多）来自北美土著语言，其余则来自加勒比、中美和南美语言。此外，英语还增加了 2000 多个专业或本地化的单词，包括直接加入的很多词汇（如驼鹿、浣熊、臭鼬、玉米、南瓜、沙可达玉米粥、冰雪屋、平底雪橇、飓风、暴风雪、山胡桃、山核桃等），以及采用南美土著词汇的西班牙语变体的一些词汇（如雪茄、马铃薯、巧克力、番茄、烟草、吊床等）。

　　随后，英国殖民者将英语带到西半球和澳大利亚，然后又伴随着贸易、征服与领土扩张，继续延伸至非洲和亚洲，使英语在全世界范围内广泛传播开来。在这种地域传播中，通过与其他语言的接触，英语得到进一步丰富与完善，逐步成为商业与科学领域普遍采用的语言，而且为其他语言的共同词汇做出了贡献。在大约 400 年的时间里，英语从欧洲海岸 700 万岛民的地方性语言，发展成一种真正的国际语言。目前，全球约有 4 亿人以英语作为母语，6 亿人以英语作为第二语言，许多国家采用英语作为官方语言，此外还有数百万人能够较熟练地将英语作为外语使用。英语是约 60 个国家的官方语言，远远超过法语（32 个）、阿拉伯语（25 个）、西班牙语（21 个）等其他主要国际语言，成为促进全球互动的主流语言，广泛应用于国际科学会议、空中交通管制和国际外交等领域。在 20 世纪 90 年代，英文网站主导着整个互联网，但是随着其他主要语言的发展，这种主导地位目前正在下降。

## 6.6.2　标准语和变体语

　　讲共同语言（如英语）的人们是"语言社区"的成员，但成员身份并不一定意味着语言的统一性。在语言社区中，通常既包含由公认的语法、词汇及发音组成的"标准语"，又包含一些个性化的"方言"，即不同地域、社会、职业或其他细分类型的普通百姓的日常语言。

　　官方或非官方的标准语是政府、教育部门或社会认可的语言形式，例如在阿拉伯国家，古典阿拉伯语是清真寺、教育机构和报纸使用的语言，普遍适用于整个阿拉伯语世界。阿拉伯语口语则属于变体语，适用于家庭、街道、市场及相关区域，与标准语的差异较大，可能类似于葡萄牙语与意大利语之间的差异。另一方面，在美国、加拿大英语区、澳大利亚和英国等地，人们所讲的英语也与标准英语略有不同。

　　正如没有任何两个人能够讲完全相同的语言一样，除最小、最密切的社区外，几乎所有语言社区都存在可识别的变体语言，称为方言。通过词汇、发音、节奏及语速等特征，可以清楚地划分开不同的方言族群。大多数方言都具有清晰的空间属性。说话方式属于地理变量，每个地区都可能有自己的语言，或许与邻近地方有轻微差异。通过研究发音、词汇、单词含义及其他语言特征的差异，有助于定义一般性语言社区的语言地理学，即研究地理方言或区域方言的特征与空间属性的科学。图 6.11 只是记录了一个短语的用法变体。由于具有独特的口音，美国南方地区的方言最容易识别。在某些情况下，地理方言之间存在很大的差异，对于持同一种语言的其他人来讲，有些方言几乎等同于外语。例如，美国人若要听懂澳大利亚英语，或英国利物浦人和苏格兰格拉斯哥人的讲话，就要付出更多的努力（参见专栏 6.5）。

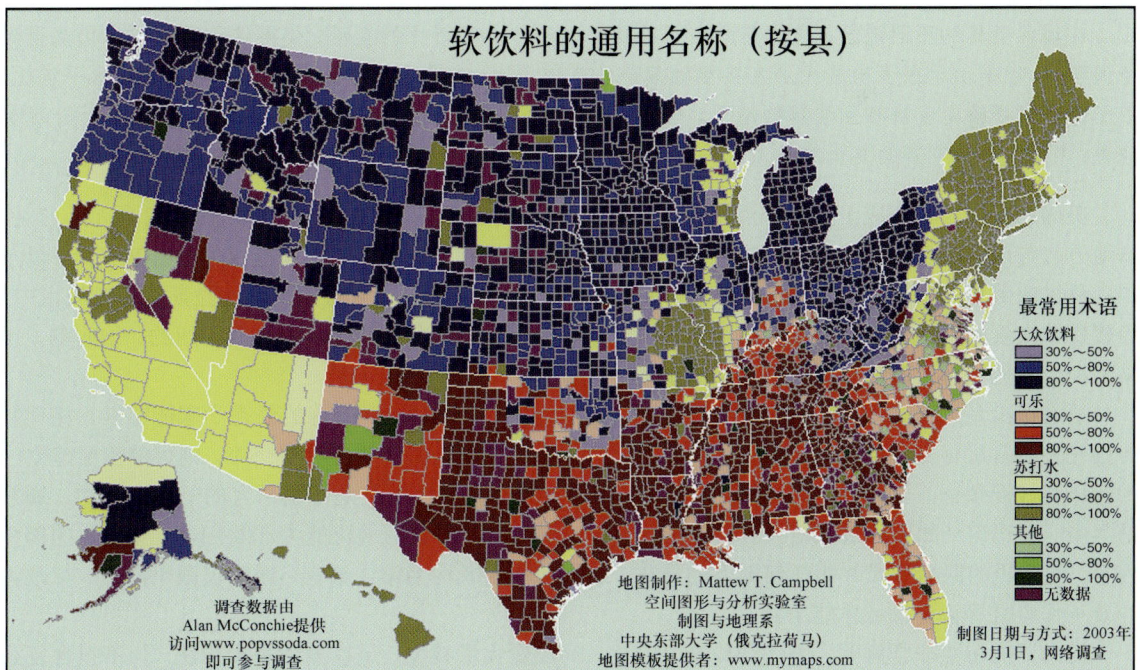

图 6.11　方言的差异。日常用品的描述性术语有助于识别方言差异。例如，"软饮料"在美国各地有不同的通用名称，包括苏打水、大众饮料及可乐等。在推广"标准"的美国词语用法及发音方面，尽管全国大众媒体起了一定的作用，但区域差异仍然存在。来源：*M. Campbell and G. Plumb, Web Atlas of Oklahoma, East Central University*

## 专栏 6.5　世界英语

母语不是英语却能讲英语的人很多，甚至远多于第一语言为英语的人。10 多亿人将英语作为第二语言，讲英语或至少懂一点儿英语，他们大多生活在亚洲，为适应自身的文化、语言背景及相关需要，可能会在使用时对英语进行本地化改造。

对于广泛使用的语言来讲，不可避免地会被距离、孤立及文化差异所分化，通常首先分化为各种方言，然后演化成新语言。例如，拉丁语分化为法语、西班牙语、意大利语及其他罗曼语。英语同样经历了这种区域分化，在世界各地相距遥远的各个社区中，英语受到来自不同世界且生活方式各异的人们的塑造，最终走上了无法相互理解之路。尽管标准英语可能是有些人出生国的一种或唯一的官方语言，但是世界上声称精通英语或把英语作为国语的千百万人并不能彼此理解。例如，即使是印度、马来西亚、尼日利亚或菲律宾的英语教员，也不能用他们想象中的共同口语进行交流，而且发现伦敦土话是完全陌生的英语。

英语口语的分化是语言生活中的事实，语言学家将这种分化的产物称为"世界英语"。世界英语常常无视各国政府"消除方言、鼓励坚持国际标准"的努力，"新加坡英语"和"菲律宾英语"（英语与菲律宾主流语言塔加洛语的混合）是世界英语多元化的常见例子，同样显著的区域变体也出现在印度、马来西亚、中国香港、尼日利亚、加勒比及其他地区。曾经有一位语言学家提出，在以英语为第一语言和母语的"内圈"国家（如加拿大、澳大利亚及美国）之外，存在着一个以英语为第二语言的"外圈"国家（如孟加拉国、加纳、印度、肯尼亚、巴基斯坦、赞比亚及其他许多国家），具有区域特色的世界英语在那里的发展最为明显。甚至外围还有一个"扩张圈"国家（如中国、埃及、韩国、尼泊尔和沙特阿拉伯等），这些国家中的英语是一门外语，但尚未形成具有共同用法特色的地方变体。

在现代世界的不同地区，虽然英语之间不断有电子与文字形式的互动，使得这种共同语言仍能得到普遍理解，但是由于很多地区无法直接接触第一语言使用者，使得这些地区的英语应用与教学水平堪忧，似乎也不容易改变无法相互理解的情况。当悲叹法语在欧盟内的地位下降时，一位法国官员曾经开玩笑地说："我们唯一期待的复仇结果，就是外国人讲英语如此糟糕，最终令其灭亡。"

美国的不同方言形成于大西洋沿岸与墨西哥湾沿岸，由定居者传播至内陆，如图 6.12 所示。但是，本地方言与口音的一致性或变化模式具有不可预测性。可以预期的是，随着大众媒体的影响扩大，以及国内移民的数量上升，将会对地区方言起平衡作用。有证据表明，在亚特兰大和达拉斯等南方城市中，当接受了大量涌入的北方人后，使用当地方言的人口持续下降。另一方面，芝加哥、纽约、伯明翰、圣路易斯及其他城市之间，讲话风格与口音的差异不断加大。

语言很少是人群之间交流的全部障碍，通过掌握两门或多门语言，熟练的语言学家能够以互相理解的第三种语言进行交流。但是，在理解能力较弱的人群之间，若需长期接触与交流，则可能需要建立一种新语言（混杂语），即需要双方共同学习的语言。混杂语（洋泾浜）是不同语言的一种混合物，通常是其中一种语言（如英语或法语）的简化形式，同时借用另一种语言（可能为非欧洲本地语言）的部分内容。混杂语的原始形式并非任何地方的母语，对任何使用者均为第二语言，通常仅限于商业、行政管理及工作监督等特定领域才能用到。

混杂语的特点非常鲜明，语法结构高度简化，词汇量大量减少，足以表达基本想法，但不包含复杂概念。如果某混杂语成为一群使用者的第一语言（他们可能因不使用而失去了以前的母语），就会发展成为克里奥尔语，这种语言的特点是"语法结构越来越复杂，词汇量越来越大"。

在语言多样化地区，克里奥尔语经实践证明是非常有用的沟通工具，甚至部分已经成为独立国家的象征。例如，斯瓦希里语是由大量班图方言构成的一种混杂，主要词汇来自阿拉伯语，源于东非沿海地区，首先由阿拉伯象牙和奴隶商队传播，后来在英国与德国殖民统治时期通过贸易途径向内陆传播。肯尼亚与坦桑尼亚独立以后，将斯瓦希里语作为行政部门与教育机构的国家语言。克里奥尔语还有很多例子，例如南非荷兰语是南非共和国于 17 世纪使用荷兰语的一种混杂语形式；海地克里奥尔语源自奴隶贸易过程中使用的混杂化法语；集市马来语是马来语的一种混杂语形式，其中一种变体是印度尼西亚的官方语言。

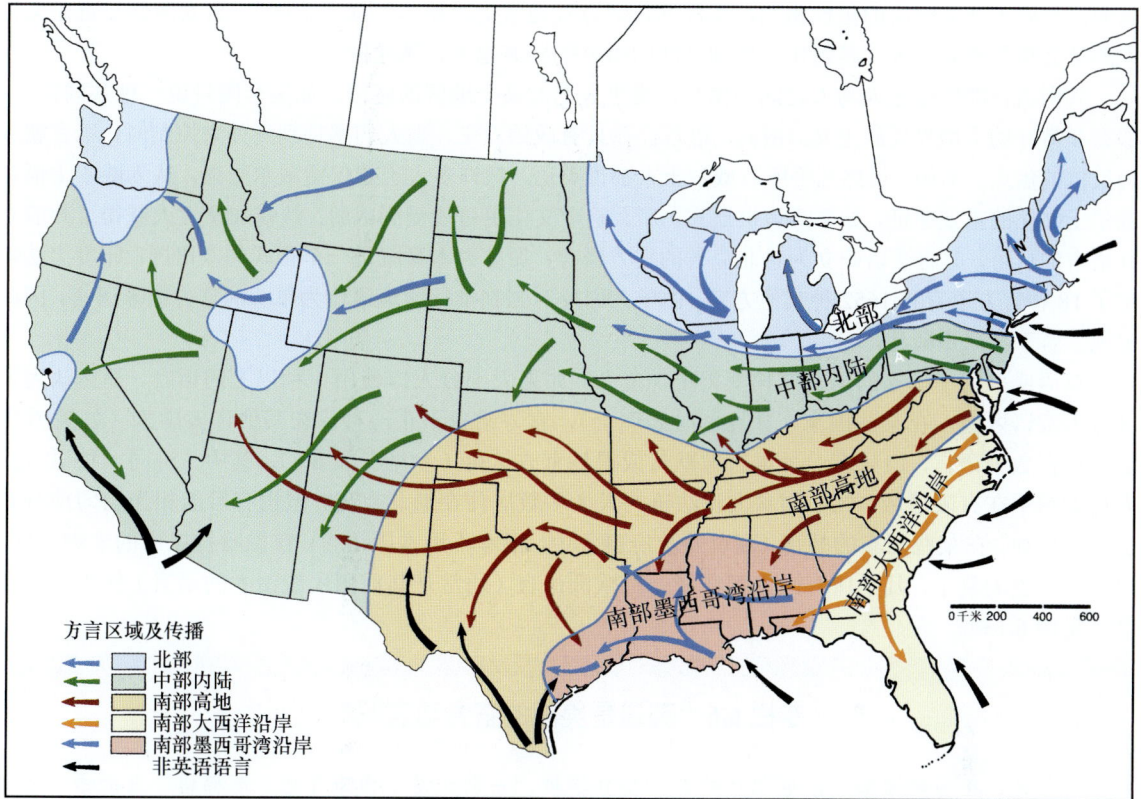

图 6.12　美国的方言区域及其传播。在大西洋沿岸和墨西哥湾沿岸，形成了明显的区域方言，然后向内陆扩散

通用语是一种获得确认的语言，可用于母语不能互通的人群之间进行交流。对于他们来说，这是除母语外还要学习的第二语言。通用语的字面意思是法兰克口语，因十字军在"圣战"中采用法语方言作为共同语言而得名。后来，拉丁语成为地中海地区的通用语，最终则被欧洲各国的语言取代。公元 7 世纪，当穆斯林占领了阿拉伯地区后，阿拉伯语成为这种国际宗教地区的统一语言。在语言多样化的国家中，中国的汉语普通话和印度的印地语起着传统意义上的通用语作用。非洲语言存在着巨大的复杂性，使得区域性通用语变得必要且不可避免，东非的斯瓦希里语和西非部分地区的豪萨语是非常不错的选择。

### 6.6.3　语言与文化

语言体现了一个民族的文化情结，主要反映在环境与技术两个方面。在阿拉伯语中，80 个单词与骆驼有关，因为骆驼在该地区的文化中非常重要，赖以解决食物、运输及劳动力；在日语中，描述大米的单词有 20 多个；在俄语中，描述冰雪的词汇特别丰富，体现了作为语言"摇篮"的主要气候状况；由于亚马孙河存在 15000 条支流及次级支流，使得巴西人所讲的葡萄牙语中远不止"河流"一个单词，主要包括 paraná（离开并重新汇入同一条河流的溪流）、igarapé（一直延伸至干涸的分支）和 furo（连接两条河流的水道）等。

在大多数（或许是全部）文化中，男性与女性的语言表达方式均存在微妙或明显的差异，主要与词汇及个体文化特有的语法形式有关。例如一份非正式报告曾经指出，对于加勒比海的加勒比人、非洲的祖鲁人及其他地方的人们来讲，由于习俗或禁忌等原因，男人所用的部分词汇禁止女性使用，同时女性则有男人从不使用的单词及短语（否则男人会受到讥笑）。来自英语及其他与英语无关的许多口语证据表明，与同一社会阶层的男性相比，女性的讲话方式通常更"得体"或"正确"。男女两性在特定文化中的社会角色差异越大、越僵化，性别之间的语言差异就越大、越死板。

共同语言能够促进人与人之间的团结，增进人们对某个地区的感情。如果全国只说一种共同语言，那么非常有助于培养民族主义。由此，语言往往具有政治意义，当人们感觉到受外来控制时，语言就成为反抗的焦点。例如，虽然几乎所有威尔士人都说英语，但许多人也想保留威尔士语，认为威尔士语是威尔士文化的重要象征，如果语言被遗忘，那么整个文化也可能受到威胁；法裔加拿大人获得了政府对其语言的认可，并将法语确立为魁北克省的官方语言，加拿大本身就是一个正式的双语国；印度宪法规定了18种官方语言和1652种其他方言，由于人们反对强制推行印地语作为单一的官方国家语言，因此出现了若干次严重骚乱。

双语或多语使国家的语言结构变得更加复杂。如果大部分人口使用一种以上的语言，那么认为该区域为双语区域。在某些国家（如比利时和瑞士），官方语言不止一种；在其他许多国家（如美国），虽然存在数种语言，但只有一种语言被默认或得到官方认可（参见专栏6.6）。其中，讲同一种语言的人可能集中在有限区域，例如加拿大说法语的人大多数居住在魁北克省，但也有可能相当均匀地分布于全国各地。在某些国家的教育、商贸及政府事务中，根本不用本国语言。在撒哈拉以南的非洲地区，语言使用更为复杂，几乎所有国家都选择一种欧洲语言（通常是其前殖民统治者的语言）作为官方语言（见图6.13）。

## 专栏 6.6　英语是美国的官方语言吗？

近年来，在马萨诸塞州洛厄尔市的各所公立学校，分别开设了西班牙语、高棉语、老挝语、葡萄牙语和越南语等语言课程，校方给学生家长传递的所有信息也都会翻译成这5种语言。纽约也是多语种城市，播放的电视节目均为双语，除英语之外，还提供西班牙语、汉语、海地克里奥尔语、俄语、朝鲜语、越南语、法语、希腊语、阿拉伯语及孟加拉语等选项。在美国的大多数州县，即便不懂英语也没关系，同样可能获得有效的中学文凭，因为可用法语或西班牙语参加考试。在至少39个州中，人们还可以用外语考取驾照，例如加利福尼亚州支持31种语言，纽约州支持23种语言，密歇根州支持20种语言（包括阿拉伯语和芬兰语）。按照1965年《联邦投票权利法案》的要求，许多选区还提供多语选票。

除以上情形外，美国还存在许多其他获得政府认可的语言多样性证据，这可能会令认为"英语是美国官方语言"的大量美国人感到意外。英语不是美国的官方语言，宪法并没有规定一种官方语言，也没有任何联邦法律指定哪种语言作为官方语言。美国由极其多样化的移民所建立，他们都渴望进入美国主流社会。美国约1/5的居民在家中不讲英语，例如在加利福尼亚州的公立学校中，约1/3的学生在家中不讲英语；在弗吉尼亚州费尔法克斯县的各所学校中，约2.1万名学生分别讲140余种语言；在其他各大城市的学校系统中，也存在类似情况。

自20世纪60年代以来，作为民权运动的一个分支，美国开始推进全国性双语教学。这种教学方式获得最高法院法官威廉·道格拉斯的授权鼓励，美国教育部根据1974年《双语教育法》的规定，将双语教学作为地方学校董事会的义务而大力推行。双语教学的目标是向少数民族学童授课时，用他们自己的语言来讲述课程内容，引导他们学习英语，希望他们能在 2～3 年内熟练掌握英语。但是，由于对双语教学的结果感到失望，加利福尼亚州于 1998 年又开始反对双语教育，提出了废止双语教学计划的第 227 号提案。榜样的力量是无穷的，其他各州也相继对双语教学说不，例如 2000 年的亚利桑那州与 2003 年的马萨诸塞州。

对政府鼓励的多语种教育、双语选票及族裔隔离主义等问题，反对者主张共同语言是美国与所有国家的统一黏合剂，若没有这种黏合剂，"美国化"与文化适应过程（即外来移民融入当地社会的价值观、态度、行为及讲话方式的过程）就会遭到破坏。他们确信，少数民族新移民应尽早浸淫并迅速掌握英语，这是他们获得就业、接受高等教育及完全融入当地经济与社会生活的唯一可靠途径。在公共教育、选举和各州与地方政府机构中，"只用英语"的支持者从 20 世纪 80 年代末开始奔走呼吁，2002 年终于在 27 个州成功通过了"官方英语法"和州宪法修正案。

尽管修正案获得了选民中相当多数人的支持，但是对修正案（政治与文化含义）的抵制仍然强烈而持久，有些民族团体（特别是受影响最大的西班牙裔语言群体）强烈反对明目张胆的英美中心族裔主义与族裔歧视。有些教育家采用颇具说服力的证据，证明虽然移民儿童最终会获得英语能力，但是如果最初用他们自己的语言进行教学，那么对其自信心及其对课程内容掌握的损害要小一些。对于与少数民族劳工和顾客联系密切的商人与政治领导人来讲，由于他们本身就是少数民族团体成员，或者拥有大量少数民族选民，大多也会反对"族裔歧视性"的语言限制。

© The McGraw-Hill Companies Inc./Mark Dierker 摄影

历史学家注意到，这些主张过去都曾尝试过，但并不成功。19 世纪 70 年代，加利福尼亚州出现过反华工党，领导该州为"只用英语"而战；20 世纪初，中欧及东南欧移民大量流入，使国会规定英语口语成为归化的必要条件；"一战"期间和战后，反德情绪高涨，有些州禁止使用德语。1923 年，最高法院取消了这些法律，裁定"宪法保护遍及所有人，对讲其他语言的人和生而讲英语的人一视同仁"。近年来，按照宪法解释，有些地方语修正案被州法院宣布为无效，例如亚利桑那州高等法院于 1998 年裁定"只说英语法"违背宪法，指出该项法律"漠视了第一修正案规定的权利"。

为了应对这些司法限制，避免将美国变成"多语言、多文化"国家，而且不认可英语与西班牙语等其他语言具有同等地位，"美国英语"组织坚定地认为"英语是而且必须保留为美国人民的唯一官方语言"，积极支持并推动将英语确定为美国政府官方语言的立法。他们提交的法案只是希望将英语作为美国国家官方语言，并不强制人们必须学习英语，同时也不侵害人们使用其他语言的权利。无论推进指定美国官方语言的新尝试最终能否获得成功，这些努力体现了影响美国社会所有行业的争议论题。

### 问题探讨

1. 你是否认为多语言的使用是对美国文化统一的威胁？把英语定为官方语言是否会分化美国公民，并伤害美国的宽容性与多样性传统？

2. 如果减少移民儿童的双语课程，使其更彻底地专注于英语，他们是否能够更快地掌握英语？或者如果能够增强他们对课程内容的理解和文化自尊心，即使放慢对英语的掌握也是值得的？

3. 你是否认为"官方英语法案"存在对移民的偏见？或者为新来者提供了融入国家政治与文化主流的共同标准？

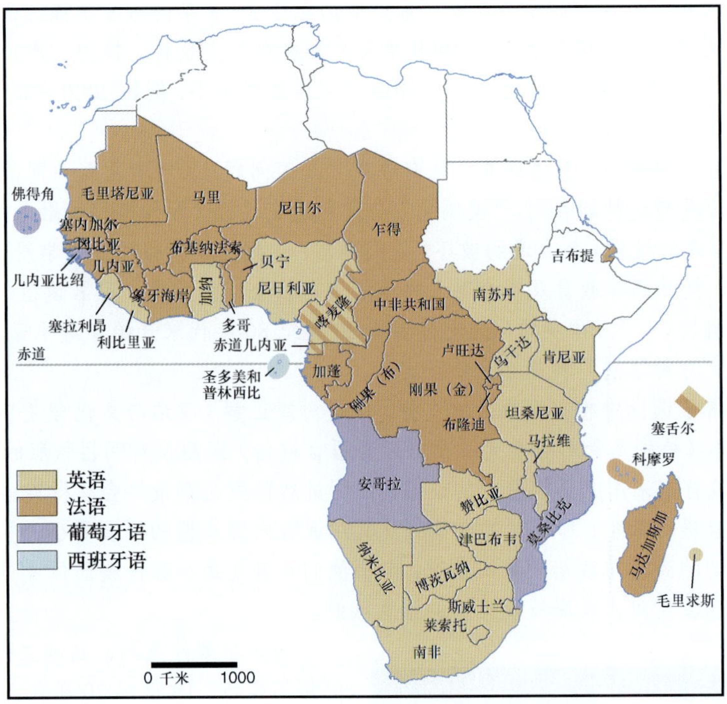

**图 6.13 官方语言形成的"非洲中的欧洲"。** 在非洲撒哈拉以南地区，由于存在语言复杂性及殖民历史，造成各国均指定一种欧洲语言作为不同国家的唯一或共同"官方"语言

　　地名亦即地点的名称，作为土地的语言标识，由某些人或群体为地理要素赋予名称，使其能够作为文化提示信息予以传承。顾名思义，地名学就是对地名进行研究的学科，也是历史人文地理学的重要展示工具。命名者从历史舞台消失很久后，地名依旧能够作为文化景观的一部分而得以保存。

　　例如在英格兰，以彻斯特（chester）结尾的地名（如温彻斯特和曼彻斯特）是从拉丁语 castra（意为营地）演变而来的；当盎格鲁-撒克逊人给部落和家庭聚居地起名时，常见的后缀是 ing（人或家庭）和 ham（小村庄或草地），如伯明翰（Birmingham）和吉林汉姆（Gillingham）；挪威和丹麦殖民者命名了以 thwaite（草地）结尾的地名，以及诸如 fell（未开垦的山丘）和 beck（小溪）等景观特征的地名；阿拉伯人从阿拉伯半岛横扫北非并进入伊比利亚，在地名上留下了不少印记，以纪念自己的征服与控制，例如开罗（Cairo）意味着胜利，苏丹（Sudan）是黑色的土地，撒哈拉（Sahara）是荒地或荒野；在西班牙语中，watercourse（河道）是阿拉伯语 wadi 的变体，常见于 Guadalajara（瓜达拉哈拉）和 Guadalquivir（瓜达拉基维尔）等地名中。

　　发现新大陆后，许多人用人名来命名景观标志和新定居点。在冠名之时，有人怀念自己的家园和故国，有人表达对君主和英雄的敬意，有人从竞争对手那里借来并误读，有人采纳并扭曲美洲印第安人的名字，有人紧跟时尚，还有人回忆起《圣经》等。为表示对故乡的敬意，出现了新英格兰、新法兰西和新荷兰等地名；由于殖民者对故乡的回忆与思念，出现了英格兰的波士顿、瑞士的新伯尔尼和法国的新罗谢尔等地名；为表达对君主的敬意，弗吉尼亚州致敬维多利亚女王伊丽莎白，卡罗来纳州致敬一位英国国王，佐治亚州致敬另一位英国国王，路易斯安那州致敬一位法国国王；为了纪念英雄和领导人，出现了华盛顿特区、密西西比州和密歇根州的杰克逊市、得克萨斯州的奥斯汀市及伊利诺伊州的林肯市等地名。

　　荷兰人给纽约起了一些地名，后来又经常被英语歪曲。例如，Breukelyn、Vlissingen 和 Haarlem 分别成为对应的 Brooklyn、Flushing 和 Harlem。法语名称也经历了类似的扭曲或转译，采用并修改了西班牙语名称，或者后来写成 Hermosa Beach 等双语组合。美洲印第安人的部落名称 Yenrish、Maha 和 Kansa 首先由法国人修改，后来由英语人士修改为 Erie、Omaha 和 Kansas。美国独立战争结束后，由于时尚古典风格复兴，出现了 Troy、Athens、Rome、Sparta 及其他古镇名称。Bethlehem、Ephrata、Nazareth 和 Salem 等地名则来自《圣经》。

当然，对于已经被土著居民命名的某些自然景观，欧洲殖民者及其后代进行了重新命名，有时候还会采用原来的名称，但往往会缩短、改变或某种程度地读错发音。例如，对于美洲土著印第安人称之为 Mesconsing（长长的河）的广阔领土，刘易斯和克拉克将其记录为 Quisconsing，后来又进一步扭曲为 Wisconsin（威斯康星）。源自美洲土著居民语言的地名数量非常多，如 Milwaukee（密尔沃基）、Winnipeg（温尼伯）、Potomac（波托马克）、Niagara（尼亚加拉）、Adirondack（阿迪朗达克）、Chesapeake（切萨皮克）、Shenandoah（谢南多阿）和 Yukon（育空）；美国 50 个州中 28 个州的名称；北美洲现存的数千个地点和标志性景观。

# 6.7　宗教

语言是人类文化情结的重要纽带，地名是语言重要性的衡量方法。但语言并不孤单，宗教有时会弥补（甚至取代）语言，成为主导文化的驱动力。例如从传统意义上讲，加拿大魁北克人的文化特征既根植于法语，又严重依赖于罗马天主教的统治地位。然而，语言是所有民族的特质，宗教在文化中的角色则有很大差别，在某些社会群体中或许占主导地位，但是在其他社会群体中可能并不重要、被拒绝甚至受到压制。为加强内部团结并与其他不同文化群体区分开来，所有社会群体均有自己的价值体系（包括共同的信仰、理解、期望和控制），这种崇拜、信仰神灵与上帝的正式或非正式价值体系称为宗教。从更具包容性的意义上讲，宗教可视为一种统一的信仰与实践体系，它将所有追随者联合到单一的精神共同体中。

宗教可能会深刻地影响到文化的方方面面。根据定义，宗教信仰是意识形态子系统的组成元素，组织机构严密的正式宗教是社会学子系统的制度表现，宗教信仰还会强烈地影响对于技术子系统的工具与回报的态度。

非宗教价值体系（如人道主义或马克思主义）对社会群体同样具有约束力，就好像更为传统的宗教信仰一样受到拥护。然而，即使是在强烈抵制宗教的社会群体中，也会受到前辈所信仰宗教的传统价值观与习俗的强烈影响，如法定工作日与休息日等。

由于宗教是关于人生终极意义问题的正式看法，每种宗教都对生命的意义与价值有着截然不同的概念，而且大多数宗教都包含了对实现救赎所必须遵守的信条（见图 6.14）。这些信条与文化传统相互交织，例如不了解印度教，就无法理解印度；或者说不了解犹太教，

图 6.14　麦加朝圣期间聚集的朝拜者。卡巴（黑色建筑）是真主至高无上且人神合一的象征。在穆斯林圣书《可兰经》中，规定了关于日常生活的许多规则。所有穆斯林都应该遵守该信仰的五大信条：（1）反复背诵基本信条；（2）每天面向麦加祈祷五次；（3）一个月（斋月）白天禁食；（4）布施；（5）若可能，前往麦加朝圣。© Rabi Karim Photography/Getty RF

就无法理解以色列。

经济格局可能与宗教信仰（过去或现在）交织在一起，例如传统饮食禁忌可能会影响饲养或禁养家畜、种植作物的种类及其在日常饮食中的重要性。在印度教的种姓制度中，职业分配会在某种程度上受到宗教支持。许多国家都有一种国教，说明宗教与政治交织在一起，例如佛教一直是缅甸、老挝和泰国的国教；对于巴基斯坦伊斯兰共和国和伊朗伊斯兰共和国，国家的官方名称就宣告了实行政教合一体制；尽管印度尼西亚穆斯林在数量上占压倒性优势，但是为了寻求并达到国内和谐，印度尼西亚承认五种官方宗教和一种国家意识形态（潘卡西拉，第一宗旨是信仰一个上帝）。

## 6.7.1　宗教的分类与分布

宗教是文化创新，可能为单一文化群体所独有，亦可与其邻近地区所宣称的信仰密切相关，或者源自遥远地区的信仰体系。虽然宗教之间的相互联系与衍生关系常可辨别（如基督教与伊斯兰教可溯源于犹太教），但是在进行宗教分类时，分组却不像语言研究时那么有用。通常可依据"单一神灵信仰之一神教"和"多神灵信仰之多神教"进行区分，但其分类在空间上不是特别相关。对于那些对地域感兴趣的地理学者来讲，更容易接受将宗教划分为普世宗教、民族宗教或部落宗教（传统宗教）。

基督教、伊斯兰教和佛教是世界上最主要的普世宗教，声称适用于全人类，试图通过传教活动和皈依向各国传播其信仰。任何人只要选择做出象征性承诺（如实行基督教的洗礼），就可以成为普世宗教的成员，没有人会因国籍、族群或以往的宗教信仰而被拒之门外。

民族宗教具有很强的地域性与文化族群身份，通常需要依据出生地、生活方式及文化标签（而非简单宣誓）成为宗教成员。民族宗教成员通常不会叛教（企图不信教），往往形成一个具有特定族群、地区或政治团体身份的独特封闭社区。民族宗教（如犹太教、印度教或日本神道教）是某种特定文化的不可分割元素，要成为该宗教的一部分，就要沉浸在该宗教文化的整体之中。

部落宗教（或传统宗教）是特殊形式的民族宗教，主要特点是人数较少，本地文化族群尚未完全融入现代社会，但与大自然联系密切。例如，泛灵教相信万事万物（从岩石、树木到湖泊、山峦）皆有生命，或者认为这些物体是逝者、灵魂和神灵之居所；萨满教属于部落宗教，信奉能够通过特殊力量通灵并解释灵异世界的萨满法师。

不同类别的宗教特性反映在其全球分布与信徒数量上，普世宗教往往具有扩张性倾向，将其教义传播向新民族、新地区；除非信徒分散，民族宗教往往局限于某些区域，或者经过长时间缓慢地扩散；部落宗教在地域上有收缩趋势，信徒日益融入现代社会和（或）叛经离教。

正如对人文地理学所期望的那样，这幅宗教地图只是记录了不断变化的最新事实。虽然已有宗教机构往往非常保守而且抵抗变革，但宗教作为一种文化特质，时时刻刻都发生着动态变化。随着个人需求、社会需求及发展挑战，个人信仰与集体信仰也可能改变。宗教可以通过征服来强加于人，也可以通过皈依而采纳，面对周围的敌意，可能选择捍卫，或者被宗教（或非宗教）敌人所压制。

这幅宗教地图也无法全面展现宗教的当前区域或隶属关系。社会群体很少具有同质属性，大多数现代社会群体均包容多种信仰，或者至少存在占主导地位的宗教变体。在这些宗教变体中，个别教派不能容忍（或反对）其他信仰及反对自己信仰的教派和信徒，认为他们不够忠诚或不够正统（参见专栏 6.7）。

## 专栏 6.7　宗教激进主义

"宗教激进主义"一词描述了反动、极端保守的宗教运动，最早出现在一场美国的基督教运动过程中，名称取自 1910—1915 年间出版的《基本原则：真理的见证》系列丛书，此书坚持传统宗教观念。目前，宗教激进主义称谓已普遍适用于所有宗教运动，致力于恢复神圣经书或教义所宣扬的传统社会与文化价值，并使之制度化。

　　为适应现代化与其他信仰的存在，虽然大多数宗教信徒能够调整自己的信仰及做法，但有些人仍然对此类变化反应强烈。无论西式社会如何发展进步，宗教激进主义始终存在于每种占统治地位的宗教中，包括伊斯兰教、基督教、印度教、犹太教、锡克教、佛教和拜火教等。作为针对现代世界的一种反应，宗教激进主义坚持维护"黄金岁月"的宗教传统，抵制被认为破坏真正信仰与传统宗教价值观的变化社会。对于近乎席卷一切的宗教激进主义运动，某些人将其视为邪魔外道的另一种表现，站在了全球化与现代化的对立面。

　　宗教激进主义者总是将"遵循教义"置于很高的优先地位，确信自己的信仰无比正确，接受这些信仰毫无疑问是非常必要的。当试图在学校讲授这种信仰或通过政府立法来强制执行时，宗教激进主义者引起了社会公众的注意。对于一些观察家来讲，宗教激进主义本质上是不民主的，所以被宗教激进主义控制政权的政教合一国家必然会"遏制辩论，惩罚异议"。在现代世界中，这种僵化思维似乎在伊斯兰教中最为明显，数个国家以官方名称宣布对宗教控制的政治承诺。

　　然而，在大多数现代世界中，这种承诺并不具有公开或官方性质。宗教激进主义者常常认为他们及其宗教信仰受到了致命威胁，将现代世俗社会（及其对相互竞争的声音和价值观的平等假设）视为试图消除真正的信仰与宗教准则。因此，为回应来自宗教内部的自由主义或世俗社会的预期攻击，每次宗教激进主义运动最初都会发动针对本教信徒与同胞的宗教内部斗争。开始之时，对所感受的压迫和所察觉的全社会堕落，这些人可能会为自己的软弱无力与犹豫不决而感到自责。为了使社会恢复到理想化的标准，他们可能会劝告自己的追随者，开展虔诚的祈祷、苦行修炼、体育锻炼或军事训练等。

　　如果不能采用和平方式将自己的信仰强加于他人，那么宗教激进主义者团体（将自己视为社会的救世主）就可能认为自己有非常充分的理由采取其他更极端的行动来反对其认为的压迫者。最初的抗议活动和非暴力行动很可能会升级为对腐败公众人物的攻击，还可能进一步升级为公开的国内游击战。当顽固的宗教激进主义恰好遇到当前社会的极度贫困与政治无能时，这种升级就会进一步加强，而且很可能出现自愿加盟者。当某个外部文化或势力被视为阻碍其实现社会美好前景的根源时，某些宗教激进主义者为了追求其宗教事业，认为采取任何极端行动和个人牺牲都是正当的。在这样的斗争中，似乎很容易从国内争端上升到国际恐怖主义。

　　尽管存在诸多弱点，但对理解某些国际事件来讲，世界主要宗教分布图非常重要。例如，当英国人1947 年离开印度以后，穆斯林与印度教徒之间发生了严重分歧，迫使印度次大陆分裂。虽然当代冲突主要由经济或政治（而非宗教分歧）原因所驱动，但人们往往按族裔或宗教信仰进行动员。因此，最近发生的大量冲突主要沿着宗教边界，例如爱尔兰北部的天主教与新教之间，黎巴嫩、伊朗和伊拉克的各穆斯林教派之间，巴勒斯坦的穆斯林与犹太人之间，巴尔干半岛、菲律宾、尼日利亚和黎巴嫩的基督徒与穆斯林之间，斯里兰卡的佛教徒与印度教徒之间。

　　特定宗教的成员经常集中在某个国家的固定区域内，例如在北爱尔兰的城市中，新教徒和天主教徒居住在界限分明、互不侵犯的不同区域；在黎巴嫩贝鲁特，"绿线"是城市东部基督教与西部穆斯林之间的警戒线，即使是在黎巴嫩全国范围内，不同信仰与教派的信徒聚集区也泾渭分明。在一个国家内部，宗教多样性可能反映了多数民族文化对少数民族宗教的宽容程度，例如占支配地位（55%～88%，取决于定义）的印度尼西亚穆斯林，多年来与巴塔克基督徒、巴厘岛印度教徒和爪哇岛穆斯林一直和平共处。

　　在同一宗教区域内，并非所有人都是该宗教的信徒；在同一宗教团体中，并非所有成员均积极参加组织活动。在现代社会群体中，许多人越来越漠视甚至拒绝宗教及宗教信仰，工业化国家和社会主义国家尤为突出。例如，英格兰教会声称有20%的不列颠人领圣餐，但只有2%的人参加其组织的礼拜仪式。即使是在笃信罗马天主教的南美国家，教堂出席率低也证明了世俗主义（至少是非正式）的兴起，哥伦比亚只有18%的人参加礼拜仪式，智利为12%，墨西哥为11%，玻利维亚为5%。

### 6.7.2    世界主要宗教

各主要宗教都有其文化价值观与表达方式的独特组合，也有各自的发源格局与空间传播模式（见图 6.17），并对人文景观产生影响，共同为全球人类多样化格局做出重要贡献。

#### 1. 犹太教

首先从信仰一神的犹太教开始，这是基督教与伊斯兰教的基础。与其普世衍生物不同，犹太教与单一族裔群体密切相关，并且具有复杂、限制较多的信仰与法律。该教发端于 3000～3500 年前的中东地区，那里是古代文明的发源地之一。

犹太教是一种独特的民族宗教，主要决定性因素来自以色列（族长雅各布）、《摩西五经》（法律及经文）及传统文化信仰。由于早期获得了极大的军事成功，犹太人拥有了领土与政治上的优越感与认同感，进一步增强了该宗教的自我意识。到了公元 500 年前后，犹太教被不信教者征服，使其成员分散至地中海的大部分地区，并进一步向东进入亚洲。

在 13—14 世纪的西欧与中欧地区，遭受迫害的许多犹太人纷纷逃难到波兰或俄罗斯。在 19 世纪后期和 20 世纪初期，犹太人是抵达西半球的欧洲移民潮的主体。在"二战"之前和期间，由于纳粹大规模屠杀犹太人，导致欧洲大陆的犹太人数量急剧减少。以色列于 1948 年建国，实现了犹太复国主义目标（即在巴勒斯坦地区建立一个犹太人自治国家），表明犹太人绝不会因吸收外国文化及流亡海外而失去自己身份的信心。在空间上，以色列还统一了两个早前分离的犹太团体，即西班牙系犹太人（15 世纪末被驱逐出伊比利亚，最初逃往北非和中东）和德系犹太人（13—16 世纪在西欧和中欧遭受迫害，迁往东欧寻求庇护）。

犹太教对人文景观的影响微妙而又不招摇，例如犹太社区为世俗葬礼保留了空间；在罗马时期的地中海地区，柚子种植风行一时，主要源自犹太礼仪的庞大需求；由于葡萄酒具有宗教用途，使葡萄种植遍布犹太人定居区；犹太教堂是犹太人的礼拜场所，通常不像世界其他主要宗教那样精致，建筑风格缺乏独特性。犹太教会大堂的主要特征是一个包含托拉卷轴的方舟（柜子），通常朝向耶路撒冷。在举行宗教仪式时，专门建筑无关紧要，至关重要的是要有至少 10 名成年人的团体。正统犹太人群体坚持非常严格的信仰并付诸实施，比如禁止在安息日（祭拜日）驾驶汽车。通过共同遵循这个简单的准则，正统犹太人在城市生活中关系密切。

#### 2. 基督教

基督教起源于耶稣的生平和教义。耶稣是公元 1 世纪的一位犹太传教士，追随者认为他就是上帝所应许的弥赛亚（救世主），他所宣扬的新约不是对传统犹太教的拒绝，而是对全人类（而不只是天选之民）的救赎。

基督教的使命是皈依，因此传教工作至关重要。作为一种救赎和有希望的普世宗教，基督教在罗马帝国东部及西部地区的底层阶级中迅速传播，沿着畅通的罗马公路与海路系统，很快就传遍了各大城市与港口。公元 313 年，罗马皇帝康斯坦丁大帝将基督教定为国教。当然，直到很久以后，这种宗教信仰才被欧洲殖民者带到了新大陆。

罗马帝国解体为东、西两部分后，基督教也随着罗马帝国的衰落而分裂。在中世纪的黑暗时代，只有少数稳定、文明的力量主张联合西欧，位于罗马的西教就是这样的组织。在缺乏其他有效管理手段的广大地区，基督教主教成为民间与教会的权威，教堂（礼拜堂）成为城乡生活的中心与核心机构，教区总教堂成为社会秩序的象征（取代了罗马纪念碑与寺庙）。

东罗马帝国以君士坦丁堡（现称伊斯坦布尔）为首都，东教在教会的长期保护下蓬勃发展，逐渐扩展到巴尔干半岛、东欧、俄罗斯及中东等地。15 世纪，东罗马帝国落入土耳其人之手，使得东欧暂时向伊斯兰教开放，但是在各个民族的宗教信仰中，东正教（东罗马帝国国家教会的直接传承者）仍然是基督教的主要组成部分。

15—16 世纪，新教改革运动分裂了西教，罗马天主教在南欧占据了至高无上的地位，西欧和北欧建立了各种各样的新教教派及国家级教堂。这种分裂还反映在随后基督教在全球的传播过程中，例如信奉天主教的西班牙人与葡萄牙人殖民于拉丁美洲，将其语言及罗马教堂带到该地区，与其早期对待菲律宾、印度和非洲殖民地的方式如出一辙；信奉天主教的法国人殖民于北美洲的魁北克；许多新教徒逃离天主教或镇压新教的国家，成了美国、加拿大、澳大利亚、新西兰、大洋洲和南非的早期移民。

在当前的美国社会中，虽然各种宗教从地域上未严格划界而交融在一起（见图 6.15），但是通过各种移民群体的信

图 6.15　体现美国宗教多样性的广告牌。此广告牌仅列出了有限几种基督教会众类别，美国实际上已经成为世界上宗教最多元化的国家，境内基本囊括了全球所有宗教。在其他较大城镇的欢迎标志中，还可能包括穆斯林、印度教、佛教及其他许多宗教。照片由 Susan Reisenweaver 提供

仰、习俗及国内教众的创新，美国人已创造出一种样式别致的"教区"新空间格局（见图6.16）。

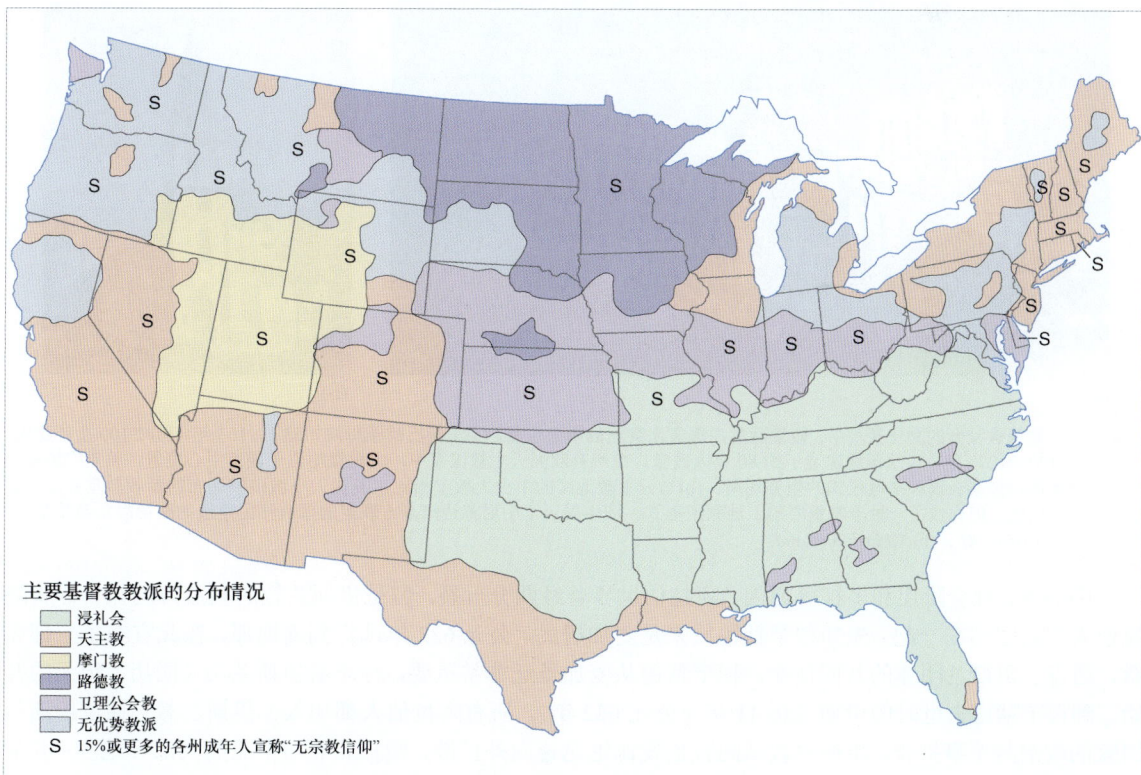

图 6.16　美国本土各州的宗教信仰。在极为简化的宗教主宰区域内，隐藏了美国各地教派巨大多样性的事实。"主要"仅表示所显示的教派百分比要高于其他教派，此值通常低于 50%。绝大多数美国人声称"无宗教信仰"，"政教分离"（地图上用 S 标记）在西北和东北地区尤为突出。来源：*The 2001 "American Religious Identity Survey" by the Graduate School at City University of New York; Ingolf Vogeler of the University of Wisconsin, Eau-Claire, Roper Center for Public Research; Churches and Church Membership in the United States (Atlanta, Georgia: Glenmary Research Center, 1992)*

基督教教堂通常成为各个地区的文化景观标志，例如在宗教改革前的天主教欧洲，教堂是每个城镇社区的生活中心；在每个农村社区，乡村教堂处于中心位置；在较大的城市中，中央大教堂同时充当上

帝之荣耀、虔诚之象征和宗教生活与民众生活之中心（见图 6.17a）。

对于将教堂作为纪念碑与象征性标志，新教的重视程度不够，但许多社区（如新英格兰殖民地）主要教派的教堂仍位于中心位置（见图 6.17b）。许多教堂与墓地相邻，与穆斯林和犹太人一样，基督徒认为应将逝者埋葬在专有保留地。特别是在基督教国家，无论是否与教堂相连、分开或与教派无关，墓地传统上一直都是城市内部的一种重要土地利用方式。

### 3. 伊斯兰教

伊斯兰教与基督教都发源于犹太教，具有许多相同的信仰，例如认为全世界只有一个上帝（即一神论），上帝通过先知给人类以启示，亚当是人类的祖先，亚伯拉罕是亚当的后代。穆罕默德被尊为安拉（真主、上帝）的先知，传承并完成了犹太教及基督教的前辈先知（包括摩西、大卫和耶稣等）的任务与工作。在真主向穆罕默德宣示的《古兰经》中，不仅包含礼拜规则与教义细节，还包含关于人类事务行为的指示。对于宗教激进主义者来讲，《古兰经》是解决宗教与世俗问题的毋庸置疑的指南，至关重要的是要遵守伊斯兰教的"五大信条"。其中，两大信条与地理标志有关，一是祈祷者要每天面向麦加（基于地球仪确定的最短路线）进行祈祷，二是要前往麦加朝圣。在遵从真主意志、虔诚祈祷及用阿拉伯语诵读《古兰经》等共同行为的作用下，众多信徒们团结为一个与族裔、肤色、语言及种姓无关的群体。

(a) (b)

图 6.17　**在基督教社会的文化景观中，教堂通常占据最为突出的中心位置。**(a)法国巴黎圣母院始建于 1163 年，历时 100 余年建成。1170—1270 年，仅法国就建造了约 80 座大教堂。在所有欧洲天主教国家中，大教堂均位于城市中心位置，教堂广场成为集市、公共会议和宗教仪式的重要场所；(b)与天主教地区的中央大教堂相比，美国大小城镇中遍布的新教教堂并没有那么壮丽，但构成了一种非常重要的土地利用形式。图中展示了明尼苏达州东方联盟的瑞典移民建造的路德教堂及其墓地。
(a) *Corbis RF*；(b) ©*Mark Bjelland*

因部落、社会阶层和多神等原因，阿拉伯世界曾经四分五裂，但是伊斯兰教的利益共同体目标将阿拉伯人重新团结在一起。先知穆罕默德原来是麦加居民，公元 622 年逃亡到麦地那，在此宣布了一部宪章，通告了伊斯兰团体的共同使命。穆罕默德从麦加圣迁非常重要，标志着伊斯兰历（阴历）纪元的开始。到穆罕默德去世时的伊斯兰历 11 年（公元 632 年），所有阿拉伯人都加入了伊斯兰教。通过伊斯兰国家的政治与军事扩张，伊斯兰教从阿拉伯发源地迅速向外扩散，横扫北非与中亚的大部分地区，并战胜印度教而进入印度北部。后来，伊斯兰教传入印尼、非洲南部和西半球。目前，伊斯兰教仍然是空间传播与数量增长最快的主要宗教。

先知穆罕默德去世后，由于对领导继承权存在分歧，伊斯兰教分裂为两大主要派别，即逊尼派和什叶派。逊尼派穆斯林占多数（80%～85%），认为前四个哈里发（最初是继承人，后来是伊斯兰国家的宗教与民间领袖的头衔）是穆罕默德的合法接班人；什叶派穆斯林则拒绝接受前三者的合法性，认为穆斯林的领导权属于第四任哈里发（即先知的女婿阿里及其后裔）。今天，在所有伊斯兰（伊朗、伊拉克、巴林和也门除外)国家中,逊尼派穆斯林居多。

　　清真寺是伊斯兰教穆斯林共同生活的中心(礼拜场所、团体会所、会议厅和学校),也是宗教对文化景观的主要印记。清真寺的主要用途是提供礼拜场所,强制要求所有男性穆斯林参加,重要意义在于举行圣会而非建筑物本身。在小社区或贫困社区,仪式可能在一个无装饰的白色房间里举行;在较大城市中,仪式一般在建筑奢华的清真寺举行。清真寺通常拥有完美的比例结构、镀金或铺瓦的圆顶、高耸的塔楼与塔尖及精心制作的护栏与圆屋顶,往往是所在地区最精致、最壮丽的建筑,如图 6.18 所示。

图 6.18　土耳其伊斯坦布尔的蓝色清真寺。清真寺具有大体相同的建筑特色,"细长尖塔"是伊斯兰教确定无疑的景观标志。© Getty RF

### 4. 印度教

　　印度教是世界上最古老的主要宗教,虽然没有可考证的创建标志或始祖先知,但有证据表明其至少可溯源至 4000 年前。印度教属于民族宗教范畴,包括哲学、社会、经济及艺术等各种元素,这个错综复杂的网络构成了独特的印度文明。印度教的 10 亿信徒主要是亚洲人,大部分位于印度境内,约占印度总人口的 80%。

　　印度教的发源地是印度河谷,后来向东传播到恒河流域,然后向南延伸至整个印度次大陆及其邻近地区,融合、吸收并最终取代了各地早期的本土宗教与习俗。印度教最终遍及东南亚,进入了印度尼西亚、马来西亚、柬埔寨、泰国、老挝和越南,当然也进入了邻近的缅甸与斯里兰卡。但是,最大的印度教寺庙建筑群位于柬埔寨而非印度,巴厘岛则是位于伊斯兰教占优势的印度尼西亚的一处印度教飞地。

　　印度教不存在共同的信条、单一教义或中央教会组织。印度教徒是出生于同一种姓的人,属于复杂的社会、经济及宗教团体的成员。印度教接受并融合所有形式的信仰,信徒可能相信一个上帝、多个上帝或者根本没有上帝。社会的种姓(意为诞生)结构是灵魂永恒轮回的表现。印度教徒的首要人生目标是遵守规定的社会义务与宗教义务,并遵从本种姓与职业的行为准则,这些要求构成了个人的达摩(影响宇宙的真理或规则)——权利与义务。从传统意义上讲,每种工艺或职业都是某个种姓的特有财产。

　　印度教的习俗非常丰富,包括各种典礼、仪式、节日、庆典、圣河、圣地及数百万庆祝者参加的游行集会等。在种姓等级制度架构下,印度教徒精心奉行饮食规则、婚姻规则及需要履行的各种职责。信徒们需要在寺庙或神殿中做礼拜(见图 6.19),并留下祭品以确保得到诸神的褒奖。寺庙、神殿、日常礼拜、神牛、着装或标识特殊的大量神职人员与苦行僧等无处不在,这些都是印度教社会的文化景观标志,充满了宗教象征与文化体验。

图 6.19　印度南部卡纳塔克邦贝鲁尔市,钦纳克沙瓦印度教寺庙建筑群。3000 多年来,寺庙及其供奉的塑像一直是印度艺术的主要源泉。较小村庄的庙宇结构可能非常简单,通常只包含一间可容纳神像的无窗内室,上部为尖顶结构,还有用于保护寺庙内室的门廊或露台。更大规模的大型寺庙只不过是同一基本格局的豪华延伸而已。© Allison Bohn

### 5. 佛教

若干世纪以来，印度教经历了无数次改革运动（某些改革一直持续至今），成为亚洲地区乃至全球的主要宗教。15 世纪末，锡克教诞生于印度西北部的旁遮普邦，融合了印度教与伊斯兰教的相关优势元素，摒弃了二者的形式主义元素，宣称自己是普遍宽容的福音。在约 2000 万锡克教徒中，绝大多数人仍居住在印度（大多位于旁遮普邦），其他人则定居在马来西亚、新加坡、东非、英国及北美等地。

佛教是规模最大、最有影响力的异见改革运动，公元前 6 世纪在印度北部，乔达摩·悉达多（佛，大彻大悟者）创立了这种普世信仰。佛的教义并不是一种正规宗教，更像是一种道德哲学，提供了适用于邪恶与人类苦难的解释，将开悟与超度之道视为四圣谛：活着总要受苦；苦难源于欲望；痛苦止于欲望的毁灭；欲望的破灭来自正确行为与思想知识。佛指示门徒要将其要旨作为教义传达给社会各阶层，实现人人生而平等。在其要旨中，所有人都渴望得到终极点化，这是一种超度的承诺，把大众印象中的佛从导师提升为点化者，佛教就从哲学提升为普世宗教。

这种宗教信仰体系很快就传遍了整个印度，并于公元前 3 世纪成为国教，随后被传教士、僧侣和商人传播至亚洲其他各地。在向国外扩张的同时，早在公元 4 世纪，佛教却在国内开始缓慢且不可逆转地被重新复兴的印度教所兼并；公元 8 世纪，佛教在印度北部的主导地位被伊斯兰教打破；公元 15 世纪，佛教从整个印度次大陆彻底消失。

今天，佛教徒分布的空间格局反映了其基本信仰体系在不同传播时期占主导地位的思想流派或传播媒介。在佛教的许多变体中，给人文景观留下了栩栩如生的众多烙印。例如，人形佛像首先出现于公元 1 世纪，普遍见之于整个佛教世界的绘画与雕塑。此外，三种主要类型的建筑物与纪念碑广为传播，即用于纪念圣地的佛塔（见图 6.20），用于供奉佛像或佛的遗物的寺庙或宝塔，寺院（某些寺院的规模相当于小型城市）。

### 6. 东亚民族宗教

1500—2000 年前，佛教从南方传入中国，然后于 6 世纪经朝鲜传入日本，其间与东亚民族宗教信仰体系遭遇并相互融合。远东民族宗教是宗教的融合体，例如在中国，佛教与儒教和道教相融合，后两者在佛教传入之时又相互混合；在日本，佛教与泛灵论（信奉多神论）和神道教（信奉萨满教）相融合。

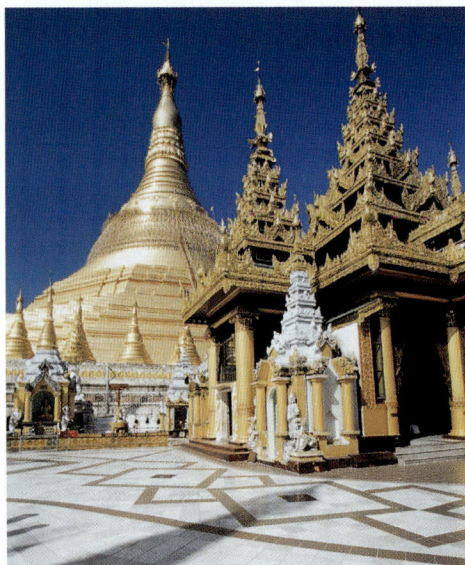

图 6.20　缅甸仰光的瑞光大金塔，塔高 98 米。© Getty RF

中国人的信仰体系与其说是看重来世，不如说是更看重实现当前存在的最佳生活方式。中国人的信仰更强调伦理或哲学，而不仅仅是纯粹的宗教。孔子与释迦牟尼生活在同一时代，他是传统智慧之集大成者，重视君臣之间和家庭成员之间的伦理。儒教将家庭作为国家核心进行颂扬，大力宣传"百善孝为先"。儒教没有寺庙或神职人员，信奉自然主义天堂，提倡将祭祖习俗作为感恩与尊重的标志。

儒教与道教相互结合（或融合）。道教是一种意识形态，公元前 6 世纪首先由老子传授，中心主题是道（即行为方式）。作为一种哲学教义，道教强调永恒的幸福在于天人合一，公开谴责强烈的感情、不必要的发明及不需要的知识，同时谴责政府干预个体的朴素生活。佛教被中国人的实用主义剥夺了印度人的大量来世说辞，并界定了今生可以达到的涅槃，因此很容易被接受为中国那些传统信仰体系的同道伴侣。佛教、儒教与道教共称为中国的三大尊教，但是对普通人来说，在意义或重要性等方面，孔庙、道教圣殿或佛塔并没有什么差别。

在日本，佛教同样影响并融合了传统宗教——神道教。神道教源自人类对大自然和祖先的崇拜，基本上是习俗与礼仪的一种架构，而非一种伦理或道德体系。神道教敬重一系列复杂的神灵，如神化的皇帝、家庭神灵、某些动物，以及居住在河流、树木、山脉、太阳和月亮周边的诸神。佛教最初受到抵制，后来与传统的神道教相融合。佛教神灵被视为另一种形式的日本大神。日本人相信神社是大神的居住之地，进入神社需要穿过前面具有礼仪性质的鸟居或拱门，如图 6.21 所示。

图 6.21　日本宫城岛严岛神社的浮动鸟居门。© Geostock/Getty RF

## 6.8　族裔

如果不提及族裔的概念，那么关于文化多样性的任何讨论都将不完整。族裔一词通常特指具有独特共同特征及一脉相承血统的特定民族。描述族裔时，不能采用单一特质，可能需要基于语言、宗教、民族起源及独特习俗，或者甚至定义一个不太妥当的人种概念（参见专栏 6.8）。无论统一的纽带是什么，族裔群体都可通过集体保留的语言、宗教、节日、美食、传统，以及群体内的工作关系、友谊和婚姻等，努力保护其特殊的共同血统和文化遗产，使其民族优越感得到滋养与维系。

### 专栏 6.8　人种问题

人类种群可以根据任何来源的数量加以区分，例如性别、国籍及经济发展阶段等。人种与族裔是区分民族群体的通用方式，经常彼此等同使用，但实际含义差别很大。人种是对人类的一种过时分类，建立在人类固有的可见特征基础上，如肤色、发质或眼睛的颜色与形状等。

虽然人类是可以自由交配及繁衍后代的同一物种，但不同人们的身体特征差异明显。人类在地球上不断迁徙，适应着不同的周边环境，自身的生物学特征也会不断发生变化，如肤色、发质、头发颜色及眼睛颜色等，此外还存在血液成分或乳糖过敏等内部差异。一般认为，人类群体之间的身体分化由来已久，至少可追溯到旧石器时代（约 10 万～1.1 万年前）人类种群迁徙与隔离的那段时间。

由于自然选择（适者生存）或基因漂移的进化因果关系，人类出现了不同组合身体特征的地理分布格局。自然选择有利于使人类适应特定环境特点（如气候）的特征代代相传，例如大量科学研究表明，在太阳辐射与皮肤颜色之间，以及温度与体型大小之间，均不同程度地存在某种合理关系。深色皮肤表明存在黑色素，可防止来自太阳的紫外线对身体造成渗透损害；人体内产生的维生素 D 为健康所必需，也与紫外线渗透有关；在冬季短、太阳高度角低的高纬度地区，浅色皮肤通过产生维生素 D 来适应周边环境。

基因漂移是指某遗传性状在某个群体中偶然出现，并通过内部繁殖而得到强化。如果两个种群在空间上相距太远，无法进行正常交流（隔离），那么该遗传性状就可能在其中一个群体中发展，对另一个群体则无动于衷。与自然选择不同，基因漂移以非适应性方式来区分种群。自然选择与基因漂移均可促进种群分化，但与前者相反，通过（远亲）杂交繁殖形成的基因流会令邻近种群均质化。远亲杂交繁殖的机会一直是人类种群迁徙与混血的一部分，随着过去数个世纪民族流动及移民的日益增加，这种机会也在增加。

人种分类是理解人类变异的一种过时的科学方法。18—19 世纪，人类学家关注人类的可见身体特征，制定了各种人种分类方案，大部分来自种群的地理变异。当时，为了构建人种等级制度，某些人类学研究者试图将身体特质与智商联系起来，从而证明奴隶制、帝国主义、移民限制、反犹太法和优生学的正确性。当代生物学已经拒绝将人种分类视为人类变异的一种严肃性描述，认为肤色与人种群体之间的遗传亲缘性并不对应。此外，真正纯粹的人种并不存在，基于 DNA 的证据表明，所谓人种群体的内部差异比群体之间的差异更大。

生活在人种分类普遍存在的社会中，我们可能会试图将人类人种化，并将智力高低、运动能力或消极特征等归因于特定的人种群体。此种说法确实有问题，理由很多。第一，最重要的原因是遗传学家已经拒绝将人种作为一个科学概念，认为世界上只有一类人种（即人类）；第二，智力作为标准化的测试试验，受到社会经济地位的强烈影响；第三，顶级运动员所展示的运动能力是特定个体的特征，绝对不是某个群体的特质，会受到社会因素的较大影响（与智力类似）。

至于人种在文化方面所体现的任何人类特性，其实也毫无意义。人种不等于族裔或民族，与宗教或语言的差异无关，例如爱尔兰或西班牙人种并不存在。这种分组应基于文化，而非建立在基因的基础上。文化概括了一群人的生活方式，无论个人的遗传基因或人种如何，文化适用于该群的全部成员。作为一种生物学分类的陈旧观点，虽然已彻底无人相信人种概念，但是人种与族裔的界定与分裂仍然悲哀地存在于美国现实社会中。这两个概念均深深地根植于社会个体与群体的意识中，在美国社会制度与实际生活中根深蒂固。虽然人种的生物学观念几乎毫无意义，但这个社会本身却极其人种化。

若人种分类科学有效，则这些类别将具有普遍性。实际上，人种分类因国家而异，反映了特定国家的独特历史与地理特征。2000 年，美国人口普查局要求受访者将自己分类为五个人种类别中的一个，并回答有关西班牙裔地位（被认为是族裔类别）的单独问题。在 2010 年的人口普查中，人们可以选择 14 个人种类别，并继续始于 2000 年的选择方案，可以将自己归类为不止一个人种群体。

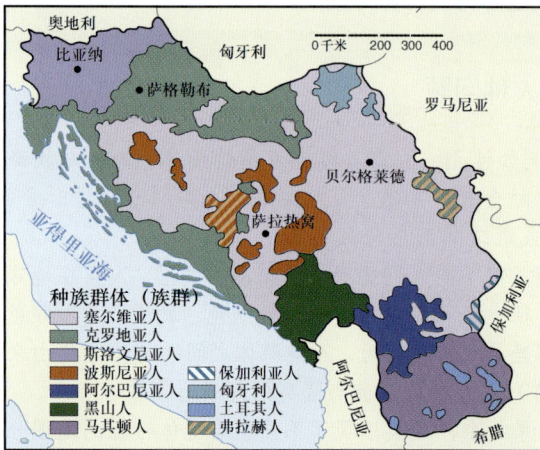

图 6.22 前南斯拉夫的族裔。前南斯拉夫是在"一战"（1914—1918年）之后由巴尔干诸国及相关地区合并而成的，包括前塞尔维亚和黑山、波斯尼亚—黑塞哥维那、克罗地亚—斯洛文尼亚和达尔马提亚。由于非塞族少数民族投票支持地区独立与国家分裂，1945 年建立的中央政府于 1991 年解体。东正教、罗马天主教与穆斯林信徒之间存在宗教分歧，加剧了因民族及对故土竞相争夺而导致的冲突

一般情况下，族裔群体是指少数人口的状态。在同一个国家或地区范围内，同时一定存在另一个主导者，通常为占人口大多数的不同文化群体。我们并不认为生活在韩国的朝鲜人是少数民族，因为朝鲜文化是韩国的主导文化。然而，对于生活在日本的韩国人来讲，他们却是一个可识别的独立群体。因此，族裔是地域文化多样性的证据，提醒人们"在相同的文化区域内，所有居民显示出的文化特征极少同质"。

领土隔离是族群身份特点强烈而持久的一种特质，该身份有助于各族群保持自己的特色。在世界舞台上，土著民族在特定地点随着时间的推移而发展，在自己与他人眼中，均为有特定乡土范围的独特民族。在世界大多数国家的边界地区，都存在许多少数人种或少数民族，如图 6.22 所示。如第 8 章指出的那样，随着经济发展与自我意识的提高，他们对承认特殊领土的要求有时增加。如果不存在清晰的领土分离，但族裔身份

截然不同且相互仇视，那么单一政治单元内部可能会爆发悲剧性冲突。最近，在卢旺达的图西族与胡图族之间，在波斯尼亚的塞尔维亚人与克罗地亚人之间，都曾爆发了一定规模的战争，这是族裔纷争与分裂持续存在的生动实例。

在人口迁徙与难民迁移不断增加的世界中，民族问题不再是土著居民的问题，而在更大程度上是异族文化中的局外者问题。世界各国均面临着一个非常严重的问题，即移民（合法或非法）和难民（因战争、饥荒或迫害）越来越多。移民通常有两种选择：要么放弃过去的许多文化特质，失去自己民族的独特特征，融入并被占优势的主流文化所同化；要么选择尽力保留自己民族的独特文化遗产。无论属于哪

种情况，为了实现避难与学习的基本目标，他们最初通常寄居于其他族群成员的居住地（见图 6.23）。随着时间的推移，则可能离开所栖身的社区，迁往寻常百姓之中。

在北美洲的各个城市中，唐人街、小哈瓦那和小意大利均不少见，为异域文化地区的新移民提供了必要的支持体系。秉承同样的想法，日本人、意大利人、德国人及其他民族进军巴西，建成了一些农业侨居地。这族裔群飞地可以提供一个停靠站，允许个人及其所属群体进行一定的文化调整与社会适应，直到足以有效进入新主流社会为止。

由于移民的富裕程度不断提高，大都市的郊区出现了越来越多的民族社区，这是重要但非排他性的单一民族群体的集聚区。在洛杉矶郊外的蒙特利公园温哥华郊外的里士满，均可发现华人居住的郊外民族社区。郊外民族社区吸引了相对富裕、受过良好教育且流动性较高的移民，许多人表现出一定的跨国主义属性，即与不止一个国家保持密切联系，通常与其祖国保持持续的社会与商业联系。

图 6.23　在加拿大温哥华的唐人街地区，通过独特的建筑、灯柱及相关标志，可以看出这里存在一个历史悠久的华人社区。新唐人街位于温哥华郊区。唐人街、小意大利及其他族裔飞地遍布美国及西欧的许多城市，为相关族群提供了必要的空间庇护所与支持体系，对异域文化王国中的新来者至关重要。©Mark Bjelland

当然，有些移民并不希望被同化，或者不可能被同化，因此他们及其后代形成了这个更大社会中或多或少的永久性亚文化，马来西亚的华人即属此类。第 8 章将更全面地讨论国籍背景下的族裔问题。

## 6.9　性别与文化

性别是指由社会因素（并非基于生物学）造成的女性与男性之间的区别。在各种社会群体中，性别关系与角色分配存在差异，女性地位是一种文化变量，也是地理学者感兴趣并研究的主题。性别差异很复杂，分配给男女的角色及特权因社会群体而异。从根本上讲，这些分配由地理上不平衡的经济发展水平决定。因此，在经济作用与生产分配（及女性地位）之间，假设不同文化的技术进步水平相同，女性与男性存在着非常密切的相似性。事实上，现代非洲或亚洲都存在着一些自给自足的农业群体，与 18 世纪美国边境地区的农民家庭相比，性别角色方面具有一定的相似性。

人们通常认为随着技术的不断进步，所有发展中社会的男女地位将趋于平等，这是非常合乎逻辑的推断。然而，根据实际观察到的结果，事情可能并不那么简单。某种文化的经济发展阶段固然重要，但在决定性别关系和女性声望方面，宗教与习俗也发挥着重要作用。此外，至少在技术变革与技术进步的早期阶段，女性在地位与报酬方面通常是输家。只在最近且仅在最发达国家，社会群体内部与社会群体之间的性别差异才有所减少。

采猎文化奉行普遍的平等主义，亲属群体中的所有人不分男女，均具有受尊重、参与生产的平等地位。在农业社会中，性别更为复杂多变（参见专栏 9.3）。农业革命是技术子系统的一次重大变革，改变了早期与性别相关的责任结构。锄耕农业是超越采猎文化的第一次进步，当前可见于非洲撒哈拉以南及南亚与东南亚的大部分地区，妇女实际负责大部分田间劳作，同时保留其在育儿、做饭等方面的传统义务，经济作用与地位仍然与男性相当。另一方面，犁耕农业会降低女性的作用，同时拉低平等水平。女性可能用锄头，但男性会犁地，因此女性参与的田间劳作量会大幅减少。今天，拉丁美洲就是这种情况，非洲撒哈拉以南地区的类似情况日益增加，这些地方的女性在市场上比在田地里更有成效（见图 6.24）。当妇女在农业生产中的作用下降后，她们在家庭中的权威就更小了，对家庭生活的控制权也逐渐降低，而且很少有独立于男性家庭成员的财产权。

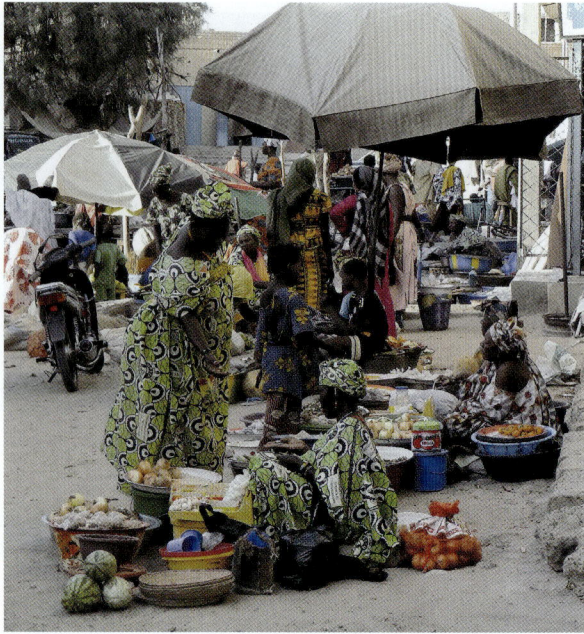

图 6.24　**在几乎所有的发展中国家，女性都在每周的集市上占主导地位。**她们在市场上出售自家菜园或家庭农场出产的农产品，并经常出售自己制作的加工品。图中显示的市场位于非洲马里。在发展中国家中，约一半以上从事经济活动的妇女属个体经营，主要在非正规部门工作。© *McGraw-Hill Companies, Inc., photographer, Lissa Harrison*

## 专栏 6.9　铲除不平等

　　从 1975 年的墨西哥城开始，联合国先后主持召开了四次世界妇女大会。1995 年，第四次世界妇女大会在北京举行，会议形成了一项强有力的、广泛的妇女权利与平等宣言。北京会议呼吁各国政府制定相关战略、规划和法律，确保妇女享有平等与发展的全部人权。该宣言最后详细阐述了政策建议，内容涵盖性别与生育、对妇女的暴力、对女孩的歧视、女性继承权及家庭保护等各方面。宣言特别强调，要努力确保妇女能够平等获得土地、信贷、科技、职业培训、信息、通信及市场等经济资源，作为进一步提高妇女和女孩地位与赋权的手段。联合国粮农组织在《性别和发展计划（2006—2007）》中，特别强调了经济方面的重点，鼓励在掌控生产资源方面增强性别平等的努力，争取为妇女提供获得信贷机会，使她们能够成为小工厂、小商业或服务业的创业者和所有者。

　　由于不同主流文化赋予女性的角色千差万别，如果没有激烈的辩论，这次会议就不能达成这样的决定和政策建议。在本次会议舞台的开场白中，将人权与国家习俗之间的对比及其关系置于国际视野之中："虽然必须牢记不同国家与地区特殊性的重要性，以及各种不同的历史背景、文化背景和宗教背景，但是不论其政治、经济及文化制度如何，各个国家都有义务促进与保护所有人权和基本自由。"

　　2000 年 6 月，在联合国举行的"北京+5"会议上，代表们大力呼吁惩治家庭暴力、跨国贩卖妇女及女童（从事卖淫和为血汗工厂打工）等犯罪行为。

　　2000 年，联合国的 189 个成员国通过了千年宣言，决心帮助世界上最贫穷的国家到 2015 年在消除极端贫困方面取得进展。该宣言采纳了八个相互关联的目标（千年发展目标），其中一个目标是"促进性别平等和赋予妇女权力"。为评估实现这一目标所取得的进展，宣言设立了三个衡量指标，分别是小学、中学和高等教育中女孩与男孩的比例，妇女在非农业就业中的比例，以及妇女在国家议会中的比例。到 2008 年，发展中地区中学教育的性别差距明显缩小，男女之比为 100:95。但是在中南亚、西亚和北非，妇女在非农业就业中的比例仍然很低。2010 年，全球妇女在议会中的比例达 19%。虽然已经取得了显著进展，但性别参与的领域仍然不平衡。

与此同时，考虑到所有有偿与无偿劳动，女性每天的工作时间都比男性多。据联合国估算，在发展中国家，当通盘考虑无偿农业工作、家务劳动及有偿劳动时，女性的工作时间要超过男性 30%，而且可能从事至少同样艰苦（或更艰苦）的体力劳动。联合国粮农组织报告指出，"在发展中国家，农村女性每年要把 80 多吨燃料、水及农产品搬运 1 千米远的距离，而男人所搬运的要少得多……"。无论在任何地方，女性在同等工作中的报酬也都低于男性。

西方工业（发达）社会直接起源于农业社会中的女性从属传统，无论承担的家务如何艰巨或必不可少，她们都不被视为经济活跃人口的重要因素。随着 19 世纪美国城市与工业的增长，"对真正女性的崇拜"演变为对市场与工厂竞争压力的反应。这种观念认为女性在道德上优于男性，社会作用应该是私密、非公开的，主要工作是抚养孩子及去教堂，最重要的任务是维持一个庄重、体面及有教养的家庭，为男性养家糊口提供一处庇护、安全及私密之地。到 20 世纪下半叶，从最发达国家开始，这种从属角色模式才开始发生变化，妇女获得了更高的教育水平，在经济上日益变得活跃，并前所未有与男性直接竞争同样的职位与报酬。在当代工业化社会中，女权主义运动是针对某些障碍的直接反应，这种障碍是以前只对男性有利的经济与法律地位。

目前，对于世界上与性别有关的体制和经济角色的分配模式来讲，不仅受到一个国家经济发展水平的影响，而且受到其文化对女性强加的宗教与习俗的持续限制影响，同时还受到经济基础（尤其是农业基础）的影响（参见专栏 6.9）。第一个支配因素反映了发达国家与发展中国家之间的差异，第二个与第三个支配因素则见证了发展中国家内部的自身变化。

经济全球化对女性参与有偿劳动及经济上的性别差异产生了复杂的影响。在发达国家中，去工业化（见第 10 章）对男性的就业与工资产生了负面影响，转向服务业则有利于女性。在高级管理人员中，男性的比例依然过高。在全球范围内，随着全球化贸易开放力度加大，增加了妇女在有偿就业中的份额。在发展中国家，生产出口商品的公司会雇用更多的女工，她们大多从事熟练工作。但是，虽然女性劳动力就业增加，却不一定会减少性别歧视现象。在发展中国家，非正规分包合同和血汗工厂的规模日益扩大，妇女在薪酬微薄、劳动条件很差的计件工作中占最大比例。

目前，世界上出现了一种非常独特的性别区域化现象。在西亚、北非的阿拉伯地区及受阿拉伯影响的穆斯林地区，从事经济活动的女性人口比例较低，宗教传统限制了妇女接受家庭以外的经济活动；在南亚、东南亚的穆斯林地区，在不同的农村经济条件下，同样的文化限制并不适用，例如印度尼西亚与孟加拉国妇女的劳动参与程度远高于西方伊斯兰国家；在以家长制社会结构闻名的拉丁美洲，女性一直在努力克服对她们外出就业人数日益增多的文化限制。

在非洲撒哈拉以南地区，文化与经济高度多样化，通常高度依赖女性在务农劳动和赶集市场的收入。在传统农业与乡村制度下，女性高度独立并拥有财产，但随着农业技术现代化及引入正规、由男性主导的财政制度与农业行政管理制度，女性的传统角色被男性取代，逐渐沦落为从属地位。基于相关国家的统计数据，学者们建立了一套性别发展指数（GDI），对各国的妇女地位进行了排名。

在先进经济体和发展中国家的工业部门中，仍然存在性别关系方面的区域与文化差异。例如，在东亚各国的现代化过程中，妇女仍然需努力去获得大多数西方经济体中女性享有的地位。虽然中国的性别发展指数（GDI）位列第二级，但女性通常无法有效地与男性竞争，最高级管理层与行政层中的女性较为少见；在日本，男性几乎完全操纵着该国庞大的工业与政治机器；相比之下，在斯堪的纳维亚各个国家的经济与社会领域，性别平等比任何其他工业化国家都要更胜一筹。

# 6.10　多样性的其他方面

文化是一个社会群体的生活方式的总和。本章划分了技术、社会与意识形态子系统中的几个要素，然后通过孤立分析来暗示其可识别不同文化群体的特征。这种做法显然具有误导性，虽然经济发展水平、语言、宗教、族裔和性别都是重要的、共同的文化特质，但这些文化特质仍旧不够全面，还存在某些可能不那么普遍却颇具启发性的其他基本要素。

在美国的各个城市中，即使风格迥异的公共建筑与私人建筑不分青红皂白地混在一起，也能唤起一些人对起源地的回忆。哥特式建筑、新英格兰教堂、新古典主义银行和摩天办公大楼不仅展示了各自所拥有的功能，而且展示了蕴含着丰富文化与地理内涵的不同设计方案。对于西班牙风格、都铎王朝风格、法国乡村风格或牧场式住宅来讲，可能无法揭示其美国居民的民族背景，但确实构成了该地区及其所传播社会的文化宣言。

音乐、食物、游戏及其他生活乐趣也是与特定国家相关的文化指标。所有社会群体都有自己的音乐，但是因为其象征性地表达了特定区域及群体的经历和情感，所以不同地区的差异很大。民间音乐的风格与乐器差异很大，即使是流行音乐，也具有地域差异和独特核心区。例如，乡村音乐歌词所包含的主题会与农村工人的经历产生共鸣；布朗克斯及西雅图的嘻哈文化和格朗奇（垃圾摇滚乐）分别起源于对特定青年人群的疏离感的表达。对于区域性文化来讲，音乐表达形式还包括路易斯安那州南部的卡津音乐、美墨边境的特哈诺音乐和美国中西部上游的波尔卡音乐。当音乐风格与乐器之间存在足够的相似性时，就可能发生混合（融合）与移植。美国爵士乐代表了音乐影响的一种融合，雷鬼音乐甚至被认为是真正的牙买加音乐形式，其实它是非洲节奏、加勒比海的斯卡与慢拍摇滚乐、美国灵魂与节奏和布鲁斯音乐的一种融合。

来自其他文化区域的食物同样可以被移植，成为美国"大熔炉"烹饪环境的组成部分。

对于人类马赛克文化的多样性及错综复杂的相互关系，这些只是几种次要的附加陈述。就其区域表现与区域变异而言，无论是个体还是集体，它们只是人文地理学家研究的主题的一部分。后述各章将继续介绍人类互动与空间行为的格局与调控、国家与国际政治结构、经济活动与经济导向、城市化的水平与模式及当代文化的所有基本问题。

## 重要概念小结

- 文化包括各种独特人群的学习行为与信仰。文化特质结合在一起，塑造了集成的文化情结。文化特质与文化情结的空间格局共同创造了人文景观，勾画出文化区，区分出文化群体。当人类社会与环境互动、为集体需求提出新解决方案或采用了族群以外的创新时，这些景观、地区及群体特征就会随着时间而变化。

- 通过识别其组成子系统，帮助理解文化的含义。技术子系统由赖以谋生的实物（人工制品）与技术组成，社会子系统由控制文化群体社会组织的正规与非正规机构组成，意识形态子系统由文化表达在口语及信仰系统中的思想与信仰组成。

- 由于植物与动物的驯化，导致了开拓创新的文化发源地的崛起，形成了不同群体之间的文化分歧。现代文化的融合被许多独特的要素削弱，这些要素仍然存在于社会群体的识别与分离中。在文化识别特质中，最突出的特质包括语言、宗教、族裔及性别。

- 语言与宗教既是文化的传播者，又是不同文化群体的标识特质。两者都具有独特的空间格局，反映了过去及现在的互动与变化过程。

- 语言可以根据起源地和历史演变进行分组，但其世界分布很大程度上取决于人口迁移及征服与殖民化的历史，类似于语言演化。通过研究地名，可以对人口迁移历史进行归档。语言地理学主要研究语言的空间变化，这些变化可能因鼓励推广标准语而减少到最小限度，或者因为变成混杂语、克里奥尔语和通用语而日渐式微。

- 宗教的空间格局截然不同，揭示了迁徙、征服与传播的历史。这些模式响应了各种宗教信仰体系，创造了空间上的独特文化景观。即使是在政教分离的社会中，宗教也可能会影响经济活动、法律制度及节日庆典等。

- 在共享文化识别特征的某个群体的归属方面，族裔由地域上的隔离或孤立形成，并在族裔复杂的社会中因自我感觉优于其他群体而得以保持。在全球大多数国家中，民族多样性已成为现实，而且其中许多国家还在进一步多样化。通过文化适应与同化，许多少数民族寻求吸收周围的主流文化；另一些群体为保持其固有特征，选择空间隔离或公然拒绝主流文化特质。
- 性别是男女之间以文化为基础的社会差异，反映了宗教与习俗，更重要的是反映了社会的经济发展阶段，以及在经济中赋予妇女的生产角色。当经济结构变化时，性别作用也会发生改变，但是常会受到文化内部保守势力的抵制。
- 文化领域不断发展变化，反映了族裔与文化群体的迁移、语言与宗教的传播或采用、新技术的传播与接受以及性别关系的改变，并随着经济现代化与文化传统的反应而改变。

对于人口迁移、扩散、接纳与响应本身来讲，表现了人类互动与空间行为的地理学上的更广义概念与格局，这是下面要关注的文化环境传统的重要组成部分。

## 关键术语

| | | | |
|---|---|---|---|
| acculturation | 文化适应 | genetic drift | 基因漂移 |
| amalgamation theory | 融合理论 | ideological subsystem | 意识形态子系统 |
| assimilation | 同化 | innovation | 创新 |
| creole | 克里奥尔人 | language family | 语系（语言谱系） |
| cultural ecology | 人文生态学 | lingua franca | 通用语 |
| cultural integration | 文化融合 | material culture | 物质文化 |
| cultural landscape | 人文景观 | natural selection (adaptation) | 自然选择（适者生存） |
| culture | 文化 | nonmaterial culture | 非物质文化 |
| culture complex | 文化情结 | pidgin | 混杂语 |
| culture hearth | 文化发源地 | popular culture | 流行文化 |
| culture realm | 文化圈（文化领域） | possibilism | 或然论 |
| culture region | 文化区（文化区域） | race | 人种 |
| culture system | 文化系统 | sociological subsystem | 社会子系统 |
| culture trait | 文化特质 | spatial diffusion | 空间扩散 |
| dialect | 方言 | standard language | 标准语言 |
| environmental determinism | 环境决定论 | syncretism | 融合 |
| ethnicity | 族裔 | technological subsystem | 技术子系统 |
| ethnic religion | 民族宗教 | toponymy | 地名学 |
| ethnoburb | 民族郊区 | tribal religion | 部落宗教 |
| folk culture | 民俗文化 | universalizing religion | 普世宗教 |
| gender | 性别 | | |

## 思考题

1. 文化包含哪些内容？文化如何传播？哪些个人特征会影响任何个人对文化的获得或完全掌握？
2. 什么是文化发源地？早期文化发源地有什么新文化特质？在人文地理学方面，创新意味着什么？
3. 文化特质与文化情结之间、环境决定论与或然论之间有何差别？
4. 文化系统的三个组成部分或子系统是什么？每个子系统都包含哪些文化特征？
5. 为什么人们会认为语言是分离社会的主要文化元素？
6. 宗教可能以何种方式影响社会的其他文化特质？
7. 通过把宗教分类为普世宗教、民族宗教或部落宗教，如何帮助我们理解其分布与传播模式？
8. 文化适应如何发生？族裔中心主义可能成为文化适应的障碍吗？文化适应与同化有何差异？
9. 族裔、人种与文化的相关性如何？

# 第7章 人际互动

**学习目标**

7.1 学习如何表达活动空间的时空特征

7.2 探讨手机等现代通信设备对人际互动的影响

7.3 学习如何命名距离衰减相关变量

7.4 理解人际互动距离与心理距离等概念

7.5 区分吸引移民与限制移民的因素

7.6 评价区位效用概念在评估人类迁移决策行为中的作用

7.7 区分传染扩散与等级扩散、逐步迁移与链式迁移

7.8 讨论距离对人际互动的影响

7.9 探讨如何表现全球化、一体化与人际互动之间的关系

7.10 讨论是否应该在墨西哥与美国边界设置金属围栏

1860 年 4 月—1861 年 10 月,驿马快信公司诞生并运营,但生意仅维持了短短的 18 个月。这家公司的骑手们创造了一项勇气加耐力的不朽记录,10 天时间长途奔袭 3165 千米,穿越内布拉斯加州、怀俄明州、犹他州和内华达州,从密苏里州的圣约瑟夫市到达加利福尼亚州的萨克拉门托市,将轻薄的纸质信件(邮资为 2~10 美元/盎司,1 盎司约为 28.35 克)从一个驿站传递到了另一个驿站。在当时的报纸招聘广告中,该公司要求应聘者的体重不超过 135 磅、不饮酒、品行端正,应是"勇敢的年轻人——最好是孤儿"。如果骑手们不得不避开印第安人或上百万头水牛,那么每周两次的骑行还要花费更长的时间。

1860 年 10 美元/盎司的邮资相当于现在的 220 美元/盎司,如今只有类似钻石之类的运费才会这么昂贵。下面做个有趣的数据对比分析,从圣路易斯市(圣约瑟夫市附近的城市)出发到旧金山市(萨克拉门托市附近的城市),目前每天均有两个直达航班和 10 多个一站式中转航班,平均单程票价约为每人 150 美元,乘客体重加上行李重量平均为 180 磅(1 磅约为 0.45 千克),飞行时间约需要 4 小时。综合而言,1 盎司的运输成本为 5 美分(乘飞机),快递成本则为 220 美元(驿马快信)。

这一对比清晰地表明,美国中西部与西部之间的互动在 144 年间增长迅速,互动程度的影响因素为出行需求、出行速度和出行成本,而且所有这些因素都受到出行技术的制约。在本例中,所谓出行技术的变化,是指从驿马快信时代 16~24 千米驿站间距的快马变成了喷气式飞机。今天,每个地区的人口数量都有数百万之多,出行费用也非常低,所以每天有如此多的航班往返于不同城市之间不足为奇。

## 7.1 人际互动的定义

简而言之,人际互动是指人类之间的沟通与相互依赖,也称人际交往。本书认为人际互动是一个地理过程,即人们可以查看地图上可识别地点之间的移动、沟通和相互依赖性。为了更具体地确定互动的终点位置,有时会用到空间互动一词。例如,一般来讲,手机通话是一种人际互动,但被视为两地之间的通信时,它也是一种空间互动。人际互动包括所有类型的通信(如电话、手机、脸谱、推特和邮件),人类及其商品与服务的所有位移,传染病、思想及知识的所有传播。所有这些互

动都涉及两个或多个地方，当从地球空间层面（如地图）审视这些互动时，即可将人际互动称为空间互动。空间互动意味着在把人们分开的一段距离中，存在着某种形式的流动。

如果某地（如冰山）荒无人烟，那么该地与任何其他地点之间就不存在空间互动；反之，如果某地人口众多（如芝加哥），另一地也人口众多（如纽约），那么两地之间将会存在大量的空间互动。但是，如果第二个地点远离芝加哥（如伦敦），那么其与芝加哥之间的互动将少于纽约与芝加哥之间的互动。两个地区之间的吸引力类似于重力，空间互动程度受到人口数量与距离等因素的影响。

## 7.2　人际互动与距离

对大多数人来讲，短途出行要远多于长途出行，这符合距离衰减原理，即随着到原点的距离的增加，某项活动、功能或互动数量减少，并在超出临界距离后呈迅速下降趋势。超过临界距离时，成本、努力、方法和认知将在互动意愿中起压倒性作用。图 7.1 以离家出行为例说明了这一原理。临界距离因人而异，通过综合考虑年龄、流动能力、出行机会、兴趣爱好及个人需求等因素，有助于确定某个人的出行频率与出行距离。例如，校园内的学生可能不会为访问校园图书馆而反复斟酌，但校外学生可能会等一个相对方便的时间才去访问，或者根本就不存在这种想法，因为校园图书馆可能已经超出了校外学生的临界距离。由于距离阻碍了人际互动，可以说人们的生活与日常活动中存在着摩擦距离。

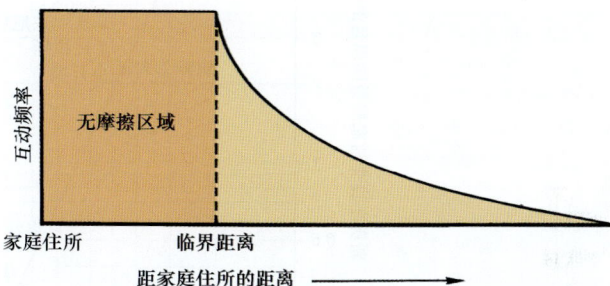

图 7.1　临界距离，显示了大多数人的距离感。每项活动都有临界距离，超过此距离时，接触强度就会下降。到达临界距离之前的距离属于无摩擦区域，该区域中的时间或距离因素并不能有效地纳入出行决策

一般来说，对于两地之间的人际互动数量，距离与人口数量是重要的影响因素。2005 年，飓风卡特里娜肆虐后，新奥尔良发生了大规模居民迁移情形，如图 7.2 所示。因为距离较近，在新奥尔良市和路易斯安那州，未被洪水淹没的地方接纳了大部分灾民。但是，也有许多人投亲靠友，前往休斯敦、达拉斯、芝加哥和纽约等大城市。

小孩子们通常会在本街区范围内来回走动，父母会警告他（或她）不要穿越街道。成人们的行为虽有不同，但约束同样有效。例如，每天（或每周）购物可能基本上在临界距离范围内，通常很少考虑所要付出的成本或努力。但是，如果偶尔出行去购买特殊物品时，那么就要考虑成本和努力。在人们的日常生活中，绝大多数社会接触面往往局限于所在社区的较小范围内，主要与住所附近的人们进行交往。若亲戚朋友住在距离较远的地方，则专程去探望的频率肯定不会太高。然而，在所有此类出行中，距离衰减原理的作用非常明显。

人们所付出的努力可用时间-距离来衡量，即完成出行所需的时间。对于工作之旅，确定临界距离的主要因素通常是时间而非成本。对距离的认知与真实距离有重大差异时，可用心理距离一词来描述距离认知。大量研究表明，人们往往心理上认为已知的地方要比实际距离更近，陌生的地方要比真实的距离更远。图 7.3 是这种感觉的一个幽默示例，图 7.4 则是较为严肃的另一个示例，读者还可以参阅专栏 7.1。

人们从许多渠道获得关于世界的信息，尽管从广播、电视、互联网和报纸上获得的信息非常重要，但面对面交流依然是最有效的交流方式。距离衰减原理说明，随着与家庭或工作地的距离的增加，人们面对面接触的次数通常会减少。与远距离相比，人们一般更希望开展近距离的人际互动。在人口密度很高的地方，例如城市（尤其是在工作时间的中央商务区），个体之间的人际互动可能非常高，这也是商业中心往往成为新思想中心的原因之一。

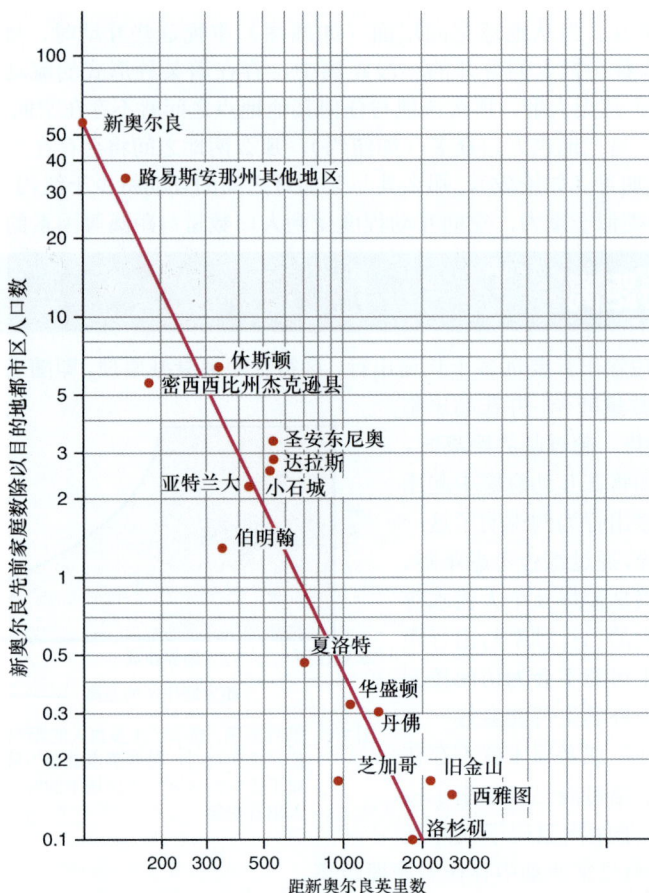

图 7.2　飓风卡特里娜导致的灾民迁移。这幅采用对数-对数刻度的人际互动图，展示了距新奥尔良的英里数与灾民迁移数量除以都市区人口的相关性。来源：*FEMA, U.S. Census Bureau and Queens College Sociology Department*

图 7.3　心理距离：一名纽约艺术家对美国的认知。© *Florence Thierfeldt, Milwaukee, Wisconsin*

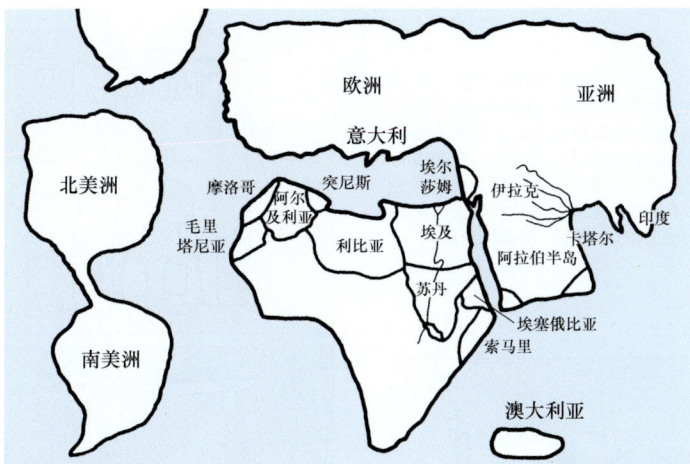

图 7.4　**全球心理地图**。这幅地图由来自加沙的一名巴勒斯坦高中生绘制，反映了作者接受的中学教育，体现了埃及的学校课程受尼罗河和泛阿拉伯主义影响。埃尔莎姆是仍然在使用的旧地名，该地区包括叙利亚、黎巴嫩和巴勒斯坦。若由以色列学生设计，则这幅地图可能会大不相同

## 专栏 7.1　心理地图

人际互动受到人们对地点感知方式的影响，当某地的信息不完整时，产生的图像就会比较模糊，从而影响人们对该地的印象。有些人喜欢探索陌生（或未知）的地点，或者具备相关的能力。每个人心中都存在一幅全球心理地图，但没有任何一个人拥有真实、完整的世界形象，因此拥有完全准确的心理地图根本不可能。事实上，大多数人所拥有的最好心理地图是其居住之处，即他们度过人生光阴时间最长的地方。

每当想到某个地方或思考如何去某个地方时，人们首先会产生一幅心理地图。此时，不必要的细节会被忽略或遗漏，只有重要元素才会被纳入其中。通常，重要元素包括确实存在的物体或目的地、出发点与目的地之间的距离，以及对不同地点之间方向位置关系的感觉。心理路线图还包括一些参照点，通常位于特定的连接通道或其他可选的出行路线上。尽管心理地图具有高度个性化特征，但对具有相似经历的人们来讲，一般会对同样的环境问题给出类似的答案，并且形成大致相当的心理草图。

对各个地方的认识通常伴随着对它们的看法，但知识深度与所持有的看法之间并无必然联系。总的来说，人们对某个地方越熟悉，心理地图就越接近实际。但是，一旦对自己一无所知的地方形成了牢固印象，就可能会影响到旅行、移民决策或其他形式的人际互动。

要确定某个人如何看待周围环境，一种有效的途径是询问他们对不同地点的看法，例如要求他们按照自己的愿望（如理想居住地）来评价各个地点，或列出某个地区（如美国）中的最好与最差地点。在这种类型的研究中，一定会发现某些规律。插图显示了一些居住愿望调查数据，目标人群为加拿大三个省份的大学生。从这些地图及相关的心理地图中可以看出，近处比远处更受欢迎（除非远处有更大的吸引力），而且首选具有相似文化形式的地方（类似于生活水平高的地方优先）。一般人往往不太关注陌生的地方，也不喜欢与文化利益存在竞争关系的不熟悉地区（如不喜欢政治与军事活动），或者众所周知的令人不愉快的自然环境。

另一方面，在心理地图的研究中，具有宜人气候或悦目景观的地方通常评价较高，并且在旅游和移民决策中受到青睐。例如，对于多雨和多云地区的英国公民来讲，英格兰南部与西南部海岸很有吸引力，因此会到西班牙、法国南部和地中海岛屿的度假旅游。美国人口普查局的一项研究表明，气候是位居工作与离家近之后，所有年龄段成年人跨州移居的最常见原因。国际研究表明，同样的迁移动机不仅基于气候，还与自然美景和舒适环境密切相关。

住在同一房屋中的 3 个孩子，年龄分别为 6 岁、10 岁和 13 岁，在没有他人指导下绘制的邻里地图。注意观察随着年龄的增长，视角是如何拓宽的及邻里是如何扩展的。对于 6 岁的孩子来说，邻里由自己家旁边的房屋构成；对于 10 岁的孩子来说，邻里就是自己所生活的街区；对于 13 岁的孩子来说，活动空间显然更为广阔。在 13 岁孩子绘制的地图中，阴影部分即为 10 岁孩子绘制的街区

10岁

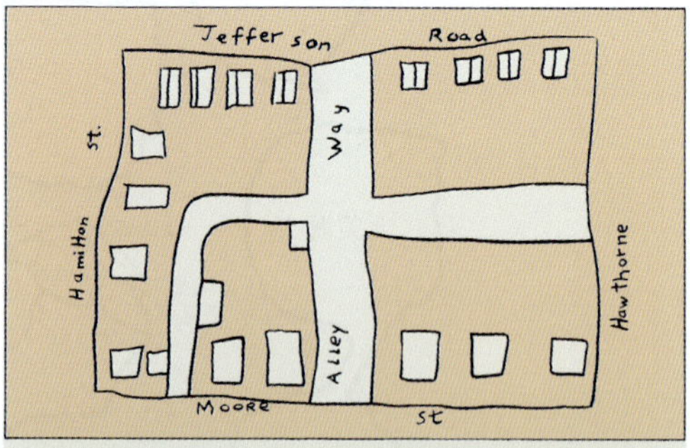

6岁

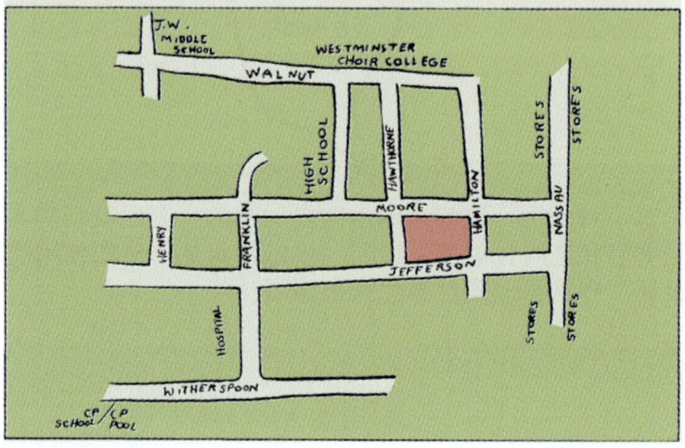

13岁

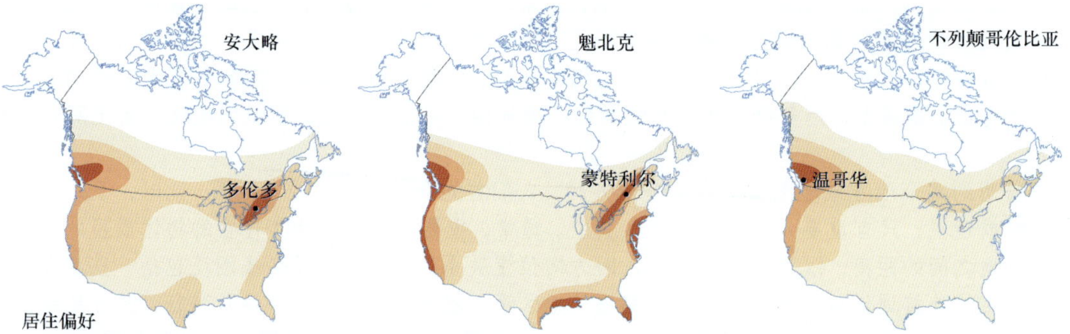

居住偏好
- 非常喜欢
- 喜欢
- 中性
- 不喜欢
- 非常不喜欢

加拿大人的居住偏好，数据来自魁北克省、安大略省和不列颠哥伦比亚省。注意，每组受访者都喜欢自己居住的区域，且都喜欢加拿大与美国的西海岸。来源：*Herbert A. Whitney*, "Preferred Locations in North America: Canadians, Clues, and Conjectures," *in Journal of Geography, Vol. 83, no. 5, 1984 p. 222. National Council for Geograhic Education, Indiana, PA*

# 7.3    人际互动的障碍

现代技术发展日新月异，与以往的任何时候相比，今天人们能够更安全、更快速地出行，出行的距离也更远，而且无须身体接触就可更容易、更全面地交流。正是由于这种接触方式的加强，推动了创新的不断加速，以及商品与思想的迅速传播。数千年前，金属冶炼等革新花费数百年时间才得以传播；今天，世界范围内的各种传播几乎瞬间即可实现。

然而，尽管人际互动（人际交往）的实际次数可能很多，却不一定意味着效率很高，就是说人际互动存在着众多障碍（阻力、壁垒）。这些障碍会阻碍信息或人的流动，致使人们延缓或妨碍接受某种创新。距离本身就是人际互动的障碍，一般来说，两个地区的距离越远，人际互动的可能性就越小。距离衰减原理说明，当其他条件相同时，人际互动数量随两个地区之间距离的增大而减少。

成本是人际互动的另一个障碍，有些亲朋好友或同事住在离自己很远的地方，通常难以承受彼此看望所需的成本。此时，电话与电子邮件是相对便宜的人际互动方式，这些互动方式的频率与时间是亲朋好友所在地的函数，因为人们更喜欢短距离互动。

跨区域接触也可能受到自然环境和文化障碍（由不同宗教、语言、意识形态、性别及政治制度等组成）的妨碍。山峦、沙漠、海洋和河流可能（并且已经）成为减缓或阻碍互动的自然屏障。文化障碍可能同样难以渗透，例如信仰不同宗教或说另一种语言的那些近邻可能不会接触其邻居，政府干扰互联网通信、控制外国文学流入及不鼓励本国公民与外国人接触等。

在人口密集的地区，为了抵御信息超载及保护心理安宁，人们通常会在自己的周围设置心理屏障，因此只会发生有限数量的人际互动。为了过滤与自己无直接关系的那些信息，人们必须有一种隐私感。因此，在发现自己身处拥挤的环境时，人们倾向于将自己的兴趣缩小到一个狭窄的范围，进而使更广泛的兴趣能够通过传媒途径得到满足。

## 7.4　人际互动与创新

从旧思想中能够产生多少新思想，现有各种旧思想彼此之间的接触和碰撞至关重要。对于专攻某一特定兴趣领域的人来讲，通常会寻找能够与之互动的同行及相关人士。在拥挤的中心城区，很多兴趣领域非常接近的专家聚集在一起。因此，在接触距离近、人才密度高的环境下，旧思想获得了倾听机会，新思想就可能由人际互动而形成。新发明与新社会运动通常崛起于空间互动程度较高的环境中，当然也有例外，例如在传统强势社会（如 17 世纪和 18 世纪的日本）中，社会文化拒绝创新，坚持传统的思想和方法。

早期的文化中心（见第 6 章）是人口最密集且高度互动的世界中心。目前，在国家级首都城市和区域性大型城市中，吸引了希望或需要在特殊利益领域中彼此互动的人群。人们早就注意到人口集中与人类创造力表达之间的联系，例如通过分析美国专利局过去一个世纪为专利申请人记录的家庭住址，可知发明人通常为大型城市中心的居民，这些人想必能密切接触并能与共同感兴趣领域的人交流思想。世界大都市中心似乎仍然吸引着年轻人和野心勃勃的人，在创造新思想和新产品方面，面对面接触或口头接触似乎非常重要。最近发生了通信行业的革命，允许人们通过电话和互联网服务进行低成本互动，这表明城市作为创造性天才的汇聚之地，未来的传统重要性很可能会下降。

## 7.5　个人活动空间

许多国家和群体在周边划定边界，将空间分为各自所有的领地，必要时进行防御及保卫，第 8 章将详细介绍这方面的内容。领地是人们情感上依附并进行防卫的自家地盘，有人将其视为大量人类行为与反应的根本原因。在实际生活中，某些群体活动好像确实来自人们保卫领地的反应，如不同街区群体可能会主张并保护自己的势力范围，害怕他人入侵而带来的恐惧与威胁，由此造成了一些不必要的冲突。城市中的少数民族群体表现尤为突出，他们有时会暴力排斥自认为具有威胁性的任何外族群体的入侵。

但对于大多数人来说，对领地的个人感知适度即可。例如，私宅及私有财产当然是神圣不可侵犯的私有领地，但有时也可向相识或不相识、因公或因私的来访者开放。人们没有必要像街头帮派成员一样，把自己的活动区域局限在家庭范围内。相反，每个人都有一个或多或少扩大了的家庭范围，称为活动空间或活动区域，即可以自由活动的常规活动范围，并可与其他相关人员共享此空间。

图 7.5 显示了一个五口之家某天的活动空间。注意，对单个人而言，即使两个家庭成员驾驶汽车，他们每天的活动空间也相当有限。表示一周的活动空间时，需要将更多的路径添加到地图中；表示一年的活动空间时，可能还要补充几次长途旅行，而长途旅行通常不定期。

按照不同的出行类型，可对个人参与的活动进行划分，如上班、上学、购物及娱乐休闲等。在全球几乎所有地区，人们都会进行相同类型的出行，但由于文化、经济及个人条件等方面的原因，造成人们对空间变化的需求差异较大，每个人出行的频率、期限和时间分配均有所不同。

对城市上班族来讲，工作出行非常重要（见图 7.6），在确定大多数成年人的活动空间方面起决定性作用。以前，他们的活动空间受到步行距离或公交线路与运行时间的限制，随着私人汽车越来越普及（见图 7.7），欧洲及英美等地城市的工作出行临界距离稳步增大。近年来，许多人的工作出行实际上属于多目标出行，可能包括顺路到日托中心、干洗店、学校和各种商店等。

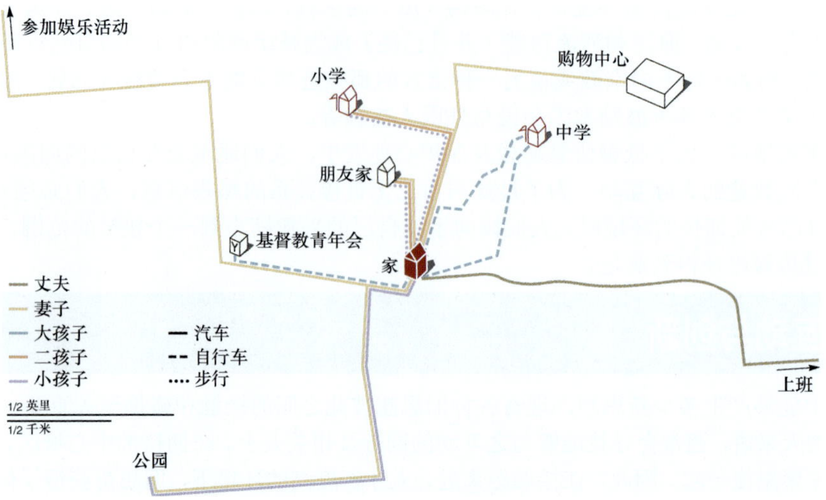

图 7.5　某个五口之家中，各家庭成员平常工作日的活动空间。父亲每天要开车上下班，母亲则在家操持家务。由于活动空间基本上限定在相对固定的路线及地区，因此非常有助于培养他们的地域意识，并影响他们对空间的感知

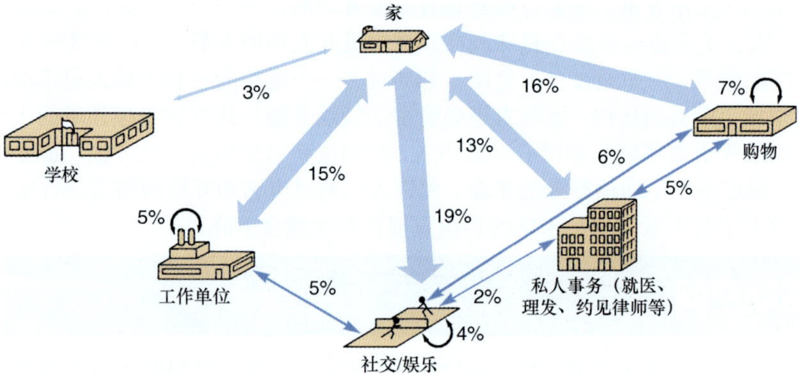

图 7.6　明尼阿波利斯都市区七县的出行模式。图中的百分比是所有城市单个常规工作日出行的平均值。来源：*Metropolitan Council: The 2000 Travel Behavior Inventory*

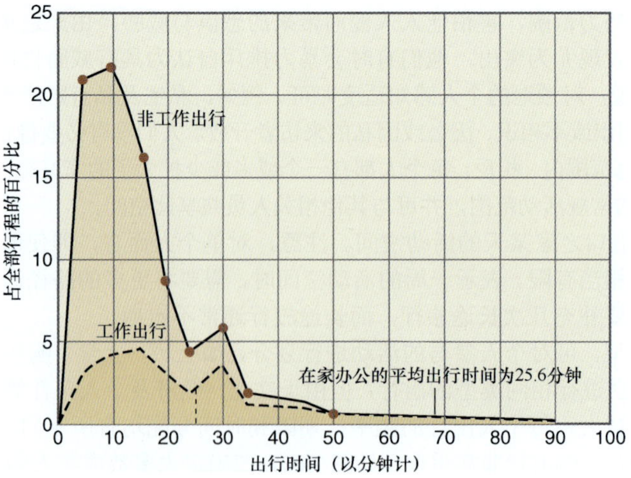

图 7.7　明尼阿波利斯都市区七县工作出行与非工作出行的耗时长度（以分钟计）的频率分布。通过对不同都市区进行研究，可以获得与本图大体一致的结论，即工作出行通常比其他日常出行更耗时。2009 年，美国人的平均工作出行距离为 19.6 千米，其中一半人的工作出行耗时不到 25 分钟；对到中央商务区上班的郊区居民而言，工作出行时间为 30～45 分钟。来源：美国能源部《全国家庭出行调查（2009）》

个人出行的类型及其活动空间范围，一定程度上取决于三个变量：生命阶段（年龄）、机动性及其日常活动中隐含的机会。

### 7.5.1　生命阶段

决定个人出行类型的第一个变量是生命阶段，对某个特定年龄组的全体成员而言，包括学龄前、学龄、青年、成人和老年等阶段。学龄前儿童的活动范围一般局限于住宅附近，除非有人陪伴才能出行；对于学龄期儿童来讲，低年级学生上学距离较近，高年级学生上学距离较远，放学后的活动往往仅限于步行、骑自行车或随父母驾车到近处；高中生及其他青年通常比幼儿的流动性大，能参加更多的活动与空间互动；成年人需要操持家务，为购物和照顾儿童而出行，以及为社会、文化和娱乐目标而出门旅行。与其他家庭成员相比，赚钱养家的成年人的出行距离通常更远；由于身体虚弱或兴趣不足等原因，老年人通常缺乏广泛的活动空间。

### 7.5.2　机动性

影响活动空间范围的第二个变量是机动性或出行能力，暗含着对克服距离摩擦所需成本与努力的非正式考虑。如果收入较高、交通便捷（汽车与火车可达）、燃料成本占家庭预算的比重低，机动性就可能比较大，个人活动空间也会很大。汽车和火车无法达到个人的标配交通工具时，那么日常活动空间可能会局限于自行车或步行可达的较小范围内。显然，出行决心的大小和道路条件都会影响出行决定的执行。

在各个国家或地区，高收入者的机动性相对较大，活动空间范围更为广阔。然而，这些活动范围并不是无限的，每人每天只有固定的 24 小时，大部分时间都要消耗在工作、做饭、吃饭和睡觉上。此外，由于公路、铁路和航班的数量固定不变，即使是最具机动性的个人，也会受到可利用活动空间数量的限制，没有人能够轻易地将全世界作为活动空间。例如，对于居住在郊区社区的许多妇女来讲，既要履行做饭和照顾孩子等家庭义务，又要完成自己的职场工作，她们必须要学会平衡二者之间的关系。在这种情况下，妇女们的机动性就会受到限制，导致她们的职业机会较为有限。

### 7.5.3　机会

限制活动空间的第三个因素是个人对活动的可行性或机会的评估。例如，在人满为患的亚洲城市里，赤贫者就近满足其日常需求，离开住所的动力很小。在贫困的国家及社区中，低收入限制了出行的欲望、机会、目的地和必要性。同样，如果生活在人烟稀少的偏远地区，道路、学校、工厂或商店很少（或根本没有），人们的出行欲望和出行机会非常有限，因此活动空间也会较少。机会加上生活阶段所制约的机动性，严重影响着个体所参与的空间互动的数量。

## 7.6　扩散与创新

第 6 章介绍过空间扩散的概念，这是使观念、实践、发明或物质从源点扩散至新区域的过程。观念是一种理念或发明，比如说一种新的思维方式（如确认值得在互联网上购物）；实践可能是网上购物的实际过程；物质是有形的东西，例如通过互联网购买的商品。扩散是空间互动地理学的核心。

活动中心产生的观念会驻留在原地，除非存在可供其传播的一些过程。创新是由采纳新观念形成的一种文化变革，能够以若干方式进行传播。某些创新（如 iPad）的优势非常明显，能够很快地为负担得起并从中获益的那些人采用。例如，对可能带来丰厚物质回报的石油开采新进展，所有大型石油公司都会迅速采纳，无论引入距离多么遥远；在世界上的大部分地区，小麦和水稻的新品种能够显著提高农业产量，成为绿色革命的一部分（将在第 10 章中讨论），因此很快就会被所有谷物生产国的农学家们所熟知。但是在可能因此获益的贫穷国家中，对新品种的接受过程则较为缓慢，部分原因是农民很难支付所需的费用，而且空间互动也很有限。

许多创新本身并不重要，但有时看似无关紧要的创新在广泛采用一段时间后会带来巨大变化。例如，少数人接受的一种音乐新曲调，可能会引领许多人喜欢该曲调及其他类似的曲调，接下来可能会依次影响舞蹈编排、服装选择、零售商的广告宣传及消费者的支付模式等。最后，一种新的文化形式终于尘埃落定，对采纳者及其相关人员的思维过程产生了重要影响。注意，这里所用的是广义的创新，但是创新是否投入使用最为重要。

就空间而言，人们能够识别出适用于创新扩散的许多过程，每种创新过程都在人与人之间进行传播，也在不同地点之间进行传播。下面的传染扩散和等级扩散两节将进一步讨论这些过程。

## 7.6.1　传染扩散

假设某位科学家发明了一种能够明显提升汽车性能的汽油添加剂，他高兴地向亲朋好友进行展示，亲朋好友转而再告诉其他人。这个过程类似于传染病的传播，发明创新持续不断地扩散，直到遇到障碍（即对采纳新观念不感兴趣的人）或领域饱和（即所有人都采纳了该创新）时为止。在这个传染扩散过程中，每一步都遵循空间互动的距离衰减原理，短距离接触的可能性高于远距离接触，但是随着时间的不断推移，这一新观念可能会从发源地传播到远方。图 7.8 说明了传染扩散的理论过程。

传染扩散的许多特征值得关注。如果一种观念在潜在采纳者眼中具有价值，并且他们最终会成为采纳者，那么采纳者与潜在采纳者的接触数量将会增加。因此，创新首先会缓慢传播，然后越来越迅速，直至达到饱和或出现障碍时为止。采纳的发生率可用图 7.9 中的 S 形曲线表示。受影响者所在的区域最初很小，然后以越来越快的速度扩大。随着可用区域和/或人员的减少，传播过程将会变慢。图 7.10 显示了一种疾病的传染扩散。

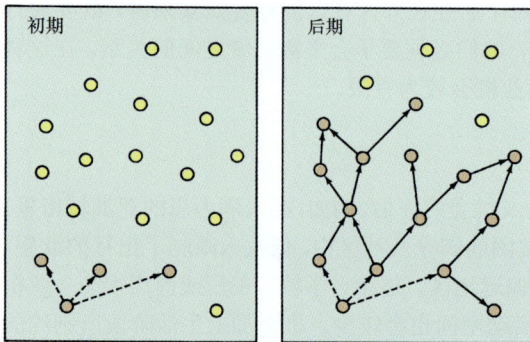

图 7.8　传染扩散。一种现象从某地蔓延到邻近地区，但在此过程中仍然保留在发源地，并且常常得到强化。来源：*College Geography, Spatial Diffusion, by Peter R. Gould, p. 4. Association of American Geographers, 1969*

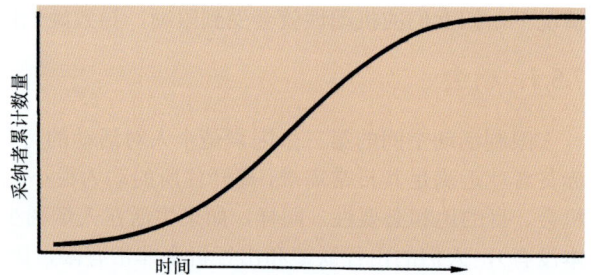

图 7.9　创新的扩散。创新的采纳者数量不断增加，直到最终决定采纳创新总人数的一半为止。在这一点上，采纳者数量的增长速度开始变缓

如果发明家的想法落入商业经销商的手中，那么该扩散过程可能会与刚才讨论的进程有所不同。经销商可能会通过大众传播媒介，将该想法强加到每个人的头脑中。如果受到本地媒体（如地方性报纸）的影响，采纳模式将类似于刚刚描述的模式；如果在全国性的电视、报纸或杂志上开展广告宣传活动，那么了解这项创新的人数就大体与人口密度相关，媒体受众人数越多，潜在采纳者就越多。当然，经济障碍或其他障碍也可能会影响扩散。至此，人们就会明白为什么大型电视市场如此宝贵，为什么全国性广告费用如此昂贵。

传染扩散过程与距离衰减过程可能会发生共振。许多人从大众媒体上了解并接纳创新，然后告诉其他人。在最初的接触后，本地传染效应很快就开始向其他地方传播。每种类型的媒体都有自己的影响范围。广告商们发现，若要使创新作为重要信息为广大受众所接受，就必须反复多次地进行宣传。这个事实在某种程度上说明，大众媒体的有效性与其他类型的接触（如面对面接触）有所不同。

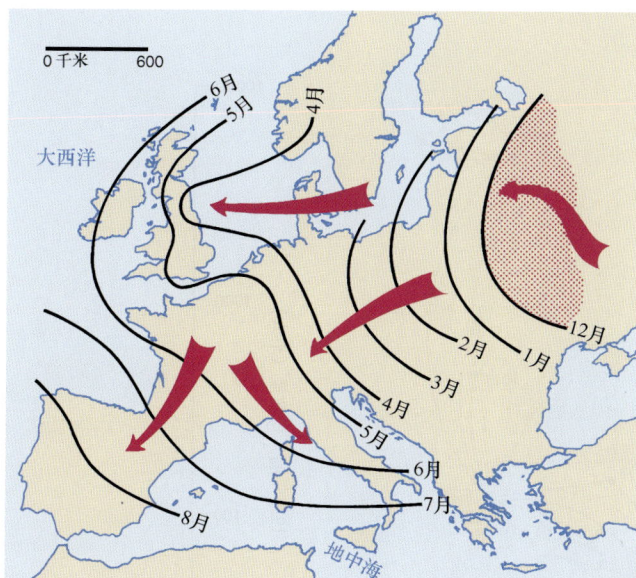

图 7.10 传染扩散过程对时间与距离都很敏感，例如 1781 年爆发的欧洲流感始于俄罗斯，随后向西移动，约 8 个月后席卷整个欧洲。来源：*Gerald F. Pyle and K. David Patterson, Ecology of Disease 2, no. 3 (1984): 179*

## 7.6.2 等级扩散

创新传播的第二种方式是与传染扩散的某些方面相结合，同时纳入一种新元素——等级。等级是指将对象划分为不同类别，使类别变得越来越复杂，或具有由低至高的不同地位级别。许多组织体系中都存在等级制度，如政府机关（组织结构图）、大学（讲师、教授、院长和校长）和城市（村、镇、区域中心和大都市）等。等级扩散是指创新在地区等级中向上或向下的传播。

例如，假设某大城市采用了一种汽车交通控制的新方法。该创新的相关信息正在传播中，但只有规模相近城市的官员才能首先接受这种观念。实际上，传播到大城市的信息质量可能较好，或者说大城市比小城市在财政上更能采纳这种观念。当变得更广为人知或在财务上更为可行时，这种创新才会最终应用于较小的城市，然后逐级向下扩散。在图 7.11 所示的假设方案中，可以看到信息流在四级通信结构中是如何连接的。注意，最低级别中心与更高级别中心

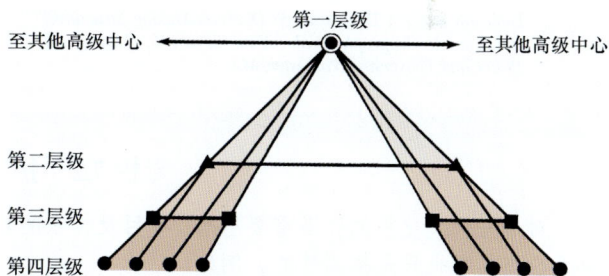

图 7.11 四级通信结构

相连，但彼此之间互不相连。连接可能会绕过中间级别，只与最高级别中心进行连接。

很多时候，等级扩散与传染扩散同时发生。当高等级中心的密度很大且中心之间的距离较近时，情况就会有所变化。传播观念快速且廉价的方法是在高等级层面交流信息，然后最有效地利用这三种扩散方式。即使一种观念在高等级层面扩散，也是从高等级中心向外扩散的。因此，与距离高等级中心较远的中等级中心相比，距离较近的低等级中心可能会更早地知道这一创新。对于居住在大城市附近郊区和小城镇的人们来讲，对许多新鲜事物比大城市的很多新市民更了解情况，如同半个大陆以外其他大城市里的人一样。图 7.12 和图 7.13 显示了这些模式的日本案例。

扩散的这些形式在文化传播中也起作用，结果就是前面讨论过的空间互动与创新。此外，回顾第 6 章的内容可知，迁移、入侵、选择性文化采纳和文化转移均有助于创新的扩散。这些运动与交流更为广泛，表现了人们在常规活动空间之外的互动（参见专栏 7.2）。

图 7.12　这幅地图既显示了等级扩散模式，又显示了传染扩散模式。扶轮社是国际服务协会的成员，20 世纪 20 年代诞生于日本大城市，并在原俱乐部的赞助下不断成立新俱乐部。来源：*Yoshio Sugiura, "Diffusion of Rotary Clubs in Japan, 1920–1940: A Case of Non-Profit Motivated Innovation Diffusion under a Decentralized Decision-Making Structure," in Economic Geography, Vol. 62, no. 2, p. 128. Copyright © 1986 Clark University, Worcester, MA*

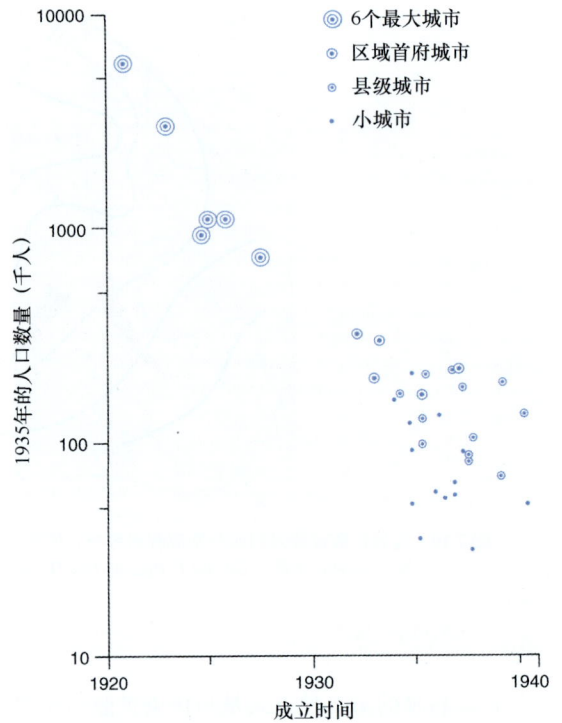

图 7.13　扶轮社在日本传播的等级扩散组成部分。最大城市是扶轮社活动的一级中心，接下来是城市人口与城市功能水平逐级降低的城市。来源：*Yoshio Sugiura, "Diffusion of Rotary Clubs in Japan, 1920 -1940: A Case of Non-Profit Motivated Innovation Diffusion under a Decentralized Decision-Making Structure," in Economic Geography, Vol. 62, no. 2, 1986, p. 128. Clark University, Worcester, MA*

## 专栏 7.2　扩散的历史

　　对于当代文化中的许多重要思想、项目及技术的发源地，人们通常只有模糊的认识或推想，对其扩散途径充其量也只是推测性的。例如，火药、印刷术和面条由中国人发明，斜挂的三角帆可追溯至近东文化，铧式犁则归因于 6 世纪东北欧的斯拉夫人，这些创新的扩散顺序与扩散途径尚未见到文献记录。

　　在许多其他案例中，则存在着此类文件档案，扩散过程亦可公开加以分析。例如，吸烟习俗的扩散路径显而易见：发源于美洲印第安人，1586 年由沃尔特·雷利爵士（弗吉尼亚殖民者）引入家乡英国，先后在英国上流社会与普通民众中迅速传播开来；英格兰是北欧

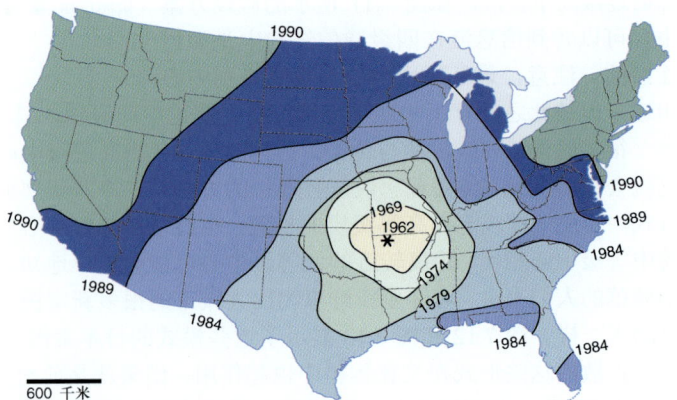

来源：*Thomas O. Graff and Dub Ashton, "Spatial Diffusion of Wal-Mart," The Professional Geographer, 46, no. 1, 1994, pp. 19 -29. Association of American Geographers, 1994*

吸烟新习俗的发源地，1590 年由英国医学院学生引入荷兰；荷兰人和英国人共同将这种习俗传播至波罗的海和斯堪的纳维亚地区，并由陆路经德国传播至俄罗斯；这项创新继续向东扩散，100 年内烟草遍布整个西伯利亚；18 世纪 40 年代，由俄罗斯毛皮商重新引入美洲大陆（阿拉斯加）。吸烟还存在第二条扩散途径，从西班牙开始，通过地中海地区进入非洲、近东和东南亚。

20 世纪 30 年代中期，在伊利诺伊州北部和艾奥瓦州东部，富有想象力的农民最先种植了杂交玉米；20 世纪 30 年代末至 40 年代初，新品种玉米已经广泛种植，东至俄亥俄州，北至明尼苏达州、威斯康星州和密歇根州北部；20 世纪 40 年代末，在美国与加拿大南部，所有商业玉米区都栽种了杂交品种。

沃尔玛连锁店的扩张也是一种类似的传染扩散模式，如附图所示。从 1962 年起源于阿肯色州西北部，到 20 世纪 90 年代，这种折扣连锁店已经遍布整个美国，成为美国销售额最大的企业。在扩张过程中，沃尔玛表现出一种"逆等级"扩散，最初在小城镇经营，然后在大城市和城市群开设第一家商店。

## 7.7　人际互动与技术

当互动机会大量存在时，空间互动就会成为人们生活的重要组成部分。互动机会不仅取决于参与空间互动的货币数量，而且取决于互动方法。在 20 世纪的工业化国家中，普通工薪阶层拥有私家车已越来越普遍，大大提高了空间互动的程度。20 世纪末至 21 世纪初，移动电话、低成本电话通信和互联网呈爆发式增长，显著增加了人与人之间的互动机会。

### 7.7.1　汽车

汽车可为个人提供快速、灵活的日常交通工具，使人们不再惧怕遥远的空间距离，对就业与服务的位置会产生深远影响。许多就业机会已经分散到郊区，形成了不断蔓延的城市。遗憾的是，凡事有利必有弊，对没有汽车而必须依靠公共交通的那些人来说，汽车的副作用是减少了他们的就业机会。有些地区专为汽车修建高速公路与快速通道，反对进一步发展公共交通体系。有车一族可以非常方便地上下班、购物、看望朋友和家人，还可以参加集体活动。随着汽车变得更加舒适和高科技化，进一步鼓励人们寻求更多的互动机会。除非地方政府试图控制城市的增长与发展，否则结果就是城市环境逐渐蔓延开来，人们似乎总是不断地从一地迁移至另一地。既然汽车对很多人不再是奢侈品，空间互动的这个增长过程就会一直持续下去。

### 7.7.2　电信

与人类或商品的空间位移相比，信息流的空间移动具有不同的含义。例如，与常见的信件和印刷品不同，通信并不一定意味着需要花时间使物体发生物理移动。事实上，在现代电信中，无论距离远近，信息流均能瞬时到达，结果就是时-空聚敛在空间尽头。贝尔系统公司的一份报告显示，1920 年，打一个横跨大陆的电话至少要花 14 分钟并用到 8 名接线员，3 分钟电话的费用超过 15 美元；1940 年，通话准备时间缩短到不到 1.5 分钟，话费降到 4 美元；20 世纪 60 年代，横跨大陆的长途直拨电话连接时间不到 30 秒，电子转接已将总通话时间缩短到只有拨号和接听电话的时间；20 世纪 90 年代末，随着互联网语音通信的诞生，长途电话费已经趋于消失。

互联网与通信卫星技术发展迅速，基本实现了数据实时传输，全球范围内的通信瞬间可达。时空融合通信技术越来越向空间成本聚敛，以前曾经基于距离收取邮费的国内邮件，现在以统一价格在全国范围内（或跨城）运送。

与汽车相比，对于人类的生活、社会结构和产业结构，电信技术革命必将产生更加深远的影响。对于具有通信能力的人们来说，空间互动水平会得到极大提高，如图 7.14 所示；手机、电子邮件、脸谱、推特及低成本电话服务造就了某些人的独特生活方式，他们通常花费更多的时间与其他人交流；由于企业利用在线提供商品与服务的技术优势，减少了人们外出购物的次数；许多人在远程办公环境中谋生，即在互联网上开展业务，不必加入早出晚归的上下班旅程；许多人发现可以不必生活在拥挤的城市环境中，因此城市蔓延速度很可能会加快。

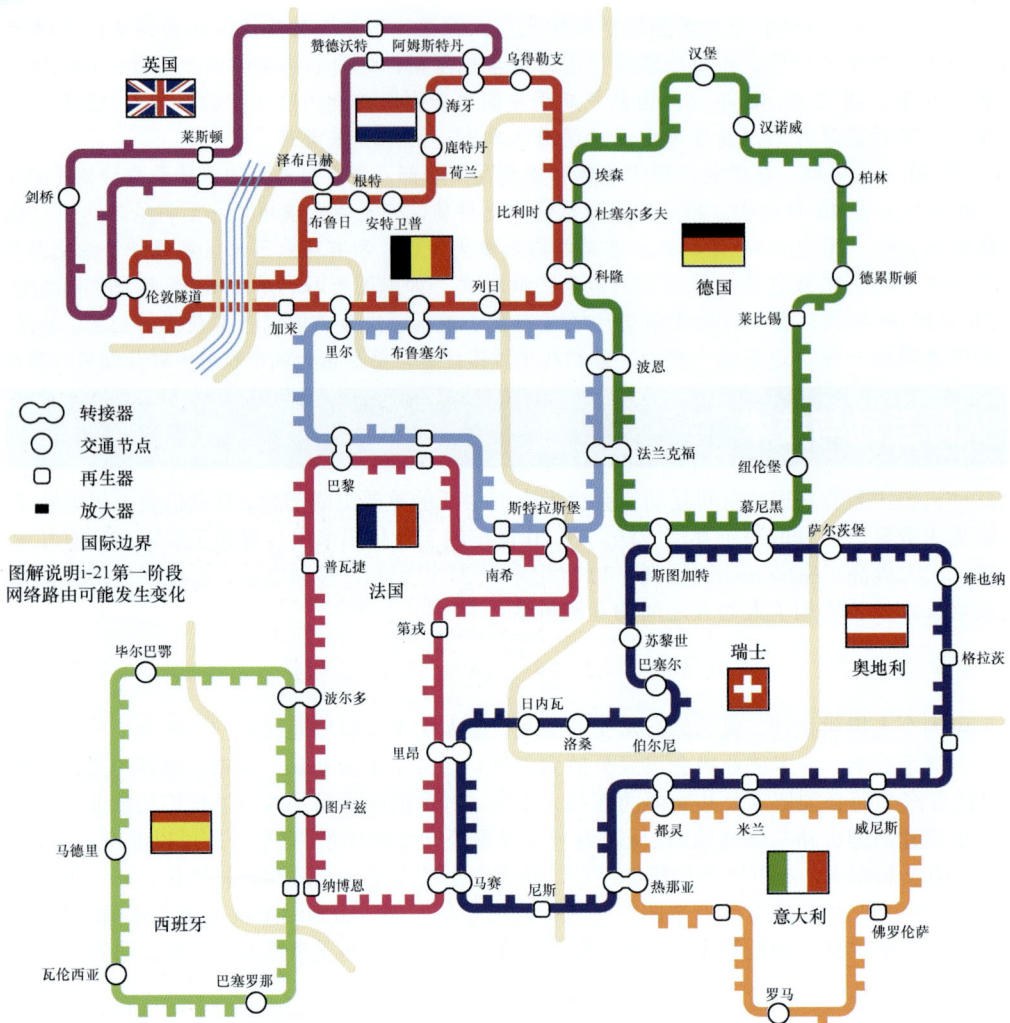

图 7.14　欧洲部分地区互联网 i-21 网络地图，连接 16 个国家 61 个城市的光纤网络，通信速度超过 1PB/s。来源：*Martin Dodge and Rob Kitchin, An Atlas of Cyberspaces, Copyright Martin Dodge, 2004. This work is licensed under a Creative Commons License. Available at http://www.cybergeography.org/atlas/interoute_large.gif*

许多类型的工业将变得不受约束，即不必空间受限于其他工业或城市环境。最有可能出现这样一种情况，就是工资低廉的区位很可能会成为香饽饽，因为商人都具有逐利性，如果可以任意选择经营场所，那么他们当然会寻求工资低、技术水平高、环境好（如温暖的热带）及设施便利的地方。

汽车促进了长途通勤上下班，远程办公则完全减少了通勤需求，但是二者均会刺激城市向外扩张。电信革命始于 20 世纪 90 年代中期，至今仍然方兴未艾，对于其如何影响人们的日常生活，我们的认识才刚刚开始。

## 7.8　迁移

迁移（移民，迁徙）是人类历史的一个重要方面，即人们的居住地及活动空间发生了永久性重新安置。人口迁移对人类进步贡献良多，不仅能够促进不同文化的发展演变与迁移扩散，而且有助于世界各地人民及其文化的复杂交融。例如，北美洲、澳大利亚和新西兰之所以有现在这个样子，与不远万里跋涉而至的殖民征服者关系密切。一提到大规模人口迁移，人们脑海中就会立刻浮现出如下画面：古今战争中的难民逃亡、犹太人在以色列的定居、从墨西哥及中美洲向美国移民的工人，以及其他无数案例。在所有这些情况下，各种社会群体都会将文化移植到新区域，文化发生扩散并互相融合，历史也会由此发生改变。

最近几十年以来，国内、国际和洲际的大规模人口流动已成为社会关注度非常高的重要问题，不仅影响了各个国家的经济结构、人口密度及其分布模式，而且改变了传统的民族、语言及宗教融合，同时可能会加剧国内纷争与国际紧张局势。迁移的模式与矛盾涉及社会与经济关系的许多方面，已成为当前地理现实的重要组成部分。在本章中，我们乐于将迁移作为人类空间行为的一种确定无疑、反复发生、近乎全球性的表述。

## 7.8.1　迁移类型

移民流可以在不同尺度上加以讨论，例如洲际的大规模人口流动，或同一都市区内个别人的乔迁之喜。在每个不同的层面上，尽管空间行为的主导控制因素保持不变，但影响空间互动的直接诱因则不相同，对人口格局与文化景观的影响也不一致。

当然，经专家研究发现，人口迁移的距离长短及其对人们生活的干扰程度存在重要差异。假设居住地从中心城区搬迁到郊区，学生及成年人的许多非工作活动空间必定会改变，但是工人的活动空间可能仍然维持在该城市（实际上此处即为其就业地点）。另一方面，19 世纪末至 20 世纪初，大量欧洲移民涌向美国，大量美国农民涌向城市，迁移的行为模式发生了全方位的改变。

在最广泛的尺度上，洲际迁移范围发生了较大变化，最早期的人类在全世界就近择地而居，近期的亚洲及非洲难民则蜂拥至欧洲和西半球国家。在美国、加拿大、澳大利亚、新西兰、阿根廷、巴西及其他南美洲国家，人口结构反映了大规模洲际移民的结果，移民潮在 16—17 世纪初时尚属涓涓细流，19—20 世纪初则壮大为滚滚洪流。20 世纪中期，"二战"（1939—1945 年）导致 2500 多万人永久迁移，所有这些迁移均为跨国（而非跨洲）移民。

洲内迁移与区域间迁移既包括跨国迁移，又包括国内迁移，最常见的情况是个人或群体对改善经济前景的评估做出反应，通常逃离困难（或危险）的环境、军事、经济或政治条件。例如，东欧社会主义国家（包括苏联和南斯拉夫）解体后，数以百万计的难民被迫离开自己的家园。1980—2000 年，欧洲接纳了约 2000 万新移民（主要为难民），包括 20 世纪 90 年代初已经进入西欧国家的 1500 万劳工移民（外来劳工）。按照欧盟相关规定，劳工可在多个成员国之间轻松迁移，如图 7.15 所示。20 世纪初，约 1.75 亿人（占世界人口 3%）生活在出生国以外的国家，移民问题已经成为全球社会、经济与政治领域的首要问题。

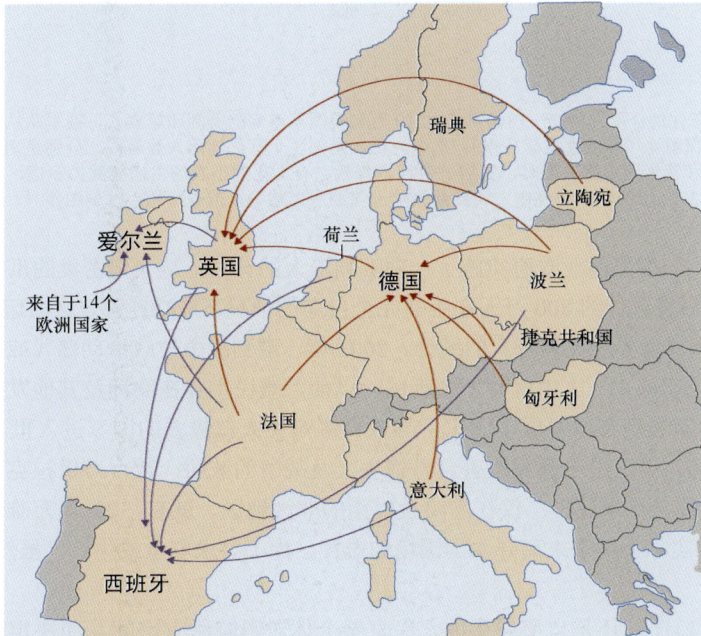

图 7.15　21 世纪前 10 年从其他欧洲国家移民至 4 个欧洲主要国家（英国、爱尔兰、德国和西班牙）。数据来源：欧盟统计局

移民可能是被迫或自愿迁移的，很多情况下为环境所迫而勉强安置。在强制移民或非自愿移民中，移民决定由移民本人之外的其他人做出（见图 7.16）。例如，16 世纪末至 19 世纪初，1000～1200 万非洲人作为奴隶被强行迁移至西半球，其中近 100 万人抵达美国，一半甚至更多人前往加勒比海地区，其余大部分人则前往中南美洲。在澳大利亚，最早定居的欧洲人出现于 18 世纪 80 年代末，英国人当时因流放罪犯的需要，在澳大利亚东南部（新南威尔士）建立了苦役营。最近的非自愿移民大量来自苏联地区，从 20 世纪 20 年代末开始，数百万人被强行从农村迁移到城市，从西部地区迁移到西伯利亚和俄罗斯远东地区。

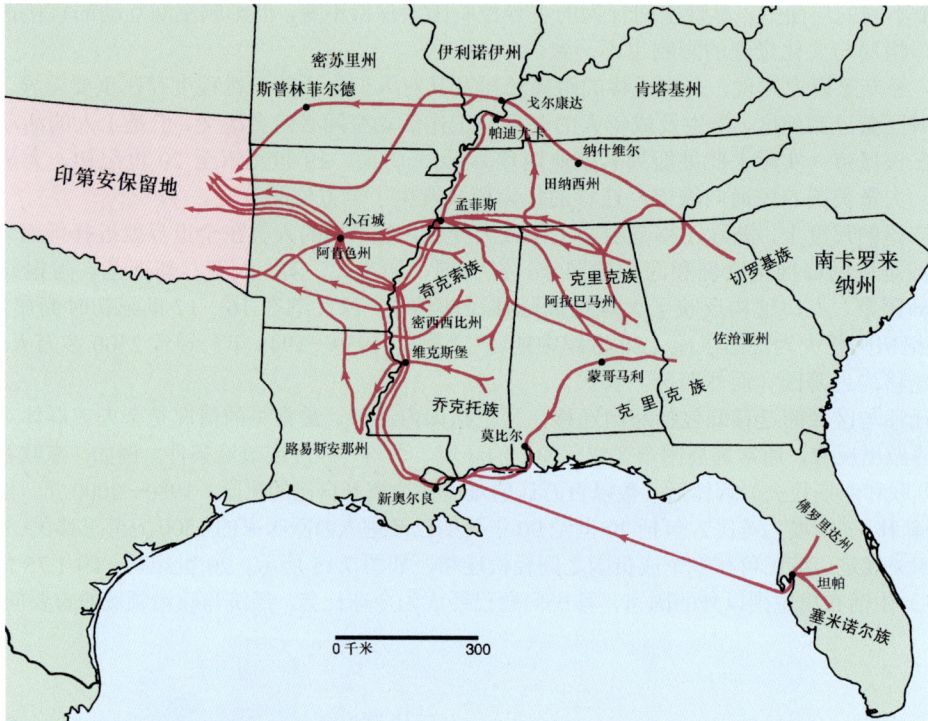

图 7.16　强制迁移：5 个开化的部落。1825—1840 年，约 10 万名美国东南部的美洲印第安人，被军队从其家园驱赶到密西西比河另一侧的印第安保留地（今俄克拉荷马州）。迄今为止，南部 5 个开化部落人数最多，分别是切罗基族、乔克托族、奇克索族、克里克族和塞米诺尔族。当时，定居、信仰基督教、有文化的小农场主们被武力驱逐，被迫开始了一段异常艰辛的旅程（如在 1837—1838 年的寒冬中，切罗基族踏上"泪水之路"），苦难与死亡时刻相伴

从 1969 年开始，印度尼西亚政府实施了一项咄咄逼人的计划，从人口密集的爪哇岛向该国其他岛屿和地区进行移民，先后将总计约 800 万人在绝非完全自愿的情况下成功迁移，这项运动被称为"历史上最大的移民计划"。根据《世界难民调查》的统计，2003 年，遭到战争与政治动荡（或镇压）的国际难民数量约为 1500 万，即全球每 415 人中就有 1 个难民。以前，难民主要在欧洲及其他发达地区寻求庇护，最近则主要从发展中国家逃到其他发展中国家，导致许多难民人口最多的国家进入世界上最贫穷的国家行列。例如，2003—2007 年，由于遭到迫害、恐怖主义及战争的威胁，数百万伊拉克人逃离自己的家园，前往伊朗、叙利亚和约旦寻求庇护；仅在撒哈拉以南的非洲地区，就有 300 多万难民。此外，全球还有 2200 万人国内移民，实际上属于未离开本国国境的难民，为了寻求安全或生计，虽然离开了自己的家园，但没有越过国界。

不过，大多数人口迁移还是自愿发生的，代表着个体对影响所有空间互动决定因素的反应。从根本上说，之所以会发生人口迁移现象，主要是因为移民们相信迁移后的机会和生活会比现在更好。

## 7.8.2　迁移动机

迁移决策的影响因素很多，主要包括文化因素和时间因素。例如，非洲游牧民族为逃避饥荒与沙漠蔓延而逃离萨赫勒地区，高级管理人员接受工作调动而搬迁至芝加哥，阿巴拉契亚居民为寻求城市工厂中的工作岗位而在城市中落脚，退休夫妇为安度晚年而移居充满阳光和沙滩的地方，人们在这些情况下的迁移动机显然各不相同。一般来说，自愿迁移的人们是为了寻求更好的经济、政治或文化环境，或者生活能够更加便利。对于许多人而言，迁移的理由通常是上述类别的组合。

因家境不佳而被迫做出迁移决定的情况称为推力因素，主要包括失业、缺乏就业机会、过度拥挤及其他各种影响（如贫穷、战争和饥荒）。迁移目的地具有足够吸引力的情况称为拉力因素，包括新地点存在的一切吸引力特征，如社会稳定、食物丰富、就业机会多、气候适宜、税收较低及住房宽敞等。通常，迁移是人们可感知的推力因素与拉力因素共同作用的结果（见图 7.17），重要的是人们对机会与需求感到满足的直觉，无论这种直觉是否能够得到客观现实的支持。

各州人口增长率（2000—2010年）

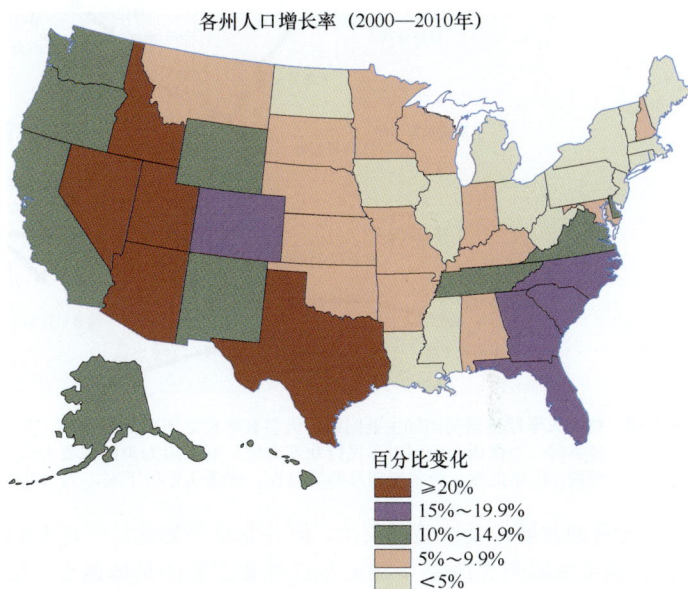

百分比变化
- ≥20%
- 15%～19.9%
- 10%～14.9%
- 5%～9.9%
- <5%

图 7.17　**美国本土的人口迁移**。2000—2010 年，虽然出生率和死亡率与人口增长密切相关，但是美国人口增长格局主要由向西部、西南部和东南部的净移民造成。拉力因素包括就业机会和宜人气候，推力因素包括失业和寒冬。来源：*Population Division, U.S. Bureau of the Census*

在迁移动机方面，与其他任何单一因素相比，经济因素最为重要。如果不满意自己的当前居住地（如失业或饥荒），并且相信别处一定会有更好的经济机会，潜在移民者就会对迁移非常感兴趣。贫穷是最大的激发因素，全世界约 30%的人口（近 20 亿人）每天收入不到 1 美元，许多人因为干旱、洪水及其他自然灾害而沦为灾民，或者成为战争与恐怖主义的受害者。发展中国家的农村地区最为贫困，容纳了世界上最贫困的 7.5 亿人。在这些人中，每年有 2000 万～3000 万人迁往城镇，其中许多是环境难民，被迫放弃了难以养活自己的土地（因严重侵蚀或地力衰竭）。在城市中，他们加入了非常庞大的失业或未充分就业者队伍（约占总人口的 40%或更多），或者寻求通过合法（或非法）途径进入更有前途的发达经济体。无论是来自农村还是来自城市，所有移居者均要面对相同的基本作用力，即贫困产生的推力和可感知（或可预期）机会产生的拉力。

迁移的政治动机也很重要，包括人们对逃离国内战争与迫害的渴望，以及对目标地区自由的向往等。美国人都很熟悉自己国家的历史，为了寻求宗教自由和政治自由，殖民者才迁移至此（见图 7.18）。在近代历史中，美国曾多次接纳来自不同国家的成千上万名难民，如匈牙利难民、古巴难民及越南难民等。1947 年，当巴基斯坦和印度分别建立统治政权后，印度教徒和穆斯林跨越印度次大陆进行了大规模迁移；20 世纪 30 年代，犹太人为逃避纳粹德国的迫害而大批出走，这些都是政治因素引起人口迁移的案例。最近，在图西族接管卢旺达政府后，约 100 万胡特人逃到了非洲邻国；在波斯尼亚，塞族人将穆斯林赶出了其祖祖辈辈居住的家园；在政治危机期间，海地人遭受了严重的经济匮乏，许多人被迫离家出走至美国。

图 7.18　德国人早期移居美国的主要路线。大多数移民之所以离开德国，主要是由于受到了宗教迫害或政治迫害。他们之所以选择美国，不仅因为美国对移民持欢迎态度，而且因为美国需要大量劳动力且有耕地可用。首批移民抵达波士顿、纽约、费城、巴尔的摩、查尔斯顿及新奥尔良，许多人定居下来，为当地带来了宗教、语言和餐饮等特色文化

迁移通常要涉及决策的层次，但并非总是如此。一旦人们下决心要搬迁，并且选择了大体的目的地（如美国或美国阳光地带），就必须选择要定居的具体地点。在这个尺度上，文化变量可能成为非常重要的拉力因素，移民往往会被与其背景（如语言、宗教、族裔或族裔）相似的地区吸引，这种相似性可以帮助他们在到达目的地时有宾至如归的感觉，也能更容易地找到工作并融入新文化中。如第 6 章所述，许多大城市都存在唐人街和意大利小镇，同样证明了文化因素的吸引力。

另一组拉力因素是舒适宜人的环境，即某个地方特别吸引人（或令人愉快）的独特特征，既包括自然特征（如山脉、海洋或气候），又包括文化特征（如大城市中欣赏艺术与音乐的机会）。对于追求美好生活的相对富裕的人群来说，这一点尤为重要。美国的阳光地带（美国南部和西南部地区）风景宜人，对退休人群具有很大的吸引力；在英国和法国等国家，也存在类似的"候鸟南飞"情形。

各种迁移动机的重要性有所不同，因移民的年龄、性别、教育和经济状况而异（参见专栏 7.3）。对于现代美国人来说，移民原因可以归纳为互不排斥的几种类型：

1. 人生历程改变，如结婚、生子、离婚或子女离家（需要较少的居住空间）。
2. 职业周期改变，如大学毕业、首次就业、岗位晋升、职业转岗或者退休。
3. 因城市发展或房地产开发等，造成强制拆迁或勉强搬迁。
4. 社区内发生了令人不快的事情，例如新入住了不受欢迎的少数民族、房屋质量变差、拉帮结派或活动空间变差。
5. 与个人性格有关的居住地变化（缓慢流动）。

## 专栏 7.3　性别与迁移

每个层面的迁移都与性别息息相关。在一个家族或家庭中，在决定或承担照顾孩子等责任方面，男人和女人可能扮演着不同的角色。通过了解这些差异及其背后的不平等，有助于确定由谁来最终决定家族是否应该搬迁、哪些家族成员需要搬迁及要搬迁到哪里等。除家族外，还存在与女性的机动性与独立性相关的某些社会规则，这性社会规则经常会限制女性的移居能力。

输送区和接纳区的经济状况也发挥着作用。如果接纳区有适合女性的工作机会，她们就有迁移的动

机，在必要和有利的情况下，家庭更可能鼓励女性迁移。例如，在东亚和东南亚地区，成千上万名女性移居到石油丰富的中东国家，主要从事服务性工作。

迁移对女性和男性的影响也可能不同，迁移到一个新的经济环境或社会环境时，可能会影响一个家族或家庭中的惯常关系与地位。在某些情况下，女性可能仍然服从于家庭中的男性。通过研究伦敦的希腊-塞浦路斯裔移民女性及荷兰的土耳其裔移民女性，发现尽管这些女性在新的社会岗位中也挣工资，但这些新经济角色并没有影响她们在家庭中的从属地位。

但是在某些情况下，迁移可以使女性在家庭中拥有更大的权力。例如在扎伊尔，当女性从农村移居到城镇后，可能会充分利用城镇的就业机会，从男人那里争取到独立地位。

要了解性别在迁移中的作用，理清家庭决策过程非常重要。许多研究人员将迁移作为家庭决策或战略，有些家庭成员比其他人有更大的影响力，有些成员则比其他人从决策中获益更多。

多年来，在从墨西哥流向美国的移民潮中，男性占大多数。但即使留在墨西哥，女性也在移民潮中发挥了重要作用。例如，墨西哥女性影响了其他家庭成员的迁移决策；她们与移居者结婚，以获得相关利益并得到移民机会；她们忍受或接受这种移民催生家庭中的新角色。

20 世纪 80 年代，移居到美国的墨西哥女性数量不断增加。在墨西哥爆发经济危机的同时，美国适合女性就业的职位增多（特别是工厂、家政和服务行业），改变了个人移民决策的大背景。目前，女性经常成为家庭搬迁或重新定居的发起者。

墨西哥女性已经开始建立起自己的移民网络，这是向美国移民和重新定居成功的关键。网络为移民提供了关于就业和住所的信息，并使许多墨西哥女性能够就移民问题做出独立决策。

在美国的移民社区里，女性往往是社会服务机构与其他移民之间的关键纽带，在墨西哥移民定居和融入新社区方面起着重要作用。

来源：Nancy E. Riley, "Gender, Power, and Population Change," Population Bulletin, Vol. 52, No. 1, May 1997, pp. 32–33. Copyright © 1997 by the Population Reference Bureau, Inc.

有些人可能并没有明确原因而经常搬家，还有一些人永久定居在某个社区而成为固守者。当然，对于像中国这样的国家来讲，由于移居的限制和住房的严重短缺，且有一套完全不同的影响迁移因素。所谓移居，指离开自己所在的国家或地区，迁移到其他地方去定居。

造成人口流动的因素因时而异，但在大多数情况下，年轻人一直是流动性最大的群体（见图 7.19）。作为社会的重要成员，年轻人刚刚开始职业生涯，对职业和场所做出了最初决策。在所有成年人中，他们要承担的责任最小，因此不像年纪更大的成年人那样强烈地依附于家庭和单位。年轻人组成了大多数主要的自愿移民群体，由于在家乡缺乏机会，他们希望充分利用其他地方的机会。

通过学习区位效用这个概念，可以帮助我们充分理解潜在自愿迁移所经历的决策过程。区位效用是指个人赋予某一特定居住地的价值，迁移决策反映了潜在移民对当前住所及其他住所（已知或预期）的评价或印象。有些人可能会选择适应当前住所，最终决定不再迁移。

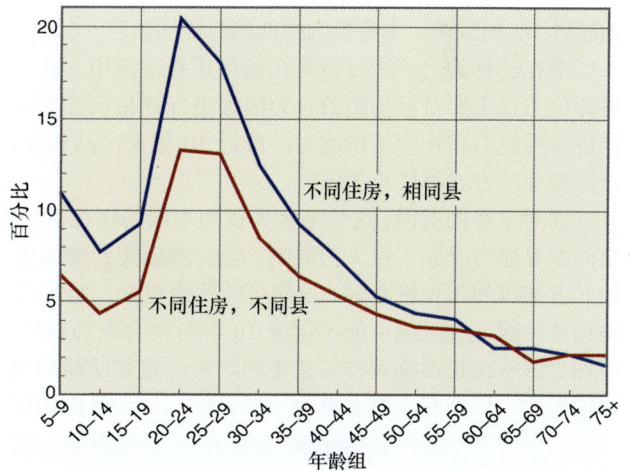

图 7.19　**2000 年与 1999 年，拥有不同住房的 5 岁以上人群占比**。在短距离和远距离移居方面，美国的年轻人表现最为突出，这是一种与年龄相关的流动模式，而且不随时间发生改变。在图中所示的样本年份中，33% 的 20 多岁年轻人选择搬家，而在 65 岁及以上的人群中，只有不到 5% 的人选择搬家。短距离迁移占主导地位，1999 年 3 月至 2000 年 3 月，在美国 4300 万搬家者中，56% 在同一县内搬迁，另有 20% 搬到同一州的另一个县。大约 2/3 的县内流动出于与住房有关的原因，远距离迁移则很可能是由于工作原因。来源：美国人口普查局

在评估区位效用时，决策者不仅要考虑当前区位的已知值，还要考虑每个潜在目的地的预期价值。若评价结果与个人的期望水平相匹配，即这个人认为自己能够达到的成就或抱负水平，这些期望往往会被调整到个人认为可以实现的程度。如果对现状感到满意，他或她就不会开展调查；如果不满足于家乡的区位，他或她就会基于过去的已知回报或未来的预期回报，开始寻找具有特定区位效用的各个新场所。由于对新场所并不熟悉，收集到的信息就成为个人体验新住所的重要参考。决策者只能对新场所进行抽样调查，因此此在信息和解读两方面都可能会存在差错。

潜在迁移的一个目标是最小化不确定性。除非不确定性充分降低，否则大多数决策者要么选择不迁移，要么可能推迟做出迁移决定。要想实现这一目标，可以采用一系列过渡性迁移方式，或者仿效已知的成功案例。逐步迁移包括多个地点的过渡性转换，例如从农村迁移至中心城区时，可以考虑一些适当的位置过渡，比如说先从农村迁移到小城镇，然后迁移到郊区，最后迁到中心城区。链式迁移是指移民从某个共同源地分批次迁移至预定目的地，先遣群体首先建立一个新的家园，第二批及后续移民随后到达，大家通常是同乡、亲戚或朋友。政府不仅为合法移民提供公共服务和私人服务，而且为非法（或无证）移民建立非正规服务网络，这些又有助于链式移民流的持续或扩大。由此，在许多国家的大城市和农村地区，形成了少数民族和国外出生者的飞地。

有时候，链式迁移特指某些职业或族群。例如，据相关媒体报道，在印度北部的新德里，几乎所有报贩都来自印度南部泰米尔纳德邦的同一个小区；大多数建筑工人不是来自印度东部的奥里萨邦，就是来自西北部的拉贾斯坦邦；出租车司机大多来自旁遮普地区。此外，在孟买以北数百千米外的某个小镇，约 250 个相关家庭组成了一个网络，主宰着印度孟买的钻石贸易。

美国亦有单个族群主宰某个行业的类似情况，常见案例如水果店多由韩国人经营，餐馆多由希腊人经营。类似案例还有许多，例如来自越南的女性移民主导着美甲行业，占该行业女性就业人数的一半以上；来自菲律宾的大部分女性移民成了护士，纽约和美国西海岸的这种现象特别明显，纽约及其郊区约 30% 的菲律宾人从事护士或其他保健工作，不仅美国医院喜欢聘用菲律宾人，美国移民当局对护士行业也青睐有加，护士移民群体很容易获得工作签证、绿卡和永久居留身份；主要来自古吉拉特邦的印度移民拥有美国超过 1/3 的旅馆，大多数为中低档特许加盟店（如假日酒店、天天旅店和罗摩达斯酒店）。

潜在迁移的另一个目标是在最终迁移决策中，避免招致人身危险或经济上无利可图。因此，区位效用评价不仅需要对新场所的拉力因素进行评估，还要评估移民在这些场可能遇到的潜在不利因素，包括经济接受能力和社会接纳能力。最近 30 年来，从加勒比海地区、墨西哥和中美洲地区，大量年轻人以合法或非法方式移民至美国。

面对家乡的贫困，这些年轻人认为本国的区位效用极其有限，但是他们既缺钱，在本地又走投无路，空间探寻能力受到了很大的限制。他们渴望能到美国去工作，当然更渴望成功，当从朋友或亲戚那里得知北方邻国的工作机会时，虽然可能薪水很低，但是大部分年轻人当机立断，迅速将区位效用高的定居地选在美国，并且很可能 5 年或 10 年后就会成功移民。许多人都知道，非法入境需要冒一定风险，但即使合法移民也面临着种种法律的约束，这些法律的本意是降低美国对移民的吸引力（参见专栏 7.4）。即便如此，仍然有人愿意冒险一试，他们认为美国的区位效用高于自己的家乡。

## 专栏 7.4　非法越境

移民可以合法（持护照、签证、工作许可或其他授权）或非法进入另一个国家。有些外国人以合法临时身份（如作为留学生或游客）进入某个国家，但在法定离境日期过后仍滞留在该国境内；还有一些外国人以政治避难方式进入某个国家，但实际上是为了寻求经济机会。据美国国土安全部统计，每年约有 1/4～1/3 的非法居民以合法身份进入美国，但在签证逾期后仍然滞留。

虽然无法确定非法居留美国的确切人数（此数字每天均在变化），但大多数权威机构估计总数约为 1000 万～1200 万人，其中约 55% 来自墨西哥，20%～25% 来自其他拉丁美洲国家和加勒比地区，13% 来自亚洲，其余来自加拿大、欧洲和非洲。近年来，美国反对非法移民的呼声高涨，主要是针对来自拉丁美洲的移民，其中大多数移民是没有任何技术的低端人群。

拉丁美洲移民进入美国后，通常会到农场、动物屠宰厂、肉类加工厂、建筑工地、酒店和餐馆等场所去求职，许多人在私人住所里充当女仆、保姆和园丁等。大多数无证工人最初抵达加利福尼亚、亚利桑那、得克萨斯或佛罗里达，许多人目前仍然滞留在这些州，还有一些人去了能够找到更好工作的其他地方。许多人融入了洛杉矶、埃尔帕索和休斯敦等地的移民社区，甚至居住在芝加哥和纽约城等地。在艾奥瓦州和北卡罗来纳州，非法移民的数量增长最为迅猛，这些州对劳动力的需求非常大，几乎所有男性的劳动参与率都高于本地人。

近年来，由于对非法外国移民的数量不断增加感到忧虑，政府采取了一些应对措施。

- 自 2001 年 9 月 11 日世贸中心和五角大楼遭受袭击以来，美国政府部门对安全倍加重视，对签证申请人的背景调查更加严格，对难民及寻求庇护者的准入限制更加严格，移民局对居留权报告和签证时间限制的执法更加严格，采取的边境管控措施更加严格。
- 美国-墨西哥的边境线绵延 3380 千米，目前为遏制大量发生的非法越境情形，政府部门正在做出更大的努力。2007 年，为了补充美国一些城市附近 120 千米长的钢铁围栏，布什政府提出了建设 1125 千米新围栏的方案，但是国会只批准了其中一小部分资金。此外，政府还增加了边境巡逻队的人员数量，利用各种高科技装备（如汽车、直升机、无人机、夜视仪和隐式电子传感器）对边境线进行监视。在亚利桑那州和加利福尼亚州的部分地区，自称为"小人物"的志愿民兵组织日夜在边境巡逻，正如一位义务警员所说，"保卫我们的国家，免遭 40 年来跨越南部边境、来自墨西哥的入侵"。
- 非法移民的处置费用主要由各州政府和地方政府承担，为了获得非法移民处置费用补偿，4 个州（佛罗里达、得克萨斯、亚利桑那和加利福尼亚）已经起诉了联邦政府，但是迄今未能获得成功。与墨西哥相邻的 24 个县共同发起成立了"美-墨边境县联盟"，试图说服联邦政府给地方政府报销相关费用，主要就是为非法外国人提供法律及医疗服务的费用，具体包括对移民的拘留、起诉和辩护；紧急医疗；救护车服务；尸检和埋葬等，但是同样以失败告终。
- 由于担心大量无证移民给纳税人、学校和公共医疗卫生机构带来财政负担，并造成合法居民获得的服务减少，加利福尼亚州选民通过了 187 号提案，禁止非法移民及其家庭成员进入公立学校、社会服务机构和非急诊健康保健医院，还要求州和地方机构向移民局和某些州官员报告非法移民嫌疑人。法院驳回了 187 号提案，宣布该提案的大部分条款都违反宪法，致使这些措施未得以实施。
- 亚利桑那州制定了一部针对非法劳工雇主的法律，2008 年 1 月 1 日开始正式生效。按照该法律的规定，雇主必须与联邦政府合作，认真核实每个工人的身份，一旦被发现故意雇用非法移民，第 1 次违规则吊销营业执照 10 天，第 2 次违规将永久性吊销营业执照。其他州也有意效仿，考虑开展类似立法。

1984—2000 年，由于政府实施特赦计划，数百万非法移民拥有了合法身份。在 2013 年的国情咨文演讲中，奥巴马总统呼吁实行"临时工人"计划，使数百万无证工人身份实现合法化，并有机会成为美国公民。2007 年，联邦政府拟定了一项非常全面的移民改革法，呼吁加强边境安全，实行外来务工计划，为已经在此工作的人开辟一条获取公民身份的道路，遗憾的是未能获得国会的通过。

2013 年的美国-墨西哥边境，美国城市的已建与拟建的钢铁围栏

**问题探讨**

1. 据估计，每年约有 80 万名未经授权的移民进入美国，大多数就业于有报酬的工作岗位，但是美

国每年只为全职非熟练外国人签发 5000 张签证。美国是否应该增加可用的签证数量？

2. 在加利福尼亚州，非法越境越来越困难，但是向北越境的移民数量并未减少，只是越境主体区域转向了亚利桑那州。有些人认为，聪明的移民们总是能够找到越境方法，正如某位观察家指出"这就像往河里扔石头，水很快就会将其淹没"。你认为有什么办法可以封锁整个美墨边境？如果美国与拉丁美洲之间的收入差距仍然很大，移民是否还会继续？美国是否能通过改善墨西哥经济来减轻移民压力？

3. 为什么反移民情绪会针对来自拉丁美洲的未经授权移民？这种感觉是否会最终消失，就像以前的爱尔兰天主教徒、华人、东欧人及其他移民群体那样？

4. 有人认为，如果没有迁移障碍，就会发生循环（非永久）迁移，迁移人几乎随意进出。以波多黎各为例，移居大陆的许多人只驻留数年而已，从该岛向外移民的人非常少。另一方面，"临时工人"计划鼓励移民携带全家向北迁移，由于越境变得愈加昂贵及危险，已经进入美国的移民将永远留在美国。如果你是国会议员，你会赞成实施外来务工计划吗？请陈述理由。

5. 人们常说，非法移民从事美国人不愿意做的事情。为什么移民愿意接受低薪岗位，而且工作条件通常还比较恶劣？如果给美国人付工资（如每小时 20 美元），并提供医疗保健及其他福利，他们会接受这些工作吗？

6. 如果所有各州都听从亚利桑那州的领导，通过并实施针对非法劳工雇主的法律，你认为会出现什么样的结果？在亚利桑那州，每 10～11 名工人中，就有 1 名工人属于非法移民。反对这项立法的人认为，该州已经出现了经济风险。工人们往往比较可靠，大多数人就业于建筑、酒店、餐馆及其他行业，不仅完成某些必要工作，而且会把工资花在生活及工作社区，通常由雇主从他们的工资中代为扣除应缴税款。

7. 如果非法移民没有犯罪记录，正常缴纳罚款，并且能够证明自己是有报酬的就业者和纳税者，他们是否应该有机会获得工作许可证并最终成为美国公民？

8. 各州及地方政府为无证移民提供了教育、医疗、监禁及其他法律服务，你认为联邦政府有义务全额或部分补偿相关费用吗？请陈述理由。

9. 美国是否应该要求公民持有身份证件，并根据要求将其出示给官方？如果是这样的话，对于所有看起来像是在国外出生的人来讲，有必要随时携带居民身份证吗？

在 20 世纪的几乎所有国家中，均经历了从农村到城市的大规模人口迁移，延续了 18—19 世纪工业革命期间发达经济体著名的"从农村到城市"迁移模式。迁移人数大致对应于人们所感知到的城市内的就业岗位数量，以及农村地区所缺乏的区位效用数量。当然，感知并不一定符合现实。在发展中国家的农村，由于贫困人口快速增长，给土地、燃料和水资源带来了日益增大的压力。一方面，土地匮乏，人们吃不饱饭；另一方面，对日益衰竭资源的争夺，导致社会凝聚力不断丧失，这些都有助于促使人们向城市迁移。因此，虽然发达国家的城市增长率正在下降，但发展中国家的城市化仍在快速发展，第 11 章将对此进行更全面的讨论。

### 7.8.3　迁移障碍

与推力因素相对应，一系列障碍（或阻碍）因素同时影响着迁移。这些因素有助于解释这样的事实，即使家乡的各方面条件都不好，许多人也不会选择搬迁至条件更好的其他地方。迁移依赖于人们对其他地区机遇的认识，如果对来自他乡的机遇了解得非常有限，那么迁移成功的可能性应该相对较小。其他障碍因素包括自然特征、搬迁费用、与原活动空间内个人和机构的联系及政府管控等。

迁移的自然障碍包括海洋、山脉、沼泽、沙漠及其他自然景观。在史前时期，自然障碍在制约人类迁移方面发挥了重要作用；在更新世时期，冰盖在欧洲大部分地区蔓延，对人类迁移与定居都是一种障碍；但是在最近 400 年间，自然障碍对迁移的制约已经变得不太重要。从公元 1500 年开始，各种进步令伟大的探险时代成为可能，技术进步令工业化进程步伐加快，人类已经具备了征服空间的能力。随着工业化时代的到来，交通状况得到了改善，人们的出行变得更快、更容易、更便宜。即便如此，正如驿马快信公司的骑手一个半世纪前遭遇的境况一样，人口迁移过程仍然相当艰辛，世界上的某些地方直到今天依然没有多大好转。

迁移的经济障碍既包括出行成本，又包括在他乡建立住所的成本。在通常情况下，保持与原居住地的亲朋联系需要一笔额外的费用，这也是非常重要的一种成本因素。在正常情况下，所有这些成本都会随着迁移距离的增加而增加，而且这些成本使穷人比富人的迁移障碍更大。许多移居美国的移民都是单身已婚男性，当赚到足够多的钱后，他们会将钱寄给家人，使家庭成员能够前来团聚。这一现象最近在移民中比较普遍，例如移居到美国的加勒比地区移民，以及在北欧和西欧国家定居的土耳其人、南斯拉夫人和西印度群岛人。费用因素限制了远距离迁移，但是当前环境与可感知机会之间的差异越大，愿意为迁移而支付费用的人就越多。对许多人（特别是年长者）而言，这种差异必须足够大，才能使迁移最终成行。

当人们做出不迁移的决定时，文化因素通常具有一定程度的影响。家庭、宗教、族裔和社区关系不遵循机遇差异原则，除最紧迫的情况外，许多人在任何情况下都不考虑迁移。他们不仅害怕生活环境发生改变，而且具有相当极端的惰性，秉承"在家千般好，出门一日难"的思想观念，对于移居除了反对还是反对。他们强烈热爱自己的祖国、文化群体、所在社区及家庭，完全能够承受家乡的各种不利条件。与此同时，部分移民由于各种原因而回迁，使这些潜在移民认为他乡的机会实际上并不好，或者虽然稍好一些，但也不值得为此离开自己的家乡和家庭。

迁移的政治障碍主要是指对移民出入境的限制。许多国家的政府不赞成自由出入本国边境的行为，限制本国国民向境外迁移。这些限制可能会使潜在移民无法离开，肯定会减少能够出境的移民人数。另一方面，有些国家劳动力过剩，往往鼓励国民向境外迁移。19 世纪末至 20 世纪初进入美国的大量移民是一个很好的例子，与其原来的祖国相比，他们在美国收获了非常丰厚的经济收益。许多欧洲国家的人口过多，政治制度与经济体制有时会扼杀国内的经济机会，但与此同时，美国企业则非常需要希望去国外（尤其是资源丰富但尚未开发的地区）淘金的这些人。

最发达国家的人均收入较高，或者被认为收入较高，通常成为最理想的国际移民目标国。为了保护自己免受移民潮的冲击，美国、澳大利亚、法国和德国等国家制定了限制性的移民政策。除对入境移民数量设定绝对配额（通常按原籍国分类）外，有些国家还可能强加其他要求，例如持有劳动许可证或获得被认可的社团赞助等。

### 7.8.4　迁移模式

多个地理学概念与迁移模式有关。第一个是迁移场，即本地迁移模式（迁入与迁出）中占优势的一个或多个区域。对任何单一地点来说，在某段时间范围内，迁入移民的来源地与迁出移民的目的地空间上会保持相对稳定，来源地的邻近区域构成了迁移场的最大部分（见图 7.20）。但是，在相距遥远的地方（特别是大城市），也可能存在重要的迁移场。迁移场的这些特性成为移民向更大地方逐级迁移的影响因素，大量移民事实上居住在都市区，可能会使人误认为国内大多数地区都存在移民迁入或迁出的情形。

7.6 节中提到过扩散的概念，迁移场与之并不完全相符，有些迁移场具有独特的渠道化（通道化）流动模式，如图 7.21 所示。通过以往的迁移模式、经济贸易利益或其他亲密关系，这些渠道将社会与经济上相互依赖的地区联系在一起，致使沿着这些通道的移民流高于其他迁移模式。例如，黑人从美国南部向北迁移，斯堪的纳维亚人迁移至明尼苏达和威斯康星，墨西哥人迁移至加利福尼亚、得克萨斯和新墨西哥等边境州，退休人士迁移至佛罗里达和亚利桑那，这些都是渠道化迁移（通道化迁移）的流动实例。

当然，并非所有移民都永久驻留于首个目的地。例如，在 1900—1980 年进入美国的约 8000 万新移民中，约 1000 万人返回了自己的祖国，或者移居到其他国家；在加拿大的每 100 名移民中，约 40 人最终选择离去；在澳大利亚，约 25%的新移民也会永久迁出。因此，对于所有迁出移民流来讲，必然结果是回归迁移或逆向迁移，即移民返回至先前迁出的地区（见图 7.22）。

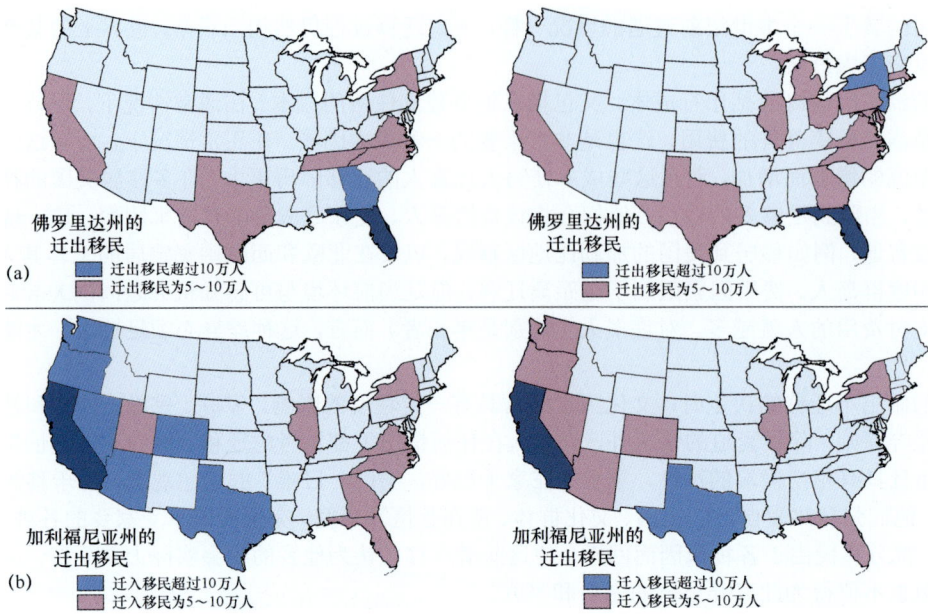

图 7.20    **2005—2009 年，佛罗里达州和加利福尼亚州的迁移场。**(a)对于佛罗里达而言，邻州佐治亚州接收的迁出移民数量最多，迁入移民则大量来自美国东北部；(b)对于加利福尼亚州而言，邻近的西部各州接收了大量迁出移民，而来自这些州的迁入移民则相对较少。来源：美国社区调查报告

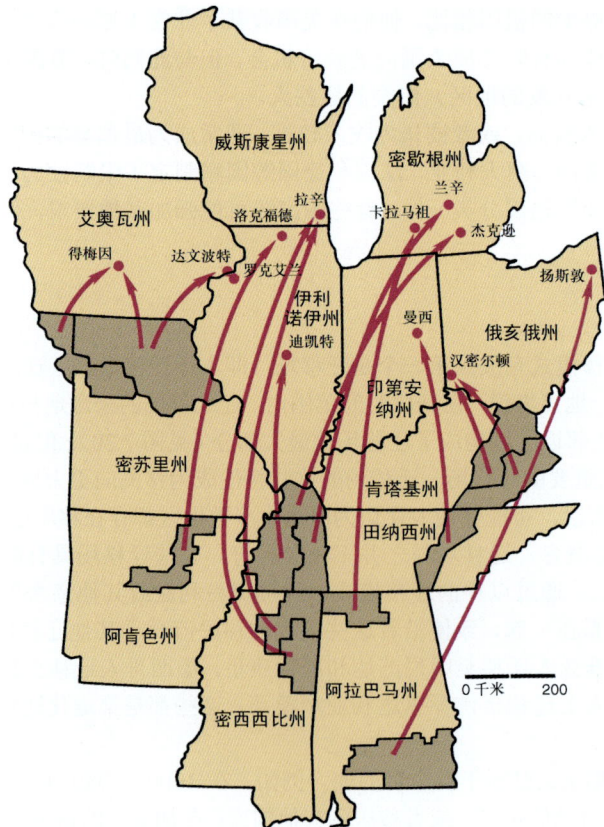

图 7.21    **渠道化迁移，从南部农村迁移至中西部中等城市。**距离不一定是迁移流向的主要决定因素，通过家庭及朋友之间的密切关系，南部农村地区与中西部特定目的地完全可能联系在一起。来源：*C. C. Roseman, Proceedings of the Association of American Geographers, Vol. 3, p. 142*

就美国国内而言，回归迁移（回迁到出生地）约占国内移民总数的 20%，不过这一数字在各州之间差别很大。例如，在最近移居西弗吉尼亚州的迁入移民中，超过 1/3 为回迁者；在宾夕法尼亚州、亚拉巴马州、艾奥瓦州及其他少数州中，回迁者也超过迁入移民总量的 25%；在新罕布什尔州、马里兰州、加利福尼亚州、佛罗里达州、怀俄明州和阿拉斯加州，回迁者占迁入移民的比例不足 10%。访谈结果表明，吸引力较大的各州吸引了大量新移民，但对移民流中回迁者比例较高的那些州，多数人认为其并非理想居住地（本地人除外）。

如果人们能够不受限制地自由迁徙，那么多达 25% 的移民返回原籍所在地就不足为奇。迁移有时候不成功，移民无法适应新环境只是原因之一，更常见的情形是其移居前对目的地的期望值过高。道听途说、二手信息、虚假信息及人们的自夸之词，通常是造成错误迁移决

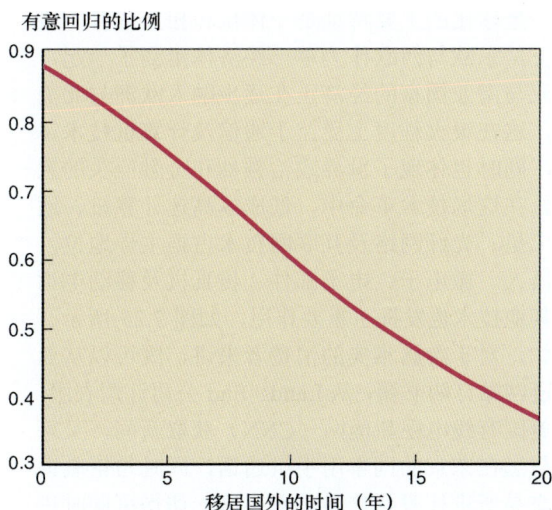

有意回归的比例

移居国外的时间（年）

图 7.22　从前南斯拉夫移居德国后，想要回归故里的移民比例。在德国生活的时间越长，打算回国的比例越低。但即使在国外待了 10 年，仍有超过一半的人愿意回国。来源：*B. Waldorf, "Determinants of International Return Migration Intentions," The Professional Geographer, 47, no. 2, Fig. 2, p. 132. Association of American Geographers, 1995*

策的主要原因。回归迁移往往表明移民们无法适应新环境，但他们却不一定会带回关于该地的负面信息。这通常意味着迁移渠道的加强，因为在不成功移民者与潜在移民者之间，沟通交流具有"只可意会、不可言传"的复杂含义。

除渠道化作用以外，由于受到大城市的影响，迁移场偏离了距离衰减模式。通过引入逐级迁移（等级迁移）的概念，有助于人们理解迁移场的性质。本章前面曾经介绍过，信息传播有时遵从等级规则，即从最高级别的城市开始，向较低级别的城市逐级传播。从某种意义上讲，逐级迁移是对移民流的响应。对于国内移居者而言，总体趋势是向上迁往较高的等级，即从小地方迁往大地方。在向上迁移的过程中，通常还会跨越某些等级。只有当经济总体下滑时，等级制度才会出现向下移动。城市郊区是都市区的有机组成部分，从小城镇移居至郊区通常被视为向上移动。在这种层级模式中，可以假设信息从城市及大都市流向小地方，移居者则从农村流向城市地区。

## 7.9　全球化、一体化与人际互动

众所周知，通信费用会影响各地之间的空间互动程度。在最近 20 年间，人们见证了互联网的快速发展，并受益于相对低廉的交通费用。电子商务应用日新月异，使人们的出国旅游及购物变得非常容易。在这段时期内，国家之间的贸易壁垒逐渐减少，境外投资与海外置业风靡全球。欧盟是这个领域的先行者，为了便于采用单一货币进行金融交易，发行了地位堪比美国美元的欧元。通过应用计算机技术，投资者可以购买外国证券交易所发行的股票，或者购买很多大公司（在全球多地设立分支机构）发行的共同基金。这些新技术有助于形成一个全球化的世界，人类比以往任何时候都更加相互依赖。全球化使全球各地之间的相互联系日益紧密，影响着世界经济、政治及文化的格局与进程。

### 7.9.1　经济一体化

20 世纪 50 年代至 80 年代，整个世界处于分裂时期，西方世界与社会主义世界之间存在着巨大鸿沟，双方持有完全相反的经济与政治观念。这是一个割裂的世界，而不是一体化的世界。

全球化的主要特征是一体化和相互依存。事实上，东欧与西欧作为单一经济体走到了一起，东亚与南亚国家的经济正在逐步融入欧洲与北美洲，这在很大程度上受益于通信及计算机技术革命，同时也体现了世界政治领袖和金融巨头的意愿。在这场技术革命中，低成本高速计算机、通信卫星、光纤网络及互联网技术占据主导地位，机器人、微电子、电子邮件、传真机及移动电话等其他技术也发挥了重要作用，如图 7.23 所示。例如，对于希腊雅典的消费者来讲，既可以从亚马逊网站订购书籍，从 Lands' End 公司订购衣服，从美国有线电视新闻网（CNN）获取新闻，又可以与远在东京的同事用手机通话，同时与伦敦证券交易所进行股票交易。所有这一切均可同时进行，属于一场真正的革命性变化。在日常经济活动中，不仅希腊消费者可以享受这些便利，美国、日本、英国及其他各国的消费者同样如此，全球化带来了更大规模的一体化和空间互动。

#### 1. 国际金融

国际金融已经成为一体化、相互依存、复杂的金融市场体系，难怪世界各地证券交易所的各种指数大体上同步涨跌。虽然也有不少例外，但是当辉瑞这样规模的制药公司收购了华纳-兰伯

图 7.23　旧经济与新经济：在意大利威尼斯市的一艘敞篷船上，商家正通过移动电话洽谈生意。*Courtesy of Arthur Getis*

特制药公司时，全球医药行业的股票交易还是受到了很大影响。股票经纪人及操盘手来自世界各地，他们时刻密切关注各大公司之间的财务报表，因此有时会出现瞬间变化秒杀所有市场的情况。例如，2001年 9 月 11 日，当世贸中心和五角大楼遭受恐怖袭击数分钟后，投资者对国际金融市场的风险感到忧虑，导致全球各大股市纷纷大幅下跌。

金融国际化也反映在面向海外的巨额投资方面，例如许多美国人直接或间接（通过共同基金和养老金计划）持有外国股票与债券，外国人同样也持有大量美国国债与公司资产。

#### 2. 跨国公司

在近 20 年中，跨国公司（TNC）的数量大幅增加，它们在某个国家设立总部，在若干其他国家设立子公司、工厂及其他设施（如实验室、办公室和仓库）。在全球范围内，跨国公司多达 6.5 万个，总计拥有数十万个附属机构，主要开展国际性经济活动，销售总额达数万亿美元，控制着全球约 1/3 的生产性资产（见 10.4 节）。

跨国公司的生产方式、供货方式及服务方式也是全球化进程的一部分，它们利用世界各地工资的巨大差异来降低生产成本，推动了全球制造业的产业转移。在中国、泰国和墨西哥等发展中国家，劳动力成本相对较低，跨国公司（来自美国、日本和西欧等地）越来越多地在此生产制成品，这些国家借此得以融入全球经济中。

在美国，由于制造业的景气度逐步下滑，服务业的就业率大幅上升，经济已经不再侧重于生产重工业制成品，而是转向生产高科技产品及服务。当金融交易量增加后，服务业就蓬勃发展起来。由于新技术对生产过程的影响，人们积累的财富不断增加，然后就能更频繁地旅行、住酒店及外出就餐。这种情况与人们所从事的工作类型有很大关系，不仅美国如此，全世界的商业和旅游业也是如此，第 10 章将进一步介绍这些进展。

**3. 全球营销**

有些人从全球化中受益颇多，获得了数量可观的巨额财富，创造了巨大的商品与服务市场。跨国公司将其生产的产品销往世界各地，既包括瑞士手表、意大利鞋及可口可乐等商品，又包括全球连锁酒店或移动电话公司所提供的服务。日本汽车遍布世界各地，就像快餐连锁店一样。在随后的"文化一体化"一节中，我们将讨论由此产生的某些后果。

但是一定要记住（非常重要），全球化才刚刚起步，受益者迄今只是全球人口总量（70 亿）的一小部分，只有约 1/10（即 7 亿）的富裕人口过上了舒适生活，有能力购买前面提到的那些货物与服务。根据联合国发展基金会提供的数据，全球约 1/4 的人口平均每天的生活费不足 1 美元，部分偏远村庄里的不识字农民很可能没有电话，更不可能应用通信革命方面的新技术。

## 7.9.2 政治一体化

资金（资本）、商品、思想和信息在全球范围内流动，以各种超越国界的方式将人们联系在一起，例如建立超国家新联盟，或者重组旧联盟。为了加强国际贸易交流，各国签署了自由贸易协定，加入了诸如《北美自由贸易协定》（1994 年）和《世界贸易组织》（1995 年）等经济组织。正如第 8 章将介绍的那样，自 1980 年以来，在军事、政治及文化领域，全世界成立了许多国际联盟，北约等一些较旧联盟也正在扩大成员国范围。

全球化的另一种影响是国际非政府组织（NGO）的数量大幅增加，20 世纪 90 年代翻了两番，从约 6000 个增加到超过 2.6 万个。著名的国际非政府组织包括大赦国际、无国界医生及绿色和平组织等，他们的关注范围极为广泛，例如人权、酸雨、救灾和资源枯竭等，共同特征是将世界各地的人们聚集在一起追求共同的目标。

新闻传播从未如此广泛而迅速，《时代周刊》杂志在印度新德里可以方便地买到，与纽约没什么两样。美国有线电视新闻网（CNN）面向全球播放，向全世界的人们通报最新事件，有时还帮助政府干预那些鞭长莫及的地方。例如，CNN 对波斯尼亚和科索沃战争的报道，促使联合国和北约派遣了维和部队；2002 年，CNN 通过卫星电视，报道了巴勒斯坦自杀式炸弹袭击造成的极大破坏，以及以色列所实施的报复行为，激起了整个阿拉伯世界对巴勒斯坦的支持。

最后，互联网为人们提供了能够影响政府政策的一种强大工具。例如，朱迪·威廉姆斯是 1997 年诺贝尔和平奖获得者，她在国际禁止地雷运动中做出了贡献，通过发送电子邮件的方式，在六大洲组织了 1000 个人权及军备控制小组。同样，利用互联网，非政府组织协调了反对世界贸易组织会议的大规模抗议活动。

## 7.9.3 文化一体化

设想一下如下场景：在秘鲁首都利马，一位十几岁的少女，头戴美国北方棒球帽，上身穿盖璞衬衫，下身穿李维斯牛仔裤，脚蹬锐步鞋，跟朋友一起去看最新的惊悚电影，随后在附近的一家麦当劳就餐。与此同时，她的哥哥坐在家里，一边听 iPod 音乐，一边打电子游戏。这两个孩子都见证了文化的全球化（尤其是流行文化），这种文化起源于西方（主要是美国）。来自美国的电影、电视节目、软件、音乐、食品和时尚，在全球范围内销售并广为传播，影响着很多国家人们的信仰、品位和愿望。这种文化对年轻人的影响最为深远，因为只有年轻人（而非其长辈）才想要模仿他们在电影或 YouTube 上看到的明星，并采纳西方的生活方式、礼仪和着装模式。

文化一体化的另一个标志是英语在世界范围内的传播，成为经济、技术和科学的交流媒介。

对于英语的主导地位和流行文化的全球化，有些人非常反感、憎恨或抵制。例如，伊朗和新加坡都曾经限制向本国人民传播英语节目，但是人们可以利用卫星天线和互联网获取，意味着这些政府未能成功阻止西方文化的传播；法国文化部长试图保持法语的纯正，避免掺杂英语词汇；有些人谴责他们的文化同化现象；还有人宣扬他们所定义的西方文化价值一文不值。对于这些电影、音乐及其他传播媒介，无论是否准确地反映了西方文化，批评者都认为它们反映了不正确的价值观（如实用主义、标新立异、自我放纵、性解放、率性行事、挑战权威及蔑视传统等），许多电影和电视节目似乎宣扬暴力与叛乱，鼓吹喜新厌旧、好逸恶劳和重利轻义等。

## 重要概念小结

- 人际互动是指人、物、信息及思想在不同地点之间的运动。影响个人如何看待及利用地点的因素有很多，心理距离概念有助于考虑个体对环境的看法，其他重要变量包括可用信息的性质、人们的年龄、阅历和价值观等。
- 活动空间概念有助于理解人们利用空间的范围差异。在界定个人的活动空间限制方面，年龄、流动性及可获得机会都会起作用。
- 距离衰减是指人际互动随距离的增加而减少。临界距离概念确定了一个距离，超过此距离时，人们对地点的熟悉程度开始明显下降。若对正常活动空间之外的遥远之地不熟悉，则会影响空间评估、互动流动和出行模式。
- 空间利用受到所有这些因素的影响，但与创新扩散有关的某些因素会标识出生活在不同地方的个人存在哪些机会。传染扩散和等级扩散影响着文化变迁的地理方向，行动和成本是扩散的障碍。
- 迁移（移民）是一种特殊的人际互动。当足够强大时，各种推力和拉力会激发出一种远距离的永久性移动。迁移扩散过程能够促进文化传播。许多人具有能够做出合理、有意义决策的能力，主要归功于所选定地点的位置与机会。
- 全球经济、政治和文化的格局与过程正在走向一体化，人们在全球化的影响下更加相互依存，世界各地的联系日益紧密。

## 关键术语

| | | | |
|---|---|---|---|
| activity space | 活动空间 | migration field | 迁移场 |
| chain migration | 链式迁移 | place utility | 区位效用 |
| channelized migration | 渠道化迁移 | pull factor | 拉力因素 |
| contagious diffusion | 传染扩散 | push factor | 推力因素 |
| critical distance | 临界距离 | return migration (countermigration) | 回归迁移（逆向迁移） |
| distance decay | 距离衰减 | spatial diffusion | 空间扩散 |
| globalization | 全球化 | spatial interaction | 空间互动 |
| hierarchical diffusion | 等级扩散 | stage in life | 生命阶段 |
| hierarchical migration | 逐级迁移 | step migration | 逐步迁移 |
| human interaction | 人际互动 | territoriality | 领地 |
| mental map | 心理地图 | transnational corporation (TNC) | 跨国公司 |
| migration | 迁移（移民） | | |

## 思考题

1. 距离在帮助我们理解人际互动时的作用是什么？
2. 回想过去一个世纪全球发生的各种冲突。距离衰减与对手的位置有关系吗？为什么？
3. 在没有任何地图指导的情况下，在一张空白纸上绘制一幅美国地图，尽可能画出各州的界线。这是你的国家心理地图，将其与标准地图集中的地图进行比较，你能够得出什么结论？

4. 活动空间是什么含义？哪些因素会影响个体活动空间的范围？你的活动空间是什么？

5. 回想一下自己最近一周去过的地方，距离衰减和临界距离的规则是否有效？哪些变量会影响个人的临界距离？

6. 简要区分传染扩散与等级扩散。在第 6 章介绍的文化发源地中，传播形式采用了哪种方式？

7. 什么因素会影响迁移决策？什么是区位效用？区位效用感知如何吸引或抑制迁移？

8. 迁移存在哪些共同障碍？为什么大多数人都在国内迁移？

9. 定义迁移场。有些迁移场显示了人们的渠道化流动，选择某个特定的渠道化移民流（如斯堪的纳维亚人向美国迁移，从大平原迁移到加利福尼亚，或者黑人从南部向北方迁移），并解释渠道化移民流产生的原因。

10. 描述全球化对你自己的生活方式及所在城区贸易格局的影响。

# 第8章　政治地理学

**学习目标**

8.1　理解国家与民族的区别

8.2　描述现代国家的演变

8.3　总结大小、形状及地理位置对国家的重要性

8.4　概述各国之间出现的不同类型的冲突，并阐释其起源

8.5　认识增强国家凝聚力的向心力

8.6　认识挑战国家权威的离心力

8.7　描述跨国合作

1918 年秋天，"一战"持续了 4 年，德国及其盟国（奥斯曼帝国和奥匈帝国）遭受了巨大损失。在中东地区，当英国及其阿拉伯盟国击败奥斯曼土耳其人后，英国官员劳伦斯从战场（大马士革）直接赶往英国战时内阁会议（伦敦），参加关于阿拉伯主权问题的讨论。

劳伦斯非常清楚，中东地区数个世纪以来一直处于奥斯曼帝国的统治之下，但他觉得随着英国和阿拉伯盟国在军事上取得胜利，改写中东地图的时机已经到来。因此，劳伦斯抛出了他制作的地图，划定了中东地区的新国界（见图 8.1）。

**图 8.1　劳伦斯制作的和平地图**。劳伦斯制作的中东地图保存于英国国家档案馆，但它被错误地归档了数十年，直到最近才被重新发掘出来。将其与当时该区域的地图进行比较，注意如下要点：劳伦斯设想建立一个称为巴勒斯坦的犹太国家。600 万犹太人在大屠杀中丧生，直到 1948 年以色列终于建国。劳伦斯为亚美尼亚人设立了独立国家。亚美尼亚历史悠久，部分领土曾被奥斯曼人和俄国人分割，现在成为土耳其的一部分。在地中海沿岸，劳伦斯设立了一个由法国人管理的区域。在"一战"期间，英国和法国达成一致，同意由法国控制现在的黎巴嫩和叙利亚地区。黎巴嫩于 1943 年独立，叙利亚于 1944 年独立，当时的法国被纳粹德国占领。根据劳伦斯的设想，至少三个阿拉伯国家位于英国势力范围内。由于"一战"结束时的定居现状，英国获得了如今伊拉克、约旦、以色列、约旦河西岸和加沙地带的委任统治权，英国公司享有勘探及开发伊拉克油田的自由权利

劳伦斯认为库尔德人应该拥有一个独立国家，现在的叙利亚、约旦和沙特阿拉伯属于同一个国家，逊尼派和什叶派不应该在伊拉克地区分离（此问题导致了伊拉克地区的分裂），还把巴勒斯坦（即犹太人）的家园摆放在地图上。

在和平谈判过程中，劳伦斯的建议未被采纳，各大国凭借强权瓜分了该地区，并将资源丰富区域奖励给了战争盟友。和平条约将本地区划分为希腊、英国、法国或意大利的影响区和占领区，只将伊拉克和约旦以南的地区划分为独立的阿拉伯国家。

劳伦斯地图能够改变历史吗？我们当然没有办法知道确切答案，但有些学者认为，与基于欧洲列强影响程度的划分方案相比，劳伦斯对中东地区的划分可能会令该地区更加稳定。从战争结束到今天，由于战争、革命和联盟等原因，该地区的边界遭到多次重新划定。该地区是不同民族、不同宗教和不同政治制度的发源地，也是空间政治组织持续进程的一部分。

空间政治组织的过程像人类历史一样古老。从家族到王国，人类群体都会提出领土要求，并在领土范围内组织与管理自己的事务。事实上，与经济形式或宗教信仰一样，社会政治组织是文化与文化差异的基本表现。地理学家之所以对这种组织感兴趣，是因为它是人类空间组织的一种表达，并且与文化的其他空间表现（如宗教、语言和族裔）密切相关。

政治地理学是研究政治现象的组织与空间分布的学科，民族是人群之间文化差异的基本元素。从传统意义上讲，政治地理学的主要关注点位于国家单元中，或者称为国家（见图 8.2），关注的核心问题是反映中央政府所管辖的空间格局（如边界勘定和实施效果问题）。但是目前，政治地理学的关注重点有所改变，越来越转向政治级别的升降。在世界舞台上，自 1945 年以来，国际联盟、地区性协议和企业联盟声名鹊起，代表着空间互动的新形式。在地方一级，投票模式、选区划界与分区规则及政治碎片化等，均会使公众更为关注本地区在国内政治进程中的重要性。

图 8.2　这些旗帜是独立成员国的象征，装饰着纽约联合国大楼的正面。尽管国家是政治地理利益的核心，但它只是空间政治组织的一个级别。© Corbis RF

本章讨论政治实体的一些特征，考察界定管辖权所涉及的问题，寻找可提高政治实体凝聚力的元素，探讨部分让渡主权的含义，考虑政治力量碎片化的意义。从国家开始，以地方政治制度结束。

本章虽然强调政治实体，但不应忽视下列事实：国家根植于其所代表的经济与社会的运转方式，社会争端和经济纠纷与边界冲突同等重要；在某些方面，跨国公司及其他非政府机构在国际事务中，可能比其所在单一国家更具影响力。在本章随后的讨论中，我们将会介绍更为详尽的政治考虑，其余部分则在第 10 章中更充分地展开。

## 8.1　国家政治制度

人文地理学的最重要元素之一是将地球表面几乎全部划分成独立的国家单元，即使南极洲也有 7 个国家竞相提出领土主张，不过由于有了 1959 年的《南极条约》，这些国家才未能得逞（见图 8.3）。人文地理学的另一个重要元素是划分国家单元的历史相对较晚，虽然自古埃及和美索不达米亚时代以来就已经存在国家和帝国，但是只有在最近一个世纪，世界才几乎全部被划分为独立的政治实体。现在，世界各地的人们都接受了国家的概念，并很正常地接受了国家在其境内行使主权的主张。

### 8.1.1　国家、民族和民族国家

地理学家经常使用国家和民族两个术语。国家定义为国际层面的独立政治单元，拥有确定面积和永久居民的领土，并对内政和外交事务拥有全部主权。并非所有公认的地域实体都是国家，例如南极洲既没有政府，又没有常住人口，因此不能称之为国家；殖民地或保护国也不是公认的国家，它们虽然拥有确定范围、永久居民和某种程度的独立政府架构，但缺乏对内政和外交所有事务的完全控制。

民族指的是人群而非政治结构。民族是具有共同文化的一群人，占据一块特定的领土，由共同的信仰和习俗产生的强烈团结感而紧密联系在一起。语言和宗教可能是民族形成的关键因素，但对文化独特性的情感信念和民族优越感可能更为重要。例如，克里族之所以存在，主要还是文化比较独特，而不是依靠领土主权。

民族国家是一个复合词，从严格意义上讲，指一个国家的领土范围被单一民族（或人群）所占有，或者至少所有人共享一种普遍的凝聚力，并且坚持一套共同的价值观（见图 8.4a）。也就是说，民族国家是一个实体，凭借共享的语言、宗教或其他特征而团结在一起，使其成员感到彼此之间存在一种天然联系，并赋予他们一种不

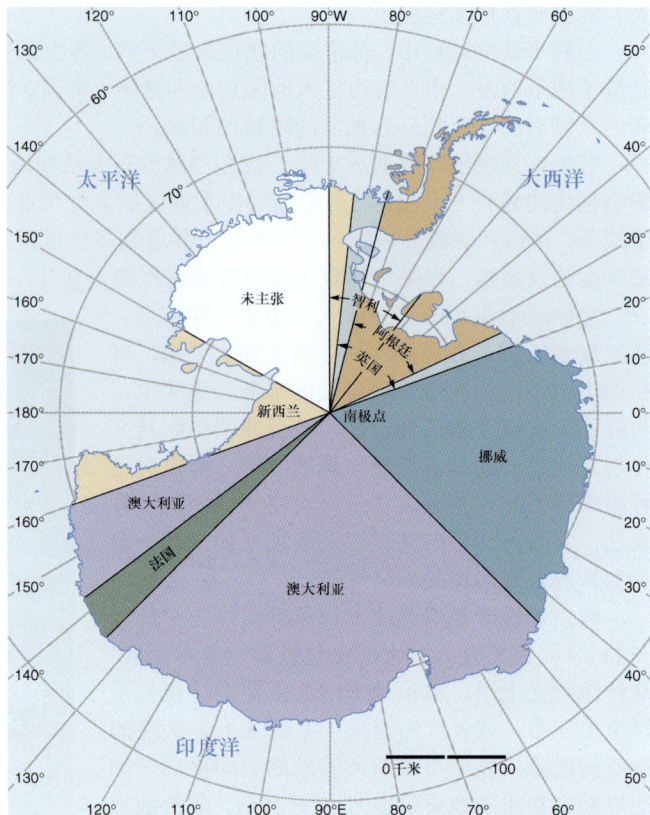

**图 8.3**　对南极洲的领土主张。7 个国家声称对南极洲的部分地区拥有主权，阿根廷、智利和英国所主张的地区还存在着部分重叠。1959 年生效的《南极条约》禁止了进一步的土地主张，并使科学研究成为该大陆的主要用途。南极洲既不是一个主权国家（没有永久居民或地方政府），又不是某个国家的一部分

同于群体以外所有其他人的感觉。事实上，族裔或文化完全一致的国家屈指可数，因此极少国家能够称为真正的民族国家，最常见的示例为冰岛、斯洛文尼亚、波兰、朝鲜、韩国等。

双民族国家或多民族国家是指拥有一个以上民族的国家（见图 8.4b），通常没有哪个民族在总人口中占主导地位。在 1988 年以前的苏联宪法体系中，政府立法部门的一个分支机构称为民族苏维埃，由来自苏联各民族区域的代表组成，这些民族区域由官方认可的民族（乌克兰族、哈萨克族、爱沙尼亚族及其他民族）团体构成。在这种情况下，民族在地域上小于国家的范围。

此外，单一民族可以扩散到两个或以上国家，并在其中占主导地位，称为部分民族国家，如图 8.4c 所示。此时，人们的民族感超越了单一国家的区域界限，如阿拉伯民族在 17 个国家中占据优势。

最后，世界上还存在无国籍民族的特殊情形，例如库尔德人是一个由大约 2000 万人组成的民族，广泛分布于 6 个国家中，但在任何一个国家都不占主导地位（见图 8.4d）。库尔德民族主义已经延续了几个世纪，许多库尔德人培育了一种建立库尔德斯坦独立国家的愿景。在其他无国籍民族中，还包括罗马人（吉卜赛人）、巴斯克人和巴勒斯坦人。

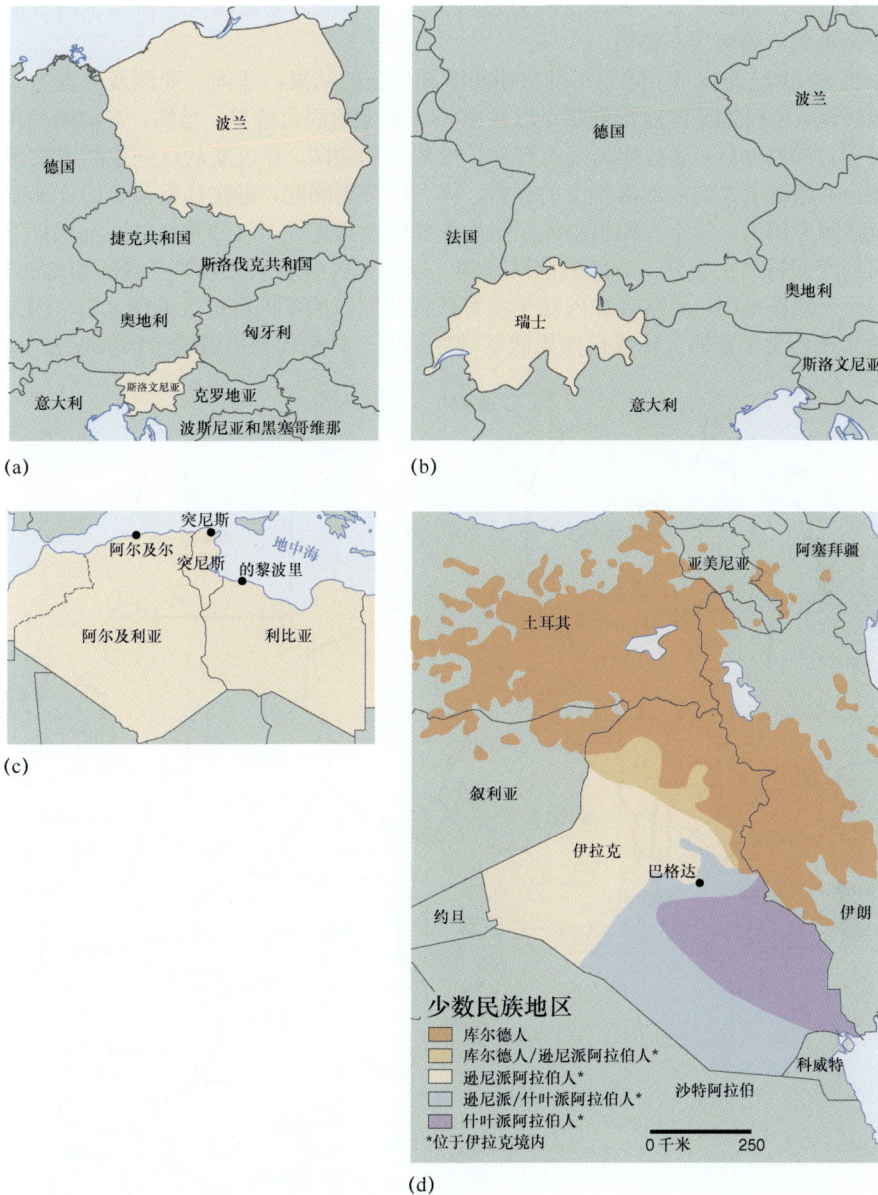

图 8.4　**国家与民族之间的关系**。(a)民族国家。波兰和斯洛文尼亚是由单一民族或人群组成的国家；(b)多民族国家。瑞士表明，对于民族主义的强烈意识而言，共同的民族、语言或宗教未必适用；(c)部分民族国家。阿拉伯国家横跨北非和中东的许多国家，并在这些国家中占统治地位；(d)无国籍民族。库尔德人是拥有独特语言的古老群体，主要集中在土耳其、伊朗和伊拉克，少数生活在叙利亚、亚美尼亚和阿塞拜疆

## 8.1.2　现代国家的演变

空间政治组织和人民的概念与实践在世界许多地方独立产生。西方人存在着一些倾向性与偏见，可能更倾向于采用近东、地中海和西欧式的表达方式，探寻空间政治组织的相关理念。美索不达米亚、古希腊城邦国家、罗马帝国、欧洲殖民王国和好战君主国并不是独一无二的，南亚、东南亚、东亚、撒哈拉以南非洲和西半球也存在类似的国家。尽管西欧模式及殖民化严重影响了世界各地现代国家的形式与结构，但许多国家的文化根源纷繁复杂，比欧洲的几个范例更加源远流长。

18 世纪，欧洲政治哲学家提出并逐步阐明了现代国家思想，认为人们应该效忠于国家及其所代表

的人民，而不是效忠于领袖个人（如国王或封建君主）。这种观念与法国大革命几乎同时出现，随即传遍西欧，传播至英国、西班牙和德国。

　　许多国家是 17 世纪、18 世纪和 19 世纪期间欧洲扩张的结果，非洲、亚洲及美洲的大部分地区当时被瓜分为殖民地，殖民地范围通常被赋予以往未正式划定的固定边界。当然，在前殖民地时期，土著居民拥有相对固定的控制区，这些控制区内有公认的统治和边防，并可能从这些控制区突袭掠夺或征服邻近的外方领土。超越了人们对部落领土的理解，伟大的帝国崛起，再次具有公认的外部影响或控制范围：印度穆斯林和中国人；贝宁人和祖鲁人；印加人和阿兹特克人。这些领地的边界仍然存在，而且在不甚正式建立的空间格局上实施了有效的部落控制，欧洲殖民者后来又强加了武断划定的新行政界线。事实上，在同一个殖民地中，经常会加入几乎没有任何共同点的不同族群（见图 8.5）。因此，这种新界线通常不是建立在含义丰富的文化或自然界线基础之上的，只是代表了殖民帝国的权力而已。

图 8.5　**非洲的许多族群与国界之间并不一致。**欧洲殖民强国无视文化界限，造成几乎所有非洲国家都具有显著的民族多样性，这也是各国之间边界冲突频发的根本原因。来源：*World Regional Geography: A Question of Place by Paul Ward English, with James Andrew Miller*

　　当获得政治独立后，这些前殖民地保留了原有的国家概念，普遍接受了由原欧洲统治者所确立的边界。例如在非洲，为避免出现可能诱发战争的前殖民地领土或民族主张，部分国家审慎做出了各项决定。许多新国家面临的问题是民族建设，即令国内各类相关人群建立起对国家的忠诚。1971 年，坦桑尼亚总统朱利叶斯·尼雷尔指出："这些新国家是人为产物，是欧洲帝国主义者在地图上刻画的地理符号，我们必须努力将其转化为各个民族单元。"

独立国家理念最初发展较为缓慢，最近则明显加速。当 1776 年美国《独立宣言》发表之际，全世界只有约 35 个帝国、王国和国家；1939 年"二战"开始时，国家数量翻了一番，达到约 70 个；"二战"结束后，随着殖民时代的结束，主权国家的数量迅速增加；苏联、捷克斯洛伐克和南斯拉夫解体后，又新建立了 20 多个国家；2013 年，全世界的独立国家近 200 个，有学者预测这一数字将继续攀升，主要源于小片领土独立、大国分裂及受压迫人民要求自治等。

### 8.1.3　国家面临的挑战

长期以来，国家和民族国家一直是政治地理学的研究重点，下文亦将聚焦于此。然而必须要认识到，国家中心论世界观的正确性正在面临挑战，越来越受到经济和社会力量等因素的冲击。主要影响因素列举如下：

- 随着经济全球化和跨国公司的崛起，某些经济及生产决策不再只与任何单一国家（包括总部所在国）的利益相关，例如生产与服务外包等决策可能会损害某个国家的就业结构、计税基础和国家安全，还可能限制国家经济规划与管理的适用范围。
- 国际组织和超国家机构激增，最初只涉及金融或安全问题，但都表现为自愿放弃某些传统国家主权。世界贸易组织、欧盟、区域性贸易联盟（如北美自由贸易联盟）及其他一系列国际协议，均限制其成员国每次行动的独立性，从而削弱了国家在经济和社会领域的绝对主导地位。
- 非政府组织（NGO）迅速崛起，它们的关注重点和集体行动超越了国界，将关注全球化、艾滋病防治及经济与社会不公等问题的人们团结在一起，通过组织抗议或施压等方式，试图影响或制约各国政府的行为。
- 国际移民流的规模非常庞大，往往会削弱国家作为文化共同体的地位，损害其已确立及期望的共同价值观和忠诚度。互联网、廉价通信方式及便捷国际旅行日益普遍，使移民们得以保持与本国文化和母国之间的密切联系，阻碍他们充分融入新的社会环境，并且妨碍其将忠诚转移到接纳他们的国家。
- 在由不同文化成分构成的国家中，民族主义与分离主义运动可能会风起云涌，要求独立或实行区域自治，从而削弱已建立国家曾经毋庸置疑的至高无上的地位。

在前面的章节中，我们曾经介绍过部分机构及其角色，本章将继续介绍其余部分（特别是离心力）。所有这些机构都代表近来日益增强的力量，有些观点认为，这些力量削弱了"民族政府和制度化政治无所不能"看法的正确性。

### 8.1.4　国家的地理特征

每个国家都有一些独特的地理特征，既可以描述自身，又可以区分于其他国家。通过大小、形状和地理位置的组合，可将任何国家与其他国家区分开来，也可评估各国的实力和稳定程度。

**1. 大小**

各国国土面积大小各异，大的如中国，小的如列支敦士登。全球面积最大的国家是俄罗斯，面积超过 1700 万平方千米，约占世界陆地总面积的 11%，是瑙鲁（全球最小的国家之一）的 100 万倍（参见专栏 8.1）。

有人可能认为，国土面积越大，蕴藏有用资源（如肥沃的土壤和矿产）的机会就越多。一般而言，这一假设基本正确，但很大程度上仍然依赖于所在位置的偶然性。矿产资源分布不均，仅就一国之规模，并不能保证其存在。例如，澳大利亚、加拿大和俄罗斯等国虽然幅员辽阔，但只有相对较小的区域能够支持生产性农业。实际上，幅员辽阔反而可能是一种缺陷，因为大量区域可能无法进入或人口稀少，难以融入主流经济与主流社会。与大国相比，小国更容易实现文化统一，也更容易发展联系全国各地的交通及通信系统，当然可用于防范外敌入侵的边界也很有限。因此，单就规模而言，其并非决定一个国家稳定和实力的关键，但确实是一种影响因素。

## 专栏 8.1　袖珍国家

面积小、人口少的完全（或部分）自治政治单元提出了一些非常有趣的问题，例如面积大小是否应该成为国家地位的标准？袖珍国家在主要大国之间造成摩擦的可能性有多大？在满足什么样的条件下，袖珍国家才能在联合国等国际会议上获得代表资格？

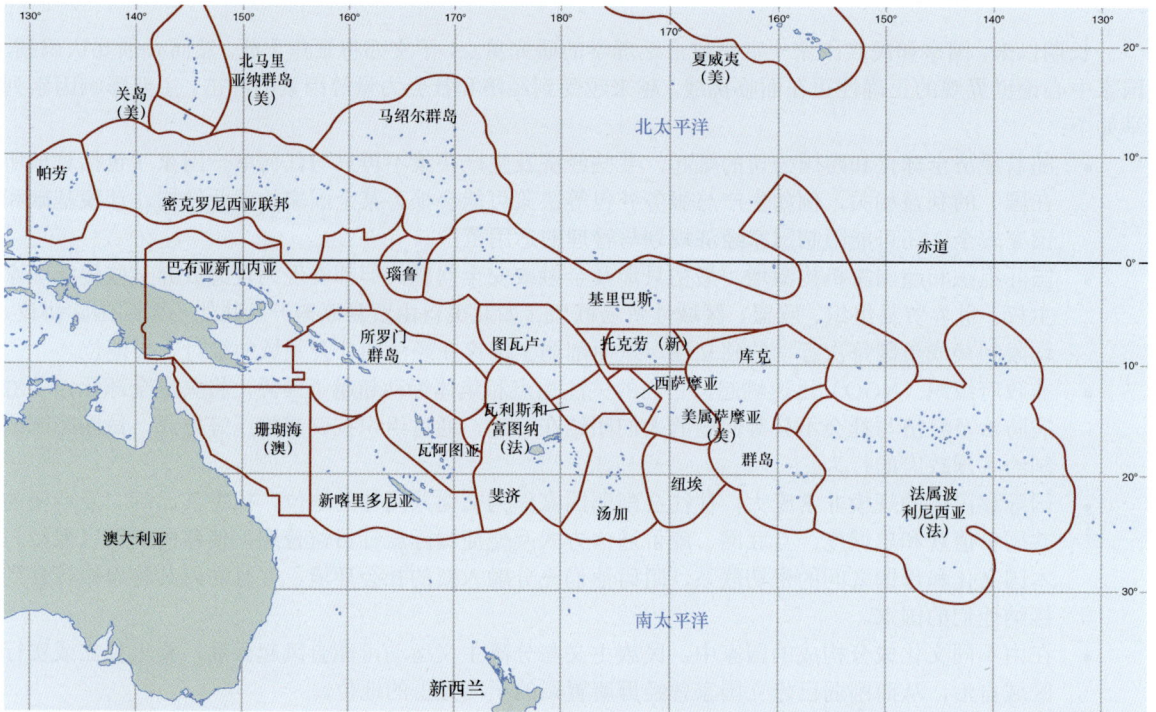

太平洋上的袖珍国家

世界上的袖珍国家越来越多，总计 40 多个国家的人口数量不足 100 万，这是联合国利用人口规模来界定小国的上限，虽然这个数字对于成员国而言并不算太小。瑙鲁的领土面积为 21 平方千米，人口总数为 9000 人。面积较小的部分国家则远高于联合国标准，例如新加坡占地 697 平方千米，人口数量为 540 万人。许多小国是位于加勒比海和太平洋的岛屿国家（如格林纳达和汤加群岛），欧洲（如梵蒂冈和安道尔）、亚洲（如巴林和文莱）和非洲（如吉布提和赤道几内亚）也有不少。

许多袖珍国家都曾经历殖民制度，但目前已不复存在，例如西非和阿拉伯半岛的一些小国。有些国家主要作为跨洋航行的加油站，如毛里求斯；有些国家占据战略要冲，如巴林、马耳他和新加坡；有些国家蕴藏宝贵的矿产，如科威特和特立尼达；有些国家则因拥有 200 海里领海权而备受瞩目。

由于具有一定的战略地位或经济价值，小岛及其领土可能会受到较大邻国的觊觎。例如在 1982 年，为争夺马尔维纳斯群岛（英国称其为福克兰群岛），英国与阿根廷之间爆发了战争；1990 年，伊拉克入侵了科威特。事实表明，这类区域引发大国之间发生冲突和吸引全球注意力的能力，与其面积大小和人口数量并不成比例。

袖珍国家的数量不断增长，引发了其在国际组织中的代表权与投票权问题，例如参与这些组织是否应该设置规模门槛？各国的投票权是否应与其人口数量成比例？在联合国内部，小型岛屿国家联盟（AOSIS）已经成为重要的权力集团，控制着联合国大会超过五分之一的选票。AOSIS 特别关注气候变化问题，大力推动限制全球气温上升的动议。

### 2. 形状

像大小一样，形状同样可以促进或阻碍国家的组织效率。假设没有重大地形障碍，效率最高的形状是圆形，首都位于圆心，所有地点都能在最短时间内到达（从中心），道路与铁路等所需建设费用最少，防御边界也最短。例如，津巴布韦、乌拉圭和波兰大致呈圆形，形成一种紧凑型国家，如图 8.6 所示。

突出型国家的形状也相当紧凑，但其一块（或有时两块）狭窄的领土向外延伸。所谓突出，可能只是反映陆地区域的半岛状延伸，例如缅甸和泰国。在其他情况下，这些延伸具有经济或战略意义，可以使国家获得资源保障，或者在其他相邻国家之间建立缓冲区。无论来自哪里，突出往往会孤立国家的一部分领土。

挪威和智利是狭长型国家，行政管理效率最低，而且由于与国家核心区联络需要大量资金，远离首都的部分地区可能会被孤立。与紧凑型国家相比，这些国家的气候、资源和民族的多样性可能更大，此种情况既可能损害国家的凝聚力，又可能提升国家的经济实力。

第四类为碎片型国家，包括完全由岛屿组成的国家（如菲律宾和印度尼西亚）、岛屿与陆地各半的国家（如意大利和马来

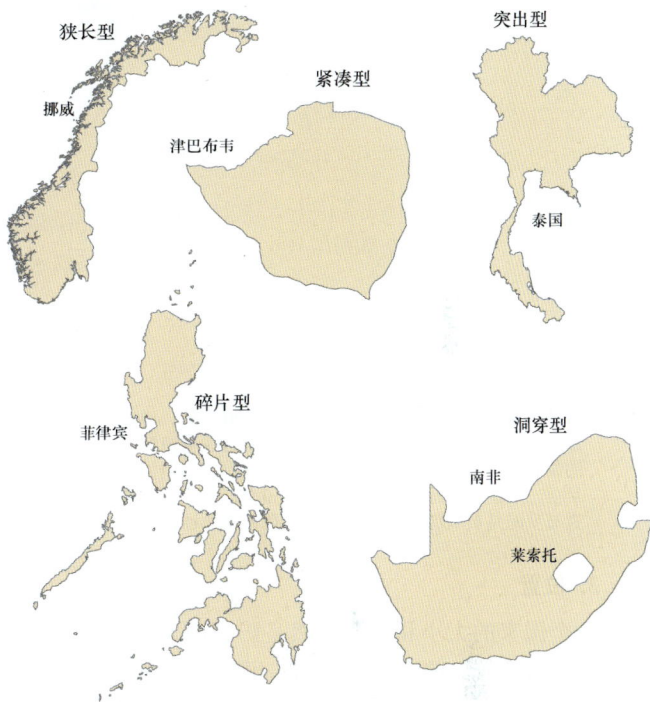

图 8.6 国家的形状。采用不同比例尺绘制的这些国家的大小不具可比性

西亚），以及主体位于大陆但领土为他国隔开的国家（如美国）。国土分隔使国家更难进行集中控制，各部分国土彼此相距较远时尤甚。这就是印度尼西亚遇到的问题，该国由 13000 多个岛屿构成，呈弧形延伸 5100 千米。国土分隔还导致了巴基斯坦的解体，该国 1947 年建国时就是碎片型国家，东西两部分相距 1610 千米。这么远的距离加剧了两部分之间的经济及文化差异，东部于 1971 年宣布脱离巴基斯坦并成为独立国家（孟加拉国），西部此时已经完全无力控制局势。

外飞地是一种特殊类型的碎片型国家，指某个国家的部分领土位于另一个国家的领土范围内。例如在德国统一之前，西柏林是位于东德（民主德国）境内的西德外部领土。欧洲有许多这样的外飞地，例如小瓦尔瑟谷是奥地利的一块土地，但是只能从德国进入；巴勒赫托属于比利时领土，但位于荷兰境内；利维亚位于法国境内，但属于西班牙领土。外飞地不仅存在于欧洲，非洲同样也很多，例如卡宾达是安哥拉的外飞地；梅利拉和塞尤塔虽然位于摩洛哥境内，但是属于西班牙的两块外飞地（见图 8.7）。

与外飞地相对应，内飞地有助于划分第五类国家形状，即洞穿型国家。洞穿型国家完全包围着一块不受自己管辖的领土，例如南非共和国环绕在莱索托周围。内飞地（被包围领土）既可以是独立国家，又可以是另一个国家的一部分。圣马力诺和梵蒂冈城是欧洲最小的两个独立国家，也是洞穿意大利的内飞地。作为西德的外飞地，西柏林洞穿了前东德的领土，成为东德领土中的内飞地。如果内飞地被价值体系有别于洞穿国的人所占据，那么洞穿国的稳定性可能会受到削弱。

图 8.7　位于北非和法国的西班牙外飞地。约 500 年前，西班牙军队占领了军事重镇梅利拉和塞尤塔，这两块外飞地的大部分居民都是西班牙后裔，但摩洛哥仍然声称对这些城镇拥有主权。近年来，塞尤塔和梅利拉成了想要移民至西班牙的成千上万人的临时落脚点，马里、尼日利亚、克什米尔和伊拉克的难民来到这里要求政治避难，然后寻求进入欧洲的工作许可或签证。目前，这些内飞地被栅栏包围；1660 年，西班牙根据比利牛斯条约，将周边地区割让给法国，令利维亚成了一块外飞地；直布罗陀是英国的殖民地；安道尔是独立的袖珍国家

### 3. 位置

一个国家的大小和形状固然是影响国家福祉的关键因素，但会受到所在地理位置（无论是绝对位置还是相对位置）的影响。例如，虽然加拿大和俄罗斯都幅员辽阔，但在综合评估农业潜力时，由于绝对位置位于中高纬度地区，拉低了两国的领土优势。另一个例子是冰岛，虽然形状相当紧凑，但是位于北大西洋，紧邻北极圈以南，意味着大部分地区的土地比较贫瘠，居民仅能定居于岛屿边缘地带。

对一个国家来讲，相对位置（即其位置与其他国家位置相比）与绝对位置同等重要。内陆国家被其他国家包围，缺乏入海口，在地理位置上处于劣势，缺乏便利的海洋（海运）贸易及可在沿海水域和海床中发现的资源。玻利维亚于 1825 年独立后，获得了 480 千米的海岸线，但却在 1879 年被智利征服后丧失殆尽。玻利维亚每年都举行海洋日活动仪式，时刻提醒国人勿忘所遭受的损失，并通过持续的外交努力以争取另一个出海口。迄今为止，全球约有 40 个内陆国家。

在少数情况下，有利的相对位置会构成一个国家的主要资源。例如，新加坡是只有 697 平方千米领土面积和 540 万人口的国家，位于世界航运业和商业的"十字路口"，基于港口和商业活动，并得益于新近的工业发展，业已成为东南亚地区引人注目的经济明星。总的来说，历史已经证明，有些国家由于位置接近主要贸易路线而受益匪浅，不仅得益于此种区位所带来的经济优势，而且更容易受益于新思想和新技术的扩散。

### 4. 核心与首都

许多国家的当前形状及位置经历了若干世纪的发展，通常由中央区域向外扩张，然后逐渐扩展到周边地域。各个国家一般都有核心区，通常为人口最密集、城市最大、交通体系高度发达及经济基础最发达的地区。随着远离核心区，所有这些元素都会逐渐变弱，城市化率与城市规模下降，交通网络越来越稀疏，周边区域的经济发展水平明显低于核心区。

有些国家的核心区易于识别、优势明显且毫无争议，例如法国的巴黎盆地、英国的伦敦及东南部、

俄罗斯的莫斯科及位于欧洲的主要城市、美国的东北部、加拿大的东南部，以及阿根廷的布宜诺斯艾利斯城市绵延区。但是，有些国家没有清晰明确的核心区，例如乍得、蒙古和沙特阿拉伯；还有些国家存在两个或更多旗鼓相当的多核核心区，例如厄瓜多尔、尼日利亚、刚果（金）和越南。

各个国家的首都通常位于核心区，并且经常成为真正意义上的中心。首都不仅是中央政权所在地，而且人口与经济功能集中，一般占据优势地位。在许多国家中，首都是最大城市或首位城市，在整个国家体系中的地位举足轻重，例如巴黎、伦敦和墨西哥城等。

图 8.8　渥太华市政厅，位于加拿大安大略省渥太华市。按规划修建的首都往往是建筑橱窗，集中体现着民族自豪感。
© Perry Mastrovito/ Creatas/PictureQuest RF

首都与核心的这种关联性常见于所谓的单一制国家。在单一制国家中，政府高度集权，内部文化差异相对较少，民族认同感非常强烈，文化与政治方面存在着清晰的边界，许多欧洲国家的核心与首都即为此种类型。这种关联性亦可见于许多新独立的国家，这些国家的前殖民占领者建立了首位中心（负责开发及管理），并在缺乏城市（或政府）组织体系的地区建立了职能核心。随着国家的独立，新国家保留了已有的基础设施，增加了首都的新功能，并通过建设耗资巨大的政府办公楼、公共建筑和商业建筑，寻求打造享有声望的国家地标。

联邦制国家由或多或少的省（或州）结盟而成，各省或州具有强大的地方政府管理职责，并且地位大体相当，首都可能是作为行政中心而建设的新城市。此类首都虽然是国家多元化核心区的一部分，但并非其最大城市，而且几乎没有获得相关附加功能，例如加拿大渥太华、美国华盛顿特区和澳大利亚堪培拉等（见图 8.8）。

作为一种新型国家组织形式，区域自治或不对称联邦制目前在欧洲方兴未艾，即原来强大的单一制国家承认所辖若干区域的自治愿望，授予其不同程度的地方行政管理职能，但保留中央管理全国性事务（如货币政策、国防和外交）的权力。自治权最有可能授予这样的地区：居民们直言不讳地声称该地区与全国其他地区有所不同，主要体现在宗教、语言或经济中心与利益的差异等方面。中央政府可能承认区域首府、立法议会和行政管理机构，例如英国承认苏格兰、威尔士和北爱尔兰的独立地位，及其首府爱丁堡、卡尔迪夫和贝尔法斯特；西班牙承认加泰罗尼亚和巴斯克地区的独立地位，及其首府巴塞罗那和维多利亚。

当首都位于国家中心位置时，所有一切均公平合理，各地与中央政府之间的距离大体相等，便于往来于政治中心，中央政府也能轻松地行使权力。在确定为政府所在地之时，许多首都城市（如华盛顿特区）尚处于中央位置，但在国土扩张之后失去了中心区位。

某些首都城市从地处国家边缘的核心区内迁，至少在一定程度上是为了实现中心区位可能具有的优势，例如巴基斯坦首都从卡拉奇内迁至伊斯兰堡，土耳其首都从伊斯坦布尔内迁至安卡拉。前推型首都城市是一种特殊类型的迁都，有意将首都安置在边疆地区，以表明中央政府对远离核心区的重视，鼓励发展更加均衡的国家利益。例如在 20 世纪 50 年代末，为表明开发广阔内陆的意图，巴西将首都从里约热内卢迁至新建的巴西利亚；从 20 世纪 70 年代末起，尼日利亚在其地理中心附近建立新首都阿布贾，20 世纪 90 年代初重新搬迁完成政府办公室和外国大使馆。1841—1865 年，英国殖民政府对加拿大首都进行了 6 次搬迁，部分原因是追求 19 世纪中叶人口格局的中心地位，另一部分原因是寻求弥合该国文化鸿沟的区位（见图 8.9）。

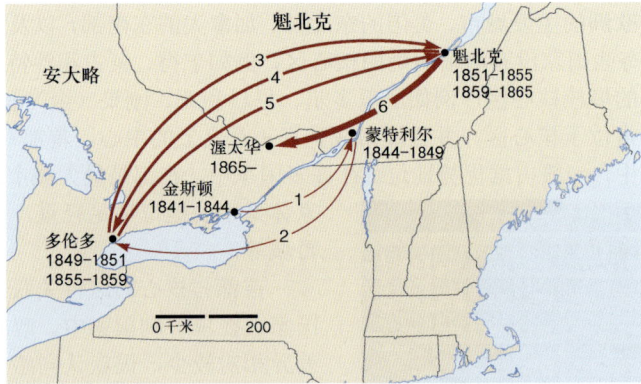

图 8.9 **加拿大首都的变迁**。先于魁北克和多伦多，金斯顿被选为加拿大的第一个首都；1844 年，政府职能重新迁至蒙特利尔，并沿用至 1849 年；之后，首都在多伦多与魁北克之间来回迁移；1865 年，省级立法会在渥太华举行了一次会议，确定该市于 1867 年成为加拿大联邦的首都。来源：*David B. Knight, A Capital for Canada. Chicago: University of Chicago, Department of Geography, Research Paper no. 182, 1977, Fig. 1, p. vii.*

### 8.1.5 边界：国界

前文说过，地球表面的任何部分均无法逃脱各国主张的控制权，即使是无人居住的南极洲，也有部分国家提出了领土要求（见图 8.3）。全球各个国家均由国界与邻国分隔开来，界定其管辖权与权力的边界，指出该国的主权在哪里终止，另一个国家的主权从哪里开始。

只有在本国疆域内，各国才能履行执法、征税、防卫及其他政府职能。因此，边界位置对特定地区非常重要，决定了人们所用的货币种类、遵守的法律法规、可能被征召的军队，以及学龄儿童在学校所接受的语言（或许还有宗教）教育等。这些例子表明，在全世界范围内，国界起着强有力的文化差异增强剂的作用。

主权国家的领土主张具有三维空间属性，国界不仅标志着某个国家主张的地表（或水域）的外部边界，而且按照关于地下资源分配权利的国际共识，也是向下投射到地心的边界。此外，各国还将其主权向上投射，但因缺乏对领空上限的协议而甚少界定。因此严格来讲，国界是一条没有宽度的"线"，是相邻主权国家之间的一个垂直界面。

在国界划定之前，国家（或帝国）之间很可能由边境地带分开。这是一个划分不甚清晰且不时摆动的地区，标志着国家有效管辖权的尽头，往往无人居住或人烟稀少，并可能随着聚落格局的变化而改变。目前的许多国界都位于以前的边境地带，因此从这种意义上讲，边界线已经取代了较宽阔的边界地带，成为主权国家的标识。

**1. 自然边界与人为边界**

通过采用传统方法，地理学家将边界划分为自然边界与人为边界。自然边界又称天然边界或物理边界，它建立在可识别地形要素（如山脉、河流和湖泊）基础之上。自然边界客观存在于景观中，属于看得见摸得着的划分要素，作为边界看上去很有吸引力，但事实表明，由于无法有效地分隔开不同的国家，许多自然边界并不令人满意。

许多国界沿山脉（如阿尔卑斯山脉、喜马拉雅山脉和安第斯山脉）的走向划定，实践证明部分表现稳定，部分则尚未稳定。山脉很少成为互动交流的绝对屏障，虽然有碍于往来，但可通过关隘、道路和隧道进行穿越。高山牧场可用于季节性放牧，山区可成为水力发电的水源。沿山脉划定国界并不是一件简单的事情，是沿山顶还是沿分水岭（两个流域的分界线）呢？这两者并不总是相同的。最近，阿尔卑斯山的冰川发生萎缩，由于边界沿着冰川脊进行划分，迫使意大利与瑞士、法国和奥地利重新开始边界谈判（见图 8.10）。

把河流作为边界时，甚至更难令人满意。与山脉刚好相反，河流能够促进人际互动。河谷通常人口稠密，有利于工农业生产。例如，数百千米长的莱茵河既是西欧国家的国界，也是一条主要交通干线，两岸林立着工厂和发电站，城堡和大教堂散布其间，使其成为欧洲主要的旅游胜地之一。莱茵河不再是两岸国家人民的生活障碍，而成为可供集约利用的一种共享资源。

人为边界是自然边界的替代方案，又称几何边界，通常依据经线或纬线进行划分，主要分布于非洲、亚洲和美洲。例如，美国-加拿大的西部边界即为沿北纬 49°纬线划定的，许多此类边界是殖民地时期对该地区存在争议时所确定的，当时人烟稀少，人们对边疆地区的地理知识了解不多。

**2. 按聚落分类的边界**

国界也可以依据人文景观主要特征形成前后的布局来划分。先行边界是指在人口稠密前（即大部分人文景观特征形成前）划定的边界，例如美国与加拿大之间的西部边界是 1846 年由美英之间的一项条约确定的。

图 8.10  穿越阿尔卑斯山脉复杂山峰的几条国界。© Chase Jarvis/Getty RF

人文景观形成以后划定的边界称为后续边界。顺成边界是后续边界的一种类型，也称民族边界，是为适应国家之间存在的差异（如宗教、语言、民族或经济）而划定的边界，例如北爱尔兰与爱尔兰之间的边界。另一种后续边界称为强加边界，是征服国或殖民国无视原有人文格局而强加于现有人文景观、国家或民族的边界，例如 19 世纪的非洲殖民强国将边界强加于已有非洲文化之上，而无视其分开民族的传统、语言、宗教或族裔归属。

当英国在"二战"结束后准备离开印度次大陆时，决定在该地区建立两个独立的国家，即印度和巴基斯坦。这两个国家之间的边界由 1947 年的分治协议界定，属于后续边界中的强加边界。在数以百万计的印度教徒从次大陆西北部迁移至印度寻找家园的同时，数以百万计的穆斯林离开了即将成为印度国土的家园而到达巴基斯坦。从某种意义上讲，他们试图确保边界成为顺成边界，即这条边界将与基于宗教的边界划分相一致。

如果先前的边界不再起作用，但其两侧仍有一些景观特征（或差异）留下印记，则可称为遗留边界，例如位于威尔士与英格兰之间原边境地带散布的废弃城堡。遗留物有时是涉及边界制定过程引起争议的证据，例如 1961 年东德修建了柏林墙，用作封锁东西柏林之间的边界。随着 1990 年德国的统一，柏林墙的绝大部分遭到拆除，但保留了部分墙段作为纪念。在世界某些地方，人们用双排铺路石来标记墙体走向，这是另一种形式的遗留边界（见图 8.11）。

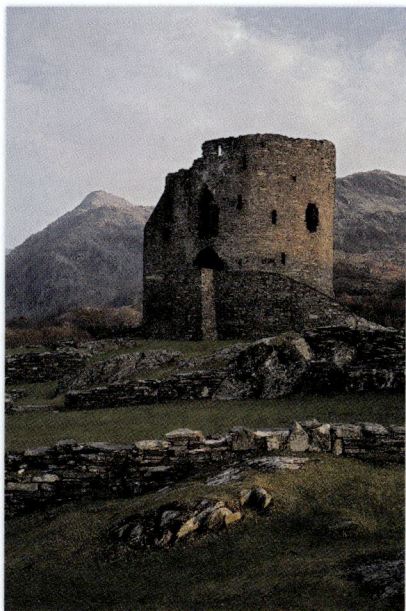

图 8.11  位于威尔士的多尔巴丹城堡，建于 13 世纪，具有军事目的，象征着力量和权威。© Ingram Publishing/AGE Fotostock RF

**3. 成为冲突之源的边界**

边界是各个国家之间发生冲突的重要根源。虽然冲突原因多种多样，但大多都与地理因素密切相关。图 8.12 显示了一个虚构的假想国，标出了可能诱发与其邻国发生冲突的空间条件，每个条件通过数字进行标识，下面将通过示例对每个条件进行说明。

内陆国（潜在纠纷地区①）：假想国是一个内陆国，全球约 1/5 的国家也是如此。为了与海外市场进行贸易，不得不通过陆路运输方式来进出口货物，因此必然涉及与邻国合作并安排货物过境，这种合作可能很困难。

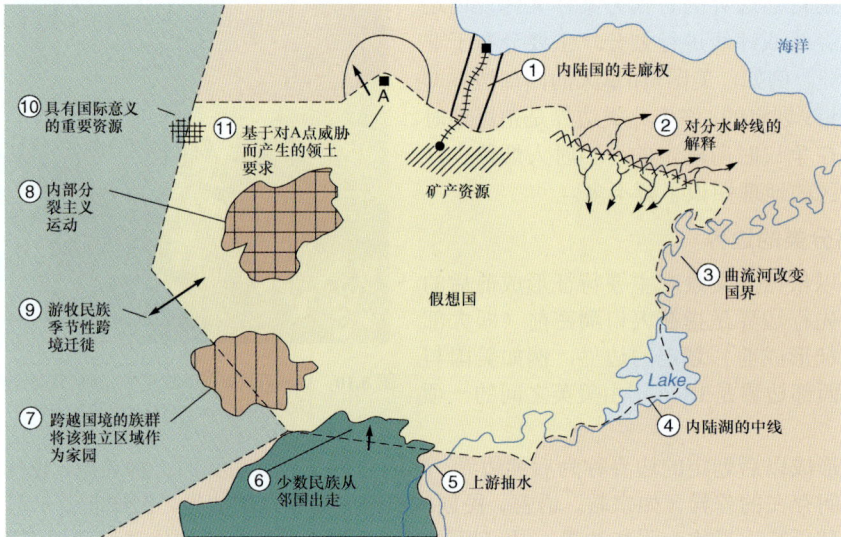

图 8.12 **国际压力的地理根源。**为了说明可能引发各国之间冲突的条件，英国著名地理学家彼得·哈格特绘制了一幅假想国地图，标出了潜在的纠纷地区。文中讨论了地图所示压力地区及争议的实例。来源：*Peter Haggett, Geography, a Global Synthesis (Prentice Hall, 2001). Figure 17.10, p. 522*

内陆国的入海途径通常只有一种或两种，一般要协商利用外国港口及其设施，并取得前往该港口的通行权，这种约定会存在种种问题。几个世纪以来，内陆国家不得不克服各种限制、通行费、高额运输与存储费、通关手续复杂、货物丢失或损坏风险，以及令海陆间货运不畅的其他障碍，很少或根本无法控制境外运输和港口设施的使用与效率，还面临着战争时关闭入海通道的可能性。例如，从苏丹脱离并独立后，南苏丹于 2011 年获得联合国承认，成为非洲国家的新成员。南苏丹拥有非常高产的油田，但是输油管道必须经由苏丹才能通往红海，目前正在困境之中徘徊。由于南苏丹与苏丹之间战火不断，南苏丹境内各民族之间冲突频发，石油运输通道被迫关闭。南苏丹提出了三种可能的解决方案，均以建造新输油管道为前提：一是经由埃塞俄比亚，抵达亚丁湾的吉布提；二是经由肯尼亚，抵达印度洋的拉穆；三是经由乌干达和肯尼亚，抵达印度洋的蒙巴萨。任何一种方案都需要投入大量资金，并与邻国达成协议，允许石油流向这些港口。

某些内陆国家并不依靠另一个国家的港口和善意，而是通过能够出海或到达通航河流的狭窄陆地走廊来获得出海通道，例如刚果（金）的刚果走廊和纳米比亚的卡普里维廊道，后者由德国人设计，主要目标是让西南非洲殖民者能够进入赞比西河和印度洋。尽管这些走廊经久不衰，但其他走廊（如"一战"后建设的波兰与芬兰走廊）一般寿命不长。

**水体国界**（潜在纠纷地区②、③、④、⑤）：前面说过，河流与湖泊尽管构成了许多国界的一部分，但也制造了诸多冲突与麻烦。对于构成边界一部分的任何水体，都需要就边界线位置细节达成协议，例如沿右岸、沿左岸还是沿岸边；沿水道中泓线还是沿航道中间线。

**潜在纠纷地区②：**界定国际分界线时，通常采用分水岭边界，即沿两个汇水区域之间的山脊或山顶走向的分界线。当对界定边界的文件解释或方式存在分歧时，各国之间就会发生纠纷。例如阿根廷与智利之间的边界，最初在西班牙殖民统治时期界定，1881 年通过签订条约而建立，约定沿着"安第斯山脉分水岭的最高山顶"（见图 8.13）。由于安第斯山脉南段当时尚未开展充分的测绘工作，因此山顶线（最高的山峰）与东西向河流分水岭是否总是重合并不十分清楚，某些地方的分水岭位于最高山峰以东几千米远处，形成面积约为 5.2 万平方千米的狭长争议区域。近一个世纪以来，由于领土主张造成的分歧，阿根廷与智利之间的关系一直不太友好。

潜在纠纷地区③：表示的是曲流河，即改变河道的河流。若该河流构成国界的一部分，则边界将随着时间的推移而改变。例如在美国与墨西哥之间，边界沿着格兰德河主河道走向，国界随着河流的改道而改变。

潜在纠纷地区④：以湖泊为界，要求两国之间就边界位置达成协议。例如，美国与加拿大两国商定，采纳距离伊利湖和安大略湖湖岸等距的一条线，作为构成两国国界的一部分。

潜在纠纷地区⑤：关于假想国的河流利用，该河流从另一个国家向下流入假想国。用水是各国之间冲突日益增加的重要原因，特别是在干旱或半干旱地区。当水资源短缺时，某个国家的取水、调水或水污染，可能会严重影响下游可用水的数量及质量。由于淡水资源日益短缺，导致许多沿河国家之间的关系日益紧张，例如约旦、底格里斯河、幼发拉底河、尼罗河、印度河、恒河等。

少数民族身份（潜在纠纷地区⑥、⑦、⑧）：与几乎所有国家一样，假想国存在不止一个文化族群。在现实世界中，全球各地都有少数民族因素导致的国际紧张局势、内战、解放战争和国际冲突。作为各国必须处理的最困难的问题之

**图 8.13** 安第斯山脉南段，阿根廷与智利之间的争议边界。在签订边界条约以前，由于未对该地区进行充分测绘，使其确切位置受到质疑。1998年底，经过多年交锋后，两国签署了一项协议，安第斯山脉的最后领土争端得以解决

一，本书将在"离心力"一节中详细探讨少数民族身份问题，但潜在纠纷地区⑥、⑦、⑧的简要示例将在下面介绍。

如果某个国家的人民声称并寻求获得一片领土，其居民在历史或族裔上与该国有联系，但现在受外国政府管辖，就可能会引发冲突。这种情况以潜在纠纷地区⑥为代表，少数民族从邻国流散出来。在这种情况下，扩大国界的愿望被称为领土收复主义（民族统一主义）。自1950年以来，查谟和克什米尔地区生活着大量的穆斯林和印度教徒，印度和巴基斯坦均声称对这两个地区拥有主权。

基于历史及民族关系，匈牙利对罗马尼亚的特兰西瓦尼亚省提出了主权要求，两国为此争吵了数个世纪。1649—1920年，特兰西瓦尼亚一直处于匈牙利的实际控制之下；"一战"结束后，作为欧洲政治版图重构的一部分，特兰西瓦尼亚成为罗马尼亚的一部分；1940年，德国和意大利迫使罗马尼亚将该省归还给匈牙利；"二战"结束后，匈牙利被迫再次将该省交还给罗马尼亚。

前文曾介绍过无国籍民族（即没有国家的民族），并列举了库尔德人、罗马人、巴斯克人和巴勒斯坦人等示例。潜在纠纷地区⑦显示了在假想国及其邻国皆分布有一个特殊族群或民族，当其寻求自治并试图从现有国家版图中分割出新的民族国家时，一般就会发生冲突。正如巴斯克人的例子所表明的那样，他们不需要代表大多数居民来制造事端。

巴斯克人生活在法国与西班牙的交界地区，如图8.14所示。为了扑灭自20世纪60年代以来持续燃烧的分离主义火焰，西班牙于1978年赋予其3个巴斯克省以很大程度的自治权，但却未能满足极端分离主义运动埃塔（ETA，巴斯克祖国与自由）的要求。分离主义者声称，西班牙政府试图破坏巴斯克

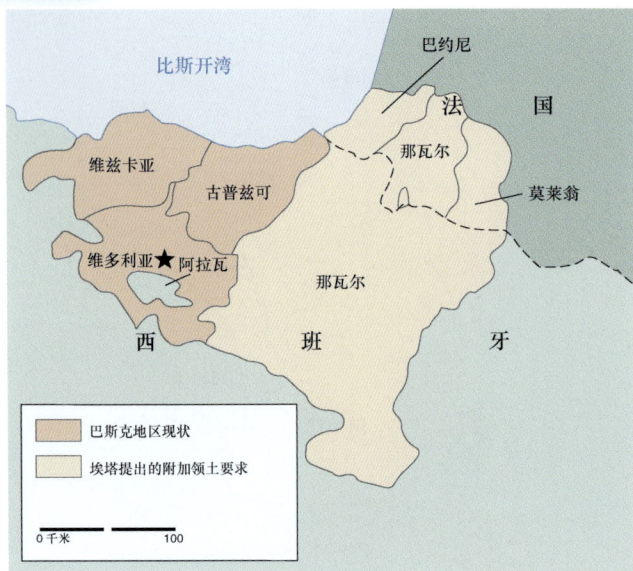

人的独特文化标识，并压制巴斯克人的语言（尤斯卡迪语），这是与地球上任何其他语言都不相干的一种语言。他们要求建立独立、统一的巴斯克国家，不仅包括西班牙的巴斯克地区，而且包括法国南部的一部分地区。尽管与法国相比，西班牙的巴斯克人拥有更多自治权，但西班牙相关地区却比法国更为动荡不安及充满暴力。由此，学者们建立了一种理论，认为在这种情况下，除了法国强大的民族国家历史外，地区影响力造成了这个拟议国家的特殊认同作用。埃塔组织仿效 1998 年爱尔兰耶稣受难日协议，单方面停火 14 个月，但西班牙仍以军事手段镇压该组织。当第二次停火后，该组织又组织了零星的暴力事件，主要目标是破坏西班牙的旅游经济。

潜在纠纷地区⑧：在内部分裂主义运动中，寻求独立的族群完全处于假想国内。19 世纪的美国内战是典型的分裂主义冲突，20 世纪的分裂主义战争数量颇多，非洲与亚洲尤甚。

资源争夺（潜在纠纷地区⑨、⑩、⑪）：邻国可能会觊觎边境地区的某些资源（如珍贵的矿藏、富饶的渔场或具有宗教意义的场所等人文资源），并对其使用权提出异议。例如，美国近年与两个邻国发生了资源争端：与墨西哥，就科罗拉多河和墨西哥湾的资源共享问题；与加拿大，就大西洋乔治河岸的渔场问题。

当相邻国家之间对边境政策存在分歧时，必然会产生冲突。这类政策可能涉及传统游牧群体的流动（潜在纠纷地区⑨）、移民及海关管制等问题，例如由于大量非法外国人和毒品从墨西哥流入美国，致使两国之间的关系受到了一定影响（见图 8.15）。

边境地区（潜在纠纷地区⑩）：具有国际意义的资源区位提供了诱发冲突的另一种可能性，例如在 1990—1991 年爆发的波斯湾战争中，主要诱因之一就是鲁迈拉油田的巨大储量。该油田的主体部分位于伊拉克境内，只有小部分延伸至科威特，如图 8.16 所示。两国无法就分摊生产成本与收入的规则达成一致，在没有任何国际协议的情况下，科威特从鲁迈拉油田开采了石油。伊拉

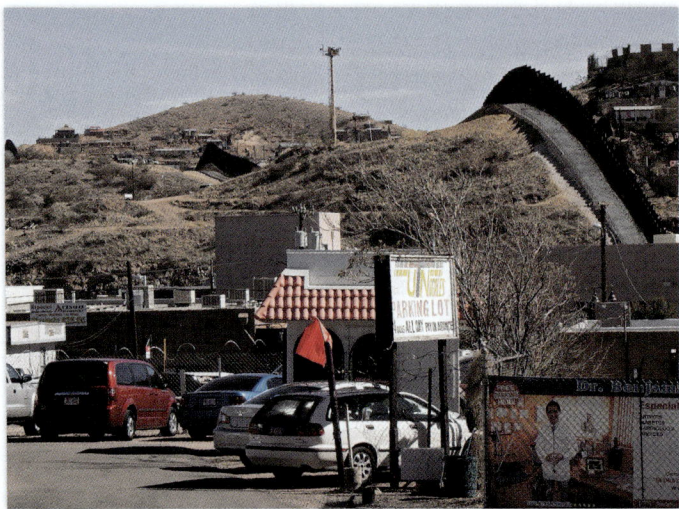

图 8.15　亚利桑那州一侧所见到的边境围栏，位于亚利桑那州的诺加利斯与墨西哥索诺拉的诺加利斯之间。为了阻止非法移民通过墨西哥进入本国国境，美国在两国大部分边界地带修建了围栏。© Dave Moyer RF

克声称科威特一直在窃取伊拉克石油，并将其提升至经济战争层面，为入侵科威特提供了正当理由。

当全球变暖令北极的极地冰盖缩小后，世界上出现了一个新的冲突区域。融化后的冰区不仅能够提供比巴拿马运河更快的大西洋至太平洋航线，而且海床中可能含有占世界储量 1/4 的潜在石油、天然气及矿产资源。最近，与该地区接壤的国家（包括俄罗斯、丹麦、美国和加拿大）竞相提出对该地区拥有主权，俄罗斯潜艇在北极点下方的海床上插上了一面钛制俄罗斯国旗，丹麦探险队利用破冰船绘制了海

床地图，加拿大在所辖北极地区建立了两个新的军事基地。

潜在纠纷地区⑪：图 8.12 上的 A 点代表了最后一个潜在纠纷地区，部分国家认为有一种资源对其生存至关重要，必须要不惜代价加以捍卫，即使位于邻国领土也坚决不予放过。这种资源可能是自然资源（如军事堡垒），也可能是文化名城（如圣城）。例如，叙利亚和以色列对戈兰高地的所有权进行激烈争夺，因为那里既有水源又位于高处，控制了该高地的国家能够俯视并监听对方。耶路撒冷是颇有争议的文化资源，对基督徒、犹太人和穆斯林均具有重大宗教意义。至少从公元 1096 年第一次十字军东征开始，耶路撒冷就一直是冲突的根源。以色列认为耶路撒冷对自己的身份至关重要，近年来有效吞并了东耶路撒冷的大部分穆斯林地区。目前，在以色列政府与巴勒斯坦人之间，争论焦点之一是对城市中圣地的进入权和控制权。

图 8.16　鲁迈拉油田，世界储量最大的油田之一，横跨伊拉克-科威特边境。伊拉克对科威特开采该油田非常不满，成为其 1990 年入侵科威特的部分原因

## 8.1.6　向心力：提升国家凝聚力

无论何时，国家的特征就是两种力量的较量：一种力量促进团结统一与国家稳定，另一种力量破坏团结统一与国家稳定。政治地理学家将团结统一因素称为向心力，可将一个国家的人民团结在一起，使国家得以运行并变得强大。另一方面，离心力使国家不稳定并变弱。当离心力比向心力强大时，国家的生存就会受到威胁。下面重点介绍 4 种力量，即民族主义、单一制组织、政府的有效组织管理及交通与通信系统，了解它们如何提升国家的凝聚力。

### 1. 民族主义

民族主义是向心力中最强大的一种力量，即对国家的认同和对国家目标的接受。民族主义只效忠单一国家及其代表的民族理想和生活方式，代表着一种情感，提供一种身份认同、忠诚感及有别于所有其他民族与国家的集体意识。

各国都会在选民中刻意灌输忠诚感，因为这种感觉为政治制度赋予了力量，拥有忠诚感的人民很可能会接受本地区行为的管理规则，并参与制定这些规则的决策过程。由于大多数社会均存在分裂势力，当然并非每个人都会感到同等程度的承诺或忠诚，重要的是大多数人接受国家意识形态，遵守国家法律，并参与国家的有效运转。对许多国家来说，这种接受和坚守只是最近才出现的，而且是部分地得到实现的；在其他一些国家，这种接受和坚守则非常脆弱，甚至濒临灭绝。

前文已述，真正的民族国家非常罕见，只有少数国家的领土为某个民族所占据，并且与其领土界线相一致。绝大多数国家都有不止一个文化族群，这些族群自认为在某个重要方面有别于其他公民。在多元文化社会中，民族主义有助于将不同族群整合到统一群体中。美国和瑞士等国崛起了这种代表民意的民族主义，将不同文化族群联合起来，建立了博得全体国民忠诚的政治实体。

每个国家均以各种方式发扬民族主义。意象学研究象征符号，它有助于民族团结统一。国歌及其他爱国歌曲、旗帜、国家运动队、仪式和节日都是国家的象征符号，为了发扬民族主义和引导人们效忠国家而逐步发展起来，如图 8.17 所示。无论人口构成如何多元化，通过确保所有公民至少拥有这些共同符号，即可赋予人们一种从属于某个政治实体（如日本或加拿大）的感觉。某些国家的特定文件如英国

图 8.17 效忠宣誓仪式只是美国学校试图向学生灌输民族认同感的一种方式。© BananaStock/PunchStock RF

的《大宪章》或美国的《独立宣言》，均服务于同样的目标。皇室也可能满足这种需要，例如在瑞典、日本和英国，君主制是忠诚的重要象征。符号和信仰是每种文化的重要组成部分，当社会由具有不同风俗、宗教和语言的人群构成时，国家层面的信仰有助于将他们团结在一起。

**2. 单一制组织**

组织机构和象征符号有助于培养对国家至关重要的奉献意识和凝聚力，学校（尤其是小学）在其中扮演着极为重要的角色。在学校里，孩子们主要学习本国历史，对他国历史则知之较少。人们希望通过学校来向学生灌输社会的目标、价值观和传统，教授他们用以表达的通用语言，引导他们认同自己的国家。

发扬民族主义的其他机构是军队，有时还包括国教。必须要教育军队认同自己的国家，让他们认为自己是国家安宁的护卫者，免遭潜在敌对国家的侵犯。

在全球约 1/4 的国家中，大多数人民信奉的宗教均被依法指定为国教。教会有时会成为一种凝聚力，有助于全民团结，例如巴基斯坦的伊斯兰教、以色列的犹太教、泰国的佛教和尼泊尔的印度教。在这些国家中，宗教和教会与国家深度融合，对一方的信仰即为对另一方的效忠。

学校、军队和教会只是教育人民成为国家一员的三类机构，主要在文化的社会子系统层面上发挥作用，帮助构建社会的观点与行为。但就其本身而言，尚不足以形成国家的强大凝聚力。实际上，每种机构甚至都可能成为破坏国家稳定的离心力。

**3. 组织与行政部门**

向心力的另一种黏结力是公众对国家有效组织的信心，例如能否提供来自外部侵略和内部冲突的安全保障？资源分布与分配方式是否可被视为促进全民经济福利？所有公民是否都有平等机会参与政府事务（参见专栏 8.2）？是否存在鼓励咨询及和平解决争端的机构？如何稳固建立法律和法院的权力？决策体制是否可对人们的需求做出响应？

## 专栏 8.2 立法机构中的女性

女性占世界人口中的大多数，但在教育（初等与高等）、就业（机会与收入）及医疗保健等资源的分配方面，总体上境况不佳。令人欣慰的是，这种情形正在改善，在识字能力、入学率和就业市场接受率等方面，几乎所有发展中国家中的性别差距正在缩小。

然而，在权力最终归宿的政治舞台上，女性影响的份额只是缓慢而有选择地增加的。2012 年，在全球约 200 个国家中，22 个国家的政府首脑（总统或总理）由女性担任。换句话说，世界上超过 88% 的国家由男性领导。女性作为议会成员的境况也没有好转，只拥有该年度世界立法机构全部席位的 20%。

2012 年，只有 49 个国家的女性占据了立法机构 1/4（或更多）的席位，其中欧洲为 18 个，非洲为 14 个，亚洲为 5 个，南美洲为 9 个。卢旺达是最尊重女权的国家，52% 的立法机构成员为女性。在任何其他国家中，女性都不是立法机构的多数成员，许多国家根本就没有女性代表。在前述 18 个欧洲国家中，女性占立法机构总席位的 26%。在某些欧洲国家，女性只占立法机构席位的极小部分，既包括北欧和西欧的民主国家，又包括南欧和东欧的许多国家，最典型的国家是波斯尼亚和黑塞哥维那（19%）

和罗马尼亚（10%）。对于女性在立法机构中所占的比例，许多国家越来越感到不满。20 世纪 90 年代，在许多发达国家和发展中国家的民主政体中，女性在立法机构中的代表席位开始有了实质性增加，她们在政治权力中的"平等份额"开始得到正式承认或执行。尤其是在西方国家，"提高女性议会参与率"已成为各政党的计划与骄傲，偶尔也会成为各国政府的骄傲。为了纠正女性代表不足的问题，墨西哥努力为女性候选人设定配额，比利时和意大利等政府也试图要求其政党改善性别平衡。

1999 年，法国比其他国家先行一步，通过了要求实现男女平等的一项宪法修正案，承认女性具有担任官员的平等权利。一年后，国民议会颁布法律，要求该国政党在所有选区（市议会、地区议会和欧洲议会）中，女性候选人必须达到 50%，否则就要支付罚款。对于其他所有政党，提出的候选人必须要男女数目平等。

然而，配额制目前尚存争议，女权主义者有时也不赞成，认为配额有失身份，意味着女性自身条件不如男性。还有些人担心其他团体（如宗教团体和少数民族）也会寻求配额，以确保其在立法机构中的公平代表权。

注意，与邻国加拿大和墨西哥不同，美国女性 2012 年占全国立法机构的席位仍不足 25%。在第 113 届国会（2013—2015 年）中，只有 20 名女性在参议院任职，81 名女性在众议院任职，女性占参众两院总席位的 19%。

美国女性在各州立法机构选举中取得了较大进展，过去数十年中所占的比例稳步上升，从 1969 年的 4%，上升至 2012 年的 23.6%。2012 年，各州议员共有 7382 名，其中 1744 名为女性。但是，各州之间存在很大差距，科罗拉多州立法机构中的女性人数最多，占 2012 年 100 个席位中的 40 个；另一端是俄克拉荷马州（12.8%）和南卡罗来纳州（9.4%）。2005—2012 年，南卡罗来纳州的女性立法者人数出现波动，2005—2008 年低至 8.8%，2009—2010 年高至 10.0%。

由于女性在立法机构中大量出现，导致获得通过的议案和政府重视的项目类型发生了很大改变。不论党派隶属关系如何，女性优先考虑的问题往往与男性立法者不同。例如，与男性相比，女性更倾向于在儿童保育、老年人长期关怀、负担得起的医疗保险、女性健康问题及女性权利（包括离婚和配偶虐待法）等政策领域，提出相关法案并投赞成票。

这些问题的答案因国家而异，但都暗含着预期目标，就像美国宪法所描述的那样：国家将"主持正义，保证国家安定，提供共同防御，全面增进福利……"。如果这些期望没有实现，国家形象和单一制组织所鼓吹的忠诚可能会遭到削弱或丧失。

### 4. 交通与通信

通过促进各个地区之间的互动交流，并使其在经济与社会两方面紧密结合，国家交通网能够增强政治一体化。自古以来，人们深知交通网在国家统一方面发挥的作用，古语云"条条大路通罗马"，就起源于连接罗马与帝国所辖其他各地的令人印象深刻的道路体系。数个世纪后，法国也建立了类似的交通网，将巴黎与法国各行政区联系在一起。首都与其他城市之间的联系，通常要优于边远城市之间的彼此联系，例如在法国，当想从一个城市去另一个城市时，若取道巴黎，耗时通常要少于两地之间的直接旅行时间。

从历史上看，在促进政治一体化方面，公路和铁路曾经发挥过重要作用。例如在美国和加拿大，它们不仅在新区开辟了定居点，而且增加了城乡之间的互动。因为交通运输体系在国家经济发展中起着重要作用，所以国家经济越发达，交通网就可能越发达。同时，经济发展水平越高，投资建设运输线路的资金就越多。这两者彼此强化。

交通与通信虽然在一国之内发展迅速，但在国家之间常常会遭到限制，或者至少受到控制。这是政府有意为之，主要是想限制国民与外国进行空间互动，不断增强国家凝聚力（见图 8.18）。控制手段很多，例如通过关税和禁运来限制贸易；对出入境设置法律障碍；通过护照及签证的必备条件来限制旅行。

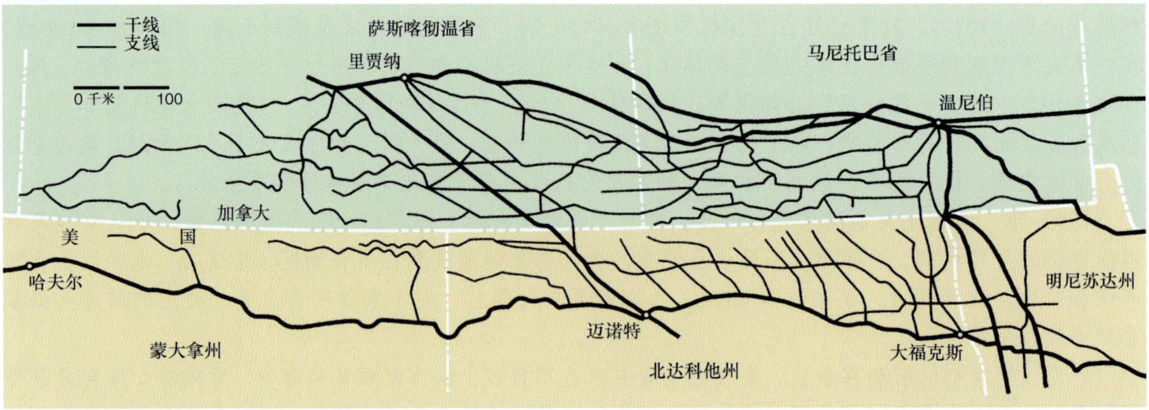

图 8.18　加拿大–美国的铁路不连续情形。两国分别建设了独立的铁路体系，将各自的大草原地区与其国家中心连在一起。尽管 19 世纪至 20 世纪初铁路建设大发展，但即使在轨道最近被废弃之前，铁路网沿国境的分布格局也非常不连续。注意观察政治边界是如何限制相邻领土之间的空间互动。许多铁路支线接近边境，但最终只有 8 条线路穿越边境，长达 480 千米的国境线并没有铁路跨越。国境（及其所代表的文化分隔）抑制了人们所预期的其他互动。例如，若只考虑距离这个控制因素，则加拿大与美国城市之间的电话通话数量远低于人们的预期

## 8.1.7　离心力：挑战国家权威

国家的凝聚力并不容易实现，即使实现了，也不容易保持。破坏稳定性的离心力却始终存在，撒播着内部不和的种子，不断挑战着国家的权威（参见专栏 8.3）。国家的形状不佳或面积庞大可能会阻碍交通与通信，使得某些地区无法与国内其他地区较好地融合；若组织或管理不善，国家可能会失去国民的忠诚；某些国家中促进团结的机构，可能会成为其他国家的分裂力量。

### 专栏 8.3　恐怖主义与政治地理学

2001 年 9 月 11 日，纽约世贸中心遭到恐怖袭击，至今已有十多年的时间。然而，对于数以百万计的人们来说，这一事件深深地烙印在记忆之中，正如一位歌手所唱："地球停止了转动。"

恐怖主义是什么？与政治地理学有什么关系？所有国家都经历过恐怖主义吗？恐怖主义是新现象吗？有什么办法能够阻止恐怖主义？回答这些问题虽然很难，但可能有助于人们理解这种现象。

恐怖主义是指针对平民和象征性目标，有计划地采用暴力行为，试图宣扬某项事业，恐吓或胁迫平民大众，或者影响政府的行为；国际恐怖主义是跨越国界的恐怖主义行为，旨在恐吓其他国家的人民，例如 2001 年 9 月 11 日发动的袭击；国内恐怖主义是指个人或团体反对本国公民或政府的行为；国家恐怖主义是由政府代理人实施的恐怖行为；亚国家恐怖主义是由政府以外的团体所实施的恐怖行为。

因此，恐怖主义是一种武器，主要目的是恐吓，受害者通常为平民。

国家恐怖主义可能与国家的概念一样古老，例如早在公元前 146 年，罗马军队就洗劫并彻底烧毁了迦太基城，大肆屠杀男人、女人和儿童，并在田地里撒盐令庄稼不能生长。为进一步统治和控制本国人民，有些政府采取了系统的暴力与恐吓政策，纳粹德国和柬埔寨波尔布特政权是 20 世纪国家恐怖主义的案例，国家元首下令谋杀、监禁或流放国家敌人（政治家、知识分子及持不同政见者），即任何敢于批评政府的人们。在卢旺达和萨达姆·侯赛因掌权的伊拉克，国家恐怖主义针对少数民族和少数派宗教，为政府提供了巩固权力的方法，导致族裔灭绝或大规模屠杀少数民族，政府或其机构对少数民族发起全面军事行动。

亚国家恐怖主义的发端时间要晚得多，与民族国家同时兴起。有些人认为自己遭受了本国（或他国）政府的不正当对待，就可能会实施亚国家恐怖主义，例如少数民族中的民族团体（如西班牙的巴斯克人）认为国家政权侵占了自己的领土，于是利用恐怖主义行为来抵抗政府；某些民族团体和宗教团体被其他

国家的强加国界所分隔，就可能利用恐怖主义手段进行破坏；政治团体、族裔团体或宗教团体感到被其政府所压迫，也可能会献身于国内恐怖主义行为，例如美国的俄克拉荷马城爆炸案。

自 19 世纪中叶以来，几乎每个国家都经历过某种形式的恐怖主义，例如在 19 世纪 40 年代的欧洲和 19 世纪末的美国，无政府主义者暗杀政治领袖；1970 年，魁北克解放阵线绑架加拿大政府官员；1995 年，奥姆真理教在东京地铁施放沙林毒气。

然而，这些袭击者的政治及宗教目标可能会在世界舞台上引起混乱。2001 年，路透社通知该社记者停止使用恐怖主义一词，因为"一个人眼中的恐怖主义，很可能是另一个人眼中的自由斗士"，恐怖主义的定义有赖于辨别动机的能力。

区分恐怖主义类型非常困难，预防恐怖主义更是难上加难。一般来说，针对恐怖主义威胁，各国政府和国际机构存在 4 种共同应对措施：

1. 减少或疏解恐怖主义的形成根源。在某些情况下，政治变革能够降低恐怖主义威胁，例如 1998 年北爱尔兰签订了《耶稣受难日协议》，有效减少了恐怖主义行为；西班牙政府赋予巴斯克人一定的区域自治权，有助于平息埃塔组织的恐怖主义行为，许多巴斯克人也减少了对恐怖行为的支持。

2. 加强对亚国家集团监控领域的国际合作。1998 年，受巴林和沙特阿拉伯恐怖主义犯罪的推动，各阿拉伯海湾国家同意交换恐怖主义组织的有关情报，分享预防预期恐怖主义行动的有关情报，并在研究恐怖主义犯罪方面相互协助。

3. 加强国家的安全措施。2001 年 9 月 11 日以后，美国联邦政府组建了国土安全部，由联邦机构负责开展空中交通筛查，努力减少外国恐怖组织获得的经费支持。欧盟成员一致同意，冻结了恐怖组织名单上任何团体的资产。

4. 利用单边（或多边）军事手段，打击恐怖分子或资助恐怖分子的政府。"9·11"袭击发生后，美国领导盟国攻打了阿富汗政府，该政府窝藏了本·拉登恐怖主义基地组织。

对恐怖主义行为的各项反击均代价高昂，政治上也面临重重困难，并且可能会对平民的生命与自由造成危害。各国政府需要选择采用哪种反击方式或其组合，以期产生最佳效果。

例如，宗教可能成为一种非常强大的离心力，同国家争夺人民的忠诚。如果国内信仰不同宗教的多数派与少数派（如北爱尔兰的天主教徒与新教徒，或克什米尔和印度古吉拉特邦的印度教徒与穆斯林）之间发生冲突，那么可能会动摇整个社会的秩序。在占主导地位的单一信仰中，内部对立的宗派观点也可能激起国内冲突。近年来，穆斯林激进组织试图推翻世俗主义的官方政策或立宪政策，或取代他们认为推行宗教法律及法规不力的政府。在阿富汗、埃及、沙特阿拉伯及其他相关国家中，伊斯兰宗教激进主义好战分子始终是破坏稳定的力量。

民族主义既是强大的向心力，又是极具破坏性的潜在离心力。前文介绍了国家与民族之间关系的 4 种类型，即民族国家、多民族国家、部分民族国家和无国籍民族（见图 8.4）。民族国家是指国家以某个民族为核心，与民族基本一致。由此向前迈出一小步，就能得出这样一种假设：每个民族都有权拥有自己的国家或领土。

在拥有多个民族或未同化少数民族的国家中，由于存在族裔冲突、民族矛盾、文化差异及多元化的语言与宗教等因素，离心力尤为强大。这些国家非常容易受到境内民族主义者的挑战，即人们不再接受国家民族主义意识，而是分别效忠于多个当地族群，最终导致整个国家分崩离析，遭受亚民族主义之害。也就是说，许多人首先效忠于人口较少的传统族群或民族。

在拥有一个或多个重要少数民族的任何国家中，如果少数族群具有非常清晰的地域认同感，并认为其民族自决权（即某个民族在本国或本地域内开展自治的权力）尚未得到满足，那么国家很容易受到来自境内的挑战。最激烈的挑战形式是地方主义，即少数族群对某个地区（而非国家）的强烈自我意识和认同感，在政治上可能表现为渴望获得更大的自治（自我管理）权限，甚至要求从国家中脱离出去。在当今世界的许多地方，这种情况非常普遍，造成许多国家（甚至建国历史悠久的国家）内部动荡不安。

例如，在加拿大面积最大的魁北克省，讲法语这一因素隐含着非常强大的分裂主义运动。1995 年 10 月，该省就是否脱离加拿大而成为主权国家进行了全民公投，结果以微弱的差距（49%赞成，51%反对）铩羽而归。强烈的集体认同感与独特性，以及保护自己语言和文化的愿望，将魁北克省的民族主义不断向前推进。此外，分裂主义者认为，该省拥有丰富的资源和工业化国家中的最高生活水准，作为独立国家进行管理肯定会非常成功。

在西欧，共有 5 个国家（英国、法国、比利时、意大利和西班牙）存在分离主义政治运动，拒绝接受现有主权国家的绝对控制，声称自己是独立民族实体的核心（见图 8.19）。某些分离主义者满足于区域自治，通常以自我治理或乡规村约等形式出现；还有一些分离主义者寻求区域完全独立。

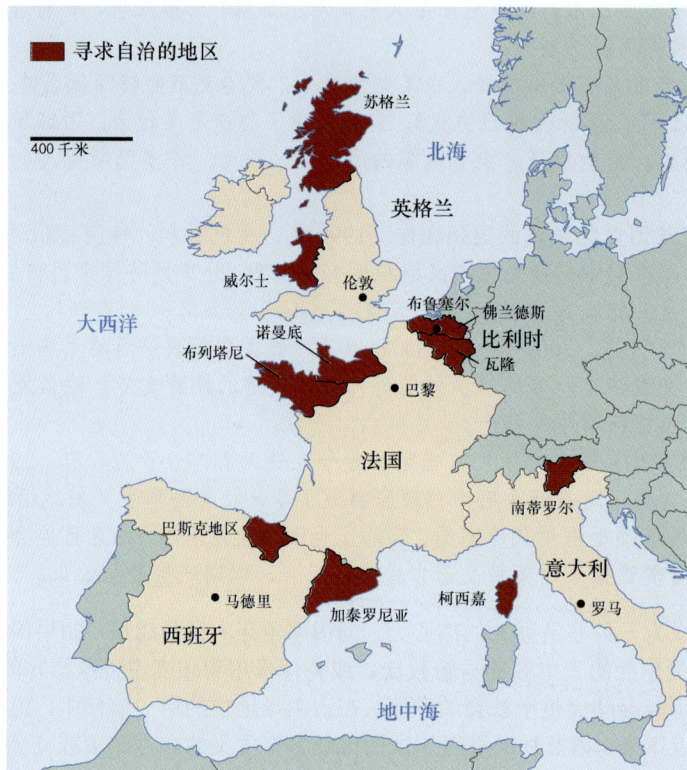

图 8.19　自治运动的活跃地区。长期以来，各国都试图在文化上同化这些历史民族，但始终存在寻求某种程度的自治及独立身份的政治运动。例如，科西嘉岛上的分离主义者想要脱离法国，加泰罗尼亚的分离主义者要求从西班牙独立。1999 年，威尔士和苏格兰的民族主义政党成立了自己的议会，并实行了一定程度的区域自治，这一结果被称为婚内分居，一定程度上满足了他们的愿望

为了平息这些分裂主义运动，并将政治或文化上不同的民族包容在境内，数个欧洲政府朝着承认区域政治和政权下放（地方分权）的方向前进。有些国家（如英国、法国、西班牙、葡萄牙和意大利）认识到有必要建立反映地方关切的行政结构，已向核准的下一级政治单位授予了一定程度的政治自主权，即只要它们不完全独立，就赋予其适度的自治权限。例如在 1999 年的苏格兰和威尔士，选民们分别选出了两个新成立的立法机构（苏格兰议会和威尔士国民议会）的代表，负责处理地方政府、住房、卫生、教育、文化、交通及环境等内部事务，英国议会则保持其对广泛的全国性政策的权力关注（如国防、外交政策、经济和货币政策）。

民族主义者对国家权威的挑战，影响着西欧以外的许多国家。这些国家存在着差异性极大的团体，更易于被敌意而非亲和力所激励，具有强烈的离心倾向，与西班牙巴斯克人和法国布雷顿人境况类似，例如以色列巴勒斯坦人、印度锡克人、斯里兰卡泰米尔人、菲律宾摩洛人及其他许多类似团体。

东欧国家和苏联各加盟共和国存在着许多根深蒂固的民族主义感情，由于族裔、宗教、语言和文化

的力量不再受压制，自古以来就有的敌意比"二战"结束以来任何时候都更加明显。冷战结束唤起了数十年的和平希望，但苏联的解体引发了许多小规模战争，或大或小的众多民族都坚持自己的身份，并且认识到政治地位是自己的权利。

20 世纪 90 年代初，15 个苏联共和国提出民族独立要求，但并未保证满足其内部所有分离主义运动的要求，多个新独立国家还受到破坏性力量对其领土完整与生存的强有力挑战。俄罗斯联邦本身是苏联最大及最强的残存者，由 89 个部分构成，其中包括 21 个民族共和国及其他众多民族地区，许多地区拥有丰富的自然资源，非俄罗斯人占多数，在联邦内寻求更大的自治权，有些地区希望全面独立。

随着苏联衰落并最终解体，失去了对东欧卫星国的控制，该地区民族主义由丧失至复活，导致政治版图急剧重构。1990 年，东德与西德重新统一；3 年后，捷克斯洛伐克分裂为以族裔为基础的两个国家，即捷克共和国和斯洛伐克；1991—1992 年，南斯拉夫分裂成五块，但除斯洛文尼亚外，五个新共和国的边界与被民族所占据的领土并不匹配，使该地区陷入了战争泥潭，各民族为重新划界而战斗不止。若要将多民族地区变为单一民族地区，一种策略是族裔清洗，即屠杀或强制迁移实力较弱的少数民族，这种情况主要发生在克罗地亚、波斯尼亚和黑塞哥维那及塞尔维亚南部的科索沃省。经过北约维和部队十多年的努力，这些地区似乎正在朝着长期政治稳定的方向发展。

民族主义者对国家权威的挑战具有共同特征，所有分裂主义运动必需的两个先决条件是领土和民族。首先，这群人必须聚集在要求成为民族家园的核心区域，试图重新获得对土地和权力的控制，认为这些土地和权力是执政党用不公正的方式取得的。其次，这群人必须具有某些基础文化特征，以区分其与众不同、独特身份和文化一致性，可能是语言、宗教或独特的族群习俗，既发扬了对族群的认同感，又助长了排他性。通常，这些文化差异已持续若干代，即使在强大的同化压力下，依然能够得以幸存。

许多分裂主义运动还存在其他共同特征，主要是地理位置偏远和社会经济地位不平等。麻烦频发的地区往往是为农村所包围的孤立偏远地区，远离中央政府所在地，造成一种被疏远、排斥和忽视的感觉。此外，主流文化族群通常被视为剥削阶级，他们压制本地语言，控制公共事务的使用权，攫取超过其应有份额的财富与权力。贫困地区抱怨说，与国内其他地区相比，他们收入低且失业率高，而且"外人"控制着关键性的资源与工业。相对富裕地区的分离主义者认为，他们能够为自己开发资源，如果没有中央政府所强加的约束，经济效益方面会做得更好。

## 8.2　国家间合作

现代国家有些脆弱，近年来的主导地位可能不甚稳固，在许多方面比以往任何时候都要软弱。许多国家经济脆弱，有些国家政治不稳定，还有些国家二者兼而有之。从战略层面讲，没有任何国家可以免遭军事攻击，因为现代技术能够将武器发射到全球半数地区。在核时代，国家可能安全吗？

有些国家认识到只靠自己既不能保证繁荣，又不能保证安全，因此选择与其他国家进行合作。这些合作性尝试正在迅速蔓延，世界各地的许多国家都参与其中。这些合作为政治边界的概念增加了新的维度，国家联盟的边界比两个国家之间的边界具有更高的空间等级。在北大西洋公约组织（NATO）与非北约国家之间，或者欧盟与其他欧洲国家之间，当前边界划分代表着不同尺度的政治空间秩序。

### 8.2.1　超国家主义

国家间联盟代表着国家权力与国家独立排序的一种新维度。随着经济全球化和国际合作的不断发展，有些人认为由于各种力量联合在一起，主权国家的传统责任与权威遭到削弱，部分让位于更高级别的政治及经济组织。有些公司乃至非政府机构，经常以不受民族国家管辖权控制的方式进行运作。

例如，跨国公司不断崛起，支配着全球市场，限制了单一国家的经济影响力。网络空间与互联网不受任何人控制，很大程度上也不受国家对许多政府发出信息流的约束。而且，任何国家公民个人的生活及行为方式不仅受到本地和国家机构决定的影响，而且越来越受到区域经济联盟（如北美自由贸易协定）、多边军事联盟（如北约）和全球性政治机构（如联合国）的影响。

这种多国合作制度由来已久，例如古希腊时代的城邦联盟，以及欧洲中世纪时期德国自由城市的汉萨联盟。"二战"结束后，新合作机制数量激增，代表了一种走向超国家主义的世界潮流，即由三个或以上国家为追求共同利益和实现共同目标而组建的国家联盟。尽管许多个人及组织谴责超国家主义导致国家独立性受损，但 21 世纪初存在的许多超国家联盟是其吸引力和普遍性的证据。事实上，几乎所有国家都至少是一个（多数国家为多个）超国家集团的成员。

## 8.2.2　联合国及其分支机构

联合国是唯一试图覆盖全体国家的组织，成员国从 1945 年的 51 个，扩大至 2013 年的 193 个。

联合国是有史以来最雄心勃勃的尝试，为了促进全世界和平，要把世界各国聚集到同一个国际机构中。与其前身（国际联盟）相比，联合国更强大，更具代表性，提供了各国可以讨论国际问题和区域关切的论坛，提供了解决争端或必要时结束战争的机制。不可否认，联合国有时比较软弱，但仍然具有重要意义（见图 8.20）。为了促进关于特定目标的国际合作，联合国还主持了 40 个项目和分支机构，包括世界卫生组织（WHO）、联合国粮农组织（FAO）和联合国教科文组织（UNESCO）。联合国还有许多其他机构和大部分预算，承诺用于协助会员国处理经济增长与发展问题。

图 8.20　2010 年 1 月，海地地震后的联合国维和部队。2004 年，为了稳定贝特朗·阿里斯蒂德总统流亡后的政治局势，联合国组建了海地特派团。地震发生后，为支持海地的恢复、重建与稳定，联合国安理会提高了部队的整体水平。联合国将继续致力于为该国带来安全和稳定。© Natalie Roeth RF

会员国并不向联合国让渡主权，联合国不能合法而有效地制定或实施一部世界性法律，也没有一支世界性警察部队。尽管存在经国际法院裁定的公认国际法，但只适用于事先同意遵守其仲裁的国家。最后，联合国无权管理各国的军事力量。

然而，在相对被动角色与国际关系传统观念方面，联合国开始发生了明显变化。当联合国越来越多地应用干涉主义理念时，长期确立的国家完全主权规则正在逐渐消失，允许各国政府在认为合适的情况下采取内部行动，而不再受到外部干扰。在 1991 年爆发的波斯湾战争中，依据旧规则由联合国进行授权，即禁止一个国家（伊拉克）攻击另一个国家（科威特）的主权。波斯湾战争后，新的干涉主义批准了联合国在伊拉克境内的行动，目标是保护该国境内的库尔德人。再后来，联合国动用军队和救济机构，对索马里、波斯尼亚及其他地方进行了干预，援引了"对不可剥夺人权的国际管辖权"，这种管辖权在不考虑国界或主权因素的情况下施行。联合国还在阿富汗开展了一项行动，目标是帮助该国奠定基础，以利于可持续和平发展及重建援助。自 2002 年以来，联合国一直在监督阿富汗的选举。

无论干预主义取代绝对主权的长远前景如何，从短期来看，联合国仍是世界上绝大多数国家都能认可的唯一机构，大家在此可以集体讨论国际政治与经济问题，并设法和平解决这些问题。在制定海洋法方面，联合国具有特别重要的影响力。

**1. 海洋边界**

边界定义了国家的政治管辖区和资源控制区，但国家主权要求不仅限于陆地区域。地球表面 2/3 的面积为水体所覆盖，越来越多的国家将主权向海洋延伸，争夺毗邻海域及其资源。这是国家的基本权利问题，涉及控制水域及其资源的权利。对于内陆水体（如江河湖泊）来讲，人们历来公认其位于某个国家的主权范围之内，但海洋并不隶属于任何国家。那么，海洋是向所有国家开放使用，还是某个国家可以提出主权要求，然后限制其他国家进入及使用呢？

在人类历史的大部分时间里，海洋有效地保持着不受单一国家控制（或国际管辖）的状态。海洋曾经是敢于冒险者的公共航道，也是渔民们取之不尽、用之不竭的宝库，还是文明社会的巨大垃圾坑。然而到了 19 世纪末，大多数沿海国家声称拥有 3～4 海里宽（1 海里等于 1.85 千米）连续水域的主权。当时，3 海里范围代表了火炮的最远射程，因此是沿海国家有效控制范围的极限。虽然承认他人具有无害通行权，但这种主权允许执行检疫和海关条例，使沿海渔业得到国家的保护，并在他国进行战争时宣布中立的声明得以生效。人们的主要关注点是安全和不受限制的商业活动。然而直到"一战"以后，并不存在单独编纂的海洋法，而且似乎没人需要。

1930 年，国际联盟召开了一次国际法编纂会议，虽然对海事法律问题的讨论并无结果，但确定了"二战"以后日益紧迫的关注领域。其中非常重要的一点，就是从对商业与国家安全的兴趣转向对海洋资源的关注，这是被 1945 年"杜鲁门宣言"所激发出来的兴趣。受开发海上石油的愿望驱使，美国联邦政府根据此项原则，对海岸毗邻大陆架的所有资源提出了主权要求。随后，许多其他国家甚至要求控制更宽的区域，加快了吞并附属海洋资源的速度。短短几年内，地球表面 1/4 的区域就被沿海各国据为己有。

**2. 国际海洋法**

在对海洋空间与资源要求激增的情况下，由于主权不受限制地扩张，各国之间的领土争端时有发生，联合国于是召开了一系列海洋法会议。经过多年的讨论，来自 150 多个国家的代表终于达成共识，准备"处理与海洋法相关的一切事务"，最终成果就是 1982 年起草的《联合国海洋法公约》。

在《联合国海洋法公约》中，通过定义控制力逐渐减弱的 4 个区域，划定了领海的边界与权利，如图 8.21 所示。

图 8.21　1982 年《联合国海洋法公约》允许的领土要求

1. 领海：宽度为 12 海里（19 千米），沿海国家对其拥有主权，包括专属捕鱼权。通常，所有类型的船只均有权无害通过；在某些情况下，非商业船只（主要是军舰与科研）可能会有条件通过。

2. 毗邻区：宽度为 24 海里（38 千米），虽然沿海国家对其没有完全主权，但可以开展海关、出入境和卫生执法，并拥有领海之外的紧急追捕权。

3. 专属经济区（EEZ）：宽度可达 200 海里（370 千米），沿海国家拥有公认的勘探、开发、保护及管理自然资源的权利，包括海床和水域中的生物资源及非生物资源。当大陆架延伸得更远时，专属经济区最远可延伸至海岸线以外 350 海里（560 千米），各国对此大陆架内的资源享有专属（排他）权利。该区域保持公海的传统自由。

4. 公海：专属经济区以外的海域，不受任何国家管辖，向所有国家开放，无论是沿海国家还是内陆国家。公海自由包括航行、捕鱼、飞行、铺设海底电缆和管线，以及从事科学研究的权利。在国家管辖范围以外的国际深海底地区，蕴藏的矿产资源属于全人类的共同财产，要为地球上全体人民的利益而管理。

20 世纪 80 年代末，大多数沿海国家（包括美国）已利用《联合国海洋法公约》的条款，宣布并相互承认对 12 海里领海和 200 海里专属经济区的管辖权。美国及其他少数工业国家对深海采矿条款持保留意见，但该公约还是获得了 60 个国家（必需）的批准，并于 1994 年成为国际法。自那时以后，该公约已获另外 100 多个国家的批准，并且得到普遍尊重。

**3. 联合国分支机构**

联合国还建立了完全（或本质上）为全球属性的其他超国家组织，影响着国家及个人的经济、社会和文化事务。在这些超国家组织中，大多数为专业化国际机构，属于自治性质并拥有自己的成员，但隶属于联合国并在其主持下工作，例如联合国粮农组织（FAO）、世界银行、国际劳工组织（ILO）、联合国儿童基金会（UNICEF）、世界卫生组织（WHO）和世界贸易组织（WTO）等。

WTO 成立于 1995 年，目前已成为全球超国家经济控制的最重要机构，负责执行根据《关税与贸易总协定》条款经多年国际谈判所形成的全球贸易规则。世界贸易组织的基本原则是：157 个成员国（截至 2013 年）应努力降低关税，消除非关税贸易壁垒，开放服务业贸易，并在贸易问题上平等对待所有国家，对某一国的任何优惠应适用于所有成员国。

然而，越来越多的区域性（而非全球性）贸易协定正在达成，自由贸易区也在激增，目前只有少数世贸组织成员国尚未加入其他区域性贸易联盟。有些人认为区域性联盟阻碍了全球贸易自由，因为它虽然取消了成员国之间的贸易关税，但保留了与非成员国之间的贸易关税。

## 8.2.3　区域性联盟

有些国家除了是国际组织成员，还愿意放弃某些独立性，参加规模较小的多国体系（经济、军事或政治）。与政治或军事领域的合作相比，各国在经济领域的合作似乎更容易实现。

**1. 经济联盟**

在经济联盟中，最强大、影响最深远的联盟源自欧洲，最典型的就是欧盟（EU）。欧盟由 1957 年成立的共同市场发展而来，最初由 6 个国家组成，即法国、意大利、西德、比利时、荷兰和卢森堡。该组织最初缓慢地增加新成员，1973—1986 年，英国、丹麦和葡萄牙加入；20 世纪 80 年代，希腊、西班牙和葡萄牙加入；1995 年，奥地利、芬兰和瑞典加入。随着这一势头的增强，欧盟于 21 世纪初接纳了更多国家，包括 8 个苏联加盟国，北至爱沙尼亚，南至斯洛文尼亚（见图 8.22）。目前，欧盟成员国总数达到了 27 个，陆地面积增加 23%，总人口超过 5.03 亿，经济总量增长到与美国相匹敌的水平，成为全球最大、最富有的国家集团。

多年以来，欧盟采取许多措施逐步整合了各成员国的经济，协调了运输、农业及渔业等领域的政策。在欧盟理事会、欧盟委员会、欧洲议会和欧洲法院的支持下，欧盟这个超国家机构具备了有效制定及执行各项法律的能力。1993 年，欧盟废除了大部分残余的自由贸易壁垒，以及成员国之间资本与人员自由流动的障碍，建立了单一的欧洲市场。1999 年，为了走向经济同盟和货币同盟，欧盟采用单一货币欧元取代了各独立国家的货币，17 个国家的纸币及硬币（如葡萄牙的埃斯库多和德国的马克）退出了历史舞台，某些国家（如瑞典和英国）选择推迟使用单一货币。经历了最近的经济危机后，许多观察家开始质疑欧元的长期生存能力。

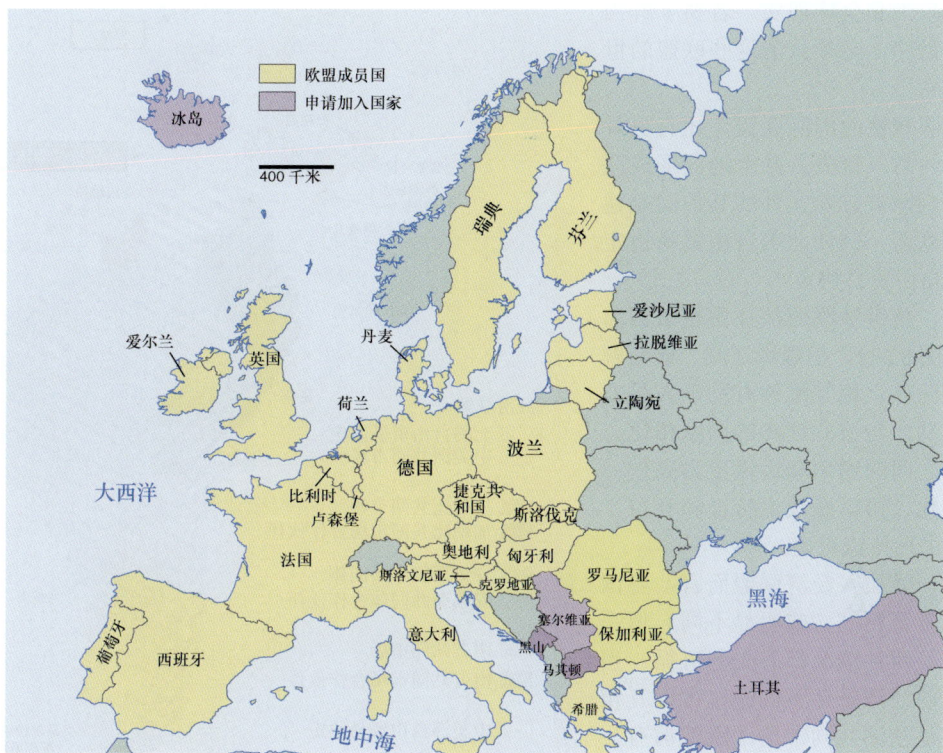

图 8.22　截至 2013 年 7 月的欧盟成员国。克罗地亚刚刚被欧盟接纳；土耳其自 1987 年以来一直在等待申请，也是成员国候选者，正式会谈正在进行中；其他候选国包括冰岛、黑山、塞尔维亚和前南斯拉夫的马其顿共和国。欧盟规定，若要加入欧盟，必须拥有稳定的国家机构，保证民主、法治及人权，保护少数民族，具有运作良好的市场经济，具备履行成员国义务（包括政治、经济与货币同盟的目标）的能力

在欧洲以外，许多国家也加入了区域性联盟。在流动过程中，为达成经济与政治目标，各国组成联盟，有时会有成员国退出，有时会有其他国家加入。签订了新条约，即可形成新联盟。在世界超国家版图中，实际新增了很多这样的区域性经济联盟与贸易联盟，但没有一个联盟能像欧盟那样成功，所有这些联盟都代表着为实现更广泛的区域目标而让渡国家独立性。

1994 年，北美自由贸易协定（NAFTA）启动，加拿大、美国和墨西哥团结在一个经济共同体中，旨在降低或取消三国之间的贸易及流动限制。作为一项新协议，美国-中美洲-多米尼加共和国自由贸易协定（CAFTA）是哥斯达黎加、多米尼加共和国、萨尔瓦多、危地马拉、洪都拉斯、尼加拉瓜与美国之间的全面贸易协定。自由贸易不是各国合作的唯一原因，美洲还有其他类似联盟具有相应的贸易推进目标，通常也会考虑社会、政治和文化利益。例如，加勒比共同体和共同市场（CARICOM）于 1974 年成立，目标是进一步促进 15 个成员国在经济、卫生、文化及外交政策领域的合作。南锥体共同市场（MERCOSUR，南方共同市场）是南美洲的一个案例，将巴西、阿根廷、乌拉圭、巴拉圭及准会员国（玻利维亚和智利）联合起来，建立了一个关税联盟，目标是取消各国之间流动货物的赋税。

为了促进成员国之间经济、社会和文化领域的合作与发展，东南亚国家联盟（ASEAN，东盟）应运而生；西非国家经济共同体（ECOWAS）是来自不太富裕的非洲的案例；亚太经合组织（APEC）论坛包括中国、日本、澳大利亚、加拿大和美国在内的 21 个成员国，制定了 2020 年实现"太平洋自由贸易"的宏伟计划；规模有限的双边与区域优惠贸易协议同样激增，形成了错综复杂的规则、关税和商品的各种协定，使这些贸易限制及优惠有悖于世界贸易组织的自由贸易精神。

因此，虽然政治、社会和文化因素对许多国家产生了很大影响，但主要还是经济利益推动了大多数国际联盟的建立。尽管联盟本身可能会改变，但超国家联盟的理念似乎早已深入人心，永久进入 21 世

纪的国家政治和全球现实。若要了解当前的国际秩序，必须认清这些联盟的世界空间格局。

关于区域性的国际联盟，还有另外三点值得注意。首先，某个地区形成联盟往往会刺激被排除在外的其他国家建立另一个联盟，例如北美自由贸易协定与中美洲自由贸易协定。

其次，新经济联盟往往由相邻国家构成（见图 8.23），但疆域辽阔、最新解体的帝国除外。相互毗邻有助于人员及货物的流动，与彼此远离的国家相比，相邻国家之间的通信和运输更为高效；对共同文化、语言及政治特征和利益，相邻国家的期待值更高。

最后，就加入经济联盟而言，各国在经济上是否相同（或明显不同）似乎无关紧要，两种情况都有先例可循。当这些国家的经济条件不同时，可以互相补充，这是欧洲共同市场（欧盟前身）的基础。例如，丹麦的乳制品与家具可以在法国销售，法国得以专门从事机械与服装生产。另一方面，对生产相同原

图 8.23 2013 年的西半球经济联盟。自 20 世纪 60 年代以来，国际贸易组织的数量迅速增加

材料的国家而言，希望通过加入经济联盟后，可以加强对其产品的市场及价格的控制，石油输出国组织（OPEC，欧佩克）就是一个典型案例。在生产国与消费国之间，可能会形成商品企业联盟，就价格等事项达成协议，例如《国际锡协议》和《国际咖啡协议》等。

**2. 军事联盟与政治联盟**

国家结盟并非全部出于经济原因，还可能是战略、政治及文化等领域的合作。军事联盟建立在"团结就是力量"的原则之上，通常在发生军事侵略时提供相互援助。这种联盟建立后，很可能会引发竞争对手的结盟。例如，北约（NATO，北大西洋公约组织）是由众多欧洲国家和美国共同组建的防御性联盟，但遭到了华约（WTO，华沙条约组织，主要成员为苏联及其东欧卫星国）的抗衡。在北约和华约组织内部，均允许成员国在彼此领土上建立军事基地，这种放弃某种程度主权的做法以往比较少见。

军事联盟依赖于相关国家的共同利益与政治善意，随着政治现实的变化，战略同盟也会随之发生改变。例如，北约的成立是为了保护西欧和北美免遭苏联的军事威胁，当苏联和华约解体后，这一威胁自然消除，北约结盟的目标就变得不那么明确了。但是，自 20 世纪 90 年代以来，该组织仍然增加了 7 个成员国，并在维和活动中发挥了更大的作用（见图 8.24）。

所有国际联盟都承认利益共同体。经济联盟与军事联盟的目标及其描述非常明确，联合行动要与实现这些目标相一致。更广泛的共同关切或历史利益诉求可能是政治联盟的主要基础，这样的联盟往往比较松散，不要求其成员国交出太多权力，例如国家联合体和美洲国家组织（OAS），这两个组织都提供经济及政治权益。前者就是原来的英联邦，由许多英国前殖民地和自治领组成。

许多政治联盟成立后又解散了，因为各国未能就政策问题达成一致，而又不愿让本国利益屈从于联

盟利益，例如阿拉伯联合共和国、中非联邦、马来西亚与新加坡联邦及西印度群岛联邦等。

尽管许多这样的政治联盟都失败了，但世界问题观察员推测超级大国还是会出现，而且可能从已有的一个或多个国际联盟中脱颖而出。例如，当欧盟取得成功后，是否会顺理成章地组建单一共同政府领导的欧罗巴合众国呢？没有人知道答案，但只要将单一国家视为政治及社会组织的最高形式（如现在），并视为主权所在的实体，这种全面统一就不太可能。

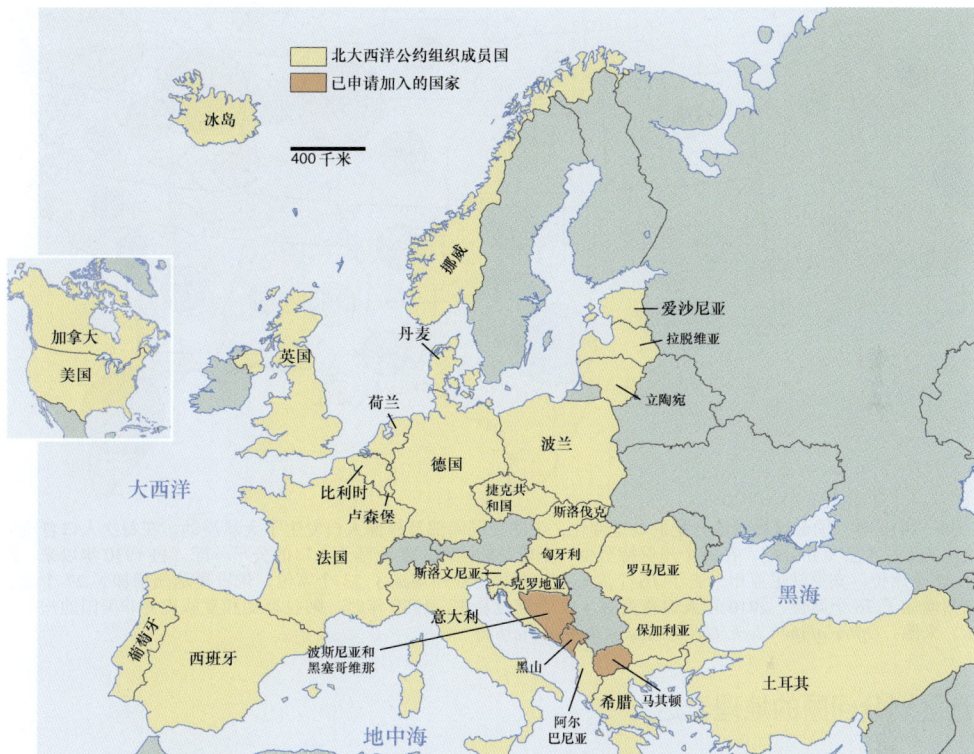

图 8.24　2013 年，北约军事联盟共有 28 个成员国，已申请加入的国家包括前南斯拉夫的马其顿、黑山、波斯尼亚和黑塞哥维那

## 8.3　地方及区域政治组织

最深邃的文化差异往往发生在各国之间，而不发生在一国之内，这是政治地理学家传统上对国家感兴趣的主要原因。但是，对国家的重视无法掩盖一个事实，即大多数人正是在地方（或区域）层面上，才能最密切、最直接地接触政府部门，实际体验政府开展行政管理的效果。例如在美国，除联邦政府及其所属机构颁布的法律法规外，人们还必须遵守某些地方性及区域性法律法规，比如说本地学校董事会、本市、本县、本州及本区所制定的大量特殊用途法规。除此之外，本地政治实体还决定孩子上学的地点、个人建房的最小面积及合法停车的地点等事项。在相互毗邻的美国各州，个人及企业的税率可能大不相同，对枪支、酒精和烟草销售的管制可能不同，公共服务可能具有不同的行政管理制度和经费支出（见图 8.25）。

所有政府实体均属于空间系统，运行于特定地理区域范围内，并且做出行为管理决策，这些都是政治地理学家感兴趣的主题。本章已近结束，我们将继续介绍地方与区域两个层面的政治组织，仍然选择美国和加拿大作为案例，因为大多数人都熟悉这两国的地方政治地理。但是应该记住，北美洲的城市政府、小型民事部门及特殊用途区划的结构并非独有，世界其他地区都有相对应的结构。

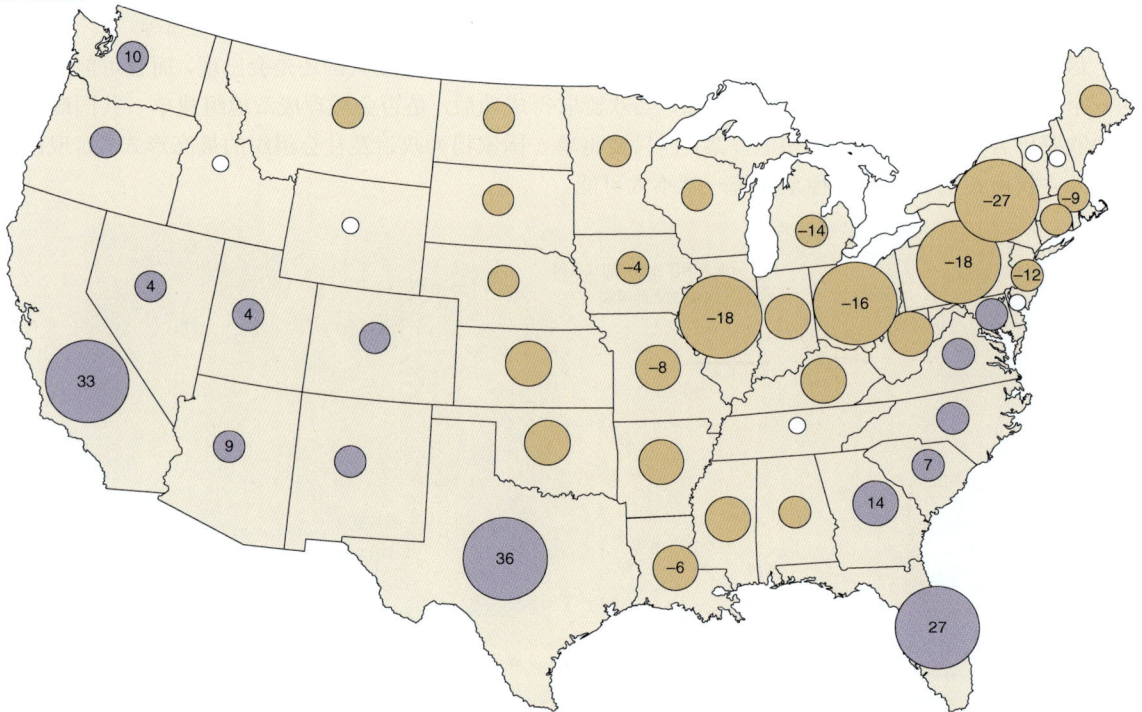

图 8.25  **1930—2010 年，国会议员席位分配的地理变化，说明美国南部及西部人口发生了大量流动。** 在每次人口普查后，美国众议院的席位都会重新分配，在每个州保持至少一个成员的同时，实现基于人口的公平分配。自 1930 年以来，纽约州失去了 27 个席位，宾夕法尼亚州失去了 16 个席位，加利福尼亚州增加了 33 个席位，佛罗里达州增加了 27 个席位，得克萨斯州增加了 36 个席位。2010 年人口普查后，12 个席位易主。1930 年时，阿拉斯加和夏威夷并非美国的州，所以没有显示。来源：*Office of the Clerk, U.S. House of Representatives*

## 8.3.1  选区划分问题的地理表达

美国有超过 8.5 万个地方政府单元，半数以上为市、乡镇和县，其余为学区、水务区、机场管理局、卫生区及其他特殊用途实体。这些地区的每条边界均已划定，虽然各区的数量每年变化不大，但每年都要重新划定许多边界线。正如地区人口的增减一样，重新划区（或重新分配）是适应人口变化而进行的必要调整。

每隔 10 年，即每次人口普查结束后，人口更新数据即被用于重新分配美国 50 个州的 435 个众议院席位。根据美国宪法的要求，国会应定期重新划分选区以反映人口变化，目的是确保每个立法者所代表的人数大体相等。自 1964 年以来，加拿大各省及地区已委托独立的选举分界委员会，为联邦办公室重新划区。虽然美国少数州也有独立、无党派的董事会（或委员会）负责划定区域边界，但大多数州均依靠本州立法机构来执行此项任务。美国各地通常利用 10 年一次的人口普查数据，重新划分各州立法区域边界和本地办事处（如市议会和县议会）的边界。

在选举地理学的研究内容中，不仅包括分析如何划分投票选区边界，而且还研究选举结果形成的空间格局，及其与选民社会经济特征的关系。在民主政治中，可以假定选区合理紧凑，包含大致相等的选民人数，并且当选代表比例与某一政党成员的投票比例相符。边界线的绘制方式非常重要，可以使某一群人的权力达到最大化、最小化或事实取消，因此也存在诸多问题。

选区改划是指通过改划立法区的边界，有利于某一政党而不利于另一政党，以分割投票选区或实现其他非民主目标。多年来，为达到此类目标，人们采取了多种策略。"洗牌"是划出迂回曲折的界线，使掌权集团势力强大或薄弱的地区包含进来，即为通常所说的选区改划；超额选票是将反对党支持者集中在很容易获胜的少数几个地区，但在其他地区只有极少数潜在席位；浪费选票则刚好相反，指将反对党支持者的选票分散到许多选区中。

假设×和○代表两个团体，选民人数相等，但政策偏好不同。虽然×和○的数量相等，但选区的划分方式会影响投票结果。在图 8.26a 中，×集中在一个地区，只能从 4 个地区中选出一个代表；在图 8.26b 中，×的实力最大化，可以控制 4 个区域中的 3 个；在图 8.26c 中，选民平均分配，×有机会选出 4 位代表中的两位；图 8.26d 显示了两个政党如何才能就选区达成一致，为任职者提供安全席位，这样的分区很少出现偶然性变化。

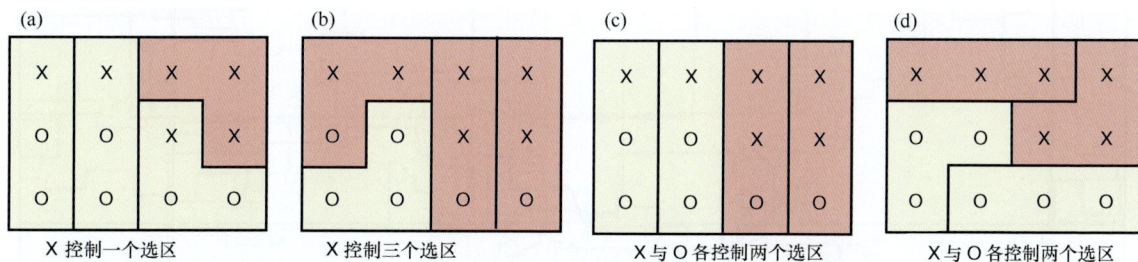

图 8.26　可供选择的划区策略。×与○可代表共和党与民主党、城市选民与农村选民、黑人与白人或任何其他独特群体

图 8.26 描述了一个假想区域，形状紧凑，人口分布均匀，只有两个团体争夺代表席位。事实上，由于受到各种因素（如城市限制、历史居住模式、当前人口分布、交通路线及过往选区改划等）的影响，美国的城市选区形状往往非常怪异。此外，在任何较大的地区，许多团体都在争夺权力。在选区划定方案方面，每个选举利益集团都会提出自己的"公平"版本。例如，为了能够选出关心和反映自己需求的代表，少数派可能会尽量争取与其人数成比例的代表席位。

选区改划并不会自动成功。首先，看似不公平的选区安排可能会被诉诸法庭；其次，除政党隶属关系外，还有许多其他因素影响投票决定。例如，关键问题可能会跨越党派界限；丑闻可能会意外减少选票；个人魅力可能会增加选票；如果没有引人注目的事件，那么候选人筹资数量或竞选工作人员数量可能会决定选举结果。

## 8.3.2　政治权力的碎片化

任何一级选区的划界都绝非易事，各个政治团体都希望最大化自己队伍的代表人数，并将竞争对手的代表人数最小化。此外，对于不同类型的地区，边界类型可能也不相同。例如，排水区必须要考虑自然汇水特征，警务区可能要基于人口分布或待巡逻街道长度，学校就读区必须要考虑学龄儿童的数量及各所学校的容纳能力。

美国细分为大量的行政管理单元，各自的空间控制范围都比较有限。50 个州被划分为 3000 多个县（路易斯安那州则称为教区），大部分县再进一步划分为乡镇，每个乡镇还有更低一级的管理权。这种政治碎片化还将进一步增加，因为存在着几乎无数个特殊用途的地区，边界很少与主要及次要民政区相吻合，甚至彼此也不一致（见图 8.27）。每个区代表分配了地域的一种政治形式，实现本地所需或立法意图的特定目标。

加拿大是由 10 个省和 3 个自治领组成的联邦国家，政治分区模式类似于美国，各省负责管理下一级行政区（即市），所有行政区（市、镇、村和乡村自治机构）均由选举产生的委员会进行管理。在安大略省和魁北克省，部分县出于某种特殊考虑，合并了较小的地方政府单元。一般来说，地方政府负责管理警务、消防、地方监狱、道路、医院、供水、卫生和学校等，这些职责均由民选机构或指定委员会负责执行。

大多数北美人生活在大小城市之中。美国还进一步细分了城市分区，例如为选举目的而划分各种选区，为消防、警务、供水、供电、教育、娱乐及卫生等职能而划分专门区域。这些区域彼此之间几乎从不重合，而且城市的面积越大，各种专门用途的管理及征税细目的数量就越多。在加拿大的行政管理体系中，虽然没有令美国许多城市极为困扰的多元化政府实体，但大城市本身具有性质日益复杂的类似体系。例如，在 1998 年 1 月 1 日大规模扩张之前，多伦多大都市区即已存在 100 多个可归类为地方政府的权力机构。

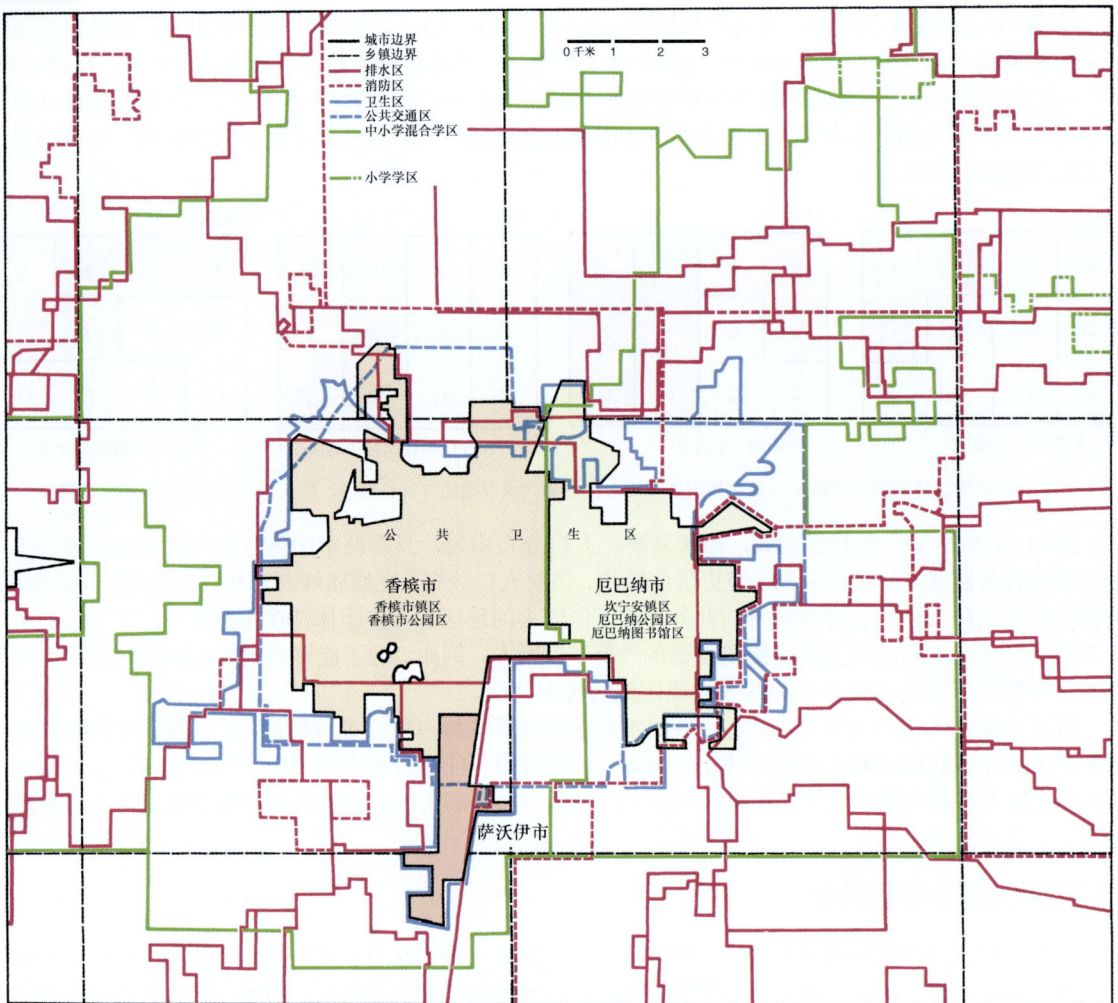

图 8.27  **伊利诺伊州香槟县的政治碎片化。** 此图显示了几个独立行政机构，对伊利诺伊州某个县的一部分地区，拥有独立的管辖权、职责和征税权。在碎片化政治景观的组成部分中，还包括香槟县本身、森林保护区、公共卫生区、心理健康管区、县住房管理局和大学社区等其他机构

  大都市区存在着数量庞大的分区，可能会导致公共服务效率低下，并阻碍空间的有序利用。例如，区划条例由各地方政府制定，目的是让人民来决定如何利用土地，这是政治决策影响空间划分及发展的清晰案例。在区划政策中，不仅规定了轻工业和重工业的可发展区域，而且明确了公园（及其他娱乐场所）、商业区及住宅区的类型与位置。遗憾的是，在大城市地区，两个相邻社区的各自土地用途可能并不协调，例如某个社区的工业园区可能会毗邻另一社区的独栋别墅区。每个社区都追求自身利益的最大化，但可能与其邻居或更大区域的利益并不吻合。此外，社会中的某些人群（特别是穷人和少数族群）往往没有（或不能）通过投票来表达政治意愿，可能对该群体及其周边社区产生或大或小的不同影响（参见专栏 8.4）。

**专栏 8.4  环境正义**

  休斯敦的人口总数为 200 万，其中约 25% 为非洲裔美国人。当研究人员调查该城市的垃圾处置设施时，发现在总计 13 个固体废物处理设施中，11 个位于黑人区，并且所有 5 个垃圾焚化炉均位于黑人区或西班牙裔社区。1979 年，该市拟在一个以黑人为主的社区建设新垃圾场，并与住宅区和学校相毗

邻。当地居民提出抗议，并将垃圾管理公司告上了法庭，指控垃圾填埋场选址存在族裔歧视。法院判决支持了垃圾管理公司，垃圾填埋场得以顺利建成。

1982 年，在数州距离之外的北卡罗来纳州沃伦县，农民（多数为非洲裔美国人）令人震惊地获悉，州政府提议在该县建设处理多氯联苯（PCB）的危险废物填埋场。他们的抗议导致 500 多人被捕，封锁垃圾填埋场的努力也以失败告终。沃伦县的活跃人士首次使用了"环境族裔主义"一词。

环境族裔主义是指因族裔或肤色而受到差别性影响，或者伤害个人、团体及社区的任何政策或做法。这种伤害既可能是有意的，又可能是无意的。环境正义是指在制定、实施及执行与环境相关的法律、法规和政策时，不考虑族裔、肤色、民族血统或收入等因素，对全部相关人员一视同仁，任何群体都不应承担过多的负面环境后果。在很多情况下，环境族裔主义和环境不公正源自长期存在及未经审查的结构性不平等，即与社会主流群体相比，政治声音较低的人们生活在最恶劣的环境中，因为当权威机构和公司在其附近放置危险设施（如垃圾填埋场）时，很少有人提出反对意见。

不仅美国存在这种问题，在全世界大部分国家中，大量贫困人口与少数民族的生存环境特别恶劣，他们往往生活在环境污染（如工业污染、垃圾处理设施、有毒土壤、空气污染和水污染）非常严重的地区。例如，在南非约翰内斯堡西南部的卡吉索镇，贫穷的非洲居民住在一个金矿附近。过去，当从矿石中提炼黄金时，废料被泵入离居民区较远的废料堆中。然而，随着废料越来越多，废料堆最终扩大到距离某些房屋不到 27.4 米（不到城市典型街区长度的一半）的位置。干燥废料会产生高含量的 α 石英颗粒或二氧化硅，吸入二氧化硅会导致硅肺病（主要症状为呼吸急促、发烧和发绀），容易诱发肺结核，

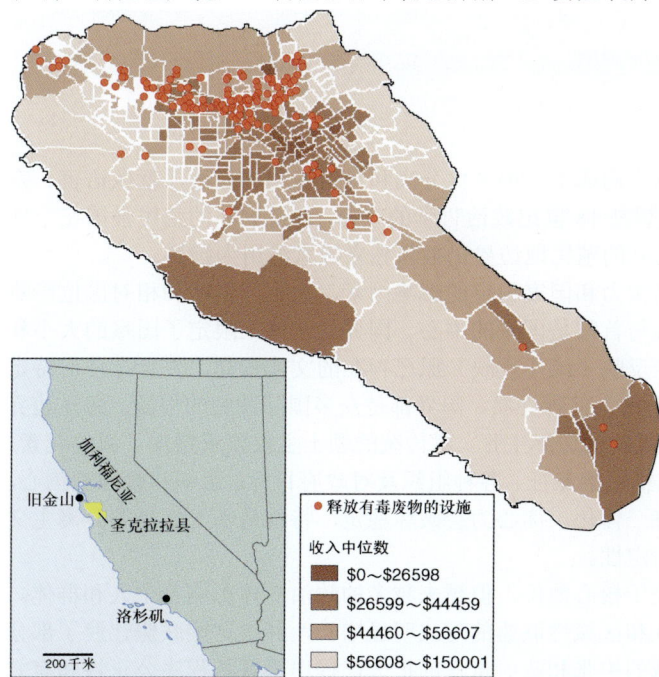

贫困与环境风险。加利福尼亚州圣克拉拉县，家庭收入与释放有毒废物设施的分布情况。来源：*M. R. Meusar and A. Szosz. "Environmental Inequality in Silicon Valley." www.mapcruzin.com/EI/index.hml*

而且不可逆。该镇以"非正规"住房为主，公共服务少，人口拥挤，卫生条件差，包括族裔隔离期间为黑人留出的区域。

为纠正环境不公正错误，美国采取了某些措施。在北卡罗来纳州沃伦县发生抗议之后，克林顿总统签署了一项总统令，将环境正义作为国家优先事项，命令所有联邦机构制定政策，着力减少环境不平等。1992 年，美国环保署设立了环境公平办公室，现在称为环境正义办公室。但是该机构自成立以来，运转一直不太稳定。非政府组织号召人们继续关注令人不安的情况，例如美国肺脏协会 2010 年开展了一项研究，发现非洲裔美国人社区的空气污染水平是其他社区的 1.5 倍，而且污染水平随着收入水平的下降而上升；68%的非洲裔美国人生活在距燃煤发电厂 48 千米范围内，白种人则只有 56%生活在离大型污染源如此近的地方。

路易斯安那州的化学走廊也称癌症小巷，是密西西比河 130 千米长的河段，每隔 1 千米就有一家化工厂，主要生活着贫穷的非洲裔美国人。美国环保署一份报告称，在全州范围内，非洲裔美国人比白种人更可能住在污染性化工厂 1.6 千米范围以内。当社区团体抗议一个拟建的聚氯乙烯（PVC）工厂时，州政府给予业主免税待遇，美国环保署推迟发放新工厂的许可证，直到该州解决了市民对环境正义的担忧为止。业主最终屈服于社区的反对，在上游 48 千米的地方建造了新厂，这可能代表着得不偿失的胜利，因为新厂仍然会污染附近的空气和水体。

环境不公正的根源既有忽视，也有明显歧视。在已经是少数民族和穷人家园的地区，存在许多故意

建造有害环境的工厂和废料场的例子。为解决环境不公正问题，政府所做的努力有些力不从心。美国关于环境正义的判例法体系尚未形成，有些学者认为这个问题介于民权法与环境法之间，发展将会缓慢进行。

**问题探讨**

1. 即便对环境有害，仍然需要设置某些机构（如垃圾填埋场、化工厂和工厂）。社区与政府应该如何确定不同地点的相对价值？地方民众的过激行为是否会影响政府的决策？
2. 如果某家公司想在附近建造新的有毒废物填埋场，你和你的学院（或大学）会做何反应？
3. 在你的家乡或学校所在地，填埋场、污染工业及其他环境危害的具体位置是什么？低收入居民和少数民族是否应暴露在高于平均水平的污染环境中，从而承受比其他人口更大的健康风险？

效率低下和重复性工作不仅是区划存在的问题，也反映了地方政府所提供的诸多服务的现状。例如，某个社区为防范空气污染和水污染做出的努力，可能（且经常）会被本地其他社区的规定与做法所抵消，虽然国家及各州的环境保护标准正在减少这种潜在冲突。社会问题与自然问题会跨城市边界蔓延，当中心城区缺乏维持高质量学校或处理社会问题所需的资源时，附近的郊区社区也会受到影响。卫生机构、水电、交通和娱乐场所对整个地区都有影响，许多专业人士认为其应由大都市政府统一管理。

大都市地区的数量与规模不断增长，提高了人们对其管理碎片化问题的认识，政府过于碎片化和地方控制力不足是需要引起关注的两个主要问题。一方面，多重管辖可能会妨碍将资源集中用于满足整个大都市的需要；另一方面，在核心城市的社会问题和经济问题中，地方社区的需求与利益可能退居次要地位，偏远社区会感到缺乏亲和力或关注。

## 重要概念小结

- 主权国家是世界政治单位的主流实体，构成了一种文化分离和身份认同的表达，就像语言、宗教或族裔一样获得普遍认可。国家思想是 18 世纪政治哲学的产物，通过欧洲的殖民强国在全球传播。在大多数情况下，殖民强国建立的殖民地边界仍被新独立国家沿用为国界。
- 国家之间差异极大的地理特征是国家实力和国家稳定的影响因素，大小、形状和相对区位影响着各国的经济制度和国际角色，核心与首都是国家的中心。国界从法律上限定了国家的大小和形状，确定了国家的主权范围，可能反映（或不反映）原已存在的文化景观，并且在任何特定情况下证明切实可行（或不可行）。无论为何种性质，国界都是众多国际冲突的根源。海洋边界主张特别是《联合国海洋法公约》所反映的边界主张，对传统的领土主权要求增加了新的元素。
- 国家的凝聚力由大量向心力推动，包括民族象征、各种组织及对政府目标、组织和管理的信心，交通和通信也有助于促进政治和经济一体化。离心力会破坏稳定，特别是基于族裔的分离主义运动，威胁到许多国家的凝聚力和稳定性。
- 尽管对世界进行分区时，国家仍然处于核心地位，但越来越多的政治实体影响着个人和群体。最近几十年来，超国家主义以全球性和区域性联盟的形式明显增长，并向这些联盟让渡了部分国家主权。另一方面，随着城市区域的扩张和政府责任的扩大，提出了区划程序公正性和有效性（政治权力碎片化时）的问题。

## 关键术语

| | | | |
|---|---|---|---|
| antecedent boundary | 先行边界 | consequent boundary | 顺成边界 |
| artificial (geometric) boundary | 人为（几何）边界 | core area | 核心区 |
| centrifugal force | 离心力 | devolution | 权力下放 |
| centripetal force | 向心力 | electoral geography | 选举地理学 |
| compact state | 紧凑型国家 | elongated state | 狭长型国家 |

| enclave | 内飞地 | natural boundary | 自然边界 |
| ethnic cleansing | 族裔清洗 | perforated state | 洞穿型国家 |
| European Union (EU) | 欧盟 | political geography | 政治地理学 |
| exclave | 外飞地 | prorupt state | 突出型国家 |
| exclusive economic zone (EEZ) | 专属经济区 | regionalism | 地方主义 |
| fragmented state | 碎片化国家 | state | 国家，州 |
| Gerrymandering | 选区改划 | subnationalism | 亚民族主义 |
| Irredentism | 领土收复主义 | subsequent boundary | 后续边界 |
| nation | 民族，国家 | superimposed boundary | 强加边界 |
| nationalism | 民族主义 | supranationalism | 超国家主义 |
| nation-state | 民族国家 | terrorism | 恐怖主义 |

## 思考题

1. 国家、民族和民族国家的区别是什么？为什么殖民地不是国家？如何解释"二战"以来国家数量的快速增长？
2. 根据哪些属性来区分不同的国家？大小与形状如何影响国家的实力及稳定性？一块土地怎么能同时成为本国包含另一国的内飞地和孤立在外的外飞地？
3. 国界如何分类？
4. 边界为何会引起冲突？描述并举例说明三种类型的此类冲突。
5. 区分政治力量的向心力和离心力。为什么民族主义既是向心力又是离心力？实现民族凝聚力和民族认同的方式有哪些？
6. 所有或大多数分离主义运动的共同特征是什么？其中一些运动活跃在哪些地方？
7. 你能说出哪些类型的国际组织和联盟？成立目标是什么？关于经济联盟，你可以做些哪些概括性描述？
8. 《联合国海洋法公约》如何界定国家控制日益减少的区域？200海里专属经济区概念的重要性是什么？
9. 为什么选区边界的划定很重要？从理论上讲，是否总是可以"公平地"划定边界？请举例说明。
10. 你认为美国政治碎片化的原因是什么？这种碎片化会引发哪些问题？

# 第9章 经济地理学：农业与初级生产活动

**学习目标**

9.1 经济产业有哪三种类型？相关性如何？

9.2 自给自足农业的主要方法是什么？如何实践？

9.3 绿色革命涵盖哪些技术？受益者是谁？对产品有哪些影响？

1846年夏天，前一年的灾荒似乎已经结束，农作物生长茂盛，作为800万爱尔兰农民唯一粮食的马铃薯有望获得大丰收。可是一周之后，马修神父写道，"我意外目睹了一场大规模的植被腐烂，可怜的人们坐在篱笆上，看着衰败的田园，面对失去食物的灾难，痛苦地悲泣"；戈尔上校发现"每块田地都是黑色的"；一位庄园管家注意到"这些土地看起来好像被火烧过一样"。第二年，马铃薯颗粒无收，饥荒与瘟疫在所难免。

在这个人口最为稠密的欧洲国家，大量居民永久搬离了祖祖辈辈居住的地方，这种情况大约持续了5年时间。美国总共接收了100万移民，为建设运河、铁路和矿山引进了廉价劳动力。当美国玉米作为部分贫困救济物资首次出现在英国市场时，商品流动的新模式出现了。接下来，美国商品又进入了更为广阔的欧洲市场，欧洲那时同样面临着大面积饥荒。在那些日子里，造成马铃薯枯萎的微生物改变了两大洲的经济地理与人文地理。

这种改变由一系列复杂且相互交织的原因和影响造成的，再次证明了我们反复观察到的现象，即自然地理模式和文化地理模式似乎各自独立，但实际上相互关联。这些模式的核心是经济地理学家要专门研究的内容。在第9章和第10章中，为了回答为何如此分布之类的问题，我们将把注意力集中在经济活动的区位方面。

简单地说，经济地理学研究人们如何谋生、谋生方式如何因地而异、经济活动如何空间相关。经济地理学家试图了解哪些因素使某些地区极具生产力，而其他地区则不然；或者哪些因素令某些企业成功，而其他企业不成功。当然，他们不可能真正理解将近70亿人的全部经济追求，也不可能考察地球表面无处不在、无限多样的生产活动和服务活动，同样无法追踪它们之间复杂的相互关系、联系和流动。即使真的具有这种理解水平，也只会短时有效，因为经济活动时刻在变化。

经济地理学家们努力寻求一致性，总结普遍规律，揭示人类生活中变化莫测的经济谜团。从他们的研究中，可以更深刻地认识人类企业中动态、相互制衡的多样性，了解经济活动对人类生活和文化等各个方面的影响，研判国家和区域经济体制与日俱增的相互依赖性。马铃薯枯萎病虽然只袭击了一个小岛，但最终影响了各大洲的经济。同理，石油等商品的地理分布也会影响各国的相对财富、就业模式、国际贸易流向、政治联盟和战争等（见图9.1）。

图 9.1 这艘油轮增进了世界经济的相互依存。石油是一种全球商品，价格由全球市场决定。© Getty RF

# 9.1　经济活动和经济体制

在控制人类的经济活动方面，主要存在五个复杂的环境与文化因素，使得理解生计模式变得非常困难。第一，许多生产模式根植于随空间变化的自然环境背景，例如湿润热带地区生长的主粮作物就不是中纬度农业体制的一部分；在美洲饲养场或西部山区茁壮成长的牲畜类型，不会适应北极苔原或撒哈拉沙漠边缘地区的环境；有价值矿产的不均匀分布给某些地区和国家带来了经济繁荣与就业机会，而其他地区却两手空空；林业和渔业仍然依赖于其他自然资源，在赋存、类型及价值等方面分布不均。

第二，在可能的环境约束范围内，经济决策或生产决策或许会受到文化因素的制约，例如基于文化的食物偏好（而不是环境限制）可能决定人们对粮食或牲畜的选择；玉米是非洲和美洲的首选谷物，北美、澳大利亚、阿根廷、欧洲南部和乌克兰的首选谷物是小麦，亚洲大部分地区的首选谷物是水稻。第三，某种文化的发展水平将影响其对资源的认识或开发能力。在未实现工业化前，人们不知道也不需要知道狩猎、集会或园艺活动的土地之下埋藏着铁矿或煤炭。第四，政治决策可能会推动或阻碍（通过补贴、保护性关税或生产限制）经济活动的模式。第五，最终生产由需求的经济因素所控制，通过自由市场机制、政府干预及家庭自身的消费需求而表现出来。

## 9.1.1　经济活动类型

世界生产性工作的一种分类方法是，把经济活动视为将生产或服务不断增加的复杂性和与自然环境不断增加的距离排列成一个连续体。从这个角度来看，可以把经济活动区分为三个不同的阶段：初级产业活动（第一产业）、第二产业活动和第三产业活动（见图 9.2）。

初级产业活动是从地球上收获或采集物品的活动，位于生产周期的最前端，人类与资源和环境的接触最密切。这些初级活动针对基本的食物与原材料生产，狩猎、采集、放牧、农业、渔业、林业、采矿和采石均属于典型的初级活动（见图 9.3a）。

第二产业活动通过改变原材料的形态或将其结合在一起，使之成为更有用、更有价值的商品。将原材料加工为成品的范围很宽泛，从简单的陶器或木器等手工艺品，到精密的电子产品或航天器部件等（见图 9.3b）。炼铜、炼钢、金属加工、汽车生产、纺织和化学工业（实际上整个制造业和加工工业），以及能源生产（电力公司）和建筑业等，均包含在这个生产过程阶段。

第三产业活动包括商业和服务业，为初级产业部门和第二产业部门提供服务，也为普通社区和个人提供商品与服务。服务业包括批发和零售贸易，这是生产者与消费者之间的重要联系纽带。商业服务包括核算、广告、金融服务、保险、法律服务和房地产等。消费者虽然可能会使用其中一些相同的服务，但通常来自不同的提供商。消费者服务还包括餐馆和酒吧、维修和维护提供者，以及诸如理发店和发廊等个人服务机构。教育、健康、交通和通信服务也包含在第三产业活动中。

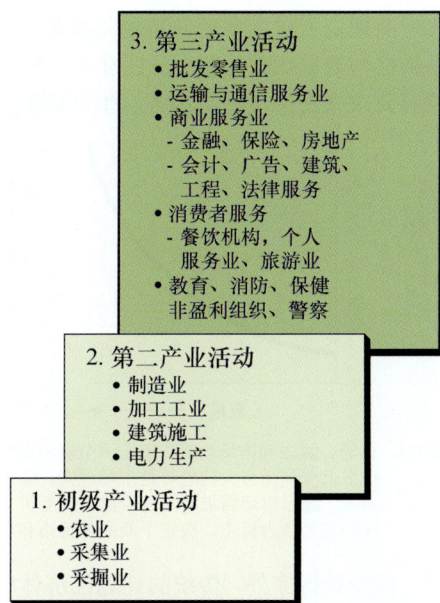

**图 9.2　经济活动的类型。** 三类经济活动并不独立存在，例如初级产业活动生产的原材料由第二产业活动转化为成品，再由第三产业活动负责分配及销售

通过对生产与服务活动进行分类，有助于了解人们为谋生所做的几乎无限多样的工作。但是，这种分类无法体现由个体劳动者或企业组成的更大经济活动的组织方式，对世界经济与区域经济组织的广泛理解，要看经济体的体制而非成分。

图 9.3 (a)伐木是初级产业活动，© *Glow images RF*；(b)在造纸厂加工纸制品是第二产业活动，它通过改变形态来增值。许多第二产业的产品（如钢板）构成其他制造商的原材料，© *Corbis RF*

### 9.1.2 经济体制类型

从广义层面看，21 世纪初期的各国经济可划分为三种主要经济体制类型，即自给自足经济、商品经济和计划经济。在这些经济体制类型中，无一"血统纯正"，就是说在一个日益相互依存的世界中，绝对没有一种经济体制能够孤立存在。但是，基于各自独特的资源管理与经济控制方式，这些经济体制类型均展现出某些基本特征。

在自给自足经济中，生产者创造的货物与服务都用于生产者自身及其亲戚朋友，因此市场需求有限，很少发生商品交换情形；在世界上绝大部分地区已经占据主导地位的市场（商品）经济中，生产者或其代理商理论上自由营销其货物与服务，市场竞争是影响生产决策与分配的主要力量，供求规律决定了市场价格与数量比较均衡（见图 9.4）；在计划经济中，政府机构控制着供给与价格，生产者或其代理商按政府要求来安排货物与服务，生产的数量和区位模式都由中央计划部门统一安排。

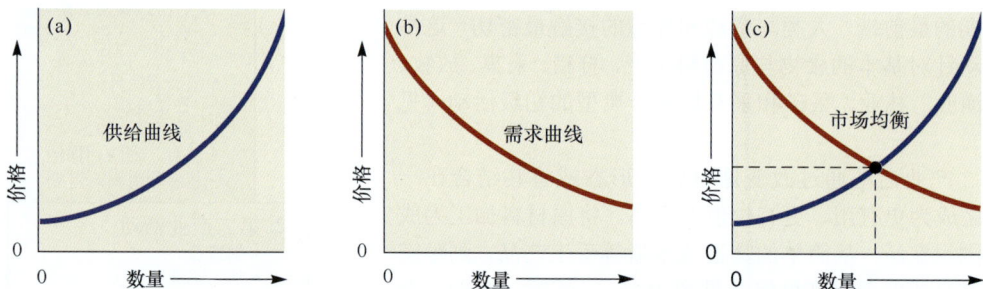

图 9.4 供给、需求和市场均衡。市场调节机制可视化表达。(a)供给曲线，随着商品价格的上涨，更多商品将可供出售。应对任何价格上涨到无穷大的趋势是市场现实，即价格越高，潜在客户发现其他商品或产品更具成本效益，进而需求变弱；(b)需求曲线，显示市场需求将随着价格下跌而扩大，对于更多客户来说，商品变得更实惠且更具吸引力；(c)市场均衡，以供求曲线的交叉点为标志，决定了商品的价格和买卖的数量

除少数国家外，传统的计划经济体制已不复存在。为适应自由市场机制，计划经济体制大多已废除或改革，或者仅保留较低程度的政府经济管制，由精心挑选的面向市场的经济部门来负责。俄罗斯及中欧和东欧的前社会主义国家现在被归类为转型经济体，正在从中央计划经济向市场经济转变的过程中。转型经济体的计划经济本质并未改变，体制机制、生产模式和强制推行的区域关系仍然影响着社会经济决策。

实际上，很少有人只是其中一种经济体制的成员，只不过以哪种体制为主而已。例如，印度的某个农民种植水稻和蔬菜，主要供自己家庭消费，也可能省下一些卖掉换钱。家庭中其他成员销售自己生产的布料或其他手工艺品，然后用赚来的钱购买家用服装、生产工具或燃料等物品。此时，该印度农民至少是两种经济体制的成员，即自给自足经济和商品经济。

美国政府对各种各样的货物与服务（例如生产乙醇作为汽油添加剂、种植小麦或甘蔗、建造与运营

核电厂或从事有资质的个性服务和专业服务）进行补贴或生产控制，这意味着美国并不是一个纯粹的市场经济体。从一定程度上来讲，美国公民参与的经济环境既是受控制的计划经济，又是自由市场经济。非洲、亚洲和拉丁美洲的许多市场经济体由政府政策确定，通常鼓励或要求生产出口型而非内销型商品，或者通过限制进口来促进只能依靠国内市场来支撑发展的那些国内产业。大量案例表明，世界上很少有人只是一种经济体制的成员。

空间格局（包括经济体制和经济活动）不可避免地会发生变化，例如在西欧国家的商品经济体中，有些国家融入了明显的计划经济控制，同时又被不断强化的自由市场竞争和世界贸易组织与欧盟的超国界管制所重组；在传统上由自给自足经济主导的拉丁美洲、非洲、亚洲和中东的许多国家，现在都受益于发达经济体的技术转移，逐渐融入不断扩张的全球化生产和交换模式中；中国经济增长速度惊人，正在改写经济活动的版图，改变了东亚的经济实力平衡。经济全球化增加了遥远地区之间的联系，能够在非常宽泛的范围内传播财富，但同时也会破坏既有生产场所的稳定性。简而言之，资本主义的创造性破坏会产生不断变化的经济格局。

### 9.1.3　经济发展阶段

尽管存在着这些发展变化和全球趋同的趋势，不同地区和国家之间的经济与社会条件差距仍然相当巨大。自 20 世纪中叶以来，这种差距一直是衡量发达与欠发达国家的理论和标准的主要话题。第 6 章曾经指出，发达意味着某个国家充分利用了自然资源和人力资源。通过追溯发达国家、欠发达国家、发展中国家、新兴工业化国家及类似有比较意义的标签，可以看到从事农业的人口百分比及互联网等技术的可用性与应用状况。在全球人均国民生产总值（GNI，衡量一个国家所有有该国国籍的公民在国内外一年内生产的商品和劳务的价值总和）地图中，发展阶段差异的结果显而易见。即使在价格差异得到纠正后，发达国家的人均收入仍然很高。因此联合国意识到，在经济发达的工业化"北方"，人均收入相对较高；"南方"工业化程度很低，或者没有工业化，人均收入水平很低。由此，区分发展阶段出现了一个关键指标，就是经济体的工业化程度与超越自给自足谋生方式的进步程度之间的比较。

GNI 只描述复杂故事的一部分，并未计入发展中国家中特别重要的非正规经济活动。非正规经济由未经许可的活动组成，缺乏正规合同，不产生有统计的收入，例如自食其力、易货、家居缝纫、捡拾废品、擦鞋和某些形式的街头贩卖等（见图 9.5）。非正规经济在劳动力中所占的比例越来越大，对非洲、亚洲、拉丁美洲和加勒比海地区的大量工人生计而言至关重要（见表 9.1）。

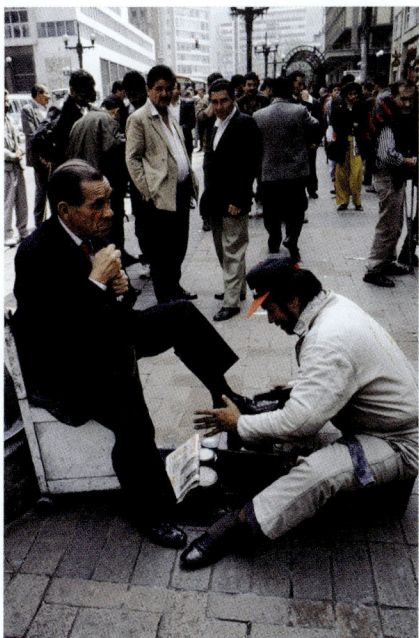

图 9.5　非正规经济包括哥伦比亚波哥大市的这个擦鞋点。农业商业化减少了农村就业岗位，许多人迁移到城市并在非正规经济中找到工作。在拉丁美洲的城市中，40%的就业岗位来源于非正规经济，例如打零工、街头小贩、露天理发师及小型建筑和维修企业的未注册工人等。© Flat Earth Images RF

表 9.1　非正规经济规模

| | 非　洲 | 拉丁美洲和加勒比地区 | 亚　洲 |
|---|---|---|---|
| 非农业就业 | 78% | 57% | 45%～85% |
| 城市就业 | 61% | 40% | 40%～60% |
| 创造的新就业机会 | 93% | 83% | NA |

来源：*J. Charmes, Informal Sector, Poverty and Gender: A Review of the Evidence, World Bank, 2000; and International Labour Organization, Women and Men in the Informal Economy: A Statistical Portrait, 2002.*

20 世纪 60 年代的主流理论认为，社会经济发展有其规律性，传统的自给自足农业存在技术水平较低、商品交换不发达等限制，但是通过增加基础设施和人力资本投资、应用现代先进技术来开发自然资源，就能逐步扩大和完善工业基础。最终，发展中国家一定会迈入大规模生产和消费时代，并达到大多数西方发达经济体那样的后工业化阶段。

理论很丰满，现实很骨感，尽管发达国家注入了大量贷款、投资和技术，但许多欠发达国家和最不发达国家仍然无法实现经济起飞。20 世纪 60 年代、70 年代和 80 年代（均由联合国宣布为"十年发展计划"）是令人失望的几十年，至少从经济指标看是如此。在 20 世纪 60 年代和 70 年代，很多贫穷国家为追求发展而负债累累，将大量资金投进水电站、火电厂、港口及其他由政府主导的大型工程开发项目。然而，不幸的是，许多工程项目还没有来得及取得足够的收入来偿还贷款，就引发了债务危机。尽管存在债务减免情形，但是直到 2008 年，发展中国家每年仍需向发达国家偿还 6000 亿美元债务。尽管如此，在缩小全球南方与发达国家之间的差距方面，人类仍然取得了实质性进展。

在发达国家与欠发达国家的经济领域，最显著的差异是第一产业、第二产业和第三产业的劳动力配置，以及农业、工业和服务业对国内生产总值（GDP）的贡献比例。从第一产业（主要是农业）到第二产业、第三产业，劳动力资源重新分配，数量占比不断增加，可由此判断发展程度。美国是世界上最发达的经济体，已经完成从农业向工业化的转移，目前处于后工业化阶段（见图 9.6）。

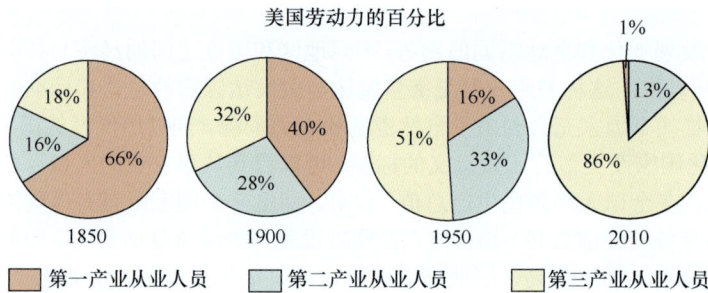

美国劳动力的百分比

图 9.6  美国劳动力的百分比变化情况，证实了农业农村经济向商业服务、消费服务主导的后工业化经济过渡

中非共和国是世界上经济最不发达的典型国家，该国 56% 的劳动力从事农业。高度发达的澳大利亚则刚好相反，仅有 3% 的劳动力从事农业，近 70% 的劳动力从事服务业。采用类似的方式，通过不同行业对 GDP 的贡献比例，即可揭示国家发展水平之间的明显差异。例如，若农业对 GDP 有巨大贡献，而服务业的贡献很小，则表明依赖自给自足农业，缺乏或只有极少低水平的零售业和商业服务，这是经济不发达的明显标志（见表 9.2）。另一方面，高度发达的后工业社会从第一产业（包括农业）获得的贡献相对较少，GDP 主要来自消费服务和商业服务，这标志着它们是高度融合的以知识为基础的交换经济体。

表 9.2  经济发展阶段与产出结构

| 增加值占国内生产总值的百分比，2010[a] | | | | |
|---|---|---|---|---|
| 国家类别 | 农业 | 工业[b] | 制造业[c] | 服务业 |
| 最不发达国家 | | | | |
| 中非共和国 | 56 | 15 | 8 | 29 |
| 马里 | 37 | 24 | 3 | 39 |
| 新工业化国家 | | | | |
| 马来西亚 | 10 | 44 | 25 | 46 |
| 泰国 | 12 | 45 | 34 | 43 |
| 工业化国家 | | | | |
| 捷克共和国 | 2 | 38 | 23 | 60 |
| 韩国 | 3 | 36 | 28 | 61 |
| 后工业化国家 | | | | |
| 澳大利亚 | 3 | 29 | 10 | 68 |
| 美国 | 1 | 22 | 13 | 77 |

来源：世界银行《世界发展指数（2010）》
[a] 某些数字来自稍早年份（2010 年数据缺失时）。[b] 包括采矿，制造，建筑和公用事业。[c] 也包含在"工业"中。

无论经济体制如何，在各种情况下，交通运输是一个关键变量。如果没有高度发达的交通网络，任何发达经济体都不能蓬勃发展。所有自给自足国家（以及发展中国家的自给自足地区）的特点是孤立于区域性及世界性的交通干道，这种孤立限制了它们向更先进的经济结构迈进。

经济全球化缩小了各个国家的结构性差异，经济体之间的鲜明对比日益模糊，经济发展方向也在发生变化。通过运用经济分类的两种方法（按经济类型分类和按经济结构分类），仍然能够帮助我们看清并理解世界经济地理模式。本章首先介绍初级产业活动（第一产业），重点描述涵盖的技术、空间模式和组织体系。

## 9.2　初级产业活动（第一产业）：农业

人类的基本经济问题是生产或获取满足个人日常能量需求的食物资源，以及满足营养平衡的正常需要。这些供应品可由消费者通过狩猎、采集、耕种和捕鱼（一种聚集）等初级经济活动直接获得，或者通过从事其他初级产业（第一产业）、第二产业或第三产业的经济活动而间接获得，总之这些经济活动产生的收入要足以使劳动者能够养家糊口。

自 20 世纪中叶以来，有一种恐惧反复出现但尚未变为现实，即稳定增长的世界人口数量将超过现有或未来的粮食供应潜力。自 1950 年以来，全球生产的粮食总量增长了一倍多，但人口数量同样增长了一倍多。联合国粮农组织规定"每人每天的热量摄入量最低限度为 2350 卡路里"，按此计算，每年的粮食供应量足以满足世界总需求，即如果全部食物资源总量均匀分配，那么每个人都应该能够获得足够的日常营养。然而，事实上，全世界营养不良人口的数量已攀升至近 10 亿，导致每年约 500 万名儿童死亡，还有更多儿童的精神和身体发育受损。食品价格上涨（通常归因于能源价格上涨）和贫困经常发生"共振"，这是造成营养不良人口不断增加的主要原因。

全球粮食供应充足，但却存在大范围的营养不良问题，反映了某些方面存在严重的不平等，例如国家收入与个人收入，人口增长率，缺乏肥沃土壤、信贷和教育，本地的气候条件或自然灾害，缺乏运输和储存设施等。到 21 世纪中叶，世界人口总量将超过 90 亿，个别国家粮食短缺仍然不可避免，这是一个长期存在的国际问题。

在农耕出现之前，狩猎和采集是初级生产的普遍形式。迄今为止，全世界仍有几千人在从事这些活动，他们主要生活在低纬度的偏远地区，或高纬度的人烟稀少地区。在新几内亚的内陆地区、东南亚内陆的崎岖地区、正在缩小的亚马孙雨林、非洲和澳大利亚北部的少数热带地区及北极圈内的部分地区，仍然存在着以此生产方式为生的人群。他们人数不多，并且还在减少，一旦将其带到能够接触更先进文化的地方，他们的生产生活方式就会逐步丧失甚至消失。

农业的定义是种植庄稼和饲养牲畜，无论是为了生产者的自给自足，还是用来销售或交换，农业在经济上已取代狩猎和采集，成为最重要的初级产业活动。农业在空间上分布极广，只要环境条件（包括充足的水分、适宜的生长季节和肥沃的土壤）允许，就能遍布全球所有地区。全球农作物种植面积约 1500 万平方千米，约占地球土地总面积的 10%。在许多发展中国家经济体中，至少有 2/3 的劳动力直接从事农业和牧业。在亚洲的不丹、非洲的布基纳法索和布隆迪等国家，这个比例甚至超过 90%。但是总的来说，发展中国家的农业就业率正在稳步下降，仍然落后于高度发达的商品经济体走过的历程，后者直接从事农业的人口只占劳动力的一小部分。

按照惯例，在对农业社会进行分类时，主要考虑两个基础性因素（非农销售的重要程度、机械化与技术进步水平），由此形成了自给自足、传统（或中间）和先进（或现代）等词汇。这两个因素并不相互排斥，而是依托农业经济变化连续阶段而相辅相成的。一端是生产仅用于家庭生计，使用简单的工具和本地作坊；另一端是专业化、资本高度密集的产业化农业，适用于非农业输送，此为发达经济体的标志。两端之间是传统农业的中间地带，其中农场产出的一部分用于家庭消费，其余部分用于在当地或国内和国际市场销售。最近在发达国家中，人们越来越喜欢在本地农业市场上购买各种消费品，这是自给自足农业与发达农业复杂关系的体现。通过考察农业连续体的自给自足与发达的两端分布类型，可以清楚地看到农业活动和空间格局的多样性。

## 9.2.1　自给自足农业

自给自足的经济体制是指其成员几乎完全做到自产自用，用于交换的产品微不足道，并且任何交换均为非营利性质。在每个家庭或关系紧密的社会团体中，大家依靠自力更生来丰衣足食。即使在今天，适用于家庭的农业耕种仍然是人类最主要的职业。在非洲的绝大部分地区、拉丁美洲的大部分地区及南亚和东亚的绝大部分地区，大多数人主要依靠自有土地和牲畜来谋生。

自给自足农业可分为两种主要类型：粗放型和集约型。虽然每种类型都有几种变体，但它们之间存在本质的区别，即单位土地利用面积的产量及其能够养活人口的潜力差异很大。粗放型自给自足农业是在大面积土地上，每公顷投入最少的劳动力，单位土地面积的产出与人口密度都很低；集约型自给自足农业是在小块土地上，投入大量劳动力进行耕作，单位土地面积的产出与人口密度都很高。

### 1. 粗放型自给自足农业

在粗放型自给自足农业的数种类型中，土地利用强度各不相同，其中两种类型特别重要：游牧业和轮耕农业。

游牧业是最粗放的土地利用方式，主要特点是牲畜只吃天然草料，并且既自由散养又行动受控（见图 9.11），因此要求维持人均土地面积最大。在亚洲大部分半荒漠和荒漠地区、某些高原地区、撒哈拉沙漠内部及其边缘地区，只能维持较少数量的人口放牧牲畜，仅供牧民自己消费而非市场销售。绵羊、山羊和骆驼最为常见，牛、马和牦牛在有些地方很重要，拉普兰地区的驯鹿以前也属于这种体系的一部分。

无论饲养什么动物，共同特征是适应力强、移动性强、能够靠稀疏的草料存活。这些动物提供了各种产品：可以食用的牛奶、奶酪、酸奶和肉类；可以制衣的毛发、羊毛和皮革；可以做帐篷的皮革；可以做燃料的粪便。对牧民而言，牲畜代表着自给自足。游牧的移动路线与季节性的降雨稀少或低温条件密切相关，也与大范围内牧草的荣枯密切相关。在固定地区长时间停留既不可取又不可行。游牧转场是牲畜季节性运动的一种特殊形式，主要目的是充分利用当地特定、不断变化的牧草条件。季节性居住的牧民经常转场放牧，或者在冬夏之间有规律地从山上垂直迁移到山谷牧场；永久性定居的牧民在固定低地草场之间水平往返迁移，以充分利用季风带来的水草丰美的牧场。

作为一种经济体制类型，游牧业日渐衰落。由于经济、社会与文化发生了巨变，对游牧民族的生活方式产生了极大影响，甚至令其消失殆尽。在俄罗斯北极边陲地区，牧民成为国有或集体企业的成员；在斯堪的纳维亚北部地区，拉普斯人（萨米人）从事商业性（非自给自足）畜牧业；在非洲撒哈拉边缘的萨赫勒地区，曾经由牧民控制的绿洲被农民所占有，最近数十年的大旱灾永远改变了数千个游牧民族的生活方式。

温暖湿润的低纬度地区存在另一种农业类型，与粗放型自给自足农业的基础及分布形式完全不同，许多人投身于游牧农业。在这些温暖湿润的热带气候中，田地投入生产后，腐殖质迅速分解，土壤养分被地表水或地下水冲走，导致土壤肥力下降。在耕种多轮庄稼后，农民们被迫离开这些土地。从某种意义上讲，他们轮耕田地而非轮种庄稼，以此维持土地的生产力。这种轮耕农业有许多名称，最为常见的是火耕和刀耕火种。采用此种方式的每个地区都有自己的称谓，例如中美洲和南美洲称为米尔帕，非洲称为切特摩尼，东南亚称为拉当。

还有一个更为典型的例子，农民砍伐并烧掉天然植被，将营养物质投入土壤，然后种植玉米、水稻、树薯、木薯、马铃薯和甘蔗等作物（见图 9.7）。在许多农作物组合中，越来越多地增加了像咖啡这样高价值、劳动密集型、可提供现金收入的商品作物，证明所有人日益融入交换经济体。庄稼的最初产量（第一季和第二季）可能非常高，但在同一地块上连续种植时，产量很快就会下降。发生这种情况时，就要停止种植，本土植物被清空，并转移栽培到另一块新土地上。在理想情况下，第一次清空的土地将不再用于种植庄稼，直到若干年后自然休耕使土地肥力恢复为止（参见专栏 9.1）。

图 9.7　非洲利比里亚的火耕地块。(a)首先砍伐植被；(b)然后种植田地。燃烧后残留在空地上的树桩及树木。© *Albert Swingle*

## 专栏 9.1　火耕

下面介绍菲律宾哈努诺人的轮耕农业。在所有火耕农业区，耕作过程几乎相同。

开展火耕作业时，农民们首先选择约半公顷土地，然后开始去除多余的植被。在这个过程的第一阶段中，利用割灌木的砍刀来砍伐、切割灌木丛和较小的树木，主要目的是用极易燃烧的草木来覆盖整块地，以便有效地完成下一步的烧荒作业。由于存在着土壤流失风险，砍伐过程的任何时候都不能将土地直接暴露出来。在种植期间的最初几个月中，与砍伐有关的作业占了较大比例。

砍掉大部分灌木丛以，接下来就要砍伐较大的树木，或者剥去树皮，以免其遮挡阳光。有些树木只是修剪了一番，并没有被彻底砍伐，这样做一方面是为了节省劳动力，另一方面也是为了在随后的休耕期间留下一些树种。

在整个轮耕过程中，烧荒是最关键、最重要的作业。烧荒的主要点火过程需要准备好几个星期：把砍倒的植被散开并铺平，准备防火道以免火势蔓延到丛林中，还要预留出晾晒时间。理想的烧荒过程会很快把每片杂物都焚烧殆尽，不到一小时或最多一个半小时，就只剩下灰烬。

对于以火耕讨生活的农民来讲，良好的烧荒会带来如下好处：（1）砍掉不必要的植物后，荒地被清理了出来；（2）消灭了很多动物和害虫；（3）使土地变松软、易碎，为点种作物（采用小型手工工具或棍子挖洞）做好了准备；（4）给土地均匀地盖上一层草木灰，有益于庄稼幼苗的生长，并能保护新种下的谷物种子。在火耕作业的第一年，可种植并收获四五十种不同类型的农作物。

火耕的最关键特征是保持土壤的肥力和结构，解决办法就是保持一种轮耕机制，1～3 年种植农作物、10～12 年休耕，重新种植树木与灌木。当人口压力迫使休耕周期缩短后，生产力会随着土壤肥力的降低而下降，贫瘠土地也会被充分利用，并可能发生环境退化。这种平衡非常脆弱。

来源：*Hanunoo Agriculture, by Harold C. Conklin (FAO Forestry Development Paper No. 12), 1957.*

在占世界陆地总面积 1/7 的地方，占世界人口总量不到 3%的人们主要从事热带地区的轮耕农业。由于该经济类型的基本特征是土地的间歇性耕种，每个家庭所需土地总面积等于当前在用土地和休耕用地的面积之和。因为需要很多土地来养活少数人，所以这种地区人口密度很低。可以这样认为，在土地充足、技术水平低、可获得资本少的地区，轮耕农业效率很高、适应性较强。当这些条件发生改变时，轮耕农业也将变得不合时宜。

### 2. 集约型自给自足农业

世界上大约 45%的人口从事集约型自给自足农业。作为描述性词汇，集约型不再完全适用于生活方式和经济形势的变化，自给自足经济与商品经济之间的差别正在缩小。虽然家庭仍然可能主要依靠自己土地的农产品生活，但这种经济体制内农产品的商业交换也相当可观。对于自给自足农业区的农村经济来讲，为迅速增长的城市市场需求生产食品越来越重要，并且越来越多的人不再从事农业生产。

然而，数以亿计的印度人、中国人、巴基斯坦人、孟加拉国人、印度尼西亚人，以及亚洲、非洲和拉丁美洲其他国家的数百万人，仍然在小块土地上主要从事水稻、小麦、玉米或豆类（豌豆、大豆和其他豆类）等自给自足性生产。大多数人生活在亚洲季风地区，这里温暖潮湿非常适合生产水稻，这种作物在理想条件下可以在单位土地上提供大量食物。种植水稻还需要大量的时间和精力，因为站在冷水中用手插秧是一项单调烦琐的技术。在北纬 20° 以北较凉爽、干燥的亚洲地区，小麦、谷子和不太常见的旱稻一起集约密植。

集约型自给自足农业的特点是单位土地投入大量劳动力，以及对小块土地使用大量肥料，主要是动物粪便（参见专栏 9.2），好年景能够获得高产。为满足粮食安全和饮食习惯的需要，也在同一领域种植某些其他农产品。蔬菜和牲畜是农业系统的一部分，稻田和池塘还可以养鱼。可食用的动物包括猪、鸭和鸡。印度教徒通常很少吃肉，肉食主要是山羊肉和羔羊肉，但不吃猪肉或牛肉。印度的牛特别多，既作为重要的劳力，又可提供牛奶和奶酪，粪便还可以用作肥料和燃料。

---

## 专栏 9.2　中国乡村经济

南井村位于中国南方城市广州附近，地理上属于珠江三角洲亚热带气候。一位野外调查工作者曾介绍过该村的传统自给自足型农业体制，这里择其精华进行描述。对于种植水稻的其他地区来讲，这种体制仍然具有借鉴意义。

在双季稻种植区，水稻分别在 3 月和 8 月播种，6 月底（或 7 月）和 11 月收割。3～11 月是主要农忙季节，通常 3 月初水牛就会拉着带铁尖的木犁耕地了，用不起水牛的贫困户则用一种带铁刃的大木锄来翻地。

犁过土壤后，再用耙子平整好，施上肥料，把水灌进田里，为插秧做准备。秧苗种在苗床上，苗床是田地边角位置用篱笆隔开的小片土地。3 月中旬开始插秧，全家人都要上阵，每人手拿一束秧苗，每束约 10～15 株，插入浇了水的松软土壤。在前 30～40 天，除保持水位外，翠绿色的庄稼不怎么需要照料。但是过了这个阶段后，就要除第一遍草，1 个月后再除第二遍草。这些工作都需要手工完成，适龄人群都要尽可能参加。除第二遍草时要施肥，让水稻站着"吸取营养"，使谷粒充满淀粉。当谷粒"吸收足够的淀粉"后，就要从稻田中排水，让土壤和稻秆在火热的太阳下变干。

到了收割季节，用镰刀把所有水稻从地面以上数寸处割倒，然后在脱粒板上脱粒。接下来，用扁担把稻谷、稻秆和稻叶挑在肩上，运回家中，稻秆可用作燃料。

让人精疲力竭的收获季节刚刚过去，就要马不停蹄地开始筹备下一季水稻的种植，继续做犁地、施肥、浇水、插秧等杂活。在水稻的生长季节，还要抽空种些蔬菜。蔬菜需要投入更多的精力来照料，每个农民家庭都要留一部分土地用于种菜。在炎热潮湿的晚春和夏天，种植茄子、南瓜和豆类；在凉爽干燥的早春和秋冬季，绿叶蔬菜长势良好；韭菜一年四季都可种植。

收获一种蔬菜后，土地还要翻耕，用锄头把土块打碎，再用铁耙子整平。然后重新施肥，栽种新一茬庄稼的种子或幼苗。人工除草是经常要做的工作；用长把木勺一天浇水 3 次，酷暑季节蒸发速度很快时要浇水 6 次。因为热带暴雨常常会不断压实土壤，所以要经常用锄头松土。与水稻一般只需要施两次肥不同，蔬菜需要更加频繁地施肥，除在开始种植时给土壤大量施肥（通常采用城市生活垃圾）外，大多数蔬菜每 10 天左右要追肥一次，通常是稀释过的粪尿混合物。

来源：*C. K. Yang, A Chinese Village in Early Communist Transition. The MIT Press, Cambridge, Mass. Copyright © 1959 by the Massachusetts Institute of Technology.*

---

并非所有的自给自足农业都在农村地区，城镇农业增长非常迅速，根据联合国相关数据，全世界约有 8 亿城镇农民提供世界粮食总产量的 15%～20%。城镇农业遍布于世界各地，发达和欠发达地区皆有，

在亚洲最为盛行。城镇农业活动范围很广，从小型花园地块到后院的牲畜饲养，再到池塘和溪流养殖鱼类。通过利用雅加达的垃圾场、墨西哥城的屋顶花园和加尔各答或金沙萨路边贫瘠的污泥，数百万人获取了蔬菜、水果、鱼类甚至肉类，供家人食用或供应当地市场。所有这些东西都是他们自己在城镇中生产的，并且不会因长距离运输和存储而花费成本或产生损耗。

据报道，非洲城镇居民的营养需求有 20%来自城镇。肯尼亚和坦桑尼亚有 2/3 的城镇家庭从事农业工作，加纳首都阿克拉的城镇农业为该市提供了 90%的新鲜蔬菜。在发展中国家的所有地区，城镇自给自足型农业减少了快速扩张城镇中成人和儿童营养不良的发生率。

## 9.2.2　扩大农作物产量

不断增长的人口数量对现有资源带来了持续性压力，迫使人们不断寻求各种办法来扩大食物供应，发展中经济体的自给自足农民甚至全人类面临着相同的严峻挑战。很明显，增加食物供应有两条途径，一是扩大耕地面积，二是增加现有农田的粮食产量。

先看第一条途径，增加耕地面积看似有效，不过现实意义并不大。世界上约 70%的土地不适用于农业，要么太寒冷、要么太干旱、要么太陡峭，或者根本就是不毛之地。在剩下的 30%的土地中，非常适合农业的大部分地区已被开垦。在这些已被开垦的土地中，因土壤侵蚀、盐碱化、荒漠化，以及发达国家和发展中国家的城市化、工业与交通建设占用，每年约有数百万公顷土地消失。只有在非洲和南美洲亚马孙流域的雨林地区，还保留着相当数量的具有耕种潜力的土地，但这些地区土壤脆弱、营养成分低、保水性差，在森林砍伐后容易被侵蚀或破坏。综上所述，大多数人认为通过简单扩大耕地面积的方式并不能有效地增加世界食物数量。

### 1. 集约化与绿色革命

在过去数十年（1975—2005 年）中，世界谷物总产量增长超过 62%，提高现有农田的生产力（而非扩大耕地面积）是农业产出增长的关键。2004—2005 年，尽管世界人口总量增加了 23 亿，但人均谷物产量仍然比 1974—1975 年提高了近 5%，产量增长主要归功于单产增加（而非农田扩张）。就整个亚洲而言，1980 年至 21 世纪初的谷物产量增长了 40%以上，主要原因是中国和印度的产量大幅增长，这两个国家的增长量比南美洲高 35%以上。在最近的农业发展进步过程中，两种可提高粮食产量的方法起到了关键作用。

首先，大多数发展中国家增加了水、化肥、杀虫剂和劳动力等生产投入，提高了相对稳定可耕地面积上的单位产量。例如自 1960 年以来，灌溉面积几乎翻了一番，至 2007 年已占世界农田总面积的 19%。自 20 世纪 50 年代以来，全球化肥使用量急剧增加，杀虫剂和除草剂的投入同样增长，土地休耕（不开垦）以恢复肥力的传统做法在很大程度上被人们放弃，亚洲种植两季或三季庄稼的土地面积也增加了（若气候条件允许），甚至非洲的那些贫瘠土地也近乎被连续利用，目标都是满足不断增长的粮食需求。

在集约型农业生产中，许多措施与绿色革命有关，由此引出第二种粮食增产方法。绿色革命是适应集约型农业需求而改进粮种与田间管理的一种综合方法，旨在从特定的农田获取更大的收成。水稻和小麦的基因改良是绿色革命的根基，人们已经培育出相应的矮化型品种，能够吸收所用的大量化肥成分、抵抗植物疾病，并且生长期比传统本土品种短得多。通过采用新的粮食品种、灌溉设施、农业机械、化学肥料和杀虫剂，人类已经创造出了一种"高投入、高产出"的新型农业。

但是，人类同时也付出了相应的代价。绿色革命以营利为导向，需要成本高昂的杂交粮种、农业机械、灌溉设施、化学肥料和杀虫剂等物资，传统农业和自给自足农业逐渐被取代，同时丧失了适应当地条件的本土作物品种所提供的粮食安全，以及多种精耕细作农作物所保障的营养多样性与营养平衡。在各种农业类型中，自给自足农业风险最小，同一种农作物存在耐受力差异甚大的很多品种，即使在恶劣气候、病害或虫灾条件下，也能保证有一定的收成。但是，营利性农业旨在追求利润最大化，并不以粮食安全为己任。

绿色革命的成功还付出了其他代价，例如虽然灌溉为提高粮食产量做出了重要贡献，但也毁掉了大片土地。据估算，由于灌溉经验不足而造成土壤过度盐碱化，对全世界 10%以上灌溉土地的生产力产生了严重影响。绿色革命所需的大量灌溉用水导致地下水严重枯竭，形成了发展中国家（很多都处于半干旱地区）农业用水与不断增长的城市用水、工业用水需求之间的矛盾，人们对水资源短缺和潜在的未来水战争感到忧虑和恐慌。

绿色革命的预期收益并不适用于所有自给自足农业区，也不会给每个从业农民带来好处。例如，对生活在贫瘠、干旱土地上的大多数贫民来讲，并没有从需要灌溉和投入大量化肥的新品种作物中获益，而且从传统农业转向产业化农业的绿色革命过程中，妇女往往会成为输家（参见专栏 9.3）。以非洲为例，绿色革命的作物改良集中于小麦、水稻和玉米，其中只有玉米对非洲来讲很重要。非洲的主要粮食还包括粟、高粱、木薯、树薯、山药、豇豆和花生，但是这些都没有纳入到重点改良作物品种中。

## 专栏 9.3　女性与绿色革命

从图 9.7 可以看出，在传统的农业耕作中，工作任务经常按照性别进行分配，即男性整理荒地，女性（通常居家养育子女）种植庄稼。女性农民至少生产出了全世界食物总量的一半，在某些非洲国家中则高达 80%。在家庭自用食物消费方面，他们的贡献更大，撒哈拉以南非洲为 80%，亚洲为 65%，拉丁美洲和加勒比地区为 45%。更进一步讲，发展中国家中的女性劳动力占农业总劳动力的 1/3 到 1/2，例如非洲女性承担了 90%的粮食作物加工和 80%的收割与销售。

在发展中国家中，家庭中的男性通常离家到城市去寻找工作，女性在农业中的主导地位不断增加。例如在莫桑比克，从事农业生产的男女劳动力之比为 100:153；在撒哈拉以南的几乎所有其他国家中，女性与男性劳动力之比为 120:100～150:100。男人去城市（或近或远）工作，意味着女人必须承担起家中的全部农活。

尽管作用如此重大，但是女性却未能从农业劳动中得到与男性同等的回报，也无法从农业新技术中获得平等收益。第一，大多数女性农民从事的是自给自足农业和满足本地市场的食品生产，能够产生的现金收益极低。第二，与男性相比，女性极少能得到银行贷款和政府补贴，而这些对获得杂交种子和化肥等绿色革命技术不可或缺。第三，在某些文化中，女性不能拥有土地，因此被排除在针对土地所有者的农业改良计划与项目之外。例如，很多非洲农业开发计划基于把公有土地变成私有土地，公有土地女性有份，但私有土地女性就无缘了。在亚洲，有些继承法有利于男性继承人，忽视女性继承人的权益，即便女性继承了土地，也要由丈夫负责管理。

同时，绿色革命及其更广泛的农作物商品化，基本上都要求在单位面积土地上投入更多的劳动力，特别是专门留给女性的事务更多，比如除草、收割和收割后的事务。如果女性不能从其他日常家务中解放出来，那么绿色革命对她们来说可能就是更多的负担而不是福祉。如果新农业体制引入了机械化，女性就更容易成为输家，收割、剥壳、研磨谷物等这些由女性占主导地位的工作（传统上这些工作均由手工完成）常常交给机器去做，实际上取代了女性而非雇用女性。甚至由于施肥（男人的活儿）代替了施粪（女人的活儿），同样降低了女性在农业开发计划中的作用。失去能为女性带来收入的这些传统工作岗位，意味着原本赤贫的女性及其家庭没有足够的收入来改善生活水平，即便通过绿色革命进步使食品供应显著增加也无济于事。

如果女性想要从绿色革命中受益，就需要制定新的规则，或者对传统的家庭、性别和法律关系进行调整。因此，必须允许或认可女性拥有土地的权利，以及她们目前还没有明确享有的其他法律权利，允许她们获得优惠利率的银行贷款，并在政府援助项目中享有与男性平等的资格。

联合国粮农组织一直努力提高女性在经济、社会和政治领域的贡献者和受益者地位，旨在促进生产性资源控制方面的性别公正，加强女性在决策和政策制定过程中各个层面（地方和国家）的参与程度，为女性提供银行贷款机会，使她们能够成为小型制造业、贸易业或服务业的创业者和业主。

格拉明银行是信贷准入模式的成功典范，该银行由孟加拉国的一位经济学家于 1976 年建立。基于"获得信用贷款是基本人权"的先进理念，这家银行给微型企业发放小额贷款（平均每笔为 160 美元），其特色是女性是主要借款人。该银行的这种理念获得广泛认可，已经从起源地孟加拉国广泛传播到亚洲其他地区，以及拉丁美洲和非洲等地。全球小额贷款的数字差异很大，截至 2007 年，面向世界上最贫困的人群，联合国估计已提供了总计 7000 万笔至 2 亿笔（或者更多）贷款。

绿色革命过去在很多地区取得了很大成功，现在收益逐步趋于平稳，例如目前亚洲谷物产量的增长率仅为 20 世纪 70 年代的 2/3。当前，对于绿色革命技术带来的生产力收益，联合国粮农组织认定为"几乎用光"。许多发展中国家几乎没有多少良田，甚至没有多少可供扩大种植的水资源。产业化农业技术可能会对生态及社会环境造成潜在的不利影响，这也越来越引起人们的关注与抵制，生物技术（许多人称之为前途无限的绿色革命新方法）似乎也不足以填补这一空白。消费者对转基因（GM）粮食作物感到忧虑，担心这种改良会产生严重的生态后果，譬如欧盟市场一直拒绝接受转基因食品。此外，公司开发生物新技术需要支付非常高昂的成本，但是用途受到各种限制。所有这些因素结合在一起，共同抑制了新技术的广泛应用。

尽管如此，转基因产品仍在迅速推广。转基因作物于 1996 年首次实现商业化种植，当年全球约 170 万公顷土地应用了生物技术。2009 年，种植面积增长到 1.34 亿公顷。转基因作物最初主要在工业化程度最高的一些国家种植，然而由于欧洲对转基因食品健康的关注，以及转基因作物与野生植物交叉授粉可能产生超级杂草等原因，转基因技术的应用目标转向了发展中国家。目前，全球转基因作物的种植面积几乎有一半在发展中国家，例如阿根廷、巴西、印度和南非等。转基因种子最常见的作物是大豆、棉花、玉米和油菜，抗除草剂（抗草甘膦大豆）和抗虫害（抗虫玉米和抗虫棉花）的作物成为最重要的基因改良作物。转基因作物的反对者指出，"迄今为止，没有任何一种转基因作物能够增加营养成分，或者应对发展中国家普遍存在的营养不良状况"。从转基因的角度上讲，转基因食品改变了有利于农民的方式，但并未改变有利于消费者的方式。

### 9.2.3　商业农业

现在，保持完全独立与自给自足特征的纯正自给自足经济体凤毛麟角，几乎所有的人和地区都与存在贸易和交换的现代社会进行接触，并因此调整其传统经济体制。自给自足农业经济体制改革不可避免地使人们变得更加复杂，标志着他们至少与更发达世界的先进经济体存在着某些联系。先进经济体中的农民不仅为自身生存而生产，更为自己农场以外的其他市场而生产。他们是相互融合的交换经济的一部分，农业只是复杂经济体的一个组成部分，该复杂经济体还包括采矿、制造、加工和第三产业服务等。在这些经济体中，农业通过价格来表达市场需求，与更大的社会消费需求相关，而不是仅与农民自身直接需求相关。

#### 1. 生产控制

在现代发达经济体中，农业以高度专业化为特征，具体包括企业（农场）专业化、区域专业化甚至国家专业化；属于非农业销售，而不是自给自足生产；通过市场行为，把生产者和消费者联系在一起。在自由市场经济中，农民依据市场价格和生产成本估算，生产那些能够带来最大回报的农作物。对于商品经济中的农业生产来讲，供给、需求和市场价格机制是主要影响因素。

生产总成本、最终产量及未来市场价格是每个独立农场主必须面对的诸多不确定因素。从 20 世纪 50 年代开始，美国的专业化农场主和企业收购者制定了各种策略，试图最小化那些不确定性。加工者追求产品质量的一致性和产品配送的及时性，例如蔬菜罐头制造商（西红柿、甜玉米等类似的蔬菜）要求按照罐装进度与劳动力日程安排，批量交付大小、颜色和成分统一的原材料；农场主希望以可靠价格获得有保障的市场支持，最大限度地减少专业化带来的不确定性，使其投资获得稳定回报。

针对所存在的问题，最佳解决方案是实行签约生产或纵向整合（生产、加工和销售等业务均在一家公司内部协调），将签约的农场主与经销商和加工企业联合在一起。在农场主与经销商和加工企业签订的生产合同中，通常会规定很多生产细节，例如肉鸡的年龄与体重、牛喂养到多重时宰杀、小麦的最低蛋白质含量、爆裂玉米具有的规定特征、快餐连锁店所需马铃薯的特定品种与质量等。在美国，实行签约生产或纵向整合形式的农业总产量百分比呈不断上升态势，从 1960 年的 19%上升到世纪之交的超过 1/3。此时，绝大多数生猪均以某种形式的合同约定来出售，而 1980 年时只有 5%采用此种销售方式。农业综合企业一词应运而生，既适用于以农场为中心的旧式农业经济，又适用于生产与营销体制更加融合的新模式。

有些家庭农场主没有参与签约生产，并未与供应商和经销商绑在一起，即便对这些人来讲，供应、需求和市场价格机制可有效控制农业生产的旧假设也不完全有效。实际上，这些理论控制与政府的大量非市场干预相结合，在影响农场主的选择和空间生产模式方面，可能与市场力量具有同样的决定性意义。例如，如果市场上出现小麦供应过剩的情况，每吨的价格将下降，播种面积将减少。如果政府出于经济或政治考虑而进行强制性面积调控，那么无论供给如何，种植面积也会萎缩。

政府还可能实行货币补贴、价格支持和市场保护等措施，这也会让某些农作物或商品的市场控制发生扭曲。例如，欧盟的农民们成功争取了政治权力，获得了政府慷慨提供的产品补贴，但却积压了大量无法立即售出的黄油、葡萄酒和谷物。直到 1992 年时，欧盟才被逼无奈开始了削减过剩库存的改革，其实这也加大了农场的总开支。日本的家庭稻米市场受到政府很大程度的保护，确保可卖给日本水稻农场主，但是按照市场标准来看，他们的生产效率可能很低，销售价格可能很高。美国政府反复推出农业价格补贴计划、种植面积控制、财政援助和其他农业干预措施，同样产生了类似的市场扭曲。

### 2. 农业区位模型

19 世纪初，交通运输系统效率很低，政府干预尚未成为常态。约翰·海因里希·冯·杜能（1783—1850 年）发现同样肥沃的农田可能会有不同的用途，在每个城市的市场中心周围，均发育有一套由不同农产品组成的同心环（见图 9.8a）。在最接近市场的环形范围内，集中生产那些易腐烂、运输价格高、需求量大的农产品。由于城市市场中所需的农产品可以卖出很高的价钱，因此可以利用城市近郊的高价土地来生产这些产品。在远离城市的环形范围内，主要生产不易腐烂、运输成本较低、需求较小、市场价格较低的商品，常规作物与谷物种植通常会取代内环的蔬菜种植。在距离单个中心市场最远、有利可图农业生产的外圈边缘，还可以发现牲畜放牧及类似粗放型土地利用的方式。

为了解释这种现象的形成原因，冯·杜能提出了一个正式的空间模型（或许是首个用于分析人类活动空间模式的模型），并得出如下结论：地块的用途是貌似相同土地的不同"地租"价值的函数。他认为这些差异反映了特定农场与中心集镇之间的距离成本，"每种作物的一部分价值被车轮吃掉了"，距离越远，运营成本就越高，因为运费必须要加到其他费用上。当商品的生产成本加上运输成本恰好等于市场价值时，农民就会为是否继续种植该作物而做出取舍。因为本模型中从中心向各个方向的运输费用相同，所以该土地利用同心圆区域模式称为杜能环（见图 9.8a）。

通过引入运输差价、地形变化、土壤肥力变化，或者改变商品需求和市场价格，可对杜能模型进行调整。无论是否存在这样的调整，杜能模型分析均有助于解释一些问题，例如随着与大城市距离的增加，为什么农作物空间分布模式与农场规模会发生明显变化（特别是在农业经济占主导地位的地区）？靠近市场的农田具有很高的价值，细分为相对较小的单元，集约化种植高价值农作物；远离市场的土地则粗放使用，并划分为较大的单元（见图 9.8b）。

随着易腐产品运输系统的改进，以及工业化与后工业化经济体中人们生活水平的大幅提高，杜能模型规则也随之调整完善。例如，城市附近现在会出现市场花园与果园（通常为社区支持的有机农业或自由采摘园）、幼儿园与床上用品工厂直营店、开心农场（通常与马匹相关），以及开发商自己购买、为获得未来预期利润而从农业中截留的土地。

### 3. 集约型商业农业

"二战"后，在发达国家的市场经济中，农业快速转向趋于集中的生产方式，精心挑选与培育若干高产优质的动植物品种，精细设计机械、化学和灌溉方法，想方设法地从单位面积农田中生产出更高产量的产品。

1. 乳品制造与商品蔬菜种植
2. 特色农业
3. 经济作物与家畜饲养
4. 混合农业
5. 谷物种植或家畜饲养的拓展延伸

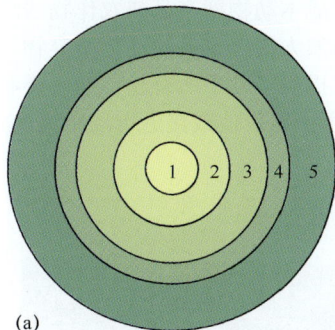

(a)

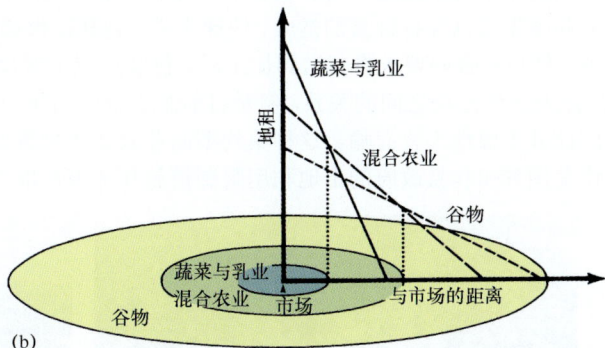

(b)

图 9.8　**(a)杜能模型**。随着与市场距离的增大，土地价值逐步降低。杜能模型建立了土地利用强度的描述模型，与实际情况吻合程度较高。在靠近市场的土地上可以发现最为集约的作物，而距离较远的地方种植不那么集约的商品。环形上标有数字的那些区域代表杜能在约 185 年前提出的土地利用序列理论的现代版本。随着位于中心位置的大都市区的规模增大，特色农业区域相应地向外拓展，但之间的相对位置关系仍然保持不变；**(b)交通层级与农业分带**。水果和蔬菜等易腐败变质商品的单位距离运输费率较高，谷物和其他农作物的费率较低。随着与中心市场距离的增加，生产任何农产品的地租均下降，下降速度取决于该商品的交通层级。市场价格最高同时运输成本也最高的农作物，一般会种植在距离市场最近的地方；不易腐败变质且产量较低、运费也较低的作物，则会种植在距离市场较远的地方

当然，美国农业基于增加对外销售的全面承诺，正在从自给自足经济逐步转向商业化交换经济。1950年以前，美国大多数农场是自给自足型"普通农场"，主要种植各种农作物，有些用于销售，有些用于饲养自己的牲畜（一两头奶牛、几只肉鸡和蛋鸡、少量肉猪和耕牛）。这些农场拥有非常宽敞的菜园，可以为内部员工家庭提供季节性消费及罐头所需的各种蔬菜和水果。1949 年，美国平均每个农场出售的产品只有 4100 美元，而到了 2007 年，绝大多数农场完全投入市场化运营，平均对外销售额攀升至135000 美元以上。与此同时，农场员工家庭像其他美国人一样，从超市购买所需食品。随着资本投入的增加及大农场对投资回报率最大化的需求，许多效益不高的小农场已被抛弃或合并，农场的总体数量急剧减少，但仍在生产农场的规模则持续增大。1934 年，美国各种农场的数量高达 680 万个，2002 年下降到 210 万个，2007 年又增加到 220 万个。最近，农场数量有所增加，主要是因为出现了许多称为休闲山庄或退休农庄的小型农场，而农产品并非其主要收入来源。当然，小型农场之所以还在增加，也有一部分原因是为了满足消费者对有机食品和本地食品的需求。

美国及其他大多数高度发达的市场经济体对农业生产目标进行了重新定位，导致商业农业规模发生了重大改变，目标更加明确，专业性更强，资本投入更多（如机械、化肥和专业化建筑），因此说所有现代农业都是集约的。若要区分农场的几种专业化类型，只要考察每公顷农田投入了多少资金（当然是指特定的资本投入）即可，这也是传统集约型与粗放型商业农业之间的普遍差异。

现在，集约型商业农业一词通常特指单位土地上具有产量高、市场价值高的农作物生产。这些农作物包括水果、蔬菜和乳制品，均属于容易腐烂变质的类型，部分还为工厂式农场的畜牧产品。在大多数中型及大型城市近郊，都能发现奶牛农场和商品蔬菜农场（生产各种蔬菜水果的园艺农场或果蔬农场）。鉴于这些产品容易腐烂，需要使用冷藏车和定制包装，运输成本因而显著增加，这是其区位更接近市场的另一个原因。

畜禽养殖业是指用种植的谷物来喂养生产型农场的牲畜，然后用牲畜来换钱。西欧有 3/4 的农田生产动物消费品，丹麦有 90% 的谷物用于喂养牲畜，然后转化为肉类、黄油、奶酪和牛奶。尽管生产饲料谷物的农民集约利用土地，但单位土地面积的产品价值通常低于商品蔬菜农场。因此，与果蔬农场和奶牛农场相比，畜禽养殖场距离主要市场要更远一些，至少在北美洲是如此。一般而言，世界畜禽养殖农场靠近沿海区和工业区的大市场，例如美国的玉米带和西欧的牲畜区。

在美国及所有发达国家中，小型农场和家庭农场的传统畜禽养殖业每况愈下，大部分已被超大规模、高

度集中的动物饲养业取代，后者规模经常达到数千或数万头牲畜（见图 9.9）。自 20 世纪 20 年代发端以来，集约的工业化饲养牲畜（特别是菜牛、奶牛、猪和家禽）主导了肉类、乳制品和鸡蛋生产。为了以尽可能低的成本大批量生产可供销售的产品，工业化饲养农场的运营者将动物关在围栏或笼子中，添加抗生素和维生素以保持牲畜的健康、快速生长，为其提供通常含有低成本动物副产品或农作物残渣的加工饲料，然后按合同要求将其送到加工厂、包装厂或上级母公司。虽然人们严重关注动物废弃物与地下水、河流及大气污染之间的关系，但是目前基于合同的集中饲养方式提供了几乎所有超市的肉类和乳制品，因此其重要性不言而喻。这种集约型商业农业的位置通常不是由土地价值或接近市场距离决定的，而是由美国各州和县政府的土地利用限制措施和环境标准决定的。

图 9.9　工业化畜禽养殖业是美国农业规模变化的一部分。(a)屠宰前，将数千只肉鸡在谷仓中饲养 45 天，© *Digital Vision / Punchstock RF*；(b)堪萨斯州的集中式动物饲养，这是大平原地区的许多农场之一。集约型商业农业采用这种方法，以尽可能低的价格生产大量的统一产品。*Cathryn Dowd*

#### 4. 粗放型商业农业

对于远离市场的廉价土地，很少有人愿意对其进行集约化经营。土地越廉价，农场规模可能越大。粗放型商业农业的典型代表为大型小麦农场和牲畜牧场。

大规模小麦种植业需要投入非常可观的资金，用于购买播种机和收割机，但因为小麦农场规模非常大，所以单位面积土地的投入依然很低。例如在加拿大萨斯喀彻温省，近一半农场的面积超过 400 公顷，美国堪萨斯州农场的平均面积超过 300 公顷，北达科他州农场的平均面积超过 525 公顷。在北美洲，春小麦（春种秋收）种植区分布在美国达科他州、蒙大拿州东部和加拿大草原诸省的南部，冬小麦（秋种夏收）种植区主要集中在堪萨斯州及邻近各州的交界地区（见图 9.10）；在南美洲，只有阿根廷具有大规模种植小麦的能力；在东半球，仅存于伏尔加河以东的哈萨克斯坦北部和西西伯利亚南部、澳大利亚的东南部和西部等地区。

牲畜牧场与畜禽养殖业大不相同，从商业定位与分布来看，与表面上类似的游牧牧场也不相同。牲畜牧场诞生于 19 世纪，主要为西欧和美国东北部的城市供应牛肉和羊毛，目前基本限定在欧洲人定居的地区，主要出现在美国西部、墨西哥与加拿大交界地区（见图 9.10），以及阿根廷、巴西、乌拉圭和委内瑞拉的草原地区，澳大利亚的内陆地区，新西兰的南岛高地，南非的卡鲁及其邻近地区等。除新西兰和南美洲潮湿的潘帕斯草原外，其他牲畜牧场都是半干旱性气候。所有这些牲畜牧场（即便是远离市场的最偏远地区）均为水陆交通条件、运输冷藏条件和肉类罐头技术改进的产物。总而言之，引进的肉牛或绵羊取代了原有的本土动物（如北美大平原上的野牛），这种做法几乎总是最终导致严重的环境恶化。最近以来，中纬度地区对牛肉的需求备受诟病，因为中美洲的肉牛太多，导致亚马孙流域的热带雨林遭到大面积破坏。而在以往，亚马孙流域的森林砍伐较多，更多地反映了大豆种植面积扩大，与牛肉生产的扩张关系不大。

在所有牲畜牧场地区，牲畜活动范围和专用牧场正在减少，因为种植业侵占了较为潮湿的边缘地区，改良牧草替代了营养较少的本土草场，谷物催肥补充了传统放牧的不足。只有在没有其他土地利用方式可供选择、土地质量很差的情况下，牲畜牧场才会成为经济活动的一个选项，所以全球牧场分布区的特点就是"三低"，即人口密度低、单位土地面积投资低、对劳动力的需求低。

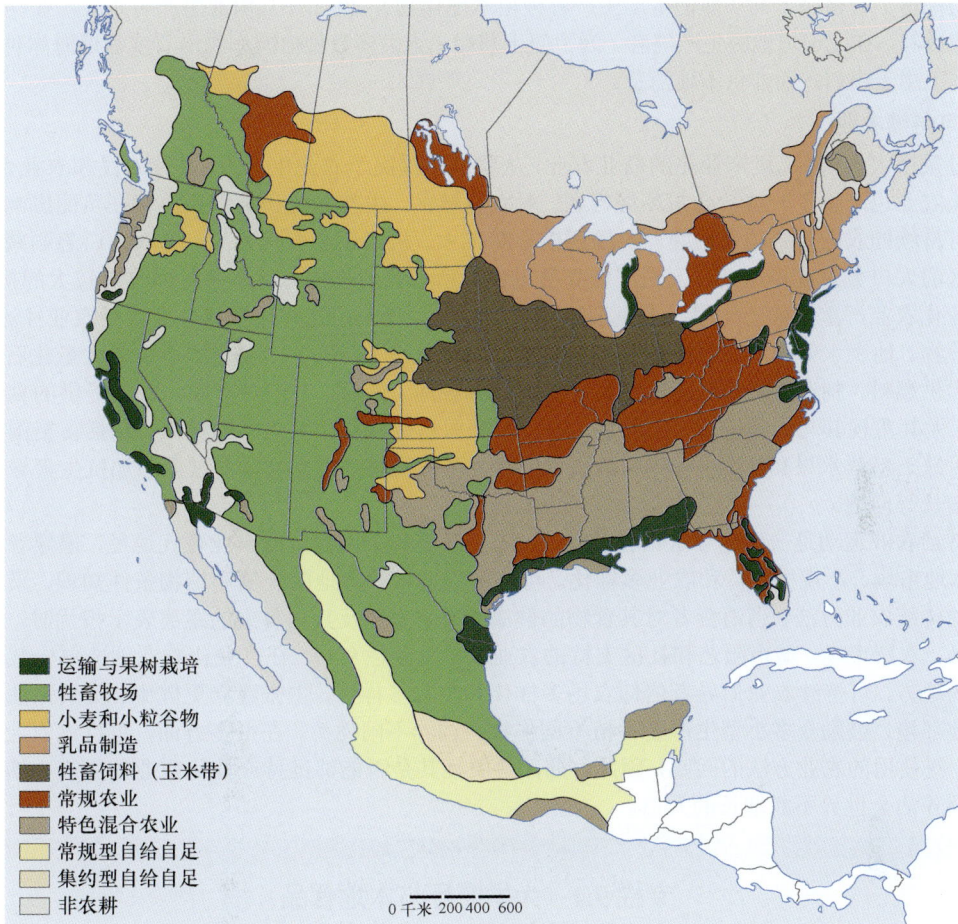

图 9.10　北美洲农业区概况。来源：*U.S. Bureau of Agricultural Economics; Agriculture Canada; Mexico, Secretaría de Agriculturay Recursos Hidráulicos*

### 5. 特种作物

当地形或气候条件不利时，靠近市场并不能保证高附加值农作物的集约化生产。当距离市场比较遥远时，也未必就只能在低价土地上从事粗放型农业。在特定的环境条件（通常是气候）下，某些远离市场的地方仍然可以发展成为某种集约农业区，例如地中海气候区和种植园区。

在地中海盆地，大部分耕地种植谷物，大部分农业区用于放牧。地中海式农业是一种特殊农业经济形式，以盛产葡萄、橄榄、橙子、无花果、蔬菜及类似商品而闻名。这些作物全年需要暖和的温度，夏季需要大量的光照。地中海农业用地是世界上生产力最高的农业用地之一。地中海气候区冬季降雨、夏季干旱，这种降水模式有助于控制用水。当然，灌溉系统需要投入大量资金，这是土地大量生产高价值作物的另一个原因。在这里生产的农作物中，大部分出口至工业化国家或地中海气候区以外的地区，甚至从南半球出口到赤道以北。

在种植园作物生产中，气候同样是关键因素。在种植园内，人们通常知道要种点什么，但并不确切知道到底要种什么。种植园将投资、管理和市场等外来因素引入本土文化和本地经济，通常也雇用外来劳动力。种植园本身是一种不动产，常驻工人生产一种或两种特种作物。这些特种作物虽然原产于热带地区，但对种植园建成区来讲往往是外来物种，例如西半球的非洲咖啡和亚洲糖，东南亚和非洲的美洲可可、烟草和橡胶等。英国、法国、荷兰和美国等西方国家的企业家之所以对热带有很大的兴趣，部分原因是热带地区给他们提供了众多机会，可以生产温带地区无法企及的一些农产品。从习惯与便利等方面考虑，人们保留了种植园一词（即便本土生产者种植本地作物），例如在几内亚生产可乐果，在印度和斯里兰卡种植香料，在尤卡坦地区生产剑麻。为了便于装船，绝大多数种植园作物沿着或靠近海岸种植，因为产品基本上用于出口，而非供本地消费。

### 6. 可持续农业

通过采用大规模、高度产业化的商业农业，从整体上提高了农业生产力，并使农民和农业企业受益。但产业化农业也产生了一些社会与环境问题，对农村社区、生态系统和粮食系统存在负面影响，寻找一种更加可持续的农业模式迫在眉睫。农场规模不断扩大，机器逐渐取代人工，务农人口急剧减少，使得农村地区的人口数量逐年递减，人们维持高质量生活所必需的机构与基本服务面临着较大的挑战。

产业化农业严重依赖于化肥、杀虫剂和除草剂的巨大投入，这些化学成分对接受农业径流的人类、野生动植物、地表水体和滨岸系统均会产生负面影响（见第 13 章）。产业化农业需要大量化石燃料，为其机械提供燃料，制造化肥，以及将食品运输到世界各地。最后，人们对产业化农业提供的食品质量非常关注，尤其重视其与人类健康、肥胖症、癌症和糖尿病等饮食相关疾病的关系，包括富裕国家饮食结构中相对缺乏新鲜水果和蔬菜、农药和激素残留食品的安全性、牲畜饲料中过量添加抗生素导致抗生素耐药性增长等问题。

可持续农业运动是一系列寻求增强社会、生态、经济和个人健康的农业替代途径，倡导者强调本土知识、本地市场、小规模经营和农业多样化。可持续农业依赖本地的土壤和植物条件知识，采用适合特定地区的传统农业方法。当消费者对其食物的健康水平、来源及其与餐桌的距离表示担忧时，就会转向有机食品、农贸市场、城市园艺和社区支持的农业（参见专栏 9.4）。在产业化农业创造单一栽培和专业生产者的地方，可持续农业倡导者信仰农场多样化和生物多样性，主张建立更健康、更具弹性的本地经济和本地环境，鼓励众多小型生产者种植不同作物、饲养不同牲畜。在很多方面，可持续农业是对"二战"前广泛使用的农业方法的回归，因此，批评者质疑其是否能够维持产业化农业的生产力增长，以及是否能够养活全世界不断增长的人口。

## 专栏 9.4　大学餐厅与本地食品

当谈到与大学生活密切相关的餐饮话题时，许多人会联想到快餐食品，例如汉堡包和油腻的比萨。越来越多的大学生开始关注自己的饮食选择，他们会问食品原材料来自哪里，如何影响人类身体健康、动物福祉和周边环境，有些人甚至自己亲自动手制作食物。许多大学和学院的学生向校方施压，要求餐饮服务机构提供更健康的本地食品，并最终获得成功，位于明尼苏达州圣彼得的古斯塔夫斯阿道夫学院就是其中之一。

在古斯塔夫斯校区西侧，种植了一大片玉米和大豆。在这所学校的历史上，前几代学生大多来自中西部地区的小农场，他们在那里出生并长大，对农活具有非常丰富的实践经验，比如野外工作、挤奶、采收鸡蛋、杀鸡、园艺和罐装等。当时的农场通常从事多种经营活动，以 1940 年明尼苏达州南部的一个普通农场为例，该农场在大约 40 公顷的土地上，种植了多种农作物，饲养了一些奶牛、蛋鸡和肉猪，还建设了一个用于家庭消费的大花园。但是到了今天，许多小型家庭农场已经被一些大型农场所取代，有些粮农们种植了几千公顷的玉米和大豆，因为这些作物能为他们赚到更多金钱；有些农民每年饲养数千头猪，因为猪肉也很值钱；在附近的两家工业奶场中，每家饲养了 3000 多头奶牛，雇用了大量西班牙裔工人，每牛每天挤奶 3 次，由传送带 24 小时不间断地传输，每周 7 天不停歇。在古斯塔夫斯附近地区，农业生产活动非常发达，但几乎不服务于本地消费，牛奶和肉类运往距离很远的市场，大豆被二次加工以用于工业生产，玉米运往亚洲、欧洲市场或者生产酒精燃料。学校也不再自中西部农场招收学生，不从当地农场采购校内餐饮所需的原材料，于是出现了这样的情形：学生来自城市和城郊，校内餐厅原材料由大型冷藏车来运送。

在一次校园会议及相关课程的鼓励下，几个学生开始探究关于食品供应、健康和环境可持续性等问题。凯特·韦奇曼和伊丽莎·斯韦登堡是两个高年级学生，曾经在地理课上学到过如下知识：本地农场所用氮肥严重污染了本地水井，令井水中含有大量硝酸盐，并导致墨西哥湾出现了一个"死亡地带"。经过慎重思考，他们决定在校园中开拓一个有机花园，作为自己的毕业论文研究项目。目前，他们的小花园已经成长为"大山农场"，这是学院承担环境可持续性研究的一个重要组成部分。学院负责为农场提供土地与耕作设备，并且支付学生的暑期实习费用。为了解决明尼苏达州作物生长期较短等难题，学院还为建立温室提供了补助金。农场和学生餐厅存在着互利关系，餐厅的食物残渣被收集用作农场的肥料和土壤改良剂，农场为餐厅提供自产生菜、西红柿、辣椒、豆类、洋葱、甜瓜、南瓜和浆果等。在可能的情况下，农场使用祖传的稀有作物变种来促进作物生长，提升蔬菜的多样性，富余的产品出售给当地的食品合作社和农贸市场。学生们现在吃上了更健康的本地食物，学校也降低了对环境的影响。在农场工作的学生则学到了终身受益的农业技能，他们将自己的劳动描述为既累人又回报丰厚。

©*Michelle Palm*

### 7. 计划经济体中的农业

顾名思义，计划经济体是中央政府为实现特定目标，对资源和关键经济部门进行一定程度的集中控制。当这种控制扩展到农业部门时，国家与集体所有制农场和农业公社取代私人农场，价格由计划（而非需求或生产成本）来确定，农作物生产就会与市场控制或家庭需求脱节。虽然绝大多数计划经济体近年来已经放宽或放弃了对农村的极端控制，但是过去对农业的集中控制已经改变了传统的农村景观。在苏联于1991年解体之前，十月革命前的数百万个小型农场已经改造为不到5万个由中央统一控制的经营单元。即使是在今天，由于农场登记和界线划分不清，所有权也模糊不清，残存的旧苏联集体农场体制仍然在该国90%以上的农田上运营。但是现在，他们会根据市场机会做出决策，中央计划指令不再有效。

在中国的计划经济时期，对私营经济进行了集体化改造，然后又回到实质上的私人农场体制。1949年新中国成立后，政府将全部农田重新分配给约3.5亿农民，每人获得约0.2公顷的小块土地，实现了自给自足的目标，但还不足以满足整个国家不断增长的粮食需求。到1957年底，大约90%的农户组成了约70万个公社，20世纪70年代减少到5万个，平均每个公社约有13000名成员。

1976年以后，政府重新引入私营农业体制，将1.8亿个新农场分配给农民家庭。农民与政府签订土地承包合同，有效期为30年，可以续签，但只有使用权，不能出售。农田仍然属于国家所有，大多数主要农作物仍以固定价格出售给政府指定的收购商。目前，农业生产普遍由农民自己自由决策，主要是参考市场行情进行评估。中国农民逐渐转向生产水果、蔬菜、肉类和池塘养鱼等劳动密集型特种作物，不仅能够满足快速增长的国内市场需求，而且能出口创汇。当成功转型为农业市场经济时，中国的人均粮食产量和供应量获得了迅猛增长。

## 9.3　其他初级产业活动

除农业外，初级产业活动还包括渔业、林业、采矿业和采石业，属于针对自然资源的直接开采。自然资源在环境中分布不均，不同部门对其价值评估也有差异，开发水平取决于资源现状、开发技术和价值文化认知（第12章将深入探讨自然资源的定义、识别与利用）。

在初级产业活动中，渔业与林业属于采集产业，以获取大自然恩赐的可再生资源为目标，目前因过度开发而陷入严重枯竭危机；采矿业和采石业属于采掘产业，把不可再生的金属和非金属矿产资源（包括矿物燃料）从地壳中拿走，位于现代工业经济中最初级的原材料生产阶段。

### 9.3.1　渔业

在发达国家和欠发达国家中，鱼类是饮食结构的重要组成部分，占人类全部动物蛋白摄入量的 15% 以上，约 30 亿人至少 20% 的蛋白质摄入来自鱼类。在全球每年捕获的鱼类中，约 15% 需要加工成鱼粉，主要用于喂养牲畜或作为肥料，其他绝大部分则提供给人类消费，这是两个截然不同的市场。人类对鱼类的需求量越来越大，每年实际捕获的鱼类资源大幅增加。事实上，这对世界渔业资源的压力很大，已有确凿证据表明，有些地区已经突破了最大可持续产量。某种资源的"最大可持续产量"是指在不损害续产能力（或保持未来同等生产水平）情况下的最大产量或使用率，对渔业资源来讲，应为捕获量（或收获量）等于鱼类资源再生的净增长量。

每年的鱼类供应主要有三个来源：

1. 内陆捕捞，来自池塘、湖泊和河流。
2. 鱼类养殖（或水产养殖），鱼类生活在受控及有限的环境中。
3. 海洋捕捞，在沿海水域或公海捕捞的所有野生鱼类。

内陆渔获量只占全球鱼类捕捞量的一小部分；鱼类养殖业持续增长，产量已占世界渔获量的近 40%（见图 9.11）；虽然海洋捕捞仍然是最重要的鱼类来源，但是自 20 世纪 80 年代末以来，全球年度捕捞量保持稳定或呈下降趋势。内陆水域供应不足鱼类捕捞量的 10%，鱼类养殖（内陆及海洋）约占全球总产量的 1/3，海洋捕捞大多位于沿海湿地、河口和大陆架相对较浅的沿海水域。近岸、浅滩和沼泽提供鱼类产卵场，河水带来的营养物质为鱼类提供了高产环境。但是目前，这些地区越来越受到径流和海洋废弃物污染的严重影响，有些地区环境破坏相当严重，鱼类和贝类资源几乎破坏殆尽，能够恢复的希望非常渺茫。

商业性海洋捕捞很大程度上集中在北半球海域，暖流与寒流在此交会混合，成为绯鱼、鳕鱼、饴鱼、黑线鳕鱼和比目鱼等常见食用鱼类的聚集地，在宽广辽阔的大陆架上形成鱼群。鱼群最多的两个地区是太平洋东北部和大西洋西北部。热带鱼类往往不爱聚群，而且油脂含量高，外形奇特怪异，在商品市场上不太受欢迎。但是，对当地消费来讲，它们极为重要。在海洋捕获量中，只有很少一部分来自占世界海洋总面积 90% 以上的开阔海域。

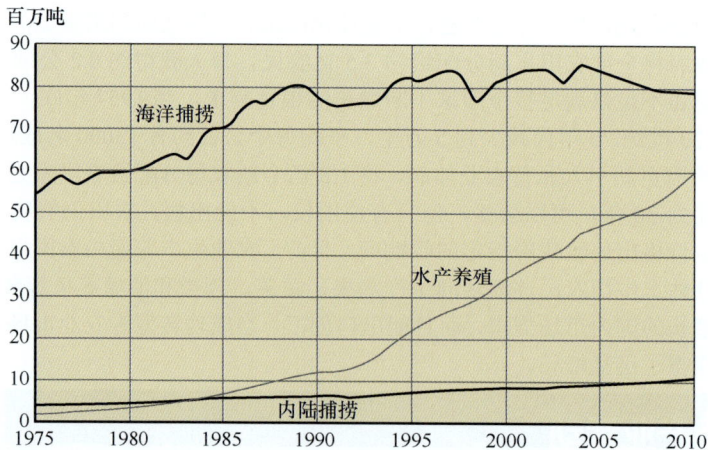

图 9.11　官方记录的年度渔获量（1975—2010 年）。1975 年为 6600 万吨，2010 年增加到约 1.49 亿吨，1993 年和 1998 年下滑，这与厄尔尼诺现象导致的海洋温度变化有关。据联合国粮农组织估算，每年约 2000 万～4000 万吨为计划外的幼鱼、小鱼或非目标品种。来源：联合国粮农组织

1950 年以来，许多国家建立了野心勃勃的捕鱼船队，应用了大量现代化技术，不断加大年度海洋

捕捞量。这些技术包括：利用声呐、雷达、直升机和卫星通信来定位鱼群；制作效率更高的渔网和鱼钩；利用拖网渔船来追逐鱼群、加工鱼产品、冷冻封装。对于海上拖网渔船的运营，越来越多的国家给予更多补贴和奖励，以求不断扩大规模，速度增长之快已经导致鱼类产量持续飞速上升，使得人类有了海洋资源取之不尽的乐观情绪。

实际情况恰恰相反，过度捕捞（高于繁殖率）和海水污染已经严重危及这种受人欢迎的传统食品的物种供应，致使近年来许多主要海洋渔业的生产力明显下降。随着世界人口数量的增长，人均海洋捕捞量显著降低。据联合国报告显示，在全球所有 17 个主要海洋渔业区，渔获量已经达到或超过鱼产量，其中 13 个渔业区的产量下降。对北美洲沿海水域进行掠夺性捕捞，已经使大量最受欢迎的鱼类陷入濒危状态。1993 年，为使鱼类资源能够休养生息，加拿大关停了大西洋鳕鱼产业，但西海岸的太平洋鲑鱼仍然危在旦夕。据美国政府主管部门报告显示，67 种北美物种被过度捕捞，其中 61 种的收获量已经达到其承载力。据报道，由于过度捕捞尚未繁殖的幼鱼，寿司食品中很受欢迎的太平洋蓝鳍金枪鱼已经接近绝种。

导致过度捕捞的部分原因是人们普遍认为世界海洋是公共资源，任何人都有权利充分利用，但却没有人负责维护、保护或改善。这种"公海"原则的结果只能是验证所谓的"公地悲剧"：当资源可供所有人使用时，在没有集体控制的情况下，每个人都认为自己应该最大限度地利用这种资源来获得最佳服务，意味着资源将会最终耗竭。1995 年，100 多个国家共同签署了一项条约，旨在规范领海以外的公海捕捞作业。该条约适用于大西洋鳕鱼、小青鳕和金枪鱼等物种（即迁徙和公海鱼类），要求渔民向区域组织报告捕捞规模，这些组织将设定配额并上船检查是否存在违规行为。通过实行这些措施及其他渔业管制措施，有望为重要食用鱼资源的未来可持续发展提供制度保证，但对拯救或恢复像加拿大大西洋沿岸等重要渔业中的海洋食物链似乎为时已晚。

为了增加鱼类供应，还有一种方法是发展养鱼业，也称水产养殖，就是在淡水池塘、湖泊、运河、海湾或河湾内围栏养鱼。近年来，水产养殖的产量占鱼类总产量的比重越来越大，对人类食物供应的贡献甚至超过了野生鱼类。虽然 1/3 的常规捕捞量用于制作鱼粉和鱼油，但实际上几乎所有养殖鱼类都被用作人类的食物。鱼类是蛋白质的重要来源，亚洲的养鱼业历史悠久，现在已经遍布各大洲。海水养殖已经带来了严重的环境问题，例如鱼类废物、化学品和药物造成的污染；将疾病转移至野生鱼类种群；为养殖鱼类提供饲料的野生种群消耗殆尽；外来物种或转基因养殖鱼类对野生种群的基因造成损害等。尽管担心造成潜在的不利后果，但其产量依然快速、持续地增长，使得水产养殖成为世界食品经济中增长最快的部门。

## 9.3.2　林业

像鱼类一样，森林也是一种被过度开发利用的可再生资源。虽然大量林地被清理平整用于农业开发，近年来又遭到商业性采伐、肉牛放牧和拾取薪柴等影响，但森林仍然覆盖了地球上近 1/3 的土地面积。很多地方的人们以森林为生，自给自足经济和商品经济皆有。要了解与森林资源及其性质、分布和开发利用相关的更多信息，请参阅第 12 章。

## 9.3.3　采矿业和采石业

在社会经济发展的各个阶段，农业、渔业和林业都必不可少。但是，只有当文化进步和经济需要达到一定程度时，采掘业才会露出头角，使人们能够深入了解地球资源，探采那些不可再生的矿产资源。目前，采掘业既为发达经济体提供原材料与能源基础，也是连接发达国家与发展中国家之间国际贸易的重要组成部分。

采掘业主要对地壳中分布不均的矿产资源进行开采。矿床的位置取决于历史上发生的地质事件，与当前的市场需求没有任何关系。由于有用矿床是远古地质作用形成的，因此某个国家的发展状况与其矿产资源之间的关系并不密切。尽管从概率论来看，面积较大的国家可能更受益于这样的"事件"，但是许多面积较小的发展中国家（如非洲）也是一种或多种关键性原材料的重要产地，并因此成为不断增长的国际矿产贸易的重要参与者。

当确定在哪里开采低值矿产时，运输成本起着重要作用。砂砾石、水泥用灰岩和骨料等材料极为常见，仅在临近使用地点时才有价值，例如道路建设用砂砾石只有位于道路附近时才有价值，将其运输至数百千米以外的地方几乎无利可图。

其他矿产资源（尤其是铜、铅和铁等金属矿产）的生产主要受到三种因素的影响：可采储量、矿石品位和市场运输距离。劳动力、土地征用及开采特许权等成本因素也同样重要，可能等于或超过矿产开采决策中的其他考虑因素（参见专栏 9.5）。即使这些条件非常有利，但如果市场上可以获得更便宜的竞争性资源，那么这些矿产开发仍然可能被搁置，或者不能继续保持运营。20 世纪 80 年代，为了应对来自巴西的竞争，美国关闭了约一半数量的铁矿石产能。当市场价格低于国内生产成本时，北美洲的铜、镍、锌、铅和钼矿开采量下降。20 世纪 90 年代初以来，由于资源枯竭和能够获得低成本进口矿产，美国首次成为非燃料矿产的净进口国。当然，当矿产资源价格上涨时，以往回报较低、被认为无利可图的那些矿山会再次受到重视，可能会重启开采作业。发达工业国家经常会发现自己处于竞争劣势，因为无论其之前或现在的矿产资源禀赋如何，发展中国家的国有矿山除储量丰富外，劳动力成本大都非常低，具有极强的竞争力。

## 专栏 9.5    公共土地与私人利益

尤利西斯·格兰特总统于 1872 年签署《矿业法》，旨在通过允许任何"硬岩"矿工（包括银、金、铜和其他金属矿的探矿者）在联邦所有土地上开矿而不必支付特许费用，鼓励大家去西部定居及参与开发。该项法案还进一步规定，允许矿业公司以每公顷不超过 12 美元的价格，获得公有土地及地下所有矿产的完全开发资格。

根据相关法律条款的规定，自从 1872 年以来，矿业公司购买了 130 万公顷联邦土地，每年从政府土地上拿走价值约 12 亿美元的矿产资源。与给予金属矿开采者免费特许采掘权的政策相反，为了开采联邦土地下的石油、天然气和煤炭，相关公司则需支付高达总收入 12.5%的特许使用费。

不论 1872 年法案在鼓励对贫瘠土地开发方面体现的价值如何，西部各州的现代矿业公司已经从该法案的慷慨条款中获得了巨大的实际利润和潜在利润。在蒙大拿州，某公司宣称只花费不到 1 万美元即取得了 810 公顷土地，而地下埋藏的铂钯金属的估值约为 40 亿美元。1994 年，加利福尼亚州的一家金矿公司以不到 1200 美元的成本，获得了包含价值 3.2 亿美元黄金的 93 公顷联邦土地。国内外公司都是 1872 年法案的受益者。1994 年，南非一家公司从政府那里花 5100 美元购买了内华达州的 411 公顷土地，取得的潜在黄金价值为 11 亿美元；另一家加拿大公司获得了内华达州埃尔科附近 800 公顷土地的开发资格，其地下黄金价值约为 100 亿美元——这宗转让被内务部长布鲁斯·巴比特戏称为"自布奇·卡西迪时代以来最大的黄金抢劫案"。但是，巴比特先生也于 1995 年将艾奥瓦州地下藏有价值大约 10 亿美元石灰华（一种用来漂白纸张的矿物）的 45 公顷土地，以 275 美元的低廉价格转让给了一家荷兰公司。

"黄金抢劫"这个比喻形象而生动，说明政府和国会的 1872 年政策在当年非常正确，但却不利于今天拥有土地的美国公众。之所以存在这种感觉，还由于部分矿业公司任意破坏环境，却需要政府采用公共资金去修复，或者需要公众的极大忍耐力去接受。为获得低品位的矿石，矿业公司可能会破坏整座山峰。当矿山迁移或消失后，留下有毒的尾矿、污染的地表水和伤痕累累的露天矿坑。若要清理 5 万多个废弃的矿坑、数千千米被破坏或无生命的河流以及数十亿吨被污染的废物，需要投入的公共成本估计至少要 350 亿美元。

1993 年，国会提出了一项提案，要求矿业公司支付采掘所有硬岩矿石总收入 8%的特许使用费，并禁止它们买断联邦土地，但是遭到否决。按照 1994 年公司的收入水平，仅特许使用费一项，每年就会超过 1 亿美元。矿业公司极力反对这项提案，宣称强加的特许使用费将会彻底毁掉美国的采掘工业，强调自己不仅必须投入高额资金以采掘和处理低品位矿石，而且提供了大量高工资岗位，为国家做出了非常大的贡献。例如开采埃尔科矿的加拿大公司报告说，自 1987 年从前业主那里取得采矿权后，他们已经花费了超过 10 亿美元，重建了该城镇的下水道管网，并为学校建设提供了捐助，创造了 1700 个就业机会。据美国矿业协会估算，8% 的特许使用费将会消减现有 14 万个就业机会中的 4.7 万个，而且是在美国矿产管理局承担 1100 个工作岗位损失的前提下。

由于公众对西部采掘活动进行抵制，州和联邦的管制程序（很多程序都要拖延 10 年甚至更长时间）已经限制了新矿山的开发，新颁布的环境管制法规限制了现有采矿业经营（例如禁止在提炼金银过程中使用氰化物），导致美国采矿业的投资与就业都在稳步下降，削弱了西部很多社区的经济基础。

**问题探讨**

1. 你认为 1872 年《矿业法》应该废止或修改吗？如果不，保留这项法案的理由是什么？如果是，你支持对采矿公司的收入征收特许使用费吗？如果征收，应该按照何种水平估算？在取得公共土地资源方面，采掘公司与能源公司应该同等对待吗？理由是什么？
2. 你会提议禁止将土地买断并出售给矿业公司吗？如果不，出售价格应由土地的地面价格还是蕴藏矿藏（但尚未兑现）的估价决定？
3. 考虑到硬岩公司在投资和创造就业机会方面的贡献，你是否认为可以接受现在由公众承担的清理费用及其他费用？你接受该行业认为征收特许使用费将会毁掉美国金属采矿业的主张吗？理由是什么？
4. 你赞成州和联邦对采矿经营继续采取限制措施吗？即便付出失去就业机会和社区经济基础的代价。理由是什么？

矿业公司的经营范围往往是全球性的，许多矿业公司在各大洲经营矿山。这既给发展中国家带来了投资机会，又使其失去了对本地资源的控制。作为反制措施，某些发展中国家对矿山征收高额税率，并且强制矿山满足本地企业的基本需求。

当矿石（例如铁矿石和铝矿石）富含高品位金属成分时，将其直接装运到冶炼市场有利可图。高品位矿石通常优先开采，随着富矿趋于枯竭，对低品位矿石的需求会逐步增加。为避免运输市场不需要的废料，通常要在采矿现场对低品位矿石进行分选处理，称为选矿。例如，铜矿石的选矿作业几乎总是安排在矿山周边，而铜冶炼厂则可能距离消费区域较近。

大量的矿石废料不容忽视，铜废料约占铜矿石的 98%～99% 或更多，大多数其他重要工业矿石废料也类似。实际上，因为采掘成本高或储量小，许多高品位矿石未被开采而保留下来，品位很低的大型矿床则获得优先开采。低品位矿床同样具有吸引力，矿床储备规模足以保证长期开发。曾几何时，在明尼苏达州的梅萨比地区，人们大量开采并外运高品位磁铁矿，不过现在那些矿床已经枯竭。现在，大量资金蜂拥而上，重点开采、冶炼高品位富铁矿，而对数量巨大的低品位贫铁矿（角岩）置之不理。

这样的投资无法确保资源开发的有利可图。金属市场通常波动剧烈，若金属价格快速大幅波动，则有利可图的采矿及冶炼风险投资可能会失败。企业一般会根据贵金属价格的涨落趋势，确定边界品位金银矿山开发的开启或关闭。由于美国钢铁工业不断衰落，海外市场需求却在不断增长，苏必利尔湖地区的铁燧岩选矿（废弃物去除）已经进入兴衰互现的循环周期。在市场经济中，成本控制与市场控制主导着经济决策；在计划经济中，成本控制的重要性可能比不上国家发展和资源自给目标。

在对化石燃料的控制与利用方面，先进经济体已经取得了垄断地位。因此，国内燃料供应通常被认为是国家实力和独立自主的基础，如果供应不足，就会任由发达国家通过国际贸易来掌控煤、石油和天然气的供应量与价格。在第 12 章中，我们将对化石燃料和其他能源进行深入探讨。

## 9.4　初级产业产品贸易

从 20 世纪 80 年代开始，国际贸易实行自由化政策，散货船队规模快速增长，贸易规模大幅扩张，在世界经济活动中占有重要份额，农产品、矿产和燃料占国际贸易总值略低于 30%。在 20 世纪上半叶的大部分时间里，世界供需分布形成了一种简单的商品流动模式：从欠发达国家的原料生产商，流动到发达国家的加工商、制造商和消费者；将工业化国家加工的制成品，反向流动运回发展中国家。这种双向贸易有利于向发达国家提供国内无法获得的工业原材料和食品，并使他们能够进入制成品市场；发展中国家则会获得所需的资金，但地位较低，因为制成品价值普遍更高。

但是到了 20 世纪末期，新兴经济体的全球贸易流与出口模式发生了急剧变化。在发展中国家的出口物流中，原材料大幅减少，制成品相应增加。甚至即使原材料出口总体下降，未加工产品贸易仍然对世界上许多较为贫穷的经济体起主导作用，传统贸易流说法越来越多地被批评为不平等，认为他们损害了商品出口国的利益。

联合国相关数据表明，95 个发展中国家依赖于占其出口收入一半以上的初级产业商品。作为一个群体，非洲国家最依赖于初级产业商品，非洲大陆 80% 以上的出口收入来自初级产业商品。对于依赖初级产业商品获得大部分出口收入的国家来讲，特别容易受到价格波动和技术替代品的影响。价格有时在一年内会波动 50%，在产品短缺或国际经济增长期间，价格急剧上涨；当世界经济放缓时，价格迅速下跌。在 20 世纪 80 年代和 90 年代的大部分时间里，商品价格下行，对原材料出口经济体造成了极大损害。例如 1975—2000 年间，农业原材料价格下降了 30%，金属和矿石价格几乎下降了 40%，深深影响了许多新兴经济体的出口收益。

无论当前世界原材料价格如何，原材料出口国家长期以来一直对富国和企业表示不满，批评他们为确保低成本供应而操纵商品价格。虽然串通定价尚未得到证实，但是技术替代品能够减少对初级产业商品的需求，例如玻璃纤维取代电信应用中的铜线，合成橡胶取代天然橡胶，玻璃纤维和碳纤维为棒材、管材和板材提供原材料，某些其他产品优于所替代金属的性能与强度。合成纤维的发明减少了对乌拉圭羊毛的需求，损害了其经济体所依赖的绵羊和羊毛产业。因此，即使世界经济扩张时，传统原材料的需求与价格仍可能会继续下降。

支付给发展中国家商品的价格趋向较低，发达国家提供制成品的价格趋向较高。为了从加工与制造方面获取利润，有些发展中国家对未加工商品出口实行了限制，例如马来西亚、菲律宾和喀麦隆限制原木出口，这将有利于增加国内锯材加工和木材出口。有些发展中国家鼓励发展国内制造业，减少进口，鼓励出口多样化，但工业化国家为保护本国市场，经常会对这些出口产品采取关税和配额限制。

1964 年，为了应对各种各样的贸易不平等现象，发展中国家倡导成立了联合国贸易和发展会议，其核心机构（"77 国集团"，今天已扩大到 132 个发展中国家）一直强烈要求建立新的世界经济秩序，提高发展中国家的出口价格及价值，对制成品实行进口优惠制度，重新构建国际合作体系，加大贸易促进力度，顾及穷国的特殊需求。

世界贸易组织成立于 1995 年（见第 8 章），其制度设计的部分初衷是减少贸易壁垒和贸易不平等。然而，批评者认为其未解决发展中国家的重要问题，主要是工业国家在显著（或彻底）减少对本国农业和矿业保护方面一直没有成功。欧盟、美国和日本每年在农业补贴方面的支出总额超过 3000 亿美元，约为其对外援助资金的 6 倍。这些补贴阻止穷国利用农产品出口来消除贫困，例如世界银行计算出富裕国家通过建立农业贸易壁垒和农业补贴，使贫困国家的收入每年减少至少 200 亿美元。

2001 年，世界贸易组织成员方在卡塔尔多哈市举行会议，开始就开放世界市场进行谈判。低收入的发展中国家主张欧盟和美国应取消农业补贴和贸易保护主义政策，富裕经济体坚持要求穷国在制成品和（特别是）服务贸易方面做出重大让步。贸易谈判破裂以后，"多哈回合"一直持续到 2008 年。尽管农业占世界贸易的比例不到 10%，但它一直是所有全球贸易谈判的障碍。在保持对贫穷国家经济发展需求予以特殊考虑的同时，世界贸易更加公平与开放的目标并未能使各方满意。要寻找这些争议的解决方案，需要考虑全球每个地区的独特需求与专业化特点。下一章的主题为第二产业和第三产业，传统上主要由发达国家所主导。

## 重要概念小结

- 三种公认的经济体制类型是自给自足经济、商品经济和计划经济。第一种类型是为单个生产者和家庭成员的直接消费而生产的；在第二种类型中，经济决策要根据客观的市场力量和对货币收益的理性评价而做出反应；在第三种类型中，至少有某些非货币的社会目标或政治目标会影响生产决策。
- 根据在生产阶段的作用，经济活动可分为三大类：初级产业活动（食品和原材料生产）、第二产业活动（加工业和制造业）和第三产业活动（消费者服务、商业服务、配送和销售）。
- 不同国家与地区处于经济发展的不同阶段；从欠发达的自给自足状态，到具有现代市场经济标识、高度融合的第二产业与第三产业活动，并没有单一、不可逾越的进步模式。
- 农业是初级产业中最广泛的活动，是自给自足和发达社会二者的区域经济的一部分。首先，它直接反映生产者群体的直接消费需求，并反映当地的自然环境条件。第二，农业反作用于通过自由市场或受控市场表达出的消费者需求。
- 农业土地利用和土地价值受到土地与市场距离的影响，首先由冯·杜能予以理论化。从理论上讲，不同商品的运输成本在城市周围逐渐减少的农业土地利用同心环中产生。
- 没有任何一个国家的经济能够孤立存在，每个国家都是相互联系的世界体系的一部分，也是经济和文化融合的一部分。初级产业商品贸易是世界经济中的一个重要，有时甚至是有争议的部分。许多发展中国家的出口收入大部分依赖于初级产业商品。

## 关键术语

| | | | |
|---|---|---|---|
| agriculture | 农业 | maximum sustainable yield | 最大可持续产量 |
| aquaculture | 水产养殖 | nomadic herding | 游牧民族 |
| economic geography | 经济地理 | planned economy | 计划经济 |
| extensive commercial agriculture | 粗放型商业农业 | plantation | 种植园 |
| extensive subsistence agriculture | 粗放型自给自足农业 | primary activity | 初级产业活动 |
| extractive industries | 采掘业 | secondary activity | 第二产业活动 |
| gathering industries | 采集业 | shifting cultivation | 迁徙耕作 |
| Green Revolution | 绿色革命 | subsistence economy | 自给自足经济 |
| informal economy | 非正规经济 | tertiary activity | 第三产业活动 |
| intensive commercial agriculture | 集约型商业农业 | tragedy of the commons | 公地悲剧 |
| intensive subsistence agriculture | 集约型自给自足农业 | transition economies | 转型经济 |
| market (commercial) economy | 市场（商品）经济 | von Thünen rings | 杜能环 |

## 思考题

1. 自给自足经济、商品经济、计划经济体制的突出特征是什么？它们之间是相互排斥还是可以在相同政治单元中共存？
2. 如何区别集约型自给自足农业与粗放型自给自足种植业？在温暖潮湿热带的不同地方，为什么会有如此不同的土地利用方式？
3. 简要概括杜能农业模型的假设和原则。随着单一农作物市场价格的增加，该模型预测的土地利用模式会如何变化？若某种农作物运输成本降低，而其他所有农作物的运输成本不变，该模型会如何变化？
4. 影响林业、渔业等采集产业的经济问题或生态问题有哪些？什么是最大可持续产量？这个概念与你所找出的问题有关系吗？

# 第 10 章　经济地理学：制造业和服务业

## 学习目标

10.1　解释韦伯关于不同制造业位置优化的最低成本理论

10.2　比较轻装与重装行业的区位战略

10.3　解释当代区位因素如何创造新的国际分工

10.4　解释跨国公司在全球经济中的作用

10.5　辨别主要的制造业与高科技创新中心

10.6　区分消费者服务与商业服务的定位模式

　　在美国，837 号公路连接着匹兹堡南部莫农格希拉河沿岸的 4 座钢铁厂，这条公路在 20 世纪 60 年代后期非常繁忙，随处可见塞满了钢铁工人的通勤班车及满载了钢铁产品的大卡车，共约有 5 万名工人在这些工厂上班。到了 1979 年，来自亚洲和欧洲的低成本进口商品占领了美国市场，使得这些高龄钢铁厂的高炉逐步关闭。到 20 世纪 80 年代中期时，莫农格希拉河沿岩的钢铁厂雇用的工人已经远远低于 5000 人，高速公路上的车流量变得非常小，这些工厂逐步被关闭、荒废。由于大量从日本进口产品，以及在墨西哥等低工资国家新建装配厂，残酷竞争导致马萨诸塞州与威斯康星州的制造业严重凋零，工作岗位消失殆尽，厂房变得空空荡荡。这些工厂曾是美国东北部与中西部地区的经济中心，目前已经被废弃且腐朽不堪。

　　与此同时，美国东北部正在建设许多高速公路。在新泽西州中部的"普林斯顿廊道"42 千米处，四车道的 1 号公路经常发生交通拥堵，与美国东部其他地方相比，该路段于 20 世纪 80 年代新建了大量办公楼、研究实验室、酒店、会议中心和住宅区。再向南走，在临近华盛顿特区的弗吉尼亚州和马里兰州的郊区，首都环城公路和杜勒斯收费公路的交通非常繁忙，那里以前曾经是大片的农业用地，后来出现了大量的办公大楼、国防相关产业及商业中心等城市建筑。在纽约市以东费尔菲尔德县的斯坦福德附近，交通堵塞也相当严重，这里已经成为众多重要公司的总部所在地，每天约有 15 万名通勤人员。

　　到了 20 世纪 90 年代初，企业收购、杠杆收购和缩减规模等因素，导致费尔菲尔德县的公司数量减少、规模变小，压缩了就业岗位和办公空间需求，公路交通随之萎缩。20 世纪 70 年代和 80 年代狂热建造的办公大楼和研究园区的空置率超过 25%，以前拥堵不堪的高速公路上空置着成排的"企业园区"。但是在 20 世纪 90 年代和 21 世纪初期，随着数以百万计的美国人在加州的硅谷及其他新兴高科技热点地区获得技术相关工作，美国其他地方的交通繁忙状况不断增加，热点集中于计算机、激光、软件、医疗设备和生物技术等行业。从 20 世纪 90 年代末开始至今，中国制造业出口出现了爆炸性增长，使得世界各地的很多工厂被迫关闭，包括卡罗来纳州的纺织厂和服装厂。从 20 世纪 90 年代中期开始，美国所有地区再次经历了交通拥堵和经济繁荣所导致的房地产和商业发展，2007 年出现房地产和金融业危机后，也再次承受了失业、办公室空置、经济倒退和交通流量变化等。

　　这些迥异与波动的交通模式表征了北美经济结构的不断变化。19 世纪和 20 世纪初期的烟囱工业已经衰落，由研究园区、购物中心和办公大楼取代，同时这些也会经历周期性的繁荣与衰败。并非只有北美洲如此，中国大陆的经济格局与就业结构同样在不断变化（见图 10.1）。经济每时每刻都在发生变化，无论是已经实现工业化的发达国家，还是正在融入世界市场的新兴发展中国家，都是如此。资源被逐步开发，然后耗尽；市场兴旺，然后衰落；经济优势模式发生变化或逆转；全球竞争与技术创新破坏了原有的经济结构，创造了增长、繁荣和衰退的新模式。本章聚焦于第二产业与第三产业经济活动的区位变化，探讨其现状与未来及其原因。

**图 10.1　变化的经济格局。**这是位于上海黄浦江沿岸的闪亮金融区，标志着第二产业与第三产业活动发生了巨大的位置变化。中国是越来越壮大的制造业出口国，在金融服务业及其他先进商业服务领域也取得了显著成就。© Getty RF

# 10.1　产业区位理论

　　自从 18 世纪末英国发生工业革命并引入企业制度以来，制造业和重工业一直被视为经济发展的标志与计量方式。无论在何处引入，制造业一直是整个经济变化与社会变革的催化剂，这些变化是社会现代化和迫切寻求摆脱传统自给自足经济的重要过程。推行企业制度和标准化、低成本商品的大规模生产，刺激了交通设施、设备的发明与改进，加速了以农民脱离农业劳动并走向城镇的城市化进程，使得工资与货币经济成为常态。在制造业引进与扩张的同时，批发与零售贸易不断扩张，劳动力专业化程度不断提高，中产阶级不断崛起。这种现象首先出现在欧洲和北美，目前已经遍布全世界。新工业经济在各个地区的发展程度并不相同，具体取决于影响产业区位和空间行为的那些新要素。

　　虽然第一产业与其所采集或开发的自然资源紧密联系在一起，但第二产业与第三产业经济活动与自然环境状况的关系就不那么密切了。对它们而言，区位与文化和经济条件更加密切相关。它们是可移动的，与空间位置的联系并不密切，能够妥善应对变化的区位要求与控制。

　　这些控制来自通常的人类空间行为及特定的经济行为。前面曾经探讨过一些假设模型，例如空间相互作用的强度会随着距离的增大而降低，即距离衰减。还有杜能的农业土地利用模型，这是对交通成本与土地价值之间关系的模拟。

　　这些简化模型有助于理解人类经济行为的影响因素。例如，假设人们是经济理性的，即基于所掌握的信息，利用最合算、最有利的直觉，他们能够做出区位、生产或购买决策。从物品或服务的生产者或销售者的角度来看，接下来假设每个人都追求利润最大化。要实现这个目标，可能需要考虑一系列生产成本和营销成本，以及政治性、竞争性及其他限制性因素，但无论如何，寻求利润的最终目标仍然很明确。尽管这些模型受到越来越多的挑战，被认为对人类实际行为与经济决策的解释过于僵化、不太现实，但其仍旧主导着现代产业空间分布类型的绝大多数分析结果。

## 10.1.1　韦伯的最低成本产业区位模型

当市场规律起控制作用时,企业家为了追求利润最大化,通常把制造业活动放在总投入成本最低(具有较高收益率)的地点。为了评估某个区位相对于另一个区位的优势,必须评估最重要的可变成本。他们将总成本细分为不同类别,因此注意辨别各项成本如何因地而异。在不同的行业中,运输费用、人工费率、动力成本、工厂的建设或运营费用、货币利率或原材料价格是主要的可变成本,企业家必须考虑其中的每项成本,通过排除法等方法来选择成本最低的地点。如果生产商确定能够以足够低的成本获得足够大的市场,那么该区位将有利可图。

在经济世界中,没有什么是永恒不变的。由于投入成本、生产技术及营销活动等不同组合的不断变化,原来有利可图的许多区位可能不再具有优势。人口迁移、技术进步和产品需求变化会极大地影响企业家和工业区,例如新英格兰地区出现了很多废弃的工厂,宾夕法尼亚州出现了很多废弃的钢铁城镇,甚至在面对不断变化的国内经济与国外工业成本优势竞争的形势下,美国自身也出现了去工业化情形。从这些示例可以看出,“最优”区位变化无常(见图 10.2)。自“二战”结束以来,世界制造业从较发达地区向较不发达地区不断扩散,同样也证明了制造成本与区位优势的观念变化。

**图 10.2　去工业化。** 这是位于安大略省布兰特福德的废弃农场设备工厂,代表了后工业化经济中发生的结构性变化。© *Mark Bjelland*

大量学术文献高度关注在产业区位决策中将可变成本作为决定因素,其中大部分文献是基于 19 世纪末期和 20 世纪初期占统治地位的产业布局和经济评估理论,拓展了德国经济学家阿尔弗雷德•韦伯(1868—1958 年)提出的最低成本理论(有时也称韦伯分析法)。 在解释制造业的最优区位方面,韦伯采用三项基本成本最小化方法,即相对运输成本、劳动力成本和集聚成本。集聚是指将生产活动和人们聚集在一起,以实现互利互惠。这种集聚可以通过共享基础设施与服务而形成集聚经济,也可能由于本地化资源竞争而导致出现高租金或高工资水平等不经济现象。

韦伯得出的结论是“运输成本是决定区位的重要考虑因素”,即最优区位就是将原材料运输到工厂及将成品运输到市场所需成本最低时的位置,如图 10.3 所示。同时他也指出,如果劳动力成本或集聚成本的变化足够大，那么仅根据运输成本确定的地点实际上可能并非最优的。在后续的章节中，我们将重新审视集聚成本与劳动力成本的重要性。

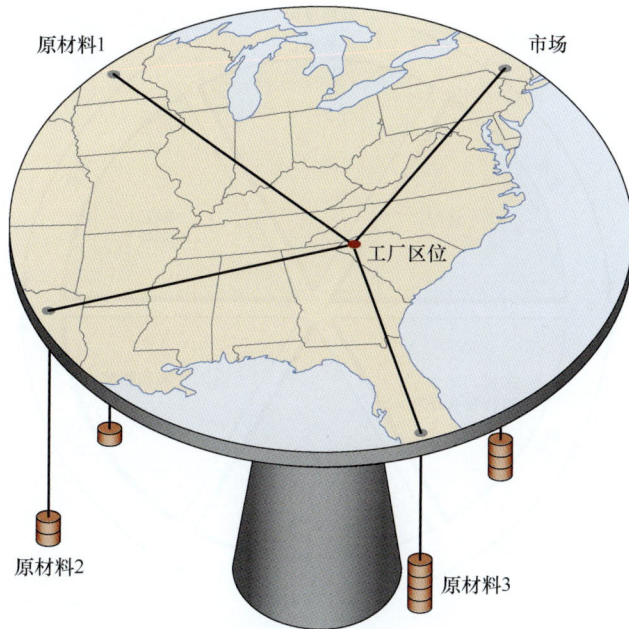

图 10.3　解决工厂区位问题的平板绘图仪法。阿尔弗雷德·韦伯提出了这个机械模型，在有几种原材料来源的情况下，用重力来证明最低交通成本点的存在。当用一种重量来代表原材料和市场区位的"拉力"时，就会在平板绘图仪上找到一个平衡点，这个点就是所有力量相互间取得平衡的点，也代表了成本最低的工厂区位

美国和加拿大的钢铁工厂选址是另一个示例：钢铁工业需要来自不同地点的多种投入，既包括阿巴拉契亚的石灰石与炼焦煤，又包括明尼苏达州与密歇根州北部矿山的铁矿石，而位于五大湖南部附近的钢铁厂则最大限度地降低了组装不同原材料的总成本，成为其他重工业的中心（见图10.4）。

(a)

(b)

图 10.4　钢铁行业的产业区位考虑因素。(a)当产业过程需要数种重质或笨重的原材料时，中间的生产场所通常是成本最低的地方；(b)印第安纳州加里钢厂位于密歇根湖南端的加里市，由美国钢铁公司于 20 世纪初建立，唯一目标是在成本最低的地方生产钢铁。通过铁路或水路运输来自阿巴拉契亚的煤炭，在五大湖上用船运来自明尼苏达州北部和密歇根州的铁矿石。汉密尔顿、托莱多、克利夫兰和匹兹堡等其他钢铁厂也具有相似的区位优势。©JupiterImages/Thinkstock/Alamy RF

假设运输成本决定这个平衡点，那么最优区位将取决于距离、投入原材料的重量及制成品的最终重

量。该生产过程可能是原材料导向，也可能是市场导向，前者反映出生产过程中大量的重量损耗，后者说明制成品重量增加明显，如图 10.5 所示。

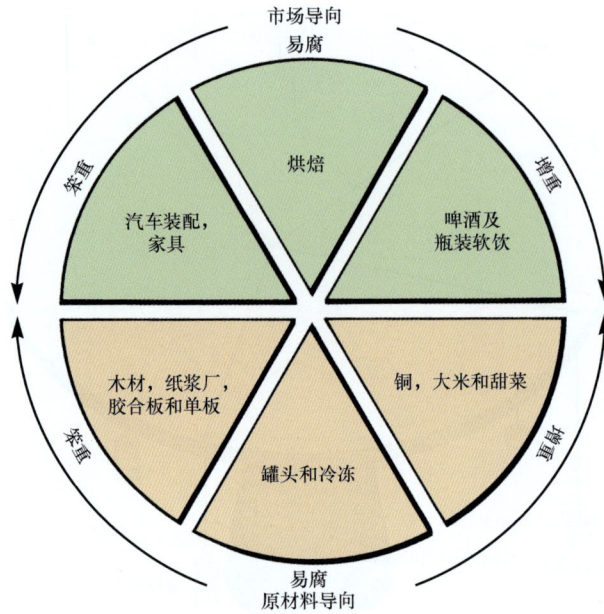

图 10.5　空间导向性。当替代材料来源有限、材料易腐或天然状态下含有大量杂质或不可销售成分时，就存在原材料导向；当制造业使用通常可获得的材料来增加成品的重量时，或当制造过程生产的商品比其单独的部件体积大得多或运输成本更高时，或当产品的易腐性要求在单个材料上进行加工时，市场导向就是成本最低的解决方案。来源：*Truman A. Hartshorn, Interpreting the City, 1980 John Wiley & Sons, Inc., New York, NY*

　　有些理论工作者认为韦伯的最低成本分析法过于僵化且有限制性，故而提出了替代方案：在很多生产过程中，可以用一种投入（如自动化设备投资）的增加来取代另一种投入（如劳动力）的减少，或者增加运输成本的同时大幅度降低土地租金。通过置换，许多不同的区位都可以成为优化的制造业区位。他们还进一步认为，一系列地点可能会使企业的总收入恰好等于其生产特定产品的总成本，把这些点连接起来就标志着盈利的空间边界，边界内的区域就是可能获利的经营区域，如图 10.6 所示。边界内的任何区位都能保证实现一定的利润，均能抵消信息与人力（而不是经济）因素的不足。

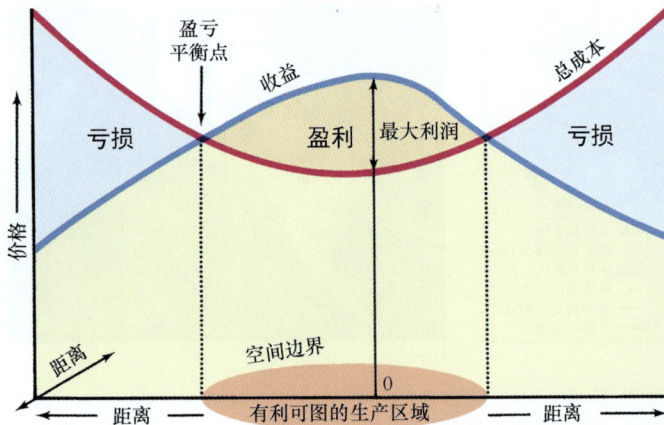

图 10.6　利润率的空间边界。图中，"0"是优化的唯一利润最大化区位，但在总成本与总收益曲线相交划定的区域内，任何一个区位的经营都可获利。有些产业的边界较宽，另一些产业的边界在空间上更受限。与能力较差的企业家相比，经验丰富的企业家能够将边界扩得更大，即使无法获得做出最优决策所需的全部信息，也可通过合理估算来选择一个令人满意的区位

## 10.1.2 其他区位因素

在竞争条件下，单个公司通常会寻找特定的生产基地，这种行为构成了最经典的产业区位理论的基础。但是如今，这种理论不再能够充分说明产业本地化或专门化的世界或区域模式，也无法解释不受客观因素（即受生产新技术和公司新结构影响或非资本主义规划目标所决定的因素）控制的区位行为。

传统理论试图解释两种常见的面向大众市场进行大规模生产的工厂区位决策，一种运输线固定，另一种运输成本相对较高。在 20 世纪最后几年中，这两种情况都发生了重大改变，为常规大众市场提供规模化、专业化、标准化产品的装配线生产（称为福特主义，为表彰亨利·福特开创性的制度创新而得名）逐步向欠发达地区转移。发达地区遗存下来的制造业则转向后福特式的柔性制造工艺，这种工艺基于更小规模的生产流程，可为特定的少数客户群生产出更多样化的商品。与此同时，信息技术广泛应用于机器和操作过程，劳动力的灵活性显著提高，运输成本明显降低，更加注重速度而不是运输成本，这些都显著改变了韦伯经典理论的基本假设。

### 1. 交通特征

无论是国内经济还是国际经济，运输方式的类型、成本与效率一直是生产空间模式的核心，解释了大量经济活动的区位。水路运输几乎总是比任何其他运输方式便宜，滨海或濒临可通航河流的大量商业活动证明了这种成本优势。修建铁路、内陆区域陆续开展商业开发后，沿海地区仍然非常重要，因为越来越多的货物需要通过低成本的水陆联运模式进行运输。高速公路运输的出现将工厂从固定线路中解脱出来，极大地增加了"令人满意"的潜在制造业区位数量。运输模式、运输效率或成本结构每次发生变化，均会对经济活动地点产生直接影响。

在极少情况下，当运输成本成为生产与营销中微不足道的因素时，经济活动就可以说是不受区位限制的。某些制造业选址无须考虑原材料因素，例如计算机等电子产品的原材料价格高、重量轻、体积小，运输成本与生产地点几乎没有关系。其他一些产业因为与其服务的市场不可分割，故而分布广泛，称为"无处不在的产业"，例如报纸出版、面包店和奶制品等，这些产业的产品对时间敏感或极易变质，适用于即时消费。

总体而言，运输成本一直在不断下降，运输效率一直在不断提高。航空服务几乎实现普遍商用，大型超级远洋货轮快速发展，水陆联运货物集装箱广泛引入，这些进步降低了货运服务的成本，提高了货运服务的速度。成本降低后，制造业的区位受非交通性区位因素的影响越来越大。至此，韦伯的区位理论对现代全球空间经济的适用性已经降低。

### 2. 集聚经济

工业等经济活动的地理集中度是本地或区域规模的常态。产业集中与城市扩张形成的累积与强化吸引力是公认的区位因素，但却不容易量化。当韦伯理论强调运输成本时，他也意识到集聚的重要性。集聚是人群与产业活动为了互惠互利而在空间层面的聚集，产业活动聚集常常会给单个公司带来独自存在时未能享受的好处，例如共享交通设施、社会服务、公用事业、通信设施等，这些好处（外部经济或集聚经济）能够节约很多费用。总的来说，所有促进产业及其他形式经济发展所需的这些设施与服务统称为基础设施。集聚也能形成若干"蓄水池"，其中储备大量的熟练工人、专业知识、资本和辅助商业服务，当然还有由其他行业和城市人口形成的市场，特别适合于与从事同类活动其他公司为邻的那些新公司，因为此处已经具备适用于这种活动所需的特定专业化劳动力和相关支撑服务。有些人可能会受益于与其客户或供应商相邻。

资本、劳动力、管理技能、客户群及其他所有基础设施集聚在一起，往往会吸引其他地方的更多产业聚集于此。根据韦伯的说法，经济联系扭曲或改变了那些原本只是建立在交通成本与劳动力成本基础上的区位决策，而且集聚一旦存在就会不断扩大。通过乘数效应，进入集聚区的每个新公司都会带来基础设施与相互联系的进一步发展。正如第 11 章将要介绍的那样，乘数效应还意味着总（城市）人口的增长，以及劳动力资源和本地化市场扩张，这也是集聚经济的一部分。

### 3. 准时生产和柔性生产

最新的制造业政策也鼓励集聚经济和集聚趋势，既面向已建的新工业，又适用于新建的后福特主义工厂。

对传统的福特主义产业来说，需要现场存储大量原材料，以便在生产实际需要之前订购及交付。此种做法可通过减少订货次数与降低运输费用来节约成本，并为送货延误及检查所收货物与零部件给予补贴。在库存与存储成本高企之时，这样能够确保长周期标准化产品的可用物资供应。

相比之下，准时生产（JIT）寻求在生产过程中可购买即达即用的输入产品，以及生产可及时售出的产品，从而达到减少库存的目标。准时生产放弃了代价高昂的物资堆积与存储，要求货物适应频繁小批量订购、可精确按时到达及即刻卸载到工厂车间。基于频繁购买即时所需货物的这种精益制造生产方式，要求供应商能够提供快速配送服务，同时鼓励他们靠近买方进行选址。因此，制造业的最新创新强化并放大了旧式工业布局中证据显著的空间集聚趋势，不再强调旧式单一工厂区位理论的适用性。

准时生产是从大规模生产的福特主义体制向更加柔性的生产体制转型的一种过渡形式。柔性生产旨在使生产者能够快速轻松地在不同产出水平之间进行切换，尤其是可根据市场需求，从一个工厂流程或产品生产，转移至另一个工厂流程或产品生产。这种柔性体制之所以能够实现，主要得益于易于重新编程的计算机控制机床新技术，以及计算机辅助设计与制造系统。计算机信息系统会监控当前市场需求并反馈信息，为实现小批量、准时生产与分发奠定基础。

在柔性生产过程中，很大程度上要求从外部供应商处获得大量部件与服务，而并非依靠自己的内部生产。在制造业中，外包（将生产工作分包给外部公司）已经成为准时方法的重要组成部分，以此获取组合式制造成品所需的预制部件。例如在模块化组装过程中，最终产品虽然非常复杂，但许多子系统在进入工厂时已经组装好，这就节省了工厂空间，降低了对工人数量的要求。柔性生产鼓励工厂靠近部件供应商，又为工业集聚趋势增添了另一个研究角度。

某些观察家认为，为了响应新型的柔性生产策略和企业间的相互依赖关系，柔性生产区域应运而生，通常与已有福特主义工业化集聚区保持着某种距离（空间与社会）。之所以出现这种情况，在某种程度上讲是因为外包公司往往依赖于不属于工会会员的灵活劳动力，而不是与福特主义相关的工会会员劳动力。

### 4. 比较优势与新的国际分工

在工业区位决策中，比较优势原则与离岸外包实践具有越来越重要的国际意义，二者相互关联，均反映专业化的成本优势，同时依赖于自由贸易政策与信息自由流动。比较优势是一个经济概念，主张通过专业化与开展贸易，各个国家及地区能够最大限度地改善其经济与生活水平。如果每个地区或国家能够集中精力生产自己的优势产品，同时所有其他商品依赖进口，那么就会走上良性循环的贸易之路。这一原则是理解区域专业化的基础，只要区域对两种及以上商品具有不同的相对优势，并且贸易通道自由畅通，则其就一直适用。

比较优势的思维方式最早来自 19 世纪的经济学家，当时在谷物、煤炭或制成品的运输过程中，专业化趋势与交换现象逐渐出现，不同地区的相对生产成本有所差异。今天，当某些国家的比较优势可能反映出较低的劳动力成本或不太严格的环境管制时，有些批评者就不太赞成，认为制造业活动可能会从成本较高的市场国家搬迁到成本较低的国外生产基地，从而将就业机会与收入从消费国转移出去，这显然不利于该国的经济繁荣。

外包是将生产或服务任务分包给外部公司，而不在内部执行，从而为公司提供更大的灵活性，还可以节省成本。离岸外包雇用外籍员工，或者通常与境外第三方服务提供商签订合同，委托开展特定制造业务。离岸外包已日益成为一项标准的成本遏制战略，反映了近期航运成本的急剧下降、长途通信的便利性及发展中国家不断增长的制造能力。

在广泛考察了制造业工作每小时补偿（工资加福利）的地区差异后，离岸外包的动机显而易见。根据美国劳工统计局提供的 2012 年数据，挪威为 58 美元/小时，美国为 35 美元/小时，墨西哥为 6 美元/小时，菲律宾为 1.90 美元/小时。自由贸易与比较优势的捍卫者坚持认为，这种工业离岸外包所提高的效率能够提高经济的总体繁荣程度。

沿着墨西哥北部边界，工业产品格局随着区域差异呈现不断变化。墨西哥于 20 世纪 60 年代颁布了相关法律，在距离墨美边境 20 千米范围内，允许外国公司（特别是美国公司）建立免税的再出口产品装配"姊妹"工厂（边境加工厂）。截至 21 世纪初，已经建立了 3000 多个这样的组装厂和制造厂，主要生产电子产品、纺织品、家具、皮革制品、玩具和汽车零件等商品。这些工厂为 100 多万墨西哥工人和大量美国公民创造了直接与间接的就业机会，而且受到乘数效应的影响，加工供应商与面向服务的多样化企业的雇员不断增加。

在更广阔的世界舞台上，离岸外包通常包括由发展中国家生产的消费品。这些国家和地区曾被富裕国家的出口产品所主导，后来接受了来自工业化国家的技术与资本转移，利用新设施、新技术提高了本地的生产力水平。例如，电气与电子产品市场目前主要由中国和东南亚地区唱主角，而此类市场以前由西方公司所垄断，后者在商业竞争中落败。在生产国际贸易所需的各种生产资料与消费资料时，这种竞争与替代现象被很多新兴国家多次复制，导致形成了工业区与专业化的全球新布局，极大地改变了发展中国家在全球总产出中的份额，即从 20 世纪中期的约 20%增加到 2009 年的近 50%（以购买力平价法测算）。这种改善至少部分反映了制造业出口份额的增长，对于某些观察家来说，这充分证明了比较优势对世界经济的有利影响。

通过利用比较优势将制造业活动离岸外包给欠发达地区，及将技术从经济发达区转移到欠发达区，就形成了新的国际劳动分工（NIDL）。在 19 世纪与 20 世纪上半叶，国际劳动分工总是指工业国家出口制成品，殖民地或欠发达国家出口原材料。但是现在，角色已经发生改变，制造业不再是欧洲或北美经济结构或就业结构的支柱，而且世界工业生产格局正在发生转变，原来作为自给自足小农社会的那些国家的支配能力不断提高，成为世界市场的主要制造业出口国（参见专栏 10.1）。鉴于这种转变，根据制造业发展过程中进一步分工的趋势，新国际劳动分工的划分更加细致。在全球化世界经济存在土地与资本成本及技术水平差异的基础上，这种细分提供了多样化的国内外包与国际外包业务机会。

## 专栏 10.1　你的衣服来自哪里？

人类与其他动物不同，几乎总是要给自己的身体穿衣服，以表达自己的文化观、价值观、社会地位与自我认同。至少在美国，衣服必须带有标明原产国的标签。快速检查一下衣柜，你可能会发现服装业的国际属性。服装是仅次于农产品的国际贸易主导产品，纺织品与服装生产是原始工业革命的核心，也是发展中国家实现工业化的主要途径之一。服装业是全球化生产和创造新国际劳动分工的领导者。服装业的技术要求相当简单，生产过程属于劳动密集型，为低工资国家提供了比较优势。"二战"后，日本利用服装生产来启动其制造业。新兴工业化国家正遵循着这种模式，中国尤其如此，目前已经成为世界领先的服装制造商，获得了全球市场的大量份额。服装生产的地域格局变化迅速。在一家复古服装店，许多服装都将在美国生产。

制造业的更广泛趋势在服装业也很明显，出口加工区通常用于制造服装。《北美自由贸易法》通过后，墨西哥-美国边境的马奎拉多拉斯扮演了重要角色。随着瑞典零售商 H&M 及西班牙品牌 Zara 等全球品牌率先推出快速时尚的服装，准时生产、精益生产和柔性生产变得越来越重要，同时款式的转换也越来越迅速。虽然大多数大规模市场生产已经转移到发展中国家，但大多数主要品牌与客户都在发达国家。高端时尚产品必须与纽约、伦敦、巴黎和米兰等主要时尚中心的设计师与时装秀紧密相连，因此绝大部分高价位的专业时尚产品仍在这些城市附近。至于低成本的时尚服装，尤其是折扣零售商，则被无情地转移到低工资国家。

### 5. 政治因素

区位理论指出，在纯竞争性经济的区位决策中，原材料、运输、劳动力和建厂等成本应该占主导地位。显然，这种理想化的条件既不存在于美国，又不存在于其他任何市场经济体，某些其他制约因素也可能决定性地影响区位决策过程，比方说考虑成本的因素，或政治性或社会性的强制要求等。土地利用与区划控制、环境质量标准、政府的区域开发激励措施、地方税收减免条款，甚至开发债券授权、对半官方公司的非经济压力及各类其他考虑因素，均会构成纯粹理论背景和考虑因素之外对工业的吸引或排斥因素（参见专栏 10.2）。如果这些政治因素不可抗拒，那么经典的工业区位理论假设就不占主导地位，该区位决策就类似于中央计划经济体所做出的决策。

## 专栏 10.2　竞争与贿赂

　　1985 年，为吸引丰田公司将汽车装配厂设在乔治敦城，肯塔基州投入了 1.4 亿美元，平均每个工作岗位约 4.7 万美元。对肯塔基州来说，这个价格相当划算。1993 年，为吸引梅赛德斯·奔驰公司大驾光临，亚拉巴马州为每个工作岗位花费了 16.9 万美元；2001 年，密西西比州承诺给尼桑公司投入及减税 4 亿美元；2002 年，在与南卡罗来纳州竞争戴姆勒·克莱斯勒公司新建工厂的过程中，佐治亚州许诺给该公司 3.2 亿美元激励金并获成功。再早些时候，以为每个工作岗位付出 35 万美元退税额度的代价，肯塔基州通过竞标引入了一家加拿大钢铁厂。

　　这种火热的工作岗位竞拍并不局限于制造业。例如，明尼苏达大学的经济学家通过计算得出结论，为了西北航空公司两个新维修工厂创造的 1500 多个永久性工作岗位，该州需要为每个岗位花费 50 万美元；为了留下西尔斯·罗巴克公司的 5400 个工作岗位，伊利诺伊州支出了 2.4 亿美元，平均每个岗位 4.4 万美元；为留住摩根士丹利、基德尔、皮博迪等金融公司，纽约市奖励了纽约商品交易所 1.84 亿美元，并向每家公司支付了超过 3000 万美元的奖励金。为了吸引新的雇主与就业机会，州与州之间、地方与地方之间的出价愈发高涨。肯塔基州退出了与印第安纳波利斯对联合航空公司一家维修厂的竞争，因为后者的出价总和超过了惊人的 4.5 亿美元。但是到了 2003 年，随着航空业的不景气，联合航空公司从已经建成的运营设施中撤出，留给该州的只是 3.2 亿美元公债和空空荡荡的大型机库与办公楼。

　　吸引公司投资的奖励品不仅仅体现在现金与贷款上（两者均包含在某些优惠政策中），对制造商的激励措施可能涉及劳动力培训、财产税减免、土地与建筑物的成本补贴或直接赠送以及低于市场价格的债券融资等，这些优惠措施往往出现在各州、县及城市政府对批发商、零售商及其他服务业雇主的政策中。据估算，通过税收减免、补贴及专项拨款等方式，美国各市或州政府给留下来或吸引来的公司以大量优惠，每年总计损失的税收收入高达 300 亿～400 亿美元。当然，各级政府的目标不仅停留在获得所引进公司带来的新工作机会，而且还要从这些工作机会及其公司所创造的广泛经济激励与就业增长中获益，例如汽车零部件制造厂可能会被吸引到新装配厂所在的地区；因为引进了新的基础就业投资，城市会逐渐壮大，各种服务产业（医疗、百货商店、饭店及食品店等）的繁荣亦指日可待。

　　然而，并非所有人都赞同这些投资，据明尼苏达州的一项民意测验显示，该州多数人反对州政府给西北航空公司提供的慷慨优惠。20 世纪 80 年代末，印第安纳州州长、肯塔基州某位州长候选人和密歇根州弗拉特罗克市市长均被挑战者击败，主要原因就是挑战者攻击他们在引进斯巴鲁-五十铃、丰田、马自达等公司来建厂的过程中支出太多。既有公司也经常感到不满，抱怨自己的利益受到忽视，或者所缴纳的税款被用到新来者身上。城市经济开发理事会对这些不断升级的竞价战进行了调查，积极游说各方反对这种激励措施。很多学术界人士指出，工业引进措施是一项零和博弈，除非吸引来的新公司是一家外国公司，否则无论哪个州成功地吸引了任何正在扩张的美国公司，其他各州都会遭受损失。

　　除此以外，有些人还质疑激励措施力度过大。尽管各家公司寻找新地址时肯定会四处比较，尽可能寻求成本最低、合同最优的地方，但决定性因素还是更为现实的商业条件：附近要有劳动力、供货商和销售市场，交通设施成本，气候条件，劳动者的素质，生活总成本等。只有当两个或更多因素具有影响成本结构的足够优势时，减税或免税等特别激励措施才有可能成为区位决策的决定性因素。

　　**问题探讨**

　　1. 作为公民与纳税人，你认为耗费公共资金去吸引新雇主到自己所在州或社区的做法合理吗？如果不合理，理由是什么？如果合理，那么应该采取什么样的激励措施？对你来说，每个就业机会的总成本是多少才合理？理由是什么？

2. 如果相信经济总体上的最优区位由纯区位理论决定，那么你将提出何种理由去劝阻地方及州政府尊重而非规避这些理论所得出的结论，不要对错误选址决策提供财政支持？

没有任何其他强制性因素像计划经济那样无处不在地管制着工业区位。从定义上看，在东欧和苏联的社会主义计划经济体中，用于商品经济中的建厂选址决策理论并不起决定性作用，工厂选址的决策权属于政府主管部门而非个别公司。

虽然官僚决策取代了公司决策，但并不意味着一定会忽视基于要素成本的区位评价，只能说在建造新工厂与产业集中区时，中央计划管理者更关注纯经济因素以外的其他东西。例如在苏联，通过充分开发国家资源来实现产业合理化的控制性政策非常重要，这些资源不论在哪里发现都需要进行开发，而不必过多考虑开发成本或竞争力。不可避免，尽管资本主义经济体与非资本主义经济体中的工业生产要素相同，但产业区位与区域发展的理念和布局则彼此不同。因为重要资金投入相对永久地附着在产业景观中，因此通常这些非经济的政治决策或哲学决策的结果会固定下来，并对当前与未来的产业区划和竞争效率保持长期影响，类似的决策和僵化刻板做法会继续抑制计划经济体向现代资本主义工业技术与柔性生产的转型。

## 10.2　全球制造业布局及其趋势

区位决策无论是由私营企业家做出，还是由中央计划者做出，也不论这些决策所考虑的因素是什么，多年以后的结果就是形成了全球制造业的独特格局。相对少数的主要产业集中区位于少数几个地区，即工业化或发达世界的主要但不排外的部分。这些制造业大致分布在 4 个地区，即美国东北部、中西部与加拿大东部；西欧和中欧；东欧；东亚。这些产业工厂集聚区累加在一起，约占全球制造业产出数量与产值的 3/5。

这些集中区的持续统治地位并不保险。前三个集中区（位于美国、加拿大和欧洲）发端于 18 世纪工业革命早期，扩散并持续至"二战"后。目前，这些国家正在加速发展后工业经济，传统制造业与加工业的相对重要程度正在下降。

第四个集中区（东亚工业区）近年来迅猛崛起，成为更广泛的全球工业化新模式的一部分和先驱。这是"二战"以来国际文化融合与技术转让的结果，第 6 章对此进行了简要评价。从初级金属加工（如钢铁产业）到先进的电子产品装配，当工业活动的各个领域扩散到越来越多的国家后，发达国家与发展中国家之间的旧式刻板的"南北"产业划分迅速弱化。

墨西哥、巴西、中国及其他发展中国家已经建立起具有国际影响力的工业区，更小的新兴工业化国家（NIC）对世界制造业活动的贡献也显著增加。新兴工业化国家或地区包括亚洲四小龙：韩国、中国香港、新加坡和中国台湾，各自通过受过良好教育的劳动者、基础设施投入及支持出口导向型工业化的政策而发展起来。随后还出现了亚洲三小虎：马来西亚、印度尼西亚和泰国。中国是最大的新兴工业化国家，自 20 世纪 70 年代以来经历了巨大的经济增长，并于 2010 年超过日本，成为仅次于美国的全球第二大经济体。

通过采用既高效又安全的集装箱来运输高价值货物，已经帮助众多新兴工业化国家成为制造业出口商，如图 10.7 所示。即使是直到最近仍以自给自足占压倒性地位或以

**图 10.7　标准化货物集装箱使运输业发生了革命性变化。**加拿大的温哥华港是亚洲向北美出口货物的主要港口，集装箱被装载到卡车和轨道车上，然后运送到最终目的地。© *Mark Bjelland*

农业或矿产出口为主导的经济体，也已成为不断变化的世界制造业舞台的重要参与者。在低工资的亚洲、非洲、拉丁美洲国家投资建设国外分厂，不仅建设了产业基础设施，而且显著提高了这些国家的国民生产总值和人均收入，使其有能力扩大生产以满足不断增长的国内（不仅仅是出口）需求。

# 10.3　高科技创新

全球主要工业区随着时间推移而发展，依据经典区位理论中可见的那些因素，企业家与规划者建立了传统的第二产业。就像运输成本一样，原材料的位置是关键因素。在解释最新一代制造业活动（即高科技）的加工与产品区位时，这些理论就很少应用了。对于高科技公司而言，不同的新区位定位模式与竞争优势已经出现，这些新因素通常与有才能的创造性员工聚集密切相关。

高科技是一个模糊的概念，没有精确的定义，今天的高科技可能在短短几年内随处可见，数十年后或许会变成老古董。最好将其理解为一种应用集约型的研究与开发活动，能够创造或制造具有先进科学与工程特性的新产品。在高科技行业中，专业（"白领"）员工占劳动力总数的很大份额，包括研究型学者、工程师和熟练技术工人。当这些高技能专业人士转入行政、监管、营销及其他行业时，他们可能会大大超过公司雇员结构中的实际生产工人。

虽然只有少数几种工业活动被公认为是高科技，例如电子产品、通信、计算机、软件、制药、生物技术及航空航天等，先进技术仍然越来越多地成为各种产业结构与过程的一部分，典型示例包括装配线上的机器人技术、计算机辅助设计与制造、冶炼与精炼过程的电子控制及化学与制药行业的新产品开发等。在高科技领域，制造工作通常为知识密集型的，涉及昂贵复杂设备的操作。事实上，在美国 2006 年所有行业的总就业人数中，超过 5% 的人从事以技术为主的职业。

高科技产业对经济地理模式的影响表现为多种形式。首先，高科技产业是发达经济体和新兴工业化经济体中就业增长与制造业产出的重要因素。高科技产业的工资水平相对较高，并且反映员工所受的培训与生产力水平。其次，高科技产业活动已经成为区域创新中心的集聚区，通常具有自主发展、高度专业化等特征。第三，在高科技产业不断增长的同时，低技能产品与装配任务通常采用国际外包方式，这样就刺激了新兴经济体的成长。

集聚经济对高科技创新尤为重要。在全球某些地方，才华横溢、富有创造力的人们聚集在一起，集思广益，期望制作似乎"奇思妙想"的特定产品。高科技就业岗位的集中区包括加利福尼亚、太平洋西北地区（包括不列颠哥伦比亚省）、新英格兰、新泽西、得克萨斯和科罗拉多。在这些地区及高科技产业集中的其他州或地区，某些特定区位尤为突出，例如旧金山附近的圣克拉拉县的硅谷地区最为重要，拥有斯坦福大学和政府研究实验室等机构，生活条件非常优越，聚集着众多能够在正式或非正式社交环境中分享想法的熟练员工。

还有一些高科技就业岗位扎堆在洛杉矶以南的欧文县与奥兰治县、西雅图附近的硅林、北卡罗来纳州的三角研究园、犹他州的软件谷、波士顿附近的 128 号公路与 495 号公路周边、华盛顿特区的硅沼、加拿大渥太华的北部硅谷以及多伦多西部的加拿大技术三角区等。

在这些高科技产业集中区，存在按照专业进行分布的规律，例如明尼阿波利斯和费城的生物医学技术、圣安东尼奥周边的生物技术、弗吉尼亚州东部的计算机与半导体、得克萨斯州奥斯汀的"硅山"、新泽西州普林斯顿走廊的生物技术与电信，以及华盛顿特区附近的电信及互联网产业等。还有一些地区的产业景观特征是低层、现代化、分散的"办公-厂房-实验室"建筑，并没有巨大的厂房、车间、装配建筑、仓储设施和存储区域，例如苏格兰的硅谷、英格兰的日出地带与硅芬、斯德哥尔摩的无线谷、北京的中关村、西安的高科技产业园区，以及印度浦那和班加罗尔的高科技城等。在区域规划与地方经济规划中，越来越多地出现按规划建造、适合小企业需求的商务园区。

从空间分布模式可以看出，高科技产业对于区位因素比较敏感，重工业产业对其影响不大。目前，人们已经识别出至少 5 种区位倾向：（1）靠近重要的研究型大学或政府研究实验室，并且有大量的科学技术人才；（2）避开工会力量强大的地区，以免严格的合同限制会延缓创新产出及劳动者的灵活性；（3）当地可以获得风险投资，并有富于冒险精神的企业家；（4）位于具有令人羡慕"生活质量"职业的地区，最好是大都市，拥有良好的气候、景色、娱乐休闲、大学、艺术、文化机会及足够大的就业基地，并且能够为受过专业培训的员工提供就业机会；（5）能够提供一流质量的通信与交通设施，可方便地将研究、开发与制造阶段连接在一起，并在公司与供应商、市场、金融和政府机构之间建立联系，这对于支持研究来说非常重要。

几乎所有的主要高科技集聚区都发端于大都市区的半边缘，远离城市中心的那些问题与不便，而且大都包含设施完善的细分区域，公司所在地与商业园区位于核心地段，附近有购物中心、学校和公园。虽然纽约市区是一个大型的高科技集中区，但大多数技术工作岗位都位于郊区而非曼哈顿，这对金融服务与创意服务行业更具吸引力，例如广告与网页设计等。

在新发明不断涌现、创新层出不穷的产业中，新公司的成立频繁而迅速。有些技术熟练的员工从原来的企业中离职，然后成立了自己的衍生公司。高科技集中领域往往会催生出新企业，支持产业及其大量熟练劳动力改善了新衍生公司的成功机会，因此集聚既是空间集中的产物，又是空间集中的起因。

然而，并非高科技生产的所有阶段都必须集中，高科技经济具有专业性、科学性与知识密集性等特点，常常使其远离零部件制造与生产线装配操作。高度自动化或技能需求较低的生产线不需要过多人工干预，它们更为注重具有高度流动性的资本及技术投资，可以在中国大陆地区、中国台湾地区、新加坡、马来西亚或墨西哥等低工资国家以较低的成本进行。对于苹果、索尼和微软等主要高科技公司来说，通常将电子设备组装外包给独立合约制造商。在大多数情况下，同一工厂通常生产大量不同品牌的相似或相同的产品。由于其产品具有高度竞争性与时效性，合约电子制造商有时会面临极大的压力以满足生产期限。

高科技产品往往拥有复杂、高度国际化的商品链——生产与分销过程中的各个步骤。iPhone 由美国工程师设计，但其使用来自亚洲与非洲的稀有金属，以及在德国、韩国、中国台湾及日本生产的专业组件，所有这些组件都集中在中国大陆的装配厂进行组装。

通过外包与技术转让，高科技活动扩散到了新兴工业化国家，这种因为区域转移与传播而形成的全球化是高科技活动对世界经济地理格局的重要影响。例如到 2005 年，在出口笔记本计算机、手机与数码相机等信息技术产品方面，中国已经超过了美国。随着教育水平的提高，中国、印度、新加坡和韩国等国家不再满足于简单的装配经济，开始着力培养大量训练有素的科学家和工程师。因此，计算机软件公司已开始利用印度在工程与计算机科学方面的优势，使班加罗尔和海德拉巴成为全球软件开发的重要参与者。

# 10.4　跨国公司

外包只是现代制造业与服务业日益国际化架构中的一小部分，商业、工业与经济愈发趋向于无国界。跨国公司（TNC）巨头在全球化世界空间经济中变得越来越重要，它们是在总部所在国以外的国家建立了分支运营机构的私人公司。

全球最大跨国公司（也称多国公司）的年度总收入可与若干国家的国内生产总值相媲美，例如 2010 年沃尔玛连锁商店的总收入为 4080 亿美元，如果是一个国家，它将在世界上排名第 24 位，排在挪威之后、委内瑞拉之前。绝大多数大型跨国公司的总部均设在美国、欧洲或东亚。除沃尔玛外，大多数超大型跨国公司都参与制造业或石油开采与冶炼。按国外资产排名，2007 年最大的跨国公司是通用电气和沃达丰，荷兰皇家壳牌、埃克森美孚、沃尔玛、BP 和雪佛龙排名总收入前五位。虽然第三产业活动在经营范围方面实现了国际化，在公司结构方面实现了跨国治理，但多国经营的区位优势与运营优势是由制造业者首先认识并采用的。

跨国公司的直接影响局限在相对少数的国家与地区。跨国公司购买或建造工厂及其他固定资产称为外商直接投资（FDI），这一直是全球化的重要引擎。虽然超过一半的外商直接投资从一个发达国家流向另一个发达国家，但越来越多的国家投资到欠发达经济体，这可能会刺激其经济增长。外向型外商直接投资主要来源于最大跨国公司总部所在的国家或地区，即美国、欧洲、中国香港和日本。在欧洲，英国、德国和法国是外商直接投资的领导者。内向型外商直接投资的主要目的地是中国香港、中国大陆、新加坡、墨西哥、巴西和印度。距离与接近度影响外商直接投资的流向，例如来自美国的外商直接投资更有可能流向拉丁美洲，而亚洲国家则更可能投资于其他亚洲国家。

流入最不发达 50 个国家（几乎包括所有非洲国家）的外商直接投资部分仍然不到总量的 5%。尽管贫穷国家希望外国投资刺激其经济增长，但批评者认为这会适得其反。由于跨国公司要求补贴和减税，一方面经济控制失之于外国公司，另一方面可能会破坏政治主权。跨国公司可能依赖外国供应商以替代本地公司，使缺乏资本竞争的本地公司破产，然后将其利润返还给母国而不是将其再投资于东道国。

现在，来自印度、巴西、南非、马来西亚和中国的跨国公司的投资流出量激增，共享越来越大的其他发展中国家的市场份额。在全球 70 亿消费者中，80%生活在日益扩大的发展中国家。与西方国家的跨国公司竞争对手相比，总部位于新兴工业化国家的跨国公司更熟悉这些国家的市场，具有向其提供更便宜、配送更有效率的商品与服务的优势。

发达国家一半以上外商直接投资的流动目的地可以这样理解：在经济发达的海外市场，跨国公司积极跨国兼并及收购有竞争力的公司，这已成为外商直接投资背后的主要动力。大多数跨国公司只在少数产业运营，例如计算机、电子、石油、采矿、汽车、化学品和药品等，他们的联合对全球影响巨大。有些跨国公司控制了基本商品和专业商品的市场营销与分配，例如在原材料市场中，少数跨国公司占有小麦、玉米、咖啡、棉花、铁矿石和木材全球贸易量的 85%或以上。由于跨国公司在多元市场、多个工厂及多种原材料来源的条件下开展国际化运营，因此能够积极利用比较优势原理，抓住国内外包与国际外包的机会。在制造业中，它们将工厂选址决策过程国际化，并将必须评估的区位分离的运营数量扩大数倍。跨国公司在材料、劳动力或其他生产投入成本最小的国家或地区进行生产，或者在能够为全球市场（而不仅是某国的市场）而扩大生产的公司各工厂进行生产。同时，它们还保持着对运营活动的控制，在经济环境最有利的地方报税，在最经济、便利的地方进行研发、会计核算及其他公司活动。

跨国公司已成为全球化的实体，全球通信使其成为可能。许多人失去了原有的国家认同，不再与其名义上母国的文化、社会及法律制度密切联系或受其控制。与此同时，经济活动的增加减少了以单一产品或过程为特征的任何早期认同，形成了覆盖服务业与工业部门大部分领域的"跨国一体化集团"。

# 10.5　第三产业

第一产业包括收集、开采或种植等活动，第二产业通过制造与加工活动来增加第一产业的产品价值。在国内与国际经济活动中，还有一个不属于商品生产的重要且不断增长的部分，这就是服务（即第三产业）。第三产业由专业化的商人与劳动者构成，为第一产业、第二产业部门及全社会与个人提供服务，追求的不是有形的实际生产商品。

如第 9 章所述，区域经济与国家经济经历了根本性变化，重点体现在发展过程。首先，对于完全依赖第一产业的自给自足社会来说，可能会适时进入第二产业的加工与制造活动阶段，在此过程中，作为劳动力的雇用者或国民收入的贡献者，农业的重要性随着制造业扩张而下降。其次，当经济持续增长时，第二产业会顺次被服务业或第三产业所取代，成为经济的主要支柱。

在 20 世纪末与 21 世纪初，曾经主导世界制造业的许多经济发达国家经历了去工业化。在发达经济体中，劳动力成本不断上升，通信与运输技术缩小了空间，跨国公司迅速成长，向发展中国家转让技术，加工或装配工作大量外包。由此形成了新的国际劳动分工，发达国家之前的竞争性制造优势再也无法维持，而是被新的服务业所取代。基于每个部门对国内生产总值的贡献，发达经济体所做的转型最为完全，这种转型通常是指后工业化（见表 10.1）。

表 10.1　国内生产总值的服务业贡献

| 国家或国家集团 | GDP（国内生产总值）占比 | | |
|---|---|---|---|
| | 1960 | 1980 | 2010 |
| 低收入 | 32 | 29 | 50 |
| 中等收入 | 47 | 48 | 56 |
| 高收入 | 54 | 61 | 73 |
| 美国 | 58 | 63 | 77 |
| 全球 | | 55 | 70 |

来源：世界银行。

或许与其他任何一个主要国家的经济相比，美国已经达到了后工业化状态，第一产业部门的劳动力比重从 1850 年的 66%下降到 2010 年的 1%，服务业劳动力则从 18%上升到 86%。事实上，在过去 20 年中，美国所有新增净就业都发生在服务业。其他国家/地区也发生了类似的情况，譬如在日本、加拿大、澳大利亚、以色列及西欧所有主要发达经济体国家中，65%～80%的就业岗位也存在于服务行业。

第三产业活动对国民经济来说非常重要，发达国家与欠发达国家之间的对比很明显，这不仅体现在就业方面，而且清晰地体现在服务业对各国国内生产总值的贡献上。服务业在经济中所占的份额越大，社会的平均收入与经济复杂性就越大。在大多数地区中，该份额都随着时间推移而增长。在所有国家的收入分类中，各种经济体都在某种程度上分享着经济增长成果，并融入世界经济中。最近数十年来，东亚、南亚及太平洋地区抓住了难得的机遇，实现了第三产业部门的扩张，实际上超过了世界平均水平，例如在拉丁美洲与加勒比地区，2010 年服务业占总产出的 64%。

正如服务业是国民经济增长的主要引擎一样，全球贸易服务业也成为国际贸易流动与经济相互依存的一个增长因素。从 1980 年到 2010 年，服务业占全球贸易总额的比例从 15%增加到 20%，有线通信与无线通信的数据传输成本已经降到可以忽略不计的程度，信息技术与通信技术的快速进步和降低的成本成了服务国际化的核心要素。20 世纪 90 年代末期还被视为不可交易的很多服务，如今在远程交换领域已经非常活跃，离岸外包服务的增长就清楚地显现了这一现象。当制造业首次开展离岸外包时，发达国家的大多数服务业从业者认为自己的工作还会相对稳定，但某些类型服务部门则越来越受到挑战。

## 10.5.1 服务业的类型

第三产业与服务业都是含义宽泛而不精确的术语，涵盖了从邻里理发师到世界银行总裁在内的各种活动。服务业既适用于低端的个人与零售业活动，又适用于主要提供给其他公司而非个人消费、基于知识的高端专业性服务。基于谁是服务的购买者，可将服务业划分为消费者服务与商业服务，前者为个人提供娱乐、旅游、餐饮、酒店、酒吧、维修、教育、医疗保健及各种私人服务，后者为商业公司提供金融、保险、房地产、法律、会计、建筑及工程咨询等服务。

批发与零售贸易是连接生产者与消费者的服务类别，运输与通信为生产者与消费者提供服务，政府与非营利服务提供者也是服务业经济的重要组成部分。

服务业部门的增长有各种各样的解释，反映了日益复杂的社会结构、经济结构及行政管理部门的演变，也显示了个人收入增加及变化对家庭结构与个人生活方式的影响。例如在自给自足的经济体中，每个家庭需要照看自己的孩子，生产及储备自己的食物，修缮自己的房屋。而在后工业社会中，人们雇用儿童保育工作者来照顾孩子，将孩子送到正规学校和大学，在餐馆购买准备好的饭菜，聘请承包商帮助自己修缮房屋。此时，人们实现了同样的目标，但就业结构却截然不同。

随着个人收入的增加，更多收入会用于服务而非初级产品或耐用品。如果某个人获得加薪，他或她可能会乘坐游轮去度假，也可能更加频繁地在餐馆用餐，但是不太可能再购买一台洗衣机。医疗保健行业受到人们收入增长与社会老龄化的推动，当社会完成人口转型时，这种增长就会不可避免地发生。经济变得越来越复杂，意味着需要雇用更多政府雇员，并为他们提供更高水平的教育与培训，确保开展税收征集、边界控制、减轻贫困、保证公共安全、规划社区发展、监督商业秩序、保护环境及维护工作场所安全等工作。

在第三产业中，部分增长只具有统计意义，并非是功能上的原因。在制造业中，为了降低成本及提高效率，越来越多地采用外包方式。服务业也是如此，对原本由机构内部提供的服务进行外包，这也是现代商务实践的特征。例如对工厂、商店及办公室的清洁与维护，原来都是作为内部运行的一部分，由企业安排自己的员工来完成，现在则大多分包给专业服务提供商。这些工作仍然在做，甚至可能由相同的人员来完成，但员工身份已从第二产业（如制造工厂的雇员）变为第三产业（服务公司的雇员）。

## 10.5.2　服务业的区位相互依赖理论

与制造业相比，服务业的区位控制更加简单，就是以市场为导向。对于交通运输业都与通信业者来说，他们主要关心需要联通或运输的人与商品的位置，决定因素是人口的分布模式及生产与消费的空间结构。正如韦伯为制造企业提供经典区位理论一样，经济学家哈罗德·霍特林（1895—1973 年）利用简化假设来构建零售服务的区位相互依赖模型。在区位相互依赖模型中，公司的选址决策受其竞争对手的影响。公司选址能够提供空间垄断的测算标准，以便最大限度地提高收入，而不是像韦伯模型那样最大限度地降低成本。

假设彼此存在竞争的两家公司正在选址决策过程中，每家公司均在线性市场上均匀地向客户销售相同的商品。最常见的示例如两个冰淇淋供应商，同时在某片海滩上以相同价格销售同一品牌商品，人口分布均匀。海滩上的游客将购买相同数量的冰淇淋（即需求无弹性——对价格变化不敏感），并将光顾最接近自己的商店。图 10.8 表明，两个卖家最终将集中在线性市场（海滩）的中点，这样每个供应商都可以在市场的末端供应客户，而不会给其他竞争对手带来区位优势。

这是一个空间解决方案，可以使卖家的收入最大化，但不会使客户的成本最小化。总成本最低的位置是每家供应商位于自己一半海滩的中点，如图 10.8 上部所示，客户走到冰淇淋摊位的总距离（或卖家交付产品的成本）最小。但是，为了使市场份额实现最大化，其中一个卖家可能决定立即重新安置在竞争对手旁边（见图 10.8b），从而占据市场的 3/4。那么竞争对手会如何反应呢？合乎逻辑的答案如下：第二个供应商会跳过第一个供应商，重新夺回市场份额。接下来不可避免的是，双方最终在海滩中心线位置并排出现（见图 10.8c），并且进入相持阶段，因为卖方都不能从移动中获得任何进一步的优势。但是现在，普通顾客必须走得更远才能满足对冰淇淋的渴望，而这不是她或他最初的意愿，总成本或交付价格（冰淇淋购买加上消耗的精力）明显增加。如果第三个供应商进入市场，那么每个供应商的最优位置将变为更分散的模式（见图 10.8d）。

区位相互依赖模型提供了一些简单的经验教训。首先，服务的位置控制取决于客户与竞争对手的位置。其次，在第一组条件下，它们可以生成一种聚集模式和另一种分散模式。第三，霍特林模型表明，优化卖家收入的位置解决方案对客户并非最优。

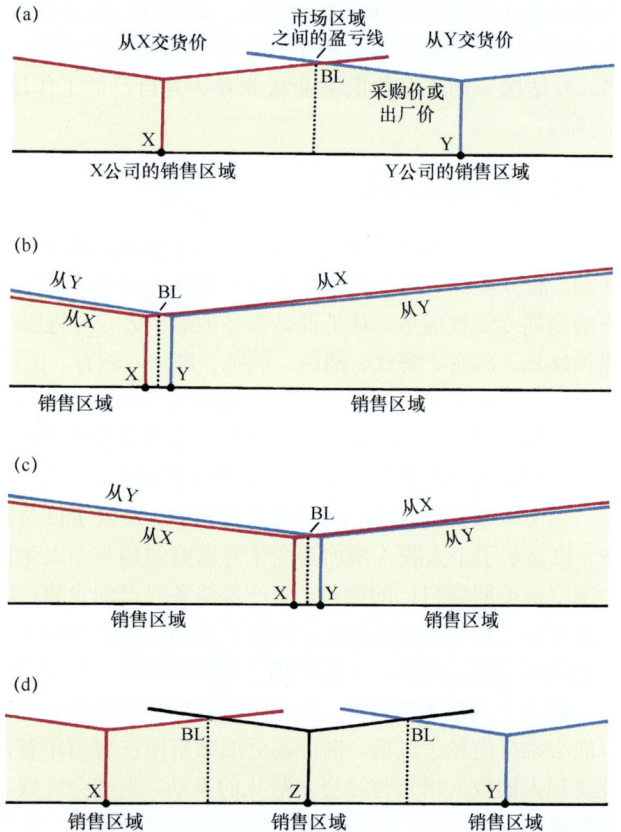

图 10.8　零售位置的区位相关性。霍特林模型预测零售店的位置，假设客户在线性市场中均匀分布，如海滩度假人士。(a)中所示的最初社会最优位置将总旅行成本降至最低，但卖方将腾空这些货物以寻求市场优势，如(b)所示。在多次波动之后，卖方将达到(c)所示的竞争平衡，这种竞争平衡对周边地区的客户服务较差。如果其他竞争对手进入市场，或者卖方同意按(d)中所示的协议来细分市场，那么可能会出现空间分散

# 10.6　消费者服务

消费者服务的供给必须匹配有效需求的空间分布，即以美元为支撑，通过购买力使其需求有效。零售商、餐馆和个人服务提供商都非常了解如何接近客户，最成功的连锁店则应用地图分析来确定其在城市中的最优位置，零售商与消费者服务提供商倾向于选择人口密度、购买力与交通最为集中的地方（见图10.9）。在20世纪60年代以前，购买衣服、家具或家庭用品意味着要去市中心走一遭，因为几乎所有的商店都聚集在那里。然而，随着中产阶级居民离开中心城市前往郊区，百货公司很快就追随顾客开进了新开发的郊区购物中心。零售服务的地理位置是城市地理学的重要课题，本书将在第11章中进一步关注这个话题。接下来介绍两种特殊类型的消费者服务：旅游业和博彩业。

图 10.9　**消费者服务**。在需求与购买力集中的地方，低水平的消费者服务最有效率及效果。在尼泊尔加德满都市中心的一条街道上，这位服装修理工正在忙于生计。© *Mark Bjelland*

## 10.6.1　旅游业

旅游业是为娱乐而非商业目标而进行的旅行，不仅已经变成最重要的单一第三产业部门活动，而且是世界上就业数量与总产值最大的产业。在全球范围内，2010年旅游业的就业人数约为2.5亿人，约占全球国内生产总值的9%。一方面，国内旅游创造了交通、路边服务、住宿、餐饮、娱乐、主题公园和国家公园等方面的消费；另一方面，国际旅游给发展中国家带来了新的收入与就业机会，由于气候、未遭破坏的特征或独特的文化景观（见图10.10），它们被发掘为旅游目的地。在世界上最贫穷的50个国家中，半数以上国家的旅游业已成为主要的服务出口部门。

图 10.10　**旅游业是世界上最大的产业。**这是美属维尔京群岛圣托马斯港的游轮。旅游业完全支配着美属维尔京群岛的经济，每年约有200万游客游览这些岛屿，远超当地10多万居民数量。© *Pixtal/AGE/Fotostock RF*

旅游业的增长是强调从生产到消费的更宽泛转型的一部分，这就伴随着不断提高的生活水平。与制造业一样，旅游业经历了后福特主义的转型，从一刀切的适合大批游客的旅游目的地，转移到各种各样的消费者利基市场（小众市场）。富有的游客们可以选择多种旅游方式，例如游轮度假、海滩度假、非洲狩猎，到"未受破坏"的荒野地区进行生态旅游，到加拿大落基山脉体验直升机滑雪，到阿拉斯加体验皮划艇冒险旅游，到巴厘岛或危地马拉等异国情调的地方体验文化旅游，或者去历史悠久的村庄及城市体验遗产旅游、环欧自行车旅游、葡萄酒旅游及赌博等。生态旅游以对当地社会及环境问题敏感的方式前往野外和风景名胜区，服务商试图提高游客的环境与文化意识，同时实现自然保护与地方经济可持续发展的目标（见图10.11）。

旅游目的地的地理格局极不平衡。在促进艾奥瓦州和夏威夷州工作的过程中，美国旅游和会议局面临着不同的挑战。目的地的地理特征很重要，旅游基础设施的水平及其与潜在客户的接近程度也很重要。

图 10.11　生态旅游。在保护自然栖息地与环境质量的同时，生态旅游希望能够增强当地社区的经济能力。*Brand X Pictures/SuperStock RF*

美国西部山区地带难以成为舒适的缓坡，但中西部的缓坡却变成了下坡滑雪胜地，主要因素是邻近芝加哥与底特律等主要城市，开发商愿意增加造雪与升降机等必要基础设施。

　　旅游业是经济发展的重要工具，但地理学家提出了关于该行业的大量关键问题。旅游业的许多工作都是如酒店女佣等低技能、低工资的职位，利润往往会回流到拥有及经营度假村的跨国公司所在的发达国家。旅游通常具有高度的季节性特征，存在旺季与淡季之分，这会给旅游目的地带来压力。旅游目的地若变换风格，可能会破坏当地经济的稳定程度。旅游业往往会极大地扭曲某个地区，并在某些情况下破坏原生旅游景点的吸引力。在美国，某些荒野地区以外的地区已成为新住房、酒店、游乐园及其他开发的热点。文化旅游不可避免地改变了它所依赖的文化及文化景观。经过多方努力，生态旅游目前已经成为一种道德的旅游形式，它注重教育，最大限度地减少对环境的影响，并利用当地拥有的服务提供商。

## 10.6.2　博彩业

　　博彩业是一个快速发展的特殊产业，能够吸引大量游客纷至沓来，从而重塑本地的经济格局。美国博彩业吸引了近 15% 的娱乐或休闲消费，经济效益极为可观，比职业体育、博物馆、演艺、健身中心、高尔夫球场或游乐园赚钱更多。博彩业的地理位置非常特殊，它取决于法律结构、政治边界及与消费者的接近程度，合法集中区包括内华达州的拉斯维加斯市、新泽西州的大西洋城、游轮（某些从未离岸）、蒙特卡洛和澳门。近年来，彩票与互联网赌博方兴未艾，对这些赌博中心的主导地位是一种挑战。1988 年《印第安博彩监管法案》允许印第安人保留赌场，美国印第安赌场目前已超过 400 家（见图 10.12），主要受益者为位于主要人口中心或国家级公路附近的印第安人保留地，他们经常将大量利润用于改善当地的生活条件。佛罗里达州、加利福尼亚州和康涅狄格州的印第安人保留地最为有利可图，不过许多工作机会由外来者占据。遗憾的是，偏远地区的印第安人保留地通常不会从赌场中受益。

图 10.12　印第安人赌场。1988 年《印第安博彩监管法案》通过后，美国各地的赌场数量激增。该法案赋予各土著部落以经营赌场的权利，作为解决保留地范围内失业与贫困问题的一种方式。与所有服务业一样，地理位置至关重要，主要都市或主要公路通道内及附近的保留区获利最多。© *Mark Bjelland*

## 10.7　商业服务

　　商业服务是为其他业务提供商务服务的专业化活动，允许生产商在需要时通过外包专门任务来节约费用，而不必增加自己的劳动力成本。与消费者服务不同，商业服务机构建立在知识与技能基础上，可以从空间层面与客户分离，不依赖于资源，不受环境影响，也不一定局限于本地市场。当然，需要高层次、面对面的人际接触时，服务公司通常会靠近其客户，即他们所服务的第一、第二或第三产业客户。但是由于存在交通便利性，生产者服务大多可以实现与客户群的空间分离。

与其他行业一样，当商业服务公司选择办公场所时，成本与邻近度之间的权衡是一件很令人头痛的事情。商业服务公司的客户一般都是大型公司，许多公司总部位于房地产与劳动力成本最高的大城市。

商业服务是高度依赖于通信技术的知识密集型活动，有时被称为经济的第四产业。信息与通信技术不断创新，使得完成某些任务不必再采用空间集中方式。由于存在卫星、光缆、无线通信与互联网，大部分公司将办公空间分离为前台与后台两个部分，前台主要负责新思维的创造与交流，后台主要负责重复程度较高、所需专业技能略低的工作。前台工作针对与客户的面对面互动，在这种情况下，公司形象非常重要（见图 10.13）。前台工作需要能够承担高档商业房地产的高成本，这些高品质办公大楼通常位于享有盛名的地址（如公园大道、华尔街），或拥有著名标识的办公大楼（如泛美大厦、西格拉姆大厦）。

**图 10.13　前台工作场所。** 芝加哥洛普区，芝加哥贸易委员会所在地。芝加哥拥有全球最悠久的商品期货市场，也是许多公司总部和金融及法律服务公司所在地。对于注重面对面交流及高档办公场所的那些企业来说，通常选择在中央商业区（如芝加哥洛普区）进行办公。*Pawel Gaul/Getty Images*

在服务行业中，不同类型的专业人员有不同的区位需求与偏好。例如，为联邦政府机构提供咨询服务的政治说客及相关公司需要常驻华盛顿特区，通常聚居在著名的首都环城公路周边；投资公司及律师事务所喜欢市中心的地标位置；工程咨询公司喜欢郊区的办公园区或研究园区；广告、建筑及其他设计专业往往追求一种更具创意的轻松形象，通常选择已转换为办公场所的 19 世纪或 20 世纪初期的工厂或仓储建筑。

从字面上看，后台办公似乎（且确实曾经）是指同一办公楼的后面，如今则可能位于远离服务公司或客户公司的总部。对于保险理赔、信用卡收费、股票市场交易及呼叫中心来说，更喜欢选择租金低、劳动力成本低的地区（通常位于郊区或农村小城镇），因为这样比大城市金融区更具成本效益。纽约仍然是美国前台金融服务工作的中心，但在相对较小的南达科他州苏福尔斯市，同时有数千名员工为大型银行及信用卡公司从事后台工作。

发展中国家尤其受益于空间收缩的数字通信技术，例如光缆与互联网。在大规模数据处理、计算机软件开发等劳动力相对密集的服务领域，可交易服务的增长扩大了发展中国家的国际比较优势。与此同时，西方国家的保险、金融、会计及航空公司的后台工作越来越多地选择在国外开展，使得发展中国家能够接触发达经济体转让的更多高效先进设备与技术，因此受益良多。

为提供与以前仅在发达国家才能获得的水平相当的熟练商业服务，越来越多来自发展中国家的劳动者接受培训并获得实践经验。面临竞争激烈的新时代时，传统的比较优势概念正在逐步消失，至少商业服务业领域如此。此时，服务外包业务延伸到更高层次的领域，例如律师助理与法律服务、会计、医学分析与技术服务、建筑与工程设计及研究与开发等。在雇用受过高等教育且技术高超的专家型人才时，只需支付发展中国家水平的工资费用，对公司运营成本的吸引力如何显而易见。

有线与无线传输（数据、文档、医疗记录、图表、X射线图像等）使远程消费与商业服务能够瞬时、高效获取，众多高水平服务还可以轻易细分，然后顺次或同时在不同地点进行。软件开发领域存在一种著名的"追日"方法，完成一天的工作任务后，可将接力棒传给位于地球其他地方的同事，人休事不休。这种工作方式越来越流行，逐步被其他领域的专业人员所效仿。当跨国公司通过大型计算机不间断地处理数据时，可以充分利用或消除总部所在国与其分支机构所在国之间的时差，这种跨境公司内部的服务交易通常不会记录在贸易统计数据中，但实际上增加了国际服务流动的总量。

印度拥有大量受过良好教育的英语人才，业已成为服务外包的主要竞争对手及受益者，相当于中国作为产品外包首选目的地的地位。例如在班加罗尔、普纳和海得拉巴，聚集了众多计算机软件开发企业，使印度成为全球非常重要的软件创新基地。在印度其他地方，为西方保险公司与航空公司提供后台办公服务的企业数量也在不断增大。例如，从前以美国为基地的顾客互动服务（呼叫中心），现在越来越重新定位于印度，雇用训练有素的职员，采用美国诨名，讲一口纯正的美式英语。此外，从前以美国为基地的人寿及健康保险公司，已将理赔业务集中于讲英语的加勒比海国家，主要是利用这里的低工资及拥有大量受过教育雇员的优势。目前，在这些商业处理外包业务中，已经出现逐渐转移到印度、东欧及中国的某些案例，尤其是在信息服务与电信服务等关键领域，明显加快了技术转让速度。

尽管发展中国家持有的全球服务贸易份额越来越大，但全球贸易服务（进口+出口）仍然被极少数最发达国家所主宰，参见表10.2。从数据对比中可以看出，国家之间差别极大。以高收入国家与撒哈拉沙漠以南地区为例，新加坡只是一个小小岛国，但它在全球服务贸易中所占的份额比撒哈拉沙漠以南的整个非洲地区还要大。

表 10.2　商业服务的全球贸易份额（出口，2011 年）

| 国家或地区 | 服务业的全球贸易占比 | 国家或地区 | 服务业的全球贸易占比 |
| --- | --- | --- | --- |
| 美国 | 13.5 | 日本 | 3.3 |
| 中国（包括香港地区） | 7.1 | 西班牙 | 3.3 |
| 英国 | 6.7 | 爱尔兰 | 2.6 |
| 德国 | 6.0 | 高收入国家 | 79.7 |
| 法国 | 5.2 | 撒哈拉沙漠以南非洲地区 | 1.1 |

来源：世界银行《世界发展指数（2012）》。

由于成本相同但具有技术优势，国内服务企业迅速成长，逐渐走出国门并在国际舞台崭露头角。所有发达国家的主要银行都建立了国外分支机构，全球最重要的那些银行已经成为重要金融资本的主体。换句话说，全球少数几个城市以国际商务与金融中心的面貌出现，持续、无国界地进行运转，如图10.14所示。对于全球关键城市的银行业、证券公司和证券交易所来说，它们的业务遍布全球各地，几乎每天24小时连续交易。与此同时，大量离岸银行业天堂适时出现，试图规避监管控制，合理利用税法的漏洞，如图10.15所示。

会计师事务所、广告公司、管理咨询公司及类似机构（主要来自北美洲或欧洲）越来越多地在世界各地增设机构，分支机构遍布全球主要商业中心。这些服务机构非常先进与专业，有助于扩大美国与欧盟在全球服务贸易结构中的主导作用。

服务业的就业清单很长，其多样性与友好性展现了现代生活的复杂性，提醒人们已经远离了自给自足经济。随着社会经济的不断发展，第一、第二和第三产业部门创造的就业与国民收入份额不断变化。人类活动的空间格局反映了这些变化，逐步从生产与加工转向第三产业的贸易、个人及专业服务，这种转变就是现在人们所熟悉的后工业时代的本质。

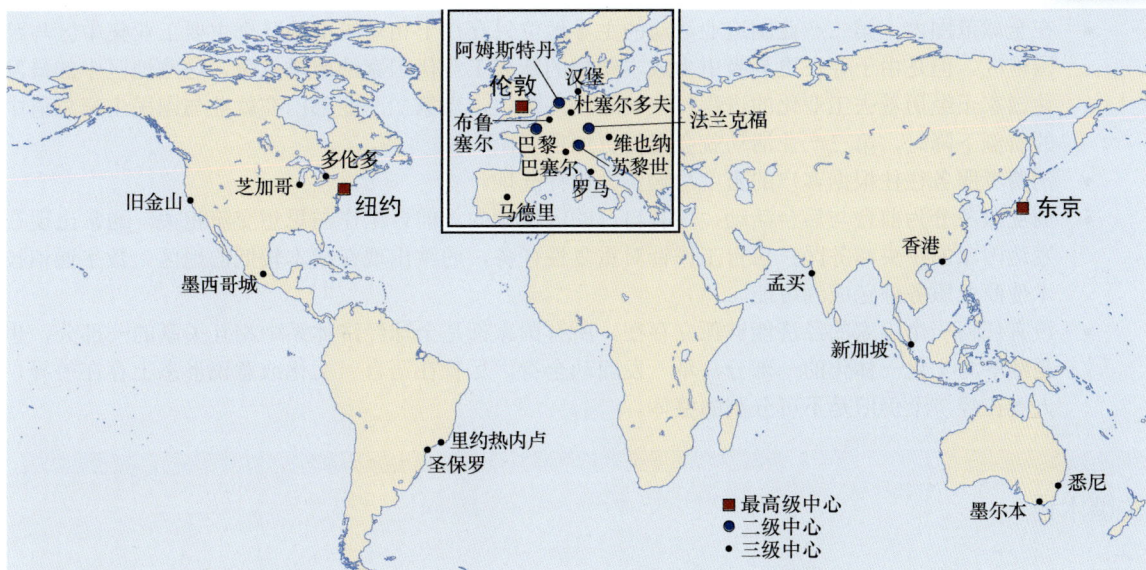

图 10.14　国际金融中心的层级结构。最顶层是纽约和伦敦，说明了最高级的第四产业活动在少数几个世界级与国家级中心的集聚趋势。来源：*Peter Dicken. Global Shift. 4th ed. Guilford Press, 2003, Figure 13.8*

图 10.15　离岸银行业务。离岸金融中心主要位于小岛屿国家与微型国家或地区，允许"来历不明的钱"逃避税收与监管审查。这些金融避风港税率较低，金融监管宽松，遍布世界各地，接近主要金融中心，提供 24 小时交易服务。随着国际压力的不断加大，大多数避税天堂被迫同意加大开放力度，私密保护程度有所降低。来源：*Peter Dicken. Global Shift. 4th ed. Guilford Press, 2003, Figure 13.10*

## 重要概念小结

- 制造业是第二产业活动的主要形式，也是经济发展超过生存水平的证据。区位理论有助于解释工业发展模式，这些理论基于固定及可变的生产与运输成本的简化假设模型，包括原材料、能源、劳动力、市场可达性及运输等成本。

- 集聚经济与乘数效应会使现有工业区位更具吸引力，比较优势可能影响企业家的生产决策。准时生产与柔性生产系统引入了不同于传统理论的区位考虑因素。越来越多的跨国公司拥有多个市场、多家工厂及多种原材料来源，积极利用外包与离岸等优势，使外商直接投资远离本国的基地。

- 在全球范围内，第二产业制造业活动的主导地位只存在于相对较少的几个主要工业集中区与跨国地区。但是由于存在更具吸引力成本结构的新兴工业化国家的市场竞争，这些地区中的最发达国家正经历着去工业化的进程。在发达经济体中，当第二产业部门在就业与国民生产总值中的份额下降时，第三产业活动就会变得更加重要。
- 消费者服务往往根据客户的密度与购买力进行选址。
- 商业服务分为前台与后台活动，均有自己的区位倾向。前台工作与思想交流相关，通常出现在发达国家的中央商务区；后台工作针对重复性任务，通常出现在成本较低的地区。数字通信技术使商业服务外包成为可能。
- 没有任何一个国家的经济能够孤立存在，所有国家都是全球经济体系中相互关联的一部分，也是经济与文化一体化的一部分，牵一发而动全身。尽管在语言、文化或意识形态上存在差异，人类在经济上仍旧是不可分割的整体。

## 关键术语

| | | | |
|---|---|---|---|
| agglomeration | 聚集 | ecotourism | 生态旅游 |
| infrastructure | 基础设施 | external economies | 外部经济 |
| business services | 商业服务 | offshoring | 离岸外包（国际外包） |
| just-in-time (JIT) | 准时生产 | flexible production | 柔性生产 |
| commodity chain | 商品链 | outsourcing | 外包（国内外包） |
| manufacturing | 制造业 | Fordism | 福特主义 |
| comparative advantage | 比较优势 | transnational corporation (TNC) | 跨国公司 |
| least-cost theory | 最低成本理论 | foreign direct investment(FDI) | 外商直接投资 |
| consumer services | 消费者服务 | variable costs | 可变成本 |
| new international division of labor (NIDL) | 新的国际劳动分工 | | |

## 思考题

1. 韦伯在工厂区位理论中做了哪些简化假设？韦伯搜索最低成本区位的方式与识别利润率空间边界的方式有何不同？韦伯理论如何帮助解释传统重工业集群的位置？
2. 比较优势与外包的概念或做法如何影响发达国家及发展中国家的产业结构？
3. 随着高科技产业与就业在发达国家的经济结构中变得越来越重要，对经济地理格局会产生什么影响？说明理由。
4. 发达国家公司外包服务活动的动机与回报是什么？
5. 外包公司在哪些方面对本国经济产生有利或不利影响？

# 第 11 章　城市地理学

## 学习目标

11.1　描述城市如何发展及其原因
11.2　理解基本活动与非基本活动之间的差异，解释城市的经济功能
11.3　根据不同城市的规模差异，解释城市之间的相互关系
11.4　总结北美洲城市的常规格局
11.5　了解不同历史背景城市的差异，以及发达国家与发展中国家之间的城市差异

14 世纪，开罗是一个世界级城市，位于非洲、亚洲与欧洲的交汇区域，主导着地中海的贸易活动。14 世纪初，开罗的人口数量就已超过 50 万，10～14 层高楼遍布整个市中心。据该时期埃及著名历史学家泰基艾丁·麦格里齐记载，当时已能建造首层为商店且容纳 4000 多人居住的大型公寓式建筑物。据来自佛罗伦萨的一位游客估计，仅开罗一条街上的居民，就多于佛罗伦萨全城的人口。开罗吸引了来自欧洲与亚洲各地的大量游客，布拉克港口的船舶数量超过了威尼斯与热那亚之和。这里有超过 12000 家商店，有些店铺专门销售来自世界各地的奢侈品，例如西伯利亚紫貂、锁子甲、乐器、布料及鸣禽等。游客们惊诧于开罗的规模、密度及多样性，将其与威尼斯、巴黎和巴格达相提并论。

今天，开罗是一个幅员辽阔的城市群，代表了发展中国家城市化的数种最新趋势。在这些发展中国家，人口增长远远超过了经济发展速度，例如在 1970 年，埃及人口总数为 3300 万，今天已经达到 8300 万，这是医疗卫生条件改善、婴儿死亡率大幅降低及预期寿命变长的结果。约 1100 万人居住在开罗城市群，开罗的面积现在已扩张到 450 多平方千米，人口密度约为每平方千米 3.3 万人。开罗的人口增长趋势还将持续。城市的不断扩张，占用了大量的宝贵农田，因此减少了可供给全国不断增长人口的粮食数量。

新移民源源不断地来到开罗，人们认为这里机会众多，生活比拥挤的乡村更美好、更有前途。这座城市是现代埃及的象征，年轻人为获得"成功"而宁愿在此被剥削。但是，真正的机会仍然很少。数以百万计的穷人挤住在一排排的公寓住宅里，这些住宅大多建得比较简陋；数以万计的人住在屋顶阁楼或尼罗河上的小船里；甚至 50 万人栖身于开罗东部旧城区的南部公墓和北部公墓（称为"死亡之城"）。开罗不时会发生建筑物倒塌事件，1992 年 10 月 12 日发生的地震虽然只有里氏 5.9 级，但是夷平了数千栋建筑物，造成了非常巨大的损失。

当游客们抵达开罗市中心后，第一印象是富裕，与其外围地区形成了鲜明的对比。在交通拥挤的街道上，矗立着许多高层公寓、跨国公司的地区总部大楼及现代化酒店等，成了新埃及的地标性建筑（见图 11.1）。富人们可以

**图 11.1**　埃及开罗。城市群的人口增长速度较快（1970 年为 300 万，今天为 1200 万），在很多发展中国家都有所反映。由于城市快速增长，引发了住房短缺、交通拥堵、基础设施开发不足、失业、贫困及环境恶化等问题。© *Photov.com/Pixtal/AGE/Fotostock RF*

在麦当劳、必胜客、塔可钟（墨西哥式快餐）或肯德基吃饭，并住在郊区新开发的封闭式住宅社区中。但是，在距离豪华公寓和昂贵汽车只有咫尺之遥的贫民窟，居住着约占开罗总人口 20% 的失业者。

像世界各地发展中国家的几乎所有城市一样，开罗经历了爆炸式增长，越来越多的人口居住在城市地区，却没有足够的设施来支撑所有人。交通拥堵时的发动机空转，产生了世界上最严重的空气污染。在尼罗河及城市饮用水中，检测结果显示铅与镉的含量达到危险水平，这是当地铅冶炼厂的废弃物，对健康的影响数年后才能显现出来。由于城市快速膨胀，开罗无法为居民们规划建设足够的基础设施。1992年发生的那次地震，促使该市通过了第一个城市发展规划。

开罗是城市爆炸式增长的一个经典案例，从某种程度上讲，它在城市规模、人口、贫困、规划及基础设施等方面存在的问题，世界所有城市早晚都要面对。这是本章将要讨论的一些话题。

## 11.1 城市化

世界城市化速度极为惊人，1900 年只有 13 个城市的人口超过 100 万，2010 年达到 449 个，预计2025 年将达到 609 个（据联合国人口司），如图 11.2 所示。

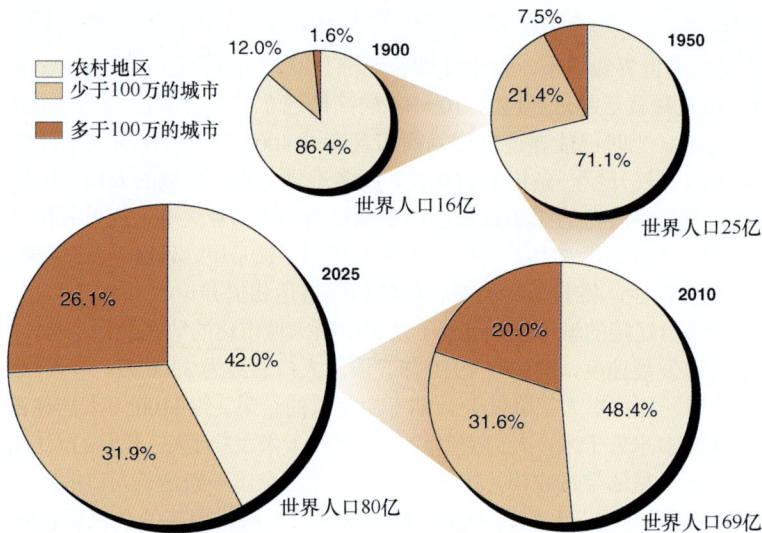

图 11.2 世界城市化趋势。注意，农村地区人口所占的比例稳步下降。据联合国预测，未来 20 年的所有人口增长几乎都将集中在城市地区

1900 年，没有任何一座城市的人口超过 1000 万；到了 2010 年，总共有 23 个大城市的人口超过 1000万（见表 11.1），联合国称之为特大型城市。当然，如第 5 章所描述的那样，随着世界人口的大幅增长，人们希望城市越多越好。但是，城市化速度与城市增长速度却超过了总人口的增长速度。1800 年，全世界只有 3% 的人口居住在城市；在过去的一两年里，生活在城市中的世界人口比例已经稍稍偏离平衡，超过 50% 的人口居住在城市。城市增长的数量因地区和国家而异，但所有国家都有一个共同点，即生活在城市的人口比例正在上升。

表 11.1 2010 年人口数量超过 1000 万的特大型城市 （单位：百万人）

| 城 市 | 国 家 | 2010 年人口 | 城 市 | 国 家 | 2010 年人口 |
|---|---|---|---|---|---|
| 东京 | 日本 | 36.9 | 洛杉矶-长滩-圣阿纳 | 美国 | 13.2 |
| 德里 | 印度 | 21.9 | 里约热内卢 | 巴西 | 11.9 |
| 墨西哥城 | 墨西哥 | 20.1 | 马尼拉 | 菲律宾 | 11.7 |
| 纽约-纽瓦克 | 美国 | 20.1 | 莫斯科 | 俄罗斯 | 11.5 |
| 圣保罗 | 巴西 | 19.6 | 大阪-神户 | 日本 | 11.4 |
| 上海 | 中国 | 19.6 | 开罗 | 埃及 | 11.0 |

（续表）

| 城　市 | 国　家 | 2010 年人口 | 城　市 | 国　家 | 2010 年人口 |
|---|---|---|---|---|---|
| 孟买 | 印度 | 19.4 | 伊斯坦布尔 | 土耳其 | 11.0 |
| 北京 | 中国 | 15.0 | 拉各斯 | 尼日利亚 | 10.8 |
| 达卡 | 孟加拉国 | 14.9 | 巴黎 | 法国 | 10.5 |
| 加尔各答 | 印度 | 14.3 | 广州 | 中国 | 10.5 |
| 卡拉奇 | 巴基斯坦 | 13.5 | 深圳 | 中国 | 10.2 |
| 布宜诺斯艾利斯 | 阿根廷 | 13.4 | | | |

来源：联合国人口司。

表 11.2 按地区显示了世界城市人口。亚洲与非洲是城市化程度最低的两个大陆，但城市增长速度却特别快。虽然有些城市将发展成为特大型城市，但相比较而言，人口少于 100 万的城市数量增长得更快。全球工业化进程不仅刺激了西欧及北美的早期快速城市化，许多发展中国家的城市也随之大规模扩张，由农业经济转型为工业经济。在这些地区，人们纷纷逃离贫困的农村地区，城市扩张加速主要体现在人口数量及高生育率等方面。工业化促进了城市化，但是在发展中国家，城市化仅部分来自工业化。人们蜂拥到大城市中，寻找比农村地区更好的生活，但结果往往并不理想。在非洲撒哈拉沙漠以南地区，城市的快速增长主要归因于进城移民，但可能会超出经济体系创造就业、住房及社会服务的能力。例如，在尼日利亚首都拉各斯、塞内加尔首都达喀尔及其他类似城市，旧城区与棚户区随处可见，充斥了大量失业者或半失业者。

表 11.2　1950 年、2010 年和 2050 年典型地区的城市人口占比　　　　　　　（单位：%）

| 地　区 | 1950 年 | 2010 年 | 2050 年 |
|---|---|---|---|
| 北美洲 | 64 | 82 | 89 |
| 拉丁美洲和加勒比地区 | 41 | 79 | 87 |
| 欧洲 | 51 | 73 | 82 |
| 大洋洲 | 62 | 71 | 73 |
| 亚洲 | 18 | 44 | 64 |
| 非洲 | 14 | 39 | 58 |
| 世界合计 | 29 | 52 | 67 |

来源：联合国人口司。

本章的第一个目标是考察与城市地区的发展、区位及功能相关的主要因素，第二个目标是研究城市地区的体系（即它们彼此之间的关系），第三个目标是识别这些地区内部的土地利用模式，第四个目标是考察能够释疑其特殊性质的因素而对世界城市进行分类。

# 11.2　城市的起源与演变

人们需要彼此靠近并聚集在一起，组成夫妻、家庭、团体、组织和城镇等。除友谊外，人们彼此依赖以获取重要的相互支持。城市的起源涵盖了多种因素，例如定居社区（非狩猎-采集群体）、人口聚集、间接农业群体以及精英群体的存在与治理等，这些因素是城市聚落（定居点）的基础与文明的基石。虽然文明在第一批城镇出现之前必不可少，但城市的发展同样依赖于良好的环境，包括肥沃的土壤、可用于交通运输的水体、建筑材料及可防御的位置等。此外，在农业生产与食品储运方面，技术水平的提高也是城市发展的必要条件。那么具备了这些条件后，城市究竟如何在历史中闪亮登场呢？

最早的城市依赖于农业剩余产品的出现，这是首要前提。在很多早期城市的城墙内，虽然还有人在耕种农田，但与乡村相比还是差别明显，主要体现为大多数城市居民具有非农业身份，意味着农民必须通过城市周边的腹地向城市人口提供食物。由于环境条件优越，种植技术提升较快，促进了农业水平的大幅提高，使人口中心的周围地区出现了食物过剩现象。在处于萌芽状态的小城镇中，非农民可以自由专注于其他职业（如金属加工、陶器制作或织布等），为其他城镇居民及其所依赖的农场人口提供产品。还有一些人成为抄书员、商人、牧师及士兵等，他们共同组成了完善的管理与服务结构，形成了有组织的城市与农村社会群体。

正如宗教层级与市政管理所反映的那样，社会组织及其权力是城市发展的第二个必要前提。大多数古代城市以寺庙或宫殿为中心，里面居住着僧侣，建有粮仓和学校，通常还有统治者。当城市成为中央政权的所在地后，更加巩固了与腹地的关系，便于从腹地调出剩余农产品，然后在城市中重新分配。

古代城市一般出现在易于防御的地点。河流沿岸位置利于交通，但山顶位置的防御优势较好。为了提高防御能力，居民们通常修筑城墙以将城镇围起来，有时也修护城河（欧洲很多地方采用的一种战略）。但是同时，这些防御体系也会限制城市的扩张。有些城市（如罗马）曾向外扩建了多重城墙，每次扩张都扩大了居民的生活范围。

城市出现的第四个因素是更为复杂的经济发展。由于从周围腹地获取食物供应，随着权力与组织机构的不断延伸，城市可以将控制权扩大到更广泛的腹地。随着农业技术的改善，腹地可以生产更多的食物；随着运输及存储方法的改善，城市可以运进更多的食物并安全存储，然后重新分配给城市人口。腹地的规模可能会限制城市的增长，因为只有在农业剩余产品增长的情况下，城市才能增长。

在 10—18 世纪的欧洲和亚洲，经济关系发生了较大变化，改变了城市与其腹地之间的简单索取关系。随着贸易成为经济的引擎，城市商人开始买卖交易。一般来说，他们交易原材料（如羊毛、木材及香料），然后将其加工成制成品（如纺织品、船只及食品）。

随着工业革命的到来，城市发生了另一次转型。工业革命加速了城市增长，最初是在欧洲。以水力或火力为动力，越来越多的工业人口开始操作工厂的新机器，大大促进了规模化生产。以寺庙或宫殿为中心的城市曾经被城墙重重环绕，主要集中在市场及海滨码头，现在则有了根本性变化，经济机会开始集中于工厂、铁路及工厂工人的住房。

本节简单介绍了城市地区的发展历史，初步揭开了非常复杂的城市现象及其悠久历史的面纱。在研究其他属性之前，了解一下城市的起源是很有必要的。当前，在亚洲或拉丁美洲等新兴工业化国家的城市中，随着工业化进程不断加快，正在经历与历史上相似的爆炸性增长与社会两极分化。与此同时，在较为发达的国家，经济逐步转向以服务为重心，使城市具有了后工业化特征。烟囱已经炸掉，曾经的工厂与工业区重新用于开发公园、住宅及商业用途，消费与服务业（而非重工业）主导着后工业化城市。

## 11.2.1　城市的定义

城市区域并非只有单一的类型、结构或规模，共同特征是拥有核心非农聚落（定居点）。就大小规模而言，城市区域的一端是可能仅有一条主要商业街的小城镇，另一端则是复杂、多功能的城市群或特大型城市（见图 11.3）。城市一词通常用于描述城镇、城市、郊区或城市群等，实际上是一个通用术语，只是并非指代某一特定类型的聚落。通常，人们使用此术语的方式有所不同，例如对加利福尼亚州或新泽西州的居民来说，佛蒙特州或西弗吉尼亚州农民所称的城市可能根本算不上城市。此外，城市一词在世界各地的含义有所不同，例如美国人口普查局将城市地区描述为拥有 2500 名以上居民的地方，希腊将其定义为拥有 10000 名以上居民的中心城市，尼加拉瓜则是指有街道、电灯及至少 1000 名居民的行政管理中心。对普遍采用但解释不同的术语的含义，本章必须予以统一。

(a) 　　　　　　　　　　　　　　　　　(b)

图 11.3　(a)芝加哥；(b)宾夕法尼亚州斯特劳兹堡的某小镇。在规模、密度及土地利用复杂性等方面，二者的差异非常明显，一个是城市，另一个是城镇，但均为城区。(a)© *JupiterImages/Getty RF*；(b) *Comstock/JupiterImages RF*

城市和城镇是指多功能的核心聚落（定居点），包括已建成的中央商业区、住宅用地及非住宅用地。城镇规模较小，比城市的功能复杂度略低，但仍具有核心的商务集聚区。在大型城市综合体中，郊区属于依赖于城市地区而且具有专门功能的附属区域部分，可以主要或专门用于居住、工业或商业用途，也可以作为独立的政治实体。中心城市是城市区域的一部分，位于郊区圈内，通常有官方划定的界线。

这些城市类型可以部分或全部关联到更大的单元中。城区是建筑物密集连片的一种景观，由建筑与人口密度来界定，并不针对政治边界，可能包含一个中心城区和许多相邻的城市、城镇、郊区及其他城市地段。另一方面，都市区是指大型的功能实体，可能包含若干城区，尽管区域上不一定连续，但仍可作为一个综合经济体而整体运行（见图 11.4）。

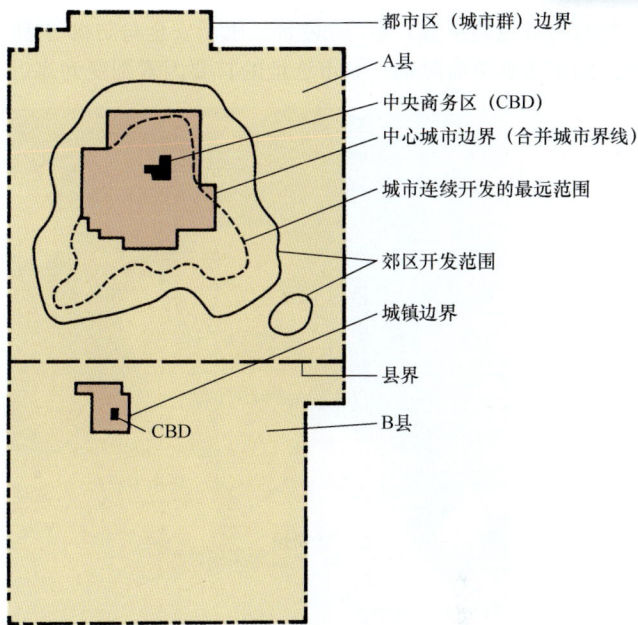

图 11.4　都市区内城市单元的空间分布模型。有时，中心城市的官方边界范围非常大，包括通常被认为是郊区甚至农村的地方。另一方面，在旧金山等历史悠久的美国东部城市和某些西部城市中，正式边界通常仅包含都市区范围内土地利用与人口密度高的那部分

## 11.2.2　城市聚落的区位

城市中心与其他城市和农村地区相连。城市的存在是为自己及外界提供服务，依靠外部地区获得非本地生产的商品与服务，同时也是自己产品的市场及从事各种活动的场所。

为满足自身运转任务的需求，并为更大经济体的需要而增添新功能，城市单元必须选择有效的

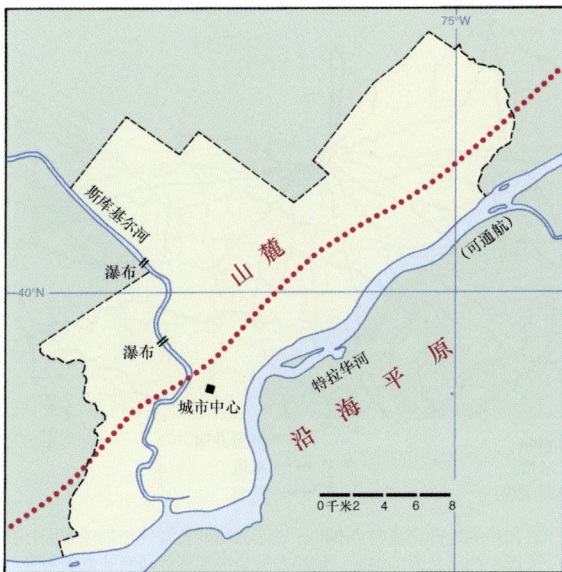

图 11.5　费城的位置

地理位置。为此，既要考虑所服务地区的中心地位，也要考虑所处位置的自然特征，还要考虑相对于资源、生产区域及与市场连接的运输网络的区位。

在讨论城市聚落（定居点）的区位时，地理学家经常将地理位置与地理环境特点区分开来，参见第 1 章介绍的那些概念。位置是指一个聚落的确切地理位置，既可用纬度与经度来描述，又可用自然地理特性来描述。例如，费城位于宾夕法尼亚州东南部，紧邻特拉华河西岸与斯库基尔河的交汇点以北，如图 11.5 所示。

城市的描述或繁或简，依目标而定。在费城示例中，该城市的一部分位于大西洋沿海平原，另一部分位于山麓地带（山麓丘陵），同时又邻近可通航河流。在工业革命期间，城市若要发展，依山傍水很重要。当美国在东海岸建立大城市时，水运和电力是重要的区位因素，如图 11.6 所示。

通过根据位置特征提出的城市分类，可识别出城市的特殊地理环境及作用，包括货物分卸点（货物与人员必须中断其旅程的河流交叉位置）、航运起点与湾顶（水路运输的极限位置）及轨道终点（铁路

始发站与终点站位置）等。在欧洲，出于安全与防御等因素的考虑，早期城市聚落主要选址于岛屿或高地；到了工业革命时期，城市选址的首要因素则变为靠近水电站和煤田。

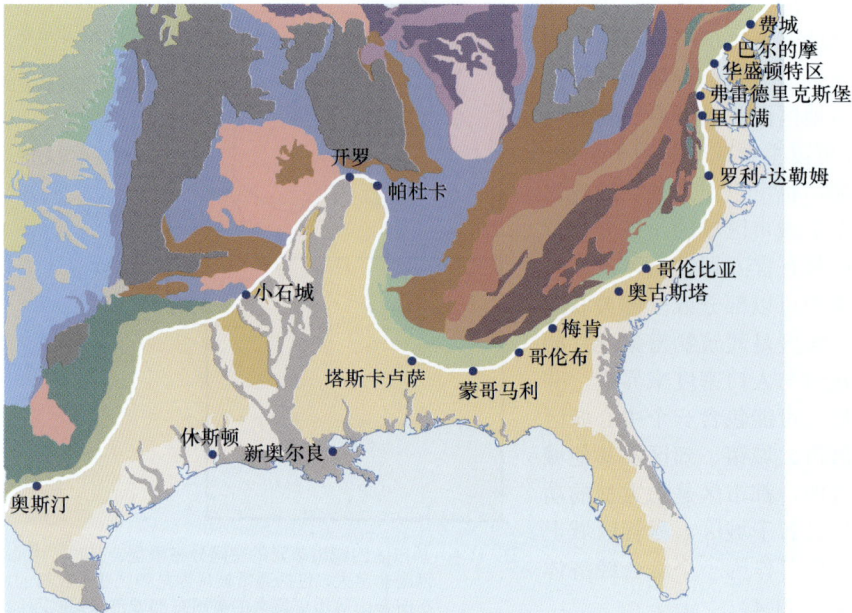

图 11.6　断层线将西部坚硬的古生代变质岩与沿海平原较软的沉积岩分开，源自西部的河流强烈地冲刷与侵蚀陡坡。在殖民地时期，断层线主导了以水车为动力的产业，帮助确定了费城、里士满和巴尔的摩等主要城市的位置。来源：美国地质调查局

位置表示绝对区位，地理环境则表示相对区位，主要根据周围区域的自然特征与文化特征来选择定居点。通常，了解定居点附近区域存在（或可能即将存在）哪些活动非常重要，例如原材料、市场区、农业区、山区及海洋等分布特征。

例如，芝加哥市中心的位置是北纬41°52′、西经 87°40′，位于滨湖平原。若用地理环境进行描述，则为靠近五大湖水系，深入美国内陆，横跨五大湖至密西西比河水道，靠近制造业带的西部边缘、玉米带的北部边界及乳制品主产区的东南部。因为拥有铁路、煤田及矿山，地理环境特征更加突出，如图 11.7 所示。作为东西部之间的往来门户，芝加哥奥黑尔国际机场是美国最繁忙的机场之一。从对芝加哥地理环境特征的描述中，可以获得与其市场、原材料及运输中心地位相关的信息。

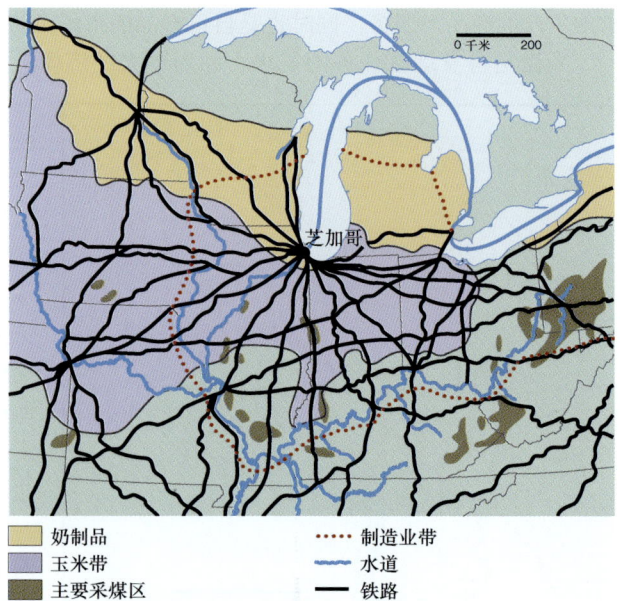

图 11.7　芝加哥的地理环境特点有助于说明其功能多样性与规模成因。在美国中西部及西部地区，铁路发展是决定聚落兴衰的重要因素

一般来说，位置或地理环境最初会在城市崛起过程中作用明显，但可能不会一直作为城市成长与长期发展的关键因素。对于一个成功的城市来说，凭借已有的市场、劳动力和基础设施，可能会吸引来与最初的区位因素完全无关的人员及活动。例如，尽管煤矿开采与匹兹堡的早期发展关系密切，但其他因素对该城市当前的健康发展更为重要。

## 11.2.3 经济基础

每个城市区域都有一个经济基础，这是人们为支持城市人口所开展的各项活动，包括制造工业品、修路、管理商店、照料病人及教育儿童等。对于城市区域的经济基础，可以按照基础部门与非基础部门进行分类。

在城市区域的经济结构中，基础部门由人们从城市社区外部赚钱的活动组成，人们主要从事出口型活动，生产的商品或提供的服务由城外人士所购买。例如，俄勒冈州的希尔斯波洛市大量制造半导体元器件，然后销售给世界各地的计算机制造商，使半导体制造成为该市经济结构基础部门的一部分。

其他工人则为城市本身的居民提供产品与服务，并没有给社区带来新资金，因为其商品与服务没有向外出口。这是城市经济的非基础部门，对城市内部功能（如商店、办公楼、城市政府、本地交通及学校等的持续运营）来说至关重要。

一个城市区域的总体经济结构等于其基础活动与非基础活动的总和。但是，很难将某性质的工作绝对归于某一（或另一）部门，例如医生可能主要服务于本地病人，因此属于非基础部门成员；但是在治疗社区之外的患者时，他们会给城市带来新资金，从而成为基础部门的一部分。

大多数城市具有许多出口功能，城市单元越大，此类功能就越多。尽管如此，即使在经济基础多元化的城市，某项（或极少数）出口活动也往往主导着该社区的经济结构。通过这种功能性的专业化差异，可以将城市划分为制造业、零售业、批发业、运输业及政府管理等类型。

假设能够完全准确地将一个城市的就业人口划分至截然不同的基础部门与非基础部门，则可以确定两个就业群体之间的比率。图 11.8 所示的基础/非基础部门的比率表明，随着聚落规模的增大，非基础部门人员的增长速度要快于新的基础部门。该图显示，服务业中的大部分就业岗位是非基础性的，这在大城市更为普遍。在 100 万人口规模的城市中，这一比率为约 2 个非基础人口对应 1 个基础人口，意味着新增 10 个基础就业岗位可以使劳动力总岗位增加 30 个（10 个基础岗位，20 个非基础岗位）。总人口增长等于增加的工人数量加上他们所抚养的人口，存在与经济增长相联系的乘数效应，即基本部门的每个新工作岗位都会创造额外的非基本工作岗位。例如，如果位于俄勒冈州希尔斯波洛市的计算机半导体制造

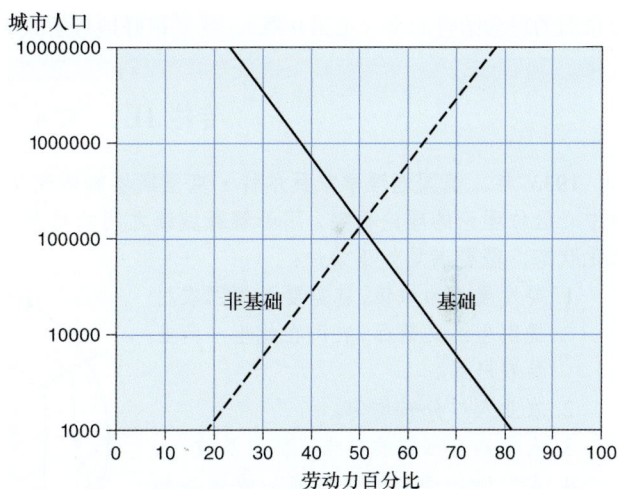

图 11.8 **从事基础活动与非基础活动的劳动力比率**。随着聚落规模逐渐变大，非基础活动的就业劳动力比例不断提高。在 1000 万人口规模的城市中，约有 1/4 的劳动力从事基础活动；在只有 10 万居民的城市中，则有一半以上的劳动力从事基础活动

商雇用了新技术人员，新雇员及其家属将创造对更多医生、教师和咖啡师等岗位的需求。在新闻媒体的报道中，除自身工作岗位外，新工厂还会创造一定数量的新工作岗位，这里所指的就是乘数效应。乘数效应的大小由该社区的基础/非基础部门比率决定。

# 11.3 城市功能

大多数现代城市具有多种功能，包括制造业、零售业、运输业、公共管理、军事用途、住房文化及教育机构等，当然还包括本国公民的住房。大多数城市还具有某些专业化功能，即使是对真正多样化的那些城市来说，通过了解其与市场、生产地点、行政管理及其他服务的关系，也能更好地认识它们。

无论规模大小，城市聚落的存在都是为了高效率地发挥其必要的功能。城市具有三种主要功能：（1）

中心地位功能，即为周边地区提供普遍服务；（2）运输功能；（3）专业化功能，即不一定契合当地的特殊功能。所有城市都提供前两种功能，第三种功能并不是必需的。

例如，底特律于 1950 年达到了人口高峰（1849568 人），这个城市不仅提供一般性的商品服务，还有便捷的五大湖交通和通达中西部地区的铁路网络交通枢纽，并且有专门制造汽车的功能。底特律日趋衰落，目前只剩下一家汽车装配厂。其他专业化功能的例子很多，例如华盛顿特区为整个美国提供政府服务，明尼苏达州罗切斯特的梅奥医疗中心为所有人提供专业卫生服务。

### 11.3.1　中心市场

当想要购买物品或服务时，人们就会进城。城市只要存在就会被用作市场，不仅服务于城市内的本地居民，而且服务于城市外的人口。小城市提供能够满足大多数人需要的各种商品及服务，但真正独特的物品或专业化服务往往只能在大城市中才能找到。

为解释城市聚落（定居点）的规模与区位，地理学家沃尔特·克里斯塔勒创立了中心区位理论（参见专栏 11.1），开发了一种小型、中型和大型聚落相互依赖的模式。他认为，小城镇是周边人口的市场，昂贵奢侈品由服务于周边小城镇的大城市所提供；人们只需走很短的距离即可购买基本商品（如杂货），而要走较远的距离才能购买到稀有商品（如豪华轿车）。在商业社会中迥然不同的地区，克里斯塔勒的理论已被证明普遍正确。考虑不同的收入、文化、景观及交通体系时，该理论也完全符合。这套理论特别适用于农业地区，尤其是城市和乡镇的规模与间距方面。如果将克里斯塔勒方法与有助于理解工业区位和交通布局的理念结合起来（见第 9 章），就能很好地理解大多数城市与乡镇的区位现状。

## 专栏 11.1　中心区位理论

1933 年，德国地理学家瓦尔特·克里斯塔勒研究了聚落（定居点）的规模与区位问题，建立了称为中心区位理论的理论框架，用于解释城镇之间的相互依赖关系。克里斯塔勒认为，该理论最适用于理想化状态，需要满足如下条件：

1. 要发展成为城镇，就需要为周围农村提供生活必需品，农民在此生产商业性农产品。
2. 农业人口分布均匀。
3. 人们具有相似的口味、需求及收入。
4. 人们所能得到的每种商品或服务都有各自的阈值，即支持供给所需的最低消费人数。例如，豪华轿车等商品的价格昂贵且需求量不大，阈值很高；对于一个小杂货店来说，只需少量消费者即可以支撑，阈值很低。
5. 消费者会从距离最近的商店购买商品与服务。

当所有假设条件均同时满足时，就会产生如下结果：

1. 出现覆盖整个地面的一系列六边形市场区域，如插图所示。
2. 在每个六边形市场区域的中心，均存在一个中心位置。

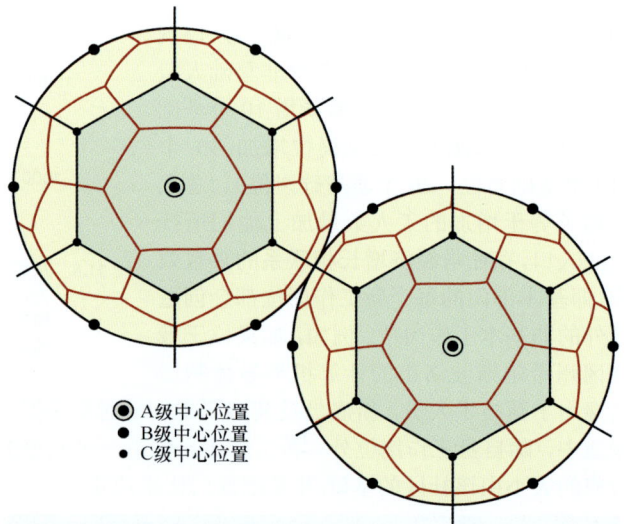

◎ A级中心位置
● B级中心位置
• C级中心位置

在这幅克里斯塔勒模型图中，两个 A 级中心位置的面积最大；B 级中心位置可供出售的商品与服务较少，只服务于中等规模的六边形地区面积；很多 C 级中心位置规模很小，空间上更为紧凑，服务于更小的市场区域面积。对 C 级中心位置提供的商品，A 级与 B 级中心位置也能买到，后者还能提供更多的专门商品。注意，同等规模的中心位置呈均匀分布。来源：*Arthur Getis and Judith Getis, "Christaller's Central Place Theory," Journal of Geography, 1966. Used with permission of the National Council for Geographic Education, Indiana, PA*

3. 中心位置的市场面积大小与其提供的商品与服务数量成正比。

此外，克里斯塔勒还得出了两个重要结论。第一，同样规模大小的城镇会大致均匀地分布，大城镇之间的距离要大于小城镇之间的距离。这意味着小城镇的数量要比大城镇多得多，例如在插图中，小城镇与比其稍大城镇的数量比是 3:1。这种明显按大小与功能进行区分的梯形城镇规模等级系列，称为中心区位等级。

第二，城镇体系具有相互依赖特征，若去掉某个城镇，则整个体系就不得不重新调整。消费者需要各种商品，其中每种商品都有维持其销售所需的最低消费者人数，能够提供很多商品与服务的那些城镇就会成为该区域的零售中心，而较小的中心城镇只能给周围最近的人们提供商品。希望得到某种商品的阈值越高，消费者购买这种商品的平均距离就越远。

例如，对于美国大联盟棒球队的球迷来说，中西部棒球大联盟的球队数量相对较少，而且位于相隔很远的城市地区。在克里斯塔勒的模型预测中，六边形的市场区域位于中心位置，与那里提供的服务（本案例指一项运动）成正比。事实上，在一幅棒球迷绘制（自述）的关系图中，显示了以"有球队城市"为中心的大型、圆形或六边形区域，这些城市以下一个球队城市为界。

小城市、中等城市与大城市之间的相互依赖关系，也可以从其彼此之间的影响中看到。城市的影响范围通常与其规模成正比，例如小城市可能影响约 65 平方千米的本地区域，一般为本城市报纸的可送达范围。超过此影响面积时，另一城市可能会发挥主导作用（如通过银行服务、电视台和运动队）。城市影响区是指城市之外仍受其影响的面积（或区域）。随着距离的增加，城市对周围农村的影响力不断减小（见第 7 章）。

在各种规模的城市之间，普遍存在着错综复杂的关系与等级，下面以北达科他州的大福克斯市为例进行说明。为了控制本地市场，大福克斯市牢牢地控制着周边农村地区；大福克斯市要受到所属州首府俾斯麦市所做出的政治决策的影响；对于各种文化、商业及银行活动，大福克斯市还受到明尼苏达州明尼阿波利斯市的影响；作为小麦生产中心，大福克斯市与明尼阿波利斯市都要受伊利诺伊州芝加哥市粮食市场的影响；在宏观农业及其他政治管理权方面，美国首都华盛顿特区也对大福克斯市、明尼阿波利斯市和芝加哥市施加影响。如此种种，说明城市影响区非常庞大与复杂。

## 11.3.2　生产中心与服务中心

城市增长（尤其近 200 年）与工业发展密切相关，某种类型的制造业总是城市的重要组成部分。在工业革命前，制造业规模往往较小。随着大规模生产的发展，制造业成为推动城市经济发展的主要引擎，工业产品常常出口到其他地方，赚取可回馈至整个城市经济的资金。

大多数城市（特别是大城市）履行着很多输出功能，即使在经济基础多样化的城市，少数输出产业仍倾向于主导城市结构，成为所在城市体系的标识。通过前面介绍的乘数效应，可知城市的就业岗位与人口数量随着制造业工人及其抚养人口的增加而增加，其抚养人口可作为新的基础就业或制造业就业的补充。

城市的增长可能来自城市自身的内在驱动力，即"循环并累积"获取由现有市场、劳动力及城市设施所吸引的新人口、新功能，例如银行服务、法律服务及政府服务等服务业活动，可能会引发基础产业与非基础产业的劳动力增长。近年来，服务业已经发展到了一个新阶段，新产业服务于旧产业，例如计算机系统公司帮助银行开发更高效的计算机驱动银行业务系统。表 11.3 中列出了美国最大的都市区（城市群）。

表 11.3　2010—2025 年人口超过 200 万的城市群

| 排　序 | 城市群（主要城市） | 2010 年人口 | 2025 年人口（预测） |
| --- | --- | --- | --- |
| 1 | 纽约–纽瓦克 | 20104369 | 23572190 |
| 2 | 洛杉矶–长滩–圣阿纳 | 13223023 | 15686961 |
| 3 | 芝加哥 | 9544691 | 11433831 |
| 4 | 迈阿密 | 5970527 | 7255325 |
| 5 | 费城 | 5841396 | 7095366 |
| 6 | 达拉斯–沃斯堡 | 5142701 | 6278296 |

（续表）

| 排　序 | 城市群（主要城市） | 2010 年人口 | 2025 年人口（预测） |
|---|---|---|---|
| 7 | 亚特兰大 | 4874502 | 5970807 |
| 8 | 休斯敦 | 4784745 | 5854216 |
| 9 | 波士顿 | 4772358 | 5834383 |
| 10 | 华盛顿特区 | 4634045 | 5669656 |
| 11 | 底特律 | 4364429 | 5344617 |
| 12 | 凤凰城-梅萨 | 3830188 | 4720069 |
| 13 | 旧金山-奥克兰 | 3681072 | 4531230 |
| 14 | 西雅图 | 3297766 | 4076308 |
| 15 | 圣地亚哥 | 3119757 | 3859914 |
| 16 | 明尼阿波利斯-圣保罗 | 2801553 | 3477221 |
| 17 | 丹佛-奥罗拉 | 2491521 | 3106123 |
| 18 | 坦帕-圣彼得斯堡 | 2484401 | 3095511 |
| 19 | 巴尔的摩 | 2414711 | 3009478 |
| 20 | 圣路易斯 | 2350919 | 2930968 |
| 21 | 波特兰 | 2024822 | 2540099 |
| 22 | 克利夫兰 | 2022462 | 2532390 |

来源：联合国人口司。

　　城市聚落的规模与复杂程度既会增加，也会衰落。当城市的商品与服务需求下降时，所需工人就会减少，基础与非基础部分均会受到影响。但是一般会存在抗拒衰退的行动，这会一定程度上阻碍衰退进程，延迟衰退所带来的影响。当移民对更多用工需求做出快速反应时，城市居民数量可能会快速增长。但是一旦面临衰退迹象，已在当地扎下根的很多人都不愿意离开，或在经济上没有能力移居他地。近年来，美国南部与西部的城市区域增长迅速，东北部与中北部地区的城市区域增长较慢，如图 11.9 所示。

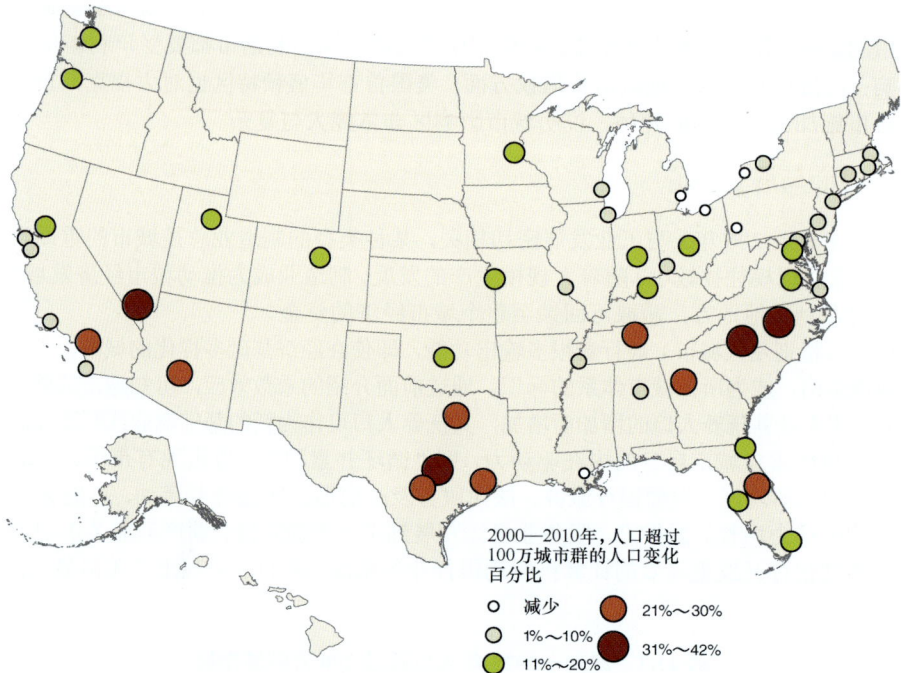

图 11.9　2000—2010 年，美国城市群的增长与衰退格局。在 2010 年人口数量超过 75 万的城市群中，增长率最高的城市几乎全部位于南部和西南部。卡特里娜飓风肆虐，造成新奥尔良人口减少。来源：联合国人口司

## 11.3.3　行政中心与公共机构中心

　　城市的最早标志是存在寺庙、粮仓及统治者宅邸，一直是行政管理中心，各州及联邦的首府几乎总

是坐落在一定规模的城镇中。一旦政府进驻，这些城市就会快速发展，因为政府是重要雇主。

在所有规模的城市中，总有一定比例的人口受雇于政府。除政府部门的工作人员外，无论是在联邦、州、大都市还是在本地城市，教育与卫生保健工作者通常也是政府雇员。在教育部门，人们受雇于中小学、高等院校、技术学校和职业学校；在卫生保健部门，政府可以雇用社会机构、医院和治疗机构的员工。教育与卫生保健服务必须易于获取，因为有人群的地方就必须有这些服务，因此受雇于政府部门的就业人口规模通常与城市人口规模成正比。

虽然政府部门的就业规模与当地人口规模之间存在正比关系，但这种关系却并不一定适用于政府服务，政府服务往往集中在首府或首都。教育服务与人口分布密切相关，但某些城市教育部门的就职人口不成比例，特别是大学或学院所在城市。例如，由于是州首府和大型公立大学所在地，威斯康星州麦迪逊市拥有大量的政府部门就业人数。

## 11.4　城市体系

今天的城市均相互关联，任何一座城市都有几种或多重功能，这些功能既要受其区位与规模的影响，又要受到其他城市的距离、规模与功能的影响。总而言之，城市是城市聚落体系的一部分。

### 11.4.1　城市等级

若要识别城市体系如何组织，最有效的方法是研究城市等级体系，即基于城市规模与功能复杂性的城市排序。对于每个城市或城市群，人们可以衡量其能提供服务的数量及种类。这个等级体系就像金字塔，少数大而复杂的城市位于顶部，大量较小的城市则位于底部，小型城市总是比大型城市数量多得多。

如果给该等级体系加上空间维度（见图 11.10），就可以清楚地看到存在由大都市中心、大城市、小城市和乡镇组成的一个地域系统，商品、服务、通信及人员在其中来回流动。少数高等级城市群为较大区域提供专门化功能，小城市则为较小区域提供服务。各个独立中心与其周围区域相互作用，但同一等级城市提供大致相同的服务，相同规模的城市倾向于不会彼此服务，除非其能提供某种专门化服务（如大型医院或研究型大学）。因此，在该等级体系中，各等级聚落（定居点）并非独立存在的，而是与其他等级聚落相互关联的，各种等级的所有中心共同组成一个城市体系。

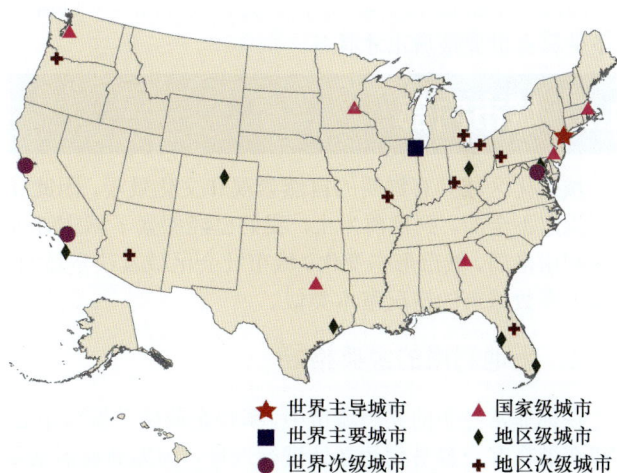

图 11.10　**美国城市群的等级体系，本图仅显示主要都市区。**此分类基于如下因素：(a)各个城市群的总就业人数；(b)商业与金融业的就业人数；(c)企业与金融业的就业区位。来源：美国劳工统计局发布的金融就业数据

### 11.4.2　城市排序与规模

城市体系的全球尺度演化提出了区域或国家范围内的组织架构问题。在某些国家中，特别是经济关系复杂且城市历史悠久的那些国家，位序-规模排序法则描述了这种城市体系，指出全国城市体系中的第 $n$ 大城市规模是最大城市规模的 $1/n$，第 2 大城市规模是最大城市规模的 $1/2$，第 10 大城市规模是最大城市规模的 $1/10$，以此类推。虽然没有任何国家的城市体系完全符合此法则，但俄罗斯与美国的城市体系与其非常接近。

对于发展中国家及城市体系由首位城市（即比排第 2 位城市规模大两倍以上的城市）占主导地位的那些国家，位序-规模排序法则并不太适用。实际上，很可能根本就没有明显的"第 2 位城市"，因为首

位城市等级体系的特征就是存在一个非常大的城市，然后加上少数或根本就没有的中等规模城市，后面再罗列许多更次一级的小城市。例如，首尔的人口数量（2010 年为 980 万）占韩国总人口的 20% 以上，曼谷的人口数量超过泰国城市居民总数的一半。

在许多发展中国家，首都城市均具有这种压倒性的首位度。在某种程度上说，首位城市格局是殖民地历史的遗产，在特殊的殖民时期，经济发展、殖民统治、交通及贸易活动集中在一地，例如达喀尔（塞内加尔）、罗安达（安哥拉）及其他非洲国家的许多首都等。

还有另外一些情形，例如首都城市（如开罗）的体量很大，具有进一步发展与增长的潜力，但是经济发展与人口增长的集中度不成比例；许多欧洲国家（如英国、法国和奥地利）也显示了首位结构，通常由于历史上的经济与政治权力集中在位于首都的宫廷，首都也可能是更大殖民帝国的行政与贸易中心。

### 11.4.3　世界级城市

位于各国城市体系之巅的是称为世界级城市的相对较少的特大型城市中心，它既是全球经济的控制与指挥中心，又是为国际高级制造商服务的核心区，包含大量金融、广告、银行和法律等机构。

伦敦与纽约是地位最高的两座世界级城市，拥有全球最多的跨国服务办事处与多国公司总部，控制着全球范围各自领域内的庞大商业帝国。每个世界级城市都直接与大量其他世界级城市相联系，共同控制着全球金融、制造业及贸易体系，组织及管理相关的复杂网络。这些控制性中心及部分主要与次要世界级城市（如香港、巴黎、新加坡、东京、上海、芝加哥、迪拜和悉尼）通过政府、大公司、股票交易所、期货交易所、证券市场、商品市场、大型银行及国际组织之间的先进通信系统紧密地连接在一起。

大型跨国公司刺激了世界级城市的发展，提高了世界级城市的支配地位。跨国公司的规模与复杂程度不断加大，为便于最小化控制分散经营活动的复杂程度，通常需要将中央管理功能外包给专业服务公司。同时，专业服务机构（法律、会计及金融等）也需要依靠大量的专业技能、信息及人才储备，而这些条件只有世界级城市才具备。

## 11.5　城市内部

城市化区域具有鲜明的自然景观和文化景观，因此在不了解城市内部特征的情况下，对城市本质的理解肯定不全面。到目前为止，我们已经探索了城市等级体系中的城市起源与功能，现在将要转向城市土地利用格局、城市形态变化、城市社会区域及决定城市区域特征的制度约束。讨论主要针对美国城市，全球大多数城市的情况基本类似。

### 11.5.1　土地利用的经典格局

在你非常熟悉的某个城市中，哪些企业位于城市中心？它们为什么会在那里出现？许多商店所有者希望在潜在客户容易到达之处进行选址，因为商业活动需要"可达"才能蓬勃发展，所以中心城区一般被容易接近大量人口的商店及管理机构所控制。由于各自的需求不同，工厂与居民区通常位于中心城区之外，工厂需要安置在工人与原材料便于到达的会合点，居民区则希望能够接近工作地点、商店与学校。总之，可达性是了解城市内部土地利用的关键。

在城市区域内部，存在一种反复出现的土地利用分布与人口密度格局。城市内部的组织方式有一定的相同性，北美或西欧等相同文化圈尤为如此。在塑造城市内部的土地利用格局方面，主要变量包括可达性、竞争性的土地市场及城市成长期间的可用交通技术。由于运输体系连续发生变化（首先是步行，然后是公共交通，再后是汽车），形成了三种截然不同的城市土地利用格局。

#### 1. 中央商务区

美国的第一批城市是依靠步行与驮运发展而来的，当时人口数量很少，城市非常紧凑。19 世纪末至 20 世纪初，这些城市建设了公共交通系统，成本虽高但很高效。然而，即便引入了公共交通，也只有位于公共交通线路附近步行距离内的土地，才能成功地纳入扩张的城市结构。在老旧的中心城区内，城市核心位置称为中央商务区（CBD），这里交通最为便利，因此也是最适合许多功能的地方。在欧洲与美国，大城市的中央商务区位于公共交通线路的交叉点，小城市的中央商务区位于城市的中央大道两旁。

除具有高度交通便利性外，城市中心地块的经济价值亦很高。企业主要求自身的机构具有最大程度的可达性，一般通过竞标拿下中央商务区内的绝大多数地块。对于中央商务区内交通便利程度稍逊一筹的地块，一般都会被高层办公楼（摩天大楼）和大饭店之类的土地利用者占据，这些建筑物共同构成了商业城市的天际线。至于公共用途（如公园和学校等），则根据非支付能力标准来分配土地。

中央商务区中的土地是一种稀缺商品，稀缺性质使其价格昂贵，而且需要集约、高密度地加以利用。由于可用土地供给有限，公共交通时代的工业城市都非常紧凑，主要特征是住宅密度和结构密度高，边缘地区有一条城市与非城市用途的清晰界线。在美国东北部和加拿大东南部的老旧中心城区，就清晰地展示了这种格局。

### 2. 中央商务区外围

在城市的核心区之外，工业控制土地临近重要货物运输线路，包括铁路、水运码头、河流或运河等；在公共交通系统远离城市的交叉点（换乘点）位置，商业集合体应运而生；在大容量公共交通线路沿线，一连串的商店、轻工业及高密度公寓建筑驻留并获益；在城市内部最不容易接近的地方，为竞争力最弱的用户保留了低密度住宅。图 11.11 显示了城市土地竞争者之间的这种重复性空间分配情形。

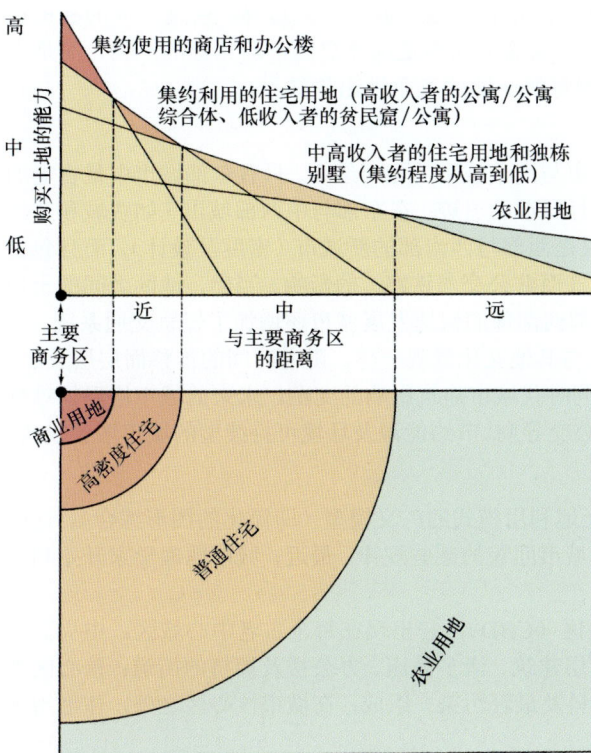

图 11.11　**城市土地利用模式**。描绘了理想城市区域内不同土地利用方式的区位，出价最高者得到交通最便利的土地

由于对土地实行竞争性出价，（理论上）应该会形成两个独立但相关的距离-衰减格局。到中央商务区的距离越远，土地价值和人口密度下降得越多。土地价值以一种独特的方式下降：在距离峰值地价交叉点（中央商务区内可达性最好、最昂贵的地块）很近的位置，地价急剧下降，然后价格降低幅度变小，直到区域边缘地带。图 11.12 显示了中心城区的人口密度格局，体现出一种可比较的距离-衰减分布形态。

### 3. 汽车主导区

从 20 世纪 40 年代开始，汽车运输在人员与货物的移动中占据了统治地位，使有轨电车系统失去了大量乘客，并经常转换为公交体系。"二战"后，高速公路体系不断向外扩展，城市边缘地区的大片低价土地获得开发。当富裕阶层及中产阶级家庭远离城市中心后，这些区域逐步向外延伸拓展，使密度-距离曲线变平。"二战"前形成的紧凑、老旧、以公共交通为主的城市，此时发生了根本性变化，随之而来的是低密度、非集中的城市，以及向

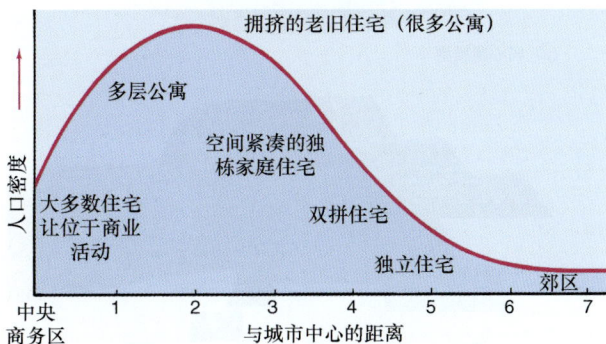

图 11.12　**人口密度曲线**。随着到多层公寓建筑物的距离的加大，人口密度逐渐降低

更远郊区延伸的汽车主导型次级城市区域。汽车令广大区域变得容易抵达，使多商务区（而非单一中央商务区）成为可能。峰值地价交叉点目前可能是主要径向公路与环形（环线）公路的交叉点，甚至是整个高速公路走廊的交叉点。尽管如此，图 11.12 所示的交通便利性与土地竞争性出价的概念仍然适用。在汽车主导的新开发活动中，主要商业用途占据了主要公路走廊沿线最容易到达、最昂贵的土地，高密度住房（如公寓、联排别墅和公寓综合体）通常位于这些商务区的边界，密度较低的独栋住宅则位于更隐蔽、不易接近的位置。在大多数地方，这些模式不是纯粹自由市场竞标的产物，而是由土地利用及其区域规划决定的，这些规划试图预测每块土地的竞争性出价结果。

### 4. 区域差异

城市区域的增长步伐决定了步行城市、公交城市与汽车城市的相对组合。只有东部城市中最古老的部分（如老魁北克和波士顿灯塔山）仍然残存着步行城市的遗迹；在东部与中西部城市（如费城和芝加哥），公交系统占统治地位时开发了大片区域；不仅是西部与西南部的新城市（密度及设计），而且包括旧中心郊区的增长区域，主要或完全受汽车与卡车（而非公交与铁路）的影响。当然，地区之间的土地利用对比并非绝对，因为老城市适应了汽车，西部与西南部的快速发展城市还增加了轻轨交通系统。即便如此，不同的城市格局并未完全消失，因为城市与其他文化景观一样，随着时间的推移而层层叠加。因此，在不断变化的 21 世纪，美国城市展现了不同时代城市建筑影响的交融。未来的城市格局很难预测，许多城市地理学家和城市规划者都主张回归至公交导向、节约能源及环境可持续型的城市增长模式。

### 5. 城市形态模型

20 世纪二三十年代，人们提出了城市增长和土地利用模式的广义模型（即简化的图形综合）。这些模型概括了不同城市的巨大差异，有助于人们理解城市面貌的某些规律。最近，城市地理学家开始利用模型来辅助理解分散型城市。

经典模型的共同出发点是与众不同的中央商务区（CBD），它出现在每个古老中心城区。中央商务区的核心区展示了高密度的土地利用开发，包括高层建筑、诸多商店、办公楼及拥挤的街道；核心区外围是边缘区，由仓库、交通枢纽及轻工业（少许原料及最轻污染）组成；在城市核心区之外，住宅用地开始大量出现。

20 世纪 20 年代，社会学家厄内斯特·伯吉斯提出了同心圆模型，如图 11.13a 所示。该模型由 5 个圈层区域组成，第一圈为中央商务区（CBD），从四周向外辐射；第二圈为过渡区，主要特点是停滞与衰退，

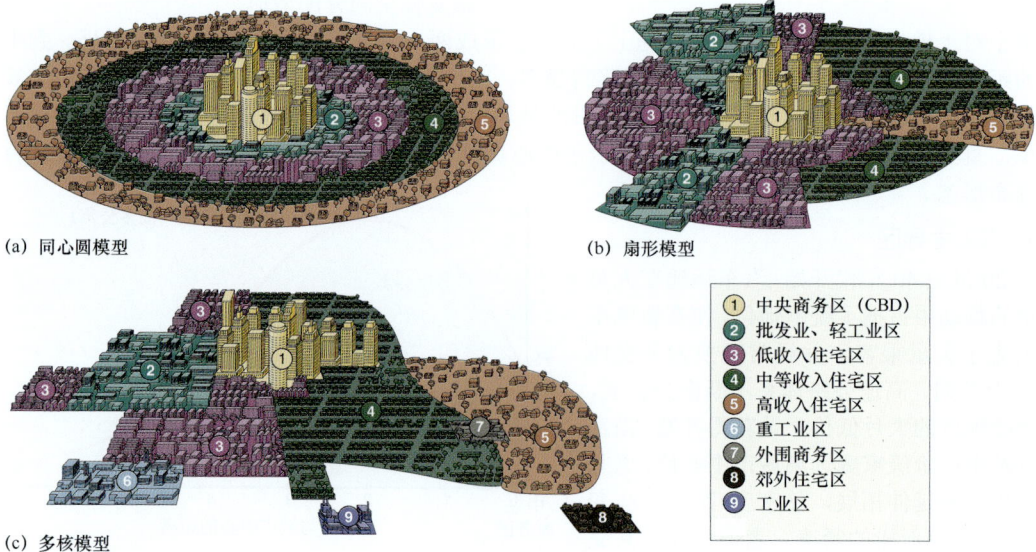

(a) 同心圆模型　　　　　　　　　　　　　　(b) 扇形模型

(c) 多核模型

1 中央商务区（CBD）
2 批发业、轻工业区
3 低收入住宅区
4 中等收入住宅区
5 高收入住宅区
6 重工业区
7 外围商务区
8 郊外住宅区
9 工业区

图 11.13　城市内部结构的三种经典模型：(a)同心圆模型；(b)扇形模型；(c)多核模型。来源：*"The Nature of Cities" by C. D. Harris and E. L. Ullman in volume no. 242 of The Annals of the American Academy of Political and Social Science. The American Academy of Political and Social Science, Philadelphia, PA, 1945*

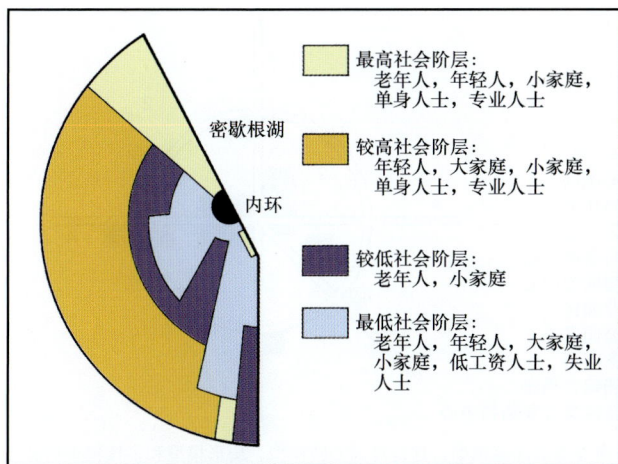

图 11.14　芝加哥地区主要社会阶层示意图。中央商务区为内环。来源：*Philip Rees, "The Factorial Ecology of Metropolitan Chicago," M. A. Thesis, University of Chicago, 1968*

包含高密度的低收入贫民窟与寄宿公寓，或许还存在少数民族聚居区；第三圈为工人住宅区，通常是规模较小的老旧住宅区，房间面积也不大；第四圈和第五圈为中产阶级与富裕阶层的独栋住宅及公寓。

同心圆模型并不是静止不变的，各种类型的土地利用和人群均倾向于向外迁移至下一圈层，这是连续不断的入侵与更替过程的一部分，由此形成了一种重构的土地利用格局及按收入水平划分的人口隔离。芝加哥市的演变与该模型有某些相符之处，如图 11.14 所示。

扇形模型（见图 11.13b）于 20 世纪 30 年代提出，其主要研究对象为交通主干道，认为高房租住宅区从城市中心沿主要交通干线（如郊区通勤铁路）向外扩展。该模型指出，随着城市的不断扩张，最高收入群体率先迁往新社区的新家园，这些新社区位于从城市中心向外辐射的现有交通路线上；中等收入阶层的住宅聚集在富裕阶层的住宅外围；低收入阶层的住宅则占据邻近工业区及其相关交通线（如货运铁路）区域。

扇形模型也具有动态属性，以向下过滤过程为标志。较老区域由于最初居民外向迁移而被放弃，最低收入人口（最接近城市中心、距离富人当前住处最远）成为这个最不理想空置区的疑似受益者。城市扩张呈放射带状，而非同心圆模型中的圆环状。加拿大卡尔加里市的实际格局如图 11.15 所示，与扇形模型基本一致。

第三种城市土地利用模型为多核模型（见图 11.13c），与同心圆模型和扇形模型的中心假设（即城市从单一中心核向外增长及发展）相反，认为大城市发展不是只有一个增长节点，而是由周边地区的几个增长节点向外扩展。在这个模型中，某些活动根据需要被限制在特定区域（如零售区需要交通便利性较好，港口则需要建在滨水位置），各独立核心分别向外围扩展，最终使互不靠近的土地沿着交汇线碰头并连接在一起。因此，该城市的土地利用模式不是从单一中心

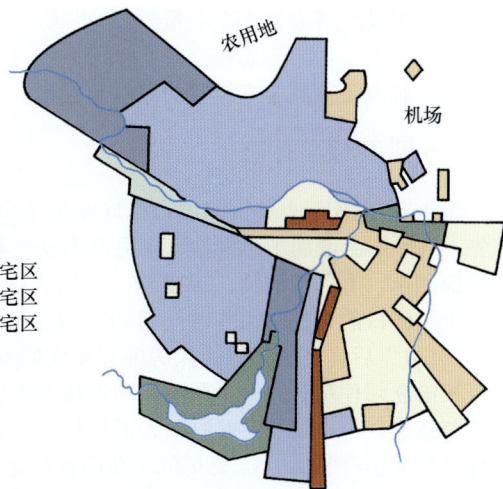

图 11.15　1981 年，加拿大卡尔加里市内部及周围地区的土地利用模型。由于自然与人文因素的影响，城市地区不断演进，最终形成了类似扇形模型的土地利用格局。卡尔加里的中央商务区是若干扇形区的共同中心。来源：*P. J. Smith, "Calgary: A Study in Urban Patterns," Economic Geography, 38, no. 4, p. 328, Clark University, Worcester, MA, 1962*

以一系列同心圆或扇形的顺序来规则性构建的，而是基于迥异活动各自独立扩展形成的。

虽然这三种模型概括的文化、社会、经济及技术已过时，但其所解释的自然格局仍然保留并控制着当代景观。1950 年以前，北美洲的城市发展类似于同心圆或扇形模式，存在界限清晰及处于主导地位的中央商务区；但是在"二战"后，城市扩张变得越来越复杂。多核模型可能更符合最新的城市发展现状，但应辅以第四种模型直观地加以补充，即边缘模型。

边缘模型考虑了自"二战"以来城市形态发生的重大变化，特别是曾经作为中心城市功能的郊区化。边缘模型补充而非取代城市土地利用模式的三种早期模型，重点位于城市群内、中心城市外的外围地带，

如图 11.16 所示。边缘地带的功能与城市中心无关，而是取决于与边缘地带其他部分的关系。在该模型中，中心城区外均有一条环形公路，便于土地的连片开发。住宅区则相对单一，位于大型开发区内。边缘地带的节点是就业中心或服务中心，包括大型购物中心、工业园区、配送及仓库建筑群、办公园区及机场综合楼群（如酒店、会议设施和汽车租赁公司）等。对于边缘地带的居民来说，大部分活动都在边缘地带内部（而非中心城区）进行，例如在大型购物中心购买

1. 中心城区
2. 郊外住宅区
3. 环形高速公路
4. 径向高速公路
5. 大型购物中心
6. 工业园区
7. 办公园区
8. 服务中心
9. 机场综合枢纽
10. 综合性就业和购物中心

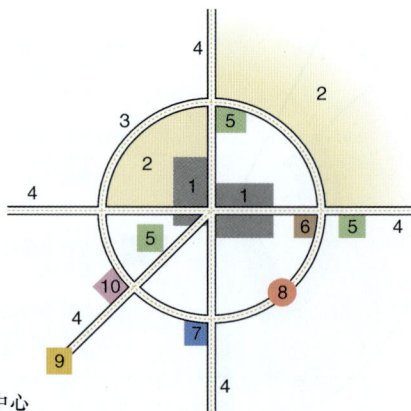

**图 11.16　城市形态的边缘模型。**这是对同心圆模型、扇形模型和多核模型的补充

食品、衣服和服务，在乡间俱乐部及娱乐城进行休闲娱乐，在工业园区或办公园区寻找工作等。

对于美国边缘城市的发展方向，城市景观的观察者持不同意见。最先提出边缘模式的那些人认为，城市外围并没有与市区完全分开，仍然是城市群功能的组成部分。最近有一些学者认为，美国城市正在发展与中央商务区竞争的复杂郊外中心区，将都市绵延区划分为越来越独立的城市区域分组，每个区域分组或多或少由其中心城区提供服务。这一趋势降低了中央商务区的影响，使其地位基本等同于城市群中的许多城市中心。在新的多中心都市绵延区中，组合了中央商务区与城郊中心区周围区域，对城市群乃至整个国民经济来说都至关重要。

本节讨论了城市形态模型，有助于人们理解城市的结构与发展，但是必须要强调"模型不是地图，而且很多城市还兼具若干模型的某些特征"。

## 11.5.2　城市形态变化

进入 20 世纪后，美国的城市格局发生了巨大变化，技术体系、物质体系及制度体系不断变革创新。首先，汽车革命增加了可靠性、应用范围及便利性，使人们不再依赖于固定线路的公共交通工具，可以方便地回家、上班或购物。1938 年，美国人接受了每周最多工作 40 小时的观念，确保数以百万计美国人每个工作日的通勤与工作时间普遍不超过 10 小时。

"二战"后，美国家庭的住房拥有率大幅度提高，从 1945 年的低于 50% 上升到 1960 年的 60%。政府授权给联邦住房管理局（FHA）和退伍军人管理局（VA），向更多家庭发放住房贷款，从而刺激了这种繁荣景象。与"二战"前的私人银行相比，这些机构的贷款条件要宽松得多。在"二战"前，买房者若想从私人银行贷款，需要支付很高的首付比例（50% 或更高），而且偿还贷款期限通常很短（往往是 10 年）。联邦住房管理局和退伍军人管理局改革了房屋购买政策，提供高达房屋价值 90% 的抵押贷款及长达 30 年的还贷期限。实际上，退伍军人管理局还允许很多退伍军人以零首付购买住房。

此外，州际高速公路体系获得长足发展，使得长途通勤更加可行。20 世纪 70 年代，国家高速公路体系基本完成，主要都市区高速公路建成，工作场所与家庭之间的通勤距离扩大至 30～45 千米或者更远。

随着高速公路越来越多，交通越来越便利，房屋所有权惠及面越来越广，每周工作时间越来越短，城市发展开始转向更为广阔的非城市用地，同时改变了人口增长的主流模式。在过去六七十年间，美国城市经历了曲折的变迁，首先是随着居民、企业及工业向郊区迁移，城市中心的人口数量急剧减少，从而导致城市衰败不堪；最近，某些人与经济功能回归至许多城市的核心区域，又使这些趋势发生了适度逆转。

### 1. 郊区化与边缘城市

由于多年的经济萧条与战争管制，被抑制的住房需求 1945 年之后如洪水般释放出来，大规模的郊区化改变了美国城市的既存格局。1950—1970 年，人口增长存在两种最突出的模式，即人口的城市化与城市人口的郊区化。

住宅土地利用促使大量人口涌向郊区。一般来说，对于统一开发但空间上不连续的住宅，均在大多

数中心城区的旧边界之外进行。因为不受公共交通线路的限制，新设计毫无目标地随意扩张，体现了购买力的大规模重新布局。零售商迅速对此做出反应，将原来规划的区域性大型购物中心建设成为郊区的高等级中心，或者作为中心城区的外围商业区。同时，配套建设小型购物中心和带状商业中心，逐步形成完整的零售业等级体系。

面对新出现的郊区化劳动力，各种产业随之向外搬迁，同时被现代化单层厂房所吸引，还可以为职员提供充足的停车位。工业不再需要靠近铁路设施，高速公路为低成本、更灵活的卡车运输提供了新机会。大量受过良好教育的劳动者住在郊区，其购买力吸引了各种服务行业前来投资，办公楼综合体（像大型购物中心一样）矗立于高速公路交叉口，并沿着高速公路临街道路和主要连接公路两侧发展。

城市群的面积与人口都在迅速扩大，20 世纪八九十年代，扩张性城市增长大部分发生在距离中心商务区 16 千米以内的地方。在收缩性城市中，中心城区附近的人口数量大幅下降，但在距离中心商务区 32～48 千米处，人口反而在增长。换言之，这些年以来，城市在郊区边缘的扩张多于在中央商务区的扩张。

21 世纪初以来，这种模式出现了逆转。在人口正增长的城市（如亚特兰大）中，中心城区的增长速度较快，郊区的增长速度较慢；在人口负增长的衰退城市（如克利夫兰和底特律）中，显示出持续的郊区化与重新填充城市中心的微弱趋势。图 11.17 比较了 1980 年与 2010 年亚特兰大的人口密度，显示了郊区化人口范围与城市核心区人口范围。图 11.18 对底特律进行了同样的比较，郊区化与城市核心的空心化都很明显。

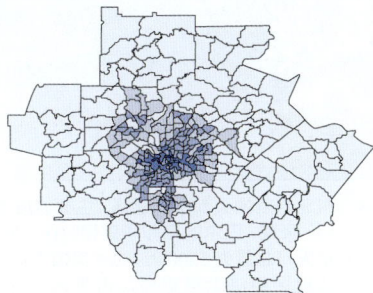
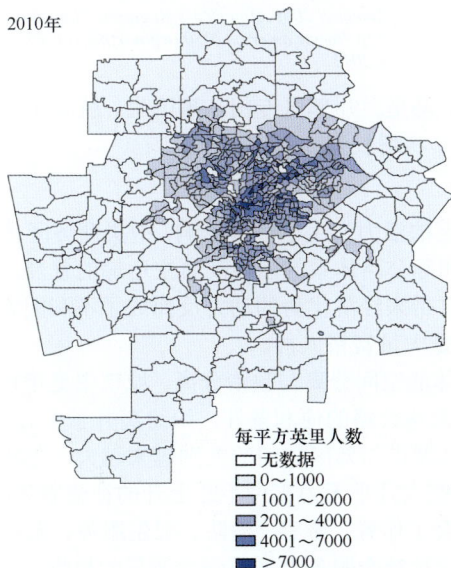
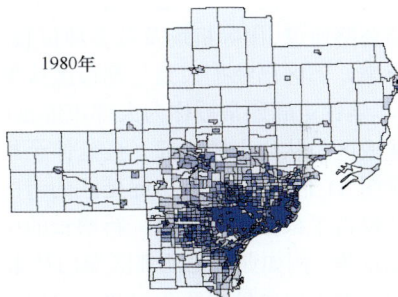
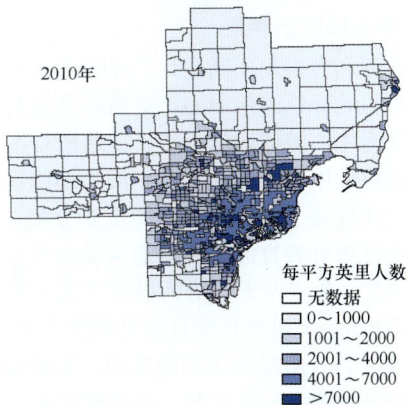

图 11.17　亚特兰大 1980 年与 2010 年的人口密度。郊区人口已经增长，但城市核心区仍然人口密集。来源：*Kyle Fee, "Urban Growth and Decline: The Role of Population Density at the City Core," Federal Reserve Bank of Cleveland, http://www.clevelandfed.org/research/commentary/2011/2011-27.cfm accessed on 1/6/13*

图 11.18　底特律 1980 年与 2010 年的人口密度。周边郊区人口增长，中央商务区人口减少。来源：*Kyle Fee, "Urban Growth and Decline: The Role of Population Density at the City Core," Federal Reserve Bank of Cleveland, http://www.clevelandfed.org/research/commentary/2011/2011-27.cfm accessed on 1/6/13*

在美国主要城市群的周边，目前崛起了一种新型城市。随着城市蔓延现象的不断加剧，以及边缘功能区域空间分隔日益扩大所隐含的成本不断上升，城市周边地区的扩张速度显著放缓，可供开发的土地供给减少，土地开发强度加大。郊区不再依赖于中心城区，而是以工业园区、摩天大楼办公园区、庞大零售综合体、门禁社区及公寓综合楼的激增为标志景观，重新焕发出广阔、集体自给自足式的外部城市。

新郊区的规模与复杂程度日益增长，开始与旧中央商务区相匹敌。总体来说，新中心超过了中心城区，成为就业与收入的源泉。郊区与旧中央商务区一起提供了标识后工业城市的许多服务。20 世纪 80 年代，美国郊区建设了比中心城市更多的办公场所，例如弗吉尼亚州泰森斯角（位于阿灵顿与雷斯顿之间）成为美国第九大中央商务区，大型公司的区域总部与全国总部、银行业、各种专业服务、大型酒店大厦和娱乐中心等，逐渐成为新外围城市的重要组成部分。边缘城市可通过办公楼与零售建筑的大型节点进行定义，其边界内的就业岗位比居民数量还要多。

边缘城市目前存在于美国的所有地区，例如加利福尼亚州奥兰治县的南岸地铁中心，休斯敦西翼的橡树商业街廊城市邮政中心，费城西北部的普鲁士王和202 号公路走廊，纽约市西部新泽西的梅杜兰兹，伊利诺伊州芝加哥西郊的绍姆堡，这些只是此种新城市形态的数个案例。在亚特兰大郊区，甚至还存在一个名为"外围中心"的地方。边缘城市的区位因素包括靠近主要公路通道、国际机场及社会地位较高的地区。

近年来，郊区已经扩大到与都市区接壤的程度。波士顿-华盛顿走廊通常被称为大都市绵延区，即为一个连绵建成区，从波士顿北部一直延伸至华盛顿特区南部（见图 11.19）。该大都市绵延区的市区与郊区紧密交织，侵占了部分农村景观。新增长的中心与中心

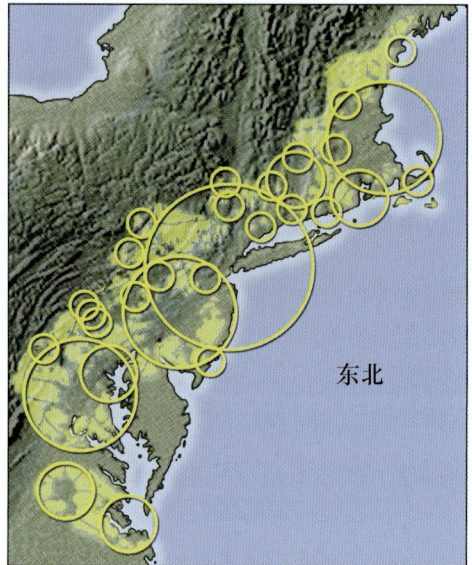

图 11.19 东北走廊的大都市绵延区，主要城市为波士顿、纽约、费城、巴尔的摩和华盛顿特区。东北走廊 2010 年人口总量为 5200 万，约占美国人口总数的 17%。该地区经济上很重要，占美国国内生产总值的 20%。预计到 2050 年，将增加 1800 万人。来源：*America 2050, America's Regional Plan Association, http://www.america2050.org/northeast.html accessed 1/2013*

城区存在竞争，例如弗吉尼亚郊区专门从事国防相关产业、马里兰州郊区专门从事卫生、航天和通信产业。该地区的人口总量估计在 5000 万左右，预计到 2025 年将增长到 5800 万。

## 2. 中心城区的衰落

交通便利性格局不断变化，对中央商务区及其周边城区的活力产生了巨大影响。中央商务区曾经是有轨电车与城际铁路的中心，交通非常便利。但是，随着州际公路体系的出现及航空运输的普及，人们越来越认为中心城区过于拥挤，交通相对不便。为中心城区带来经济优势的动力反而成了不利因素，很多工作岗位从中心城区迁移到了城市边缘区，随之迁出的是大量富裕人群。

郊区化促进了就业与人口的重新分配，形成了社会群体的空间分离与政治分离。城市中更年轻、更富有、受过更好教育的居民们追求美好生活，利用汽车与高速公路的便利条件，纷纷离开了中心城区，只留下贫穷、年老及无优势的城市居民（见图 11.20）。中心城市与郊区之间的差别越来越大。在城市内部的大面积地区，现在几乎只能见到穷人和少数民族，而这些人几乎无力支付不断上升的社会服务成本。

在支持穷人所需的各种服务中，主要包括福利金、社会工作者、警察、消防、卫生服务、无家可归者庇护所及福利补贴住房等。中心城区本身无法提高支撑这种社会服务水平及强度所需的税收，因为已经失去了以商业、工业及高收入住宅（均已郊区化）为代表的税基，同时还失去了曾经是中心城区结构重要组成部分的就业机会。越来越多的穷人及少数民族人群被困在中心城区，无法找到就业机会。因距离、移动不便和经验不足等原因，他们甚至被剥夺了少量剩余的低技能工作（大部分已转移至郊区）。

图 11.20　纽约布朗克斯区的荒废贫民窟。大城市的某些地区已被放弃，现在只容纳穷人。© Getty RF

这种不幸的局面通常称为空间失配。

为了帮助陷入困境的城市及其居民，联邦政府启动了城市重建改造计划。在 1949 年《住宅法》的推动下，政府清理了贫民窟，重建了中心城区，建造了公共住房、文化综合体和工业园区等。遗憾的是，这些公共住房项目往往成为贫穷集中区和犯罪高发地，许多公共住宅已经被拆毁。

在工业基础下降、贫困集中的城市，政府为维持或振兴中心城区而做出过一些努力，但往往无法取得预期效果。例如，在密歇根州的底特律、俄亥俄州的托莱多、康涅狄格州的布里奇波特等城市，人们均见证了多次失败的城市更新改造计划。近年来，中心城区变成了成千上万无家可归者的宿营地（参见专栏 11.2），许多人住在公园、出入口、街道、地铁列车暖气排放口或地铁站里。许多观察家认为，中心城区经济体具有一系列劣势（如土地价格高、住房价格高、劳动者缺少技能、就业机会有限及社会服务资源不足），几乎没有希望或者根本就不可能改观。

在美国西部，中心城区的情况则截然不同。西部地区拥有美国目前发展最快的某些城市，亚利桑那州、加利福尼亚州、内华达州及犹他州的城市居民比例均高于纽约，美国 10 个增长最快的城市群中有 5 个位于西部（见表 11.4）。与此同时，增长最慢的大城市则出现在东部与中部。

## 专栏 11.2　无家可归者

美国各大城市均有成百上千的无家可归者，经常用购物车推着自己的全部家当，在免费食品发放点或者救济站排队，夜间则睡在公园或门道里。无家可归者总人数并没有准确的统计数字，官方数据认为应为 230 万～350 万人，即约 1%的美国人属于无家可归者。在无家可归者中，约 1/4 为儿童，近 2%超过 62 岁，少数民族所占比例更高，例如非洲裔美国人占美国总人口的 12%，但其中无家可归者则占其人口的 45%。在无家可归者中，约 25%存在严重精神疾病及慢性药物滥用等缺陷。另有研究指出，约 14%的美国人在生活中的某个时段无家可归。

无家可归现象提出了诸多问题，但是答案尚未达成一致。谁是无家可归者？为什么人数一直在增加？谁应对解决无家可归者所产生的问题负责？有没有消除无家可归现象的办法？

有些人认为，无家可归者从根本上讲，应该属于富裕而冷漠社会中穷因潦倒的受害者，这些人本来是普通人，但是遭遇了厄运（失业、离婚、家庭暴力或致残性疾病）而被迫离家。他们还指出，在无家可归者中，家庭、妇女及儿童的数量不断增加。妇女和孩子不像"独居者"（主要指男人）那么招摇，喜欢住在汽车里和紧急避难场所，或者拥挤在破烂不堪的房子里。无家可归者的同情者认为，联邦政府在 20 世纪八九十年代削减预算，导致了原本可买得起的住房严重短缺。同一时期，政府以城市振兴为理由，拆除了低收入阶层的住房，特别是旅馆单人间。此外，许多州减少了对精神病院的资金投入，将所收容的病人推向街头。

另一方面，有些人认为无家可归者多半应为自己的困境负责，借用某位评论家的话来说，他们是"精神错乱、病态的掠夺者，毒害了邻里关系，吓坏了路人，威胁了公共福利"。这些人认为，在全国所有无家可归者中，66%～85%患有酒精中毒、滥用毒品或精神疾病，而且绝大多数应为自己的酗酒与吸毒行为负责，他们绝对不是疾病的无辜受害者。

为了妥善安置这些无家可归人口，各个社区尝试采用了大量策略。有些社区建立了临时避难所（特别是在天气寒冷时），另一些社区为永久性住房和/或集体住房提供补贴，他们鼓励非官方、非营利性组织设立免费食品发放点或食品库。但是，也有一些社区试图将无家可归者赶走，或者至少令其在本城镇的部分地区消失，禁止他们午夜以后在城市公园或长椅上逗留，或者在公园长椅及公交车站安装不能睡觉的座位，取缔攻击性乞讨行为等。

还有一些人认为，上述两种解决办法皆不可取，无家可归者不仅缺少住处，而且是存在严重问题（主要是精神紊乱）的人群，需要人们帮助其离开大街进行治疗。用他们自己的话说，无家可归者需要一种"持续的关怀"或者一系列全面的服务，例如教育、职业培训、戒毒戒酒与精神疾病治疗，以及负担得起的住房等。

### 问题探讨

1. 在你所生活或最为熟悉的社区里，无家可归问题的根源是什么？
2. 谁应该对无家可归问题负责，联邦、州还是地方政府？把这个问题留给非官方组织（如教会和慈善团体）来解决是不是最好的办法？为什么？
3. 有些人认为，若向流落街头的人提供金钱、食品或住房而不予治疗，只会"助纣为虐"或者成为瘾君子的帮凶。你同意这种说法吗？为什么？
4. 有位专栏作家曾经提出建议，应在军事基地对男性流浪者进行隔离检疫，并强迫他们接受药物治疗。对于拒不配合的人，以暴力犯罪进行指控，然后转给刑事审判机关。你认为无家可归者应该被强迫治疗或强制关押吗？如果是的话，应该满足什么样的条件？

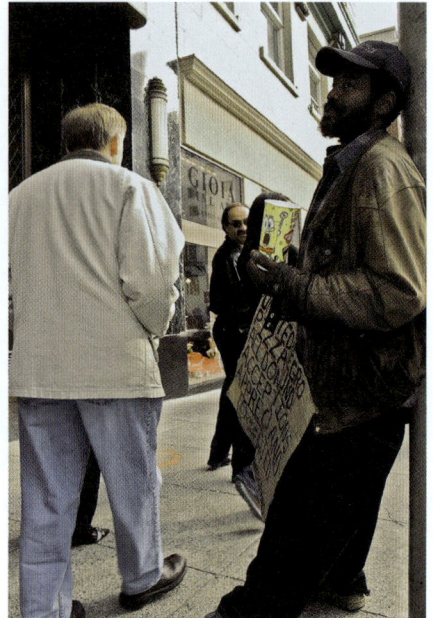

旧金山一个无家可归的男人。© *The McGraw-Hill Companies, Inc./Photo by Christopher Kerrigan*

**表 11.4　2000—2010[a] 年美国城市群人口变化百分比（单位：千人）**

| | 城　市 | 2000 年 | 2010 年 | 2000—2010 年人口变化百分比 |
|---|---|---|---|---|
| | **增长最快** | | | |
| 1 | 得克萨斯州，麦克艾伦 | 532 | 824 | 55 |
| 2 | 内华达州，拉斯维加斯 | 1335 | 1995 | 49 |
| 3 | 北卡罗来纳州，罗利 | 549 | 803 | 46 |
| 4 | 北卡罗来纳州，夏洛特 | 769 | 1088 | 42 |
| 5 | 得克萨斯州，奥斯汀 | 913 | 1266 | 39 |
| 6 | 佐治亚州，亚特兰大 | 3542 | 4875 | 38 |
| 7 | 宾夕法尼亚州，艾伦镇-伯利恒 | 581 | 760 | 31 |
| 8 | 亚利桑那州，凤凰城-梅萨 | 2934 | 3830 | 31 |
| 9 | 俄勒冈州，波特兰 | 1595 | 2025 | 27 |
| 10 | 印第安纳州，印第安纳波利斯 | 1228 | 1552 | 26 |
| | **增长最慢** | | | |
| 49 | 威斯康星州，密尔沃基 | 1311 | 1488 | 13 |
| 50 | 俄克拉荷马州，俄克拉荷马城 | 748 | 848 | 13 |
| 51 | 宾夕法尼亚州，费城 | 5160 | 5841 | 13 |
| 52 | 俄亥俄州，克利夫兰 | 1789 | 2022 | 13 |
| 53 | 密苏里州，圣路易斯 | 2081 | 2351 | 13 |
| 54 | 新泽西州，纽约-纽瓦克 | 17846 | 20104 | 13 |
| 55 | 宾夕法尼亚州，匹兹堡 | 1755 | 1965 | 12 |
| 56 | 加利福尼亚州，洛杉矶-长滩-圣阿纳 | 11814 | 13223 | 12 |
| 57 | 密歇根州，底特律 | 3909 | 4364 | 12 |
| 58 | 纽约州，布法罗 | 977 | 1090 | 12 |
| 59 | 路易斯安那州，新奥尔良 | 1009 | 858 | −15 |

数据来源：联合国人口司。[a] 本表为 2010 年人口总数超过 75 万的城市群。

在大多数情况下，对这些以汽车为导向的新兴城市群来说，为从根本上保持其新增长区域，均会在中心城区边界及其周边地区进行扩张。几乎毫无例外，这种自然扩张不受任何限制，往往导致不同城市群融合成为更大的城市群综合体。

过快的增长速度与体量引发了一系列担忧，有些人想到了东部的老城区，还有人想到了西部城市快速扩张的特定区域。与东部一样，西部中心城区的最陈旧部分往往是贫困、族裔冲突和荒废的孤岛，政府同时还面临着不受限制的边缘扩张所带来的严重后果（经济、社会和环境）。例如亚利桑那州的斯科茨代尔，1950 年时面积为 2.6 平方千米，2012 年时发展到近 500 平方千米，4 倍于旧金山的面积。目前，斯科茨代尔已与菲尼克斯市连成一体，面积超过洛杉矶，而洛杉矶的人口是菲尼克斯的 3 倍。内华达州拉斯维加斯的异常增长与此相似，把广袤的沙漠景观变成了低密度的城市用地，如图 11.21 所示。

图 11.21　内华达州拉斯维加斯城市群的蔓延。像很多西部城市一样，为了适应人口的快速增长，拉斯维加斯在广袤的沙漠上不断扩张。作为 20 世纪 90 年代美国人口增长最快的城市群，拉斯维加斯的人口数量从 1990 年略多于 85 万发展到 90 年代末的 156 万，增长了 83%。来源：美国农业部自然资源保护局；摄影：Lynn Betts

### 3. 城市核心的改造与重建

20 世纪 70 年代末 80 年代初，中心城市陷入低谷，财政濒临危机，犯罪率高企，人口不断减少，而且似乎很难逆转。20 世纪 80 年代末，数字时代不期而至，新型通信设备可以部分满足城市的内在互动需求（面对面），数字通信成为中坚力量，促进了知识型产业及金融、娱乐、医疗保健和企业管理等行业的快速成长。这些行业严重依赖集中于中心市场的高密度且资本密集型的信息技术，城市（特别是都市核心区）既能提供一流的电信与光纤基础设施，又能提供后工业经济所需的熟练工人、消费者、投资者以及科学研究、教育和文化机构等。

20 世纪 90 年代，全美 50 个最大城市区域焕发了第二春，就业与国内生产总值再次开始增长，重新找回了久违的城市吸引力，扭转了过去数十年的经济停滞与衰退状况。为了满足客户对城市中心写字楼的需求，大量开工建设新建筑，同时加大城市的更新改造力度。制造业也整体复苏，中小型企业普遍应用了高科技设备与工艺。继而，供应商与专业服务网络不断扩大，形成了"循环并累积"的良性增长。

图 11.22　南卡罗来纳州查尔斯顿的改建住宅。沿着大西洋海岸，从波士顿南部开始，一直到南卡罗来纳州的查尔斯顿和佐治亚州的萨凡纳，"移居开发"在美国东部的重要城市中心受到特别关注，逐渐成为全美主要中心城区内老旧、破败的第一代居所重建工作的主要模式。© Getty RF

由于热门电视节目与电影的推动，城市中心成为"性感"的消费场所。有些新上班族选择居住在位于中心城区的社区，这些社区交通高度便利，房屋结构坚固，充满了个性特征。某些城市还存在大量"移居开发"现象，即中高收入群体不仅居住在城市中心地区，而且对古老但破旧的住房进行复建或改建，使得中央商务区周围的萧条社区重新焕发了生机（见图 11.22）。在萧条城市社区的更新改造过程中，移居开发作为私人融资的积极力量而受到欢迎，但对低收入家庭（通常为少数民族）的流离失所也会产生严重的负面影响（社会与住房）。依据潜在替代占有者的租金支付能力，移居开发重塑了城市土地利用格局与社会格局，存量房屋的复建与重建意味着收益率的大幅提高，不仅推高了已有住宅的租金和房价，而且破坏了已经建立的社会网络。年轻而富裕的专业人士大量涌入，帮助重新振兴了城市中心区域，在几乎所有的北美城市中，城市中心的居民人口均显著增加。

城市中心人口增长（预期与实际）的原因来自人口统计信息。某些年轻人崇尚晚婚晚育，或者经常离婚，或不结婚，对于他们（越来越多的一部分美国人）来说，郊区生活与大型购物中心的吸引力不够大。当他们居住在中心城区后，一方面就职于高技术岗位或管理岗位，另一方面可以潇洒地步行或骑自行车上班，各种文化、休闲娱乐和专卖店等便捷场所亦近在咫尺。同性恋者及其家庭往往也会选择在城市中心生活。对于孩子不在家里生活的"空巢"夫妇，通常也会与年轻人群一样，觉得郊区土地上的大房子不再那么吸引人。通过他们各自的兴趣与努力，这两个群体已经大部分或完全重建并升级了一些旧城区，例如明尼阿波利斯的米尔区、罗得岛州普罗维登斯的军械区、西雅图的丹尼·里格雷德与贝尔镇、休斯敦的主干大道/市场广场区及全美的其他很多旧城区。

在中心城区的新活力中，还有一部分来自跨越"门户"城市的新移民，通过在内城区购房并翻建旧宅，他们已经深深扎根于新社区，并在邻近商店进行消费，最重要的是建立了自己的企业。他们也是城市普通劳动力的重要补充，为不断扩张的办公室业务、服务业及制造业提供熟练与非熟练工人。

通过对贫民窟清理、公园开发、文化中心及体育设施等进行投资，美国地方政府、州政府和联邦政府全力促进城市区域的复兴。例如，俄亥俄州哥伦布市最近在市中心建设了曲棍球竞技场，在中央商务区北侧建设了足球场，推进了市中心附近数个社区的恢复重建，帮助开发了目前主导市中心北部的艺术画廊；密尔沃基建造了一条河边步道，吸引了 5000 万美元的私人投资；印第安纳波利斯市政府官员正在撤销查塔姆阿奇社区的住房建造计划，然后将其出售给开发商，另行建设公寓和公寓综合体；亚特兰大白菜城区对一家旧棉纺厂进行改造，建成了 500 套新公寓，类似住房改造项目在许多老城区很常见。随着整个区域被移居开发或再开发为住宅，其他投资就会流入附近的商业活动中。例如，丹佛的陋多区曾经是一个穷街陋巷，现在已经完全变成了繁华区域，商店、餐馆及体育酒吧应有尽有，此外还有住宅公寓、棒球场和篮球场等。

美国增长最快的大多数城市群均位于西部地区（见表 11.4），在过去 30 年中，不受限制的中心城市大幅扩张，引发了不同程度的财政危机。由于国家法律禁止提高税收，许多中心城市无法提供人口增长所需的基础设施改善与社会服务，例如学校没有建成且资金不足；供水越来越困难，水费依然很贵；公园用地的开放空间需求遭到忽视；街道与公路的改善及维修不足，但需求不减反增。每增加一个不受限制的增长单元，征税成本都会超过政府对新增开发项目征收的所得税。

在美国东部与西部的中心城市和城市群，越来越多地寻求限制（而非鼓励）城市实体增长的措施。20 世纪 70 年代后期，俄勒冈州波特兰市在自身周围画了一条不可逾越的红线，禁止改造城市周围的森林、农田及开放空间。这样做不仅没有失去人口与功能，而且在两者都不减反增的同时，保护并增加了公园用地及城市其他娱乐设施。

其他城市、城市群和各州也纷纷效仿，开始抵制和限制城市扩张，例如科罗拉多州、特拉华州、明尼苏达州和华盛顿州均采纳了"智能增长"计划，鼓励政府与私营开发商建设一系列住房，建立步行社区，混合土地利用，保护开放空间，提供各种交通选择，并直接支持现有社区，而不是继续使城市向外蔓延。开发商通常更愿意在新土地上建造大型开发项目，这要比在城市社区填补或复建更容易。不论是西部还是东部，美国城市开始加强了对无限制增长的控制，但来自私营部门的抵制仍然是一个重要因素。

### 11.5.3　城市地域划分

城市规模越庞大，经济结构与社会结构越复杂，城市居民就越强烈地希望划分为不同群体，划分依据主要包括社会地位、家庭状况及族裔等。在人口多样化的城市群中，这种划分地盘的行为体现了各种不同情绪的宣泄，例如应对未知及不喜欢事物的防御、成为类似人群成员的渴望及对收入限制的反应等，或者也可能是社会矛盾与制度藩篱所引起的后果。接近容易识别的那些人时，大多数人感觉更为自在。

在城市地域划分方面，人们主要依据收入或职业（社会地位）、生命周期阶段（家庭状况）、语言或人种（民族特征）进行分组（参见专栏 11.3）。

## 专栏 11.3　人以群分？

星巴克或赛百味如何决定在哪里开一家新店？麦当劳或汉堡王如何决定在某特定地点促销 99 美分的商品，或者在该特许经销点出售沙拉是否有利可图？有没有足够的"有孩子家庭"来证明建设游乐场的决策合理性？

在或大或小的各种公司里，许多决策建立在营销分析系统基础之上。尼尔森公司是一家媒体研究企业，主要销售基于地理位置的市场分析系统（最初由克拉瑞塔斯公司开发）。这个系统以人口普查数据为基础，允许客户根据多种特征绘制潜在客户地图，例如在该系统的帮助下，星巴克可以确定收入较高的 18～34 岁人群（预计咖啡摄入量会增加）所在地区，汽车经销商可以了解某邮政编码区域内居民的驾驶偏好（例如邮编 77024 或得克萨斯州春谷区的大部分家庭喜欢讴歌牌或路虎牌汽车）。

通过应用这些市场分析工具，各家企业既可以确定业务地点，又可以了解当地景观、交通模式、零售环境及金融服务在一定范围内的可用性等。尼尔森公司利用人口统计学特征，根据社会群体、生活阶段及家庭特征，对美国人群进行了分类。此外，该公司还创建了数十个具有吸引人名字的细分市场，例如"蓝胡子地产"（富有、年长、有孩子）、"郊区躺"（45～64 岁、住在郊区、拥有大学文凭）、"猎枪和皮卡车"（驾驶福特 F 系列卡车参加汽车比赛的年轻农村家庭）、"时髦家庭"（孩子多、房子大、收入高、追求时尚）、"城市成功人士"（沿海城市多语种社区的移民子女）、"年轻数码精英"（住在城市边缘、精通技术的大学毕业生）。

该公司意识到，这些名称并不能定义社区中每个人的品位与习惯，但确实能识别出大多数人容易遵循的行为。例如，在"波希米亚混血儿"（流动城市居民、族裔多样、年龄在 55 岁以下）的细分市场中，会员可能会租用外国录像带，在电视上观看足球比赛，快速浏览最新的电影。

许多分组依据现有住房的规模与价值进行划分。在城市的不同地段，土地开发商（特别是城市土地开发商）建造具有相似质量的房屋。当然，随着时间的推移，房屋质量也会发生改变。当土地利用发生变化后，新群体可能会取代旧群体，导致具有相似社会特征的新社区升级。

### 1. 家庭状况

随着到市中心的距离的增加，户主的平均年龄逐渐降低，家庭规模不断加大，或二者兼而有之。有些人更愿意住在市中心附近，例如不与孩子共同生活的富裕老人，或未成家的年轻专业人士。年轻人家庭大多寻求育儿空间，老年人则更渴望介入城市主流商业活动与文化生活，如果在内城区域生活得不愉快，再想办法迁移到郊区或退休人员社区。

低端人群通常会呈现相同的模式，例如过客与单身人士住在市中心，成家者则远离城市中心居住（如果觉得可能或值得），呈现出按照家庭状况形成的同心圆格局（见图 11.23）。一般来说，内城区域容纳老年人，外城区域容纳年轻人。

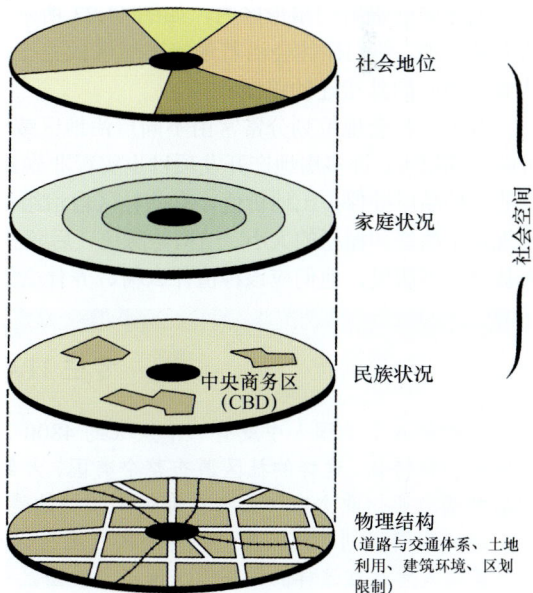

图 11.23　美国及加拿大大城市区域的社会地理模式。来源：*Robert A. Murdie, "Factorial Ecology of Metropolitan Toronto," Research Paper 116, Department of Geography Research Series, University of Chicago, 1969*

最近半个世纪，美国的城市结构发生了较大变化，越来越多的就业岗位从中心城区转移到郊区。这对居住在中心城市的人们产生了长远的影响，因为那里的工作机会现在更加有限。

除都市巴士服务外，许多大型城市（如底特律）没有公共交通，只有最低限度的小型交通体系，仅能为城市的某些特定区域提供有限通道。例如在底特律，通常需要花 3 小时、换 3 趟车才能从市中心抵达郊区的工作地点。对买不起或用不起汽车的人（主要为妇女和少数民族）来说，这种影响特别大。对于贫困，最近的研究表明：

- 在美国中心城区的家庭中，女户主多于男户主。
- 在穷人中，妇女占大多数。
- 绝大多数穷人生活在中心城区。
- 城市中心也有更多老年人，女性居多。
- 女性比男性更依赖公共交通。
- 少数民族比白人更有可能利用公共交通工具。

就业机会主要取决于三个因素，一是工作地点，二是必要设施（如儿童保育设施）的位置，三是对非工作时间的限制。在第三个因素中，既包括对其他家庭成员的责任，又包括紧急情况下的快速反应能力。对低工资职位来说，郊区租金确实难以负担；对经济承受能力最低的人来说，长距离通勤很常见。

## 2. 社会地位

个人或家庭的社会地位取决于收入、教育、职业和房屋价值。在美国，社会地位高主要体现在几个方面，例如收入高、受过大学教育、住房价值高、具有专业技术或管理职位等。住房价值高可能意味着租金昂贵的公寓，或者占地宽敞的大房子。在评价社会地位中的居住条件时，每个房间的居住人数是一个常见的衡量指标，低值表示社会地位较高。至于社会地位较低的那些人，主要特征是工作收入低、居住房屋价值低。当选择社区时，大多数人希望与地位相似的人群为邻。

社会地位的划分模式与扇形模型一致。在大多数城市中，社会地位相似人群位于从最靠近城市中心的住宅区向外辐射的扇形区内，如图 11.23 所示。芝加哥模式如图 11.14 所示。如果某一特定社会群体的人数增加，他们往往会沿着连接旧城区的主干道离开中心城区，通往市中心的主要交通路线通常就是从城市中心向外搬迁的路线。

今天，社会地位划分常常由不同自治地区或学区之间的政治界线所延续，界线两侧社区的相对收入可能差别很大。许多房地产开发项目也实行非族裔隔离，因为这些住宅具有相似的价值。为了保持房屋开发的高档品质并保护土地价值，有些社区自治组织制定了入住条件与限制（参见专栏 11.4），广泛而详细地规定了墙壁和栅栏的大小、结构与颜色，后院和侧院的大小及许可使用方式，灯和信箱的设计等。有些人甚至告诉居民，他们应该种植什么树、养什么宠物、在哪里停泊船只或休闲车辆。

## 专栏 11.4　封闭式社区

大约每 6 个美国人中就有一个人（约 4800 万）生活在经过专门规划的社区内，这是全美增长最快区域的独特特征。这样的社区遍布整个美国，大部分位于南部和西部，最早可以追溯到 20 世纪 60 年代，即加利福尼亚州欧文市和亚利桑那州太阳城的建设时期。

经过专门规划的社区属于"封闭式社区"，即用篱笆或墙围起来的居住区，只限特定人士进入。900 多万美国人生活在这样的中高级房地产开发园区中，进入这些经过专门规划的封闭社区要受到盘查，大门口配备有保安，或者只能用电子钥匙卡或打电话才能进入；有些社区雇用了私人保安队伍，昼夜不停地在街道上巡逻；监控系统监视着公共休闲娱乐区，如社区游泳池、网球场及健康俱乐部等；住宅普遍装有安保系统。在很多城市区域内，人们饱受高犯罪率、毒品滥用、团伙犯罪及驾车枪击案的困扰，因此希望能够在封闭空间内寻求安全感。

封闭式社区并非美国所独有，目前在全世界遍地开花。在西班牙、葡萄牙及法国等社会稳定的西欧国家，保安驻守的封闭式社区越来越多；为了吸引富裕居民，印度开发商开始建设封闭式社区，甚至为引起在波士顿高技术走廊和硅谷等地生活多年后回国的印度人的兴趣，将建造的封闭院落取名为"摄政王宫"或"金色庄园"，以两层小楼和后院烧烤为卖点；墨西哥人居住在封闭式社区的人口比例最大，这是城市富裕人口与贫穷居民收入差距增大的结果。

　　在南美洲的阿根廷或委内瑞拉，或者中东地区的黎巴嫩，城市基本无规划，城市管理也不稳定，没有足够的警力保护，因此除富人外，就连中产阶级市民也会选择封闭式住宅区；在中国和俄罗斯，私有住宅和有保安的住宅区方兴未艾，部分反映了社会新形式的阶层差别；南非的封闭社区是族裔隔离的有效手段。

封闭式社区　　© Arthur Getis

### 3. 族裔

　　对于某些群体而言，在居住地选址的决定因素中，族裔比社会地位或家庭状况更重要。在城市社会地理学中，同一族裔认同的区域以独立的群体或核心形式出现，很容易让人联想到城市结构的"多核"概念。对于某些民族群体来说，即使面对潜在竞争者对住房空间所施加改变邻里关系的压力，也要追求并坚决捍卫民族文化的隔离状态。在美国的许多城市中，常可见到"小意大利""唐人街"及波兰、希腊、亚美尼亚及其他民族社区，证明了他们自我维持的族裔隔离情形的长期存在。

　　某些族裔或人种群体，特别是非洲裔美国人，已经被隔离在核心社区里。美国的每个城市都有一个或多个非洲裔居住区，从某种意义上讲，这些非洲裔居住区可被视为"城中之城"。图 11.24 显示了洛杉矶

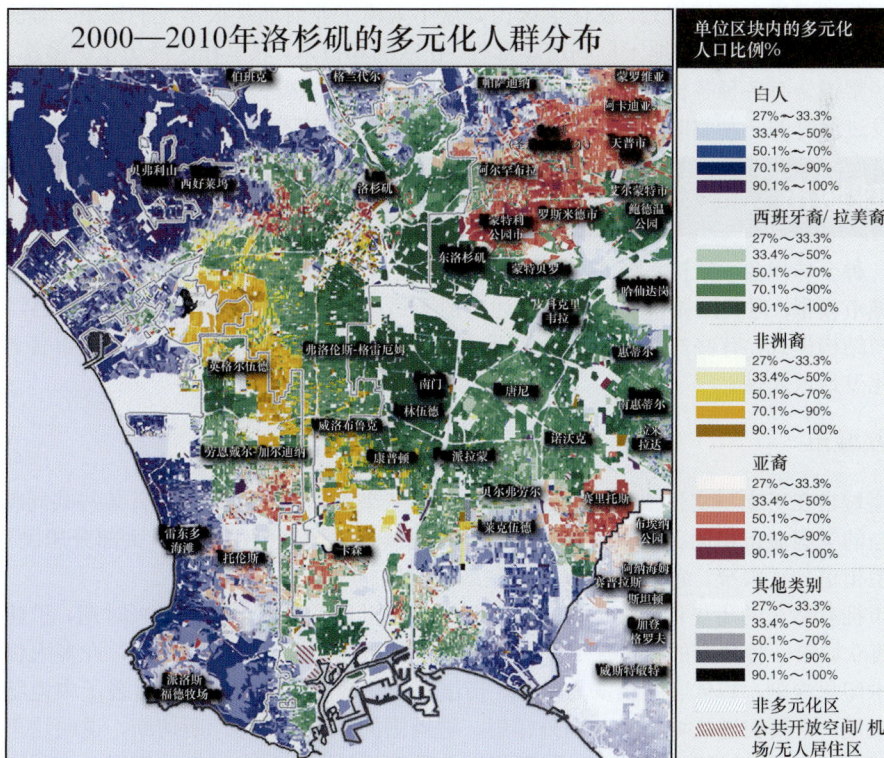

图 11.24　**2010 年洛杉矶的族裔分布**。虽然洛杉矶县人口极为多样化，但人们往往会因族裔而聚集在不同社区。2000—2010年，在英格尔伍德社区，非洲裔越来越少，西班牙裔越来越多；在罗斯米德和蒙特利公园社区，西班牙裔越来越少，亚裔越来越多；在托伦斯社区，大多数白人变得更加亚洲化

不同社区的非洲裔、西班牙裔及其他族裔群体的邻里情况，迁出这些地区的社会阻力与经济阻力一直很高。在美国的许多城市中，非洲裔是最贫穷的居民，经常被驱赶到城市中最不受欢迎的地区，住在质量最差的房屋里。对西班牙裔及其他非英语少数民族来说，基本上也存在类似的限制情形。

### 11.5.4　制度控制

在西方城市化社会中，为控制城市生活的各个方面，大多数政府（地方政府与国家政府）制定了数不胜数的法律，包括街道使用制度、卫生服务制度及土地利用制度等。本节仅探讨土地利用相关制度。

由于存在制度控制与政府管制，严重影响了全球大多数城市的土地利用格局及其增长模式。在国家土地利用规划的指导下，各个城市分别制定了分区控制法规与规划条例。为确保城市开发与维护在法律允许的范围内进行，各地均采纳了相应的建筑规范、卫生规范和安全规范。当制定并实施这些控制措施时，既能体现市政当局的管理权威与权力，又可保障公共健康、公共安全和公共福利等公众权利，即便侵犯到私人财产权也应如此。

通过实施针对土地利用的这些非市场控制措施，旨在建成平衡有序的社区，最大限度地减少不相容性（如住宅与重工业相邻），营造公共用途（交通系统、废物处理、政府建筑、监狱及公园）和私人用途（学校、购物中心及住房）的适当区位。从理论上讲，这样的规划非常周密，应该能够避免贫民窟（不受欢迎的邻近土地用途）的出现，并可减少由市场引起的土地利用变化压力，从而达到稳定社区的目标。

在美国的高收入地区，为防止出现"不受欢迎"的土地利用，例如公寓、老人院、低收入住宅及过渡性住宅等，某些人引用了区划条例与分区法规。针对"排他性"分区做法，法庭进行了激烈辩论，支持者认为不良用途会损害城市，更重要的是会损害不动产价值；反对者认为这些土地利用方式对整个城市来说很重要。近年来，在某些新成立的郊区社区中，为了降低建筑成本，开发商试图在区划条例的支持下，不再建设能够吸引儿童的住房（如基础设施、学校和操场）。

亚洲大部分地区没有区域规划，在住宅区内开展小规模工业活动是很常见的现象。即使在日本的有些住宅中，仍可能会有数人为当地工厂制造零部件。在欧洲和日本，邻里社区经历了许多次建设及重建，同一条街道经常混合有各种各样的建筑类型。在美国和加拿大，这种混合非常罕见，通常被视为由区域向整体再开发过渡时的一种临时状态，唯一例外的大城市是得克萨斯州休斯敦市（无分区管理法规）。

## 11.6　全球城市

城市是一种全球现象，结构、形式与功能因地而异，反映了传承与经济的多样性。本章前面主要介绍了美国的城市模型，但美国城市模型及其描述一般不适用于世界其他城市。那些城市已经形成了各自不同的功能与结构模式，有些与前面探讨的模型大相径庭，令人倍感陌生与迷茫。城市普遍存在，城市特征具有文化及地域属性。

### 11.6.1　西欧城市

虽然每座城市在历史与文化上均独一无二，但作为一个整体，西欧城市具有某些共同特征。与人口数量基本相当的美国城市相比，西欧城市的形式更加紧凑，占地总面积更小，大部分居民住在公寓中，老城区的住宅街道往往很窄，前院、侧院、后院或花园则很少见。

欧洲城市拥有悠久的历史传统。有些建筑物起源于中世纪，重建于文艺复兴时期，扩建于工业化时期，赋予了西欧城市一种独有的特征。尽管战争期间遭到破坏，战后又经历重建，许多人仍然对以前的居住者和技术印象深刻，甚至追溯至罗马时代。街道系统狭窄且不规则，可能沿袭了中世纪时期步行和畜驮的街道格局；主要街道从城市中心向外辐射，被周围的"环形公路"所切断，说明这里本是穿过城墙城门的进城公路，现在城墙已经消失，取而代之的是环状林荫大道。广阔的街道、公园和广场是文艺复兴时期城市的重要标志，当时提倡城市美化运动，游行大道与步行长廊深受欢迎。

图 11.25　即便在中心区域，欧洲很多城市也很低调，就像这里的布达佩斯一样。自"二战"以来，主要城市里的高层建筑（20 层、30 层、50 层或更高）越来越多，但没有像美国那样成为中央商务区的普遍标志，也未成为人们普遍欢迎的进步与骄傲的象征。© Arthur Getis

欧洲城市为步行者开发，现在仍然保持着适合步行的紧凑性，一般不存在美国常见的周边扩张或郊区扩张现象。同时，紧凑性与高密度性并不意味着摩天大楼式的天际线。大部分欧洲城市早于钢架建筑和电梯而出现，城市天际线往往较低，通常高度仅为 3～5 层，有时（如巴黎市中心）按建筑条例或禁令的要求，私人建筑不准超过主要公共建筑（一般是中央大教堂）的高度（见图 11.25）。但是，在放松那些限制的地方，高层办公楼早已拔地而起。

紧凑性、高密度和公寓住宅激发了公共交通的发展，包括高度发达的地铁系统。私人汽车最近变得更加普遍，但是大多数中心城区尚未进行大规模改造，未能拥有更宽敞的街道和停车设施，无法适应汽车时代的快速发展。例如，进入伦敦中央商务区时，私人汽车会被收取高额费用。在欧洲，由于家庭与工作地点的距离通常很近，汽车并不像美国城市那样普遍。在大多数欧洲城市，尽管核心区域的人口数量趋于稳定，并且吸引（而非排斥）成功中产阶级与社会地位步步高升的阶层，但也会受到逆中心化过程的影响。因为汽车的拥有与使用变得更加普遍，许多居民选择居住在郊区，加拿大也出现了这种模式（参见专栏 11.5）。

老城区的防御性建筑（如城墙）标识着中心区与过渡区之间的界线，此处的过渡区是指周围质量较差的住宅区、19 世纪工业区及最新移民区等。欧洲各国政府采取了特殊策略，对工业开发与工人阶级住宅进行了分组，主要安置于城市核心区之外的郊区，这里是移民（通常来自北非和土耳其）寻找住房的理想场所。其中，有些地区已经被人们所漠视，遭受了衰退之苦（特别是在失业率很高时）。

## 专栏 11.5　加拿大的城市

1900 年，只有 37% 的加拿大人生活在城市地区；2010 年，加拿大的城市人口达到约 81%。在阿尔伯塔省的卡尔加里和埃德蒙顿，以及安大略省的多伦多等城市，最近的人口增长率很高；加拿大贫困地区的衰退与美国工业城市的衰退大体相似。

尽管加拿大与美国的城市形态很类似，但还是存在微妙而明显的差别。例如，在人口规模相同的情况下，加拿大城市比美国城市更紧凑，建筑密度及人口密度更高，人口与城市功能的郊区化程度较低。

在加拿大，节省空间的多家庭住宅单元更为普遍，因此相似人口规模可以居住在更小的地块上，城市中心区的人口密度要高得多。与美国城市相比，加拿大城市的公共交通服务更好，也更依赖于公共交通。在加拿大城市群中，人均高速公路里程数只有美国城市群的 1/4，边境线以北的郊区化范围也不像边境线以南的美国那么大。像美国一样，加拿大的某些郊区（如卡尔加里的郊区）与城市自身相邻，另一些郊区（如温哥华和多伦多周围的郊区）则相对独立。

在文化方面，差异同样明显。两个国家的城市均具有民族多元化特征（实际上，加拿大社区中的外国出生人口比例更高），但是在美国的中心城区内部，族裔、收入及社会地位的差异要大得多，中心城区与郊区居民之间的反差更大。也就是说，中等收入的加拿大人"逃往郊区"的现象要少得多。与美国中心城区相比，加拿大城市的社会更稳定，人均收入更高，保留了更多的购物设施、就业机会及城市设施，尤其是没有来自郊区边缘城市的激烈竞争（边缘城市将美国的都市综合体切割得支离破碎）。

从这张照片中能够很容易看到，多伦多市中央商务区及其外围商务区仍然紧紧根植于公共交通融合与使用。平均而言，加拿大都市区的人口密度几乎是美国的两倍。按人均计算，加拿大城市居民对公共交通的依赖程度是美国城市居民的 2.5 倍。这种依赖性赋予了加拿大中心城市的形式、结构和连贯性，而这些优点在杂乱无章、四分五裂的美国都市中无可救药地丧失了。© Getty RF

## 11.6.2　东欧城市

东欧城市主要位于俄罗斯和苏联加盟共和国（欧洲部分），组成了一个独立的城市分类。东欧城市具有西欧城市的许多传统与实践，但也有完全不同的规划准则，主要是继承了社会主义时期（1945—1990）塑造及控制新旧住宅区的集中管制做法。政府的目标首先是限制城市规模，避免都市区蔓延；其次是确保人人平等与自给自足的内部结构；第三是分离土地利用。计划体制下的城市没有完全实现这些目标，但是在向这些目标努力的过程中，确实形成了特色鲜明的城市形态。

东欧城市非常紧凑，具有相对较高的建筑物密度和人口密度，公寓住宅几乎无处不在，城市土地与农村土地界线分明（位于城市外围），城市通行几乎完全依赖于公共交通。

东欧城市纯粹由政府（而非市场）来控制土地利用与功能布局，与西方城市完全不同。这种控制决定了城市中心区域留作公共用途，而非西方资本主义模式下的零售场所或办公楼。东欧政府更喜欢大型中央广场，周围环绕着行政与文化建筑，附近有大型休闲与纪念公园。虽然强调城市的工业发展，却将消费者服务边缘化。

住宅区由若干小区构成，每个小区由若干统一公寓楼组成，每栋公寓楼可容纳 10000～15000 人，周围环绕着宽阔的林阴大道，小区的中心位置有托儿所、小学、杂货店、百货商店、剧院、诊所、娱乐设施及其他必要设施（见图 11.26）。在提供商品与服务方面，这种住宅区基本上可实现自给自足，能够最大限度地减

图 11.26　斯洛伐克布拉迪斯拉发，自给自足的公寓住宅小区的超级街区，包含购物区、学校及其他设施。© Getty RF

少出行并集中购物。按照统一规划要求，需用景观缓冲区将住宅区与工业区有效隔离，但许多小区实际上由工厂为其工人所造，并且紧邻工作场所。在城市扩张边缘的开阔地带，建设小区最容易、最快速，因此城镇外围出现了高密度居住区。

当土地的市场配置原则被采纳后，这种模式正在发生变化。现在，私营用途也可拥有土地和建筑，历史悠久的公寓和联排别墅正在恢复，成为时尚的居住地。建筑商正在建造西式购物中心、宽敞的公寓和单户住宅。经济的权重正在发生变化，对工业的重视程度降低，对服务业的重视程度更高。随着新富人转向高价住房，城市中的社会阶层分化正在加大，不太富裕人群的住房短缺变得更加严重。

### 11.6.3　发展中国家的快速发展城市

增长最快的城市和发展最快的城市均出现在发展中国家。工业化只是最近才在这些国家出现，有时缺乏现代交通技术和公共设施，城市结构和居民文化与北美洲城市大不相同。发展中国家幅员辽阔，自然景观与文化景观也多姿多彩。

在发展中国家，不同城市的背景、历史、经济及管理的差别非常大，几乎无法概括其内部结构。有些城市很古老，在欧洲及北美更发达城市出现前数个世纪就已建成；有些城市则尚未工业化，只有一个不大的中央商业核心，缺乏工业区、公共交通或任何有意义的土地利用分异；还有一些城市，虽然形式上越来越西方化，但只是刚刚开始工业化进程。

在拉丁美洲、非洲、中东和亚洲等不同地区，尽管城市形态千差万别，但可以确定大多数城市的共同特征。第一，目前被列为发展中国家的大多数国家都曾是殖民地，若干主要城市的建立主要是为了满足殖民国家的需要；第二，城市首位度特征和这些城市在社会工业化过程中普遍经历的巨大增长，使得这些城市中的许多城市设施不足，无法跟上人口增长的步伐；第三，在发展中国家的大多数城市中，新移民匆忙建造远离城市服务的社区，并经常非法占用土地。"棚户区"是这些城市中非常巨大且不断增长的一部分，既反映出城市有比较多的机会，又反映出城市的贫穷；最后，在许多情况下，政府已做出更宏伟的规划，有时甚至将首都从过于拥挤的首位城市迁移到新址，或者建立全新城市来容纳工业或交通中心。

#### 1. 前殖民地和非殖民地城市

在发展中国家，城市的起源各不相同，基本上具有市场中心、生产中心、政府中心或宗教中心等地位。城市的历史传统及用途影响着城市形态。

发展中国家的许多城市都是殖民主义的产物，由欧洲人以西方模式建立，作为行政管理及掠夺资源的港口或前哨阵地。例如，英国人在印度建立了加尔各答、新德里和孟买，在非洲建立了内罗毕和哈拉雷；法国在越南建立了河内和胡志明市（西贡），在塞内加尔建立了达喀尔，在中非共和国建立了班吉；荷兰人将雅加达作为重要的前哨阵地；比利时在刚果民主共和国（前利奥波德维尔）建立了金沙萨；葡萄牙在安哥拉和莫桑比克建立了许多城市。通过建立这些城市中心，殖民主义者控制着相关国家及地区的经济。

城市结构不仅是城市建立之初的一种功能，或者说是城市创始人的一种预期功能，而且也是城市在其自身文化环境中所扮演的角色。例如，首都城市的土地利用格局比较特殊，反映了政府功能的中央集权化，即国家的财富与权力集中于单一城市；对于宗教中心或神圣城市来说，城市布局取决于它所服务的宗教（如印度教、佛教、伊斯兰教、基督教及其他信仰），通常由纪念性建筑（如寺庙、清真寺或大教堂）及其相关建筑（而非政府办公楼）占据着市中心位置；对于为众多地区服务的传统市场中心（马里的廷巴克图和巴基斯坦的拉合尔）或文化首都（埃塞俄比亚的亚的斯亚贝巴和秘鲁的库斯科）来说，均具有反映其特殊功能的土地利用格局；在迪拜（阿联酋）、海法（以色列）和上海（中国）等港口城市中，土地利用结构不同于约翰内斯堡（南非）等工业或矿业中心城市。还有更为复杂的情形，历史悠久的城市反映了历代统治者和/或殖民大国所造成的改变，而且随着发展中国家的某些巨型城市的发展，他们已经吞没了附近的城镇。

### 2. 城市首位度和快速增长

在许多发展中国家，人口不成比例地高度集中在首都和地区首府，很少存在成熟、功能复杂的中小型中心，首位城市主宰着这些国家的城市体系。例如，尼加拉瓜 1/4 以上的人口生活在马那瓜，利伯维尔的人口占加蓬总人口的 1/3。

受益于发展中国家的经济快速发展，许多城市都拥有充满活力的现代化城市中心。这些城市中心拥有大量可以在国际大都市找到的相同便利设施，成为最富有社会成员的工作及居住之地。对于商人、官员、游客及其他观光人士来说，这也是他们最希望看到的城市亮点。某些城市为这些城市中心投入了巨额资金，例如马来西亚吉隆坡的双子塔是世界上最高的建筑物之一，经过 6 年的规划与建设，于1998 年完工（见图 11.27）。

然而，闪闪发光的城市中心无法掩盖一个事实，即大多数城市根本无法跟上城市中心的大规模增长步伐。美国及其他西方国家的城市

图 11.27　马来西亚吉隆坡的双子塔。© Getty RF

化水平约为 76%，发展中国家约为 40%。统计数据变化很快，预计到 2050 年，世界人口的 70%将成为城市人口，其中大部分城市增长将发生在发展中国家。在拉丁美洲、非洲和亚洲，许多城市人口正以惊人的速度在增加。据观察家预测，印度农民进城已达疯狂状态，平均每分钟有 31 个村庄的人口抵达城市，未来 43 年合计将有 7 亿农民进城。当离开农村以后，他们将为养家糊口而奔波，成为城市的最底层，主要从事出租车驾驶、泊车或在街头出售茶叶等工作。

尼日利亚拉各斯是非洲人口第二多的城市，仅排在埃及开罗之后，目前拥有 1080 万人口，年均增长速度比纽约或洛杉矶快 10 倍（每年增加 60 万人，每天增加 1644 人），预计 2025 年将达到 1880 万。尽管拉各斯大部分人口都能用上电，但只有 65%的家庭能用上自来水，只有 2%的家庭有下水道或电话，大部分人类废弃物都通过明沟排放到城市的滨海地区。

尼日利亚及其他发展中国家正在经历由进城移民所带来的城市增长。例如在 2005 年,中国有 1.14 亿～1.5 亿进城移民，数量至少是 1820—1930 年间由爱尔兰至美国移民的 25 倍。政府允许这种流动，短期目标是为廉价产品工厂和建筑业提供劳动力，长远目标是将"农村经济为主"转变为"城市经济为主"。

在这些快速发展的城市中，交通几乎总是一个问题。大多数人不拥有汽车，必须依靠公共交通工具，而在公共交通资源有限的情况下，就会形成以传统大商业区为中心的过度拥挤城市。拉各斯只有三座桥将城市的四个岛屿连接到大陆，平均需要 2～3 小时才能行驶 10～20 千米。在汽车使用量增加的城市，交通拥堵和空气污染已经变得非常严峻，墨西哥城和曼谷尤其受到街道交通堵塞和恶劣空气的困扰。

对于富人来说，生活在这些城市可能会遇到一系列挑战。与发达国家的城市居民不同，他们不能将城市规划、稳定的城市管理和足够的保护视为理所当然。

### 3. 棚户区

由于大量低收入居民迁移到城市，希望找到工作并改善其社会经济状况，发展中国家经历了人口从农村大规模迁移的过程。理想与现实之间总是有一定的差距，城市里的现有人口已经超过其正常功能和就业基础所能支撑的数量，很多人通过非正规渠道来养家糊口，如食品供应商、烟贩子、卖小饰品的街头小贩、街头理发师、街头裁缝、差事跑腿者或包裹运输者等，这些均不属于拿工资的正规工作。

只有在城市中心才能找到工作机会，大多数城市新居民别无选择，只能挤在城市边缘的贫民窟和棚户区，如巴西的贫民窟、墨西哥的巴里奥、印度尼西亚的甘榜、土耳其的格西康都（土耳其语）或巴基斯坦的凯奇阿巴地（乌尔都语），这些非正式社区均没有卫生设施和公用设施。在某些城市中，约 1/3～1/2 的人口生活在贫民区，违法乱纪现象常见，人们没有合法的棚屋所有权。

**图 11.28　巴西里约热内卢的贫民窟。** 如果各州或市政府为穷人提供的住房很少或不提供住房，人们就会搭建自己的住房。大约 750 个贫民窟遍布里约热内卢，占该市人口的比例很大。近年来，这个城市的基本服务（邮政地址、学校、电力和自来水）普及到许多贫民窟，居民用更耐久的砖块和煤渣块结构取代了由纸板和废木材制成的棚屋。© *Arthur Getis*

在非洲、亚洲及拉丁美洲的大多数大城市中，都能发现棚户区的贫穷身影，如图 11.28 所示。本章开头部分已经介绍过，估计有 50 万人生活在开罗北部和南部的墓地里。在肯尼亚内罗毕无序蔓延的玛萨瑞盆地贫民窟，25 万人挤住在 15 平方千米的地方，很少或几乎没有自来水、下水道、排水沟、铺装道路及垃圾清运等公共服务。类似的贫民窟和棚户区约占曼谷（泰国）、吉隆坡（马来西亚）和雅加达（印度尼西亚）等亚洲城市人口的 1/4，印度许多城市（如马德拉斯和加尔各答）的比例甚至更高。破败的廉租公寓住了数万人，许多人最终被迫进入棚户区，因为其住宅已经改建为商业地产或高档公寓。

在过去十年中，大多数地区居住在棚户区的城市居民比例已经下降。随着城市的增长，绝对数量仍在增加。冲突地区是条件已经恶化的地区。有时，棚户区居民已经成功地游说政府提供自来水、下水道、道路及其他基础设施，并且随着时间的推移，已经发展成为更加成熟的社区。改善贫民窟的重要步骤是为居民提供某种形式的安全权利，保证其具有居住权。随着收入的稳定，棚屋可以改善为普通房屋，棚户区可以成为稳定社区。除非土地不安全或不稳定，否则棚户区改善要比拆除和重新安置更为可取，因为拆除和重新安置会使人们流离失所，从而破坏密集的社会网络。

**4. 城市规划**

某些首都城市已经迁移到本国的核心区域之外，要么是为了实现预期的中央集权优势，要么是为了鼓励国家更加均衡地发展，例如伊斯兰堡（巴基斯坦）、安卡拉（土耳其）、巴西利亚（巴西）和阿布贾（尼日利亚）等（见第 8 章）。有些发展中国家还将创建或正在建设新的城市，旨在将人口从不堪重负的大城市中吸引出来，或者形成工业中心或交通中心。

中国的进城移民数量非常庞大，已经超出了城市为其提供住房的能力。上海的住房需求催生了数百个新公寓开发项目，包括"豪门"和"大亨之家"等多座摩天大楼。在这座城市中，18 层以上的高楼超过 4000 栋，比纽约要多得多，新卫星城也已经规划，不久就能建设完成。"太阳城"是具有加州风格的一个封闭式社区，位于北京以北 1 小时车程的位置，通过两条六车道快速公路连接至北京城区，这个区域就是为快速发展而预先安排的。预计城市人口将呈指数级增长，因此中国新开发项目和城镇规划仍将快速发展。

泰国曼谷是另一座亚洲城市，也是世界上人口最密集的城市之一，城市群的人口总量约为 1000 万。曼谷是泰国的首位城市，泰国第二大城市清迈的人口还不到 50 万。近年来，曼谷的交通拥堵比宫殿和庙宇更加闻名于世，严重妨碍了乘汽车或公共汽车出行。2006 年，泰国开设了素万那普机场，这是距离曼谷约 1 小时车程的大型机场，与海港及其他交通设施相连，成为东南亚地区的航空枢纽。政府规划在机场附近建造一座新城——那空素万那普，规划者将其视为该国的主要新经济中心，包含无污染的工业、仓储、商店和住宅等。希望这座新城有助于稀释曼谷密集的人口，并为现在的低收入农业区带来生财之道。

城市规划也会影响人口增长过快的老城市的命运。例如，印度海德拉巴拥有 760 万人，预计到 2015 年将增长到 900 万。为了应对人口增长带来的压力，省府官员将国际技术、制药、生物技术、银行和保险公司吸引到规划中的郊区，并投入资金用于城市清洁和"绿化"，包括植树、建设公园和花园等。此外，官员们还通过计算机来打击腐败和征税，开设交易中心，使支付账单和银行业务变得更加简单。该市于 2008 年开设了一个国际机场，与孟买和德里相抗衡。海德拉巴并不孤单，各大洲都有城市规划者努力应对人口增长的案例，而且不乏更为成功的做法。

## 重要概念小结

- 古代城市在特定条件下发展：出现在有剩余食物、社会组织、防御条件和发达经济的地方。虽然自古以来就有城市，但直到最近，城市才成为工业化国家中大多数人的家园，也是发展中国家千百万人的商业中心。

- 从乡村源头发展起来的所有聚落（定居点），都具有将自己与乡村及更大聚落体系结合起来的功能。随着聚落的不断扩大，其功能也变得更加复杂，经济基础（包括基础活动和非基础活动）可能会变得多样化。基础活动代表了为更大的经济体系和城市体系所执行的功能，非基础活动满足了城市居民的自身需求。城市是集贸市场、生产中心和政府管理中心。

- 城市体系反映在城市等级体系和位序-规模排序法则中。当某个城市的规模远超该国所有其他城市时，就会被称为首位城市。许多国家将占统治地位的首位城市作为主要城市聚落，但只有少数世界级城市占据了全球经济的主导地位。

- 在北美洲的各个城市中，城市形态往往比较相似。中央商务区位于核心位置，价格最高，交通最便利；在中央商务区以外，以较低等级的商务用途为主。这些模式激发了地理学家的灵感，研究出了同心圆、扇形、多核和边缘模型的城市形态。"二战"后，伴随着中心城市的衰落与复兴，以及郊区的兴起与扩张，城市组织发生了巨大变化。因为城市居民具有按家庭状况、社会地位和族裔进行分类的倾向，这些变化得到强化。在西方国家中，这些模式还受到政府控制的影响，有助于决定土地利用。

- 城市化是一种全球现象，与世界其他城市的模式相比，美国与加拿大的城市体系、土地利用和社会区域模式模型大不相同，反映了不同的历史传统与经济结构。与西欧不同，东欧城市的土地利用反映了不同制度下的城市结构原则。目前，发展中国家的城市增长如此之快，以至于无法为所有居民提供就业、住房、安全用水、卫生设施及其他最基本的服务与设施。在某些情况下，政府为了缓解紧张局势，开始规划建设新城市，或者将规划原则应用于快速发展的老城。

## 关键术语

| | | | |
|---|---|---|---|
| basic sector | 基础部门 | multiplier effect | 乘数效应 |
| central business district (CBD) | 中央商务区 | nonbasic sector | 非基础部门 |
| central city | 中心城区 | peripheral model | 外围模型 |
| central place theory | 中心区位理论 | primate city | 首位城市 |
| city | 城市 | rank-size rule | 位序-规模排序法则 |
| concentric zone model | 同心圆模型 | sector model | 扇形模型 |
| economic base | 经济基础 | site | 位置（地点） |
| edge city | 边缘城市 | situation | 地理环境 |
| gated community | 封闭式社区 | suburb | 郊区 |
| gentrification | 移居开发 | town | 城镇 |
| hinterland | 腹地 | urban hierarchy | 城市等级体系 |
| megalopolis | 大都市绵延区 | urban influence zone | 城市影响区 |
| metropolitan area | 城市群（都市区） | urbanized area | 城区（城市化区域） |
| multiple-nuclei model | 多核模型 | world city | 世界级城市 |

## 思考题

1. 回想自己生活、上学或者最熟悉的城镇，用一段简短文字介绍社区的位置和地理环境。如果有的话，指出社区的位置和地理环境与其（过去或现在）所提供的基本功能之间的关系。
2. 描述乘数效应与城市单元人口增长的关系。
3. 在你最熟悉的社区中，有没有零售活动等级体系？有多少种？由哪些等级组成？影响零售活动在社区中分布模式的选址决定因素是什么？
4. 简单描述城市开发中以同心圆、扇形、多核和边缘模型为代表的土地利用模式。如果有的话，哪种模式的增长和土地利用模式最符合你熟悉的社区？
5. 社会地位、家庭状况和族裔如何影响居民对家庭地点的选择？你认为城市社会区域的哪些分布模式与上述各种情况相关？你所在社区的社会地理学是否符合预测的模式？
6. 郊区化如何损害中心城区的经济基础和财政收入稳定？
7. 加拿大城市在哪些方面有别于美国的城市分布模式？
8. 为什么 2015 年发展中国家的城市群预计可能会变得比美国很多城市群还要大？
9. 什么是首位城市？为什么发展中国家的首位城市负担过重？怎样做才能缓解这种状况？
10. 北美、西欧及东欧城市的土地利用模式有哪些显著差异？
11. 发展中国家的城市如何受到殖民历史的影响？如果必须为孟买和曼谷这样的城市创建一个土地利用模型，需要考虑哪些至关重要的因素？

# 第12章 自然资源地理学

## 学习目标

12.1 了解哪些能源在工业化国家占主导地位，其形成机制如何

12.2 介绍煤、石油和天然气的地理分布

12.3 描述可用的可再生能源及其应用局限性

12.4 列出保持土壤质量的一些挑战

12.5 总结可持续发展的基本原则

从人均国民收入的角度看，"世界上最富裕的国家"居然是瑙鲁，美国《国家地理》杂志1976年的一篇文章如此描述。瑙鲁是南太平洋中的一个孤岛国家，位于夏威夷与澳大利亚之间，如今只是一片荒地，非常贫瘠、荒凉，该国的历史发展堪称一部科幻小说。1976年，瑙鲁曾经拥有非常丰富的高品位磷矿（可做肥料），但目前此种自然资源已经接近枯竭，岛屿的大部分地区不再适合人类居住。这种磷酸盐类矿物是海鸥粪便作用于珊瑚的产物，经历了几百万年的沉积过程。

瑙鲁位于赤道以南，面积很小，仅为21平方千米。在陆地面积中，80%为海拔65米的中央高原，地下蕴藏着宝贵的磷矿。在高原周围，环绕着一条狭窄的海岸带，只有一条环岛柏油马路。

尽管旱灾频发，但数千年以来，瑙鲁人（约1000人）一直居住在岛上，日常所吃食物主要来自海洋及热带植被。1888年，瑙鲁成了德国的殖民地，经历了悲惨的奴役与掠夺。第一次世界大战结束后，国际联盟授权英国、澳大利亚和新西兰来管理该岛，并建立不列颠磷矿委员会来经营磷矿工业，将大部分磷矿运往澳大利亚制作肥料。当1968年独立以后，瑙鲁人继续开采磷矿，每年收入高达数千万美元，使该国成为世界上人均收入最高的国家之一。

但是到目前为止，大部分磷矿石已经开采完毕，资源预计将在几年内枯竭。除了一些热带水果外，这里没有其他任何资源，全体国民（13500人）日常所需均须进口，包括食品、燃料、工艺品、机械、建筑、施工材料及淡水（若海水淡化厂因故停工）等。由于投资不足及管理不善等原因，一笔十亿美元的信托基金出现了问题，使该国陷入了债务危机。露天开采对环境的破坏十分严重，为便于采矿，瑙鲁人清掉了郁郁葱葱的热带森林，这些森林是数千年来本地鸟类和外来候鸟的栖息地。如今，中央高原变成了一片干燥的不毛之地，大片耸立着磷矿开采后遗留的大小残石（珊瑚塔）。由于冰川的融化和海洋的热膨胀，导致海平面不断上升（见第4章），迫使瑙鲁人从海岸附近逐步转移到更高海拔的地区。

瑙鲁是挥霍数百万年积累资源的典型案例，与可持续社会发展完全背道而驰。由于人口数量增长及经济不断发展，扩大了人类对地球资源财富的消耗规模与强度。土地、矿产及其他大多数资源都是有限的，而经济不断发展的扩张人口对资源的需求似乎是无限的。至少自马尔萨斯和达尔文时代以来，资源可供性与资源利用之间的不平衡一直令人担忧。到了20世纪70年代，资源枯竭的速度及其导致的环境退化变成了一个重大而又争议颇多的问题。

资源在种类、数量和质量上分布不均，人口的分布和需求也不均衡。在本章中，在调查自然资源及其生产与消费模式的基础上，我们将探讨需求不断增长和储量不断减少等方面出现的资源管理问题。

首先，有必要介绍一些常用术语。

# 12.1　资源术语

资源是一种天然形成的可开发物质，有益于人类社会的经济发展。勤劳、健壮及技术高超的工人们是一种非常宝贵的人力资源，但是如果没有肥沃的土壤或石油等原材料，那么人力资源的创造性就会非常局限。本章聚焦于天然形成的资源，即通常所称的自然资源。

自然资源的可供性包括两个方面，一是资源本身的自然特征，二是人类的经济条件与技术条件。

图 12.1　**早期移民认为下面的土壤具有更大的资源价值，因此砍伐了西弗吉尼亚丘陵上的原始阔叶林。** 为开采更有价值的下伏煤矿，继而又剥离了土壤。有些资源因文化认知才成为资源，开发活动就会消耗资源，并破坏该地区的其他潜力。© *Borland/PhotoLink/Getty RF*

自然资源的形成、分布与赋存状态受限于自然规律，完全来自大自然的施舍，人类无法对其进行直接控制。然而，要将某种物质视为资源，就必须将其理解为资源，这是一种文化而非纯粹的自然语境。例如，美洲土著居民可能认为宾夕法尼亚州的资源基础由森林组成，因为森林能够为其提供庇护所和燃料，同时也是他们赖以糊口的狩猎动物（另一种资源）的栖息地；欧洲定居者不太喜欢森林，因为森林盖住了他们认为有价值的资源（农业用土壤）；到了工业化时代，企业家们将早期占有者忽略或未受重视的森林下伏煤矿作为有开发价值的对象，如图 12.1 所示。

自然资源通常分为两大类：可再生资源和不可再生资源。

## 12.1.1　可再生资源

可再生资源是由自然过程更新或补偿的物质，能够反复加以利用，取之不尽，用之不竭。可再生资源主要分为两种类型，一类是永久存在的资源，另一类是只有精心维护才可再生的资源，如图 12.2 所示。永久资源来自几乎取之不尽的资源，如太阳能、风能、波浪、潮汐和地热能等。

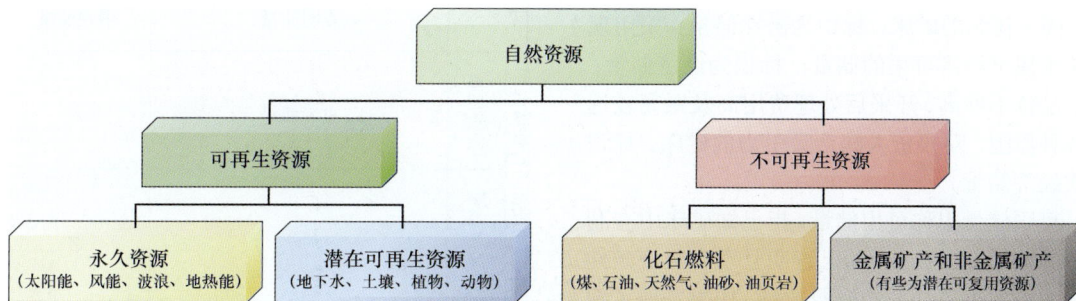

图 12.2　**自然资源分类。** 利用速度超过再生速度时，可再生资源将被耗竭

潜在可再生资源包括地下水、土壤、植物和动物，若顺其自然，可以再生；若不谨慎利用，可能会遭到破坏，当利用速度超过再生速度时，这些可再生资源就会耗竭。例如在干旱地区，若开采速度超过补给速度，则地下水可能会被永远耗尽，就像不可再生的矿石一样；土壤可以被完全侵蚀；动物物种可以完全消失；只有种植量至少与砍伐量一样多时，森林才可成为一种可再生资源。

## 12.1.2　不可再生资源

不可再生资源在自然界中数量有限，或者生长速度极为缓慢，以至于形成事实上的有限供应，例如化石燃料（煤、石油、天然气、油页岩和油砂）、核燃料（铀和钍）及各种非燃料金属矿产与非金属矿产。虽然构成这些资源的元素不易遭到破坏，但却可以变为用途不大或较难利用的形式，并且易于耗竭。对于蕴藏在单位体积化石燃料中的能量来说，可能需要非常漫长的时间才能聚集为可用形式，但却可以瞬间转化成热量，然后永久消失。

幸运的是，许多矿产资源虽然无可替代，但却可以重复利用。如果没有遭到化学破坏（即原始化学成分保持不变），就有获得再次利用的可能，例如铝、铅、锌及其他金属资源，以及钻石、石油副产品等许多非金属资源。但是，许多此类物质在各种情况下的用量都非常之少，导致其回收在经济上一点儿都不划算。此外，许多此类物质目前已深深融入制成品中，除非销毁相关产品，否则根本无法实现再循环利用。因此，建议慎用术语"可重用资源"，至少从目前来说，所有矿产资源的开采速度均要快于其回收利用速度。

## 12.1.3　资源储量

资源在全球分布不均匀，有些地区非常丰富，有些地区则相对较少。任何工业化国家都不可能拥有维持自身发展所需的全部资源，例如美国尽管拥有丰富的矿产资源，但锡、锰等矿产却依赖于其他国家。对于实际（或潜在）稀缺的重要不可再生资源，最好对其未来的可利用量进行预测，例如需要知道地球上的剩余石油总量及持续可用时间等。

任何答案都只是大致估算，而且由于各种原因，做出这样的估算也不是很容易。虽然可以通过勘查工作找到某些矿产，但却无法确定存在多少尚未发现的矿产资源。此外，对可用资源的定义还取决于当前的经济条件和技术条件，如果这些条件发生了变化（比如能够更加有效地开采、加工矿石），储量的估算值也会随之发生变化。最后，答案一定程度上还取决于资源的利用速度，但是人们显然不可能准确地预测未来的利用速度。如果能够找到一种替代资源，现有资源的利用速度就可能会下降；如果人口增长或工业化对某种资源提出了更高要求，那么其利用速度可能会明显上升。

图 12.3 展示了业界常用的一种储量计算方法。假设这个大矩形包含了某种特定资源的总储量，即该资源存在于地球内部（或表面）的储量总和。对于已经发现的那些矿床，将其标识为查明储量；尚未找到的矿床，标识为潜在储量；采用现有技术属于经济可采的储量，标识为经济储量；由于品位不够高、开采后处理费用高及距离较远等各种原因，对投资人缺乏吸引力的矿床，标识为次经济储量。

可采储量也称可用储量，指已知矿床中有利可图的可采资源数量，即已查明且现有经济条件与技术条件下可开采的资源数量。如果发现了新的资源储量，储量类别将向右侧移动；若改进了技术或提高了产品价格，则储量边界将向下方移动。例如，如果发现了经济上可开采的方法，那么 1950 年未被视为储量的矿石将来可能会成为可采储量。

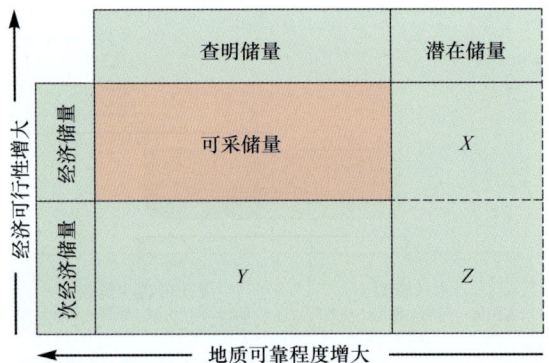

图 12.3　**不同储量的定义**。可采储量由已查明且现有价格与技术条件下可开采的储量构成；X 表示经济上具有吸引力的潜在储量；Y 表示已查明但经济上无吸引力的储量；Z 表示潜在、未发现或即使发现也无吸引力的储量。来源：*General Classification of Resources by the U.S. Geological Survey*

## 12.2　能源与工业化

尽管人类对生物圈所拥有的各种资源具有很大的依赖性，但能源始终是自然资源之"王"。只要能源在手，所有其他资源均能为我所用（参见专栏12.1）。如果没有能源，那么所有其他自然资源将无法开采、加工及分发。例如缺水时，可以利用能源从深井中抽取地下水，也可以改道河流或建造渡槽引水；土壤贫瘠时，通过在化肥、除草剂及农具等方面投入能源，即可提高农作物产量。通过广泛应用各种能源，就可以将原材料转化为商品，或者提供远超任何个人能力范围的服务。此外，利用能源可以帮助人类弥补物资匮乏的窘迫，例如虽然高质量铁矿石可能终将耗尽，但是通过大量利用能源，铁品位极低的岩石也能被提炼并集中用于工业领域。

### 专栏 12.1　什么是能源？

人类用非生物能源建立了高级社会。能源是一种能量，要么是势能，要么是动能。势能是存储起来的能量，释放时可以发挥效用，完成某项工作；动能是运动中的能量，所有处于运动状态的物体都具有动能。

例如，在蓄满水的水库中，水就是势能的储藏库。一旦打开闸门，水就会喷涌而出，势能转化为动能，可以用于驱动发电机等。此时，能量并没有损失，只是从一种形式转化为另一种形式。

遗憾的是，能量从来不能实现完全转换，水的所有势能并不能全部转化为电能，一定会有部分势能转换成热能，然后消失在周围环境中。能源效率是一种指标，衡量在不浪费情况下将一种形式的能量转化为另一种形式能量的程度，也就是所产生的能量与生产过程中所消耗能量的比率。

能源可以通过多种方式获取。人类自身就是能量转换器，可以从食物蕴藏的能量中获取燃料（动力）。食物通常源自植物通过光合作用所存储的太阳能，几乎所有能源（包括木材、水、风和化石燃料）实际上都是太阳能的存储仓库，人类或多或少地利用了这些能源。在农业社会以前，人类主要依靠存储于野生动植物中的能量作为食物，后来还发明了某些工具（如长矛），并探索各种能源利用方式，例如用火来取暖、烹饪及烧荒等。

在定居型农业社会中，人类开发了多种技术手段，开始利用越来越多的能源，如驯化动植物、利用风力来驱动船只和风车、利用水力来驱动水车，这些都扩大了能源基础。在人类的大部分历史中，木材是主导性的燃料来源，即使在今天，至少有一半的世界人口仍然主要依靠燃烧木材来做饭和取暖。

从可再生资源向不可再生矿产资源（以化石燃料为主）的转变引发了工业革命，人口随之快速增长（见第5章），很多地区远超其人口承载力，开发非生物能源不可避免。在工业化国家中，个人财富与国家财富增幅巨大，煤炭、石油和天然气功不可没，可用于供热、发电及开动机器等。

能源消耗与工业生产和人均收入增长密切相关，一般来说，能源消耗水平越高，人均国民总收入就越高。随着生活越来越富裕，人们想要获得更好的房屋、更多的汽车和所有具有发达国家特征的其他商品，这意味着全球能源需求与工业原材料需求必然会大幅增加。现在提出两个问题：世界是否有足够资源来满足发展中国家不断增长的需求？资源需求对资源供应和资源价格有什么影响？

## 12.3　不可再生能源

原油、天然气和煤炭已经成为工业化的基础。图12.4显示了美国以往的能源消费模式。1885年之前，燃烧木材提供了大部分能源需求；1885年以后，煤炭上升到突出地位；1910年，由煤炭燃烧满足的能源需求比例达到顶峰；此后，石油和天然气越来越多地取代了煤炭。过去130年以来，化石燃料在能源中占有绝对优势地位，2011年占全美能源消费的90%左右。

能源消耗（万亿英热单位）

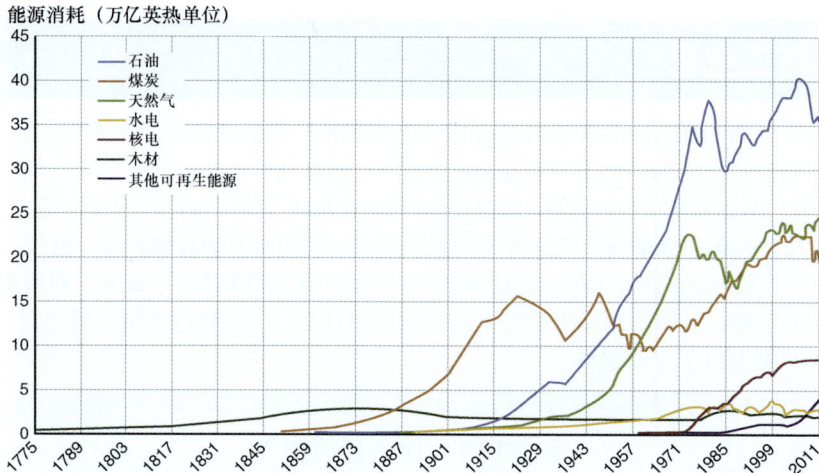

图 12.4　**1771—2011 年，美国的能源来源。**木材是早期的主要能源，1885 年被煤炭超过；20 世纪 50 年代，石油和天然气超过了煤炭，成为两种最重要的能源；从 20 世纪 70 年代开始，核能成为发电的重要手段。可再生能源在过去十年中迅速增长，并且在 2011 年提供了美国所用能源的 9% 以上。自 20 世纪 30 年代以来，水能一直是可再生能源的主要来源，其次是木材、生物燃料、风能、废弃物转化能源、地热和太阳能。来源：*United States Energy Information Administration, Energy Perspectives 2011*

## 12.3.1　原油

　　如今，原油及其副产品约占全球商业能源（不包括木材与其他传统燃料）消费的 40%，在工业化国家和某些地区，这个比例甚至要高得多。图 12.5 显示了原油（也称石油）的主要生产国与消费国。

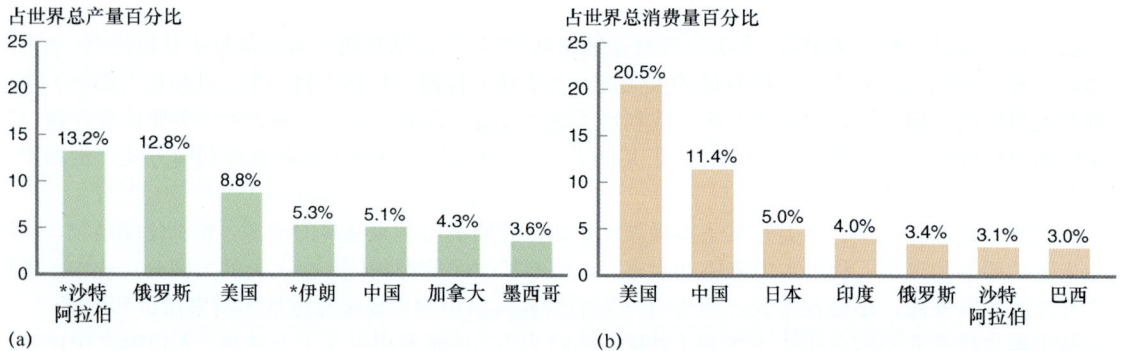

图 12.5　(a)全球主要石油生产国。2011 年，这 7 个国家生产了世界石油的 53%。石油输出国组织成员国以星号标注，共占 2011 年石油产量的 42%；(b)全球主要石油消费国。2011 年，每个国家（共 7 国）每年消耗世界石油的 3% 或更多。来源：*The BP Statistical Review of World Energy, June 2012*

　　当原油从地下开采出来后，需要精炼以分离碳氢化合物，并蒸馏形成蜡、焦油（用于润滑剂、沥青及许多其他产品）及各种燃料。由于具有燃烧特性，还可以作为驱动车辆的浓缩能源，石油的国际地位与日俱增。通常，一桶原油可生产约 20 加仑汽油、10 加仑柴油和家用燃油（合并）、5 加仑喷气燃料及其他产品。在美国，运输用燃油约占全部石油消费量的 2/3。

　　如图 12.6 所示，原油主要通过水路，从各个生产中心运往工业发达国家。美国从许多地区进口原油，西欧、日本及其他主要进口国主要从中东进口原油。

　　尽管煤炭仍然普遍使用且价格较低，但是石油一方面成本低廉，另一方面运输（输油管道、超级油轮及其他方式）效率较高，使得整个世界产生了对石油的严重依赖。例如，美国石油消费主要依赖于从国外进口。多年以来，美国的石油产量基本保持在同一水平，即每天 800～900 万桶。但是，1970—1977 年，由于美国国内石油价格远超开采成本，导致从国外进口石油的数量急剧增加，全美消费原油总量几乎一半依靠进口。正是由于美国及其他先进工业经济体严重依赖于石油进口，为石油输出国提供了巨大的商机，主要反映在 20 世纪 70 年代的石油价格暴涨。在这十年间，石油价格大幅飙升，主要原因是石油输出国组织（OPEC）占据了市场主导地位。

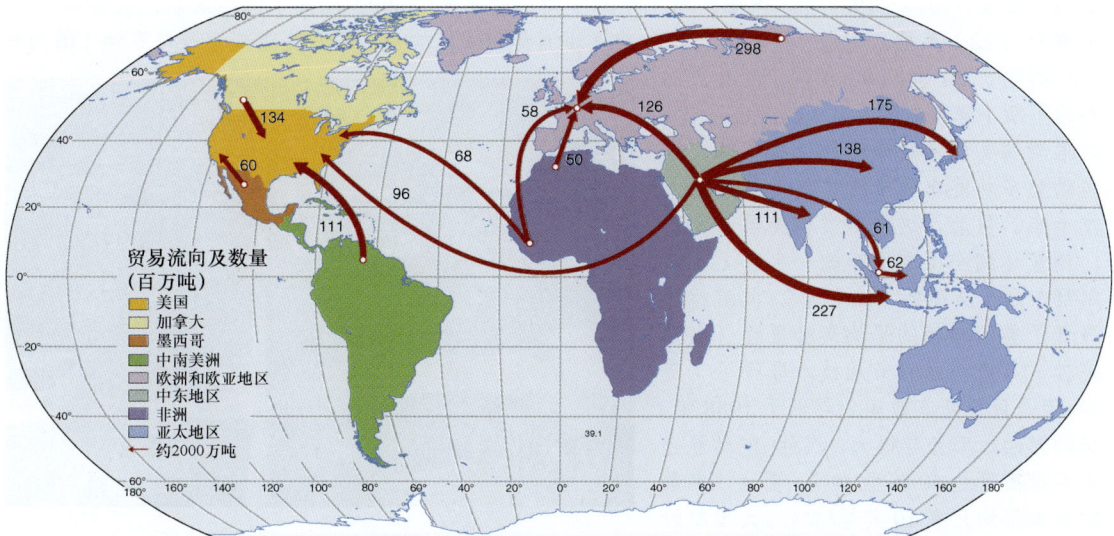

图 12.6　**2011 年，国际原油货运量，中东地区在石油出口领域占据主导地位**。箭头并非具体路线，表示来源和目的地。线宽与运输量大致成正比。2011 年，美国 58% 的石油消费依赖于进口，低于 2008 年的 66%。来源：*The BP Statistical Review of World Energy, June 2012*

在 1973—1974 年与 1979—1980 年的石油危机期间，全球经济明显衰退，石油进口国产生了巨额贸易赤字，世界资本流动重新定位，美元不断贬值（相对于其他货币）。事情总是具有两面性，20 世纪 70 年代的油价飙升同样具有一定的积极意义，例如激发了节能行动、非石油输出国的石油开采、石油钻探技术的改进及替代能源的寻找等。能源价格上涨削弱了能源消费总量，一方面是由于经济衰退期间的需求减少，另一方面是由于价格高涨促进了资源保护，工业化国家被迫探索利用更少的石油来生产单位产品。一般来说，与 20 世纪 70 年代相比，近年来的汽车、飞机及其他机器的能源效率要高得多，工业与建筑业也是如此。

自 1985 年以来，全球石油的产量与消费量稳步增长。20 世纪 80 年代中期，美国生产的石油可以满足 2/3 以上的国内需求，但是由于耗油量大的车辆逐渐普及，加之国内石油产量萎缩，因此对进口石油的依赖程度仍然不断加大。到了 2007 年，美国进口石油约占年消费量的 66%（参见专栏 12.2）。此后，由于燃料经济性的提高和国内产量的增加，石油进口数量有所下降。

## 专栏 12.2　燃油经济性与平均燃油经济性标准

有人将美国比做原油"瘾君子"，每时每刻都离不开石油。平均而言，美国每人每天消费 2.3 加仑石油，其中交通运输约占 2/3。这种依赖性有哪些影响呢？下表中的数据可供参考。

| 国　家 | 2011 年可采储量（10 亿桶） | 2008 年产量（10 亿桶） | 2008 年消费量（10 亿桶） |
|---|---|---|---|
| 美国 | 31 | 2.9 | 6.9 |
| 加拿大 | 175 | 1.3 | 0.8 |
| 墨西哥 | 11 | 1.1 | 0.7 |

注意，美国石油的年产量与年消费量之间存在严重不平衡现象，年消费量远超年产量，位于同一半球的邻居加拿大和墨西哥则刚好相反。按照目前的消费速度，假设进口数量没有变化，则石油可采储量只能满足国内需求 11 年。美国人之所以能够继续潇洒地开车出行，工厂之所以能够继续生产各种石油产品，主要归功于美国每天要进口约 1100 万桶石油，依赖外国资源来满足其一半以上的原油需求。

在美国，私家车、越野车和轻型卡车的用油量较大，约占全国近一半的石油消费量。20 世纪 70 年代中期，当石油价格增至 3 倍时，国会推行了燃油效率的新标准，鼓励美国人购置小排量汽车，降低人均石油消费量。1973—1987 年，美国新增汽车的平均燃油效率（mpg）取得了明显成效，从每加仑 13.1 英里增加到 22.1 英里，仅此一项每年就能削减汽油消费 200 亿加仑，每天就能减少进口石油 130 万桶。

然而到了 20 世纪 90 年代，随着汽油价格的不断下降，美国人好了伤疤忘了疼，再次推崇购买燃油效率低的大型车辆，例如运动型多功能车和带有扩展驾驶室的大型皮卡车。目前，这些车型在美国大受欢迎，销量达到全国乘用车的一半以上。大型越野车属于典型的"油老虎"，其流行热度降低了美国车辆的平均汽油里程（燃油经济性）等级。尽管节油技术取得了一定进步，但是目前新车效率仍然低于 1988 年。汽车的燃油效率差异很大，汽油-电动混合动力车最高可达 50 英里/加仑，燃油效率最低的车辆平均只有 10 英里/加仑。大型越野车的高油耗不仅加剧了美国对国外石油的

© Digital Vision, Ltd./SuperStock RF

依赖，而且还对环境产生了负面影响。如果车辆的平均燃油效率仅增加 3 英里/加仑，美国每天就可以节省 100 万桶石油（实际日进口量约为 1000 万桶）。在美国的二氧化碳排放量中，汽车约占 20%。汽车消耗的燃油越多，二氧化碳排放量就越大，例如 26 英里/加仑汽车平均仅为 13 英里/加仑汽车的一半。每燃烧 1 加仑汽油，汽车就会向大气层排放 13 磅二氧化碳，对温室效应和全球变暖会形成一定影响。此外，汽车排放氮氧化物和碳氢化合物，还会造成酸雨和臭氧烟雾（参见第 13 章介绍的内容）。

若要解决这些环境问题，同时减少美国对进口石油的依赖程度，提高能源效率是一种较好的解决方案。当前，主要面向各家汽车制造商，联邦政府制定了"企业平均燃油经济性"（CAFE）强制性标准，要求新乘用车的平均燃油效率要达到 27.5 英里/加仑，轻型卡车（皮卡、越野车和小型货车）要达到 21.3 英里/加仑。CAFE 标准对轻型卡车较为宽松，本意是想避免处罚建筑工人、农民及其他依靠客货两用车谋生的那些人们，但是汽车制造商却钻了这个空子，开发出符合轻型卡车定义的汽车（如越野车和箱式旅行车），作为小型旅行车和箱式轿车的替代品。

2007 年，美国国会通过了《能源独立和安全法案》，这是数十年来 CAFE 标准的第一次修订。2012 年，奥巴马政府发布了新标准，要求汽车制造商在 2016 年之前，将汽车整体燃油效率至少提升至 35.5 英里/加仑，2025 年要达到 54.5 英里/加仑。与以往不同，美国汽车制造商普遍支持这些修订，但是认为需要新的技术突破。提高 CAFE 标准的支持者指出，不牺牲安全性而显著提高汽车效率的技术已经存在，例如日本标准为 30.3 英里/加仑，欧洲标准更是高达 33.0 英里/加仑。他们力主提高能源效率，认为在降低燃油消费及让世界变得更洁净、更健康等方面，这是最快捷、最经济的途径。此外，他们还断言越野车会对其他驾车人构成威胁，因为越野车视野有限，并且碰撞时会造成更大伤害。

CAFE 标准修订的反对者指出，汽车行业应该包容各种类型的车辆，有些车型省油，有些车型不省油，这很正常，人们完全可以自由选择自己所喜欢的车型。他们认为，大多数美国人对耗油量并不在意，更为关注汽车的安全性、舒适性和性能。有些买家对越野车的安全性非常满意，例如有一位越野车主说："这是一种非常安全的车型，我之所以购买它，因为它就像一台无坚不摧的钢铁坦克，从不惧怕任何东西的碰撞。"还有一些人非常看重箱式旅行车或越野车所提供的超大空间，"如果要拖曳一艘小船或者全家出游，不会有太多选择，你需要大容量"。

**问题探讨**

1. 你赞同以下哪种说法？反对哪种说法？为什么？

- 自由市场体制无法满足美国的能源需求。汽车工业的自律性不可信，除非政府强制要求，汽

车制造商不会主动提高汽车的燃油经济性。

- 政府不一定非监管不可，汽油涨到每加仑 6 美元时，人们自然就会购买燃油效率更高的汽车。
- 与紧凑型混合动力汽车相比，越野车更安全可靠，能够更好地保护家人。在环境问题与客户的自由选择之间，我们需要找到一个平衡点。

2. 你认为奥巴马政府是否应该像 2012 年那样提高燃油标准？美国国内汽车经销商反对提高燃油标准，声称新车成本将由此增加近 3000 美元，从而将 700 万人排除在新车市场之外。

3. 以前，当联邦政府提出提升 CAFE 燃油标准时，美国汽车制造商表示强烈反对，认为这会加大自己的安全成本和空气净化成本，从而导致利润降低和大量裁员。他们为什么会赞同并努力推进 2012 年新修订的燃油标准？

4. 越野车和小型货车是否应继续享受比其他乘用车更为宽松的法规？为什么？

5. 是否应该允许汽车制造商通过支付罚款来规避燃油标准？

石油储量规模的估算难度较大，由于石油的不断开采及圈定新储量等因素的影响，估算值通常会动态修订；另一方面，许多政府不希望公开真实的储量规模，少报或虚报官方储量。尽管如此，石油很明显是一种非常有限的资源，石油储量在世界各国的分布非常不均匀（见图 12.7）。全球石油可采储量略高于 1.2 万亿桶，潜在储量为 9000 亿桶。如果全部石油储量均可以开采，同时维持当前生产速率不变，那么可采储量只够开采约 50 年。不过，某些中东国家的产量占其储量的比例较低，在油田枯竭之前，能够以当前速率开采一个多世纪。

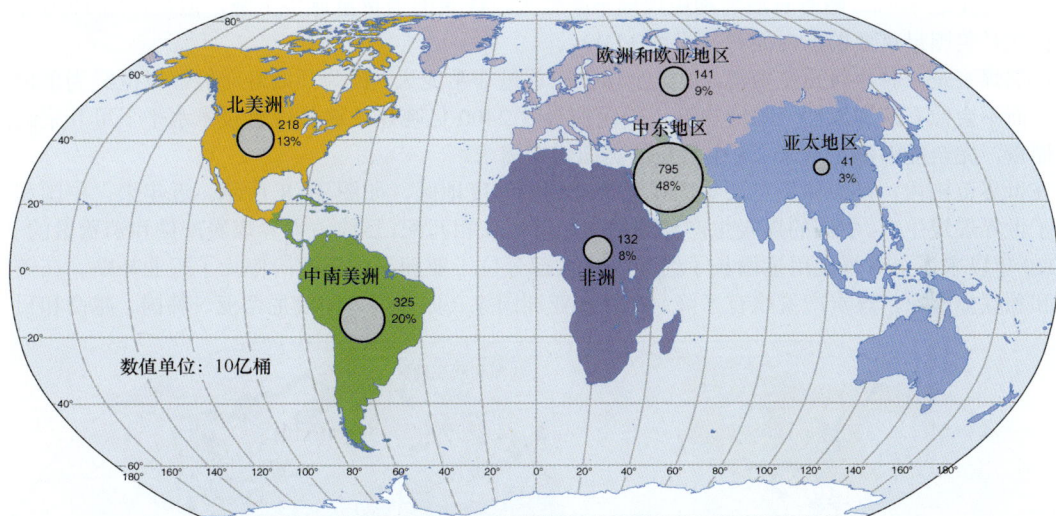

图 12.7　2011 年 12 月 31 日，全球各地的石油可采储量及其所占份额，单位：10 亿桶。全球石油供应是有限的，有些国家在可预见的未来就可能耗尽其储量。美国消费了世界石油供应量的 1/5，但仅拥有世界储量的 1.9%。中东国家大约蕴藏着可采储量的一半。截至 2011 年底，世界石油可采储量约为 16530 亿桶。随着时间的推移，由于采用新方法圈定与开采石油矿藏及价格变化等因素的影响，这一数字还会不断上升。2011 年，全球年石油消费量约为 320 亿桶。来源：*The BP Statistical Review of World Energy, June 2012*

　　近半个世纪以来，预测全球石油将很快耗尽的论调一直存在，悲观主义者坚持认为全球石油产量可能在 2015 年达到顶峰，然后拐头向下。乐观主义者则认为，在 21 世纪的大部分（如果不是全部）时间内，人类仍将依赖石油，勘探与生产的技术进步（如水平钻进、水力压裂、深水钻进和提高回收率等）将会显著增加可从地下开采的石油数量，人们实在不必担心加油站里无油可加。

　　在致密的油页岩地层（如北达科他州西部的巴肯地层）中，通过应用水平钻井和水力压裂等新技术，人们开辟了新的石油供应渠道。钻井首先垂直向下钻进，到达含油页岩的地层后，转为横向钻进。在高压环境下，注入经化学处理过的水和沙子，破坏致密的含油岩层。沙子的作用是维持裂缝呈开启状态，使油可以流到井中。这种水力劈裂（或压裂）技术应用效果显著，极大地扩展了石油的经济储量。在《国家地理》杂志 2008 年的一篇文章中，曾经将北达科他州称为"消失的大草原"，描述了该州许多濒临废弃的城镇与农舍。但是今天，由于石油工业创造了大量就业机会，该州再创辉煌，有些城镇位列全美人口增长速度最快的地区，住房供不应求。

人们曾经一度认为近海油田只存在于浅海区，但是目前发现在墨西哥湾、巴西和西非的外海海平面以下数 1 千米左右，仍然蕴藏着巨量的石油资源。近年来，许多石油公司从墨西哥湾抽取石油，钻探深度超过了 1000 米。

提高现有储层的石油采出率是更具前景的解决方案。目前平均而言，储层中的石油只能采出 30%～35%，大部分石油仍然沉寂于地下。石油行业中的乐观主义者认为，随着增强型开采技术（将水、气体或化学物质注入井中）的应用，储层里的石油采出率将会达到 60%～70%。

最后，虽然大多数地质学家认为已经没有多少潜在大型油田值得期待，但有些新发现的油田尚未大规模开发，具有一定的潜力可挖。行业分析师认为，未来石油产量若要大幅增加，主要关注点可能是俄罗斯和独联体国家（如哈萨克斯坦、塔吉克斯坦、乌兹别克斯坦、乌克兰、吉尔吉斯斯坦和阿塞拜疆）。例如，哈萨克斯坦目前正在开发新的大型油田，铺设延伸至里海盆地以外的新输油管道；在位于鄂霍次克海萨哈林岛附近的远东地区，俄罗斯已经开始开发巨大的近海油田。

### 12.3.2　煤炭

煤炭（简称煤）是工业革命的燃料基础。1850—1910 年，在美国的能源供应格局中，煤炭的比例从 10%上升至近 80%。随着石油的利用规模不断扩大，煤炭的消费量逐步下降，但是直到 1950 年时，煤炭仍然是美国最重要的国内能源（见图 12.4）。

虽然煤炭是一种不可再生资源，但其全球供应总量非常庞大，资源预期寿命能够以世纪为单位进行衡量，而不会像石油和天然气那样短寿。美国拥有近 2400 亿吨煤，这是现有技术水平下可开采的潜在经济储量，完全能够满足未来 2.5 个世纪的美国煤炭需求。

在世界范围内，煤炭储量主要集中在北半球的中纬度地区，如图 12.8 所示。近年来，中国和美国主导了世界煤炭生产。中国的煤炭生产和消费与经济增长相匹配，目前占世界煤炭产量和消费量的一半。自 2000 年以来，全球煤炭用量增长了约 60%，大部分位于亚洲。由于政府停止了行业补贴，在美国、西欧和独联体国家，煤炭产量略有下降。在许多亚洲国家（如印度、印度尼西亚、韩国、越南和日本），

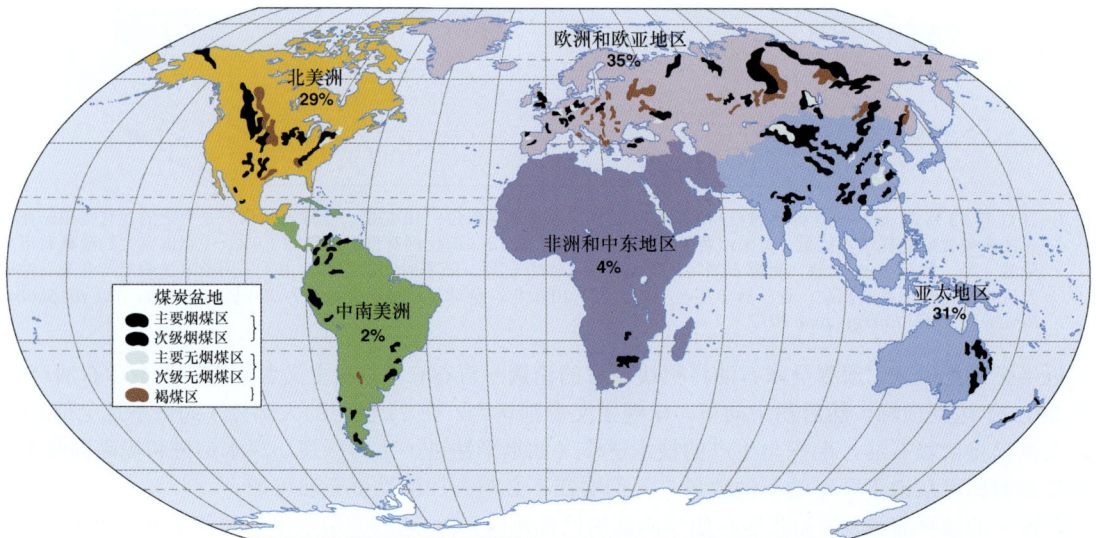

图 12.8　**2011 年 12 月 31 日，全球煤炭可采储量占比**。煤层主要集中在北半球，五个国家的煤炭储量占世界总量的 3/4：美国（28%）、俄罗斯（18%）、中国（13%）、印度（7%）和澳大利亚（9%）。尽管非洲和南美洲的煤炭盆地面积很大，但煤炭储量却很少。2011 年，中国是全球最大的煤炭生产国与消费国，约占世界煤炭生产量和消费量的一半。储量数据来源：*The BP Statistical Review of World Energy, June 2009*

煤炭使用率继续增长。自 2000 年以来，由于经济快速增长，中国的煤炭产量和消费量均增加了 2.5 倍。在美国及其他工业化国家，煤炭主要用于发电和制造用于钢铁生产的焦炭；在欠发达国家，煤炭不但广泛用于家庭取暖和做饭，而且也用于发电和工厂的燃料。

煤炭不是品质稳定的资源，从褐煤（几乎未压实的原生泥炭）到烟煤（软煤）再到无烟煤（硬煤），每一级都反映了有机质的变质程度。无烟煤的固定碳含量约为 90%，水分含量非常低；褐煤水分含量最高，碳元素含量最低，热量值也最低；在美国煤炭的可采储量中，烟煤约占一半，主要集中在密西西比河以东的各州。

除类别外，煤炭还可划分等级，主要由杂质（特别是灰分和硫）的含量决定，这也能够体现其品质。在钢铁工业中，生产焦炭需要热量与物理性质合适的优质烟煤，但这种等级的烟煤正在逐渐减少，而且开采成本逐渐增加；无烟煤以前是家庭取暖的主要燃料，现在需要更高的开采成本，而且没有稳定的工业市场。煤矿的价值不仅取决于分类和分级，还取决于其可达性，主要是指煤层的厚度、深度、连续性及煤层相对于地表的倾斜度。煤矿开采方式有两种，即露天采矿和地下采矿。在露天采矿（也称露天分层剥离式采矿）方式中，巨大的机器剥离土壤和煤层上方的岩石（上覆岩层），然后获取下方的煤炭。如果盖层厚度小于 100 米，那么通常采用露天采矿方式。在第 13 章中，我们将讨论分层剥离开采的负面环境影响；如果盖层较厚，通常选择地下采矿（也称竖井采矿）方式，操作员将两个或更多竖井下沉至地下煤矿深处。地下采矿不仅价格昂贵，而且还是世界上最危险的职业之一。

美国西部煤炭的热量值尽管普遍较低，但由于含硫量较低，所以目前仍具有一定吸引力。但是，要将其运到市场，就需要承担昂贵的运输费用。如果要用于发电以供应遥远的消费者，还需要建成成本很高的输电线路。

在计算煤炭的开采成本与燃烧成本时，必须要考虑相关的生态、健康和安全问题。在露天采煤和煤炭燃烧过程中，地面破坏和河湖酸性污染始终相伴左右，这种情况虽然部分受到环境保护法的约束，但是处理措施会明显增加成本。美国东部煤炭的硫含量相对较高，目前在大多数工业国家（包括美国），矿山企业需要应用昂贵的技术手段从烟道气中脱硫和去除其他杂质。

运输成本影响着煤炭的生产模式与消费模式。煤炭体积庞大，不像非固体燃料那样容易运输，通常在矿山附近消费。事实上，由于煤炭的运输成本非常高，使得大型重工业中心直接选址于煤田所在地，如匹兹堡、鲁尔、英格兰中部地区及乌克兰的顿涅茨地区等。

### 12.3.3　天然气

煤炭是最为丰富的化石燃料，天然气则被称为近乎完美的能源资源。首先，天然气是一种高效、多功能的燃料，几乎不需要加工；其次，在化石燃料中，天然气（主要成分为甲烷）对环境的影响最小，属于清洁能源范畴。甲烷燃烧后的化学产物是二氧化碳和水蒸气，虽然属于温室气体，但并非污染物。

如图 12.5 所示，在 20 世纪的美国，天然气供应比例增长非常可观，1900 年占全美能源供应约 3%，1980 年上升至 30%，2011 年又下降到 26%。在世界其他地区，趋势则刚好相反。1973—1974 年，石油危机爆发后，全球天然气产量与消费量大幅增长，到 2007 年几乎翻了一番，占全球能源消耗量的近 25%。

天然气的主要用途为工业采暖、住宅采暖和发电等。事实上，天然气已经取代了煤和石油，成为住宅采暖的主要燃料，美国目前有超过一半的房屋利用天然气进行取暖。通过化学方法，可将天然气加工成各种产品，如化肥、汽车燃油、塑料、合成纤维和杀虫剂等。

早在 1916 年，得克萨斯州和路易斯安那州就发现了储量巨大的天然气田。后来，在堪萨斯州-俄克拉荷马州-新墨西哥州一带，又发现了大型天然气田。当时，美国中南部地区人口稀少，无法充分利用天然气资源，而且寻找目标主要是石油（非天然气）。因此，对许多只产出天然气的钻井，予以加盖封存；对于与石油共生而产出的天然气，则将其当作石油工业上的多余副产品，从井口排放或燃烧掉。直到 20 世纪 30 年代，这种情况才发生了根本性改变，企业铺设了输气管道，将南方的天然气井与芝加哥、明尼阿波利斯及其他北方城市消费者连接起来。像石油一样，天然气能够很容易地通过管道进行输送，而且价格低廉。在美国，州际与州内输气管道总长度已超过 50 万千米。

与石油不同，在国际贸易中，天然气无法自由地通过海路进行运输（见图 12.9）。越洋运输涉及非常昂贵的设备，需要将气体冷却至-126℃进行液化，以适用于在适当温度条件下可容纳这种液体的双壳油轮；当到达目的港后，再利用相关装备将液体进行气化，然后注入当地的管道系统。液化天然气（LNG）极其危险，因为甲烷与空气的混合物具有爆炸性。美国主要从特立尼达和多巴哥进口液化天然气，2011年已经开放了 8 个接收液化天然气的终端码头。但是，由于国内供应数量增加，进口数量急剧下降。液化天然气罐车通常携带数百万加仑高易燃燃料，若发生事故或恐怖袭击，后果不堪设想，会对陆上设施形成极大威胁。海路运输是从天然气管道输送到港口，即便出现问题也危害有限，不过会对海洋生态系统造成环境危害。

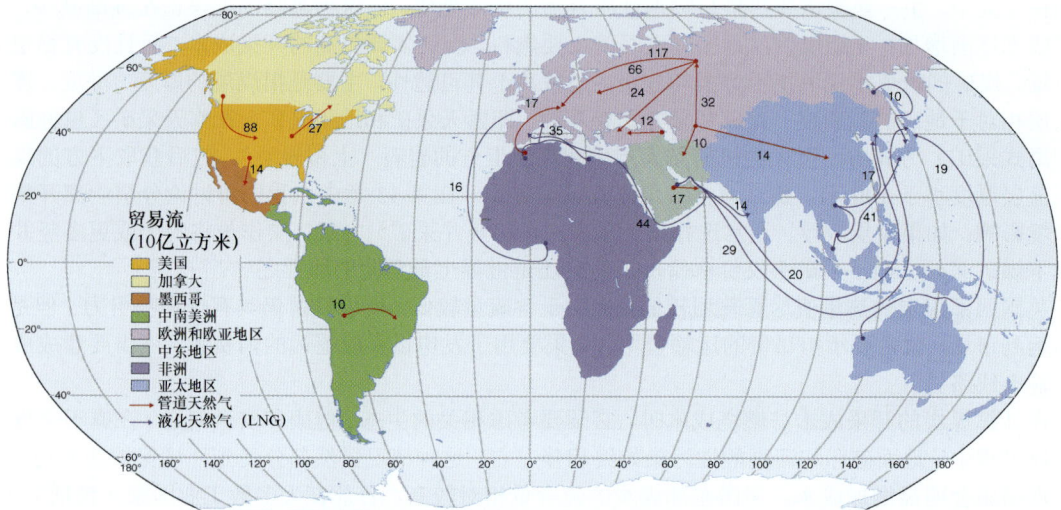

图 12.9　2011 年，世界主要天然气贸易路线。俄罗斯向 17 个欧洲国家出口天然气，约占全球贸易总量的 30%。荷兰和挪威占另外的 25%。大部分天然气经由管道进行输送，但是发达国家的供应量日渐减少。在偏远地区发现储量规模极大的天然气后，伴随着液化天然气贸易成本的降低，使得液化天然气更加具有吸引力。日本是全球最大的液化天然气进口者，接下来是韩国、英国、西班牙、印度、中国、中国台湾和法国。在本图中，仅显示 100 亿立方米及更高的年贸易量。来源：*The BP Statistical Review of World Energy, June 2012*

像其他化石燃料一样，天然气不可再生且供应有限。天然气的储量很难估算，与客户愿意为燃料所支付的价格息息相关，随着天然气价格的不断上涨，储量估算值已经上升。异常地质地层（包括致密砂岩地层、6000 米以深的深层盆地、页岩及煤层等）使天然气供应量估算进一步复杂化，增加了潜在天然气资源的不确定性。

在全球范围内，两个地区主导了天然气的可采储量：俄罗斯（21%）和中东地区（38%），如图 12.10所示；土库曼斯坦是另一个天然气供应大国，拥有世界总储量的 12%；其余天然气大致平均分布在北美、西欧、非洲、亚洲和拉丁美洲。在产能不变的情况下，全球天然气的现有可采储量可供开采的年限为 65 年左右，但是如果开发出新的天然气田，可使全球天然气储量的预期寿命显著延长。

虽然各州地下都蕴藏着天然气矿藏，但从传统意义上来说，得克萨斯州-路易斯安那州和堪萨斯州-俄克拉荷马州-新墨西哥州这两个地带最为关键，主导着美国国内的天然气产量；许多沿海浅海区已知有天然气；阿拉斯加的潜在天然气储量很大，估计至少两倍于美国其他地区的现有可采储量。

与石油开采相同，由于成功将水平钻井技术与水力压裂技术相结合，使得美国天然气产量呈现突飞猛进式增长。页岩气是聚集在沉积页岩中的天然气，通常靠近石油矿床。在得克萨斯州沃斯堡附近的巴内特页岩和宾夕法尼亚州的马塞卢斯页岩中，人们布设了针对页岩气矿床的水平钻，并且已经开始量产供气。由于在马塞卢斯页岩中布设了水平钻井，使宾夕法尼亚州的天然气开采量在 2009—2011 年间翻了两番。在北达科他州的巴肯盆地，由于缺乏与天然气管道的连接，采油期间排放的天然气约 1/3 被明火烧掉。伴随着水平钻井和水力压裂的新技术进步，天然气储量可能够用一个世纪。当然，对于不易获取的储量和需要应用非常规钻探技术的天然气矿藏来说，开发成本将会更高，因此也就更加昂贵。

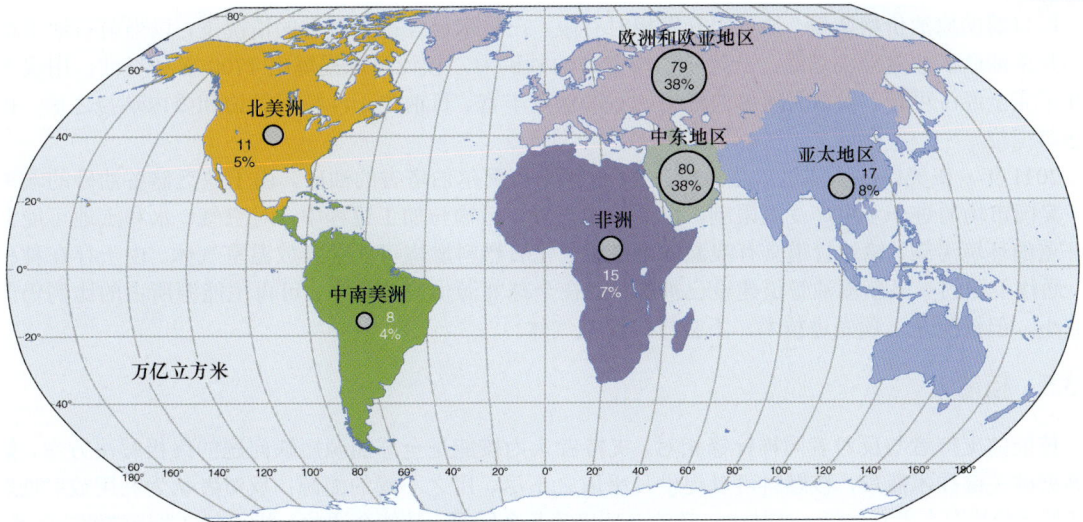

图 12.10　2011 年 12 月 31 日的天然气可采储量。俄罗斯拥有的天然气储量最大，约占世界总储量的 21%，超过美国 5 倍；主要储量也存在于中东国家，特别是伊朗和卡塔尔。数据来源：*The BP Statistical Review of World Energy, June 2012*

　　水力压裂技术存在一定的争议，引起了人们对环境污染方面的广泛关注。首先，注入化学品是否会污染地下水；其次，如何存储和处理压裂过程所产生的废水。在某些地区，由于水力压裂过程中用水量过大，可能会导致河流流量减少或者水位下降。

### 12.3.4　油页岩和油砂

　　油页岩和油砂均为非常规化石燃料，存在于不同寻常的地方（岩石和砂石中），同样具有提炼石油的前景。

　　油页岩不应与含油页岩相混淆，后者含有通过水力压裂释放的液态油及天然气的巴肯地层。油页岩既不是页岩又不是油，而是富含称为干酪根的有机质的细粒沉积岩。油页岩是一种潜力非常巨大的碳氢化合物能源，岩石组分主要是碳酸钙和碳酸镁，与其说像页岩，倒不如说像石灰岩；而且这种碳氢化合物（即干酪根）并非石油，而是附着在碳酸盐岩颗粒上的一种蜡状（或焦油状）物质。当把破碎岩石加热到足够高的温度（480℃以上）时，干酪根就会分解，释放出液态石油产品，称为页岩油。

　　全球油页岩的储量巨大，美国、巴西、俄罗斯、中国和澳大利亚均已发现规模性矿床，初步估计至少含有 8000 亿桶页岩油。在美国，最富的油页岩矿床位于科罗拉多州、犹他州和怀俄明州接壤处，赋存地层为格林河组，蕴藏的石油足够全国使用一个世纪。在 20 世纪 70 年代，它们被认为是美国实现能源自给自足的保障。在科罗拉多州格兰德枢纽附近的皮切斯盆地，有人投资了数十亿美元，主要用于油页岩的研究与开发。但是到了 20 世纪 80 年代，随着石油价格不断下跌，人们对该项目的兴趣逐渐减弱，位于科罗拉多州降落伞溪的最后一家炼油厂也于 1992 年被废弃。

　　油是液体石油的另一个源头。油砂也称沥青砂，属于一种混合物，主要组分包括沙子、黏土和淤泥（85%）；水（5%）；沥青（10%，非常黏稠、焦油状的高碳石油）。粗沥青太稠，无法从岩石中流出，为了提炼出石油，必须对油砂进行开采、压碎和加热处理。一般来说，从约 2 吨油砂中即可生产出 1 桶原油。全球油砂资源丰富，储量是传统石油资源的许多倍，总计含有超过 2 万亿桶石油，大部分来自加拿大阿尔伯塔省。在阿尔伯塔省的 4 个大型矿床中，估计共含有 1 万亿桶沥青。其中，阿萨巴斯卡矿床规模最大，位于阿尔伯塔省北部的麦克默里堡附近。在委内瑞拉、特立尼达、俄罗斯和犹他州等地，人们也相继发现了油砂矿床。

　　从油页岩或油砂中虽然能够生产出石油，但是成本代价非常高昂，既需要投入大笔资金，又需要承担不小的环境成本。例如，生产过程需要大量能源与淡水，占用大面积土地，产生巨量废弃物，排放温室气体，污染空气、水及周围土壤等。

以目前的原油价格衡量，油页岩开发相对有限。在技术已经得到改进的情况下，以当前石油价格计算，开采油砂矿非常经济划算。从阿尔伯塔省的油砂矿中，预计可以提炼出 1700 亿桶石油，用现有技术开采完全经济可行。加拿大阿尔伯塔省的石油储量丰富，目前位于沙特阿拉伯和委内瑞拉之后，排名全球第三位。

2011 年，在美国的原油进口总量中，1/4 份额来自阿尔伯塔省的油砂。由于缺乏储备油砂的输油管道，美国市场的进一步生产受到限制。在油砂的开采、运输与加工过程中，对空气、水和土地可能会造成严重的环境污染，输油管道具有泄漏的可能性，化石燃料燃烧可能会排放温室气体。由于存在种种问题，通往美国的一条新输油管道建设已被暂停。在全球能源供应总量中，可再生能源所占的比例仍然相对较小，但核能是一项先进技术，不会排放温室气体。

## 12.3.5 核能

核能的支持者与反对者同样针锋相对，支持者认为核能是全球能源短缺问题的终极解决方案，如果能够突破关键技术瓶颈，核燃料可以提供几乎取之不尽、用之不竭的能源；反对者认为利用放射性燃料的任何系统均存在固有风险，在技术、政治及环境等各个层面，核能会诱发一些社会自身无法解决的难题。一般来说，核能有两种生成途径：核裂变和核聚变。

### 1. 核裂变

在发电过程中，核裂变的常见形式是铀-235 原子核的受控分裂。铀-235（U-235）是自然界中唯一的裂变同位素，当 U-235 原子分裂时，原始质量的约 1‰ 转化为热量，热量通过热交换器转换生成蒸汽，蒸汽驱动涡轮机即可发电。

1 磅 U-235 含有的能量相当于近 5500 桶石油。在核能开发领域，全世界有 440 多个商业核反应堆，生成了全世界约 16% 的电力（见图 12.11），其中约 1/4 的核电站在美国。

某些国家比其他国家更依赖核电。在各个国家中，社会公众对核电的接受程度不一致，主要取决于两种因素，一是国内其他燃料源的可供性，二是核反应堆与放射性废弃物的存储与处置是否安全的社会关注度。例如，在法国和立陶宛，核电提供超过 75% 的电力；在比利时和瑞典，核电提供约 50% 的电力；在美国和加拿大，核电仅提供 20% 或更少的电力；若干国家（如丹麦、意大利、希腊、澳大利亚和新西兰等）完全拒绝核能开发，坚持"无核化"且永不建设核电站；在德国、瑞典和菲律宾等少数国家，计划逐步停止直至拆除原有核反应堆。

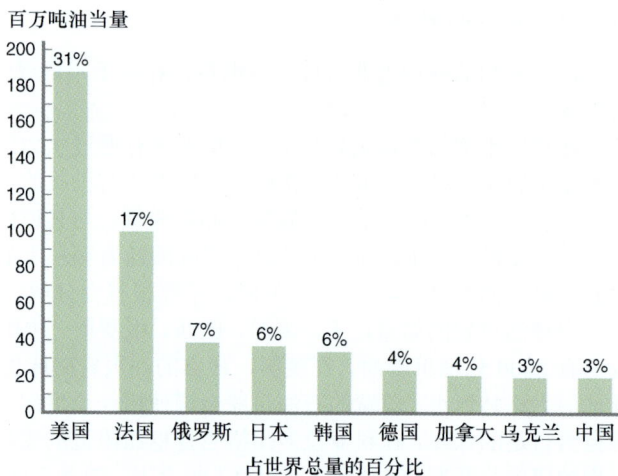

图 12.11　**2011 年，核能的主要生产国与消费国**。这 9 个国家生产与使用的核能占全世界近 4/5，图中标示了各国占全世界核能消费的百分比，发展中国家的核电站很少。数据来源：*The BP Statistical Review of World Energy, June 2012*

然而最近，许多国家对核电的兴趣正在复苏，部分原因是认为核能是减少碳排放和减缓气候变化的最佳途径。截至 2012 年，全球已有 13 个国家正在建造 60 座核反应堆，还有更多计划或拟议建造的核反应堆。随着经济的快速发展，中国对电力的需求不断飙升，但是希望减少从国外进口石油和天然气，也不希望依赖污染严重的燃煤电厂，政府最终决定继续建造新的核反应堆。还有一些国家或地区也在建设新的核反应堆，包括芬兰、印度、韩国、中国台湾和俄罗斯等。

日本拥有世界第四大核电产业，仅次于美国、法国和俄罗斯，55 座核电站提供了全国近 1/3 的电力。但是在 2011 年，由于发生了大规模地震和海啸，导致福岛核电站发生了灾难性的核泄漏。当冷却系统无法供电时，三个核反应堆的堆芯熔化，废燃料棒过热。周边地区约 10 万人被迫疏散。福岛核灾难导致日本其他核反应堆立即关闭，并迫使日本政府做出了弃核的政治承诺。尽管如此，日本目前重新启动了现有的核反应堆，并开始讨论建造新的核反应堆。

美国核电工业的发展也不明朗，由于各种各样的原因，1979 年以来未制定任何新的核电站建设计划（见图 12.12）。相对于其他来源的能源，核电站的建造、审批和运行成本极高。同时，随着核电技术安全记录的时好时坏，社会公众对核能的接受度也浮浮沉沉。1979 年，宾夕法尼亚州三里岛的部分反应堆熔毁；1986 年，乌克兰切尔诺贝利核电站发生爆炸；2011 年，日本福岛发生核泄漏，这些核灾难都加剧了社会公众对核安全问题的关注。还有，放射性反应堆废弃物缺乏安全存储地点，也削弱了社会公众对核能的支持。最后，特别是 2001 年 9 月 11 日之后，许多人认为核电站是恐怖袭击的诱人目标。

·正在运营的核反应堆

(a)　　　　　　　　　　　　　　　　　　　(b)

**图 12.12　2013 年，美国正在运营的核电站。**(a)位于密歇根湖岸边的库克核电站；(b)因为需要大量的冷却水来处理余热，所以核电站大多建在河流、湖泊或海洋旁边。美国有 104 家核电站，提供约 20%的电力，但近 30 年几乎没有建设新核电站，分析师预计 2020 年将有 4～6 座新核电站投入运营。(a)© *NRC File Photo*；(b)来源：美国核管理委员会

尽管存在这些担忧，核电仍然可能在美国适度回归。由于蒸汽发生器发生腐蚀，钢制压力容器变得太脆而无法安全运行，许多老反应堆将在未来数年内关闭。多家公司已获得美国核能监管委员会的批准，可对现有设施进行升级或重新授权。在美国国会于 2005 年批准实施的能源法中，为了鼓励核电开发，提出了价值数十亿美元的激励措施，包括税收抵免、补贴、贷款担保和联邦保险等。

### 2. 核聚变

核聚变不同于裂解原子的核裂变，而是强制称为氘和氚的氢原子结合在一起形成"氦"，释放出极其巨大的能量。聚变是使太阳及其他恒星燃烧的过程，也是氢弹的基础，氢弹使用一种短暂、不受控的热核聚变。

核聚变比核裂变更难实现，要将原子加热到极高温度，直到原子核碰撞并融合在一起。核聚变研究人员面临许多技术问题，其中之一是为核反应堆的安全壳寻找耐受辐射和高温（大于等于 1 亿摄氏度）的材料。目前，美国、欧盟、印度、俄罗斯、中国、韩国和日本组建了联合体，在法国合作建造全球第一座大型核聚变反应堆，即国际热核实验反应堆（ITER），旨在证明核聚变能够被人类驾驭并成为经济上可行的能源资源。该电厂的建设周期至少要 10 年。

若能解决与核聚变相关的开发问题，那么地球数百万年的电力需求就会得到满足，1 立方千米海水（氘原子的来源）拥有与全球已知全部石油储量一样多的潜在能量。支持者还提出了核聚变的其他优势，例如放射性过程非常短暂；废料无污染；与核裂变反应堆不同，不使用 U-235 这种紧俏原料；与传统电站不同，不排放污染物、二氧化碳、二氧化硫或氮氧化物等温室气体。

怀疑者则指出，尽管已经开展了 50 年的研究，但科学家们还是没有完全掌握控制核聚变过程的关键技术，认为核聚变设备的成本非常巨大，不如通过传统方式供电更廉价，而且可能带来潜在的健康与环境问题。

# 12.4  可再生能源

核能会带来安全问题，化石燃料有限且面临枯竭，不希望依赖进口外国能源，全球气候变化令人担忧，凡此种种，迫使人们增加了对可再生资源的兴趣。可再生资源的最大优势是具有普遍性，因为地球绝大多数地区都有充足的阳光、繁茂的植物、大风或暴雨；另一个优势是易于使用，无须采用先进技术即可利用，这是其广泛用于发展中国家的重要原因。最常见的可再生能源是植物。

## 12.4.1  生物燃料

对于世界上超过一半的人们来说，为了满足每天的能量需求，需要依靠木材及其他形式的生物质。生物燃料是由植物、动物或微生物产生的有机物质，可以直接作为热源燃烧，或者转化为液体或气体。除木材外，生物燃料还包括树叶、农作物残余、泥炭、粪便及其他动植物材料。在埃塞俄比亚和孟加拉国，生物燃料几乎提供了全部能源消耗量；相比之下，在发达国家中，由木材、草及其他有机物转化而来的能量则相对较少。

生物燃料包括两种类型：（1）树木、谷物、糖类作物和含油植物（如向日葵）等；（2）废弃物，包括农作物残余、动物粪便、垃圾和人类污水等。生物质可以通过多种方式转化为燃料，例如直接燃烧、汽化和厌氧消化等。除发电外，为便于存储和运输，生物燃料转化过程还可以设计成多种模式，例如生产固体燃料（木材-木炭）、液体燃料（油类-酒精）和气体燃料（甲烷-氢气）等。

### 1. 木材

生物燃料产生的绝大部分能量来自木材。1850 年，美国能源需求的 90% 来自木材；目前，虽然木材只提供全美能源组合的 3%，但是各地区的百分数差别很大，例如在缅因州和佛蒙特州，木材燃料提供了所用能源的 15%。在发展中国家，木材是能量的主要来源，可供取暖、烹饪、烧水和照明等。由于存在这种对木材的依赖，对森林资源造成了严重损害，本章后面将会介绍相关内容（见 12.6.3 节）。

生物燃料对能源体系的第二个贡献是酒精，可以通过各种各样的植物制造出来。在 20 世纪 70 年代石油短缺之后，为了降低对进口石油的依赖程度，同时由于化石燃料禀赋不足，巴西开始努力开发具有本土特色的能源供应。在巴西销售的所有汽油中，均含有 25% 的由甘蔗制成的谷物酒精（乙醇），常规汽车发动机无须改造就能使用这种混合燃料。2003 年，混合燃料汽车在巴西首次亮相，采用了改进型发动机设计，驾车人员可以选择使用纯汽油、酒精或两者的任意组合。酒精非常廉价，全巴西几乎所有加油站都出售这种燃料，全巴西销售的所有新车都配备混合燃料发动机。

目前在美国，乙醇作为氧化剂，以 5%～10% 的比例与汽油进行混合。2007 年，由于希望降低对进口石油的依赖程度，促成了《能源独立和安全法案》的出台，实现了生物燃料生产的大幅增加。在美国，95% 的乙醇来自玉米，与甘蔗相比处于明显劣势。

- 甘蔗可以生长于热带气候的边缘土壤，适应性较强；要在美国种植玉米，一要有肥沃的土壤，二要大量施用氮肥、除草剂和杀虫剂（可能会污染水源）。
- 种植玉米需要大量成片土地，为了取代美国汽油消耗量的 5%，大约需要种植 1.17 亿英亩（威斯康星州与内布拉斯加州的面积之和）玉米。
- 甘蔗的能源效率更高，巴西每公顷甘蔗产生的乙醇量，远远超过美国每公顷玉米产出的乙醇量。
- 能量平衡，或者说用制造燃料的化石燃料能量（输入）与产出燃料能量（输出）相比，很大程度上倾向于甘蔗。甘蔗用每单位化石燃料产出 8 单位乙醇，玉米用每单位化石燃料产出 1.3 单位乙醇。
- 甘蔗的加工成本更低，因为已经是糖，所以蒸馏前不必再加工；玉米需要磨碎，然后与水和酶相结合，将淀粉转化为糖，发酵变成酒精，再通过蒸馏将酒精与水分离。
- 由于玉米价格上涨，农民将会种植数百万英亩的农田，而置土壤保护和野生动物保护区于不顾。
- 目前在美国，乙醇蒸馏厂消耗约 1/5 的玉米产量。若将更多玉米转化为燃料，将会推高牲畜饲料、肉类、谷物及其他商品的价格。穷人主要将积蓄用于购买食品，因此这种影响最为深远。

在不与粮食作物竞争的情况下，生产生物燃料的首选方法是利用废弃物。事实上，根据 2007 年法案的要求，大多数生物燃料不能采用玉米作为原料。在纤维质乙醇工厂中，人们继续研究和开发，探索如何利用木质生物燃料来生产乙醇。

### 2. 废弃物

废弃物包括农作物残留、动物粪便和人类垃圾等，属于第二大类有机燃料。特别是在农村地区，通过称为厌氧消化的发酵过程，废弃物可以产生甲烷气体（也称沼气），就可以获得能量。许多国家（如印度、韩国和泰国）均有国家级沼气计划，但是为农村家庭生产沼气做出最大努力的是中国。在中国农村家庭的后院中，发酵罐（沼气池）能够生产沼气，为 3500 多万人提供烹饪、照明和供暖等燃料。这项技术很简单，沼气池中装有废弃物（除粪便外，还包括稻草及其他农作物残余），在压力下发酵，产生甲烷气体，随后通过软管进入厨房等地。在气体用完之后，取出剩余废弃物，还可用作肥料。

## 12.4.2 水能

生物燃料（尤其是木材）是最常用的可再生能源，第二常用的可再生能源是水能，即从下降或流动的水中所开发的能量。当水从一个基准面掉落（或流动）到另一个基准面时，无论是自然掉落还是经大坝掉落，均会产生水能。落下来的水可用于转动水轮（如古埃及或现代的涡轮叶片），从而使发电机产生电力。水能属于清洁能源，虽然干旱地区的水库可能会因蒸发而损失一些水量，但是在发电过程中，水既不会受到污染，又不会发生损耗。一般来说，只要河流继续流动，水能即可再生。

由于与水源地密切相关，水能只能在特定位置发电。水力发电取决于两个重要条件，一是下降的高程，二是水流速度。在山区和强降水地区（如美国西北太平洋地区），最适合建设水电站。大多数国家都在开发水电，但 4 个主要国家占世界水力发电总量的一半以上，由多至少依次为中国、巴西、加拿大和美国。在美国的 47 个州中，水电站有 1900 多个。尽管如此，美国大部分水电站位于水量丰富、高程变化大的少数地方（见图 12.13），主要集中在三个地区：西北部（华盛顿州、俄勒冈州和爱达荷州）、东南部的田纳西河流域（涉及多个州）及五大湖地区（数个大型抽水蓄能设施所在地）。这种格局既是自然环境的体现，也是美国垦务局和田纳西河流域管理局（TVA）等机构在水电开发中发挥作用的结果。

图 12.13 2012 年，美国主要水电设施。华盛顿州是美国最大水电设施大古力大坝所在地，占美国水力发电总量的 32%。美国已经开发了约一半的水力发电能力。来源：美国水坝协会

水电的远距离传输比较昂贵，因此通常在发电站所在地区进行消费。这个事实有助于解释消费格局的变化，也有助于解释某些地区的能源组合格局。虽然水电仅为全美提供约 7%的电力，但是在爱达荷州、俄勒冈州和华盛顿州等地，大部分电力均由水电供应。

世界各地的水电消费格局如图 12.14 所示。水电对一个国家能源供应的贡献差别很大，有些国家（如新西兰、瑞士和巴西）从水电中获得超过 3/4 的电力，还有一些国家（如巴拉圭和挪威）的水力发电厂几乎提供所有电力。据初步估算，人类只利用了世界上水电供应潜力的 10%，在中南美洲、非洲、印度和中国，可用于水力发电而尚未开发的水资源仍然非常丰富。

除提供电力外，大坝还具有防洪、灌溉和休闲娱乐等功能。尽管优势很多，但水电开发仍然存在较大的环境成本与社会成本（参见专栏 12.3）。大坝本身能够阻断鱼类迁徙，这是某些物种产卵所必需的路径；水库蓄水会淹没河谷中的森林、农田和村庄，有时使数万甚至数百万人流离失所；水库会淹没天然湿地与河流栖息地，改变河流流动模式，拦截本该流向下游并沉积在农田里的泥沙，导致土

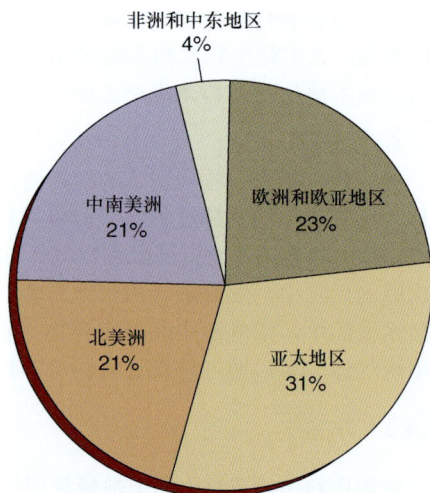

图 12.14　2011 年，分区域水电消费。图中显示了各区域水电消费所占的百分比。水电对电力供应的贡献不仅限于工业化国家，例如在南美洲，水电提供了约 70%的电力；在整个发展中国家，水电提供了约 44%的电力。来源: The BP Statistical Review of World Energy, June 2012

壤肥力的长期下降；大坝上游拦蓄偶发洪水，可能干扰下游的生态系统，通常会减少水生生物的多样性。

## 专栏 12.3　筑坝的烦恼

修筑大坝主要是想实现 4 个目标：发电、航运、防洪和城乡供水。筑坝有很多好处，水库还可以用于休闲。大坝开发了一种可再生能源——流水，免费而又无尽。初期投资以后，大坝的运行费用相对较低，水电站通常是最便宜的发电方式。大坝可以让大量人群居住及垦植于干旱地区，真正使荒漠变成良田。有些水坝开通了原来荒凉河流的航道，例如哥伦比亚河和大蛇河下游的大坝，使驳船可以上溯近 800 千米深入内陆，使爱达荷州刘易斯顿成为西海岸深入内陆最远的海港。

20 世纪三四十年代，美国修建了国内最大的大坝。当时，田纳西河、科罗拉多河、哥伦比亚河及其他一些河流都修建了大坝，那时环保人士的影响还不大，而且大部分筑坝的负面后果尚未被认识，好处则显而易见。

目前，美国水资源开发的最佳地点均已开发完毕，世界其他地区的情况则不尽相同。例如，在印度的纳尔默达河、土耳其的底格里斯河和幼发拉底河，目前正在建设大型大坝；巴西和老挝也在建设相关项目。2010 年，中国建成了世界上最大的水电项目——三峡大坝，位于风景如画的长江三峡地区，该地区一直被画家和诗人所尊崇，长江在此流经一系列陡峭的峡谷。虽然大坝本身并非全球最大，但其水力发电量将超过 1.8 万兆瓦（相当于 18 个大型煤电厂或核电站），这是迄今为止世界上最大的水电站。

三峡大坝建成以后，出现了许多意想不到的情形。

- 当水库因蓄水而淹没河谷时，居民和野生动物需要迁徙，森林被毁。600 千米长的超大型水库位居三峡大坝之后，大约相当于苏必利尔湖的长度，淹没了文物、住房、河床、农田及众多村庄，影响人数约为 120 万人。
- 虽然建坝的拥护者坚信水电是一种清洁能源，但是与大坝相随的洪水经常会淹没大片森林，植被腐烂并释放出甲烷（一种强温室气体），对地球变暖有一定影响。
- 本书第 3 章曾经介绍过，水是一种强大的侵蚀剂。大坝上游水流变缓，在库底留下大量泥沙。水库充满泥沙后，上游发生洪水的概率增加。

- 经过数十年的泥沙淤积，可能显著减少大坝的原设计发电量。从长期来看，水库终会被泥沙填满，从而结束其使用寿命。
- 水库中的水位较高，使邻近河岸变得不稳定，甚至会增加地震风险。当河岸壁坍塌时，可能会导致山体滑坡，使河床淤积严重。
- 在被拦截在大坝和涡轮机后面的泥沙中，含有滋养下游食物链的有机物质，因此会使河流生物缺乏营养。
- 许多地方建库以后，水库、灌渠和河流中的水生疾病发生率增加。例如，埃及阿斯旺大坝扩大了钉螺的繁殖区域，而钉螺能够传播血吸虫病，这是一种几乎无法治愈、令人生畏的疾病。热带地区的大坝建成以后，疟疾会显著增加，因为在水位下降时期，数百平方千米的理想蚊虫繁殖区会暴露出来。
- 枯季水流减少会搅乱长江三角洲，导致海水上溯。由于不再有洪水带来泥沙，滨江岸线可能会受侵蚀。随着河口湾、河滩和湿地缩小，野生动物栖息地也将缩小。
- 大坝会影响下游水体的温度与含氧量，改变水生物种的组合，河流变得不适合于某些物种，而更适于另一些物种。有些分析家预言，由于水温降低和春汛缩短影响产卵，长江鱼的种类会显著减少。
- 大型大坝会阻塞鱼类迁徙，虽然鱼道可以帮助一些鱼通过大坝。例如在美国太平洋西北地区，大坝已证明对该地区的野生鲑鱼非常致命，这些鲑鱼需要从河流迁移到太平洋海洋，然后再返回至出生地产卵。多年来，美国陆军工程兵团一直抱有微弱的成功希望，努力寻找鲑鱼与大坝共存的方法。
- 最后，由于年龄、设计和施工不良或地震等因素的影响，存在着灾难性溃坝的可能性。

建造巨型水坝的选择确实存在，现有大坝的效率也可以提高。通过采用高效新发电机取代低效旧发电机，可以使大坝的电力输出增加三倍。对于小水坝来说，无须移民，只要花费很小的成本，即可提供许多水电效益。许多发展中国家正在修建小坝，或者安装小型发电机组，为远离电力网的地区供电。

### 问题探讨

1. 水力发电的优点很多，但有观察家指责水电开发实际上是在人类与自然界之间进行浮士德交易。他所指的是什么？
2. 如果你是中国水利部长，你会建议修建三峡大坝吗？为了评估大坝可能带来的利弊，你希望回答什么样的问题？
3. 美国人越来越相信，应该拆除已经失去实用性的旧大坝，使河流恢复自由流动。美国已经退役和拆除了 1000 多座大坝，绝大部分是较旧的小坝，主要位于东北部和中西部。美国约 1/4 的大坝至少有 50 年的历史，而且许多大坝急需维修。你愿意修理还是拆除它们？为什么？
4. 大坝通常是为了经济发展目标而建造的，尤其是水电、航运和灌溉。大坝的负面影响通常是环境因素，例如阻止鱼类迁徙或河流泥沙沉积变化、水温或氧气水平等。然而客观来说，水电确实是可再生能源的最大来源。在河流管理中，如何平衡环境与经济发展目标？
5. 目前约有 10 万座大坝调控着美国的河流，但是根据美国地质调查局提供的资料，洪水仍是本国最具破坏性和代价最高的自然灾害，每年因洪水死亡的人数并未降低。即使按通货膨胀进行调整，自 1951 年以来，洪水造成的财产损失仍然增加了近两倍。你能想出这是哪些原因造成的吗？

## 12.4.3　太阳能

地球每年接收的太阳能相当于人类目前所用能量的数千倍。太阳能取之不尽，绿色无污染，成为大多数能源利用形式（如化石燃料、植物生长、水能和风能）的终极来源。许多人认为，为了满足人类未来的大部分能量需求，直接利用太阳能是最佳选择，这样对地球环境的损害最小，对地球资源的保护最大。太阳能也有缺点，一是比较分散，必须大面积收集才能确保实际可用；二是具有间歇性，需要采取一些方法进行存储。

众所周知，太阳能已广泛应用于个人家庭，例如烧水和取暖等。在美国，太阳能加热技术已在市场上站稳脚跟，超过50万个家庭利用太阳能来烧水和取暖；据报道，日本有大约400万个太阳能热水系统；在以色列，超过一半的家庭用太阳能来烧开水。在温暖、阳光充足、没有太多云层覆盖、冬季黑夜时间较短的气候条件下，太阳能电池板应用于个人住宅的效果最佳。

太阳能的第二种利用方式是发电，需要将太阳能集中转化为热能。太阳能发电的研究重点在于各种热电转化系统（如发电塔、抛物线形槽和太阳能池等），大多聚焦于太阳光线的集中收集。在抛物线形槽系统中，由计算机引导曲面镜长槽对太阳进行追踪，将太阳能聚焦到充满合成油的钢管上（见图12.15），加热至390℃，油反过来加热水，生成水蒸气，驱动发电机。在莫哈韦沙漠，数家这种类型的工厂正在运营，为14万户家庭住宅提供充足的电力。

图 12.15　加利福尼亚州达盖特附近，莫哈韦沙漠太阳能热电厂的抛物线形槽反光片，利用太阳能生成水蒸气来发电。抛物线反光片由计算机引导来追踪日光，把太阳能聚焦到充满传热流体的钢管上。© *Mick Roessler/Corbis*

在刚才介绍的工厂中，首先将光转换为热，从而实现间接发电。通过应用光伏电池（也称太阳能电池，由硅制成的半导体器件），也可以直接从太阳光生成电力。在北美洲，光伏电池最初用于各种特殊目的（如为航天器、山顶通信中继站、导航浮标和雾笛等供电），成本并非限制性因素。随着光伏电池的价格下降、效率提高，人们已经为其找到了更为广阔的市场，例如为高速公路信号灯、移动通信信号塔及计算器与无线电等小型电子设备供电。发展中国家还用光伏电池来驱动灌溉水泵，为偏远卫生诊所运行冰箱，给电池充电等。在发展中国家的农村地区，引入小型光伏电池具有革命性意义，这项技术让很多家庭第一次用上了电灯，还可以方便地为手机充电。在太阳能技术的最新进展中，与太阳能电池集成的光伏屋顶材料最为亮眼，未来建筑物的屋顶都可能会发电。在日本、德国和法国，许多新建房屋安装了光伏屋顶系统；在美国的若干州和城市，政府向业主和企业（如工厂、仓库和商场）提供退税、补贴或其他激励措施，以在其屋顶安装太阳能电池板。

截至2012年，德国的太阳能发电装机容量最大，其次是意大利、中国、美国和日本。虽然制造技术不断改进，光伏太阳能发电系统的成本大幅下降，但在为国家电力供应做出重大贡献之前，还需要进行大量的研究与开发。

### 12.4.4　其他可再生能源

除生物燃料、水能和太阳能外，可供开发的可再生能源还有很多种，例如地热能和风能。尽管这两种能源似乎都没有对全球能源需求做出重大贡献，但还是具有有限的、局部的潜力。

#### 1. 地热能

人们总是对火山、间歇泉和温泉着迷，所有这些都是地热能的表现。地热能是封存在地下1.6千米或更深的热水或蒸汽中的热量，人类可以采用多种方法从中获取能量。一般来说，根据地下热水的可用数量，即可确定地热能的开发模式。例如，通过深钻进入这些热水库，然后利用热能进行发电；或者通过地热直接加热各种物质，比如加热房屋或烘干农作物。

地热田通常与岩浆相对靠近地表的区域有关，即在俯冲带以上火山最新活动的区域。因此，在冰岛、墨西哥、美国、菲律宾、日本和新西兰等21个国家，地热能资源非常丰富，如图12.16所示。例如在冰岛，地热能一半用于发电，另一半用于取暖，首都雷克雅未克的几乎所有房屋和商业建筑均由地热蒸汽供暖。

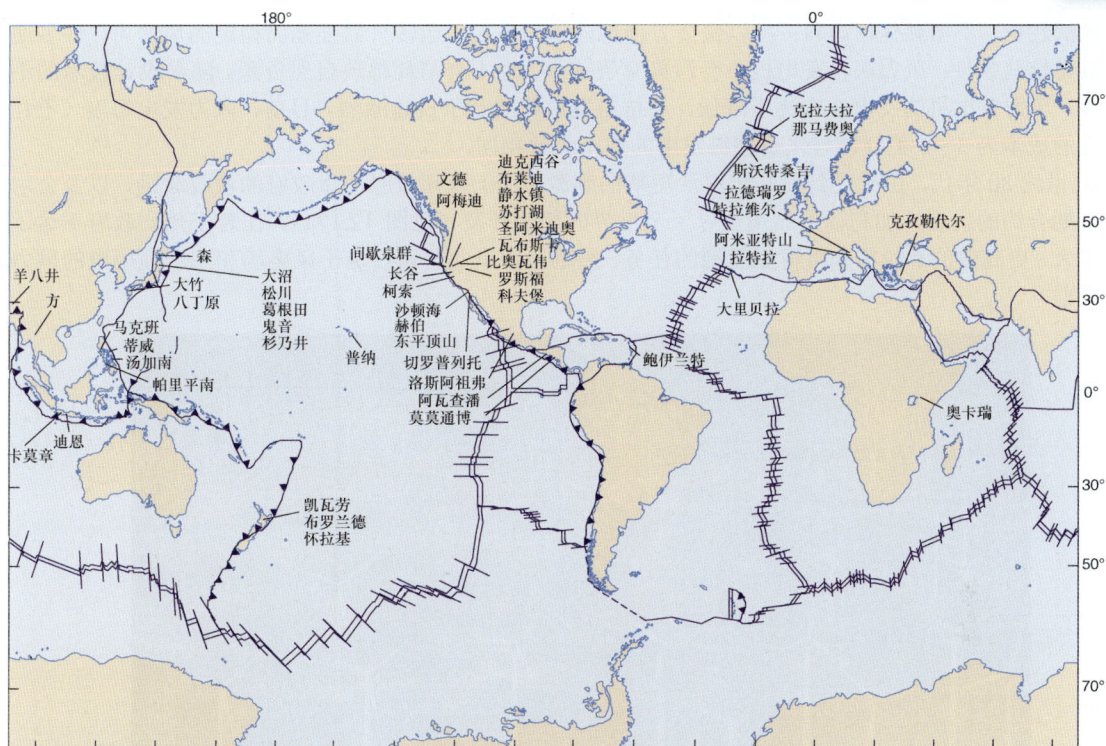

(a)

(b)

图 12.16　**地热能。** (a)全球地热发电厂。大多数地热能开发区沿着或接近板块的边缘。由于适合地热发电的地点有限，大多数地热发电厂都远离电力需求较大的大城市，因此地热能对世界能源的贡献较小；(b)盖萨斯地热电厂是加利福尼亚州北部的 21 个地热发电厂之一，面积约为 78 平方千米。岩浆辐射的热量通过其上面的岩石，加热地下水库中的水，钻井将蒸汽引到地面，经管道通往发电厂。地热发电厂的缺点之一是把气体释放到大气层，但是烟囱中通常会安装气体净化器，能够将所排放的气体降低到可接受水平。(b)美国地质服务器 M. Smith 摄影

虽然只有少数地方拥有可以用来发电的地热蒸汽，但几乎所有的热能都可以直接用于取暖和制冷。利用土壤中冻结线以下的恒温，地热泵（也称地源热泵）将地热能抽到建筑物中，可以实现取暖或制冷。首先把环形管道系统埋入地下，启动电动压缩机，使制冷剂在管道中循环通过，然后冷却或加热空气，使空气分布在整栋建筑物中。近年来，由于既节能又环保，地热供暖系统在美国越来越受欢迎，特别是对新建筑而言。

### 2. 风能

几百年以前，人类就会利用风能来抽水、研磨谷物及驱动机械。但是在 100 多年前，风能对美国能源的贡献几乎完全消失，当时的风车先后被蒸汽和化石燃料所取代。风能发电有许多优点，例如可以直

接转动涡轮机，不消耗任何燃料；可以快捷方便地建造与安装；运转只需强劲而稳定的风即可，许多地方都具备这些条件；风力涡轮发电机不会污染空气或水，也不会消耗稀缺自然资源。随着设计技术的不断进步，风力发电机的发电成本逐步降低，与传统发电厂的竞争日趋激烈。目前，风力发电每度（千瓦时）电的成本为 3～6 美分，与化石燃料发电的成本大致相同。

20 世纪 80 年代，由于受到前几年汽油短缺的刺激，加上联邦政府与州政府的税收激励，以及公用事业长期合约的优惠，加利福尼亚州主导了全世界的风能开发（见图 12.17a）。在若干州，政府下达了开发更大、更高效的涡轮机和可再生能源的任务，鼓励公用事业公司投资于风电场和生产商用电的风力发电机群。

(a)

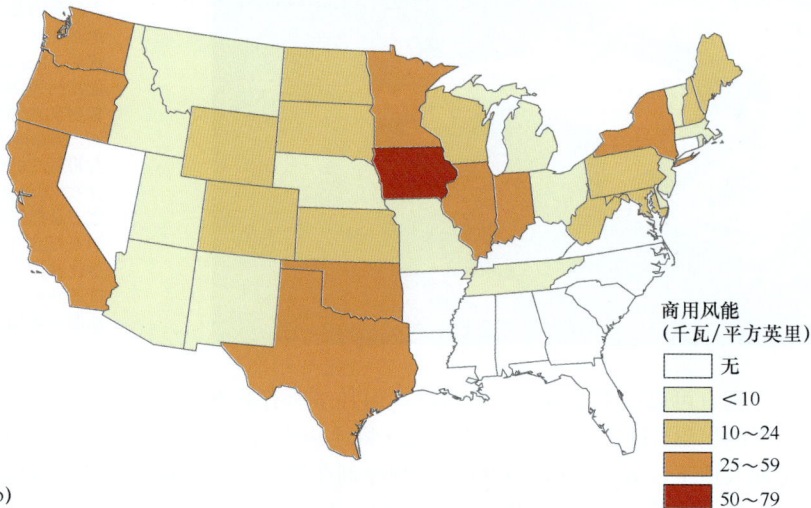

(b)

商用风能
（千瓦/平方英里）

- 无
- < 10
- 10～24
- 25～59
- 50～79

图 12.17 (a)加利福尼亚州的一个风电场，风力涡轮发电机利用风力发电；(b)2012 年 6 月，各州的风力发电能力，以每平方英里的千瓦容量计算。风力发电的不均匀分布与自然因素和政治因素息息相关，大平原、沿海岸线和近山口的风速通常较高，某些政府通过税收减免和可再生能源的立法来支持风能，另一些政府则因为对美学、振动或鸟类死亡的担忧而限制风能。虽然美国的风能潜力只占很小一部分，但许多州正在实施新的风能发电项目。20 世纪 90 年代，风力涡轮机技术发展迅速；目前，现代涡轮机比以前的涡轮机更强大、更可靠。近年来，风能一直是美国乃至全世界增长最快的电力来源。(a)© *Thinkstock / Masterfile RF*；(b)来源：美国风能协会

事实证明，美国中部的广阔大草原是风能发电的理想地段，艾奥瓦州是目前拥有风能陆地面积最大的州（见图 12.17b）。2012 年，得克萨斯州的风能总装机容量最大，为加利福尼亚州的两倍多。20 世纪 90 年代，由于美国政府决心减少对化石燃料的依赖并大力开发可再生资源，刺激了若干欧洲国家（如德国、西班牙和丹麦），使其拥有的风力发电装置迅速增长。就装机容量而言，德国和美国是全球领先的风力发电能源生产国，其次是西班牙；丹麦拥有全球最高的人均风能产量；除印度外，亚洲国家建设风电场的速度有所放缓，但中国和日本正在建设规模较大的项目。

在可再生能源供应中，海上风力发电装置发挥着越来越大的作用，特别是在北欧。全球最大的"海上风车公园"位于哥本哈根港口的入海口位置，与其他设施共同提供了该国电力的 20%左右；荷兰和瑞典也建有海上风车公园；还有一些国家计划或正在建设海滨风车公园，如英国、爱尔兰、比利时、德国和西班牙等。

风电的主要缺点是不可靠和断断续续；因为能量不易存储，所以需要备份系统；在某些国家，远离现有电网的偏远地区风能最为丰富，为了给消费者供电，必须安装昂贵的新输电线路；批评者指出，数千台风力发电机才能产生与单个核电站相同的电量；对环境的影响，例如风电场产生的美学影响（风车非常明显，通常覆盖整个山坡，主导着当地景观）；以及可能对候鸟造成的伤害。

## 12.5　非燃料矿产资源

本章前面介绍过矿产资源，它为人们提供开展工作所需能量。对经济福祉同样重要的是非燃料矿产（也称非能源矿产），可以加工成钢、铝及其他金属，或者加工成玻璃、水泥及其他产品。建筑物、工具和武器的主体部分都来自矿物。

事实上，人们认为必不可少的资源（包括金属矿产、非金属矿产、岩石和燃料）都蕴藏在地壳（即薄薄的地球表皮）中，在 92 种自然元素中，8 种元素占地壳质量的 98% 以上（见图 12.18）。从地质角度来看，这 8 种元素较富，而其他元素较贫。在大多数地区，若矿石品位太低，开采就无利可图；若矿石品位足够高，并且值得开采，这样的矿床即可称为矿。因此，究竟是矿不是矿，与需求、价格和技术密切相关，并随时间而改变。

矿产资源开发通常包括以下 6 个步骤：

1. 勘查（寻找矿物富集的矿床）。
2. 开采（从地壳中取出）。
3. 选矿（从矿石中分离出目标矿物）。
4. 冶炼和/或精炼（从矿物中提炼出目标元素）。
5. 运输到要使用的地方。
6. 把矿加工为产品。

在上述每个步骤中，均需要输入能量及相关材料。

图 12.18　地壳中较富的元素，按重量计。从地质角度看，只有 4 种重要经济元素（铝、铁、镁和钾）较富，占地壳重量超过 1%。幸运的是，这些元素及其他具有商业价值的矿物集中在地壳的特定区域，如果均匀分布在地壳中，就没有任何利用价值

为确定开采某矿床是否有利可图，可以从五个方面进行判断，即价值、可采储量、矿石品位、距离市场的远近、征地费用及矿区土地使用费。即使这些条件都很有利，但是如果有更便宜的竞争性资源可用，人们可能还是不会开发这些矿山，甚至不会维持其正常运营。20 世纪 80 年代，美国和加拿大关闭了超过 2500 万吨的铁矿石生产能力。由于市场价格低于国内生产成本，北美洲的铜、镍、锌、铅和钼矿开采同样下滑。从 20 世纪 90 年代初开始，由于资源枯竭和低成本进口等原因，美国首次成为非燃料矿产的净进口国。随着矿产资源价格不断上涨，虽然可能会重新开采以前无利可图的矿山，但是发达市场经济体却发现，在与发展中国家生产者的竞争中，自己处于非常不利的地位，因为后者拥有劳动力廉价、储量丰富的国有矿山。

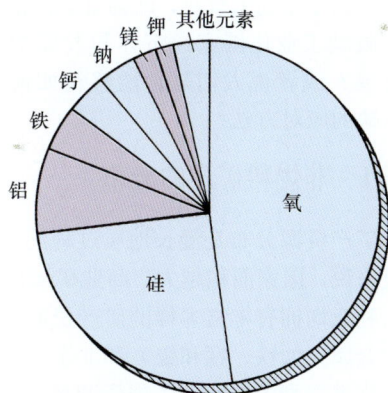

矿产资源在自然界中的形成过程非常漫长，我们将其归类于储量有限的不可再生资源。然而，某些矿产资源的供应非常丰富，可以满足未来很长一段时间内的人类需求，包括煤、砂石和钾盐等；锡和汞等其他矿物则刚好相反，随着工业社会对其不断增大的需求而日益减少。表 12.1 列出了某些重要金属矿产的剩余可采年限，因为矿产资源储量很难估算，所以这个年限并不具有确定性。正如前面在化石燃料案例中看到的那样，估算主要基于现有的经济条件和技术条件，我们无法预测矿产资源的未来价格或技术改进。对于已查明储量的矿产资源来说，随着储量的不断消耗，其价格将会得到提升，这将有利于开采目前归类为次经济矿床的那些矿石（见图 12.3），并将其重新归入可采储量中。同时，新矿床的发现和选冶技术的提高也会增加储量数值，并因此延长该矿产资源的剩余可采年限。

虽然人类社会早在公元前 3500 年就开始利用金属，但直到工业革命之前，世界整体需求仍然微不足道。第二次世界大战结束后，随着资源的日益短缺和价格的不断上涨，而且美国越来越依赖于外国资源，金属资源问题才给大众留下了深刻印象，全球技术进步决定了人们在生活中离不开矿产资源。工业化进程如此之快、如此之便宜，原因在于早期的那些必备资源储量丰富且得之甚易。若不从地壳中攫取资源，全球经济注定停滞不前。有一个资源问题迄今尚未解决，即稀有矿产的剩余储量是否会限制工业化国家经济体和发展中国家经济体的发展？或者说人们是否能够及如何才能找到资源短缺的应对方法？

**表 12.1    部分矿产资源的剩余可采年限预测**

| 矿产类型 | 可采储量的剩余可采年限 | |
|---|---|---|
|  | 世界 | 美国 |
| 银 | 13 | 22 |
| 铅 | 21 | 18 |
| 锌 | 16 | 18 |
| 铜 | 35 | 27 |
| 锡 | 17 | 0 |
| 镍 | 43 | 0 |
| 磷 | 90 | 39 |
| 锰 | 36 | 0 |
| 铝土矿 | 132 | 0 |
| 钾盐 | 231 | 75 |

来源：美国地质调查局《2008 年矿产品概要》。这些数字主要基于当时的产量与消费量，估算所选矿产可采储量可持续的大致年限。由于储量与消费量是动态变化的，所以这些数据并不具有确定性。随着开采成本的下降、矿产价格的升高及新矿床的发现，剩余开采年限将会延长

### 12.5.1    非燃料矿产的分布

矿产资源分布是漫长地质过程的结果，在地质作用过程中，某些元素富集形成具有商业价值的矿床。一般来说，国家面积越大，商业矿床出现的可能性就越大，例如俄罗斯、中国、加拿大、美国、巴西和澳大利亚均拥有丰富多样的矿产资源。在主要矿业国家中，拥有近一半的非燃料矿产资源，可生产出大量的金属（如铁、锰和镍）和非金属（如钾盐和硫黄）。

许多类型的非燃料矿产资源集中于少数国家，某些稀有元素只存在于世界少数几个地区，例如大型钴矿和钻石矿大部分位于俄罗斯及非洲中南部，南非拥有全球近一半的金和超过 3/4 的铬、铂族金属。有些国家只拥有一种或两种可采矿产资源，例如摩洛哥（磷）和新喀里多尼亚（镍）。若干人口众多的国家在矿产资源储量方面处于劣势，既包括有能力进口资源的工业化国家（如法国和日本），又包括不太可能负担得起进口成本的发展中国家（如尼日利亚和孟加拉国）。

没有一个国家拥有全部重要矿产资源，认清这一点非常重要。有些国家如美国，自然资源曾经非常丰富，但是已经消耗掉大部分储量，目前主要依赖于外国资源。20 世纪四五十年代，美国矿产资源能够实现自给自足，但现在却并非如此。由于美国长期利用国内资源储量，同时经济持续增长，致使大量重要矿产的对外依存度超过了 50%，参见表 12.2。

**表 12.2    2012 年美国重要非燃料矿产的对外依存度**

| 矿产 | 进口占比（%） | 主要来源国 | 主要用途 |
|---|---|---|---|
| 稀土 | 100 | 中国 | 计算机、手机、太阳能板 |
| 铝土矿和氧化铝 | 100 | 牙买加、巴西、几内亚 | 铝制品 |
| 锰 | 100 | 加蓬、澳大利亚、南非 | 炼钢、电池、农药 |
| 云母 | 100 | 加拿大、中国、印度 | 电子和电气设备 |

（续表）

| 矿　产 | 进口占比（%） | 主要来源国 | 主要用途 |
|---|---|---|---|
| 石英晶体 | 100 | 中国、日本、俄罗斯 | 电子和光学仪器 |
| 锶 | 100 | 墨西哥、德国 | 电视显像管、铁磁体、烟花 |
| 钇 | 100 | 中国、日本、法国 | 电视机的发光二极管、电灯 |
| 钽 | 100 | 中国、爱沙尼亚、德国 | 电容器、超合金、硬质合金工具 |
| 铂 | 91 | 德国、南非、英国 | 汽车和化学工业的催化剂 |
| 钾盐 | 81 | 加拿大、俄罗斯 | 化肥、化学品 |
| 重晶石 | 80 | 中国、印度 | 油气钻井用液体、化学品 |
| 钴 | 78 | 中国、挪威、俄罗斯 | 喷气发动机超合金、切削工具、磁铁、化学品 |
| 锌 | 72 | 加拿大、墨西哥、秘鲁 | 镀锌、锌基合金、黄铜和青铜 |
| 铬 | 70 | 南非、哈萨克斯坦、俄罗斯 | 钢铁、化学品、耐火材料 |
| 银 | 57 | 墨西哥、加拿大、秘鲁 | 电气产品、催化剂、抗菌剂 |
| 钨 | 42 | 中国、加拿大、德国 | 电子和电气元件、工具钢 |

来源：美国地质调查局矿产品调查，2013。

金属的开采成本不断增加，可采储量却逐渐减少，人们被迫寻找替代品。在寻找替代传统资源的新材料方面，工业化学家与冶金学家取得了巨大成功，减轻了人们对资源可能枯竭的担忧。但是，目前仍未找到钴、铬等矿物的合适替代品；许多替代品为合成材料，在生产过程中，经常要用到越来越稀缺、昂贵的碳氢化合物；在使用或处置过程中，许多替代品会造成环境危害；所有替代品均标价很高，而且会越来越高。

### 12.5.2　案例研究：铜

表 12.1 表明，按照目前的产量与消费量，如果没有新增可采储量，全球铜储量仅够维持一代人左右。铜是一种相对稀缺的矿产，对工业化社会非常重要，年开采量比除铝外的任何其他有色金属都要多。

铜有三种优良属性：（1）导热性与导电性极佳；（2）延展性好，可以锤击或拉制成薄片或细丝；（3）抗腐蚀性强。铜是一种主要工业金属，可应用领域非常广，如建筑施工、工业机械、农业机械、电力输送、发电、电信、电线、电气设备、电子产品、运输、水暖配件、管道、造币、消费品及其他日常用品（如炊具、乐器和雕像）等。铜也大量用作青铜、黄铜及其他金属的合金。

像大多数矿产一样，铜在地壳中分布不均。全球最大的那些铜矿床位于北美洲西部、南美洲西部和澳大利亚的构造汇聚带；沉积盆地中的铜矿床位于北欧（由英格兰至波兰）和非洲中部铜矿带（赞比亚和刚果民主共和国）。在铜产量方面，智利领先全世界（约占总产量的 36%），其次是美国、印度尼西亚和秘鲁。由于美国的铜消费量超过其产量，为满足消费需求，铜进口量非常大。

从全球来看，铜的产量 1984 年为 950 万吨，2012 年稳步增长到 1700 万吨。但是，由于铜在电机与电子设备中的用量增加，同时俄罗斯、印度和中国的铜消费量快速上升，使铜在市场中供不应求。铜价从 1999 年的每磅 0.60 美元，增加到 2012 年的每磅 3.65 美元，6 倍的增长率反映了旺盛的需求。

铜的供应短缺已经产生了若干影响，提醒人们思考如何应对其他原材料的短缺。首先，在美国，铜矿石的开采品位稳步下降，最高品位的铜矿（2% 及以上）早已开采殆尽（见图 12.19），现有矿石的平均品位为 0.4%。因此，为了生产出 4 吨铜，就必须开采和冶炼 1000 吨铜矿石。换句话说，为了生产一辆汽车中散热器及其他电气元件所需的铜，就必须开采 3 吨矿石，经过采矿、选矿和冶炼后，剩下的 2.985 吨矿石就成了尾矿废渣。

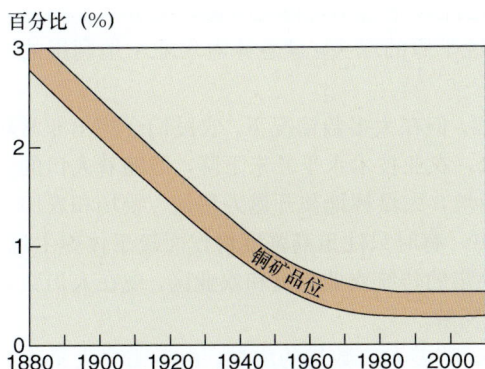

图 12.19　经济上具有开采价值的铜品位。1880 年，铜矿石的开采品位必须要达到 3%，现在降到了 0.4% 或更低。随着金属供应量减少及价格上升，经济开采所要求的品位也会随之降低。来源：美国内政部美国矿业局

其次，铜的回收再利用数量增加。实际上，由铜制成的几乎所有产品都可以回收利用，因为与其他矿产不太一样，大部分铜以纯金属形式被利用，有利于回收再利用。通过回收铜（或二手铜）来制造新产品，要比开采及冶炼新矿石更加便宜，对美国的铜供应做出了很大贡献。

由于对铜金属的需求量增加，促使人们继续寻找其他铜矿床。目前，两家公司正在积极探索从南太平洋提取铜、金、银及其他金属的可行性，这些矿物集中在洋中脊和海底火山的山脊中，位于海平面以下近 2 千米处，据称为含铜 12% 的高品位硫化物矿床。批评者认为，深海采矿对环境具有潜在破坏性，会对海洋生物产生不利影响；支持者认为，深海采矿比陆地采矿的破坏性更小。

最后，铜的价格上涨刺激人们不断寻找替代品。在诸多应用中，铜正在被其他更便宜的材料所取代。例如，在某些电气应用及热交换器中，铝正在取代铜；在水管和建筑材料中，塑料正在取代铜；在许多电话传输线路中，玻璃纤维正在取代铜；在弹壳和硬币中，钢正在取代铜。

## 12.6　土地资源

刚刚讨论的矿产资源属于不可再生资源，下面介绍潜在可再生的土地资源，重点考察其中三种资源（土壤、湿地和森林）的分布与现状。由于这些资源支持生物生长，或者本身就是生物，因此有时也称生物资源。

### 12.6.1　土壤

由于受到人类有意或无意的影响，土壤的物理性质、化学性质及生物化学性质发生了许多变化，主要体现在土壤的结构、肥力和水系特征等方面。任何地区的土地性质都可能改变，既取决于土壤的自然属性，又与土地利用实践密切相关。

在地球表面的大部分地区，生命赖以生存的表土只有薄薄的一层，通常只有数英寸深，往往不到 30 厘米。岩石圈位于表土之下，属于岩石颗粒、无机物、有机物、微生物、空气和水的复杂混合物。在自然条件下，土壤形成于岩石的物理风化、化学分解及有机质的腐烂等，同时也会受到侵蚀。土壤侵蚀（土壤颗粒通常随风或流水而流失）是与土壤形成一样的自然过程，即使土地完全被森林或草地覆盖也会发生。但在大多数自然条件下，土壤形成速度等于或超过土壤侵蚀速度，因此土壤厚度和肥力通常随时间而趋于增加。

当土地被清理出来并种植农作物后，或因过度放牧或其他干扰而破坏植被覆盖时，土壤侵蚀过程就会加快。当土壤的侵蚀速度超过形成速度时，表土层就会变薄直至最终消失，仅仅遗留下贫瘠的底土或裸岩。就此而言，在人类的影响下，可再生土壤资源已经转化为不可再生资源，宝贵的土地资产一去不再复返。待到土壤侵蚀发展到裸露的基岩山坡或风蚀平原的尽头，就意味着农业土地利用的末日已经来临。

大规模土壤资源破坏可能危及其所支持文明的生死存亡，但在大多数情况下，农民们会想出非常巧妙的办法，保护甚至改善他们赖以生存的土壤资源。近年来，农业技术水平并未下降，但随着人口的不断增长，农田面临的压力逐步增大。农业已延伸至更陡的山坡，大量林地被开垦为耕地，牧场和农田则越来越远，并且更集中地向半干旱地区推进。对于现有农田，有时只注重高强度耕作而疏于休养生息。例如 1950 年时的世界人口为 25 亿，当时建立了生态安全稳定的传统农业制度和农业区，现在人口数量超过了 70 亿，传统农业制度和农业区不堪重负，正在土崩瓦解。

人口数量增长压力对热带雨林有着特别大的破坏作用。随着人口数量的增加，由于需要大量木材作为燃料或商用，以及开拓牧场以满足市场对牛肉的需求，人们开始大规模砍伐热带雨林，这些都是热带雨林逐渐消失的原因。但是，砍伐森林的主要原因是毁林开荒。热带雨林延伸到亚洲、非洲和拉丁美洲的部分地区，生物多样性最为丰富，但每年都有广阔的林区被毁，一半以上的原始热带雨林已遭砍伐或退化。本章后面将介绍更多与森林砍伐相关的内容，记住，森林采伐区加速的土壤侵蚀很快就会把热带雨林的土壤冲刷殆尽，毁林开荒形成的土地很快将不再适合农业开发，部分原因是土壤流失（见图 12.20）。

热带雨林对人类的大规模肆意破坏无能为力，只能接受慢慢消失的悲惨命运。在世界各地的干旱区与半干旱区，人类很少花费精力去维护土壤，也不会有意去破坏或改变环境，但是产生的影响基本上没有太大差别。这一过程称为荒漠化，即土壤与植被覆盖退化或破坏的区域持续扩大或加剧，通常发生在干旱或半干旱环境中。荒漠化与气候变化（不可预测的降雨与干旱周期）密切相关，但因人类活动而加剧，主要是过度放牧、毁林取材、清理原始植被用

图 12.20　**森林砍伐后，土壤退化**。在巴西亚马孙地区，热带雨林被清理干净，为锡矿开采腾出空间。裸露土壤的结构与肥力迅速恶化，非常容易遭到侵蚀。© *Getty RF*

于耕地和烧荒等。荒漠化意味着从轻微到极端的连续生态变化。

无论发展程度如何，当荒漠化过程由人类而非气候变化引起时，基本上以同样方式的开始，即以耕作或放牧为目标，破坏或清除草地及灌木的原生覆盖物（见图 12.21）。若破坏程度非常严重的话，原始植被无法自行恢复，裸露土壤就很容易遭受急骤暴雨（这是半干旱地区的主要降水形式）的侵蚀。水从地表流出而不是渗入，随之携带走土壤颗粒。当水通过地表流动而非向下渗漏时，地下水位就会降低，最后即使是根深蒂固的灌木也无法接触到地下水，于是所有天然植被就会彻底消失。当大量食草动物践踏土地时，可将土壤压紧压实，阻止空气和水透过土壤，这个过程就会变得更加突出。当植物覆盖和土壤水分都丧失后，荒漠化的发生必然不可阻挡。

图 12.21　**非洲的荒漠化**。在马里廷巴克图附近的干旱地区，风吹起的沙尘吞没了灌木林。该地区是非洲萨赫勒地区的一部分，气候与人类压力加剧了荒漠化。由于对边缘土地的垦植、牲畜过度放牧和频发性干旱等因素，导致了原生植被的破坏、土壤侵蚀和土地退化。© *Lissa Harrison*

随着土地压力的持续加大，全球很多地区发生荒漠化的概率也在不断增加。既然说沙漠边缘的半干旱地区风险最大，那么非洲最容易遭受荒漠化的侵袭。据联合国估计，非洲大陆约 40%的非荒漠土地

面临人为诱发荒漠化的风险，亚洲（近 1/3）和拉丁美洲（1/5）的一些土地同样处于危险之中。在荒漠化特别严重的北非及中东地区国家（如阿尔及利亚、埃塞俄比亚、伊拉克、约旦、黎巴嫩、马里和尼日尔），人均粮食产量大幅下降，使这些地区的人们面临吃不饱肚子的威胁，被迫扩大耕地面积和牲畜数量，从而增加了对不毛之地的压力，进一步加剧了土地的荒漠化。

荒漠化只是土壤退化导致土地加速侵蚀的一种表现，这种退化的证据在世界各地都有发现。例如在危地马拉，约 40%的土地因侵蚀而丧失了生产能力，农业经济变得不可行，被迫废弃了若干地区；在萨尔瓦多，这个数字是 50%；在海地，几乎没有任何高价值土壤；在土耳其，大约一半的土地受到严重或非常严重的侵蚀；在印度，土地总面积的 1/4 已遭严重侵蚀。

最近数十年来，美国的土壤侵蚀已经减少，但数量仍然高得令人无法接受，如图 12.22 所示（参见专栏 12.4）。在艾奥瓦州与密苏里州的农田、大平原与得克萨斯州的牧场，大量土壤被风吹走或被水冲走。对于美国的农田来说，每年因侵蚀而损失近 17 亿吨土壤，约为 25 年前的一半。在某些地区，平均每英亩损失 15～20 吨。在美国约 1.67 亿公顷集约耕种的土地中，超过 1/4 的土地正在以比自然更新更快的速度失去表土层（若要更新 1 英寸表土，可能需要长达一个世纪）。在艾奥瓦州和伊利诺伊州的部分地区，表土层曾经厚达 0.33 米，现在只存留下不到一半。

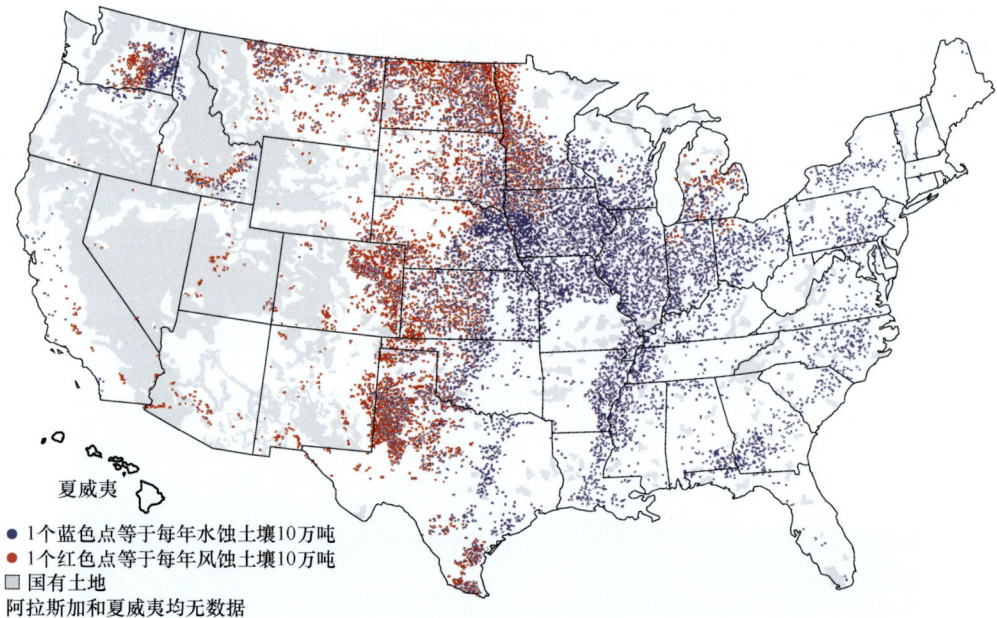

图 12.22  **2007 年，美国农田的风蚀与水蚀。**在这幅点密度图中，显示了由风蚀与水蚀造成的农田过度侵蚀的地区。所谓过度侵蚀，是指侵蚀速率超过土壤能够在经济上和无限期地维持农作物生产的程度。风蚀在大平原地区最为突出，水蚀在谷物种植地区最为突出。灰色阴影区域为未收集数据的国有土地。来源：美国农业部

## 专栏 12.4  保持土壤生产力

在全球大部分地区，人口数量不断增加是土壤加速侵蚀的主要原因。但是在美国，常常是经济状况（而非人口压力）造成了过高的土壤侵蚀速率。20 世纪 70 年代，农田价格较高，联邦税法鼓励农民开垦原生草地和砍伐防风林，千方百计地增加耕地及农作物产量。农业部长鼓励农民们耕种全部土地，提出"从篱笆直到篱笆"之类的口号，致力于生产出更多谷物以供出口。随着家畜价格的下降，土地也受到影响，从放牧改为种植玉米和大豆等农作物。

到了 20 世纪 80 年代，土地和农产品的价格都明显下降，农民们不得不尽可能扩大生产规模，以抵

偿其债务并至少赚取一点利润。为了维持或增加产量，许多农民无视水土保持的惯例，耕种边际土地，并在田地上年年种植同一作物。

当然，人们并没有忘记水土保持技术，许多人仍然采取适当的水土保持措施，各农场组织和水土保持小组也一贯提倡此事。把土壤保持在原地以减少侵蚀的技术众所周知，包括等高耕作、修筑梯田、等高密植、轮作、建立防风墙、修建分水渠以采用"免耕或少耕种植"（不翻耕土壤就播种的做法，使植物生长在前茬作物的残茬之间）等。

为了减少土壤侵蚀和复垦严重受损土地，另一种方法是对农民进行补偿，让其停止种植极易遭受侵蚀的农田。20 世纪 80 年代中期后，有些联邦农业项目开展了相关研究与探索，试图逆转因过去的经济压力与农业实践所造成的某些损害，主要目标是为保持水土而退耕约 1860 万公顷农田，这些农田受侵蚀的速率比土壤的自然形成速率快 3 倍。1985 年，"土地休耕保护计划"开始实施，政府向高度易受侵蚀土地的弃耕农民予以补偿；作为回报，农民需要在土地上植树种草或豆科植物，并承诺 10 年内不再耕种。

但是，美国国会 1996 年通过了《联邦农业改良和改革法案》，其中包含"自由农场计划"作为该法案的基石，实施该计划的前提条件是"应该由市场而非联邦政府来决定种植何种农作物"。法案刚一发布，农民们几乎立即就扩大了种植面积，在曾经弃置的土地上，大量种植市场价值较高的农作物。实践证明，政府对乙醇生产提供补贴，玉米价格日益高涨，均会导致保护土地面积的减少。至于过去受水土保持方法保护的那些土地，到底有多少会受到破坏性耕种方法的影响，尚待进一步观察。

只有减轻导致农田滥用的经济压力，同时持续采用已知的土壤保持技术，才能保持土壤的长期生产力，这是全人类所依赖的资源基础。

像大多数过程一样，土壤侵蚀还会产生二次影响。例如，随着土壤质量与数量的下降，农田的生产力下降，农作物产量也会随之下降；在河流和水库中，泥沙加速淤积；某些国家的表土中含有大量农药残留，侵蚀性淤泥会污染供水水源；随着滩地淤泥淤积和航道维护成本的增加，暴发洪水的危险也随之增加。

侵蚀加速是农业土壤退化的首要原因，但是在干旱与半干旱地区，盐分积累可能也是一个影响因素。盐渍化是由于地表水蒸发而导致表层土壤中盐分集中的结果。在蒸发量超过降水量的干旱气候下，就会发生土壤排水不良的情况。当水蒸发以后，某些盐分被留下，并在土壤表面形成一层白色外壳（见图 12.23）。

像土壤侵蚀一样，盐渍化是由人类活动加速的一种自然过程。排水不良的灌溉系统是罪魁祸首，因为灌溉水往往下渗缓慢，这样蒸发就很快。所有灌溉水都含有可溶盐，当水蒸发时，这些盐分会留在地表。轻度或中度的盐分含量会降低土壤肥力，令农作物减产，而极高含盐度的土地不再适合于农业。

图 12.23　**盐渍化会降低农作物产量，并破坏土壤。** 在科罗拉多州的土壤表面，盐渍化留下了一层白色盐壳。在实施灌溉的炎热干燥地区，盐渍化问题最为严重。来源：美国农业部自然资源保护局，摄影：Tim McCabe

在伊朗和伊拉克，数千英亩曾经肥沃的土地被遗弃；在印度、巴基斯坦、叙利亚和埃及，超过 25% 的灌溉地区受到盐渍化影响；在加拿大的萨斯喀彻温省和阿尔伯塔省，约 160 万公顷耕地被列为含盐量过高；在美国西南部，特别是科罗拉多河流域和加利福尼亚的中央峡谷，也出现了非常严重的盐渍化。具有讽刺意味的是，将 430 千米长的干旱河谷改造成国家最具生产力农业区之一的灌溉用水，现在正威胁着该地区的一部分土地，可能使之再次变得毫无价值。

### 12.6.2　湿地

周期性或永久被静水淹没或饱和的生长植被的地面称为湿地。作为陆地与水面之间的过渡区域，湿地存在多种形式，包括草本沼泽、木本沼泽、潮汐滩地和河口三角洲等。全球各大洲都有湿地，有些永久湿润，有些只在一年的部分时段存在积水。北美洲湿地的规模大小不一，小到美国中西部和加拿大阿尔伯塔省的草原小坑塘，大到佛罗里达州的大沼泽地。在美国，最著名的湿地如佐治亚州的奥克弗诺基沼泽，以及路易斯安那州与密西西比州的牛轭湖，阿拉斯加州则拥有以泥炭质为主的大片湿地。

湿地可划分为两大类：内陆湿地和沿海湿地。美国的大多数湿地是内陆淡水湿地，包括泥沼、草沼、林沼和河漫滩。沿海湿地包括淡水湿地和咸水湿地，对海洋生态系统至关重要。海洋中位于大陆架上方的部分，在所有海洋水体中生产力最高，支撑着主要的商业性海洋渔业。由于此处海水不深，浅海区可被阳光穿透及加温，还能接收从溪流与河流流入海洋的养分，从而使植被和各种水生生物生长旺盛。但是，浅海区在很大程度上取决于河口三角洲的持续作用，该区是沿海岸线湿地的较窄地段，咸水与淡水在此交汇混合（见图 12.24）。

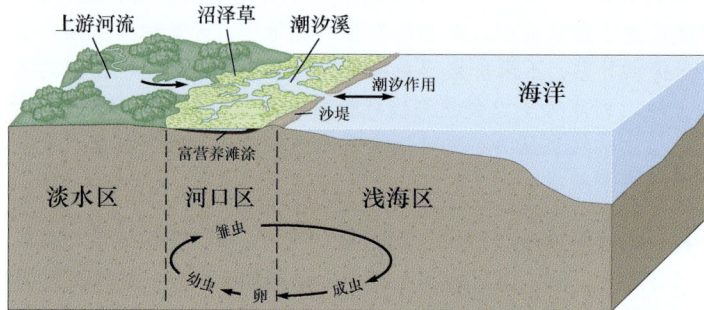

图 12.24　河口三角洲地带。淡水从河流流出，与潮汐和风浪作用相结合，使深层海水与河口湾的表层水相混合，有助于提高生物生产力。河口湾的含盐量低于远海，许多鱼类和贝类在生命周期的某个阶段需要较低的盐度

湿地是极其珍贵的生态系统，具有许多关键功能。例如，通过捕获并过滤河流下泄的泥沙、污染物及营养物质，湿地能够改善水质，补给地下含水层；在所有的生态系统中，湿地具有最高的多样性和生产力，可以为各种动植物提供栖息地与食物；湿地是大量物种的产卵场所，对于许多鱼类和贝类的生存至关重要；湿地是许多鸟类繁殖、觅食、筑巢和越冬的主要场所。这些区域不仅本身具有极高的生产力，还有助于提高浅海区的生产力，那里的鱼类以从湿地流入大海的生物为食。

更为重要的是，通过为海岸（或湖岸）侵蚀提供屏障，湿地能够吸纳洪水，有助于稳定海岸线（或湖岸线）。卡特里娜飓风对新奥尔良造成了极大的破坏，一个重要原因是以前能够缓冲城市暴风雨的大部分湿地消失得无影无踪。湿地之所以消失，一是人们疏干沼泽，为新住宅和商业用地腾出空间；二是为满足航运工程的需要，美国陆军工程兵团（USCOE）改造了密西西比河，修筑了运河和水闸。

人们并不总是认识或欣赏湿地的价值，大都将其视为湿软、臭气熏天、蚊虫滋生的不毛之地，对人类生存毫无益处，因此应将其整理为农业或商业开发用地。19 世纪中叶，美国国会通过了《沼泽土地法》，规定了实施与疏浚和填埋湿地相关的国家政策。据有关科研人员统计，全球约一半湿地已遭人为破坏，例如澳大利亚和新西兰失去了约 90% 的原始湿地；欧洲至少失去了 60% 的原始湿地；自 19 世纪 80 年代以来，美国本土各州丧失了一半以上的湿地，从当时的约 8700 万公顷，下降到目前的 4200 万公顷。

大量湿地被疏干、疏浚及填埋，然后用于建筑房屋、种植农作物或倾倒垃圾，从而被化学品、过量营养质及其他水生废弃物所污染。天然海岸线（或湖岸线）已被推土机铲平，人工堤坝和防波堤挡住了海浪（或潮水）的涌入。以前，这些新鲜活水会将营养沉积物不断地注入湿地，使湿地获得大量滋养而生生不息，栖息地的改变（或破坏）会不可避免地破坏错综复杂的湿地生态系统。

通过各种各样的途径，人们逐渐认识了湿地的重要性及其遭到破坏的程度，开始呼吁政府对湿地进行保护与整治。在美国 1972 年颁布的《清洁水法》及其后的修正案中，赋予联邦政府以实施湿地保护

的权力与措施，禁止任何组织和个人在没有得到美国陆军工程兵团许可的情况下填埋湿地。自此以后，陆军工程兵团的职责发生了重大改变，他们以前的工作重点是疏浚沼泽、河流裁弯取直和堤防建设。从 1989 年开始，联邦政府实施了一项"严禁净损失"的官方政策，即如果某个开发项目破坏了湿地，就必须在别处重建或创造相应数量的湿地来作为补偿。

但是，联邦政府的保护并不意味着湿地不能开发，陆军工程兵团已经发出了数千份许可证，允许房主和开发商填埋数十万英亩的湿地。关于湿地退化、填埋湿地或未能弥补损失的诉讼非常少见，尽管近年来湿地损失的速度已经放缓，但是现存的许多湿地仍然存在着退化或消失的风险。

### 12.6.3　森林

在无法修复的人类破坏行为面前，湿地并非唯一的可再生资源，在世界的许多地方，森林面临着同样的威胁。

在大约 12000 年前，即大陆冰川退缩之后、农业崛起之前，世界（不含南极洲）上的森林与林地可能覆盖了地球陆地总面积的 45%。森林是早期人类的庇护所和生产基地，为了能够生存下去，人类从树木及木本植物中，收集水果、坚果、浆果、树叶、根茎和纤维。尽管林产品采集仍然是一项重要补充（对自给自足型农业社会尤其如此），但是此类文化已经所剩无几。

即使经过数千年的农业土地清理，加上最近的商业采伐、牲畜放牧及薪材采集，森林仍然覆盖了全球陆地面积的 1/3 左右。但是，作为工业原料来源，森林面积越来越捉襟见肘。某些类型的森林断断续续从赤道向北延伸到北极圈内，向南延伸到南半球大陆的尖端，但商业森林仅存在于两条非常大的地带。其中，第一条地带几乎连续延伸，占据了北半球的中高纬度地区；第二条地带跨越中南美洲、中非及东南亚所在的赤道地区。这些森林带也存在不同之处，主要体现在树木类型及其所服务的市场（或用途）类型。

北方针叶林（软木）是规模最大、最连续的成片森林，主要包括松树、云杉和冷杉等树种，环绕在地球北极地区下方，可用作建筑材料，或者生产纸浆、人造纤维和其他纤维制品。针叶林带南侧是温带阔叶林（硬木），主要为落叶树种，例如橡树、山核桃、枫树和桦树等。由于人类长达数个世纪的城乡定居和林业开发，针叶林、阔叶林及针叶-阔叶混合林的面积大幅度减少，不过阔叶树仍然具有重要的商业应用价值，可加工成家具、胶合板及铁路枕木等。

热带低地阔叶林主要用于薪材和木炭，发展中国家居民对其依赖严重，全球约 90% 的薪材产自非洲、亚洲、大洋洲和拉丁美洲的森林。但是在热带森林中，越来越多的特优级木材主要用于圆木出口，占据全球市场绝大部分份额的是缅甸和印度尼西亚等东南亚国家（见图 12.25）。

古话说"只见树木，不见森林"，这句格言恰如其分地形容了认为森林只具有商业价值的那些人。森林不仅仅是树木，建筑用材只是森林的用途之一，森林的其他重要用途还包括土壤保护、流域保护、为野生动物提供栖息地及为人们提供休闲娱乐场所等，而且在全球的水、碳和氧的循环中也扮演着重要角色。

因为森林能够服务于各种各样的目标，所以任一地区具体采用哪种管理技术，还要取决于其所强调的特殊用途。如果森林的目标是保持本地植物物种的多样性，为野生动物提供最大数量的生态生境，则其森林管理模式将不同于为公共娱乐或保护流域而设计的管理方式。即使要强调的用途是木材生产，也可以采取不同的管理模式，例如对于生产胶合板或刨花板来说，所用到的伐木技术与生产高质量木材完全不一样。

图 12.25　印度尼西亚的伐木卡车。© *Corbis RF*

只有当采用可持续生产的技术时，即采伐量能被新增长量所平衡时，商业森林才可被视为可再生资源。木材公司采用了许多树木采伐和再生方法，皆伐和择伐是两种截然不同的做法，说明了这些方法的多样性。

皆伐是最具争议的伐木做法，顾名思义，就是一次性从某块林地中砍伐掉全部树木，然后寄望于自然再生或重新种植（通常为单一类型的速生苗木）。过度的皆伐（特别是在陡坡上）会破坏野生动植物栖息地，加速土壤侵蚀和水体污染，用种植单一木材（不具丰富遗传多样性）替代混合森林会降低（或破坏）该地区的休闲娱乐价值。

择伐较多用于拥有各种树龄、大小及树种的混合林，逐棵或成组砍伐中型和大型树木，幼树留待长大以后再砍伐。随着时间的推移，森林将自我再生。从伐木者的角度来看，无论是效率还是经济，择伐均不如皆伐。此外，择伐做法常常得不到严格执行，而且伐木道路施工会对森林造成较大破坏。

### 1. 美国国家森林

林地约占美国国土面积的 1/3，与全球总体比例基本一致。在这些森林中，只有约 40% 可供商业采伐，其余或者缺少具有商业价值的树种，或者属于零星的私有财产，或者难以进入，或者位于保护区内。在占 40% 的那部分商业林地中，近一半属于公共所有的国家森林（国家森林共计 155 个），由美国国家林业管理局负责管理（见图 12.26）。国家森林允许私营公司进行采伐，只要交款取得伐木权，木材公司即可采伐指定数量的木材。目前，国家林业管理局正处于如何管理森林的争议漩涡之中，争议焦点包括采伐方法、砍伐古树、修筑道路及植树造林速度等。

图 12.26　**美国国家森林**。在这些森林中，每年砍伐超过 18 万公顷的树木，即每天砍伐约 4 平方千米的森林。为便于砍伐，截至 2001 年，在曾经的原始森林地区，人们修筑了 54.7 万千米的伐木公路（为美国州际高速公路长度的 10 倍）

在 1960 年颁布的《多用途可持续产量法案》中，规定国家森林有 4 个经营管理目标，即休闲娱乐、木材生产、流域保护和野生动物栖息地保护。尽管该法案并未特别倾向于哪个目标，但保护主义者却指责国家林业管理局，说他们越来越多地支持商业性砍伐，当前的森林砍伐速度前所未有。

近年来，人们从国家森林中砍伐了数亿立方米的木材，环保主义者关注到其中近一半来自俄勒冈州和华盛顿州的国家森林，而且大部分都是不可替代的原始森林。这些原始森林拥有世界上最高、最古老的树木，英国清教徒当年踏上普利茅斯岩时，这些树木就在那里生长。虽然伐木公司通过种植新幼苗来取代砍伐掉的老树，但是原始森林的独特特征却永远消失了。此外，传统的伐木方法（如皆伐）、道路建设及短时（数十年而非数个世纪）再生后的砍伐，阻碍了真正古老森林生态系统的发育。

原始森林中存在大量的活树和枯树，树龄与大小各不相同。有些古树非常巨大，树高达到 90 米，树龄超过 1000 年，例如道格拉斯冷杉、西部红柏、红杉和红木等。地面铺满了大量吸饱水分的枯木与腐烂原木，对于控制土壤侵蚀及保护森林免受火灾非常有益。当原木腐烂时，营养物质会重返土壤。成百上千种昆虫和动物以此为栖息地，有些为濒临灭绝的珍贵物种。

美国仅存的大片原始森林位于太平洋西北部，大部分归联邦政府所有。曾几何时，在从喀斯喀特山脉至太平洋之间的茫茫林海中，原始森林从加利福尼亚州绵延 3200 千米至阿拉斯加州，覆盖率高达 60%。到目前为止，原始森林只剩下约 6%，主要位于太平洋西北部。20 世纪 90 年代，美国某地方法院做出裁决，为保护最新列入濒危物种名单的北部斑点猫头鹰的栖息地，在华盛顿州、俄勒冈州及加利福尼亚州北部的各州与联邦土地上，禁止销售各种木材，一场争议由此爆发。在克林顿总统的斡旋下，各方面终于达成妥协，在随后出台的《1994 年西北森林计划》中，划定了原始森林的保留区与保护区，规定了年度木材采伐的数量限制。

具有讽刺意味的是，虽然许多美国人谴责别人焚烧热带雨林，但美国政府不仅对宝贵原始森林的生态破坏听之任之，事实上还对这种破坏行为进行补贴。联邦政府通常在木材销售方面损失大量资金，因为建造及维护伐木道路的成本高昂，远远超过木材公司所支付的木材砍伐申请费。在美国林业管理局 20 世纪 90 年代的一项研究成果中，提到每年损失 3.33 亿美元。

或许最严重的权力滥用发生在通加斯国家森林，这是北美洲最大的温带雨林，沿着阿拉斯加东南部海岸绵延了 800 千米。在欧洲殖民统治之前，通加斯国家森林生活着各种各样的植物与动物物种，为美国目前唯一仅存的生物多样性宝库。通加斯国家森林是灰熊和秃鹰等濒危物种的家园，水域盛产水生生物（如鲑鱼和鲸鱼，应有尽有）。但是，由于皆伐和修路，严重威胁着野生动物的栖息地。从经济利益出发，伐木者通常会将目标定位于最大、最赚钱的古树。联邦政府共计耗资数亿美元，建造了约 7400 千米的通道，大力推进商业性砍伐，然而所获回报却微不足道。例如，对于直径 3 米、高度超过 32 米、树龄超过 500 年的古树，出售价格仅为每棵 3 美元，研磨成纸浆后发往海外，再转化为人造丝或玻璃纸等产品。

### 2. 热带雨林

并非只有美国政府的经济政策加速了森林破坏，热带地区的大量森林砍伐也得到了各国政府的许可。例如，在巴西、印度尼西亚和菲律宾等国家，政府提供专门补贴，旨在将森林转变为农业、养牛场和采矿业等其他用途。在这些国家中，经济政策受到多方面因素的驱动，例如人口数量增长的压力，需要更多农田、燃料及商业性木材的需求，海外市场对牛肉的需求（为利益驱使，砍掉森林，建立牧场），以及中国对大豆、豆油和豆制品的日益增长需求等。

热带雨林横跨亚洲、非洲及拉丁美洲的部分地区。每年完全消失的森林高达数百万英亩，原始森林几乎一半已遭清理或退化。例如，在中美洲及加勒比地区，70%的热带雨林已经消失；亚马孙河流域面积超过 400 万平方千米，横跨巴西及邻近八个国家的部分地区，拥有全球现存热带雨林的一半左右；非洲的大部分热带雨林存在于中非地区，西非地区（塞拉利昂东部至喀麦隆）的大部分森林已遭破坏；其余热带雨林分布于亚洲/太平洋地区，但是前景不容乐观，印度、马来西亚和菲律宾已经失去了大部分森林，缅甸、柬埔寨、泰国、越南和印度尼西亚的森林砍伐率最近也急剧上升。总体而言，估计亚洲近一半的天然森林已经消失。

尽管没有人怀疑热带雨林趋于消亡，但是无法准确掌握森林的消失速度。据联合国估计，近年来，平均每年的森林灭失数量约为 4 万平方千米，或者说略少于所剩森林的 1%。从亚马孙流域巴西部分的卫星影像中，人们也获得了大致差不多的数字，意味着"平均每年砍伐相当于康涅狄格州面积的森林"。

目前，由于拥有面积最大的热带雨林，同时也是森林消亡速度最快的地方之一，巴西的森林砍伐成了国际关注的焦点话题。没有哪个国家能更好地说明这样一个事实：毁林是一个非常复杂的问题，在发展中国家与发达国家的政府之间、国际开发组织与环保组织之间、跨国公司与人权斗士之间，由此引发激烈争议不可避免。对于亚马孙流域开发积极政策的批评者，巴西回应认为"这完全合理"，因为该政策好处很多，不仅可以缓解东北部人口密集地区的人口密度，为农民和牧场主提供赖以谋生的土地，而且允许本国开发尚未开发的自然资源，帮助巴西偿还巨额外债。他们还非常不客气地指出，西欧和美国的大部分森林于几十年之前已被砍光，随后的资源开发为整个国家带来了财富与繁荣，巴西人为什么就不能为追求最大经济利益而合理利用自己国家的自然资源呢？

但是北美人有充分的理由说明他们应该关心热带雨林所发生的状况。当热带雨林遭到破坏后，可能会引发三个主要的全球问题和一系列本地问题。首先，在维持地球的氧、碳平衡方面，所有森林均发挥着重要作用。人类及其工业都要消耗氧气，植被既从大气层吸收二氧化碳，又把氧气释放到大气层中。事实上，由于对人类呼吸氧气贡献非常大，亚马孙森林被称为世界之肺。当热带雨林消失后，其作为碳汇和氧气补充器的作用将会丧失。

第二个全球问题是，森林清除会造成空气污染，影响气候变化。当通过放火焚烧来清除森林时，大量二氧化碳会排放到空气中。巴西科学家估计，为了清除亚马孙森林，人们点起了数千堆大火，排放了占全球数量 1/10 的二氧化碳，由此成为大气变暖的重要因素（见图 12.27）。此外，大火产生的气体（氮氧化物和甲烷）会形成酸雨，进而破坏臭氧层，这是第 13 章将要讨论的主题。

**图 12.27　1975—2001 年，亚马孙河流域的森林砍伐。**这些卫星影像显示了巴西朗多尼亚州阿里克斯市附近的部分地区，可以看到热带雨林系统性破坏所造成的影响。1975 年，该地区几乎没有受到任何影响。随后，对森林植被的系统性砍伐沿着公路开始，呈扇形逐步展开，形成了 1989 年影像的鱼骨状格局。2001 年，森林砍伐数量增加了一倍多，在清理农田和牧场时，焚烧森林最快、最廉价。在巴西各个州中，虽然马托格罗索州和帕拉州也存在大量采伐现象，但是朗多尼亚州（面积约等于俄勒冈州）的森林被放火破坏的百分比最高。有些人将此喻为环境大屠杀，大火产生了数亿吨能够促进全球变暖的气体，同时破坏了保护地球的臭氧层。来源：联合国环境计划署

最后，热带森林破坏已经对地球生物的多样性造成了重大损失。森林是错综复杂生态系统的重要组成部分，历经数百万年演变而来，树木、藤蔓、开花植物、动物及昆虫等彼此相依为命。每一年，由于森林栖息地被破坏，仅存此地的成百上千个动植物品种相继灭绝。虽然热带雨林目前仅占地球陆地面积不到 10%，但拥有全球所有植物、动物及微生物种类的 50%～70%，许多植物已成为世界重要的主食作物，例如大米、玉米、木薯、南瓜、香蕉、菠萝和甘蔗等。其他潜在未知食物尚待开发。此外，热带森林能够生成丰富的工业原料（油、树胶、乳胶和松脂），成为全球药用植物的主要仓库（参见专栏 12.5）。

## 专栏 12.5　热带森林与医药资源

热带森林是生物的聚宝盆，拥有丰富得令人惊讶的植物与动物。在面积大体等于南卡罗来纳州的哥斯达黎加，鸟类种类之多堪与整个北美洲相匹敌，昆虫种类更是多于北美洲，植物种类则接近北美洲的一半。在秘鲁的雨林中，科学家们发现并确认了 1300 种蝴蝶。在加里曼丹岛（前婆罗洲）的一片雨林

中，存在 700 多种树木，同北美洲一样多。在秘鲁的一棵树上，栖居着 72 种蚂蚁，以树为食、为巢，反过来又为其他昆虫提供保护。

热带森林出产大量化学品，可用以制造生物碱、类固醇、麻醉剂及其他药剂。在现代所有药品中，几乎一半都来自热带森林，包括番木鳖碱、奎宁、马钱子碱和吐根等。马达加斯加生长一种长春花，可用于生产能够治疗白血病和霍奇金氏病的两种药剂。

科学家们认为，热带森林的医药潜能仍然几乎未得到开发，认识到这一点非常重要，如同源自热带植物的这些药品及其他现代药品一样意义重大。他们担心在药用植物和传统配方被发现之前，毁林开荒就会彻底根除此种可能性，从而剥夺人类可能永远无法实现、不可估量的潜在治疗机会。在森林部落中，人们随手采摘一些雨林植物，即可医治蚊虫叮咬与毒蛇咬伤、减轻烧伤与皮癣、治疗发烧与耳痛。但是直到最近，生物学家们才开始鉴定热带植物，研究传统草药，期望能够找到具有药用价值的医药资源。

森林砍伐还会给当地带来灾难，耗费大量的环境成本、经济成本和社会成本。所有森林都能固定表土并吸收多余水分，清除森林会加速土壤侵蚀、河流淤积及灌渠淤积，使当地容易遭受水旱灾害，反过来又可能导致粮食与薪柴短缺，从而形成一种恶性循环。在毁林开荒后的数年之内，土地很可能会变得不再适合发展农业。在喜马拉雅流域、埃塞俄比亚高原及大量其他地方，森林砍伐、土壤侵蚀和降雨径流加剧了洪水暴发，夺走了成千上万人的生命，并令数百万人无家可归。

## 12.7　资源管理

热带雨林的破坏是未能产生长远利益的一场悲剧，当今世界正在步入资源廉价、随意挥霍的末日狂欢。数个世纪以来，地球成为人类几乎取之不尽、用之不竭的资源宝库，同时也是社会废弃物的巨大垃圾填埋场。但是现在，人们越来越认识到，资源是可以耗尽的，可再生资源（如森林）也不例外，很多资源的寿命只有几十年，空气和水（也是资源）无法吸收大量污染物，但仍能保持其维持生命的能力。

1992 年 6 月，在巴西里约热内卢举行的全球领导人峰会上，世界各国政府同意组建"联合国可持续发展委员会"，70 多个国家（包括美国）开始努力规划可持续发展的道路。所谓"可持续发展"，通常是指既满足当前需求，又不会危及子孙后代的发展。可持续发展的基本原则非常简单，就是对可再生资源进行可持续利用，即资源利用需要限定在再生能力速度范围内。从长远来看，

- 土壤侵蚀不能超过土壤形成。
- 森林破坏不能超过森林再生。
- 物种灭绝不能超过物种进化。
- 鱼类捕捞量不能超过渔业的再生能力。
- 污染物数量不能超过系统吸收能力。

对任何社会群体来说，可以短期违背可持续性原则，但绝对不应长期违背。

可持续发展说起来很容易，但要真正实现这一目标则非常困难。若要实施可持续发展政策，必须要对公众进行实行此类政策的必要性教育；在政策举措方面，政府领导人、工商从业者和环保主义者要达成一致意见；为实现可持续发展，必须要为资源利用者提供经济刺激，并确保政府执行协议的一致性。在推进可持续发展方面，因为足够富有，发达国家的优势非常明显，有实力对必要的研究与技术进行投入。与此同时，发展中国家：（1）认为在很大程度上，发达国家的物质资源消耗（有些人说是过度消费）应该对造成许多资源供应日益萎缩负责；（2）不能同意无法遵循其他国家已经走过的经济发展与繁荣昌盛之路。

然而，走向资源的明智管理并非不可能，需要采用三种策略：保育、重复利用和替代。保育是指谨慎地利用资源，使子孙后代能够从中获得我们现在所享受到的各种好处，包括减少资源消耗、避免资源浪费及保持资源质量等。因此，通过等高耕作、作物轮作及其他各种做法，对土壤进行保育，维持土壤肥力。若管理得当的话，即使被开发利用，森林资源也能得到保护。

降低能源消耗的方式多种多样，几乎所有东西都可以做得更为节能。例如，机动车用掉世界石油产

量的较大份额，通过减轻车辆重量及采用更为高效的发动机与轮胎，可以将燃油效率提高一倍，从而至少节省世界石油年产量的 20%；通过应用更高效的设备与工艺，工业具有极大的节能潜力，比如对钢铁工业生产 1 吨钢铁所消耗的能源来说，日本要比其他大多数国家少 1/3；如果居民房屋和办公楼的修建与安装得当，用于供暖、制冷和照明的能源可以减少一半。根据美国 2007 年《能源独立与安全法案》的规定，改用紧凑型荧光灯只需消耗白炽灯 20% 的能量。

重复利用也能减少资源消耗。对于传统意义上的废弃物，不必全都埋入垃圾填埋场，可以采用焚烧、分解和发酵方式来提供能量；通过大规模循环利用钢铁、铝、铜、玻璃及其他材料，不仅可以回收这些材料本身，而且还可以回收生产过程中投入的能源（见图 12.28）。当从废料中提取铝时，与从原材料中提取铝相比，所需电力仅为后者的 5%。换言之，当制造商采用回收材料制造 20 个易拉罐时，所用能量相当于采用新材料制造 1 个易拉罐。

对于天然气与石油这两种不可再生能源，人类需要积极寻找其他替代能源。如果能够从经济上把握好开采技术，煤炭和油页岩就能很好地满足未来的燃料需求。此外，可再生能源（如生物质能、太阳能和地热能等）的数量与种类几乎无限，尽管重要性无法与石油或天然气相比，但总体而言，仍可对能源需求做出重大贡献。最后，在供应不足的情况下，通过采用其他材料来替代非燃料矿产，可以延长非燃料矿产的储量的可采年限。在某些应用中，陶瓷或纤维制品等非金属可以替代金属。

图 12.28　压缩易拉罐，准备重复利用。美国人每年购买约 1000 亿个铝罐，其中只有 40%~45% 得到回收利用，其余全部埋在垃圾填埋场，并将在一个世纪后仍然存在。通过回收利用，不仅能够减少铝土矿生产铝而必须剥离占用的土地数量，而且还能减少炼油厂的空气污染和废弃物堆造成的水污染。© *Punchstock RF*

## 重要概念小结

- 自然资源包括可再生资源和不可再生资源。资源的可采储量是已经查明且有利可图的数量。

- 工业发达国家严重依赖不可再生的矿产资源，主要是化石燃料，分布非常不均衡。有些国家一半以上的电力来自核电站，有些国家则完全没有核电站。

- 与不可再生资源相比，可再生自然资源分布得更广泛、更均匀。木材和生物燃料是全球一半以上人口的主要能源来源，水能是可再生电力的主要来源。可再生资源）的可供性取决于自然地理因素，如河流流量、地形、日照、板块边界和风速等。

- 非燃料矿产资源不可再生，主要用于制作金属、玻璃、石材及其他产品。某些矿产资源储量很大，有些则相对较小；有些矿产资源分布广泛，有些则集中在少数地区。

- 人类活动已经并将继续对湿地和森林产生严重影响，这两者都起着至关重要的生态作用。

- 由于人口增长与经济发展，人类对资源的需求不断增长，使地球的原材料供应日显紧张。对所有类型的自然资源，很有必要进行明智、谨慎的管理，例如保育、重复利用和替代。

## 关键术语

| | | | |
|---|---|---|---|
| biomass fuel | 生物燃料 | ore | 矿石 |
| conservation | 保育 | perpetual resource | 永久资源 |
| desertification | 荒漠化 | photovoltaic (PV) cell | 光伏电池 |
| energy | 能量 | potentially renewable resource | 潜在可再生资源 |
| estuarine zone | 河口三角洲 | proved (usable) reserve | 可采储量 |
| geothermal energy | 地热能 | renewable resource | 可再生资源 |
| hydraulic fracturing | 水力压裂 | resource | 资源 |
| hydropower | 水能 | salinization | 盐渍化 |
| liquefied natural gas (LNG) | 液化天然气 | shale gas | 页岩气 |
| nonrenewable resource | 不可再生资源 | soil erosion | 土壤侵蚀 |
| nuclear fission | 核裂变 | solar energy | 太阳能 |
| nuclear fusion | 核聚变 | sustainable development | 可持续发展 |
| oil sands | 油砂 | wetland | 湿地 |
| oil shale | 油页岩 | wind farm | 风电场 |

## 思考题

1. 可再生资源与不可再生资源的主要区别是什么？为什么可采储量会随时间发生动态变化？
2. 为什么能源是所有自然资源中最重要的资源？能源消耗与工业生产之间有什么关系？简要描述美国历史上的能源消费模式。
3. 为什么石油会成为商业能源的主导形式？哪些国家是原油的主要生产国？为什么难以预测石油可采储量的可采年限？
4. 1974 年，美国的石油进口量占消费量的 35%。尼克松总统在国情咨文中说："让这成为我们国家的目标……美国将无须依靠任何其他国家提供所需石油，完全能够自行解决就业、房屋取暖及交通出行等领域的能源问题。"根据美国能源长期自给计划所确定的目标，美国 1980 年就不再依赖外国能源。你如何解释这样一个事实：超期 35 年以后，美国石油的进口量超过了消费量的一半？
5. 自 1961 年以来，为什么美国能源供应的比例有所增加？煤炭存在哪些生态问题与社会问题？
6. 产生核能的不同方法有哪些？公众为什么反对核电？
7. 利用可再生资源产生能量的常用方法有哪些？利用此类资源有哪些优缺点？哪种自然环境和位置最适合哪些可再生能源？
8. 一般来说，谁是主要矿业国家？在重要原料生产中，发展中国家起什么作用？对铜紧缺的威胁，生产国做出了怎样的反应？
9. 既然土壤侵蚀是一种自然过程，为什么还会受到关注？通常用于减少侵蚀的方法有哪些？在什么样的情况下，哪些类型的地区会出现荒漠化和盐渍化？
10. 湿地有哪些类型？湿地为什么重要？为什么这么多湿地消失了？
11. 森林有哪些重要的生态功能？热带雨林在哪里？森林被毁引起了哪些方面的关注？
12. 讨论减少资源需求的三种方法。

# 第13章 人类对环境的影响

## 学习目标

13.1 利用 IPAT 方程，解释影响环境的各种社会因素

13.2 描述人类影响环境的地理范围如何随财富增加而改变

13.3 列举生物圈的三个组成部分，描述它们之间的相互关系

13.4 假定地球供水总量不变，解释人类活动如何导致供水耗尽

13.5 查找空气污染及水污染的主要污染源

13.6 总结人类活动对生物多样性造成的各种威胁

13.7 描述发达国家产生的废物类型及其最佳处置方案

1997 年，查尔斯·摩尔船长参加了横渡太平洋的帆船赛，在返回加利福尼亚州的旅途中，偶然间发现夏威夷与日本之间存在一大片漂浮着的垃圾，称为东太平洋垃圾带。该区域由北太平洋环流系统的水流所捕获的垃圾构成，强气流及微风令垃圾在巨大的漩涡中旋转，正如某位观察家所说，"就像一个从不冲水的马桶"。日本东部还有另一个类似的垃圾带，这两个垃圾带共同构成了大太平洋垃圾带，如图 13.1 所示。环流呈螺旋模式，从北太平洋（包括东亚及北美沿海水域）吸取废物，表层洋流将漂浮的碎片逐渐移向并定位于中心位置。假设有人不小心在洛杉矶海滩上丢弃了一个塑料水瓶，或者雨水将一个塑料水瓶冲到海里，那么这个瓶子最多 5 年之后就能到达此处。

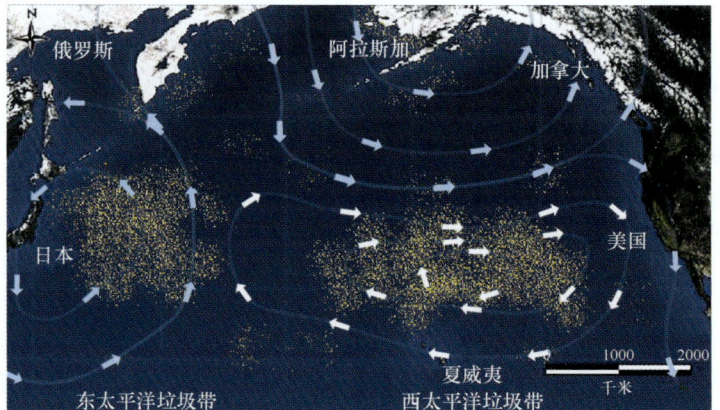

图 13.1　**大太平洋垃圾带**。全球共有 5 个巨型垃圾带（大太平洋垃圾带只是其中之一），分别由北太平洋、南太平洋、印度洋、北大西洋和南大西洋的大型环流所形成。来源：© Greenpeace

据估算，东太平洋垃圾带的面积约为 70～140 万平方千米，是得克萨斯州面积的 1～2 倍。

大部分垃圾为"陆源"，通常由沿海居民区抛（或吹）入水中，或者由河流、排水管或污水管冲入水中，约 1/5 来自船舶和石油平台。约 85% 的垃圾是塑料，这是一种轻质、耐用的一次性商品，广泛应用于发达国家和发展中国家。在这些垃圾带中，塑料制品包罗万象，如塑料瓶、帽子、塑料袋、六件套环、杯子、泡沫包装、牙刷、渔具（渔网、浮标和渔线）及大量聚苯乙烯泡沫等。在太阳光中的紫外线照射下，塑料逐渐变脆，然后在海浪作用下分解成小碎片。

由于误食垃圾或被垃圾带的废料缠住，每年都有数以百万计的鱼类、鸟类和海龟死亡。例如，中途岛是信天翁的大型栖息地，每年约有 50 万只雏鸟出生，但 40% 的信天翁死于饥饿或其他原因，它们的身体里充满了瓶盖、乐高积木及其他塑料碎片。另一个问题同样令人担忧，塑料会从海水中吸收有毒化学物质（如 DDT 和多氯联苯）。例如，以浮游生物为食的鱼类会吸收化学物质，当大型捕食者（鱼类、鸟类或人类）吃鱼时，毒素就会发生转移，从而影响整个食物链。

　　在描述人类行为如何影响人类自身赖以生存的水、空气和土壤的质量方面，大太平洋垃圾带只是众多示例之一。

　　环境类似一个非常复杂的马赛克拼图，由各种各样的大量图块共同构成，包括陆地要素与大洋盆地、天气元素与气候特征、植物群落与动物群落。有机环境由动物、植物、地貌、土壤、营养、天气和气候等构成，以各种方式影响所有有机体的方方面面。研究有机体彼此相互作用及其与自然环境之间关系的科学称为生态学。生态学对于理解环境问题至关重要，这些问题通常由于人类对构成世界的自然系统进行干扰而形成。

　　人类存在于自然环境中，并且通过个人及群体行为而改变自然环境。人类砍伐森林、开垦草原、修筑堤坝及建造城市，然后在自然环境之上建立人文环境，改造、改变或破坏了原始存在的自然环境与过程。本章探讨人类与在其影响下发生了极大改变的自然环境之间的关系。

　　自农耕时代以来，人类改变了地球的面貌，扭曲了自然界中微妙的相互关系，并在此过程中增强甚至危害了其所建立的社会和经济。自然平衡的本质和人类改变自然平衡的方式，不仅会成为本章的主题，而且也是当代社会重大国内与国际问题的关注焦点。人类所消耗的燃料、使用的原材料、创造的产品以丢弃的废物等都是对生物圈的有害改变，生物圈即人类赖以生活的薄薄圈层，由空气、水和土壤所构成。

# 13.1　生态系统

　　生物圈由三个相互关联的部分构成：
　　1. 对流层：地球大气层的最底层，从地表向上延伸约 9.5～11.25 千米。
　　2. 水圈：包括来自海洋、江河、湖泊、冰川的表层及亚表层的地表水，以及地下水（大部分封闭在冰川或地球内部，不能直接利用）。
　　3. 岩石圈：包含支持植物生长的土壤、动植物赖以生存的矿物质及人类开采的化石燃料和矿石。

　　生物圈是一个错综复杂、相互连锁的系统，容纳着生命所需的一切。生物圈的组成部分必须永恒地自然循环和再生，例如植物会净化空气，空气有助于净化水，而水和矿物又为动植物所利用，然后再次回归自然并再利用。

　　因此，生物圈由两个相互交织的部分构成：（1）无生命的外部能源（太阳）和必需的化学物质；（2）有生命的动物、植物世界。继而，生物圈又可以细分为具体的生态系统，即特定区域内由全部生物（动物、植物）和自然要素（空气、水、土壤和化学物质）构成的自运行体系。对所有生态系统来说，最重要的原则是全部事物均相互联系，任何侵扰或阻断都不可避免地导致系统中其他地方产生连锁反应。在一个生态系统中，每个有机体都有特定的生态位或位置。在能量交换系统中，每个有机体都发挥着一定的作用，有机个体的存活依赖于该环境中的其他有机体。问题不在于识别个体生态位，而在于预测整体因果链，以及由于特定生态位占有者受到侵扰而导致的系统调整。

　　生命依赖于流经生态系统的能量和营养。能量及物质不断地从一个有机体转移到另一个有机体，这是食物链中的一个环节。食物链就是一系列有机体（如绿色植物、草食动物和食肉动物），能量与物质通过此序列模式在生态系统中循环移动，如图 13.2 所示。大多数食物链都有 3～4 个环节，有些食物链只有两个环节（如人类吃米饭）。在自然界中，生态系统处于整体协调运转的连续循环之中，各个食物链都没有起点或终点，只存在营养转移的不同阶段，每个较低级环节将其所含能量的一部分转移至下一个较高级的消费者。

　　对于维持食物链和生命循环，图 13.2 中的分解者至关重要，它能够分解动物尸体、粪便、死亡植物及废纸等有机体。在分解过程中，有机体的化学性质发生改变，所含养分可供植物或动物再利用。有机体生长需要矿物质及其他元素，这些营养物质永远不会被破坏，而是持续在生物与非生物之间循环转移。在人类的躯体中，某些营养物质曾是其他生物的一部分，或许是野兔、鹰或橡树等。

图 13.2 **在生态系统中，食物供应是一种"谁吃什么"的食物链层级结构。** 在这个简化的示例中，绿色植物是生产者（自养生物），利用太阳的营养和能量来为自己制造食物；草食性兔子（初级消费者）直接以植物为食；肉食性狐狸（次级消费者）以兔子为食。食物链是复杂食物网中的一条线，食物网是存在于生态系统中的所有摄食关系，例如老鼠可能以图中所示的植物为食，然后被食物网中另一个食物链的鹰吃掉

无论人类是否存在，生态系统永恒在变，但人类对其影响远超其他任何物种。最初，人类对生态系统的影响很小，人口规模、能源消耗及技术水平都很低。但是，这种影响增长得非常迅速而且无处不在，目前呈现出广泛认可、各种各样的生态危机。在评估人类对环境影响程度的各种因素中，IPAT 方程是一种非常有效的方法。这个方程的公式表达如下：

$$I = PAT$$

式中，$I$ 表示对环境的影响，$P$ 表示人口，$A$ 表示富裕程度或生活水平，$T$ 表示技术。

IPAT 方程表明，随着人口增长和生活水平提高，人类对环境的压力加剧。但是，技术可能增加或减少这种影响，例如随着生活水平的不断提高，人们往往更喜欢清洁的环境，因此可以加强污染控制以减少对环境的影响。遗憾的是，某些旨在改善当地环境质量的改变（如改用更高的烟囱）是以牺牲其他地方的环境为代价的，如图 13.3 所示。随着发达国家环境污染意识的提高，污染工业和废物处理也存在向贫困地区转移的趋势。

在贫困地区，人们对居住环境与工作环境的控制能力往往较低，因此可能会极大地受到环境污染的负面影响。环境正义运动（见第 8 章）随之兴起，要求每个人都拥有干净健康的环境。在 IPAT 方程中，每个要素都与地理学主题（如人口地理学、经济地理学和人文地理学）相关，因此若需理解人类对环境的影响，首先要了解人文地理学和自然地理学的相关知识。接下来，本章将介绍人类对自然环境的一些负面影响。

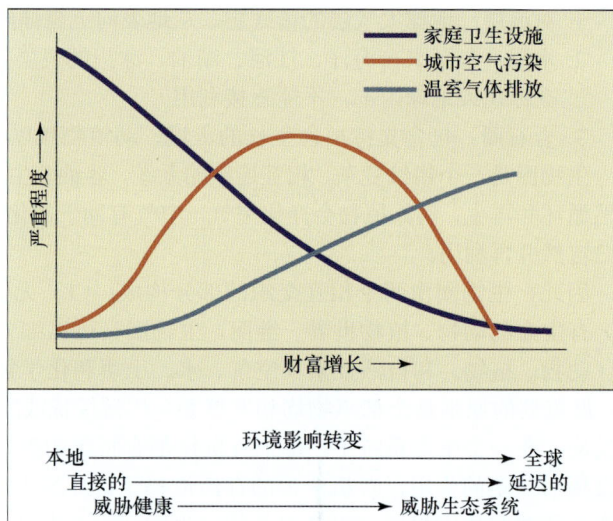

图 13.3 **生活水平与环境影响。** 对于世界上的穷人来说，最重要的环境问题是干净的水、卫生设施和炊烟。随着生活水平的不断提高，社区可以负担得起供水和污水处理系统，同时也增加了对原材料、合成化学品和化石燃料能源的消耗，环境问题从对人类健康的局部、直接的威胁，转变为全球范围、长期、间接的影响，如臭氧层破坏、酸雨和全球气候变化等

# 13.2 对水的影响

全球水供应总量永恒不变，大部分水位于海洋之中，人类不能直接饮用海水。水在生物圈中不断

循环的系统称为水循环，如图 13.4 所示。在水循环过程中，水的形态发生变化，通过蒸发和冷凝来净化或蒸馏，使其具有适合地球生态系统的特性，从而实现再利用。蒸发、蒸腾（生物释放的水蒸气）和降水是水重新分配的机制。水蒸气在云中聚集、凝结，落到地面，再次蒸发、蒸腾，再次以雨水形式降落。

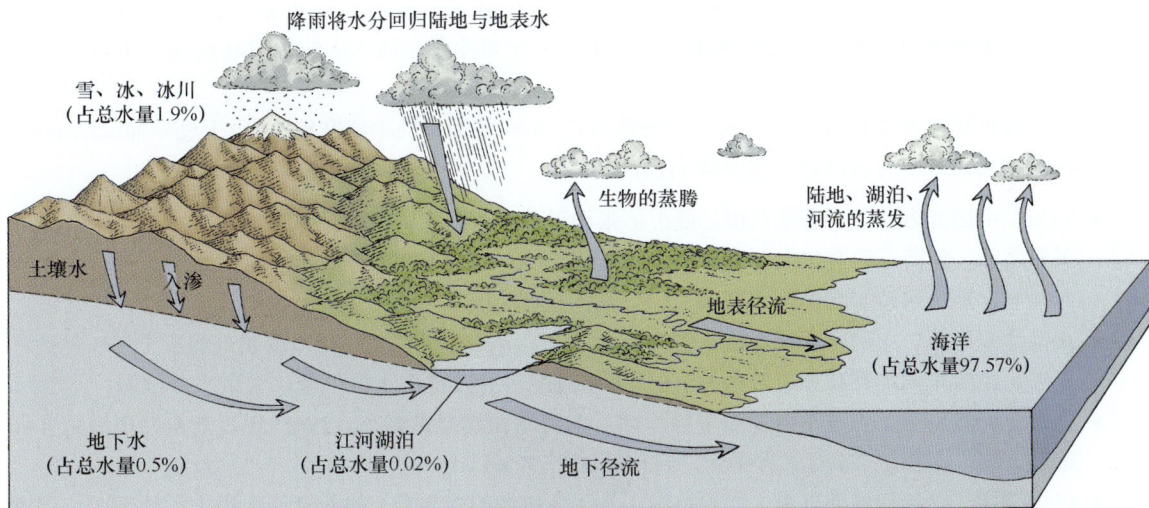

图 13.4　**水循环**。太阳提供令淡水及海水蒸发的能量。直到空气达到饱和以前，水一直保持水蒸气的形态。大气层水分以固态或液态降水的形式回到地面，从而完成整个水循环过程。由于降水量分布不均，水分不一定以同样数量回到其蒸发地区。大陆得到的水多于其损失，多余部分以地表水或地下水的形式回归海洋，全球总是维持着水量平衡

人类对水具有长期依赖性，因此一直努力控制水的供应，一定程度上改变了河流的水量与水质。

## 13.2.1　水资源可供性

总体而言，全球水资源丰富，每年均有足够多的雨雪降落到地表，地球陆地区域的平均含水量为 83 厘米厚。一般来说，仅仅每年从水循环中再生的淡水量，就完全可以满足世界人口 5～10 倍的需求。

图 13.5　**加利福尼亚中央峡谷的喷灌**。尽管灌溉耕地面积只占农田面积的 17%，但灌溉农业产量约占全球总收成的 40%。输送及灌溉到农田中的水量通常要比农作物的实际需求多得多，不必要地超量使用了稀缺水资源。滴灌是一种减少耗水的方法，通过田间铺设的小孔管，将水直接输送到植物根系。© Corbis RF

然而，全球许多地区的水资源供应仍然不足，而且日趋萎缩。问题不在于全球的总水量，而在于水资源的地理分布、可靠性（年降水量的变化）和水质。区域水资源满足度与该区域的用水人口规模和水资源需求密切相关。国际水管理研究所的报告指出，就全球的淡水用量而言，农业用水约占 78%（见图 13.5），工业用水约占 18%，其余为家庭和市政用水（饮用水、洗澡水和草坪浇水等）。自 1950 年以来，灌溉土地面积增加了两倍，从河流、湖泊、含水层及其他水源中抽取的淡水总量也增加了两倍。含水层是地下含水的砂和砾石带，与地表水（如河流、湖泊中的水）相对照，含水层中的水称为地下水。

无论是在发达国家还是在发展中国家，短缺一词越来越多地用于描述部分地区的供水状况。目前，全球约 20 亿人生活在水资源短缺地区，2025 年预计将会达到 35 亿人。由于水资源短缺，灌溉用水不足会周期性地危及农作物，使人们面临饥荒的威胁；常年性河流会变成间歇性河流；湖泊正在萎缩；地下水位迅速下降，部分水井已经干涸。据世界银行报道，全球约 80 个国家受到长期水资源短缺的困扰，粮食生产、经济发展、卫生设施及环境保护等受到极大的威胁。在北非及中东地区，10 个国家真正处于水资源短缺境地：年耗水量超过了可更新的年供水量，地下水的抽取速度快于雨水的补给速度。

全国性数据可能掩盖地方层面的水资源短缺问题。在许多国家的主要产粮区，由于过分抽取地下水，含水层接近枯竭，最终导致严重缺水并限制供水。

- 例如在中国北方，由于灌溉农田、城市扩张和工业增长，水资源消耗量非常庞大，以至于在进入黄海之前，黄河下游全年大部分时间几近干涸。在中国，100 多个城市严重缺水，大部分位于北方地区，地下水位平均每年下降 1～2 米。
- 在世界人口第二大国家印度，地下水的取水速度是补给率的两倍。在印度北部的多个邦（包括重要农业区哈里亚纳邦和旁遮普邦），由于用水过度，导致地下水位下降，大量水井枯竭。
- 因农业灌溉用水、管理不善及干旱等原因，乍得湖面积严重缩小。1965 年，乍得湖曾经是非洲第二大湖，面积达 2.5 万平方千米，目前萎缩了 90% 以上。
- 自 20 世纪 70 年代中期以来，查帕拉湖（墨西哥最大的淡水湖）的入湖淡水损失了约 80%。该湖水源主要由莱尔马河补给，但目前这条河流的几乎全部流量都被用于灌溉和工业。在墨西哥城及其郊区，从含水层中抽水的速度是天然补给速度的两倍多。由于抽取了如此多的地下水，这座城市 20 世纪期间沉降了 9 米。

美国也不例外，在亚利桑那州、新墨西哥州、加利福尼亚州和内华达州的部分地区，地下水的消耗速度超过了更新速度。在美国西南部，科罗拉多河是唯一重要的地表水源，各州对其依赖程度非常大，以至于河流入海（加利福尼亚湾）时经常只剩下涓涓细流。灌渠和沟渠抽走了大量河水，供美国西部七个州和墨西哥北部地区所用。为了限制用水，某些西部城市（如丹佛、圣菲）采取了强制性措施。

奥加拉拉含水层是美国最大的地下水存储库，为美国 25% 的灌溉土地提供水源，目前其消耗速度为补充速度的 3 倍（见图 13.6）。从南达科他州一直延伸到得克萨斯州西部，该含水层支撑着美国近半数的养牛业、1/4 的棉花种植及大量的玉米和小麦种植。目前，超过 15 万口井钻入该含水层中，抽水用于灌溉、工业和家庭等用途。

水资源短缺的后果非常严重，水资源开发者与环境主义者争吵不休，各种类型用户（农业、工业和城市）竞争不断，跨界流域（两个或以上国家共享一条河流的地区）的紧张局势加剧。全世界共有 263 个跨界流域，约占地球陆地总面积的 40%，占世界人口总数的 60%，其中存在明显用水冲突的河流包括印度河、约旦河、尼罗河、底格里斯河-幼发

图 13.6　巨大的奥加拉拉含水层是美国最大的地下供水水源，提供了全国约 1/4 的灌溉用水。该含水层南部水分消耗最为严重，而且只能从降水中获得少量补给。在得克萨斯州北部的许多地方，地下水位下降了 32 米或更多。自 1950 年以来，该含水层的容量下降了约 1/3

拉底河。例如，墨西哥对美国在科罗拉多河到达国境前用光河水而感到愤怒；土耳其和叙利亚通过筑坝和灌溉农田，截取了底格里斯河和幼发拉底河的大量河水，减少了下游叙利亚和伊拉克的用水量；印度分流了恒河的大部分水量，将孟加拉国置于水资源短缺的艰难境地。

由于海洋中存在取之不尽的海水，有些人希望通过海水淡化（净化海水中的盐及矿物质），提供解决水资源短缺的技术方案。但是，海水淡化需要大量能源，而且成本高昂，只能满足人类需求的一小部分。如果将来成本降得足够低，海水淡化将有助于增加生活用水的供应，但是否能变得足够便宜来为农业提供用水，目前尚无定论。

### 13.2.2　河流整治

数千年以来，为了防止洪水泛滥、控制农业与城市用水或发电，人们开始整治河流，例如修筑大坝、开凿运河和建造水库等。尽管人们已经基本实现了预期目标，但正如第 12 章所述，这些工程可能会产生令人意想不到的环境后果，包括降低河流下游的泥沙量、减少农作物及鱼类生长所需要的营养成分、增加土壤的含盐量、地面发生沉降及鱼类（如鲑鱼）数量急剧下降（这些洄游鱼类在淡水河流中孵化，迁徙到海洋，然后再溯流而上，返回至产卵地去产卵）等（参见专栏 13.1）。

### 专栏 13.1　灾难蓝图：河流改道与咸海

1960 年，咸海是世界第四大内海，面积达 7 万平方千米，比整个西弗吉尼亚州还大。现在，咸海面积还不到原来的一半，水量也只是过去的 1/4，海平面下降了 18 米多，而且一分为二：小咸海（北部）和大咸海（南部）。

为了灌溉中亚地区的农田，人们几乎抽干了咸海主要水源（阿姆河和锡尔河）中的所有河水，不仅造成了世界上最大的人为环境灾难之一（咸海的萎缩），而且还产生了其他一些后果：

- 随着海水后退，数千平方千米海床上遗留下污染废物，原来入海的河流被农田径流和未经处理的工业和市政污水所污染，这些废水往往含有高浓度的化肥、农药、重金属及其他有毒化合物。目前，大咸海被视为死海。由于不能生存在高盐、有毒的海水之中，所有 20 种已知鱼类全部死亡，商业性捕鱼业全面崩溃。木伊纳克以前曾经是渔港和大众海滩胜地，现在距海 100 千米；阿拉尔斯克以前曾是北岸的主要港口，现在距海 80 千米。
- 从干涸的海床及其邻近陆地上，暴风吹扬起含盐的粗砂及有毒的化学品，沉降到数百千米以外的农田里，严重损害了土壤的肥力。具有讽刺意义的是，让咸海为之做出牺牲的农作物（主要是棉花和水稻）本身也处于危险之中。
- 本地野生动物赖以生存的森林和湿地骤减，据估算，该流域 3/4 的野生物种已经消失。
- 受到污染的水、土壤和空气严重威胁着人类的健康，霍乱、斑疹伤寒、胃癌和食道癌等严重疾病与呼吸道疾病（哮喘和支气管炎）的发病率大幅增加，流产率与出生缺陷率普遍增高，婴幼儿死亡率高居世界首位。

为了拯救小咸海，世界银行和哈萨克斯坦政府共同出资，在锡尔河修建了一座大坝和一系列堤坝。自 2005 年大坝建成以来，海平面已经上升，海洋面积扩大了 30% 左右，鱼类总量得到了补充。

虽然大咸海仍处于消亡过程中，但拯救小咸海的努力表明，减轻人类对环境的危害仍然存在可能性。

1975年，EROS数据中心，美国地质学会　　　　　1987年，美国航空航天局（NASA）

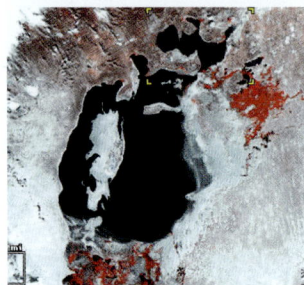

1997年，EROS数据中心，美国地质学会　　　　　2010年，美国航空航天局（NASA）

　　渠道化是河流整治的另一种方法，以控制洪水或改善航运为目标，主要包括修堤筑坝、截弯取直和加宽挖深等。在全球范围内，超过 50 万千米的河流已经实现疏浚和渠道化，许多大河（如密西西比河、尼罗河和黄河）建成了堤防体系。像大坝一样，这些体系可能会产生不可预料的后果，例如降低洪水的天然蓄存、加剧下游的洪峰及导致土壤的过度侵蚀等。

　　1960 年之前，佛罗里达州的基西米河蜿蜒曲折地流淌于基西米湖与奥基乔比湖之间的洪泛平原上（见图 13.7），这里栖息着数百种鸟类、爬行动物、哺乳动物和鱼类。后来，应开发商、牧场主和

(a) 1960年之前　　　　　　　　　　　　　(b) 1972年之后

(c)

图 13.7　**佛罗里达州的基西米河**。(a)整治之前；(b)整治之后，陆军工程兵团将其改造成为一条 9 米深的笔直渠道。渠道化很大程度上消除了湿地，使鸟类和鱼类种群退化，并导致奥基乔比湖和大沼泽地发生退化。目前，美国联邦政府和佛罗里达州开始实施一项长期项目，试图恢复河流的曲流河道，将天然水流恢复到 69 千米长。(a)和(b)由南佛罗里达水资源管理局提供

农民（他们已经移居到这片湿地，但饱受河流洪水的困扰）的要求，美国陆军工程兵团疏浚了这条河流，将 166 千米长的蜿蜒河流改造成为一条只有 90 千米长的笔直土质渠道。当渠道于 1971 年竣工以后，这里的湿地消失不见，外来植物物种迁入，鱼类种群急剧减少，90%的水禽（包括若干濒危物种）彻底消失。

渠道化和筑坝是人类有意整治河流格局的尝试，人类另外几种活动也会影响河流流量，例如城市化会对河流水文产生重大影响，包括地下水位下降、水体污染和洪水径流增加等；同样，移除森林覆盖会使径流量增加，促进山洪暴发，降低地下水位，加速土壤侵蚀。

人类对水资源的不利影响主要体现在水质方面。人们从湖泊、河流或地下含水层中取水，用于饮用、沐浴、农业、工业及其他许多用途。尽管所抽取的水资源最终能够回归水循环，但回归条件并不总是与抽取时相同。与生态系统的其他部分一样，水资源也面临着严重的污染问题。

## 13.2.3　水质

一般而言，环境污染是指人类将废物引入生物圈，废物由于体积、成分等原因，不容易通过自然循环过程进行分解。就水而言，污染的核心概念是一种或多种物质存在于水中，令水的组分发生重大改变，致使其无法用于特定用途，或者损害自然状态下的适用程度。水污染由向水体中排放污染物质所致，造成水的化学性质或物理性质发生不利变化，或者造成水中生物的数量与质量发生不利变化。污染是一个相对的术语，例如某些水虽然不适合饮用，但完全可以用来清洁街道；有些水对鱼类而言属于严重污染，但是可能适合某些水生植物生长。

人类活动不是造成水污染的唯一原因，腐烂的落叶、动物的粪便、泄漏的石油及其他自然现象可能会影响水质。但是，有些自然过程能够处理这种污染，水中生物能够降解、吸收和分散这些物质，使其达到正常自然水平。只有在极其罕见的情况下，天然污染物才能压倒受纳水体的自净能力。目前来看，人类排放的废物数量非常之大，往往会超过特定水体的自我净化能力。此外，人类正在引入某些特殊污染物（如金属或合成有机物），这些污染物需要很长时间才能分解，或者根本无法通过自然机制进行分解。

地球上只要有人类，就一定会存在污染。因此，主要问题不是消除污染，而是要控制污染。这种控制可能生死攸关，例如水霉病原体和水污染每年导致数百万人（大多数为儿童）死亡；许多人死于腹泻及与水有关的疾病（如霍乱与伤寒）。

水污染的 4 个主要来源为农业、工业、矿业、城市与住宅。污染源可分为点源和非点源，点源污染在特定地点进入环境，如污水处理设施或工业排放管道；非点源污染较为分散，因此更加难以控制，例如来自农田径流和道路的盐分。

## 13.2.4　农业水污染源

在世界范围内，农业可能比其他任何单一活动对水污染的影响都大。在美国，农业要为 2/3 的河流污染负责。农业径流主要携带三种类型的污染物：化肥、生物杀灭剂和动物粪便。

### 1. 化肥

农业是水体营养物质过剩的主要原因。化肥及动物粪便等农用肥料中含有硝酸盐和磷酸盐，当其排入江河并最终累积在池塘、湖泊或河口三角洲时，污染就会发生。营养物质会加速富营养化进程，即水体中营养物质的富集过程。当周围区域的营养物质被冲入水中后，富营养化自然就会发生。但是，当物质来源是人为富集营养物（如商业肥料）时，水体中的营养物质可能会超量，从而刺激藻类及其他植物大量生长，但是会阻断其他生物生长所需的阳光。当这些藻类等生物死亡并分解时，水中的溶解氧含量降低，不能忍受乏氧状态的鱼类和植物就会窒息死亡。

在全球范围内，这种加速的富营养化影响了大量的湖泊和水库，据估计，北美洲、欧洲和东南亚约占一半，南美洲约占 40%，非洲约占 28%。富营养化湖泊的症状比较明显，通常杂草疯长、藻类繁茂、鱼类死亡、湖底沉积物迅速堆积以及水质腐臭等。

虽然污水处理厂、暴雨径流和空气污染也会形成氮和磷，从而刺激浮游动植物的爆炸性生长，但是当这些动植物死亡并沉到水底后，就会被消耗水中氧气的细菌吃掉。因此，农业径流中的高含量营养物质才是造成全球约 200 个死亡地带的主要原因。死亡地带是指鱼类、螃蟹及其他水生生物无法生存的严重缺氧区域，大多位于靠近发达国家大量人口中心的海湾和海岸线上，例如北欧的波罗的海、中日韩之间的东海、切萨皮克湾和路易斯安那州的墨西哥湾（见图 13.8）等。这些死亡地带的面积年际变化很大，夏季随水温升高和太阳辐射增加而达到峰值，形成藻华。

图 13.8  2011 年墨西哥湾中的死亡地带，位于路易斯安那州-得克萨斯州附近，面积约为 17500 平方千米，略小于新泽西州。密西西比河及其支流覆盖了 40% 多的美国国土面积，每年向墨西哥湾注入约 165 万吨的过量营养氮（主要来源为玉米带的化肥及动物粪便）。营养物质刺激藻类快速生长，藻类死亡后沉入海底，然后分解并基本耗尽海床附近的氧气。当氧气降到 2ppm 以下时，海水就无法维持海洋生物的生存

### 2. 生物杀灭剂

农用除草剂和杀虫剂是水化学污染的另一个来源，应用此类生物杀灭剂的农田径流会污染地下水和地表水。生物杀灭剂是否具有长期影响也是一个很大的问题，例如在发现其对鸟类、鱼类和水生植物的影响之前，人们已经使用 DDT（滴滴涕，双对氯苯基三氯乙烷）很多年。另一个问题是，现已广泛应用的此类产品多达数千种，包含 600 多种活性成分，但是只有很少几种产品通过了美国环保署（EPA）的安全性审查。最后，即使这些化学品不再使用很久以后，渗透到含水层中的生物杀灭剂可能仍然停留在那里。因此，虽然美国在 20 世纪 60 年代后期禁止使用 DDT，但目前某些水域仍然可以发现其身影。

### 3. 动物粪便

化学污染的最后一种农业来源是动物粪便，实行集约化饲养动物的国家尤为如此。这个问题主要包括两个方面，一方面在饲养场，屠宰动物前以最大密度将其养肥；另一方面在工厂式农场，牛肉、猪肉和家禽产品趋于集中生产。美国农场和大型饲养场每天会产生大量粪便（将近 14 亿千克），但通常缺乏污水处理设施。处理动物粪便时，主要方法是将其置入开放式蓄水池（围住的池塘），然后作为肥料喷洒到周边农田，进而渗入地下水和河流。

最近，北卡罗来纳州和切萨皮克湾及其支流爆发了微生物毒甲藻，许多人怀疑罪魁祸首是因喷洒粪肥造成的水污染。这些单细胞藻类被称为"来自地狱的细胞"，当暴露在高浓度的氮和磷（动物粪便的副产品）中时，就会快速繁殖并产生毒性。粪肥主要来自马里兰州、弗吉尼亚州和北卡罗来纳州的大型家禽养殖场和养猪场。毒甲藻已经杀死了数以百万计的鱼类，证据显示，这种微生物也会使人类患病。

## 13.2.5  其他水污染源

如前所述，农业只是造成水污染的人类活动之一，其他污染源还包括工业、矿业、城市与住宅。

### 1. 工业

许多工业产生含有酸、剧毒金属（如汞或砷）的液态废物，炼油工业产生有毒有机化学品废物。当这些废物未经处理而排入水体时，就可能会造成多方面后果，例如导致水生生物死亡，受污染的水不再适用于家庭生活或农田灌溉，或者废弃化学品进入食物链，对人类产生毒害影响。在日本西南部的水俣

村，曾经发生过一件臭名昭著的污染事件，成为国际工业污染威胁的焦点案例。1932—1968 年，一家化工厂在制造过程中使用汞，然后将成吨的废汞排放到水俣湾；废汞沉淀到淤泥中；部分鱼类及贝类以淤泥中的有机物为食，它们吸收并富集了汞；人们捕获并食用了这些鱼类和贝类，最终造成 700 多人死亡，还有至少 9000 人致残。

大多数发达国家对工业废物排放到水体都有严格管制，对工业废物的检测与处置要求使得水质明显改善，但是发展中国家通常没有这些污染控制法律。正如第 10 章所讨论的那样，许多发达国家正在经历去工业化，制造业的就业岗位逐步向发展中国家转移。随着发达经济体水域健康状况的改善，新兴工业化国家的水体状况却不断恶化，水污染的地理位置发生了变化。

汞污染不仅来自工业废水，还来自燃煤发电厂、废物焚烧炉及将汞泵入空气的化工厂。大部分汞返回至地球，不仅污染了江河湖泊，而且在鱼类和贝类中累积。在加拿大、中国和巴西等国家，汞污染较为严重。据美国环保署（EPA）报告，美国几乎所有湖泊及河流已被汞污染，45 个州已经发布了关于吃鱼的忠告。

在美国，排放到供水系统中的污染物包括多氯联苯（PCB），这是用于管道及各种电气设备、油漆和塑料中的润滑剂类化学品。在加工过程中，许多公司将多氯联苯排入河流，使其有机会进入食物链。美国的若干州禁止在某些湖泊和河流中开展商业性捕鱼，因为鱼体内的多氯联苯含量已经高于有关部门认定的安全食用水平。虽然多氯联苯对人体健康的所有影响尚未完全清楚，但可能与出生缺陷、免疫系统损害、肝病和癌症等有关。1977 年，美国环保署发布法令，禁止向美国水域直接排放多氯联苯，但鉴于多氯联苯不易分解，仍有巨量此类化学品残留于水体中。

石油工业是水污染的重要因素，在海上石油钻井及油轮行驶的海洋和港口入口等位置，存在发生石油泄漏的重大风险。全球最大的石油泄漏事件发生在 2010 年，英国石油公司的深水地平线海上石油钻井平台发生爆炸，连续 3 个月向墨西哥湾泄漏了 490 万桶原油，污染了 790 千米海岸线，对该区域的海洋物种造成了毁灭性灾难，并将大量有毒的有机化学品引入食物链。虽然大型漏油事件会引起媒体关注，但规模较小的泄漏事件仍然司空见惯，通常每年向美国水域排放数百万加仑石油。在这些泄漏的石油中，通常超过一半来自油轮和驳船，主要是由于事故中的破裂所致；其余大部分来自炼油厂、冲洗储油罐、排放含油压仓水和海底钻探平台漏油等。作为密集海洋钻井平台所在地，墨西哥湾是世界上污染最为严重的大型水域之一。

许多工业过程和电力生产需要用水作为冷却剂，被加热的水返回至环境时会发生热污染，对水体中的植物和动物产生不利影响。如果加热后的废水温度明显高于受纳水体，就可能破坏鱼类种群的生长、繁殖和洄游，甚至只有几度的水温变化也会使许多植物和鱼类无法存活。它们要么死亡，要么迁徙，以其为食的物种也是如此，食物链因此而遭破坏。此外，水的温度越高，含氧量就越低，意味着只有低等级动植物才能存活。

### 2. 矿业

在煤炭、铜矿、黄金、铀矿及其他矿产的露天开采过程中，产生的废物可能会对水源造成污染。雨水与废弃物发生反应，矿物质析出并渗入邻近水体。至于具体发生了何种化学变化，还要取决于煤炭或矿渣的成分，以及矿物与沉积物（或河水）的反应。

例如，在采用堆浸法开采金矿时，为了提取金元素，人们需要将大量氰化物倒入低品位矿石堆。在美国、秘鲁、罗马尼亚、坦桑尼亚和印度尼西亚等许多国家，大型矿业公司都采用这种技术。这些公司将大量含有氰化物的废弃物倾倒入当地河流，不仅会污染河水并改变水质，还对土壤、植被和动物产生次生影响。例如，在亚利桑那州、内华达州和加利福尼亚州等西部各州，每年都有成千上万只栖息在金矿附近池塘及湖泊中的动物和候鸟，饮用受到氰化物污染的水后凄惨死亡。

在亚马孙河及其支流附近，同样发生过类似的水源污染，但污染物是汞而非氰化物。由于汞可附着于黄金，为从土石中分离出黄金，在巴西、委内瑞拉及其邻国，约 50 万名小矿主（露天采矿者）利用这种有毒液体来采金。他们把汞倒在从河床挖出的碎矿上，用手把汞挤出，然后焚烧混合物，蒸发掉多余的重金属。据估计，由于采用此种金矿开采方法，人类每年向亚马孙河流域输送约 91 吨汞，毒化河水并使鱼类中毒，另外还有约 91 吨汞蒸发进入大气层。由于可能需要几十年，汞的浓度才能累积到有毒水平，因此此河流中的汞污染就像一枚延时炸弹，亚马孙河流域汞中毒的全部效应可能许多年内并不为人所知。然而，众所周知，由于吸收或吸入汞元素，矿工们（很高比例）的身体内汞含量极高。同时，由于食用含汞的鱼类，他们及其他人也遭受到汞的污染。

### 3. 城市与住宅

许多污染物来自与城市化有关的活动，例如洗涤剂增加了河流中的磷含量，盐（用于道路除冰）增加了径流中的氯化物含量，城市地区的径流含有各种各样的污染物（如草坪化学品、宠物粪便、垃圾和机油等）。由于污染源类型繁多，任何地区的供水经常受到各种污染物的影响，使水质控制问题变得非常复杂。

在美国的许多地方，人们都发现了遭到污染的饮用水井。通过垃圾填埋场、破裂的汽油与燃油地下存储罐、化粪池破损及农田喷洒杀虫剂和除草剂等途径，化学物质已经渗入地下含水层。含水层污染非常棘手，与地表水不同，地下水自身的净化能力很低，污染可以保持数个世纪之久。

污水也是主要水污染源，取决于其排放前是否得到良好的处理。污水不仅是环境问题，还直接影响到人类健康。在原始、未经处理的人类粪便中，含有能够引起痢疾、脊髓灰质炎、肝炎、脊髓膜炎及其他疾病的病毒。

在发达国家，市政污水处理成为常态；在发展中国家，90%以上的污水未经任何处理就直接排入河道。

- 对俄罗斯 200 条主要河流的一项调查显示，80%的河流受到未经处理污水的污染，含有危险程度很高的细菌性及病毒性病原体。
- 墨西哥城的废水处理比例不到 10%，污水大多流入灌溉农田的河流中。
- 在印度的全部地表水中，70%受到一定程度的污染。在印度的 3000 多个城市中，只有约 200 个城市拥有（全部或部分）污水收集与处理设施。在首都新德里，约 700 万居民未连接至公共污水系统，明渠下水道（携带疟疾和登革热的蚊子的理想滋生地）沿着贫民窟狭窄的小巷排列。虽然这些水不适合饮用，但妇女们仍然用它来洗衣服、洗蔬菜以及给孩子们洗澡。

虽然美国几乎所有社区都有污水处理厂，但许多老城区的排水系统较为陈旧，雨水与生活污水混合排放。当遇到滂沱大雨时，下水道和污水处理设施就会不堪重负，未经处理的污水被迫改道流入河流、湖泊和海洋。混合下水道系统主要分布在美国的东北部、大湖区和太平洋西北部的老城区。当未经处理的污水从老化的混合污水管道系统中溢出时，这些地区的海滩有时会受到污染而被迫关闭。仅纽约市就有 500 多个排涝口在暴雨中溢流，每年向东河、哈德逊河和长岛湾排放约 1000 亿升未经处理的污水。对于混合下水道溢流的社区，人们正在努力将雨水与生活污水的下水道分开，并提供额外的处理能力，防止排放未经处理的污水。

## 13.2.6 控制水污染

正如 IPAT 方程提醒的那样，不断增长的人口和不断提高的生活水平对环境都会产生影响，但是技术可以帮助人类减少这些影响。水污染完全可以减轻，但是需要大家共同做出努力，例如公众教育计划与环境组织促进了全社会对水污染的关注；许多社区定期人工清理水道、河岸和海滩上的垃圾和碎片；有些公司实施"绿色"计划，消除或降低污染物的排放；许多国家开展了水质立法；许多国家签订了已经开始取得成效的国际协议。

在控制水污染最有用的策略中，首先要避免产生水污染，尽可能不要将污水释放到环境中。对于将要丢弃到河流中的工业废料，可以考虑循环利用或再利用；对于社区产生的内部污水，最好进行二次或三次处理，同时回收污泥；对于存在泄漏的垃圾填埋场和废弃垃圾场，必须予以及时清理；通过立法程序，禁止使用 DDT、多氯联苯、磷酸盐清洁剂及其他毒素；过滤沉积物和污染物，保护和恢复湿地；

根据国际公约的规定，用双壳油轮取代单壳油轮，石油泄漏数量大幅下降。

在国际莱茵河保护委员会的努力下，与 20 世纪七八十年代相比，曾经被称为欧洲下水道的莱茵河现在清洁了许多。沿河国家共同努力，大力消减进入莱茵河及北海的污染物（如氮、磷、铅和铵）数量，并花费数十亿美元建设了废水处理厂。半个世纪之前，莱茵河内毒素太多，鱼类难以生存；半个世纪以后，大西洋鲑鱼重归故里，其他鱼类的数量也明显增加。

地中海也正在逐步恢复。1976 年，周边 18 国共同签署了《保护地中海反污染公约》，当时所有沿海城市都将未经处理的污水倾倒入海中，油轮向海中排放含油废物，成吨的磷、清洁剂、铅及其他物质污染着这片水域。现在，许多城市已经或正在建造污水处理厂，禁止船舶随意倾倒废物，各国政府还加强了对陆源污染的控制。

由于污染源非常分散，非点源（如农业径流和城市径流）水污染比点源水污染更难以监测及控制，最佳策略是在污染物抵达水体之前降低其数量与浓度。比如说，鼓励农民和房主，在农田和草坪上少施化肥和杀虫剂，并且少用水浇灌；制定法规，减少采矿业和林业的化学径流。虽然污染控制工程造价昂贵，但污染的长期成本更高。

1972 年，为了管制水污染，美国联邦政府率先颁布了《清洁水法》，目标是"恢复和维护国家水域的化学、物理以及生物的完整性"。针对每类主要污染行业，国会建立了全国统一的管理制度，规定由政府支付新建污水处理厂的大部分费用。自 1972 年以来，美国已建立了服务于超过 8000 万人的污水处理厂，工业界花费了几十亿美元，按照《清洁水法》的要求来减少有机废物的排放。

这些成果令人印象深刻，许多在生态学上已经死亡（或濒临死亡）的河流和湖泊重现生机。例如，许多河流（如哈得逊河、波托马克河、库亚霍加河与特里尼蒂河）以前曾经是各种人类废物和工业废物的倾倒场，现在变得更加清洁、更具吸引力和生产力，人们能够在此开心地进行捕鱼、游泳和划船等娱乐休闲活动；在西雅图的华盛顿湖和五大湖区，20 世纪 60 年代以来也发生了翻天覆地的变化。最近，人们正在努力清理切萨皮克湾（美国最大的河口三角洲）水域，并通过改善基西米河和奥基乔比湖的水质，减轻佛罗里达大沼泽地造成的大部分破坏。

## 13.3　对空气的影响

对流层是地球表面上空薄薄的一层空气，容纳着人类呼吸的所有空气。每天，数千吨污染物（来自汽车、焚化炉、工厂和飞机等）排放到空气中。当空气中所含物质的浓度足以对生物造成有害影响时，空气就被污染了。

### 13.3.1　空气污染物

真正洁净的空气可能从未存在过。正如存在着天然水污染源一样，即使没有人类的参与，污染空气的物质同样存在，例如火山喷发形成的火山灰、沼泽气体、森林火灾产生的烟雾及大风吹起的尘土等，这些都是空气污染的天然来源。

在通常情况下，这些污染物的体积很小，可以充分稀释于大气中。有时，大规模火山喷发可能会产生大量灰尘，短期改变整个大气层。一般来说，天然的空气污染源不会对空气造成长期影响，而且空气也能自行净化这些污染（像水一样）。

与自然界产生的污染物相比，人类排放到空气中的物质更为重要。这些污染物主要来自燃烧化石燃料（煤、天然气和石油）及其他材料，例如发电厂、许多制造业工厂、家庭炉灶、汽车、卡车、公共汽车和飞机等，它们均或多或少地燃烧化石燃料。据科学家们估计，约 3/4 的空气污染物来自化石燃料的燃烧。此外，其他污染物主要来自工业制造过程，例如固体废物焚烧、森林火灾、农业烧荒及溶剂蒸发等。表 13.1 概述了 6 种大量排放的污染物主要来源。当这些原生污染物进入大气层后，就可能与其他主要污染物或正常大气成分（如水蒸气）发生反应，从而形成次生污染物。

表 13.1　主要空气污染物

| 污染物类型 | 符　号 | 主要影响 | 主要来源 |
| --- | --- | --- | --- |
| 二氧化碳 | $CO_2$ | 温室气体 | 燃烧化石燃料 |
| 一氧化碳 | $CO$ | 降低血液携氧能力，致命可能性高 | 化石燃料不完全燃烧，几乎全部来自车辆 |
| 铅 | $Pb$ | 神经损伤，心血管损伤，肾脏损害，智力损害 | 含铅汽油燃烧，冶炼厂 |
| 氮氧化物 | $NO_x$ | 呼吸系统受损，臭氧形成，酸雨 | 汽车尾气，发电厂 |
| 颗粒物 | $PM$ | 心血管损伤，肺损伤，视觉浑浊 | 灰尘，汽车尾气，燃煤电厂，炼油，农业和建筑业 |
| 二氧化硫 | $SO_2$ | 呼吸系统受损，酸雨 | 含硫燃料的燃烧，特别是来自燃煤电厂 |

　　空气污染是人类健康面临的主要环境风险，并且是一个全球性问题。世界卫生组织（WHO）最近的一项研究得出结论，超过 11 亿生活在城市地区的人们呼吸着不健康的空气。在墨西哥城、开罗、德里、首尔、北京和雅加达等大都市，居民们处于呼吸特别恶劣空气的危险之中。在空气污染程度较高的城市中，居民们的呼吸系统疾病和心血管疾病的发生率较高。就像遭受污染的水体一样，污浊的空气也一样致命。据世界卫生组织统计，每年有 330 万人死于空气污染引发的疾病。在美国的加利福尼亚州和都市连绵区，最突出的特点是多项空气质量指标尚未达标，如图 13.9 所示。

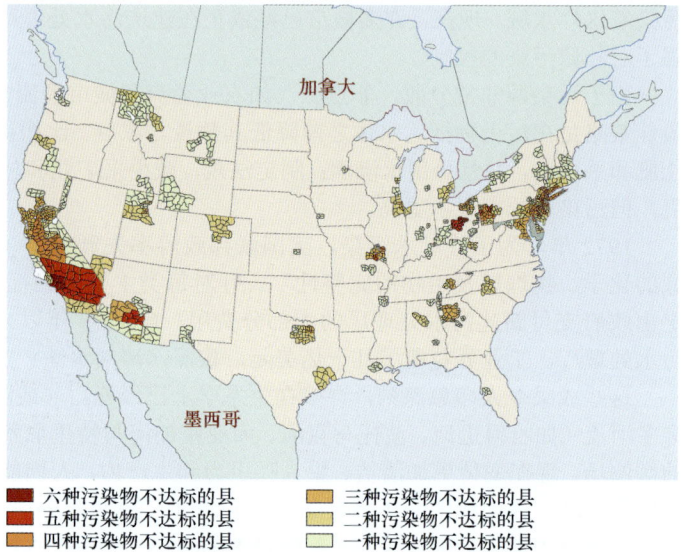

六种污染物不达标的县　　三种污染物不达标的县
五种污染物不达标的县　　二种污染物不达标的县
四种污染物不达标的县　　一种污染物不达标的县

图 13.9　美国空气质量未达标的县。地图显示了没有达到联邦空气质量标准（一种或多种污染物）的各县，标准污染物是地面臭氧、一氧化碳、二氧化氮、二氧化硫、颗粒物和铅。虽然近年来有害物排放量明显减少，但是在污染物未达标数量方面，洛杉矶地区仍居全国领先地位。最严重的臭氧破坏均发生在加利福尼亚州。来源：美国环保署

## 13.3.2　空气污染的影响因素

　　许多地理因素会影响特定地点空气污染的类型与程度，人们控制力相对较弱的自然地理因素包括气候、天气、风的类型和地形等，这些因素决定了污染物是被吹走、稀释还是积聚。例如，与群山环抱的城市相比，平原上的城市更不容易受到空气污染。

　　异常天气会改变污染物扩散的正常模式，例如逆温现象就会增强空气污染效应。在正常情况下，距离地表越高，气温就越低。但是，当地面空气变得非常冷时（通常在冬季），温度实际上可以随着高度的升高而升高，即逆温。在较冷的地面空气上，温暖的空气层起到了盖子的作用，阻止了空气的正常上升及混合。如第 4 章所述，在逆温期间，空气变得停滞，污染物积聚在最底层，空气污染越来越严重。逆温现象一般只持续数小时，但某些区域（如洛杉矶的秋季和丹佛的冬季）经常发生逆温现象。如果逆温持续足够长的时间（超过数天），则空气污染物就会大量积聚，以至于达到严重影响人类健康的水平。

　　由于大气环流能够跨越国界自由挪移污染物，所以某地产生的空气污染物可能会对数百千米以外的地区产生严重影响。盛行风强烈影响空气污染物的运动，因此在康涅狄格州及马萨诸塞州的部分地区，即可感受到源自纽约市的空气污染的最严重影响。产生烟雾的化学反应需要数个小时，届时气流已经把污染物从纽约带走了。纽约也以同样的方式接受其他地方产生的污染物。在美国新英格兰地区和加拿大东部地区，酸雨大多来自五大湖区下游和俄亥俄河流域的燃煤发电厂，它们使用极高的烟囱来排放硫。俄罗斯和欧洲的煤炭工业会产生硫酸盐、碳及其他污染物，通过气流输送到北极圈以北的土地上，并在那里形成一种称为北极霾的污染。

　　在影响某地空气污染的类型与程度方面，其他因素还包括城市化水平、工业化水平以及污染控制技术的利用水平等。研究人口密度、交通密度、产业类型、产业密度及家庭取暖等指标，有助于确定某地

排放到空气中的物质种类。一般来说，城市化和工业化程度越高，就越应对空气污染负责。在许多发展中国家的广大地区，为土地改良或扩大耕地而烧荒，同时大力促进城市与工业发展，不可避免地会造成广泛的大气污染。例如，经全彩色卫星相机定期拍摄，揭示出一条近乎连续不断的烟雾带，由煤烟、有机化合物、灰尘及其他空气垃圾组成，厚度约为 3.2 千米，覆盖了印度、孟加拉国和东南亚的大部分地区，向北延伸至中国的工业中心。

　　污染源种类繁多，本章无法全面介绍，重点探讨 3 种类型的空气污染及其相关影响因素。

### 13.3.3　酸雨

　　虽然酸性降水描述更为精确，但是酸雨仍然成为描述氮硫氧化物污染物的常用术语。这些氧化物由燃烧化石燃料所形成，通过大气传输时发生化学反应，以酸雨、酸雪、酸雾或酸尘等形式降落到地面。这些污染物的主要来源是车辆、工业、发电厂和矿石冶炼设施。当二氧化硫与大气中的水蒸气发生反应时，污染物就会变成具有高度腐蚀性的硫酸。二氧化硫约占雨水中酸的 2/3，还有约 1/3 来自氮氧化物，后者在大气层中会转化为硝酸。

　　当污染物上升到空中以后，风即可将其吹到数百千米之外，然后沉降在远离污染源的地方。北美洲的大部分盛行风是西向风，意味着大部分降落在美国东海岸和加拿大东部的酸雨，可能来自美国中部和中西部北部的 10 个州。对于来自英国、法国和德国的空气污染物来说，同样也会在斯堪的纳维亚地区引发酸化问题。

　　酸雨对陆地、水体和物质均存在影响。酸会改变土壤和水的 pH 值（1～14 的酸碱度测量值），引发一系列化学反应和生物反应，如图 13.10 所示。千万要注意，pH 值采用对数尺度，意味着 pH 值表上的每一级都代表系数 10，即 4.0 比 5.0 酸 10 倍，比 6.0 酸 100 倍。正常降雨的平均 pH 值为 5.6，属于微酸性降水，但也曾记录到 pH 值为 1.5 的酸雨（比醋或柠檬汁的酸性更强）。

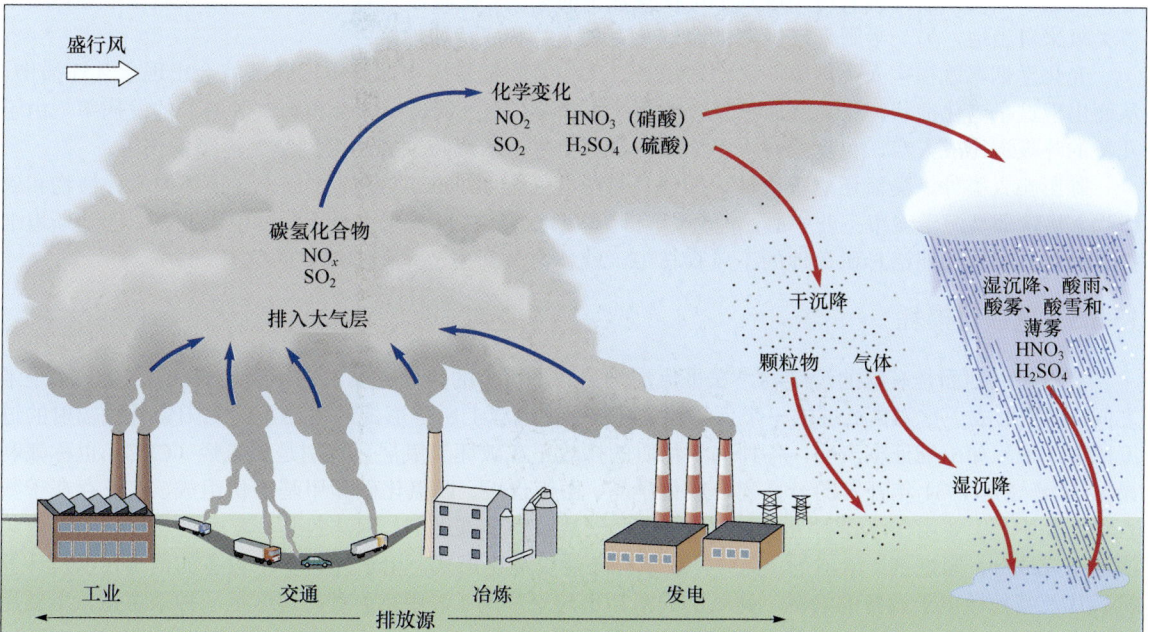

图 13.10　**酸性降水的形成**。化石燃料燃烧，产生二氧化硫和氮氧化物，转化为硫酸盐和硝酸盐颗粒，与水蒸气发生反应，形成硫酸和硝酸，降落到地面。数据来源：*Biosphere 2000, by Donald G. Kaufman and Cecilia M. Franz (NY: HarperCollins College Publishers, 1993, Fig. 14.5, p. 259)*

　　酸沉降不会直接杀死植物或树木，而是溶解和冲刷植物所需的土壤营养物和矿物质，并从岩石和土壤中浸出有毒的铝离子，从而损害植被。酸沉降还会杀死土壤中的微生物，阻止其分解有机质和促进养分通过生态系统再循环。在美国东部的阿巴拉契亚山脉、北欧、西欧、俄罗斯及中国等地，森林已经遭到酸雨的严重破坏。

酸雨对水生生物会产生多方面影响。江河湖泊的酸度无须增加太多，就会干扰鱼类繁殖的早期阶段。此外，由于酸化杀死了鱼类赖以生存的植物和昆虫，食物链也会遭到破坏。在美国、加拿大和斯堪的纳维亚的数千个湖泊溪流中，鱼类大量消失，其他有些地方的鱼类数量也明显减少，基本上都与酸雨有关。

在对建筑物和纪念碑的破坏中，大气中酸的实质性影响表现得比较明显。在世界范围内，酸刻蚀和腐蚀着许多建筑材料（包括大理石、石灰石、钢和青铜），数以万计的建筑物正被酸沉降慢慢地溶蚀。

### 13.3.4  光化学烟雾

二氧化硫是酸雨形成的主要原因，氮氧化物则是光化学烟雾形成的主要原因。当氮氧化物与空气中水蒸气里的氧发生反应并形成二氧化氮时，就会产生这种空气污染。在阳光照射下，二氧化氮与来自汽车尾气、工业和自然资源中的碳氢化合物发生反应，形成新的化合物（如臭氧）。臭氧是光化学烟雾的主要成分，由三个（而非两个）氧原子组成。天气温暖干燥和大气环流不畅有利于臭氧的形成，天气越热，阳光越强，产生的臭氧和烟雾就越多。因此一般来说，夏季臭氧生成量要多于其他月份。

由于氮氧化物和碳氢化合物的主要来源是汽车和工业，因此光化学烟雾往往成为城市的主要问题。任何单一地区的光化学烟雾问题是否严重，均取决于该地区的气候、地形和交通状况。这类烟雾遍布世界各地，影响到许多城市，例如土耳其的安卡拉、印度的新德里、墨西哥城和智利的圣地亚哥等。根据世界银行的数据，亚洲烟雾最严重的 16 个城市都在中国。

大约 1.2 亿美国人居住在不符合联邦地面臭氧标准（2008 年生效）的各县。加利福尼亚州气候温暖，阳光充足，气候和地形特别有利于臭氧污染的生成。加利福尼亚山谷为群山所环绕，有助于控制山谷中的空气污染物。当发生逆温时，污染物被有效地捕获，无法逃逸到平流层。与对面的美国人一样，超过半数的加拿大人生活在臭氧污染达到不可接受水平的地区。在温莎到魁北克之间，空气质量最差，约半数臭氧来自当地，另一半则来自俄亥俄流域、克利夫兰和底特律地区。

光化学烟雾既损害人类健康，又伤害植被。人们若长期暴露于烟雾中，肺部就会出现永久性损伤，从而出现过早老化症状，还会增加呼吸道疾病（如哮喘、支气管炎、肺炎和肺气肿等）的发病率。由于儿童的呼吸道比成人窄，免疫系统也不如成人发育得好，所以特别容易受到空气污染的伤害。

除影响人类外，臭氧还危害植被。即使臭氧浓度低至 0.1ppm，暴露数日也会损坏树木、植物和农作物。尽管烟雾源于城市工业中心，但会影响其下风地区。在日本东京及大阪、中国北京、巴基斯坦卡拉奇和加利福尼亚州洛杉矶等地的下风森林中，就曾记录到关于光化学烟雾的危害。

### 13.3.5  臭氧层损耗

臭氧在近地面是有毒的污染物，在平流层则是必不可少的化学物质。在距离地表之上 10～24 千米之间，臭氧形成了称为臭氧层的一个保护层，可以保护地球上所有形式的生命不受太阳紫外线辐射的过度照射。堆积如山的证据表明，各种化学物质的排放正在破坏臭氧层，特别是氯氟烃（CFC，也称氟利昂）。氯氟烃是 1931 年开发的一系列合成化学品，由卤代烷、四氯化碳和甲基氯仿组成，广泛存在于数百种产品中，主要用作冰箱和空调器的冷却剂；气溶胶喷雾推进剂；泡沫包装、家庭隔热材料和室内装潢的组成成分；阻燃剂；清洁剂。此外，氯氟烃还能以液化形式，用于外科手术设备的消毒，以及计算机芯片及其他微电子设备的清洗。臭氧层的消耗也与甲基溴（溴甲烷）有关，这是一种杀虫剂，主要用于对土壤和粮仓进行消毒，以及对易腐货物进行熏蒸。

这些气体释放到空气中后，穿过低层大气，7～15 年后上升到平流层（见图 13.11）。在平流层中，紫外线辐射会破坏气体分子，产生游离的氯原子和溴原子。随着时间的不断推移，这些原子中的单个原子就可以摧毁成千上万个（若非潜在无限数量）臭氧分子。

每年从 7 月开始，南极上空的大气开始失去越来越多的臭氧。在世界大部分地区，水平风往往使空气中的化学物质充分混合，但环流模式使南极洲上空的冷冻空气涡旋不会被来自温暖地区的气流所穿

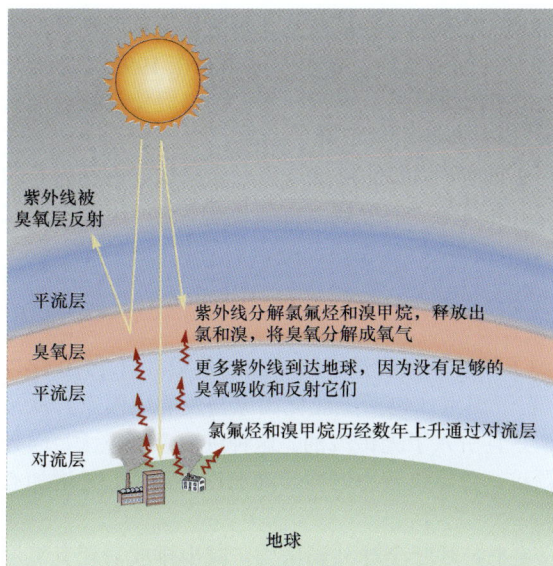

图 13.11　**臭氧层如何消失**。氯氟烃和溴甲烷通过对流层释放到空气中，未经分解（像大多数污染物一样）就最终进入平流层。当到达臭氧层以后，紫外线就会将其分解，释放出氯（来自氯氟烃）和溴。这些元素依次破坏臭氧分子，将其分解成分子氧，由此破坏臭氧层

透。在缺乏阳光和大气混合的情况下，氯氟烃及其他气体会破坏臭氧。

　　1985 年，在南极洲上空的臭氧层中，研究人员发现了一个与美国本土一样大的洞（实际为低浓度臭氧区域），向北延伸至南美洲的人口稠密地区（见图 13.12）。臭氧损耗在 8～9 月加剧，直至 10 月气温上升、风向变化后，臭氧与周围大气的混合不足，损耗才逐渐停止。在北极上空，臭氧层的消耗虽然不那么剧烈，但仍然很严重。自 1978 年以来，中纬度地区的臭氧层厚度已经明显下降。

　　臭氧层的损耗使更多紫外线辐射到达地球表面。暴露在紫外线辐射下会增加皮肤癌的发病率，同时由于可抑制人体防御机制，还会增加各种传染病的发病风险。紫外线辐射也会对植物造成细胞和组织损伤，所以很可能会造成农业减产。最严重的破坏可能发生在海洋中，紫外线辐射量的增加会影响浮游植物的光合作用与新陈代谢。这种微小的浮游植物生长在南极海洋中，作为海洋食物链的基础，在地球的二氧化碳循环中起着核心作用。

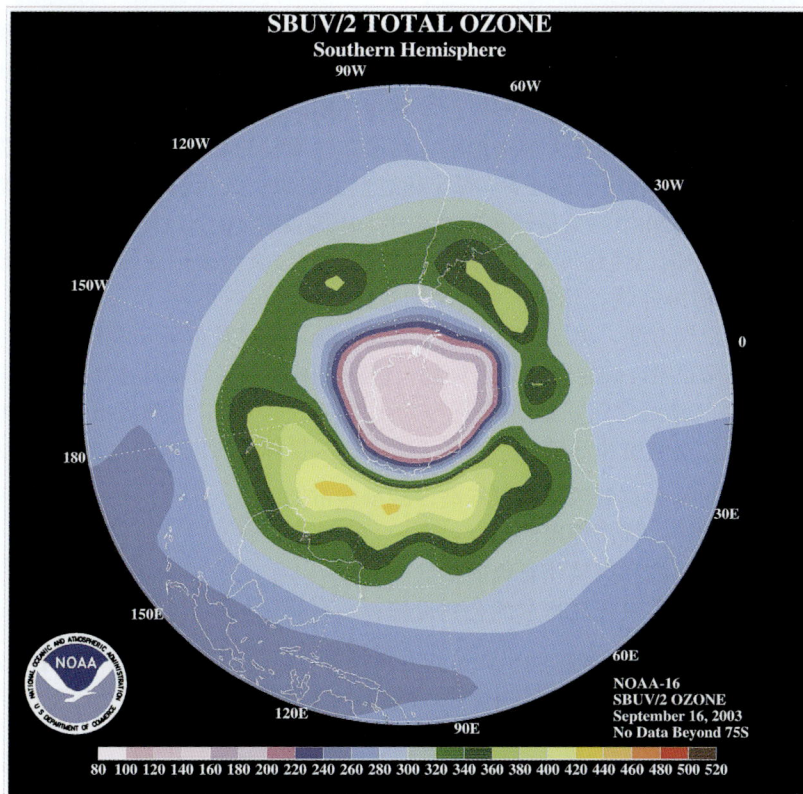

图 13.12　**2003 年 9 月 16 日，南半球上空臭氧层的损耗情况**。图像下方的色标显示了臭氧总量，粉红色和紫色表示臭氧消耗最严重的地区。根据天气条件，每年的严重损耗面积大小不同。2003 年，这个洞的面积达到创纪录的 2900 万平方千米。尽管南极洲的臭氧层损耗特别严重，但全球其他地区也观察到平流层臭氧的减少。© 美国国家海洋与大气管理局国家环境预测中心

根据 1987 年发布的《关于消耗臭氧层物质的蒙特利尔议定书》，氯氟烃及其他消耗臭氧层物质的生产正在逐步退出。该议定书是由 196 个国家共同签署的一项国际条约，要求发达国家在 1995 年之前停止消耗臭氧层物质的生产与消费，发展中国家则在 2010 年之前停止。蒙特利尔议定书促使氯氟烃产量迅速下降，1986—2005 年，氯氟烃的用量下降了 96%，甲基溴的用量下降了 66%。

但是，即使没有更多消耗臭氧层的化学物质排放到空气中，以前的排放量将在未来数年内继续导致臭氧退化。应用最广泛的两种氯氟烃仍然滞留在平流层，臭氧分子的分解过程将持续长达 120 年，因此无法期望 21 世纪末臭氧层能够完全复原。

### 13.3.6　控制空气污染

近年来，随着科学技术的不断发展进步，人们看到了扭转空气质量下降局面的希望。自 1970 年以来，全世界向汽油中添加铅的总量已经下降了 75%，若干国家（包括工业化国家与发展中国家）从市场上取缔了含铅汽油，许多国家降低了汽油的含铅量，并且引入了无铅汽油。这种进展意义重大，因为当含铅汽油燃烧后，若接触到排放到大气中的微小铅颗粒，会导致智力迟钝和高血压等病症，并增加心脏病发作和中风等风险。

如前所述，为了保护臭氧层，《1987 年蒙特利尔议定书》呼吁全球共同努力，减少排放消耗臭氧层的物质，但是引发了重大分歧。该议定书由 196 个国家政府签署，这是代表环境界取得的一项重大国际成就。但是挑战依然存在，作为氯氟烃过渡替代品的一些化学物质，后来被证明是可能加速气候变化的强大温室气体。各国迅速做出反应，对议定书进行了修订，加速第二组化学品的逐步淘汰。我们有充分的理由相信，在未来数十年的大气中，氯氟烃浓度将缓慢下降，预计到 2050—2075 年，平流层的臭氧水平将恢复正常。

1979 年，为了减少氮氧化物和二氧化硫的排放，欧洲和北美洲的 33 个国家成功签署了另一项国际协议《长距离跨界空气污染公约》。20 世纪 80 年代，欧洲的空气污染明显减少，例如奥地利、西德、瑞典和挪威将其二氧化硫排放量减少了 50% 以上。事实证明，氮氧化物的排放更加难以控制。

但是在许多发展中国家（特别是大都市地区正在爆炸性增长的那些国家），空气污染仍然是一个严重问题。例如在墨西哥城和智利的圣地亚哥，每年超过世卫组织空气污染健康标准的天数多达 300 天甚至更多。如前所述，在全球 20 个污染最严重的城市中，中国就有 16 个，只要经济继续增长，这种情况就很难改善。2010 年，中国已经超过美国，成为全球最大的二氧化碳排放国。中国平均每周新增建造一座燃煤发电厂，在未来 20 年内，道路上将会增加数百万辆汽车。

尽管如此，在净化空气方面，美国仍然取得了重大进展。美国发布了一系列《清洁空气法》（1963，1965，1970，1977）及其修正案，确定了主要污染物，建立了国家空气质量标准。经过多年的辩论后，美国国会于 1990 年通过了《清洁空气法》，这是迄今为止最彻底的立法，明确提出了通过减少可能排放的空气污染物数量来保护公众健康和环境，并制定了实现这些目标的时间表。主要条款包括：

- 设立空气中的颗粒物和臭氧浓度许可标准，减少城市烟雾。
- 在污染最严重的城市，推广使用清洁燃料。
- 减少机动车辆氮氧化物和碳氢化合物的排放。
- 安装减少氮氧化物和二氧化硫排放的公共设施。

目前，尽管美国的人口、经济和机动车数量均有所增加，但是空气比最初几部清洁空气法颁布时更加干净。1980—2010 年，美国监测站空气中的铅含量平均下降了 89%，二氧化硫下降了 83%，一氧化碳下降了 82%。尽管如此，许多地方的空气质量仍然无法满足公共健康标准。

要达到《清洁空气法》规定的标准，需要从固定污染源和非固定污染源中，减少空气污染物的种类及数量。为清洁固定污染源，可供选择的战略与技术方案非常多，主要包括改用清洁燃料；洗煤，以在燃烧前去除煤中的大部分硫；利用洗涤器、吸尘器和过滤器，去除烟道气体中的污染物；改用风能等可再生能源，减少对燃煤发电的需求；应用更高效的电器、安装挡风雨条和绝缘材料，从而降低能耗；在新建筑物的建筑规范中，提高能效标准。

为减少非固定污染源（主要是各种类型的机动车）的排放，可以采用大量措施，包括按照更严格的尾气排放标准，淘汰旧汽车、驾驶节油汽车、逐步淘汰含铅天然气以及实施严格的车辆年检计划等。催化式排气净化器已经大大减少了来自车辆的烟雾。更好的做法还有改善城市规划和远程办公，减少人们的出行需求。许多城市建造了更高密度的住房，使其靠近工作单位、人行道、自行车道、拼车车道和公共交通系统，在减少污染物排放和清洁城市空气方面取得了卓有成效的进展。

在采用可再生能源及其他技术以减少人类对空气和气候的影响方面，欧洲国家一直处于领导地位，如图 13.13 所示。例如，瑞典对环境可持续发展做出了强有力的个人承诺和政治承诺，并已取得实效。1980—2009 年，美国的二氧化碳排放量上升了 14%，瑞典则下降了 38%。虽然瑞典人享受的生活水平与美国居民相当，但人均二氧化碳排放量却只有美国居民的 1/3。

图 13.13　减少空气污染物排放的技术是 IPAT 方程建议解决方案的一部分。欧洲许多国家的生活水平很高，但人均碳排放量为美国居民的 1/2 或 1/3。丹麦是世界领先的风能发电国，约 20% 的电力由可再生风力发电。贝丁顿零能源开发（BedZed）是生态社区的众多例子之一。在伦敦南部的贝丁顿生态社区，人们充分享用太阳能供暖、太阳能电池板发电、汽车共享俱乐部和屋顶花园，显著减少甚至消除了温室气体的排放。© Mark Bjelland；© BioRegional

## 13.4　对地貌的影响

无论居住于何处，人类都会对地球产生影响。为了满足自己的基本需求，无论人类做什么或者做过什么，都会对地貌景观产生影响。为了提供衣、食、住、行及防御，人们整理土地并改种植物，重新整治河道，修建道路、要塞及城市，开采地球资源，砍伐整片森林，修筑梯田，甚至填海造地。对于任何单一地区所做改变的性质，取决于该地区的初始状态及其土地利用方式。

### 13.4.1　挖掘形成的地貌

尽管人们倾向于认为地貌为上天所赐，由数百万年的自然过程所创造，但是在塑造本地自然景观方面，人类已经并将继续发挥重要作用。有些地貌纯属刻意为之，另一些地貌则是无意或间接创造。人类的挖掘作业会形成大量地貌特征，例如基坑、水塘、地垄、沟渠、沉陷洼地、运河和水库等。某些地貌可以追溯到新石器时代，那时为了制造工具，人们挖掘白垩坑，从中获取燧石。在最近两个世纪内，挖掘作业对地貌的影响最大，例如采矿业、建筑业和农业等行业，以及修建铁路、船运和高速公路等交通设施。

露天采矿或许对地貌环境影响最大，为了获取地下资源，要从地表移除植被、表土和岩石。在露天采矿中，最常见的开采方法是深坑开采和带状开采。深坑开采主要用于获取铁、铜、沙、砾和石材，由于大部分材料已被移走（异地加工处理），因此采掘完毕之后，可能会留下巨大的矿坑。

在美国，带状开采越来越多地用于采煤业，目前年煤炭开采量已经超过地下开采。磷酸盐矿也采用此种开采方式。首先挖一条沟，挖掘出矿物，然后再挖另一条沟，把土壤和废石放入第一条沟里，以此类推。除非回填技术熟练，否则肯定会形成一种地垄状景观。带状开采的一种变化称为移山采矿，首先用炸药炸开山顶，露出煤层，然后用推土机将山顶的砂石及废渣推向下方的峡谷和河流（参见专栏 13.2）。

## 专栏 13.2　移山采矿：利与弊？

移山采矿（MTR）亦称山顶采矿（MTM），是一种煤炭开采方式，需要移除山顶以开采其下方的煤层。首先，清除一定高度以上的全部树木，剥离表层土。木材要么被焚毁，要么被砍伐出售；表土在清除后，应放置在旁边，留作以后复垦之用。工作区清理干净后，矿工们就会用炸药炸开覆盖层（岩石和底土），从而揭露出下方的煤层。巨大的机器刮掉瓦砾，将其扔到两侧的山谷和河床中。移除的山顶可能高达 240 米，这种做法招致了一些批评，被讥讽为露天开采类固醇（兴奋剂）。

美国联邦法律要求，采矿活动完成并重塑山顶地形格局后，大多数矿坑所在地必须实施土地复垦，复原至采矿前的地形轮廓及用途。但是，为了便于复垦后形成平坦的高原，或者平缓起伏的地形轮廓，可以视具体情况予以豁免。首先，将表土或替代物回填至山顶；然后，在种子、肥料和覆盖物的混合物中，播撒草籽，种植树木，或者开垦土地用于其他用途（能找到比自然恢复更好的用途时）。对于大部分回填活动来说，稳定岩层与控制侵蚀是工作重点，而非受影响地区的重新植树造林。建议首先种植可快速生长的非本地牧草，以快速提供与可与树苗进行竞争的植被，因为树木实在难以在压实的填埋场地中建立根系。

作为传统带状开采技术的拓展，移山采矿始于 20 世纪 70 年代的阿巴拉契亚山脉，主矿区位于西弗吉尼亚州和肯塔基州东部，其他矿区位于弗吉尼亚州、田纳西州和俄亥俄州。1973—1979 年，由于能源价格飙升，石油发生短缺，美国对煤炭的需求大幅增加。20 世纪 90 年代，作为一种回收低硫煤的方法，移山采矿得到了进一步发展，并被美国《清洁空气法》修正案所认可。

对于煤炭公司来说，移山采矿存在两种突出优势。首先，机械化程度高，所需工人相对较少，极大降低了劳动力成本；其次，许多煤层太薄，无法采用传统技术进行开采，移山采矿法可发挥其优势。煤层通常存在于单座山的多个分层中，由于可以反复实施爆破，移山采矿能够从单座山中几乎开采出全部煤炭，使开采多层煤炭变得经济可行。

批评者认为，移山采矿对环境、水和人体健康影响巨大，而且具有非常大的破坏性，因此政府应该停止发放新的移山采矿许可证。一位著名环境学家认为："科学证据铁证如山，唯一结论就是移山采矿必须停止。"美国环保署的研究成果表明，采矿活动会永久改变流域内的水文情势和野生生物栖息地，例如在横跨阿拉契亚山脉中部的地区，超过 3200 千米的河流已经被山谷填充物所掩埋，曾经支撑若干濒危物种的森林被人为清除，几乎完全丧失了生物多样性。

移山采矿也会造成水污染。当飘落在倾倒于山坡的碎石上时，雨水会吸取来自地下深处岩石中的污染物，汇集在一起的水体被称"硫酸"的金属及化学物质所污染。对阿巴拉契亚地区河流中的昆虫和鱼类来说，硫酸盐具有一定毒性。

美国环保署的移山采矿示意图：
第1步，揭掉煤炭的上覆岩土层

第2步，采出上层煤炭，废弃
土石置于附近山谷中

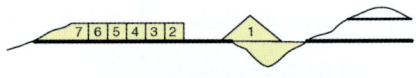

第3步，铲车继续挖掘下层煤炭，
废弃土石置于弃土堆之上

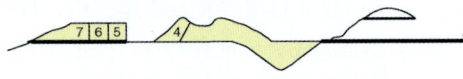

第4步，继续挖掘煤炭，开始分类

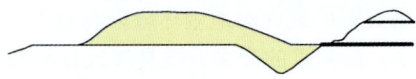

第5步，一旦煤矿挖完，开始最终
分类，并恢复植被

在矿区附近的社区中，人们的健康风险很高，由于受到暴露在空气中的灰尘与垃圾、遭受污染的水井以及被毒素污染的鱼类等因素的影响，死亡率及肺癌、慢性心脏病、肺病和肾脏疾病的发病率均有所上升。此外，居民们还被迫忍受采矿作业的持续爆破，这些作业距离他们的房屋不到 92 米，而且每天24 小时不间断。

**问题探讨**

1. 西弗吉尼亚煤炭协会的总裁声称，移山采矿只是"对当前环境的暂时性破坏"，但是能够为许多急需开发区域提供新的发展机会，例如机场、购物中心、住宅或高尔夫球场等。事实上，已开发的此类用途土地不到 20%，正如一位居民所说，"如果开发项目位于生物寥寥且到处千疮百孔的地方，谁还会愿意在此生活或投资呢？"你认为政府应该停止给予对恢复移山采矿前的地形轮廓和用途的豁免吗？

西弗吉尼亚州南部的移山采煤，侵占了小型社区。©Photo courtesy Vivian Stockman/www.ohvec.org. Flyover courtesy SouthWings.org

2. 煤炭协会的一位发言人坚持认为，山顶煤矿开采完成后，对附近河流的损害通常时间很短，持续时间不会超过 18 个月。环境学家不同意此种说法，认为其摧毁了河流生态系统，危害可能持续数百年甚至数千年。如何确定哪种陈述才正确呢？

3. 假设作为矿业公司的发言人，你如何回应肯塔基州居民的这一声明？"五年前，我家周围环境非常美好。现在，树木被砍光，动物全跑掉，水被高浓度砷所污染。我必须给自己的 3 岁孩子洗澡，但却别无选择，因为实在没有其他水了。我还不断受到泥石流的威胁，房子随时都可能被冲走。现在，他们竟然又想在我家房子后面建尾矿池，我彻底绝望了。"

4. 相反，如果居住在移山采矿矿区附近，你会对矿业公司代表的下列说法做何反应？"移山采矿提供了国家赖以生存的资源；为了最大限度地开采煤炭，只能在山顶开采和平整地形；复垦结束后，很难判断那里曾经采过矿，山顶上会留下更平坦、更有用的土地；煤炭工业的复垦工作做得很好；填埋造成的实际水流损失量极小；移山采矿对环境和当地经济都是正确选择；真正的双赢。"

5. 移山采矿是对环境的暂时性破坏，还是以牺牲当地社区和环境为代价，给少数公司带来利益的破坏性做法？政府应该停止发放移山采矿的许可证吗？论证你的答案。

6. 要了解与此相关的更多信息，或者查看照片和视频，请在搜索引擎中输入"移山采矿"或"山顶采矿"。

对于一个地区来说，美学价值受损并非露天采矿的唯一问题。如果地区范围较大，野生动物栖息地就会遭到破坏，地表水和地下水汇流格局也会受到干扰。在美国，现行法律要求带状露天采矿公司平整地垄，重新平整矿区，修复土壤，重新种草或其他植被。但是，法律并不总是得到遵守。

## 13.4.2　倾倒形成的地貌

露天开采和地下开采都会产生大量废物和巨大弃料堆。事实上，就吨位而言，采矿业是固体废物的最大单项贡献者，每年仅美国就有 20 亿吨的固体废物有待处理。按照惯例，人们一般在矿区附近倾倒废石和尾矿，从而形成巨大的废渣堆。遗憾的是，这种做法为环境带来了次生效应。

废渣堆中的灰尘被风和水带走，不仅会污染空气，溶解后的矿物质还会污染附近的水源。有时，这些废料可能会造成更大的破坏，例如在 1966 年的威尔士，煤矿渣堆滑进了阿伯凡村，掩埋了 140 多名学龄儿童。这些悲剧唤起人们注意，在处理采矿废弃物时，需要采用潜在破坏性较小的方法。

挖掘与填埋对地貌景观的综合影响还有一个例子，就是亚洲部分地区的农业梯田。为了保持水分及增加耕地数量，人们在丘陵和山区的坡地上开垦梯田，并用低矮的土墙来保护片片平整的土地。

在水陆交界地区，人类对土地的影响尤为强烈，疏浚与填埋作业创造了堤坝等景观特征。许多地方海岸线的实际形状已经改变，因为迫切需要额外的土地，有些建筑商将固体废物倾倒成为填埋土地。通过修建堤坝来围海，加上开沟排水，荷兰人已经成功造地数百万英亩。河谷流域的耕作实践对河口三角洲存在重大影响，例如不断增加的淤积常使陆地向海洋延伸。

### 13.4.3　地面沉降

从地下开采物料会导致地面沉降，即部分地面发生下陷或沉陷。因为抽走了地下的流体（地下水、石油和天然气），全球许多大城市都在下沉。受到地面沉降威胁的城市主要位于未固结淤积区（新奥尔良和曼谷）、沿海沼泽地（威尼斯和东京）或湖床（墨西哥城）。抽走流体后，沉积物就会被压实，地面因之而下沉。由于许多城市都位于海岸线或河口三角洲，通常仅高出海平面数米，地面沉降使其更容易受到海平面上升（由海水泛滥及气候变化所致）的影响。

通过地下采矿移走固体（如煤、盐和黄金），可能会导致矿山上方的土地发生塌陷，形成天坑或基坑（圆形、陡壁的凹陷）和洼陷（较大或较浅的凹陷）等景观特征。当城镇在采空区之上扩张时，地面沉降就会成为更加严重的问题。

可以预料，地面沉降会损坏地面上的建筑物，包括房屋、道路和下水管线。1963 年，洛杉矶发生了一起惊人事件，地面沉降导致鲍德温山水库发生溃坝，不到 2 小时，水库里的水就倾注入这座城市，造成了价值数百万美元的财产损失。由于抽取地下水，墨西哥城发生了严重的不均匀沉降，1985 年地震对这座城市造成了极大破坏，原因之一就是地面沉降使建筑物结构变得脆弱。

## 13.5　对动植物的影响

人类从若干方面影响了地球上动植物的生存。当来自人类的影响足够严重时，某些物种就会灭绝。尽管化石记录已经证明，物种灭绝是地球生命的一种自然特征，但是据科学家们估计，在最近的历史阶段中，由于受到人类活动的影响，物种灭绝的速度呈现指数级增长。科学家们将当前时代描述为第六次大灭绝时代，前一次大灭绝是发生在 6500 万年前的恐龙灭绝。基于种群趋势、剩余成员数量、物种地理范围及剩余栖息地的适宜性等，可以评估物种灭绝的未来可能性，主要划分为三级濒危物种：极度濒危、濒危和易危。极度濒危是具有极高灭绝风险的野外物种；濒危是具有很高灭绝风险的物种；易危物种的数量正在减少，很可能在可预见的未来变成濒危物种；其他物种可归类为近危物种，或者如果趋势较好，则不必过于担心。

与其他物种相比，某些物种的灭绝概率较高，通常具有以下一个或多个特征：存在于分散个体的小种群中；繁殖率低，尤其是与以其为食的物种相比；生存在较小的地理区域内；特化生物，依赖于环境中少数几个关键因素而存活。

世界自然保护联盟的成员国包括 81 个政府及 850 多个非政府组织，2008 年发布了针对 45000 种不同动植物的评估。评估结果显示，超过 1/3 属于濒危物种，800 多个物种已经灭绝；濒临灭绝的物种占所有已知哺乳动物的 25%，占所有鸟类的 12%；1980—2008 年，平均每年有 52 个物种接近灭绝；尽管濒危哺乳动物和鸟类已经引起了公众的注意，但许多种类的植物也处于危险之中。

国际保护组织确定了 34 个生物多样性热点地区，如图 13.14 所示。生物多样性热点地区是物种数量特别高的地区，大部分物种在其他地方没有发现，被人类活动破坏的可能性较大。尽管这 34 个地区仅占世界陆地面积的一小部分，但却拥有世界上最濒危的哺乳动物、鸟类和两栖动物的 75%，以及所有已知高等植物物种的 50%。本节重点介绍人类活动对动植物生存及生物多样性特征造成威胁的 4 种主要形式。

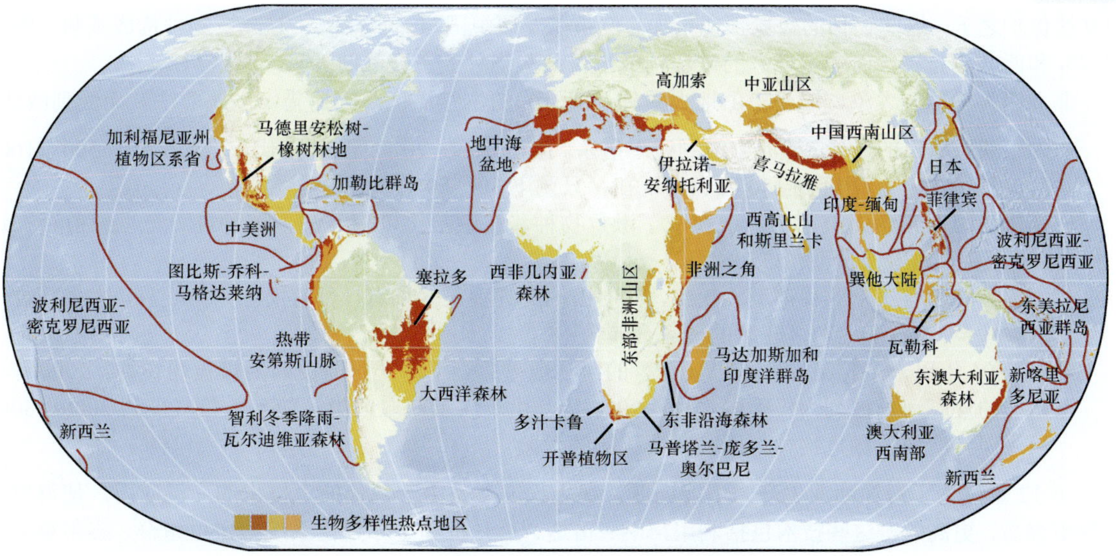

**图 13.14　生物多样性热点地区，地球上生物最丰富、最濒危的生态系统**。国际保护组织确定了这些植物和脊椎动物的关键栖息地，每个地区都有别处尚未发现的大量物种，而且已经失去了至少 70% 的原始植被。某些生物多样性较高的地区（如亚马孙流域和刚果河流域），由于大部分土地面积相对未受干扰，因此未列入此图。注意，部分热点地区与其他地区长期相对隔离，这可能因为它们是岛屿，或者具有特殊的气候条件（如地中海或热带）。来源：国际保护组织，2011

## 13.5.1　生境破坏

某些野生物种之所以灭绝，主要原因是生境损失或发生改变，遭受此类威胁的物种约占 3/4。农业活动（种植业与畜牧业）、采掘活动（伐木与采矿）及各种形式的开发活动（如为城市发展而实施的湿地排水、清除森林与草原），均会不同程度地改变或破坏动植物的生境。据估计，由于最具生物多样性的热带雨林遭到破坏，致使全球每年约有数百种动植物灭绝。

在非洲、亚洲及南美洲各国，随着工业化与城市化程度的逐步提高，以及耕种面积的不断扩大，对野生动植物的不利影响将越来越大。非洲的野生动物正在迅速消失，部分原因正是由于生境遭到破坏，例如博茨瓦纳人通过竖立栅栏来保护牲畜，导致 10 年内 25 万只羚羊及斑马因迷路而死亡。

在印度尼西亚，热带雨林是银色长臂猿和红毛猩猩等动物的家园，但是目前正面临着各种人类活动的破坏，例如树木采伐（合法及非法）；将森林转变为种植园，种植棕榈油及造纸业所需的树种；露天开采（如黄金和锆石）。目前，银色长臂猿只生活在爪哇岛，80%～90% 的红毛猩猩生活在苏门答腊岛，这两个物种目前均被认定为濒危物种。当特定动物物种数量减少时，物种间的平衡会受到影响，整个生态系统也遭到破坏。

在当前的气候变暖趋势中，大量的北极物种正在受到生境改变的影响。与 10 年前相比，北极的春天提前了 1 个月。随着冰量的逐渐减少，北极熊、海象及其他依赖冰雪的海洋哺乳动物的数量也在减少。

生境破坏既是发达国家的特征，也是发展中国家的特征。例如，美国部分潮汐沼泽地已经被疏浚和填埋，主要用于住宅开发和工业发展，这些区域的消失减少了鱼类、甲壳类动物及软体动物的重要栖息地。因为筑巢的沼泽被疏干，高鸣鹤在美国几乎消失殆尽，道路与运河又将入侵者引入其生境。美国和加拿大为此特别实施了繁殖计划，寻求让其重新回归，但前途未卜。

## 13.5.2　狩猎与商业开发

人类影响动植物还有另一种方式，就是蓄意破坏，为了获取食物、皮毛、兽皮、珠宝和战利品，过度地狩猎和捕捞。以前，世界各地的狩猎基本不受管制，野生生物大受其害，致使许多种群和物种灭绝。美国实施盲目开发战略，将许多物种（如海狸、海獭、美洲鳄和美洲野牛）带到了灭绝的边缘。后来，在立法保护之下，这些物种的数量正在增加。但是在发展中国家，狩猎仍然对大量物种构成威胁，例如在中非和西非，狩猎（而非生境）的破坏构成了对某些物种的主要威胁。

非洲四大物种（大象、犀牛、山地大猩猩及河马）的生存堪忧，因捕猎（多属非法）而受到威胁。

- 为了获取珍贵的象牙，非洲象遭到残忍屠杀。据估计，在 20 世纪 30 年代，大象数量为 500～1000 万头；1979 年，下降到 130 万头；现在，只剩下 30～50 万头。
- 黑犀牛因取其角而被猎杀，现在成了濒危物种。在撒哈拉以南非洲，该种群一个世纪前存在近 100 万头，现在下降到约 3500 头。
- 大猩猩的所有三个亚种都濒临灭绝，其中山地大猩猩最为稀有，目前仅存约 700 只，大多数位于刚果（金）、乌干达和卢旺达的国家公园内。
- 自 1994 年以来，狩猎导致刚果（金）的河马数量急剧下降，目前被列为极脆弱物种。2000 年，西非的矮脚河马被列为极脆弱物种；2006 年，由于狩猎获取肉类，使其数量减少到 2000～3000 只，而且变成了濒危物种，面临种群灭绝的危险。

第 12 章讨论了海洋渔业生产力下降问题，很大程度上是由于现代捕鱼技术的广泛应用，使得狩猎变得更容易、更高效。这些技术包括利用声呐、雷达、直升机和全球定位系统来定位鱼群，应用更为有效的渔网和渔具，以及应用拖网加工船（跟随捕鱼船队）来储备及冷冻捕获物。

据联合国粮农组织的资料显示，全球约 3/4 的海洋鱼类资源捕捞作业目前维持或超过可持续水平。美国沿海水域的掠夺式捕鱼屡见不鲜，已经危及了大多数最值得捕捞的鱼类物种，包括新英格兰水域的黑线鳕、黄尾比目鱼和鳕鱼，墨西哥湾的西班牙鲭鱼、石斑鱼和红鲷鱼，加利福尼亚州的大比目鱼和条纹鲈鱼，以及太平洋西北部的鲑鱼和虹鳟鱼。

日本、韩国及其他国家存在大量商业渔民，利用漂网来捕捉乌贼、金枪鱼和鲑鱼。这种延伸达 65 千米的漂网极具破坏性，被称为"死亡之帘"，所到之处一网打尽——不仅捕捞目标物种，还能捕捉到数以百万计的非目标鱼类、海鸟、海龟和海洋哺乳动物。据世界野生动物基金会估计，每年至少有 6 万头海豚、鼠海豚和鲸鱼，在被渔网及其他设备缠住后溺亡。捕鱼船员意外捕获其他物种称为间接渔获，严重消耗了 80 种海洋哺乳动物鲸目（似鱼物种）中的许多种群，其中有些物种处于极危状态。

### 13.5.3　外来物种引入

当某种植物、动物或其他生物（如微生物）被释放到它未曾在其中进化的生态系统中时，这种生物就是一种外来物种。对于造成经济或环境损害的外来物种，被认为是入侵物种，如图 13.15 所示。人类行为是将入侵物种引入新场所的主要方式，随着地球上遥远地区之间人类互动的增强，越来越多的外来物种经常被集装箱船舶所误载。

人们有意或无意地将外来物种引入其以前从不存在的地区，可能会带来破坏性和不可预见的后果。引入物种常常会远离天敌（捕食者和疾病），比本地物种更具竞争优势。例如，澳大利亚 1859 年有意引进了 12 对兔子，短短数年内就增加到数千只，尽管存在控制计划，1950 年还是达到了约 10 亿只。5 只兔子与 1 只羊的食量差不多，很快就形成了全国性问题，即兔子成了经济负担和环境威胁，兔子与羊争夺牧草地，加速了土壤侵蚀。

随着世界贸易及旅游业的快速发展，外来（非原生）物种的入侵成倍增加。仅就美国而言，近年来发现了数百个有害入侵物种，主要包括：

- 亚洲虎蚊，1985 年发现于运往得克萨斯州一家轮胎翻新工厂的日本轮胎集装箱中，后来扩散到全美 25 个州，携带许多热带病毒（如黄热病、登革热及各种脑炎）。
- 斑马贻贝，1985 年首次发现于底特律附近的圣克莱尔湖，从东欧船舶的压舱水中释放出来，迅速蔓延至加拿大东北部、五大湖、数百个内陆湖泊、密西西比河及其支流等。这些贻贝大量繁殖，堵塞水处理厂、发电厂及工业设施的水下进水管，扼杀本地软体动物，并与食藻鱼类竞争食物与氧气。

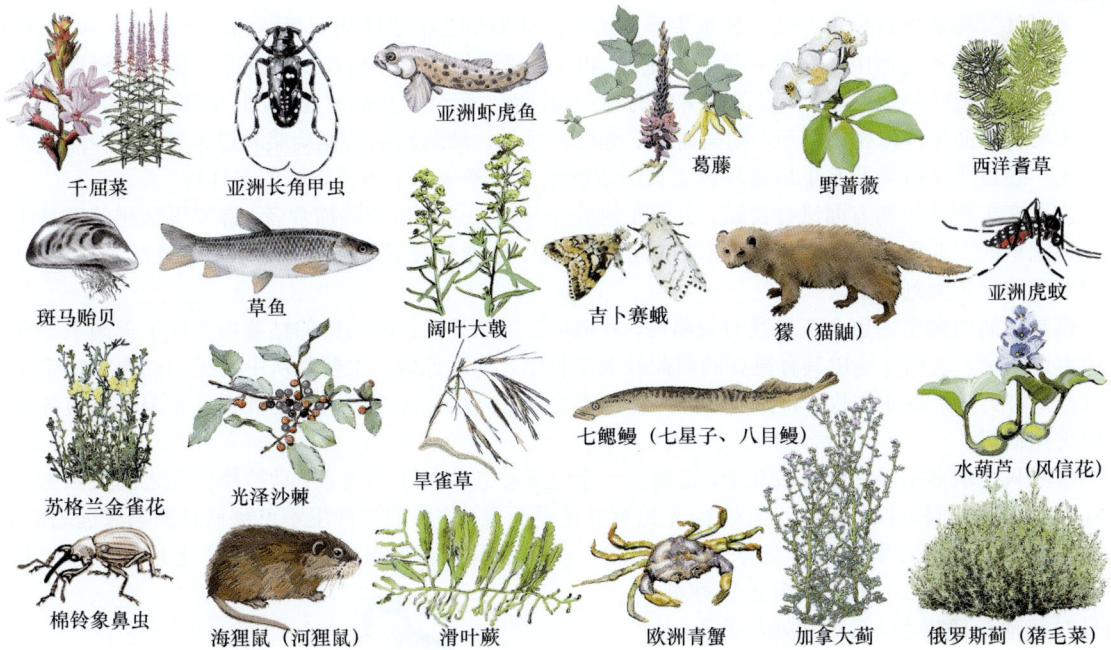

图 13.15　**过去 300 年来，北美洲已有约 5 万种非本地物种，这只是其中一部分。** 在这些物种中，至少 750 种会对环境和/或经济造成重大损害。要了解这些物种是否存在于自己所居住的地方，可以上网查看

- 圆形虾虎鱼，属于一种攻击性鱼类，来自黑海和里海的船舶压载舱，1990 年抵达美国水域，对五大湖区的生态系统造成了严重威胁。
- 亚洲吉卜赛蛾，1991 年抵达美国的俄勒冈州、华盛顿州和加拿大的不列颠哥伦比亚省，喜食树木和某些类型的农作物。
- 非洲蜜蜂，比欧洲蜜蜂更具攻击性及毒性，1957 年逃离巴西的某个实验站，20 世纪 90 年代抵达美国西南部。
- 亚洲长角甲虫，可能出现于 1996 年从中国抵达布鲁克林的木托盘，此后出现在芝加哥地区，主要威胁枫树、榆树、柳树和桦树等。
- 祖母绿蛀虫，一种亚洲甲虫，搭载货船或飞机运载的木质包装材料抵达美国，2002 年发现于密歇根州，5 年内传播至美国中西部与东北部的 8 个州及加拿大安大略省，毁灭了数百万株白蜡树。

在美国，外来物种是造成物种濒危的第二大原因，仅次于生境破坏。在面临灭绝威胁的约半数物种中，至少部分由外来物种造成。

岛屿上发现的动植物特别容易灭绝，孤立进化的本土动植物几乎没有疾病或捕食者。许多岛屿物种只生存在一个或少数几个岛屿上，因此只要损失少数个体，就可能对一些小种群造成毁灭性破坏。在美国，夏威夷的濒危物种比其他任何州都多，140 种本地繁殖鸟类的一半已经灭绝，剩余 71 种中的 32 种正面临着灭绝危险。鸟类数量减少的主要原因是栖息地改变（采伐森林），以及涌入了大量外来捕食者（如会爬树的老鼠、猫鼬、野猫、野狗和野猪等）。夏威夷的引入植物包括桉树、姜和黄檀等。水仙花是一种大叶植物，作为热带观赏植物而被引入，可以长到 15 米或更长，巨大的花叶在花盆周围投下浓密的阴影，不仅会扼杀其下的本土植被，而且还会助长径流与土壤侵蚀。这些植物成片地散布在夏威夷群岛各处，为了遏制其四处蔓延，政府正在实施一项大规模根除计划。人们担心水仙花会对夏威夷造成严重伤害，因为这种花曾经取代了塔希提岛 70% 的本土热带雨林，而且威胁着该岛 25% 的本土野生物种。

如本章指出的那样，引入动植物可能会改变植被格局。目前，大约 300 种入侵植物威胁着美国大陆和加拿大的本土生态系统，其中至少一半属于有意引进的物种，包括紫罗兰、白千层树、沙棘和水葫芦等。这些植物及其他物种并没有与它们的天敌一起引进，所以导致蔓延失控，赶走了本土物种。

黑藻（又称水生百里草）是一种水生藤蔓植物，从斯里兰卡引进佛罗里达州的水族馆，1951 年被倾倒进坦帕的一条运河中，在佛罗里达州超过 40%的河流与湖泊中疯长，蔓延非常迅速。黑藻附着在机动船只的螺旋桨和拖船上，传遍美国南部的湖泊与河流，西至加利福尼亚州，北至缅因州和华盛顿州。这种植物在水面生成浓密的伞冠，妨碍游泳、划船和垂钓，堵塞轮船的螺旋桨和进水管，减少照到水底的阳光。通过垄断鱼类及水生植物赖以生长的溶解氧，黑藻减少了本土生物的多样性。

为了在生物学控制方面进行尝试，引进在他处能够抑制这种植物的捕食者，佛罗里达州的官员引进了一种吃草的罗非鱼，以期解决黑藻造成的问题。然而，这种鱼对清理佛罗里达水道并没起到多大作用，却把许多本土鱼类赶走了。

携带疾病的微生物也会变得具有侵略性，并造成很大伤害。亚洲栗树的枯萎病毁坏了美国大部分的美洲本地栗树，这些本地树具有重要的商业及美学价值。究其原因，主要是从中国进口的栗树携带了一种真菌，对美国栗树非常致命，但对亚洲栗树却不致命。同样，荷兰榆树病也摧毁了曾遍布全美各地街道的美国榆树。

这些只是众多示例中的少数几个，证明了一个经常被忽视的生态真理：动植物彼此之间关系密切且相互依存，当把新物种引入某个地区时，无论有意还是无意，均可能会产生不可预见且影响深远的后果。

然而，并非所有引入物种都有害，认清这一点非常重要。如果能够很好地同化并与本地种群共存，就不用过于担心。此外，引进物种可能只对某地有侵略性，但对别处却并不一定有害。

### 13.5.4 中毒与污染

中毒与污染是人类影响动植物生存的另一途径，在最近 50 年中，人们越来越意识到生物杀灭剂（如杀虫剂、杀鼠剂和除草剂）的影响。

这些生物杀灭剂的副作用已有文献充分阐述，科学家们可以依此质疑其滥用。一旦使用，生物杀灭剂就会通过环境进行传播，并根据化学性质的不同而分解或永存。这种化学物质可以保留在土壤中、溶于水、随风传播或者存储在生物活体组织中。若某种生物不能将其排出，则生物杀灭剂在其体内的浓度就会持续增加，这一过程称为生物累积，环境中的微量毒素会在细胞和组织中达到危险水平。

食物链会放大毒素对环境的影响，当食用大量较低营养级别的植物或动物时，捕食者就会从其猎物中吸收并浓缩毒素。生物放大效应是指某种化学物质在生物体的脂肪组织中不断累积，并且逐步向食物链中的上一级浓缩。例如，浮游动物和小鱼从水、泥沙和有机残体中收集并保留毒素，然后依次被小鱼、虾和蛤蜊吃掉，使后者积聚更高浓度的毒素，如图 13.16 所示。在食物链中，植物或动物的等级越高，

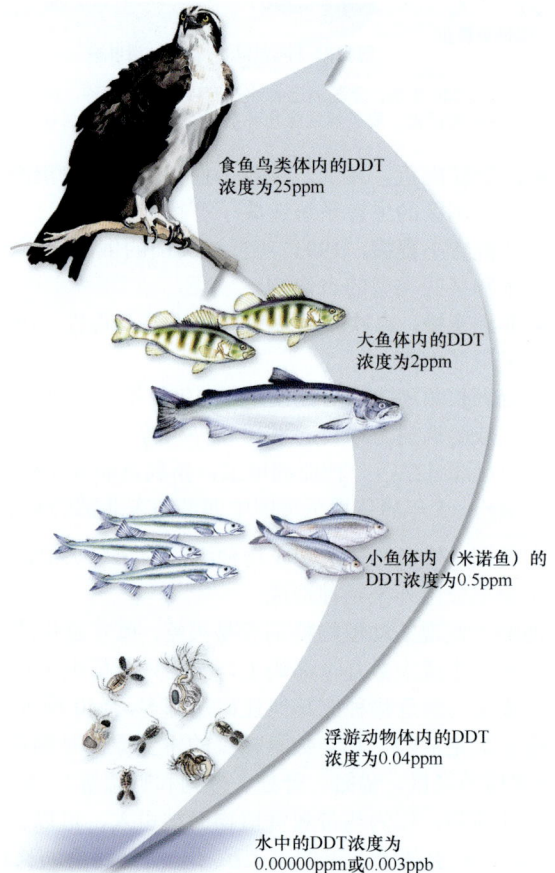

食鱼鸟类体内的DDT浓度为25ppm

大鱼体内的DDT浓度为2ppm

小鱼体内（米诺鱼）的DDT浓度为0.5ppm

浮游动物体内的DDT浓度为0.04ppm

水中的DDT浓度为0.00000ppm或0.003ppb

**图 13.16　DDT 的生物累积与生物放大效应，数字单位为百万分数（ppm）。**虽然水中的 DDT 水平可能很低，但是随着食物链向上，鱼类和鸟类体内的 DDT 数量不断升高。在这个简化例子中，位于食物链顶端的鸟类体内毒物残留较多，浓度比小鱼高 50 倍。在食物链中，汞、艾氏剂、氯丹及其他氯烃也经历着生物放大效应。来源：*Cunningham, Cunningham, and Saigo, Environmental Science, 7th ed. Boston: McGraw-Hill, 2003*

所含毒物的浓度就越高。对于食物链顶端的食肉动物、大型鱼类、食鱼鸟类和人类来说，体内累积的生物杀灭剂更是多得惊人，对健康和繁殖会产生非常不利的影响。

DDT（二氯二苯三氯乙烷）是历史最悠久也最危险的一种杀虫剂，首次用于"二战"期间，主要用作除虱剂及清除盟军道路上携带疟疾的蚊子，被誉为化学奇迹。"二战"结束后，世界卫生组织实施了首批重要事项，1955 年启动了全球疟疾根除计划，采用的主要工具就是 DDT。成吨的杀虫剂很快用于防治疾病及提高农业产量，但几年内出现了两个重大问题：（1）生物放大效应，食物链上一级的化学物质浓度不断增加；（2）杀虫剂抗药性，经过数年繁殖后，蚊子对毒素产生了免疫力。

图 13.17　秃鹰回归。秃鹰是北美洲的物种，分布范围由墨西哥延伸至阿拉斯加，20 世纪 60 年代末和 70 年代初几乎灭绝。但是，随着 DDT 被禁及鹰被列入美国濒危物种名单，秃鹰种群又恢复了生机勃勃的景象。摄影：© Corbis RF

在蕾切尔·卡森于 1962 年出版的《寂静的春天》一书中，提醒公众注意杀虫剂对鸟类及其他野生生物的破坏性影响。这种化学物质会导致一些大鸟的蛋壳厚度减小，从而导致更多的鸟蛋破裂，游隼、秃鹰和褐鹈鹕就是由于繁殖过程破坏而濒临灭绝的鸟类。自 1972 年 DDT 在美国被禁止使用以后，许多鸟类已经有了令人印象深刻的恢复（见图 13.17）。但是在许多国家（多数位于非洲），人们依然在用它。由于疟疾是 5 岁以下儿童的最大杀手，而 DDT 是最为有效的蚊虫杀虫剂之一，所以 DDT 的室内喷洒得到了世界卫生组织及其他机构的支持。

同时，人们已经开发出其他氯化烃化合物（如氯丹、艾氏剂和狄氏剂），并广泛应用于各个领域。由于不易分解，这些化学物质聚集在食物链中的动物体内，严重影响了许多非目标生物，例如造成了数千只海豹、太平洋海狮和地中海条纹海豚死亡。

杀虫剂的使用稳步增加，主要体现在商业化农业领域。根据美国环保署的数据，人类每年用掉的杀虫剂多达 240 多万吨，其中含有数百种活性成分。杀虫剂不仅污染水源，而且经常污染人们要保护的农作物，有时还会令施用杀虫剂的农场工人生病，引发过敏反应。此外，杀虫剂的功效往往比较短暂。

生物杀灭剂的本意是根除害虫，但事实上可能会加剧病虫害。通过改变决定种群中哪些害虫（昆虫、啮齿动物或杂草）存活的自然过程，生物杀灭剂促进了抗药性物种的进化。如果某个地区 95% 的蚊子都被杀虫剂杀死，那么存活下来的 5%蚊子无疑是最具抗药性的个体，正是它们担当起繁殖后代的责任。

目前，有些昆虫对某些杀虫剂具有完全抗药性，有些科学家由此得出结论，认为开发杀虫剂的整个过程可能是弄巧成拙。尽管生物杀灭剂的使用增长巨大，但昆虫及杂草害虫对作物造成的损失实际上增加了。根据美国农业部的数据，1945 年，32%的农作物因害虫减产；40 年以后，该比例增加到 37%。

众所周知，生物杀灭剂可能会摧毁目标物种的天敌，造成更为严重的问题，使目标物种的繁殖不受任何挑战。例如，在密集作物喷洒并摧毁竞争害虫之前，烟草蚜虫和褐飞虱是相对次要的害虫。

## 13.5.5　保护生物多样性

人类活动对动植物生存的不利影响越来越受到重视，社会公众越来越关注对生物多样性的保护。在理想情况下，公众目标是维护所有生物群落的多样性，而不仅是图 13.22 中显示的 34 个热点地区。从广义上讲，行动目标是控制或减少濒危物种的 4 个主要影响因素，即生境（栖息地）的丧失或改变、狩猎与商业开发、外来物种引进及生物杀灭剂的过度使用；从狭义上讲，为最大限度保护生物多样性，具体措施往往集中在防止个别物种灭绝，或者保护其生存环境。各国政府、非政府组织及其他机构团体非常努力，尝试利用各种方法来实现其目标。

### 1. 法律保护

保护生物多样性的法律法规很多，下面列出主要三项：

- 《联合国生物多样性公约（1992 年）》：截至 2007 年，本国际公约的签署国已达 189 个，主要目标是制定各国生物多样性保护与可持续利用的国家战略。
- 《濒危物种国际贸易公约（1973 年）》：截至 2007 年，本国际公约的签署国已达 160 多个，主要针对野生动植物活体标本贸易，以及约 700 种受威胁物种的制成品贸易，制定相关规定。由于禁止大象产品（最重要的是象牙）的国际贸易，两个非洲国家（博茨瓦纳和南非）的大象数量有所增加。
- 《濒危物种法（1973 年）》：在美国的生物多样性立法中，这是最重要的法案，规定禁止狩猎或商业性捕获受威胁或濒危的物种；禁止将其进口或出口至美国；授权保护对物种生存至关重要的生境。该法案拯救了许多珍稀物种（如秃鹰、游隼和美洲短吻鳄），使它们免于灭绝。

此外，大多数国家建立了国家公园或其他政府保护区（如安全区、自然保护区和海洋保护区），许多国家（特别是发展中国家）吸引了大量生态游客（目标是拍摄而非枪击）。

### 2. 非政府组织

在保护物种及其生境（栖息地）方面，非政府组织（NGO，如大自然保护协会、世界野生动物基金会、野生动物保护联盟和国际保护组织）做了大量工作，一定程度上减缓了物种灭绝的速度。例如，大自然保护协会与政府、私营公司和土著居民联合，购买了一些至关重要的生境土地。为保护自然景观及其所寄居的动植物，该协会在非洲、亚洲、加勒比地区和美洲设有分支机构，目前已在 30 多个国家和全美 50 个州实施了相关项目；绿色和平组织成立于 1971 年，一直积极参与说服世界各国领导人，呼吁禁止商业捕鲸、停止破坏远古森林、阻止海洋退化，并在白令海设立海洋保护区。

为拯救极度濒危物种，许多动物园、水族馆和植物园都有繁殖计划。通过圈养繁殖计划，人类已成功拯救了两个极度濒危物种（秃鹰和北美野牛）。1987 年，由于捕猎和生境破坏等原因，加利福尼亚秃鹰的野生种群数量减少至不足 20 只。人们捕获了所有秃鹰，将它们带到圣地亚哥和洛杉矶的动物园，通过人工圈养方式开展种群繁殖。2011 年，秃鹰数量上升至约 370 只，一半以上生活在野外生境。同样，夏威夷黄颈黑雁的数量从 18 世纪的数万只，下降到 1950 年的不足 30 只，在捕获并加以人工饲养繁殖以后，野生种群数量目前已超过 2500 只。

## 13.6　废物处理

人类总是需要面对废弃物处理问题。在定位及分析史前人类居住点时，贝丘（考古语，意为垃圾堆，包括厨余垃圾、破损工具及其他垃圾）是重要参照物。通过研究贝丘，现代人可以了解罗马及欧洲中世纪时代的城市生活，发现城市附近的垃圾堆积如山。在现代社会中，废物的数量与性质则完全不同。正如 IPAT 方程所建议的那样，一个社会群体的人口数量越大，物质财富越丰富，废弃物的数量与种类就越多。对每个人和每个城市政府来说，废物处理都是必须要解决的问题。

### 13.6.1　城市垃圾

各个城市社区必须以某种方式来处理垃圾，如报纸、啤酒罐、牙膏皮、旧电视、坏冰箱、汽车及轮胎等。在处理这些垃圾方面，美国社区面临着两大障碍：一是垃圾的绝对数量大，二是垃圾大多有毒。与世界上任何其他国家相比，美国人扔掉的垃圾都要更多，平均每人每天约 2 千克，但已经比 2000 年略有减少。目前，对美国大多数地方政府来说，固体废物处理费成了第二大财政支出项目。美国人均产生的废物两倍于日本和欧洲，四倍于巴基斯坦和印度尼西亚。

垃圾数量是富裕程度、包装材料和人口密度三大因素共同作用的结果。首先，美国人追求便利，对一次性物品非常依赖，这些物品稍经使用后就会被扔掉。因此，尽管随手可得的替代品更为经济，但美国人每年还是要扔掉数以十亿计的一次性物品（如婴儿尿布、剃须刀、钢笔、纸盘、杯子、毛巾和餐巾纸）。对于生活在较不富裕国家的人们来说，修理及回收国产物品的比例要高得多；其次，几乎所有消费品都存在着某种包装（如纸、纸板、塑料或泡沫等），构成了每年 1/3 的城市垃圾；最后，由于人口密度相对较低，美国一直拥有足够空间来倾倒多余废物。在人口密度较高的国家中，数十年前就缺少此类空间，由此在减少废物数量方面取得了较大进展。

　　虽然普通家庭垃圾并非政府所指的危险废物（存储、运输或处置不当时，可能对人类健康或环境造成实质性威胁的废弃物料），但是这些废物中的许多物料仍然非常危险（包含有毒化学品），例如油漆、油漆稀释剂、旧电视、旧计算机、漂白剂、烤箱、排水清洁剂、旧机油、花园除草剂和杀虫剂（参见专栏 13.3）等。

## 专栏 13.3　电子废物

　　电子废物（亦称电子垃圾）是发达国家中增长最快的废物形式，每个人都可能拥有若干件快速淘汰的过时电子设备。电子废物由已经废弃的消费类电子产品（原用于个人及私企的数据处理、通信与娱乐）组成，包括计算机、显示器、打印机、复印机、传真机、移动电话、电视机、录像机、数码相机、摄像机、手机等。与维修或升级旧设备相比，购买新设备往往更便宜、更便捷，因此每年更换的电子设备高达数百万套。例如在美国，移动电话的更新周期平均为 18 个月，模拟-数字信号转换产生了大量废弃电视机。2009 年，美国人总计购买了 4.4 亿部新的消费类电子设备，几乎平均每人 1.5 部。

　　在电子产品中，有一些部件（如玻璃、钢、铝、铜和金）可以拆除下来并加以回收，但是也含有难以分离的有毒金属（如铅、砷、钡、硒、镉和汞），如果回收不当的话，有毒化学物质就会从填埋场和焚化炉进入土壤、空气和水体中。

© Don Hammond/DesignPics RF

　　许多人不知道如何处理自己的电子产品，特别是如果这些设备仍然能用的话，估计 75% 的电子废弃物都会存储在壁橱、车库、办公室和仓库中。据美国环保署（EPA）估计，约 500 万吨电子废物位于储藏室中，约 25% 的电子废物被送到回收中心。据估计，80% 的回收电子废物实际出口至中国、印度、巴基斯坦、尼日利亚和墨西哥等国，这些国家的工人们用手将其拆卸开，然后回收其中的钢铁、铝、铜和黄金等。童工和成年劳工们可能没有意识到，正在处理的毒素会损害他们的健康和环境。

　　例如，在中国广东省汕头市的贵屿镇，成千上万名拾荒者以捡拾电子废物为生，他们直接接触这些可渗入皮肤和肺部的有毒废物。对于塑料及其他加工残留物，拾荒者将其焚烧或丢弃到河流、灌溉渠或农田中；氯和二噁英之类的有毒物质释放到空气中，并形成一堆堆遭到污染的灰烬，有毒化学物质从灰烬中渗入土地和水中。在贵屿镇，饮用水的含铅量非常高，约为世界卫生组织认定危险水平的 2400 倍；土壤的含铅量也非常高，超过含铅量阈值的 200 倍以上。

世界各地的电子废物堆与日俱增，各国政府开始起草关于环境友好型处理此类废物的法律。2005年，欧盟发布了多项关于电子废物回收与有毒物质问题的法令，禁止大多数新电子产品中含有 6 种有毒物质（包括铅、镉、汞和六价铬）的微量元素；禁止在填埋场处置未经处理的电子废物；禁止出口有毒垃圾；制造商应负责电子废物的收集、回收和处置，个人可以将废旧电子电器退还给制造商。与之形成鲜明对比，在电子废物监管方面，截至 2013 年，美国环保署仍然尚未发布明确的目标及国家指导方针。与此同时，美国 25 个州通过了相关法律，禁止对某些类型的电子废物（如计算机显示器）进行填埋处理，所有此类产品必须送至回收站或者城市危险废物收集中心。

各个国家应用不同方法来处理固体废物，每种方法都会对环境产生影响。当把废弃物装上驳船并倾倒到海里（沿海社区的惯常做法）时，不可避免地会污染海洋；陆地上的露天垃圾场对公众健康是一种威胁，因为其中寄居着携带疾病的老鼠及昆虫；当焚烧可燃物时，化学物质及微粒会向空气中排放。在美国，固体废物处理主要包括三种方法：填埋、焚化和源头减量与回收利用，如图 13.18 所示。

### 1. 填埋

美国大多数城市的固体废物都存放在卫生填埋场，人们首先将日常垃圾存放在自然洼地或挖掘出来的沟渠中，然后压实并覆盖一层土壤（见图 13.19）。卫生是一个欺骗性词汇，直到最近，并不存在各地垃圾填埋场必须遵守的联邦级标准，尽管某些州及社区对垃圾填埋场的环境影响进行监管，但许多并无实质性监管措施。即使现场不再倾倒任何商业或工业废物，大多数垃圾填埋场最终也会产生渗滤液（受到化学污染的排出物），泄漏时会污染地下水。当降水进入垃圾填埋场时，雨水与分解物相互作用也会形成渗滤液。重金属会从电池和旧电器部件中浸出，有机化学品则会从残留的油漆及其他家用产品中排出。典型渗滤液含有多种有机与无机化学物质，其中许多为有毒物质。目前，按照环境监管要求，需要用黏土或塑料衬垫来保护地下水源，并安装抽水和抽取甲烷的系统。

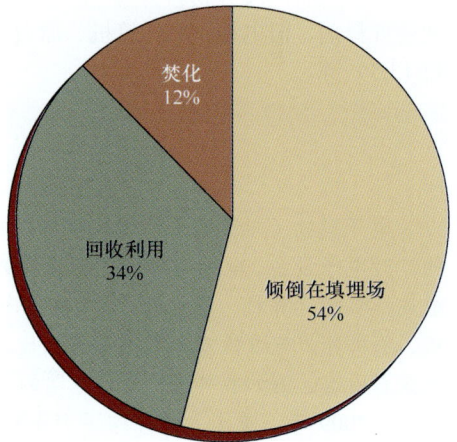

图 13.18　2010 年，美国固体废物处置方法

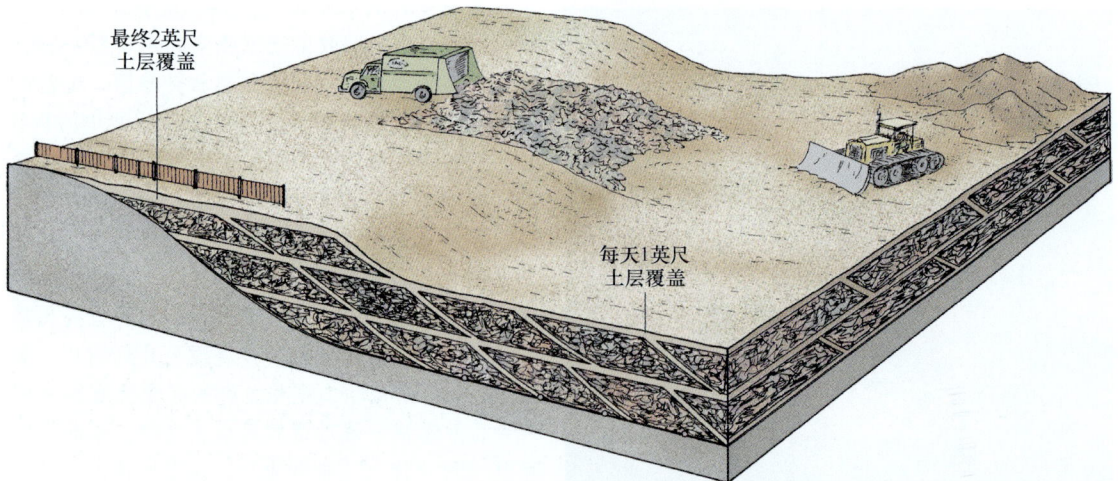

图 13.19　卫生填埋场。日常垃圾堆积物都被一层土壤或黏土压实，并隔离在一个单独的小室中。虽然卫生填埋场比露天垃圾场更受欢迎，但其本身也存在环境问题，包括潜在的地下水污染、甲烷和硫化氢的渗漏及气体分解物等。按照联邦法律的规定，为有效保护地下水，现代垃圾填埋场必须内衬黏土与塑料，配备渗滤液（受化学污染的垃圾填埋场排出液）收集系统，并定期监测地下泄漏，这些要求大大增加了垃圾填埋场的建设及运营成本

斯塔腾岛的弗雷什·吉尔斯是纽约最大的垃圾填埋场，半个多世纪以来，卡车和驳船每天向该地运送约 1.1 万吨生活垃圾。弗雷什吉尔斯于 1948 年设立，位于毗邻居民区且生态敏感的湿地地区，总面积约为 200 公顷，主要作为临时存储设施，并非为安全保管垃圾而专门建造。目前，该填埋场已扩大到 1200 公顷，降解后的垃圾发出阵阵难闻的恶臭；4 个大土丘高达 70 米，比自由女神像还要高；每天均有数千加仑的渗透液冲破防护设施，渗入垃圾填埋场之下的地下水中。2001 年，弗雷什·吉尔斯终于关闭，不再存放城市固体废物。但是刚好在同一年，它暂时又重新开放，接纳来自世贸中心塔楼的残骸。按照政府规划，此处未来将会建成纽约最大的城市公园，运动场、音乐会、竞技场和野生动物保护区等应有尽有。从技术角度讲，转化过程非常复杂，需要数年时间才能完成。在垃圾腐烂分解、垃圾山处理完成及污水消散之前，暂时还无法开工建设。

由于弗雷什·吉尔斯垃圾场已经关闭，纽约的城市垃圾处理变得更加复杂且更加昂贵。现在，环卫卡车、拖车和铁路首先要将 70% 的垃圾运出州外，然后运往附近各州（如宾夕法尼亚州、弗吉尼亚州、南卡罗来纳州、乔治亚州和俄亥俄州）的垃圾填埋场和焚化炉。许多社区在处理固体废物时，也面临着类似的问题。寻找可接纳垃圾填埋场所成为一个棘手的重大问题，因为无论提议在何处建设，邻避效应抗议者几乎都会站出来反对。

20 世纪 90 年代，美国城市垃圾填埋场的数量大幅减少，从 1990 年的 6500 个减少到今天的不足 1800 个。垃圾填埋场之所以关闭，要么因为已经填满，要么因为不符合环境监管要求，取而代之的是巨大的区域性填埋场。与美国不同，在许多西欧国家和日本，城市垃圾处理较少用到填埋场，主要是依靠焚化与回收利用等方法。

## 2. 焚化

垃圾减量的最快方法是将其烧掉，常见于美国的露天垃圾场，直到 1970 年《清洁空气法》发布后才停用。由于人们对空气污染感到担忧，旧式低效焚化炉（为焚烧垃圾而设计的设施）被迫关闭，促使新一代工厂设计加速推出。美国的城市焚化炉大多位于人口密集的东北部，焚烧垃圾占全国总量的 12%；加拿大的焚化炉焚烧垃圾占全国总量的 8%。大多数焚化炉属于变废为能的类型，通过超高温（980℃）将垃圾烧成灰烬，同时产生电力或水蒸气，然后出售以补贴运营费用。

10 年前，焚化炉被誉为垃圾填埋场超载问题的理想解决方案，但焚化炉本身向空气中排放有毒污染物，灰烬也会产生明显的环境问题。在焚化炉烟囱排放的空气中，人们发现含有从 A（砷）到 Z（锌）等各种高毒性元素的污染物，如镉、二噁英、铅和汞，以及大量一氧化碳、二氧化硫等气体和氮氧化物等。通过安装静电除尘器、过滤器和洗涤器，在将污染物释放到室外空气中前，可以将排放量保持在可接受的低限值，但是这些装置会极大地增加工厂成本。

在焚烧后的灰烬中，毒素（尤其是铅和镉的浓度）可能会产生更大问题。焚化炉通常能够消灭 90% 的垃圾，剩下 10% 的垃圾成为灰烬后，必须埋在垃圾填埋场。1994 年，美国最高法院裁定，必须对灰烬的毒性进行测试，若超过联邦安全标准，则要作为危险废物进行处理。这意味着必须要在持有许可证的危险废物填埋场进行处置，必须具有双层塑料衬垫、水分收集系统以及比普通城市填埋场更严格的操作规程。

焚化炉副产品的污染可能性在美国激起了对建造焚化炉的强烈抗议，但是在美国以外却更容易为人们所接受。然而，空气污染和有毒灰烬问题的严重性唤起了全世界的广泛关注，例如日本超过 3/5 的城市垃圾采用焚烧方式，大气中的二噁英含量相当高，日本厚生省被迫于 1997 年加强了先前的排放指导原则；某些欧洲国家重新评估了焚烧方式的安全性，至少暂时停止了焚化炉的建设，越来越多的垃圾填埋场拒绝接受焚烧残余物。

## 3. 源头减量与回收利用

与垃圾填埋场和焚化炉相关的问题与成本，激发了人们对两种废物管理策略的兴趣，即源头减量与回收利用。通过源头减量，首先从源头减少废物的形成，进而压缩废物的体积与数量，降低与填埋场和焚化炉相关的资金及环境成本。对于制造商来说，可以减少用于包装食品和消费品的纸张、塑料、玻璃及金属的数量。例如，自 1977 年以来，塑料软饮料瓶和铝饮料罐的重量减少了 20%～30%。对于以浓缩形式生产并包装在较小容器中的清洁剂来说，需要的水和塑料都更少，而且由于体积较小，大量塑料瓶能够同时装运，从而减少燃料使用和温室气体排放。

减少待处理废物数量的另一种方法是回收利用，即回收、再处理或再利用以前用过的材料，制成可用于相同（或不同）用途的新产品。例如，铝饮料罐通常可重新铸造成新罐；玻璃瓶可压碎、熔化并制成新瓶（见图 13.20）；旧轮胎粉碎后可用作橡胶路面或运动器材周围的覆盖物；许多社区收集树叶及其他庭院垃圾（约占城市垃圾的15%），然后将其转化为堆肥；塑料的回收利用是非常复杂的问题，许多常用塑料容器在回收前必须进行分类，回收后的塑料可以转化为地毯纤维、运动器材、服装保温材料及其他产品。

图 13.20　西班牙巴塞罗那的废物回收箱。由于人口密度较大，欧洲固体废物的回收率较高。在巴塞罗那，废物分为一般废物（灰色）、塑料（黄色）、玻璃（绿色）和纸张（蓝色）。之所以设置触觉标记，主要是为了帮助盲人。© Aaron Roeth

目前，美国广泛实施了城市废物回收计划，从垃圾填埋场和焚化炉中转移出约 34% 的废物，回收了约 63% 的纸张、27% 的玻璃瓶、20% 的铝罐及 8% 的塑料。与其他固体废物处理方法相比，在回收、加工和转化为新产品的过程中，虽然需要水、能源及其他资源，但回收利用对环境的影响相对较小。回收利用可以减少树木砍伐、石油消耗和煤矿开采，从而节约大量自然资源。与利用原材料来制造物品相比，利用回收材料来制造物品所需的能量较少，所以能够节省能源。回收利用还可以减少新材料制造及其他废物处理方法对空气、水和土地的污染，并为无法回收材料节省出更多填埋空间。

既然具有这么多优点，为什么回收利用并未在美国得到更为广泛的应用呢？在日本和许多西欧国家，回收利用废物所占比例要高得多。权威分析人士给出了多种解释：（1）收集所需回收物品的费用；（2）商品的市场价格波动；（3）回收材料制造的产品缺乏现成市场。但是，或许最重要的因素是美国历史上的能源价格一直很低，供应充足，从原材料（而非回收材料）制造物品的真实资金成本与环境代价就被掩盖了。

在不太富裕的国家，制成品价格昂贵，但劳动力很廉价，回收利用在减少固体废物的数量方面发挥着重要作用。在发展中国家的许多城市，如马尼拉（菲律宾）、金边（柬埔寨）、开罗（埃及）和墨西哥城等，成千上万的穷人整天徘徊在城市垃圾中，筛选、寻找可回收利用的商品（锡罐、铜、木材、电子产品及服装等），然后将其卖给商业或工业中间商（见图 13.21）。在减少垃圾数量方面，拾荒者（捡垃圾者）起着非常重要的作用，这些垃圾本来应该被压实并每天盖上一层新土。例如在印度尼西亚，城市拾荒者将城市垃圾总量减少了约 1/3。

遗憾的是，拾荒者的工作环境很差，预期寿命大大低于普通人，面临着诸多健康风险，例如事故伤害、携带病菌的生物体感染，以及暴露在从发酵垃圾层中渗出的气体、二噁英和重金属等危险废物之中。

图 13.21　**拾荒者**。在菲律宾马尼拉，约 8 万名捡荒者通过在 Promised Land dump 垃圾场捡废品来谋生，寻找可以转售的物品，如金属、玻璃、塑料、纸、布、坏玩具及机器零部件等。对于许多贫困家庭来说，捡垃圾是非常重要的收入来源，但是许多拾荒者是妇女和儿童，经常在不健康条件下长时间工作。2000 年 7 月，经过长达一周的季风暴雨之后，垃圾山松动并倒塌，掩埋了垃圾场边缘的棚户区，造成数百人死亡。© *Digital Vision/PunchStock RF*

## 13.6.2　危险废物与放射性废物

无论是城市还是家庭，固体废物处理都是非常沉重的话题，危险废物与放射性废物的处置问题则更加压倒一切。

### 1. 危险废物

废物通常含有剧毒或有害物质，这些物质会危害人类健康与环境。有毒和危险这两个术语的含义大致相当，经常可以互换使用，本书即如此操作。从严格定义上讲，有毒废物是一个相对局限的概念，所指物质具有一定毒性，可导致人类及其他有机体死亡，或者造成严重伤害；危险废物是一个更为宽泛的概念，指对人类健康造成直接或长期危害的所有废物，或者危害环境的所有废物。在人类丢弃的液体或固体材料中，通常包含具有以下一种或多种特性的物质：（1）可燃性（如汽油）；（2）腐蚀性（如强酸）；（3）爆炸性（如硝化甘油）；（4）毒性（如多氯联苯）。

危险废物的主要生产者是化工、石化、采矿和发电等行业，产生的潜在有害废物包括有机氯与磷酸盐化合物、重金属和溶剂等。美国环保署已将 400 多种物质归类为危险物质，目前约有 10% 的工业废料属于此类物质。

危险废物以不同的方式及途径污染环境，由于大多数危险废渣通过倾倒或掩埋在陆地上进行处理，所以地下水受到污染的风险最大；在所有工业化国家中，均已检测到饮用水（至少部分）受到危险废物（如剧毒溶剂、碳氢化合物、杀虫剂、微量金属和多氯联苯）的污染；通过挥发性有机化合物的蒸发，垃圾存储场所也成为空气污染物的来源；最后，若无意或故意将危险品输送到限制区以外，可能会导致难以预见甚至致命的危险。除封闭技术外，尽管已经开发出多种处理方法（如焚烧、红外线加热和细菌分解），但是没有任何一种方法完全令人满意，也没有任何一种方法得到广泛应用。

### 2. 放射性废物

所有使用或产生放射性物质的设施都会产生低放射性废物（低放废物），此类废物的放射性将在 100 年或更短时间内衰减到安全水平。在全部低放废物中，来自核电站的废物约占半数，主要包括退役反应堆、废旧树脂、滤泥、润滑油和清洁剂废物等；在生产放射性药品、烟雾报警器、夜光表盘及其他生活消费品的行业中，产生由机械零部件、塑料和有机溶剂构成的低放废物；研究机构、大学和医院也产生放射性废料。

由于产生低放废物的来源如此之多，致使此类废物的处理非常难以控制。有证据表明，大部分低放废物已经被放置在垃圾填埋场（通常为本地城市垃圾场），废弃化学物质可能会通过土壤渗透到地下水中。据美国环保署估计，不管是否合法，美国至少有 25000 个垃圾场保存了有害废物，其中多达 2000 处是潜在的生态灾难来源。

高放射性废物（高放废物）的放射性能够维持 1 万年甚至更长时间，例如钚的放射性危险可维持 24 万年。高放废物主要包括核反应堆的乏燃料组件（民用废料）和作为核武器制造副产品的废料（军用废料）。其中，民用废料的数量不仅很大，而且增长速度很快，因为每年约 1/3 的反应堆燃料棒需要更换。

2010 年初，近 6.3 万吨乏燃料组件在等待永久处置以前，临时存储在美国商用核反应堆的室内安全壳池中，或者存储在由钢和混凝土制成的户外密封容器中（见图 13.22），而且每年都要新增数千吨。乏燃料是一个误导性术语：从商业反应堆中移除这些组件，并非因为其辐射已经耗尽，而是因为其变得太有放射性而无法进一步利用。在数千年内，这些部件仍将保持很"热"的放射性状态。

(a)                                    (b)

图 13.22  **放射性废物。**(a)来自核电站的高放射性乏燃料棒，长期存储在充满水的池子中，直至充分冷却。为防止水沸腾和燃料过热，水必须通过热交换器进行循环。2011 年，由于电源故障导致再循环泵无法冷却乏燃料池，日本福岛发生了核事故；(b)通常，在冷却池中放置 5 年后，乏燃料棒已经充分冷却，可以转移到干燥的地上容器中。(a)© *Getty RF*；(b) 美国能源部民用废料管理办公室

遗憾的是，目前还没有任何国家能够解决现存放射性废物的安全处理问题，更不用说核电站扩建所产生的新增废物。1970 年，美国、英国、法国和日本将放射性废物密封在保护性容器中，然后倾倒在海里，目前这一做法已在世界范围内遭到禁止。1993 年，俄罗斯向日本海倾倒了 900 吨废物，旋耕机绞碎了装有钚污染物的纸板箱，并将其推入土壤之中，推测土壤能够稀释并吸收其放射性。据报道，荷兰在海上焚烧了某些放射性废物。

在美国，许多低放废物放置在槽罐中，埋藏在由美国能源部运营的 13 个地点，以及由私人公司运营的 3 个地点；高放军用废物多达数万立方米，临时存储在 4 个地点（华盛顿州汉福德、南卡罗来纳州萨凡纳河、爱达荷州爱达荷瀑布和纽约州西谷）的地下槽罐中。某些存储区已经发生渗漏，放射性废物渗入了周围的土壤和地下水。问题最大的可能是埋藏在汉福德场址地下的 177 个槽罐，20 世纪 90 年代初，已经确定至少有 66 个巨型槽罐（部分容量为 420 万升）正在泄漏，约 420 万升废物渗入了土壤，

高放废物可能已经到达地下水水源地，并流向哥伦比亚河。

许多科学家认为，深层地质掩埋是永久处理长寿命放射性废物的最安全方法，就是把高放射性的固体和液体废物封装并深埋于地下容器中。美国在内华达州建造了第一个永久性高放废物存储库，但是目前已经停止运营（参见专栏 13.4）。芬兰选择了一个地点（奥尔基洛托岛）作为储藏库，瑞典预计很快也会步其后尘。但是，赢得本地居民对掩埋地点的支持非常困难，截至 2009 年，英国、法国、瑞士和日本的尝试均未获得成功。

固体废物问题永无休止，人类应设法减少固体废物对环境的影响，例如减少废物数量，消除或减少有毒残留物的产生，停止不负责任的倾倒，寻找废物所含资源的再利用方法。在此之前，目前所用的废物处理方法将依然如故，继续污染土壤、空气和水体。

## 专栏 13.4　尤卡山

如果美国联邦政府能够为所欲为的话，内华达州盆岭区的一条低矮狭长山脊将身负重任，成为美国首座存储核电站所产生的致命放射性废物的永久性储藏库。尽管经过多年的细致研究与规划，支出了数十亿美元的基础设施建设费用，但是项目反对者似乎仍然占据上风，尤卡山成为政府无力解决核电所致基本问题（在何处处置核废料）的标志。截至目前，全球尚无任何永久性处置放射性废物的专门场所。

1982 年，美国国会向能源部（DOE）下达了一道命令，要求后者于 1998 年前建造一座永久性储藏库，专门存储民用核电站的乏燃料和核武器制造产生的大量废物。尤卡山位于内华达州南部，能源部将其选作存储高放射性废物设施的永久场址，旨在将核废料安全存储 1 万年，直到放射性衰变得不像现在这样危险为止。大部分废物将以放射性燃料芯块形式密封在金属棒中，金属棒包裹在极其坚固的玻璃容器中，放置在内华达沙漠 300 米地下的钢罐里。这些钢制容器预计在 1～2 个世纪内就会被腐蚀，此后的放射性遏制将由周围山体的火山岩负责。

人们对该场址的关注主要体现在 4 个方面。首先，该地区容易受到火山活动和地震活动的影响，可能导致地下水突然涌出并淹没储藏库。尤卡山形成于 1200～1500 万年前的火山喷发，某些地质学家认为，该山体存在再次火山喷发的可能性，因为紧邻地区的 7 个小火山锥近期都曾喷发过，最近一次喷发发生在 1 万年前。此外，尤卡山附近还存在大量地震断层，其中名为"幽灵之舞"的断层直接贯穿了储藏室场址。在 1992 年和 2002 年发生的两次小骷髅山地震中，震中距离拟建场址仅 19 千米。

其次，雨水从山体向下渗透，可以穿透存储核废料的地下室。经过数个世纪的浸泡以后，水完全能够自行溶解核废料，产生的有毒混合物随后渗入山下的地下水中，然后再流动到储藏库范围以外。

第三，尤卡山场址位于内华达原子弹试验场（隶属于美国能源部）和内利斯空军基地的轰炸场及炮击场之间，在距离地下爆炸或空中轰炸区域仅几千米远的地方，设置核废料储藏库是否明智？许多人对此心存疑虑。

最后，该项目的反对者指出，在全国范围内运输高放射性核废料，不仅危险性极大，而且极端不负责任。因为卡车、驳船或铁路装运的每个集装箱所携带的放射性物质，都要多于"二战"中使用的原子弹所释放的放射性物质。在任何交通事故或恐怖袭击中，即使其中一个集装箱遭到破坏，也将产生极大的灾难性后果。正如内华达州的一位国会议员声称，"他们可以步行、乘飞机、乘卡车或乘火车将废料携带至此，但无论怎样都不会更安全，反而是对世界各地恐怖分子的公开邀请"。

尽管存在这些担忧和疑虑，美国能源部仍于 2002 年建议将尤卡山指定为国家核废料存放地，布什总统和国会随后批准了此项计划。但是，该项目仍然面临着技术、法律和政治方面的重大挑战，奥巴马总统 2008 年上台以后，随即中止了对储藏库的建设工作。奥巴马总统几乎削减了该设施的所有资金预算，能源部撤回了建造储藏库的许可证申请，并任命了一个委员会来制定永久存储核废料的新战略。

**问题探讨**

1. 若不建立危险废物处理系统，就允许核电站运行，这样做的优缺点是什么？
2. 尽管钚在 24 万年内仍具放射性危险，但仍然被存储在只能安全保存 1 万年的储藏库里。请对这种自相矛盾的做法做出评论。
3. 即使启用了尤卡山储藏库，容量也实在是太小了，最多只能容纳 7.7 万吨民用及军用废物，但是放射性核废料总量已经超过此数。你对此事实做何反应？
4. 通过地下埋藏方法来处理高放射性核废料具有不可靠性，你是否认为政府应该改用能够持续监测并回收废物的地面储藏方法？为什么？
5. 美国产生高放核废料的地点数量极少，产生低放废物的地点则很多，仅加利福尼亚州就有 2000 多处。在高放废物与低放废物二者之中，你认为哪个更应引起公众的更多关切与讨论？

## 重要概念小结

- 人类是自然环境的一部分，人类生活需要依靠生物圈中的水、空气及其他资源。生物圈是交织在一起的错综复杂系统，人类经常会无意破坏或深刻改变生物圈。
- 所有人类活动都会对环境产生影响，影响非常复杂且非孤立存在。冲击自然网络的任何外部行动，均不可避免地会引发连锁反应，最终结果似乎永远无法完全预料。
- 控制供水的努力既会改变河流的水量，又会改变河流的水质，建造大坝和水库等建筑物往往会产生无法预料的负面影响。在世界许多地方，淡水需求日益增加，导致供水严重不足。
- 近年来，与农业、工业及其他活动相关的污染物降低了淡水供应的质量，某些地区通过调控而略有改善。
- 化石燃料的燃烧会导致严重的空气污染问题，这种污染的某些表现形式成为全球关注的问题。
- 农业与采矿等长期活动能够改变本地景观，从而形成各种各样的地貌。20 世纪以来，随着全球人口增长和经济扩张，世界大部分地区的空气、水和土壤加速退化。
- 人类会对其他生物产生影响，例如将其引入陌生之地、破坏生境、捕猎或者用生物杀灭剂消灭它们。热带雨林受人类影响最大，随着农业化、工业化和城市化进程的加速，每年均有数百种物种灭绝。
- 最后，在处理人类产生的废弃物方面，所有常用方法都是把污染物释放到周围环境中。这些方法为下述事实提供了进一步的证据，即人类不可能在利用、滥用、污染或破坏生态系统任何部分的同时，又不降低其质量或不破坏其结构。

## 关键术语

| | | | |
|---|---|---|---|
| acid rain | 酸雨 | hazardous waste | 危险废物 |
| biodiversity hot spot | 生物多样性热点地区 | hydrologic cycle | 水循环 |
| biological magnification (biomagnification) | 生物放大效应 | IPAT equation | IPAT 方程 |
| biosphere | 生物圈 | Not in My Backyard (NIMBY) | 邻避效应 |
| channelization | 渠道化 | ozone | 臭氧 |
| chlorofluorocarbons (CFCs) | 氯氟烃 | ozone layer | 臭氧层 |
| ecology | 生态学 | photochemical smog | 光化学烟雾 |
| ecosystem | 生态系统 | polychlorinated biphenyls | 多氯联苯 |
| environmental pollution | 环境污染 | recycling | 回收（循环）利用 |
| eutrophication | 富营养化 | subsidence | 地面沉降 |
| e-waste | 电子废物 | thermal pollution | 热污染 |
| exotic species | 外来物种 | transboundary river basins | 跨界流域 |
| food chain | 食物链 | troposphere | 对流层 |

## 思考题

1. 绘制并标记生物圈示意图，简要说明各组成部分。这些内容是否永恒不变？请给予解释。
2. 生态系统、生态位和食物链的概念如何相关？它们分别如何促进人们对自然网的理解？
3. 绘制或简要描述水循环示意图，说明人口增长、城市化与工业化如何影响水循环。
4. 所有环境污染的罪魁祸首是否都源自人类活动？由于许多污染物是天然存在的物质，何时可以说生物圈发生了部分污染？
5. 描述主要的水污染源。为了控制水污染，美国及其他国家采取了哪些措施？
6. 空气污染的类型与程度的影响因素是什么？什么是酸雨？哪些地方存在酸雨问题？描述臭氧与光化学烟雾的关系。为什么臭氧层会发生损耗？
7. 挖掘作业会形成哪些地貌？倾倒作业会形成哪些地貌？影响地面沉降的主要原因是什么？
8. 简要描述人类影响动植物生命的主要方式。生物放大效应是什么含义？为什么使用生物杀灭剂会弄巧成拙？
9. 社区用什么方法来处理固体废物？固体废物处理存在哪些生态问题？政府如何界定以及如何处置危险废物？
10. 何种活动会产生高放射性废物？为什么难以管理和处置此类废物？
11. 利用 IPAT 方程，讨论社会对环境的影响为何因国家而异。

# 附录 A　地图投影

地图投影是在平面纸上显示地球曲面的系统。无论人们如何试图"展平"这个世界，任何时候均无法正确显示地球的所有细节，包括相对大小、形状、距离或方向等。误差在所难免，制图员的任务就是选择并采用适合手头工作的重要地球关系，最小化（或接受）不可避免但无关紧要的变形。

直接观察地球仪时，通常只能看到前面，而无法看到后面。为了制作一幅世界地图，首先必须选择一种能够"展平"可见半球上的地球曲面的方法，然后从中间向下切开隐藏半球的地球仪地图，最后将两个"四分之一"后半球分别置于可见前半球的相应一侧。简而言之，我们必须从地球仪上"剥下"地图，然后按规则将其压平，就像剥开橘子并压平橘子皮那样（见图 A.1）。对于通过剥离及压平过程所生成的地图来讲，不可避免地会存在表面撕裂或断裂，而且还会受到不均匀拉伸或收缩的影响。

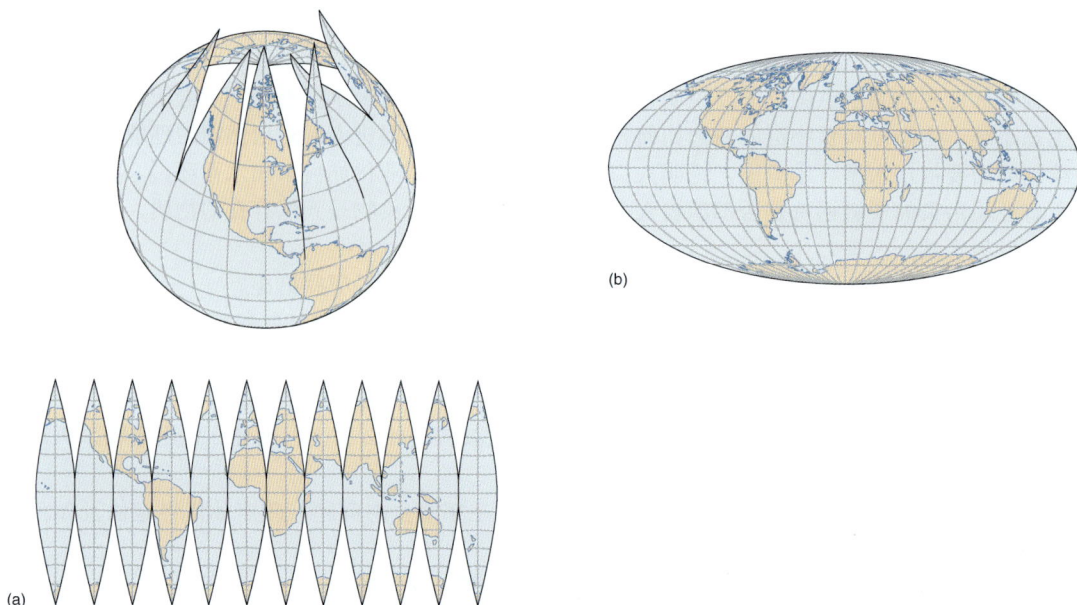

**图 A.1**　(a)仔细地从地球仪上"剥离"地图，可以生成一组锥形尖角形状，虽然单个形状并未显示出太大的拉伸或收缩，但总体上不会产生非常有用的世界地图；(b)一般来讲，通过将整个地球表面描绘为单一的平面、圆形、椭圆形或矩形，可以避免或减少"断裂"次数。但是，只有付出改变真实形状、距离、方向和/或面积的代价，才能实现区域的连续性。本图采用摩尔威德投影，虽然正确描述了面积大小，但是扭曲了形状

当然，地图制作者并不执行切割、剥皮、压平或拉伸等物理操作，而是在一个平面上构建或投射由经线与纬线组成的地球格网，称为"经纬网"。实现方法有多种，在具体讨论以前，首先需要关注地球仪球面格网上出现的两种重要"圆形"。"大圆"由通过球体中心的平面切穿球体表面而形成。因此，赤道是一个大圆，每条经线（子午线）是半个大圆。每个大圆将地球一分为二，平均分成两个半球。在地球表面的任何两点之间，最短距离即为连接它们的大圆弧段。"小圆"是球面与不通过球心的平面相交而形成的线条。除赤道外，所有纬线均为小圆。不同投影对大圆和小圆的表示方法存在差异。

# A.1 几何投影

虽然所有投影都可以用数学方法进行描述，但有些投影由几何技术而非数学公式所构建。在几何投影中，从理论上讲，格网系统是从地球仪转换至几何图形（如圆柱体或圆锥体），然后切割并展平的，不会产生任何拉伸或撕裂（见图 A.2）。圆柱、圆锥及平面的表面称为"可展表面"，圆柱和圆锥切割并放平后不会变形，平面从一开始就是平的。实际上，几何投影并非由跟踪阴影而构建，而是通过应用几何图形及使用在纸上绘制的线条、圆形、弧段和角度来构建的。

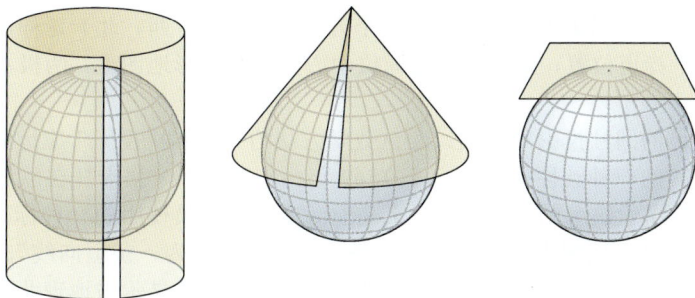

图 A.2 几何投影。在这种投影中，三种常见的几何形式为圆柱、圆锥和平面。假设存在一个透明球体，里面有一个光源，一张纸以这里所示的方式接触这个球体，以此方式模拟地图投影。地球仪格网和大陆轮廓将在纸上映射出暗色轮廓线，从而形成地图

假设有一个透明地球仪，内部或外部存在光源。地球仪上绘制的经线及纬线（或海岸线及其他任何要素线）会在附近的任何表面上投射阴影，对地球仪格网阴影的追踪成为一种几何地图投影。如图 A.3 所示，当光源相对于地球仪表面的位置发生改变时，可能会导致可展几何表面上的经纬网投影发生显著变化。当理论光源位于无穷远处时，形成"正射切面投影"；位于地球仪中心时，形成"球心切面投影"；位于反极点（正对切点的点）或地球仪与地图之间的接触点时，形成"球面透视切面投影"。

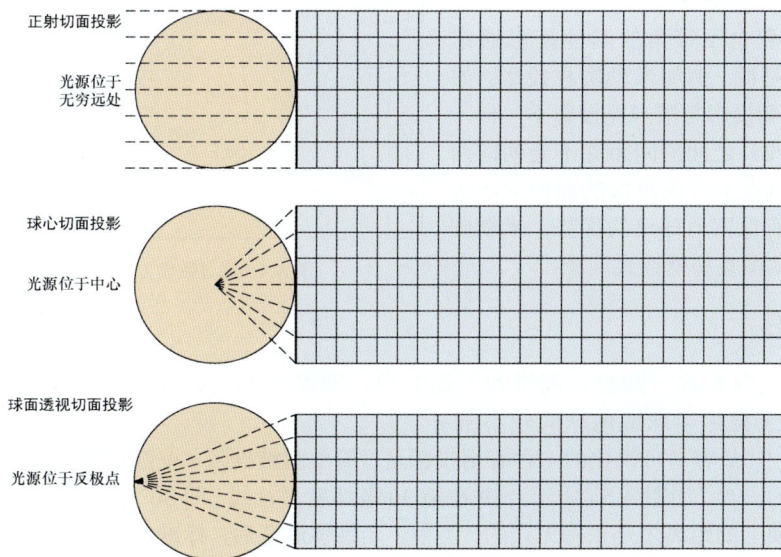

图 A.3 光源位置对平面投影的影响。光源移动时，注意观察纬线间距的变化。采用圆柱或圆锥作为可展曲面时，形成的地图格网完全不同

## A.1.1 圆柱投影

假设将一张纸环绕于透明地球仪，在赤道位置与地球仪相切（接触），该切线称为标准纬线，地图

沿此线无变形；若为标准纬线的平行线，则称为"标准纬圈（纬度平行线）"。这张纸与地球仪并不等高，而是远超南北两极。为了应用球心切面投影，应在地球仪的中心位置放置光源，光线将在纸圆柱上投射出阴影地图，结果即为"圆柱投影"家族的一员。对所有这些圆柱投影来讲，均可类比为环绕地球仪的纸圆柱，通过几何投影或数学投影方式发展而来。

可以看到，在刚才投影的格网与地球仪格网的真实属性之间，差异变化还是比较明显的。与地球仪相同，经纬网以直角相交，均为南北向或东西向直线。但是，经线（子午线）并不像在地球仪上那样会聚于南北两极，而是等距、平行、垂直的直线。由于各子午线之间的距离相等，所以位于子午线之间的同一标准纬圈的各部分长度相同。赤道位置的标准纬线不存在尺度变形，但是随着与赤道距离的增加，标准纬圈的变形会越来越大。由于向 4 个方向（东、南、西、北）延伸，极地区域的大小被极端夸大。在切线位于赤道位置、光源位于地球仪中心的圆柱投影地图上，两极本身根本不可能显示出来。

受到切线位于赤道的圆柱投影的启发，源自数学方法的"墨卡托投影"应运而生。墨卡托投影是最常用（也最常误用）的一种圆柱投影，它于 1569 年由杰勒德斯·墨卡托在欧洲探索世界其他地区的鼎盛时期建立，主要用于航海图。墨卡托投影是航海家或飞行员使用的一种标准投影，因为它有一种特别有用的特性，即"在地图上任何地方画一条直线，都会成为一条恒向线"。如果沿着这样一条"恒向线（伦布线）"向前航行，在船舶或飞机的罗盘航向上，总是显示与地理北向成恒定角度。在任何其他投影中，均无法找到既是直线又能标识正确方向的恒向线。

虽然墨卡托投影在辅助导航方面作用非常大，但却经常被误用在通用世界地图上，主要是书籍中的地图插图或壁挂式地图，错误体现在它对远离热带陆地区域的大小变形表现得极为夸张。在地图中，格陵兰貌似要比墨西哥大很多倍，实际上只是略大一些而已；阿拉斯加和巴西的面积似乎差不多，实际上，巴西的面积是阿拉斯加的 5 倍多。

一些既不等积也不等角的圆柱投影通常用作世界地图的基础，例如米勒圆柱投影，如图 A.4 所示。米勒投影与墨卡托投影不一样，纬圈（纬度平行线）之间的间距并不会朝向两极而快速增大，因此高纬度地区的面积大小失真较小。尽管没有保留地球仪的优势，米勒圆柱投影仍可用于地图集和壁挂式地图。

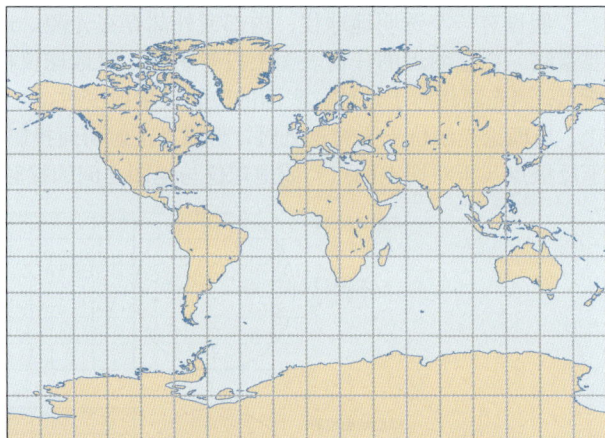

图 A.4　通过数学方式获取的米勒圆柱投影

## A.1.2　圆锥投影

在三种可展几何形式（圆柱、圆锥和平面）中，圆锥的形状最接近地球仪的一半，因此"圆锥投影"通常用于描绘半球或地球的较小部分。

在这一类别中，最容易可视化的一种有用投影是"简单圆锥投影（单圆锥投影）"。假设有一个圆锥体覆盖着地球仪的一半（如图 A.5a 所示），并在第 30 条纬度平行线（即 30°标准纬圈）位置与地球相切，则只有此标准纬圈上的距离才是正确无误的。当然，当锥体展开后，标准纬圈就会变成圆形弧段，其他纬圈则变成同心圆的弧段。在中心光源下，当纬圈接近南北两极时，纬圈之间的距离会逐渐增大，变形也会相应增大。

若要降低变形的程度，可以缩短中央经线（子午线）的长度，等距隔开该经线上的各个纬圈，并使第 90 条纬圈（极点）成为一条弧而非一个点，常用圆锥投影大多采用这种数学调整。采用多个标准纬圈时，就会成为"多圆锥投影"，如图 A.5b 所示。

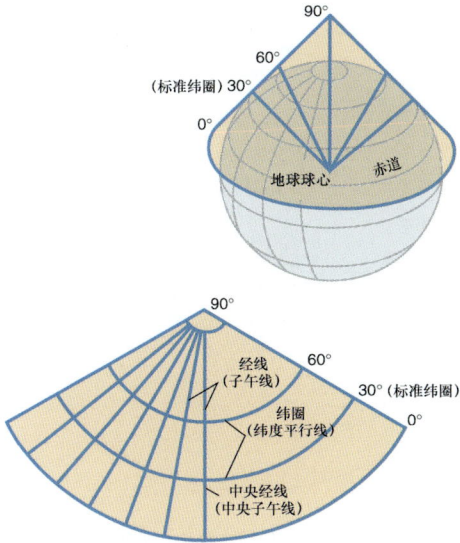

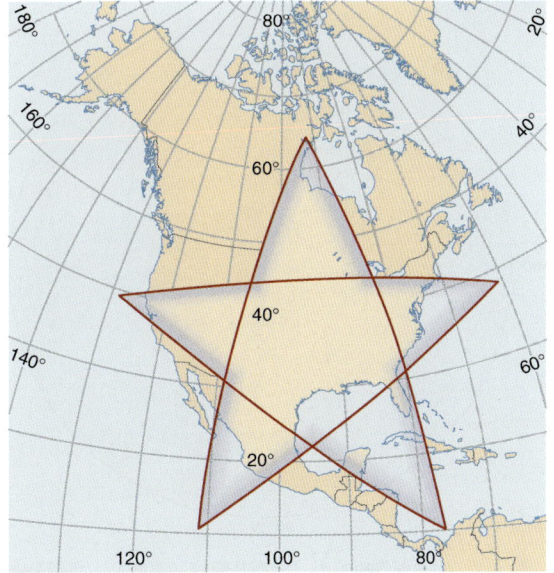

图 A.5　(a)具有标准纬圈的简单圆锥投影。为使纬圈沿着中央经线均匀分布，大多数圆锥都需要调整；(b)多圆锥投影。在制作这幅地图时，组合了源自一系列圆锥投影的东西向条带，每个圆锥体的切线位于不同纬圈。这种投影不同于简单圆锥投影，因为纬圈不是同心圆弧段，经线是曲线而非直线。尽管既不等积又不等角，但这种投影还是很好地描绘了形状。可以看到，此图中的五角星近乎完美

圆锥投影用途广泛，通过调整能够最小化变形，或者成为等积或等角投影。然而，从本质上讲，此投影永远无法展现整个地球。事实上，该投影最适用（并且限定）于东西范围大于南北范围的中纬度地区地图。许多官方地图系列采用圆锥投影类型，例如美国地质调查局为其《美国国家地图集》选择了阿尔伯斯等积圆锥投影，如图 A.6 所示。该投影是一种等积投影，即使在像美国这样大的区域，形状的变形也不大。

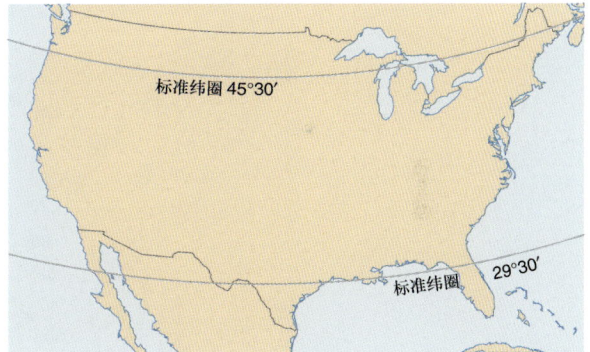

图 A.6　阿尔伯斯等积圆锥投影，为许多美国官方地图所采用，包含两条标准纬圈。所有纬圈都是同心圆弧，经线是直线，纬圈与经线以直角相交。该投影最适合于东西向范围比南北向范围大得多的区域

## A.1.3　平面投影

"平面投影"亦称"方位投影"，它通过在地球仪上的某点处放置一个切平面来构造。尽管平面能够在制图员希望的任何位置接触地球仪，但是平面以北极或南极为中心时可视化效果最佳，如图 A.7a 所示。

这种"等距投影"比较有用，因为可以在任何地方居中，便于正确测量从该点至其他所有点的距离。正是由于这种原因，此投影经常被用于显示源自某地的空中航线。当平面居中在极点以外的地方时，经线和纬线经常会出现明显而奇怪的弯曲，如图 A.7b 所示。

因为特别适合于显示极地的布局，平面地图在地图集中很常见。根据采用的特定投影，可以描绘出真实的形状、等价性或其间的折中。此外，"球心切面平面投影"广泛应用于导航和电信行业（见图 A.8），此为所有大圆（或其部分）都显示为直线的唯一投影。因为大圆是两点之间的最短距离，导航者只需用直线连接各点，就可以找到最短路径。

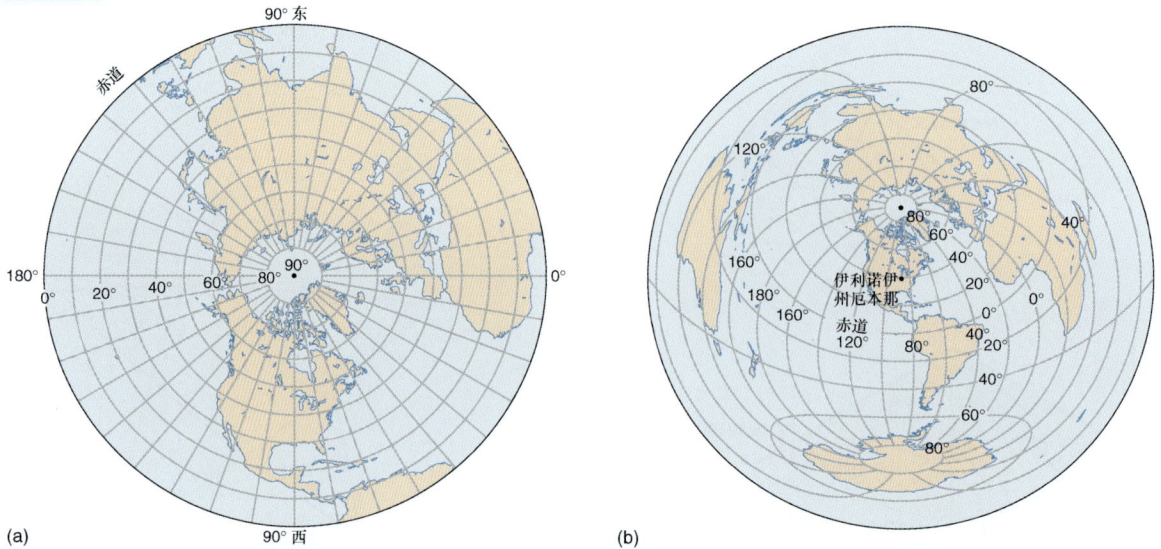

图 A.7　(a)平面等距投影。纬圈是经线（直线）上等距分布的各个圆。因为从中心到任何其他点的距离都是真实的，所以这种投影特别有用。若将格网向外延伸以显示南半球，则南极将表示为圆而非点；(b)以伊利诺伊州厄本那为中心的平面等距投影。英里比例尺只适用于度量与厄本那的距离，或穿越厄本那的直线的距离。地图边缘的比例尺代表了厄本那的"对地（反极）"，是无限延伸的。图(b)数据来源：*Brooks and Roberts*, 1977

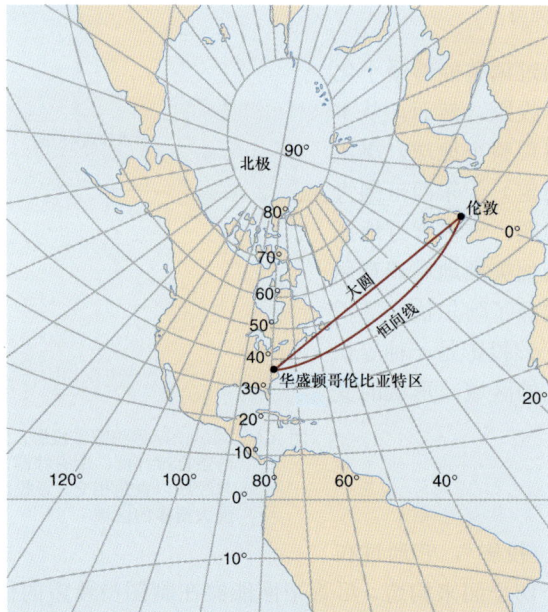

图 A.8　**球心切面投影**是所有大圆都显示为直线的唯一投影，恒向线为曲线，从这个意义上说，与墨卡托投影刚好相反。在墨卡托投影中，恒向线为直线，大圆为曲线。注意，从中心点向外，形状与面积的变形逐渐加大。此地图并非等角、等积或等距

# A.2　数学投影

　　前面介绍的几何投影都可视为由地球仪格网投影至圆柱、圆锥或平面，但还有许多投影不能用简单的几何形状分类，而要根据数学公式以视觉上可以接受的方式来展现世界（或其一部分）。椭圆最为常见，但为了实现特殊目标，有时也会设计出心形、梯形、星形、蝴蝶形及其他各种奇形怪状。

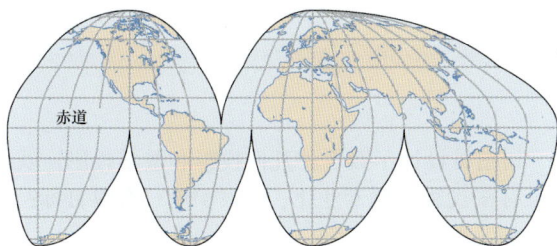

图 A.9 **古蒂等面积投影**是两种不同投影的组合，连接了约 40° 北纬与南纬的正弦投影和等积投影。为改进形状，每块大陆都放在一个叶状体的中间，大约以其自己的中央经线为中心。该投影还可以打断大陆，显示完整的海洋区域。版权归 *Committee on Geographic Studies, University of Chicago*，经允许使用

"古蒂等面积投影"就是这样一种投影，开发者为地理学家保罗·古蒂，主要用于统计制图领域。此投影通常以中断形式显示（见图 A.9），实际上将两种不同投影（正弦投影和摩尔威德投影或等面积投影）中变形程度最小的部分组装在一起，并使各个可拆分地图沿着多条标准经线居中排列，从而减少陆地或海洋表面的变形。这种等积投影也能较好地表达形状，用途非常广泛，特别是在世界地图集中。

"方位正交投影"是一种平面投影，2000 余年前就为埃及人和希腊人所知晓，显示了从太空视角查看的半个地球仪，与人类观察地球的实际情形基本一致（见图 A.10）。此投影主要用于图示说明，既不保形，也不等积，形状与面积严重变形（边缘附近尤甚），方向仅从投影中心点测量才正确。

通过对方位正交投影和古德等面积投影的介绍，可以了解如何操纵或调整投影以达到预期目标。大多数投影均基于对实际地球格网的数学一致性渲染，而这种操作的可能性几乎无限，多种因素都可能影响制图员在平面地图上重建地球格网时的选择，如需要保留的地图属性、待显示区域的大小与形状及地图总体设计等。

某些非常有效的投影的起源与欧氏几何无关，而以非常规方式来转换空间，距离测量可以采用非线性方式（如时间、成本、人数甚至感觉），显示相对空间的地图可以用这些数据来构建。图 A.11 中展示了这种转换的示例。

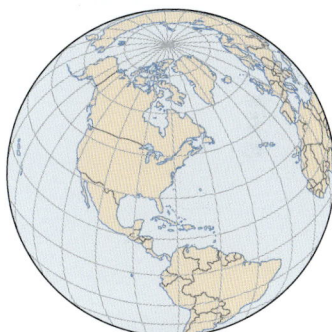

以华盛顿哥伦比亚特区为中心的正交投影

图 A.10 **方位正交投影**由半球投影到平面上形成，光源距离无限远，显示了从深空观察半个地球的情形。此投影公元前 2 世纪就为古希腊天文学家希帕克所用，发明时间可能更早

图 A.11 **乡村音乐歌词中提及的地点。**在此地图变换中，显示了美国乡村音乐歌词中最常出现的几个大州

## 重要概念小结

当把地球转换为平面地图时，不变形根本不可能。制图员设计了数百种几何投影和数学投影，以最大限度上展示各种世界要素及其之间需要强调的关系。有些投影高度专业化，仅限于单一有限目标；还有一些投影具有更加广泛的可接受性和实用性。

## 关键术语

| | | | |
|---|---|---|---|
| azimuthal projection | 方位投影 | Mercator projection | 墨卡托投影 |
| conic projection | 圆锥投影 | planar (azimuthal) projection | 平面（方位）投影 |
| cylindrical projection | 圆柱投影 | rhumb line | 恒向线，伦布线 |
| developable surface | 可展曲面 | small circle | 小圆 |
| great circle | 大圆 | | |

# 附录 B 气候、土壤与植被

## B.1 土壤与气候

土壤是自然环境的重要组成部分，没有土壤，生命不可能存在。土壤在水的存储及净化方面发挥着重要作用，对植物、动物和人类的生存至关重要。

### B.1.1 土壤形成

"土壤"是指位于下伏基岩之上的细粒物质层，由有机质（死亡动植物）、无机质（风化岩石）、空气和水等物质构成。岩石的物理及化学分解称为"风化"（见第 3 章），这是土壤形成过程的开始，能够破坏坚硬的岩石，并最终形成破碎的矿物质颗粒。这些颗粒连同附着其上的分解有机质，在水、热及可分解有机质的各种生物媒介（如细菌和真菌）的作用下，最终转化成为土壤。土壤的形成是一个动态过程，由物理、化学和生物等因素的共同作用推动。

在地球表面的辽阔区域内，土壤种类繁多；但在较小的范围内，特定地区土壤的个性化特征可能会存在明显差异。在土壤的形成过程中，五种主要因素起着关键作用。

1. 地质因素，指影响土壤的厚度、质地、排水性能及养分含量的下伏母岩。
2. 气候因素，指温度和降水对土壤的影响。温度会影响植被的生长期长度、腐解速度及蒸发率；降水总量及强度会影响某个区域生长的植被类型，进而影响腐殖质与分解有机质的供应。
3. 地形因素，指土地的高程、坡度和坡向。所有这些因素均会影响降水量、云层覆盖、风、温度、地表径流、排水性能和土壤侵蚀率等。
4. 生物因素，指动植物（死或活）。这些动植物向土壤中添加有机质，并在营养循环中相互作用。植物从土壤中吸收矿物质营养素，死后又回归至土壤；微生物（如细菌和真菌）有助于分解死亡有机物；较大有机物（如蚂蚁和蠕虫）能够混合及疏松土壤。
5. 时间因素，前四种因素相互作用的时间长短，决定了能够形成哪种类型的土壤。土壤的形成是循序渐进过程，短期形成的土壤可保留母岩的许多特性，长期形成的土壤受气候及生物等因素的影响较大。

### B.1.2 土壤剖面与土壤层

随着时间的不断推移，土壤趋向于形成不同厚度的"土壤层"，它们的结构、质地、颜色及其他特征各不相同。"土壤剖面"是土壤的垂直横截面，显示从地表至下伏母岩的不同土壤层，如图 B.1 所示。

- 表面层或 O 层（O 代表有机），主要由新鲜及腐解的有机质构成，包括树叶、树枝、动物粪便及死昆虫等。
- O 层之下是肥沃的矿物质层或 A 层，代表表土，植物营养丰富，生物活性和腐殖质含量最高。由于腐殖质的存在，此层土壤颜色较深。
- 渗入土壤中的水通过一种"淋溶（淋洗，淋滤）"作用过程，去除了 A 层底部的一些有机质与矿物质，形成了颜色较浅的 E 层。

- 从 E 层移除的物质沉积在淀积层或 B 层，有机质含量较少，肥沃程度比 A 层的低。根据沉积在这一层中的矿物类型，颜色可能比 E 层更深或更浅。
- C 层（风化层）是风化作用将基岩缓慢转化为土壤颗粒的地方，土壤形成年代越久远，气候越温暖、越潮湿，C 层的颜色就越深、越易识别。
- 最底层为未变基岩或 R 层（R 代表基岩）。仅当基岩位于地表 2 米以浅范围内时，此名称才适用。

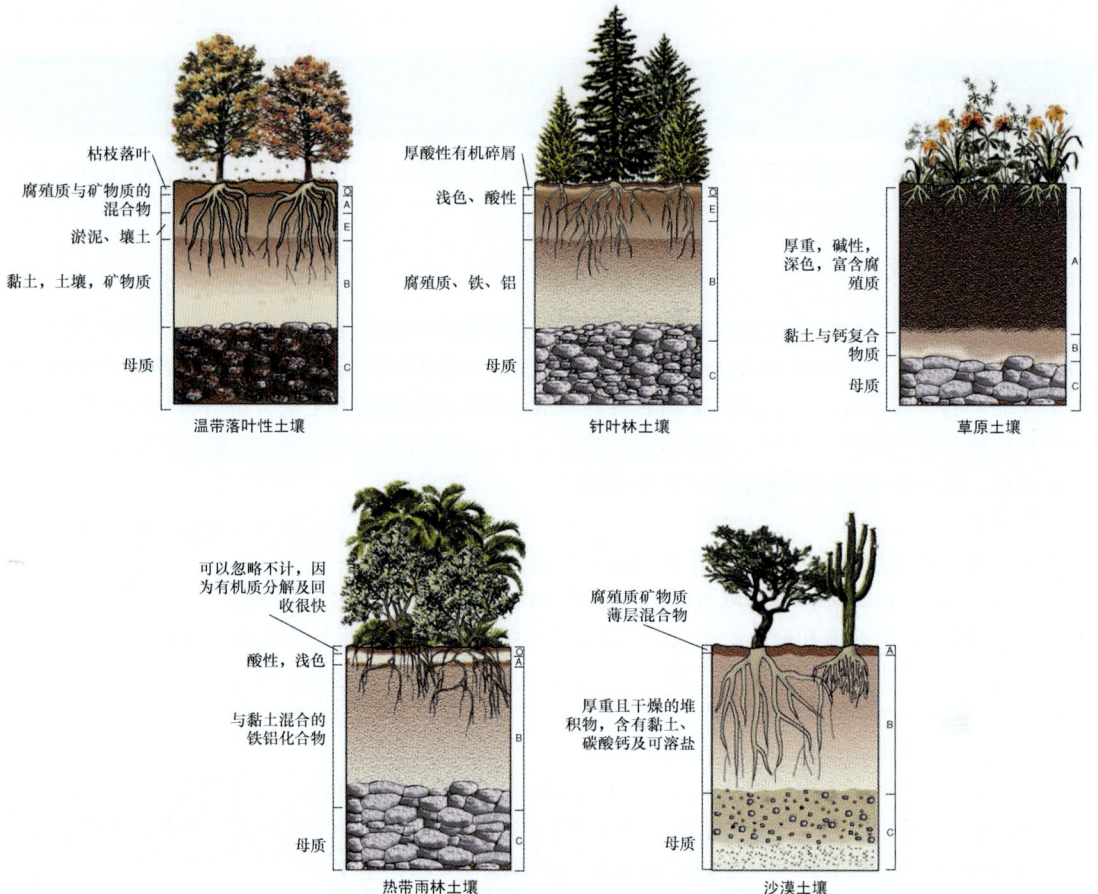

图 B.1　主要生态系统的典型土壤剖面。土壤层的数量、成分和厚度因土壤类型而异，未显示底层、未改变基岩或 R 层。来源: *The Biosphere,* 4th ed. by Donald Kaufman and Cecilia Franz (Kendall/Hunt Publishing, 2005). Copyright © 2005 by Kendall/Hunt Publishing，经允许影印

## B.1.3　土壤性质

土壤的主要组成部分为矿物质、有机质、水和空气，这四种组分相互作用可形成具有不同性质的土壤。"土壤性质"是人们能够区分不同种类土壤的特征。

土壤既包含有机质，又包含无机质。后者由风化作用生成，主要组分为石英、硅酸盐黏土及铁铝矿物等。当风化作用将岩石分解成土壤颗粒时，矿物质就会释放出来并滋养植物生长。

"质地"指土壤中的矿物质大小，由沙子、淤泥和黏土颗粒的比例决定。沙子是最大的颗粒类型，其次是淤泥，然后是黏土。最适合农业生产的土壤质地称为"壤土"，大约含有 40%的沙子、40%的淤泥和 20%的黏土。

质地影响"土壤结构"，即单个颗粒聚集成较大团聚体的方式，团聚体的大小、形状及排列影响着

土壤容纳水、空气和植物养分的能力。

　　土壤所含的"营养成分"差异很大，氮、磷、钙等化学元素对植物生长和保持土壤肥力必不可少。对于营养成分不足的土壤，可以通过人工施肥来促进生产。

　　前文已经述及，有机质或腐殖质主要来源于死亡及腐解的动植物，可以保持水分并为植物提供营养。在北美洲的肥沃草原、阿根廷的潘帕斯草原及俄罗斯的无树大草原中，腐殖质含量最高。

　　高腐殖质含量使土壤呈现深棕色或黑色，这是另一种土壤性质。在热带及亚热带地区，铁化合物可以使土壤呈现黄色或红色。浅色（灰色或白色）通常为潮湿地区的高淋滤土壤和干燥地区的碱性土壤，淋滤土壤是指地下水溶解并去除了水溶性矿物的土壤。

　　第 13 章讨论的 pH 值可以度量土壤的酸碱度，最适合农业生产的土壤往往需要保持酸碱平衡。

## B.1.4　土壤类型

　　多年来，科学家们设计了许多土壤分类方法，美国农业部开发的"土壤系统分类"最为常见，它基于当前特征将土壤划分为 12 种土纲，然后依次划分为亚纲、土类、亚类、土族和数千种土系，参见专栏 B.1。"土纲"是非常常见的土壤分类，划分依据为具有相似的成分、层位、风化和淋溶过程的土壤。

### 专栏 B.1　土壤系统分类

| 土　纲 | 简要说明 |
| --- | --- |
| 氧化物土（Oxisols） | 红色、橙色和黄色；高度风化、淋滤和酸化；肥力较低；发育于南美洲和非洲的潮湿热带地区 |
| 极育土（Ultisols） | 红色和黄色；高度风化和淋滤；酸性低于氧化物土；肥力较低；发育于温暖、潮湿或干燥的热带及亚热带地区 |
| 淋溶土（Alfisols） | 灰褐色；中度风化和淋滤；肥沃，营养极富；发育于潮湿的中纬度地区 |
| 淋淀土（Spodosols） | A 层浅色、沙质，B 层红棕色；中度风化、淋滤和酸化；发育于针叶林之下 |
| 黑沃土（Mollisols） | 深棕色至黑色；中度风化和淋滤；营养极其丰富，最肥沃的土壤；发育于中纬度草原 |
| 旱境土（Aridisols） | 浅色、沙质；通常为盐碱地；干燥，有机质含量低，但若灌溉得当，适合于农业生产 |
| 弱育土（Inceptisols） | 发育较弱的不成熟土壤；发育于高纬度寒冷气候，特别是苔原和山区；农业潜力有限，除非在季节性洪水沉积了新沉积物层的河谷地区 |
| 膨转土（Vertisols） | 深色；含泥量高；在热带和亚热带地区的草下形成，有明显的干湿期；肥沃，但难以种植 |
| 新成土（Entisols） | 薄而多沙；不成熟，化育不良；营养不足；发育于冻土带、山坡和河漫滩 |
| 有机质土（Histosols） | 黑色、酸性；主要由不同程度腐解的有机质组成；一年之中，全部或部分被水淹没；发育于中高纬度和排水不良的地区（如泥炭沼泽、沼泽或草地）或苔原；排水后比较肥沃 |
| 灰烬土（Andisols） | 在火山成因的母质上，发育的年轻、未成熟的土壤；有机质含量高；酸性 |
| 冰冻土（Gelisols） | 发育于永久冻土区 |

# B.2　自然植被与气候

　　每种气候都存在典型的特殊"自然植被"，即如果不加以人工影响能够存在于某地的植物。在当前的人类聚居区，自然植被已经非常少见。自然植被不仅与气候密切相关，而且与土壤、地貌、地下水及其他生境特征（包括动物）密切相关。

## B.2.1　自然演替

　　经过一系列称为"自然演替"过程的发育阶段，特定地区的自然植被最终会与自然环境达到平衡。演替通常从相对简单的"先锋植物"群落开始，即最早在裸岩上定居的有机体（如地衣）。先锋植物开启了土壤形成的初始过程，并且随着时间的推移而改变环境。随着变化越来越大，那些似乎无法在初始条件下存活下来的植物，终将取代早期的先锋植物群落（如地衣被苔藓和蕨类植物取代），如图 B.2 所示。

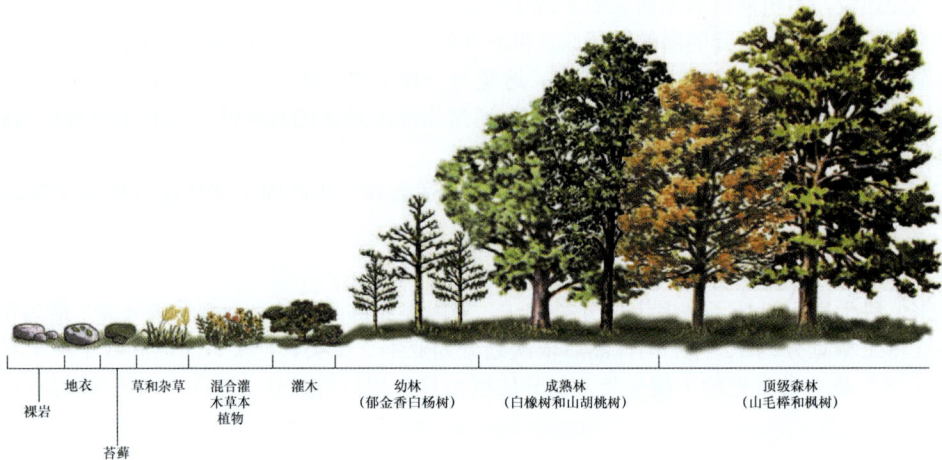

　　这种植物进化过程持续不断地进行，通过改变自身的表土、土壤结构及土壤保持水分的能力等，每个后续群落都会为下一个群落做好准备。一般来说，在每个自然演替群落中，物种数量和植物高度都会增加。在前面所举的示例中，苔藓和蕨类植物可能被草和草本植物取代，一旦积累了足够的土壤，下一个代替者将会变为低矮的灌木，而低矮的灌木最后会被树木所取代。对于图 B.3 中描绘的理想植物演替过程来讲，可能需要数百年甚至数千年的时间才能实现。

　　在特定地区的植物群落中，自然演替的最后一步称为"顶极群落"，这是与某个地区的气候和土壤相平衡的一种自生自灭植物组合。然而，顶极群落并不是永久不变的，而是随着环境条件的变化而改变，例如火山喷发、森林火灾、洪水、干旱及其他干扰因素会改变环境，从而迫使植被发生改变。

## B.2.2　自然植被区

　　图 B.3 显示了地球上自然植被区的总体格局。热带地区的降雨量大，全年分布均匀，植被类型为"热带雨林"。一般来说，森林由紧密生长在一起的树木组成，形成了连续而重叠的一体化叶冠。在热带地区，任何较小区域的森林都有成百上千种树，由于树冠阻挡了阳光，所以只存在稀疏的矮树丛。当热带降雨季节性发生时，热带草原植被就会出现，主要为低矮草原，偶尔会有森林或个别树木。由于蒸发率较高，在稀树草原地区，没有足够的水分来维持茂密的植被。

　　地中海（或查帕拉尔）植被生长在夏季炎热、冬季温暖潮湿的中纬度地区，例如美国加利福尼亚、澳大利亚、智利、南非和地中海地区等。这类植被主要由规模较小的灌木与树木（如弗吉尼亚栎树）组成，共同形成一种雨季绿色、旱季棕色的低密度植被。大多数干旱地区都有一些植被，半沙漠及沙漠植被由矮树、灌木及各种各样的仙人掌组成，但砾石和砂质地区几乎没有植物。

　　在世界上全年降雨量适中的温带地区（如中美洲、北美洲、南美洲南部和中亚南部），最普遍的植被类型是草原，通常生长于腐殖质含量较高的土壤。当温带地区的降雨量变高时，自然植被变为落叶林地，某些类型的树木（如橡树、榆树和梧桐树）寒冷季节会落叶。

　　除温带外，在夏季温和、冬季严寒的北方地区，针叶林较为常见。在蒸发率很低的情况下，通常只有少数树种（如松树和云杉）占优势。再往北一些，森林变成了苔原植被，这是由极矮的灌木、苔藓、地衣和杂草构成的一种复杂混合体。

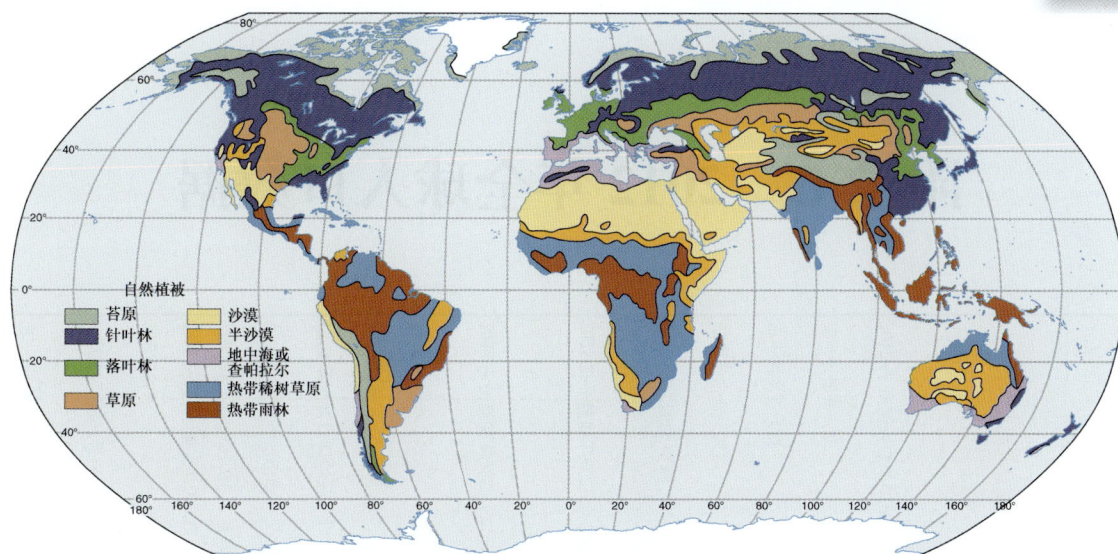

图 B.3　世界自然植被分布图

## 重要概念小结

　　土壤和植被是自然环境的重要组成部分。随着时间的推移，土壤趋向于形成不同厚度的土壤层。土壤的四种主要成分是矿物质、有机质（植被）、水和空气，它们相互作用而形成各种类型的土壤。各种气候均为自然植被的一种特定复合体，人类聚居区目前已经很难见到原始形态的自然植被。一般而言，土壤类型与自然植被之间存在相关性。

## 关键术语

| | | | |
|---|---|---|---|
| climax community | 顶级群落 | soil profile | 土壤剖面 |
| natural vegetation | 自然植被 | soil properties | 土壤性质 |
| soil horizon | 土壤层 | succession | 自然演替 |
| soil order | 土纲 | | |

# 附录 C　　2012 年全球人口数据

| | 2012 年中期人口（百万） | 每千人出生人数 | 每千人死亡人数 | 自然增长率（%） | 每千人净移民人数 | 2025 年中期预计人口（百万） | 2050 年中期预计人口（百万） | 婴儿死亡率 b | 总生育率 a | 15 岁以下人口百分比 | 65 岁以上人口百分比 | 出生时的预期寿命（岁），两性 | 2008 年供水改善的农村人口（%） | 城市百分比 | 人均国民总收入购买力平价（美元） | 每平方千米人口密度 |
|---|---|---|---|---|---|---|---|---|---|---|---|---|---|---|---|---|
| **全球** | 7058 | 20 | 8 | 1.2 | — | 8082 | 9624 | 41 | 2.4 | 26 | 8 | 70 | 77 | 51 | 10760 | 52 |
| 发达国家 | 1243 | 11 | 10 | 0.1 | 2 | 1292 | 1338 | 5 | 1.6 | 16 | 16 | 78 | 97 | 75 | 33460 | 27 |
| 欠发达国家 | 5814 | 22 | 8 | 1.4 | −1 | 6789 | 8286 | 45 | 2.6 | 29 | 6 | 68 | 76 | 46 | 5900 | 70 |
| 欠发达国家（不含中国） | 4464 | 25 | 8 | 1.7 | −1 | 5387 | 6975 | 49 | 3.0 | 32 | 5 | 66 | 74 | 45 | 5380 | 61 |
| 不发达国家 | 876 | 35 | 10 | 2.4 | −1 | 1185 | 1899 | 72 | 4.4 | 41 | 3 | 59 | 54 | 28 | 1440 | 43 |
| **非洲** | 1072 | 36 | 11 | 2.5 | −1 | 1446 | 2339 | 67 | 4.7 | 43 | 3 | 58 | 52 | 39 | 2630 | 35 |
| **撒哈拉以南非洲** | 902 | 38 | 12 | 2.6 | −1 | 1245 | 2092 | 72 | 5.1 | 43 | 3 | 55 | 47 | 37 | 1970 | 38 |
| **北部非洲** | 213 | 26 | 6 | 2.0 | −1 | 263 | 346 | 38 | 3.1 | 32 | 4 | 69 | 78 | 51 | 5760 | 25 |
| 阿尔及利亚 | 37.4 | 25 | 4 | 2.0 | −1 | 42.0 | 46.5 | 24 | 2.9 | 28 | 5 | 73 | 79 | 72 | 8100 | 16 |
| 埃及 | 82.3 | 25 | 5 | 2.0 | −1 | 102.0 | 135.6 | 24 | 2.9 | 32 | 4 | 72 | 98 | 43 | 6060 | 82 |
| 利比亚 | 6.5 | 23 | 4 | 1.9 | −5 | 7.5 | 8.8 | 14 | 2.6 | 31 | 4 | 75 | — | 78 | 16880 | 4 |
| 摩洛哥 | 32.6 | 19 | 6 | 1.4 | −4 | 36.9 | 41.4 | 30 | 2.3 | 28 | 6 | 72 | 60 | 58 | 4600 | 73 |
| 南苏丹 | 9.4 | 42 | 14 | 2.8 | 6 | 14.6 | 25.1 | 101 | 5.4 | 44 | 2 | 52 | — | 17 | — | 15 |
| 苏丹 | 33.5 | 34 | 9 | 2.4 | −2 | 46.8 | 74.1 | 67 | 4.2 | 41 | 3 | 60 | 52 | 41 | 2030[c] | 18 |
| 突尼斯 | 10.8 | 19 | 6 | 1.3 | 0 | 12.1 | 13.7 | 20 | 2.1 | 23 | 7 | 75 | 84 | 66 | 9060 | 66 |
| 西撒哈拉 d | 0.6 | 22 | 6 | 1.7 | 18 | 0.8 | 0.9 | 40 | 2.6 | 29 | 2 | 67 | — | 82 | — | 2 |
| **西部非洲** | 324 | 40 | 13 | 2.7 | −1 | 450 | 774 | 76 | 5.4 | 44 | 3 | 54 | 50 | 44 | 1810 | 53 |
| 贝宁 | 9.4 | 40 | 12 | 2.9 | −1 | 13.5 | 23.3 | 81 | 5.4 | 44 | 3 | 56 | 69 | 44 | 1590 | 83 |
| 布基纳法索 | 17.5 | 43 | 12 | 3.1 | −1 | 25.5 | 46.7 | 65 | 6.0 | 46 | 2 | 55 | 72 | 24 | 1250 | 64 |
| 加蓬 | 0.5 | 26 | 6 | 2.0 | −2 | 0.6 | 0.7 | 24 | 2.5 | 32 | 6 | 73 | 82 | 62 | 3710 | 126 |
| 科特迪瓦 | 20.6 | 35 | 12 | 2.3 | −2 | 28.1 | 46.1 | 73 | 4.6 | 43 | 3 | 55 | 68 | 50 | 1810 | 64 |
| 冈比亚 | 1.8 | 38 | 9 | 2.9 | −2 | 2.5 | 4.0 | 70 | 4.9 | 44 | 2 | 58 | 86 | 59 | 1300 | 162 |
| 加纳 | 25.5 | 32 | 8 | 2.4 | 0 | 33.4 | 49.1 | 47 | 4.2 | 39 | 4 | 64 | 74 | 44 | 1620 | 107 |
| 几内亚 | 11.5 | 39 | 13 | 2.6 | −3 | 14.3 | 23.0 | 89 | 5.2 | 43 | 3 | 54 | 61 | 28 | 1020 | 47 |
| 几内亚比绍 | 1.6 | 38 | 17 | 2.2 | −1 | 2.1 | 3.3 | 103 | 5.1 | 44 | 3 | 48 | 51 | 43 | 1180 | 45 |
| 利比里亚 | 4.2 | 40 | 11 | 2.9 | −1 | 6.0 | 10.8 | 83 | 5.4 | 43 | 3 | 56 | 51 | 47 | 340 | 38 |
| 马里 | 16.0 | 46 | 14 | 3.2 | −2 | 23.7 | 45.3 | 77 | 6.3 | 47 | 2 | 51 | 44 | 33 | 1030 | 13 |
| 毛里塔尼亚 | 3.6 | 34 | 10 | 2.4 | −1 | 4.7 | 7.1 | 74 | 4.5 | 40 | 2 | 58 | 47 | 42 | 2410 | 4 |
| 尼日尔 | 16.3 | 46 | 11 | 3.5 | −1 | 25.6 | 54.2 | 81 | 7.1 | 52 | 2 | 58 | 39 | 20 | 720 | 13 |
| 尼日利亚 | 170.1 | 40 | 14 | 2.6 | 0 | 234.4 | 402.4 | 77 | 5.6 | 44 | 3 | 51 | 42 | 51 | 2240 | 184 |
| 塞内加尔 | 13.1 | 38 | 9 | 2.9 | −2 | 18.6 | 32.3 | 47 | 5.0 | 44 | 3 | 58 | 52 | 42 | 1910 | 67 |
| 塞拉利昂 | 6.1 | 39 | 16 | 2.3 | 1 | 7.8 | 11.1 | 109 | 5.0 | 43 | 3 | 47 | 26 | 40 | 830 | 85 |
| 多哥 | 6.0 | 36 | 8 | 2.8 | 0 | 9.4 | 14.3 | 78 | 4.7 | 41 | 3 | 62 | 41 | 37 | 890 | 106 |
| **东部非洲** | 342 | 38 | 11 | 2.7 | −1 | 477 | 799 | 60 | 5.1 | 44 | 3 | 57 | 45 | 24 | 1150 | 54 |
| 布隆迪 | 10.6 | 42 | 10 | 3.2 | 4 | 15.5 | 27.1 | 63 | 6.4 | 46 | 3 | 58 | 71 | 10 | 400 | 379 |
| 科摩罗 | 0.8 | 37 | 9 | 2.9 | −3 | 1.0 | 1.7 | 68 | 4.9 | 43 | 3 | 61 | 97 | 28 | 1090 | 346 |

（续表）

| | 2012 年中期人口（百万） | 每千人出生人数 | 每千人死亡人数 | 自然增长率（%） | 每千人净移民人数 | 2025 年中期预计人口（百万） | 2050 年中期预计人口（百万） | 婴儿死亡率 b | 总生育率 b | 15 岁以下人口百分比 | 65 岁以上人口百分比 | 出生时的预期寿命（岁），两性 | 2008 年供水改善的农村人口（%） | 城市百分比 | 人均国民总收入购买力平价（美元） | 每平方千米人口密度 |
|---|---|---|---|---|---|---|---|---|---|---|---|---|---|---|---|---|
| **东部非洲（续）** | | | | | | | | | | | | | | | | |
| 吉布提 | 0.9 | 29 | 10 | 1.9 | 0 | 1.2 | 1.6 | 79 | 3.8 | 36 | 3 | 58 | 52 | 76 | 2460 | 40 |
| 厄立特里亚 | 5.6 | 36 | 8 | 2.8 | 2 | 7.6 | 11.6 | 51 | 4.5 | 42 | 2 | 61 | 57 | 22 | 540 | 47 |
| 埃塞俄比亚 | 87.0 | 34 | 10 | 2.4 | −1 | 115.0 | 166.5 | 59 | 4.8 | 41 | 3 | 59 | 26 | 17 | 1040 | 79 |
| 肯尼亚 | 43.0 | 35 | 8 | 2.7 | 0 | 53.2 | 70.8 | 47 | 4.4 | 42 | 3 | 62 | 32 | 32 | 1640 | 74 |
| 马达加斯加 | 21.9 | 35 | 7 | 2.9 | 0 | 31.2 | 53.6 | 43 | 4.7 | 43 | 3 | 66 | 29 | 31 | 960 | 37 |
| 马拉维 | 15.9 | 43 | 15 | 2.8 | 0 | 24.2 | 49.7 | 66 | 5.7 | 46 | 3 | 53 | 77 | 15 | 860 | 134 |
| 毛里求斯 | 1.3 | 11 | 7 | 0.4 | 0 | 1.4 | 1.3 | 12.9 | 1.4 | 22 | 7 | 73 | 99 | 42 | 13980 | 633 |
| 马约特 | 0.2 | 41 | 3 | 3.8 | 0 | 0.3 | 0.6 | 6 | 5.0 | 46 | 2 | 77 | — | 50 | — | 583 |
| 莫桑比克 | 23.7 | 42 | 14 | 2.8 | 0 | 36.5 | 67.5 | 86 | 5.9 | 45 | 3 | 52 | 29 | 31 | 930 | 30 |
| 留尼旺 | 0.9 | 17 | 5 | 1.2 | 0 | 1.0 | 1.1 | 8 | 2.5 | 25 | 8 | 78 | — | 94 | — | 341 |
| 卢旺达 | 10.8 | 33 | 10 | 2.2 | 0 | 14.3 | 20.6 | 46 | 4.6 | 42 | 3 | 54 | 62 | 17 | 1150 | 411 |
| 塞舌尔 | 0.1 | 18 | 8 | 1.0 | 2 | 0.1 | 0.1 | 12.6 | 2.3 | 20 | 7 | 73 | — | 56 | 21090 | 204 |
| 索马里 | 10.1 | 44 | 16 | 2.8 | −12 | 13.3 | 22.6 | 107 | 6.4 | 45 | 2 | 50 | 9 | 34 | — | 16 |
| 坦桑尼亚 | 47.7 | 41 | 11 | 3.0 | −1 | 70.9 | 138.3 | 51 | 5.4 | 45 | 3 | 57 | 45 | 26 | 1440 | 50 |
| 乌干达 | 35.6 | 45 | 12 | 3.3 | −1 | 52.3 | 94.3 | 54 | 6.2 | 48 | 3 | 53 | 64 | 15 | 1250 | 148 |
| 赞比亚 | 13.7 | 46 | 16 | 3.0 | −1 | 20.7 | 44.5 | 88 | 6.3 | 46 | 3 | 49 | 39 | 39 | 1380 | 18 |
| 津巴布韦 | 12.6 | 34 | 15 | 1.9 | −9 | 17.7 | 25.6 | 57 | 4.1 | 43 | 4 | 48 | 72 | 29 | — | 32 |
| **中部非洲** | 134 | 44 | 15 | 2.8 | 0 | 193 | 352 | 98 | 5.9 | 45 | 3 | 50 | 35 | 41 | 1890 | 20 |
| 安哥拉 | 20.9 | 41 | 12 | 3.2 | 1 | 32.2 | 63.2 | 64 | 6.3 | 48 | 2 | 54 | 38 | 59 | 5460 | 17 |
| 喀麦隆 | 20.9 | 4.6 | 14 | 2.7 | 0 | 28.0 | 44.6 | 62 | 5.1 | 43 | 4 | 51 | 51 | 49 | 2270 | 44 |
| 中非共和国 | 4.6 | 35 | 16 | 1.9 | 0 | 5.9 | 8.4 | 101 | 4.6 | 40 | 4 | 48 | 51 | 38 | 790 | 7 |
| 乍得 | 11.8 | 45 | 16 | 2.8 | −2 | 16.4 | 27.3 | 128 | 6.0 | 46 | 3 | 49 | 44 | 28 | 1220 | 9 |
| 刚果（布） | 4.2 | 40 | 11 | 2.8 | 0 | 5.9 | 10.2 | 70 | 5.1 | 41 | 3 | 57 | 34 | 63 | 3190 | 12 |
| 刚果（金） | 69.1 | 45 | 17 | 2.8 | −1 | 101.0 | 194.2 | 115 | 6.3 | 46 | 3 | 48 | 28 | 34 | 320 | 29 |
| 赤道几内亚 | 0.7 | 37 | 15 | 2.2 | 2 | 1.0 | 1.5 | 98 | 5.2 | 39 | 4 | 51 | — | 40 | 23760 | 26 |
| 圣多美和普林西比 | 0.2 | 37 | 8 | 2.8 | −10 | 0.2 | 0.3 | 38 | 4.9 | 43 | 4 | 63 | 89 | 63 | 1930 | 190 |
| **南部非洲** | 59 | 22 | 12 | 1.0 | 2 | 63 | 68 | 41 | 2.5 | 32 | 5 | 54 | 79 | 58 | 9890 | 22 |
| 博茨瓦纳 | 1.9 | 26 | 14 | 1.2 | 0 | 2.2 | 2.4 | 44 | 2.8 | 34 | 4 | 51 | 90 | 24 | 13700 | 3 |
| 莱索托 | 2.2 | 28 | 16 | 1.2 | −2 | 2.5 | 2.7 | 80 | 3.2 | 37 | 4 | 48 | 81 | 23 | 1970 | 73 |
| 纳米比亚 | 2.4 | 26 | 8 | 1.8 | 0 | 2.9 | 3.6 | 34 | 3.3 | 36 | 4 | 62 | 88 | 39 | 6420 | 3 |
| 南非 | 51.1 | 21 | 12 | 0.9 | 2 | 54.2 | 57.2 | 38 | 2.4 | 31 | 5 | 54 | 78 | 62 | 10360 | 42 |
| 斯威士兰 | 1.2 | 30 | 15 | 1.6 | −1 | 1.5 | 2.0 | 70 | 3.5 | 38 | 4 | 48 | 61 | 22 | 5600 | 70 |
| **美洲** | 948 | 16 | 7 | 1.0 | 0 | 1063 | 1211 | 16 | 2.1 | 25 | 9 | 76 | 86 | 78 | 23870 | 22 |
| **北美洲** | 349 | 13 | 8 | 0.5 | 3 | 391 | 471 | 6 | 1.9 | 19 | 13 | 79 | 94 | 79 | 46400 | 16 |
| 加拿大 | 34.9 | 11 | 7 | 0.4 | 7 | 39.9 | 48.6 | 5.1 | 1.7 | 16 | 14 | 81 | 99 | 80 | 38370 | 3 |
| 美国 | 313.9 | 13 | 8 | 0.5 | 2 | 351.4 | 422.6 | 6.0 | 1.9 | 20 | 13 | 79 | 94 | 79 | 47310 | 33 |
| **拉丁美洲和加勒比地区** | 599 | 19 | 6 | 1.3 | −1 | 672 | 740 | 20 | 2.2 | 28 | 7 | 74 | 80 | 78 | 10760 | 29 |
| **中美洲** | 160 | 21 | 5 | 1.6 | −3 | 185 | 212 | 18 | 2.5 | 31 | 6 | 76 | 85 | 71 | 12050 | 65 |
| 伯利兹 | 0.3 | 25 | 4 | 2.1 | −1 | 0.4 | 0.5 | 17 | 2.8 | 34 | 4 | 76 | 100 | 44 | 6200 | 14 |
| 哥斯达黎加 | 4.5 | 16 | 4 | 1.1 | 0 | 5.1 | 5.8 | 9.1 | 1.8 | 24 | 7 | 79 | 91 | 62 | 11270 | 88 |
| 萨尔瓦多 | 6.3 | 20 | 7 | 1.4 | −8 | 6.8 | 7.6 | 20 | 2.3 | 32 | 7 | 72 | 76 | 63 | 6550 | 298 |
| 危地马拉 | 15.0 | 29 | 5 | 2.4 | −2 | 19.7 | 27.4 | 30 | 3.6 | 41 | 4 | 71 | 90 | 50 | 4650 | 138 |
| 洪都拉斯 | 8.4 | 27 | 5 | 2.2 | −2 | 10.5 | 13.7 | 26 | 3.2 | 38 | 4 | 73 | 77 | 50 | 3770 | 75 |
| 墨西哥 | 116.1 | 20 | 5 | 1.5 | −3 | 131.0 | 143.9 | 15 | 2.3 | 29 | 6 | 77 | 87 | 77 | 14400 | 59 |
| 尼加拉瓜 | 6.0 | 24 | 5 | 1.9 | −5 | 6.9 | 7.8 | 20 | 2.6 | 35 | 5 | 74 | 68 | 57 | 2790 | 46 |
| 巴拿马 | 3.6 | 19 | 5 | 1.5 | 0 | 4.2 | 5.0 | 17 | 2.4 | 29 | 7 | 76 | 83 | 65 | 12770 | 48 |

（续表）

| | 2012年中期人口（百万） | 每千人出生人数 | 每千人死亡人数 | 自然增长率（%） | 每千人净移民人数 | 2025年中期预计人口（百万） | 2050年中期预计人口（百万） | 婴儿死亡率 a | 总生育率 b | 15岁以下人口百分比 | 65岁以上人口百分比 | 出生时的预期寿命（岁），两性 | 2008年供水改善的农村人口（%） | 城市百分比 | 人均国民总收入购买力平价（美元） | 每平方千米人口密度 |
|---|---|---|---|---|---|---|---|---|---|---|---|---|---|---|---|---|
| **加勒比地区** | 42 | 18 | 8 | 1.1 | −4 | 46 | 49 | 33 | 2.3 | 27 | 9 | 72 | 76 | 65 | — | 179 |
| 安提瓜和巴布达 | 0.1 | 14 | 5 | 0.8 | 2 | 0.1 | 0.1 | 12 | 1.7 | 28 | 7 | 75 | — | 30 | 20400 | 197 |
| 巴哈马 | 0.4 | 15 | 6 | 0.9 | 1 | 0.4 | 0.5 | 13 | 1.9 | 25 | 6 | 75 | — | | 30620 | 26 |
| 巴巴多斯 | 0.3 | 13 | 8 | 0.5 | 0 | 0.3 | 0.3 | 12 | 1.7 | 19 | 10 | 74 | 100 | 45 | — | 644 |
| 古巴 | 11.2 | 11 | 8 | 0.3 | −4 | 11.4 | 11.3 | 4.5 | 1.7 | 17 | 13 | 78 | 89 | 75 | — | 101 |
| 库拉索 | 0.2 | 14 | 9 | 0.5 | 2 | 0.2 | 0.2 | 8.7 | 2.2 | 20 | 12 | 77 | — | | | 444 |
| 多米尼加 | 0.1 | 13 | 8 | 0.5 | −6 | 0.1 | 0.1 | 12 | 1.8 | 23 | 10 | 76 | — | 67 | 11940 | 95 |
| 多米尼加共和国 | 10.1 | 23 | 6 | 1.6 | −3 | 11.6 | 13.2 | 27 | 2.6 | 31 | 6 | 73 | 84 | 66 | 9030 | 208 |
| 格林纳达 | 0.1 | 19 | 6 | 1.3 | −10 | 0.1 | 0.1 | 14 | 2.2 | 28 | 7 | 76 | — | 40 | 9930 | 334 |
| 瓜达卢佩 | 0.4 | 13 | 7 | 0.6 | −6 | 0.4 | 0.4 | 7.6 | 2.1 | 22 | 14 | 80 | — | 98 | — | 236 |
| 海地 | 10.3 | 27 | 9 | 1.8 | −5 | 11.9 | 14.2 | 61 | 3.4 | 36 | 4 | 62 | 55 | 47 | 1180 | 370 |
| 牙买加 | 2.7 | 16 | 7 | 1.0 | −7 | 2.8 | 2.6 | 23 | 2.1 | 27 | 9 | 73 | 89 | 52 | 7310 | 247 |
| 马提尼克 | 0.4 | 13 | 7 | 0.6 | −5 | 0.4 | 0.4 | 9.3 | 2.1 | 20 | 15 | 81 | — | 89 | — | 359 |
| 波多黎各 | 3.7 | 11 | 8 | 0.3 | −8 | 3.7 | 3.6 | 8.5 | 1.6 | 20 | 15 | 79 | — | 99 | — | 416 |
| 圣基茨-尼维斯 | 0.1 | 14 | 7 | 0.7 | 1 | 0.1 | 0.1 | 10 | 1.8 | 23 | 8 | 74 | 100 | 32 | 15970 | 207 |
| 圣卢西亚 | 0.2 | 13 | 6 | 0.7 | −1 | 0.2 | 0.2 | 22 | 1.6 | 24 | 9 | 73 | 98 | 28 | 10520 | 314 |
| 圣文森特和格林纳丁斯 | 0.1 | 19 | 6 | 1.2 | −9 | 0.1 | 0.1 | 20 | 2.3 | 31 | 7 | 72 | — | 40 | 10870 | 278 |
| 特立尼达和多巴哥 | 1.3 | 14 | 8 | 0.6 | −5 | 1.3 | 1.1 | 29 | 1.8 | 25 | 7 | 71 | 93 | 13 | 24050 | 256 |
| **南美洲** | 397 | 18 | 6 | 1.2 | 0 | 441 | 479 | 19 | 2.1 | 26 | 7 | 74 | 78 | 82 | 10930 | 22 |
| 阿根廷 | 40.8 | 19 | 8 | 1.1 | −1 | 46.9 | 57.7 | 11.9 | 2.4 | 25 | 10 | 76 | 80 | 91 | 15570 | 15 |
| 玻利维亚 | 10.8 | 26 | 7 | 1.9 | | 12.5 | 16.8 | 42 | 3.3 | 36 | 4 | 67 | 67 | 66 | 4640 | 10 |
| 巴西 | 194.3 | 16 | 6 | 1.0 | 0 | 210.1 | 213.4 | 20 | 1.9 | 24 | 7 | 74 | 84 | 84 | 11000 | 23 |
| 智利 | 17.4 | 15 | 5 | 1.0 | 0 | 19.3 | 21.0 | 7.9 | 1.9 | 22 | 9 | 79 | 74 | 89 | 14640 | 23 |
| 哥伦比亚 | 47.4 | 19 | 6 | 1.3 | −1 | 52.4 | 53.2 | 16 | 2.1 | 29 | 6 | 73 | 74 | 76 | 9060 | 42 |
| 厄瓜多尔 | 14.9 | 21 | 5 | 1.6 | −2 | 17.2 | 19.5 | 20 | 2.5 | 30 | 6 | 75 | 88 | 66 | 7880 | 52 |
| 法属圭亚那 | 0.2 | 26 | 3 | 2.3 | 2 | 0.3 | 0.6 | 10.4 | 3.4 | 35 | 4 | 79 | — | 81 | — | 3 |
| 圭亚那 | 0.8 | 21 | 6 | 1.5 | −7 | 0.8 | 0.9 | 38 | 2.5 | 33 | 1 | 70 | 93 | 29 | 3450 | 4 |
| 巴拉圭 | 6.7 | 24 | 5 | 1.9 | −1 | 8.2 | 10.3 | 30 | 3.0 | 34 | 5 | 72 | 66 | 59 | 5080 | 16 |
| 秘鲁 | 30.1 | 20 | 5 | 1.5 | −4 | 34.4 | 40.1 | 16 | 2.6 | 30 | 6 | 74 | 61 | 74 | 8930 | 23 |
| 苏里南 | 0.5 | 19 | 6 | 1.2 | −2 | 0.6 | 0.6 | 20 | 2.3 | 29 | 6 | 71 | 81 | 67 | 7680 | 3 |
| 乌拉圭 | 3.4 | 14 | 10 | 0.4 | −2 | 3.5 | 3.6 | 10.6 | 2.0 | 22 | 14 | 76 | 100 | 94 | 13620 | 19 |
| 委内瑞拉 | 29.7 | 21 | 5 | 1.5 | 0 | 35.1 | 41.6 | 16.4 | 2.5 | 29 | 6 | 74 | — | 88 | 12150 | 33 |
| **亚洲** | 4260 | 18 | 7 | 1.1 | 0 | 4779 | 5284 | 37 | 2.2 | 25 | 7 | 70 | 82 | 45 | 6860 | 134 |
| **亚洲（中国除外）** | 2910 | 21 | 7 | 1.4 | 0 | 3377 | 3974 | 43 | 2.5 | 29 | 6 | 69 | 82 | 42 | 6500 | 130 |
| **西亚** | 244 | 24 | 5 | 1.9 | 1 | 303 | 403 | 26 | 2.9 | 31 | 5 | 73 | 77 | 69 | 12620 | 50 |
| 亚美尼亚 | 3.3 | 14 | 9 | 0.5 | −1 | 3.3 | 3.1 | 11 | 1.7 | 17 | 10 | 74 | 93 | 64 | 5660 | 110 |
| 阿塞拜疆 | 9.3 | 19 | 6 | 1.3 | 0 | 10.4 | 11.4 | 11 | 2.3 | 22 | 6 | 74 | 71 | 53 | 9270 | 107 |
| 巴林 | 1.3 | 15 | 2 | 1.2 | 17 | 1.6 | 1.8 | 11 | 1.9 | 20 | 2 | 78 | — | 100 | — | 1925 |
| 塞浦路斯 | 1.2 | 12 | 6 | 0.6 | 6 | 1.1 | 1.1 | 7 | 1.4 | 17 | 13 | 78 | 100 | 81 | 30890 | 127 |
| 格鲁吉亚 | 4.5 | 13 | 11 | 0.2 | 4 | 4.1 | 3.3 | 12 | 1.7 | 17 | 14 | 74 | 96 | 79 | 4990 | 65 |
| 伊拉克 | 33.7 | 35 | 6 | 2.9 | 1 | 48.9 | 83.4 | 33 | 4.6 | 43 | 3 | 70 | 55 | 72 | 3370 | 77 |
| 以色列 | 7.9 | 21 | 5 | 1.6 | 2 | 9.4 | 13.3 | 3.4 | 3.0 | 28 | 10 | 82 | 100 | 92 | 27660 | 357 |
| 约旦 | 6.3 | 34 | 4 | 3.0 | −4 | 8.6 | 11.5 | 23 | 3.8 | 37 | 4 | 73 | 98 | 74 | 5800 | 71 |
| 科威特 | 2.9 | 18 | 2 | 1.5 | 15 | 3.7 | 5.2 | 8 | 2.3 | 23 | 2 | 77 | 99 | 98 | — | 162 |
| 黎巴嫩 | 4.3 | 22 | 6 | 1.6 | −1 | 4.8 | 5.4 | 8 | 1.9 | 25 | 9 | 72 | 100 | 75 | 14090 | 414 |
| 阿曼 | 3.1 | 24 | 3 | 2.0 | 0 | 4.0 | 5.4 | 16 | 2.9 | 32 | 3 | 74 | 92 | 76 | 25190 | 10 |
| 巴勒斯坦 | 4.3 | 33 | 4 | 2.9 | −2 | 6.0 | 9.7 | 21 | 4.4 | 42 | 3 | 73 | 91 | 74 | — | 709 |
| 卡塔尔 | 1.9 | 11 | 1 | 1.0 | 19 | 2.2 | 2.5 | 7 | 2.1 | 14 | 1 | 78 | — | 79 | — | 171 |
| 沙特阿拉伯 | 28.7 | 22 | 4 | 1.8 | 0 | 36.2 | 44.9 | 17 | 2.8 | 30 | 3 | 74 | — | 75 | 22750 | 13 |
| 叙利亚 | 22.5 | 24 | 4 | 2.0 | −1 | 26.5 | 33.7 | 16 | 3.0 | 36 | 4 | 74 | 94 | 77 | 5120 | 122 |
| 土耳其 | 74.9 | 17 | 5 | 1.2 | 0 | 85.4 | 93.2 | 22 | 2.0 | 26 | 7 | 73 | 100 | 76 | 15530 | 96 |
| 阿联酋 | 8.1 | 13 | 1 | 1.2 | 0 | 9.9 | 12.2 | 7 | 1.8 | 17 | 1 | 76 | 100 | 78 | 50580 | 97 |
| 也门 | 25.6 | 38 | 6 | 3.1 | −1 | 36.7 | 61.6 | 48 | 5.2 | 44 | 3 | 65 | 72 | 67 | 2500 | 48 |

（续表）

| | 2012年中期人口（百万） | 每千人出生人数 | 每千人死亡人数 | 自然增长率（%） | 每千人净移民人数 | 2025年中期预计人口（百万） | 2050年中期预计人口（百万） | 婴儿死亡率 [a] | 总生育率 [b] | 15岁以下人口百分比 | 65岁以上人口百分比 | 出生时的预期寿命（岁），两性 | 2008年供水改善的农村人口（%） | 城市百分比 | 人均国民总收入购买力平价（美元） | 每平方千米人口密度 |
|---|---|---|---|---|---|---|---|---|---|---|---|---|---|---|---|---|
| **中亚及南亚** | 1823 | 23 | 7 | 1.6 | −1 | 2145 | 2565 | 51 | 2.6 | 2.6 | 31 | 66 | 95 | 67 | 3560 | 169 |
| 阿富汗 | 33.4 | 43 | 16 | 1.6 | 1 | 47.6 | 76.3 | 129 | 6.2 | 6.2 | 46 | 49 | 78 | 49 | 1060 | 51 |
| 孟加拉国 | 152.9 | 23 | 6 | 1.6 | −3 | 183.2 | 226.3 | 43 | 2.3 | 2.3 | 31 | 69 | 85 | 69 | 1810 | 1062 |
| 不丹 | 0.7 | 20 | 7 | 1.3 | 0 | 0.9 | 0.9 | 47 | 2.6 | 2.6 | 30 | 69 | 99 | 69 | 4990 | 15 |
| 印度 | 1259.7 | 22 | 7 | 1.5 | 0 | 1458.2 | 1691.1 | 47 | 2.5 | 2.5 | 31 | 65 | 96 | 67 | 3400 | 383 |
| 伊朗 | 78.9 | 19 | 6 | 1.3 | 0 | 90.5 | 100.0 | 43 | 1.9 | 1.9 | 24 | 70 | 98 | 71 | 11490 | 48 |
| 哈萨克斯坦 | 16.8 | 23 | 9 | 1.4 | 0 | 19.5 | 24.9 | 17 | 2.6 | 2.6 | 25 | 68 | — | 74 | 10770 | 6 |
| 吉尔吉斯斯坦 | 5.7 | 27 | 7 | 2.0 | −6 | 6.6 | 8.1 | 25 | 2.7 | 2.7 | 30 | 69 | — | 73 | 2070 | 28 |
| 马尔代夫 | 0.3 | 22 | 3 | 1.9 | 0 | 0.4 | 0.4 | 11 | 2.3 | 2.3 | 27 | 74 | 99 | 74 | 8110 | 1110 |
| 尼泊尔 | 30.9 | 24 | 6 | 1.8 | 1 | 35.9 | 39.6 | 46 | 2.6 | 2.6 | 36 | 68 | 93 | 69 | 1210 | 210 |
| 巴基斯坦 | 180.4 | 28 | 8 | 2.1 | −2 | 229.6 | 314.3 | 68 | 3.6 | 3.6 | 35 | 65 | 95 | 66 | 2790 | 227 |
| 斯里兰卡 | 21.2 | 18 | 6 | 1.2 | −2 | 21.9 | 20.0 | 12 | 2.2 | 2.2 | 25 | 75 | 98 | 78 | 5010 | 323 |
| 塔吉克斯坦 | 7.1 | 27 | 4 | 2.3 | −2 | 9.6 | 13.4 | 53 | 3.3 | 3.3 | 37 | 64 | 94 | 75 | 2140 | 49 |
| 土库曼斯坦 | 5.2 | 22 | 8 | 1.4 | −1 | 5.9 | 6.6 | 49 | 2.4 | 2.4 | 29 | 65 | 97 | 69 | 7490 | 11 |
| 乌兹别克斯坦 | 29.8 | 23 | 5 | 1.9 | −2 | 35.6 | 43.3 | 46 | 2.6 | 2.6 | 29 | 68 | 98 | 71 | 3110 | 67 |
| **东南亚** | 608 | 19 | 7 | 1.2 | 0 | 696 | 801 | 27 | 2.3 | 2.3 | 28 | 71 | 92 | 74 | 5140 | 135 |
| 文莱 | 0.4 | 19 | 3 | 1.6 | 2 | 0.5 | 0.6 | 5 | 2 | 2.0 | 26 | 78 | — | 80 | 50180 | 72 |
| 柬埔寨 | 15.0 | 26 | 8 | 1.7 | 0 | 18.0 | 22.3 | 57 | 3 | 3.0 | 33 | 62 | 81 | 65 | 2080 | 83 |
| 印度尼西亚 | 241.0 | 19 | 6 | 1.3 | −1 | 273.2 | 309.4 | 29 | 2.3 | 2.3 | 27 | 72 | 89 | 74 | 4200 | 127 |
| 老挝 | 6.5 | 28 | 8 | 2.0 | −1 | 7.9 | 10.0 | 57 | 3.5 | 3.5 | 38 | 65 | 67 | 67 | 2440 | 28 |
| 马来西亚 | 29.0 | 20 | 5 | 1.5 | 1 | 34.8 | 42.9 | 7 | 2.6 | 2.6 | 27 | 74 | 100 | 77 | 14220 | 88 |
| 缅甸 | 54.6 | 19 | 8 | 1.1 | 0 | 61.7 | 70.8 | 51 | 2.3 | 2.3 | 28 | 65 | 67 | 67 | 1950 | 81 |
| 菲律宾 | 96.2 | 25 | 6 | 1.9 | −2 | 117.8 | 154.0 | 35 | 3.2 | 3.2 | 35 | 69 | 93 | 72 | 3980 | 321 |
| 新加坡 | 5.3 | 10 | 4 | 0.5 | 16 | 5.8 | 6.1 | 2.0 | 1.2 | 1.2 | 17 | 82 | 100 | 84 | 55790 | 7751 |
| 泰国 | 69.9 | 12 | 7 | 0.5 | 1 | 72.9 | 71.0 | 12 | 1.6 | 1.6 | 20 | 74 | 99 | 77 | 8190 | 136 |
| 东帝汶 | 1.1 | 34 | 8 | 2.6 | −5 | 1.6 | 2.5 | 45 | 5.7 | 5.7 | 42 | 62 | 86 | 63 | 3600 | 76 |
| 越南 | 89.0 | 17 | 7 | 1.0 | −1 | 101.6 | 110.2 | 16 | 2 | 2.0 | 24 | 73 | 99 | 76 | 3070 | 268 |
| **东亚** | 1585 | 12 | 7 | 0.4 | 0 | 1635 | 1516 | 15 | 1.5 | 1.5 | 16 | 75 | 98 | 78 | 10430 | 135 |
| 中国 | 1350.4 | 12 | 7 | 0.5 | 0 | 1402.1 | 1310.7 | 17 | 1.5 | 1.5 | 16 | 75 | 98 | 77 | 7640 | 141 |
| 中国香港 [e] | 7.1 | 14 | 6 | 0.8 | 0 | 8 | 9.5 | 1.3 | 1.1 | 1.2 | 12 | 83 | — | 87 | 47480 | 6487 |
| 中国澳门 [e] | 0.6 | 11 | 3 | 0.8 | 24 | 0.8 | 0.9 | 3 | 1.1 | 1.2 | 12 | 82 | — | 86 | 45220 | 21825 |
| 中国台湾 | 23.3 | 9 | 7 | 0.2 | 1 | 23.5 | 20.8 | 4.2 | 1.1 | 1.1 | 15 | 79 | — | 83 | — | 646 |
| 日本 | 127.6 | 9 | 10 | −0.2 | 0 | 119.8 | 95.5 | 2.3 | 1.4 | 1.4 | 13 | 83 | 100 | 86 | 34610 | 338 |
| 朝鲜 | 24.6 | 15 | 9 | 0.5 | 0 | 26.2 | 27.0 | 28 | 2 | 2.0 | 23 | 69 | 100 | 73 | — | 204 |
| 韩国 | 48.9 | 10 | 5 | 0.4 | 2 | 50.9 | 47.2 | 3.2 | 1.2 | 1.2 | 16 | 81 | 100 | 84 | 29110 | 491 |
| 蒙古 | 2.9 | 23 | 7 | 1.6 | −1 | 3.4 | 4.1 | 39 | 2.5 | 2.5 | 27 | 68 | 97 | 72 | 3670 | 2 |
| **欧洲** | 740 | 11 | 11 | 0 | 2 | 750 | 732 | 5 | 1.6 | 1.6 | 16 | 77 | 99 | 80 | 27080 | 32 |
| **北欧** | 101 | 13 | 9 | 0.3 | 3 | 111 | 122 | 4 | 1.9 | 1.9 | 17 | 80 | 99 | 82 | 36290 | 56 |
| 海峡群岛 | 0.2 | 10 | 8 | 0.2 | 7 | 0.2 | 0.2 | 3.6 | 1.6 | 1.6 | 16 | 79 | — | 82 | — | 804 |
| 丹麦 | 5.6 | 11 | 9 | 0.1 | 4 | 5.8 | 6.2 | 3.5 | 1.8 | 1.8 | 18 | 79 | 100 | 82 | 41100 | 130 |
| 爱沙尼亚 | 1.3 | 11 | 11 | 0.0 | 0 | 1.3 | 1.2 | 3.3 | 1.5 | 1.5 | 16 | 76 | 99 | 81 | 19810 | 30 |
| 芬兰 | 5.4 | 11 | 9 | 0.2 | 3 | 5.8 | 6.1 | 2.4 | 1.8 | 1.8 | 16 | 80 | 100 | 84 | 37070 | 16 |
| 冰岛 | 0.3 | 14 | 6 | 0.8 | −4 | 0.4 | 0.4 | 0.9 | 2 | 2.0 | 21 | 82 | 100 | 84 | 28270 | 3 |
| 爱尔兰 | 4.7 | 16 | 6 | 1.0 | −7 | 5.6 | 6.5 | 3.5 | 2.1 | 2.1 | 21 | 79 | 100 | 82 | 33540 | 67 |
| 拉脱维亚 | 2.0 | 9 | 14 | −0.5 | −4 | 1.9 | 1.6 | 5.7 | 1.1 | 14 | 17 | 74 | — | 68 | 16320 | 32 |
| 立陶宛 | 3.2 | 11 | 13 | −0.2 | −12 | 3.0 | 2.7 | 4.3 | 1.5 | 15 | 17 | 73 | — | 67 | 17840 | 49 |
| 挪威 | 5.0 | 12 | 8 | 0.4 | 9 | 5.9 | 6.7 | 2.4 | 1.9 | 19 | 15 | 81 | — | 80 | 58570 | 13 |
| 瑞典 | 9.5 | 12 | 10 | 0.2 | 5 | 10.2 | 10.8 | 2.1 | 1.9 | 17 | 19 | 81 | 100 | 84 | 39730 | 21 |
| 英国 | 63.2 | 13 | 9 | 0.4 | 4 | 70.5 | 79.6 | 4.3 | 2.0 | 18 | 17 | 80 | 100 | 80 | 35840 | 260 |

（续表）

| | 2012年中期人口（百万） | 每千人出生人数 | 每千人死亡人数 | 自然增长率（%） | 每千人净移民人数 | 2025年中期预计人口（百万） | 2050年中期预计人口（百万） | 婴儿死亡率 b | 总生育率 a | 15岁以下人口百分比 | 65岁以上人口百分比 | 出生时的预期寿命（岁），两性 | 2008年供水改善的农村人口（%） | 城市百分比 | 人均国民总收入购买力平价（美元） | 每平方千米人口密度 |
|---|---|---|---|---|---|---|---|---|---|---|---|---|---|---|---|---|
| **西欧** | 190 | 10 | 9 | 0.1 | 3 | 194 | 194 | 4 | 1.6 | 16 | 18 | 81 | 100 | 75 | 37940 | 172 |
| 奥地利 | 8.5 | 9 | 9 | 0 | 4 | 8.9 | 9.4 | 3.6 | 1.4 | 15 | 18 | 81 | 100 | 67 | 39790 | 101 |
| 比利时 | 11.1 | 12 | 10 | 0.2 | 7 | 12.1 | 13.2 | 3.5 | 1.8 | 17 | 17 | 80 | 100 | 99 | 38290 | 364 |
| 法国 | 63.6 | 13 | 9 | 0.4 | 1 | 67.4 | 72.4 | 3.5 | 2.0 | 19 | 17 | 82 | 100 | 78 | 34750 | 115 |
| 德国 | 81.8 | 8 | 10 | -0.2 | 3 | 79.2 | 71.5 | 3.4 | 1.4 | 13 | 21 | 80 | 100 | 73 | 38100 | 229 |
| 列支敦士登 | 0.04 | 10 | 6 | 0.4 | 5 | 0.04 | 0.04 | 2.2 | 1.5 | 16 | 14 | 81 | — | 15 | — | 229 |
| 卢森堡 | 0.5 | 11 | 7 | 0.3 | 16 | 0.6 | 0.7 | 3.0 | 1.5 | 18 | 14 | 80 | 99 | 83 | 61240 | 204 |
| 摩纳哥 | 0.04 | 6 | 6 | 0 | 6 | 0.04 | 0.04 | — | — | 13 | 24 | — | — | 100 | — | 36356 |
| 荷兰 | 16.7 | 11 | 8 | 0.2 | 2 | 17.4 | 17.6 | 3.8 | 1.7 | 17 | 16 | 81 | 100 | 66 | 41810 | 403 |
| 瑞士 | 8.0 | 10 | 8 | 0.2 | 8 | 8.6 | 9.0 | 3.8 | 1.5 | 15 | 17 | 82 | 100 | 74 | 49960 | 194 |
| **东欧** | 295 | 11 | 13 | -0.2 | 2 | 287 | 259 | 7 | 1.5 | 15 | 14 | 71 | 94 | 69 | 16590 | 16 |
| 白俄罗斯 | 9.5 | 11 | 14 | -0.3 | 1 | 9.0 | 7.9 | 4.0 | 1.5 | 15 | 14 | 70 | 99 | 76 | 13590 | 46 |
| 保加利亚 | 7.2 | 10 | 15 | -0.5 | -1 | 6.7 | 5.7 | 8.5 | 1.5 | 13 | 19 | 74 | 100 | 73 | 13440 | 65 |
| 捷克共和国 | 10.5 | 10 | 10 | 0 | 2 | 10.9 | 10.8 | 2.7 | 1.4 | 14 | 15 | 78 | 100 | 74 | 22910 | 133 |
| 匈牙利 | 9.9 | 9 | 13 | -0.4 | 2 | 9.8 | 9.2 | 4.9 | 1.2 | 15 | 17 | 74 | 100 | 69 | 19550 | 107 |
| 摩尔多瓦 | 4.1 | 11 | 11 | 0.0 | 0 | 3.7 | 2.6 | 11 | 1.3 | 16 | 10 | 69 | 85 | 42 | 3360 | 122 |
| 波兰 | 38.2 | 10 | 10 | 0.1 | 0 | 37.4 | 34.9 | 4.8 | 1.3 | 15 | 14 | 76 | 100 | 61 | 19160 | 122 |
| 罗马尼亚 | 21.4 | 9 | 13 | -0.4 | 0 | 20.7 | 18.5 | 9.9 | 1.3 | 15 | 15 | 73 | — | 55 | 14290 | 90 |
| 俄罗斯 | 143.2 | 13 | 14 | -0.1 | 2 | 140.8 | 127.8 | 7.5 | 1.6 | 15 | 13 | 69 | 89 | 74 | 19240 | 8 |
| 斯洛伐克 | 5.4 | 11 | 9 | 0.2 | 2 | 5.6 | 5.3 | 5.3 | 1.5 | 15 | 13 | 76 | 100 | 74 | 22980 | 110 |
| 乌克兰 | 45.6 | 11 | 15 | -0.4 | 4 | 42.4 | 36.6 | 9.1 | 1.5 | 14 | 15 | 70 | 97 | 69 | 6620 | 75 |
| **南欧** | 154 | 10 | 9 | 0 | 2 | 158 | 157 | 4 | 1.4 | 15 | 18 | 80 | 100 | 67 | 27760 | 117 |
| 阿尔巴尼亚 | 2.8 | 11 | 5 | 0.6 | -3 | 2.9 | 2.6 | 18.0 | 1.4 | 23 | 9 | 75 | 98 | 54 | 8520 | 99 |
| 安道尔 | 0.1 | 10 | 4 | 0.7 | 4 | 0.1 | 0.1 | 3.1 | 1.2 | 14 | 13 | — | 97 | 90 | — | 153 |
| 波黑 | 3.8 | 8 | 9 | -0.1 | 0 | 3.7 | 3.0 | 5 | 1.2 | 15 | 14 | 76 | 98 | 46 | 8910 | 75 |
| 克罗地亚 | 4.3 | 9 | 12 | -0.2 | -1 | 4.1 | 3.8 | 4.4 | 1.5 | 15 | 17 | 77 | 97 | 56 | 18680 | 76 |
| 希腊 | 10.8 | 10 | 10 | 0 | 1 | 11.1 | 10.9 | 3.8 | 1.5 | 14 | 19 | 80 | 99 | 73 | 27630 | 82 |
| 意大利 | 60.9 | 9 | 10 | -0.1 | 4 | 63.1 | 63.6 | 3.4 | 1.4 | 14 | 21 | 82 | 100 | 68 | 31810 | 202 |
| 科索沃 f | 2.3 | 15 | 3 | 1.2 | 0 | 2.7 | 3.3 | 9 | 2.0 | 28 | 7 | 69 | — | — | — | 210 |
| 马其顿 g | 2.1 | 11 | 9 | 0.2 | 0 | 2.1 | 2.0 | 8 | 1.5 | 17 | 12 | 72 | 99 | 65 | 11070 | 80 |
| 马耳他 | 0.4 | 10 | 7 | 0.2 | 6 | 0.4 | 0.4 | 5.5 | 1.4 | 15 | 16 | 81 | 99 | 100 | 24820 | 1262 |
| 黑山 | 0.6 | 12 | 9 | 0.2 | 0 | 0.7 | 0.7 | 6.7 | 1.6 | 19 | 13 | 74 | 96 | 64 | 12770 | 45 |
| 葡萄牙 | 10.6 | 9 | 10 | -0.1 | 1 | 10.7 | 10.6 | 2.5 | 1.3 | 15 | 19 | 79 | 100 | 38 | 24590 | 115 |
| 圣马力诺 | 0.03 | 10 | 7 | 0.3 | 6 | 0.04 | 0.04 | 3.1 | 1.5 | 15 | 16 | 84 | — | 84 | — | 530 |
| 塞尔维亚 | 7.1 | 9 | 14 | -0.5 | 1 | 7.0 | 6.1 | 6.7 | 1.4 | 15 | 17 | 74 | 98 | | 11090 | 92 |
| 斯洛文尼亚 | 2.1 | 11 | 9 | 0.1 | 1 | 2.2 | 2.1 | 3.0 | 1.5 | 14 | 17 | 80 | 99 | 50 | 26530 | 102 |
| 西班牙 | 46.2 | 10 | 8 | 0.2 | -2 | 47.3 | 47.9 | 3.2 | 1.5 | 15 | 17 | 82 | 100 | 77 | 31800 | 91 |
| **大洋洲** | 37 | 18 | 7 | 1.1 | 4 | 44 | 57 | 21 | 2.5 | 24 | 11 | 77 | 64 | 66 | 26560 | 4 |
| 澳大利亚 | 22.0 | 14 | 7 | 0.7 | 8 | 26.2 | 33.0 | 3.9 | 1.9 | 19 | 14 | 82 | 100 | 82 | 36910 | 3 |
| 密克罗尼西亚联邦 | 0.1 | 24 | 5 | 1.9 | -16 | 0.1 | 0.1 | 36 | 3.5 | 31 | 6 | 68 | — | 22 | 3490 | 152 |
| 斐济 | 0.8 | 21 | 8 | 1.4 | -12 | 0.9 | 1.0 | 15 | 2.7 | 29 | 5 | 69 | — | 51 | 4510 | 46 |
| 法属波利尼西亚 | 0.3 | 17 | 6 | 1.1 | 0 | 0.3 | 0.3 | 4.5 | 2.1 | 25 | 6 | 75 | 100 | 51 | — | 69 |
| 关岛 | 0.2 | 19 | 5 | 1.4 | -13 | 0.2 | 0.2 | 7.9 | 2.6 | 27 | 7 | 79 | 100 | 93 | — | 291 |
| 基里巴斯 | 0.1 | 30 | 8 | 2.2 | -1 | 0.1 | 0.2 | 43 | 3.8 | 35 | 4 | 61 | — | 44 | 3520 | 145 |
| 马绍尔群岛 | 0.1 | 31 | 6 | 2.5 | -18 | 0.1 | 0.1 | 21 | 4.3 | 42 | 2 | 68 | 98 | 68 | — | 304 |
| 瑙鲁 | 0.01 | 30 | 9 | 2.1 | 0 | 0.01 | 0.02 | 38 | 3.3 | 35 | 1 | 56 | — | 100 | — | 485 |
| 新喀里多尼亚 | 0.3 | 16 | 5 | 1.2 | 4 | 0.3 | 0.3 | 5 | 2.2 | 26 | 7 | 77 | — | 58 | — | 14 |
| 新西兰 | 4.4 | 14 | 7 | 0.7 | 0 | 5.1 | 5.9 | 4.7 | 2.1 | 20 | 14 | 81 | 100 | 86 | 28100 | 16 |
| 帕劳 | 0.02 | 14 | 8 | 0.6 | 0 | 0.02 | 0.02 | 20 | 2 | 20 | 6 | 69 | — | 77 | 11000 | 45 |
| 巴布亚新几内亚 | 7.0 | 31 | 10 | 2.1 | 0 | 9.1 | 13.3 | 47 | 4.1 | 38 | 2 | 62 | 33 | 13 | 2420 | 15 |

（续表）

| | 2012 年中期人口（百万） | 每千人出生人数 | 每千人死亡人数 | 自然增长率（%） | 每千人净移民人数 | 2025 年中期预计人口（百万） | 2050 年中期预计人口（百万） | 婴儿死亡率 a | 总生育率 b | 15 岁以下人口百分比 | 65 岁以上人口百分比 | 出生时的预期寿命（岁），两性 | 2008 年供水改善的农村人口（%） | 城市百分比 | 人均国民总收入购买力平价（美元） | 每平方千米人口密度 |
|---|---|---|---|---|---|---|---|---|---|---|---|---|---|---|---|---|
| **大洋洲（续）** | | | | | | | | | | | | | | | | |
| 萨摩亚 | 0.2 | 29 | 5 | 2.4 | -17 | 0.2 | 0.3 | 21 | 4.5 | 40 | 5 | 73 | — | 21 | 4250 | 66 |
| 所罗门群岛 | 0.6 | 32 | 6 | 2.6 | 0 | 0.8 | 1.2 | 39 | 4.2 | 40 | 3 | 67 | — | 20 | 2220 | 19 |
| 汤加 | 0.1 | 27 | 7 | 2.0 | -17 | 0.1 | 0.1 | 19 | 3.8 | 38 | 6 | 70 | 100 | 23 | 4580 | 138 |
| 图瓦卢 | 0.01 | 23 | 9 | 1.4 | -9 | 0.01 | 0.01 | 17 | 3.1 | 32 | 5 | 64 | 99 | 47 | — | 433 |
| 瓦努阿图 | 0.3 | 31 | 6 | 2.5 | 0 | 0.4 | 0.6 | 25 | 4.0 | 37 | 3 | 71 | 79 | 24 | 4310 | 21 |

注：本表改编自美国人口资料局的《2012 年世界人口数据表》，完善后的供水数据来自《2011 年世界人口数据表》。

a 每千人婴儿死亡率。

b 每名妇女一生中生育的平均儿童数量。

c 南苏丹与苏丹的总量合计。

d 摩洛哥对西撒哈拉的地位提出了异议。

e 特别行政区。

f 科索沃于 2008 年 2 月 17 日脱离塞尔维亚而宣布独立，塞尔维亚尚未承认科索沃的独立地位。

g 前南斯拉夫共和国。

‾ 表示数据不可用或不适用。

# 词汇表

## A

***Absolute Direction***（绝对方向）：相对于正东、正西、正北及正南方位基点的方向。

***Absolute Distance***（绝对距离）：指两地之间的最短路径，以标准长度单位（通常为千米）进行计量，也称实际距离。

***Absolute Location***（绝对位置）：含义同 *Mathematical Location*，指某个物体或地点的精确位置，采用专为定位用途设计的格网系统的空间坐标进行描述。在地理学中，参照系是由经线和纬线构成的全球格网，经线为本初子午线（零度经线）以东或以西的南北向经度线，纬线为赤道以北或以南的东西向平行纬度线。

***Accelerated Eutrophication***（加速富营养化）：由人类活动（如农业、工业和城市化）产生的营养物质对水体的过度营养。

***Accessibility***（可达性）：从其他地点到达目的地的相对容易程度，标识空间互动的相对机会，可以用几何、社会或经济术语衡量。

***Acculturation***（文化适应）：在采纳另一个文化群体（通常更为强势）的许多特征后，某个文化群体（或个人）发生重大改变的过程。通过"借用"模式来发展文化。

***Acid Rain***（酸雨）：异常的酸性降水。氮硫氧化物溶解在水蒸气中，通过大气传输时发生化学反应，以酸雨、酸雪、酸雾或酸尘等形式返回地表。

***Activity Space***（活动空间）：人们在日常活动中可以自由活动的区域。

***Adaptation***（适者生存）：为了适应生存环境，从遗传特征方面进化。

***Agglomeration***（集聚）：为共同利益而将人群或生产活动进行空间分组。

***Agglomeration Economies***（集聚经济）：含义同 *External Economies*，由于与其他类似经济活动空间关联，单个企业能够节省成本。

***Agricultural Density***（农业密度）：某地单位面积农业用地上的农民人数，将城市人口及不可耕地从密度计算中排除。

***Agriculture***（农业）：耕耘土地，种植作物，饲养牲畜。

***Air Mass***（气团）：在温度、压力和湿度方面，几乎整体类似的巨大空气体。

***Air Pressure***（气压）：在地表某点测得的大气重量。

***Alluvial Fan***（冲积扇）：由山丘或山脉底部的溪流沉积的扇形冲积层。

***Alluvium***（冲积层）：河流携带并沉积在河漫滩或三角洲的沉积物。

***Amalgamation Theory***（融合理论）：在人文地理学中，多民族社会群体是其全部成员群体文化特质的融合。

***Anaerobic Digestion***（厌氧发酵）：有机废物在无氧环境中分解产生沼气的过程。

***Anecumene***（非宜居地）：见 *Nonecumene*。

***Animism***（泛灵教）：相信万事万物皆有生命，或者认为这些物体是逝者、灵魂和神灵之居所。

***Antecedent Boundary***（先行边界）：在相关区域人口稠密之前建立的边界线。

***Aquaculture***（水产养殖）：在淡水池塘、湖泊、运河、海湾或河湾内，围栏养殖鱼类和贝类，也称鱼类养殖。

***Aquifer***（含水层）：可容纳地下水的地下多孔、渗透性岩石，尤其指能为井和泉提供大量经济用水的岩石。

*Arable Land*（耕地）：可以耕种的土地。

*Arctic Haze*（北极霾）：燃烧污染物由气流输送至北极圈以北地区而造成的空气污染。

*Area Analysis Tradition*（区域分析传统）：地理学四大传统之一，即区域地理学。

*Area Cartogram*（面积分区统计图）：一种地图，单位面积的大小与其表示的数据成正比。

*Arithmetic Density*（算术密度）：见 *Crude Density*。

*Arroyo*（旱谷，干谷）：由快速水流冲刷沙漠形成的干燥沟谷，边缘陡峭，底部平坦。

*Artifacts*（人工产品，手工制品）：文化的物质表现，包括工具、住房、土地利用制度和服装等，属于文化的技术子系统中的元素。

*Artificial Boundary*（人为边界）：见 *Geometric Boundary*。

*Assimilation*（同化）：融合到一种复合文化中的社会过程，失去独立的民族身份或社会身份，并在文化上实现同质化。

*Asthenosphere*（软流圈）：位于地核上方的下地幔位置，属于部分熔融的塑性层。

*Atmosphere*（大气层）：环绕地球的气态物质。

*Atoll*（环礁）：一种近圆形浅水珊瑚礁，形成于环绕中央潟湖的浅水环境，常见于中太平洋和西太平洋。

*Azimuthal Projection*（方位投影）：见 *Planar Projection*。

# B

*Barchan*（新月形沙丘）：新月形的沙丘，新月形尖角形成于下风点位置。

*Basic Sector*（基础部门）：城市经济的产品或服务输出至城市以外，为社会群体赚取收入。

*Bench Mark*（基准点）：标识静止物体的位置与高度信息的测量标记物，主要用作测绘中的参考点。

*Bioaccumulation*（生物累积）：某种物质在生物体内的堆积过程。

*Biocide*（生物杀灭剂）：一种用来杀死动植物害虫和疾病生物的化学物质。见 *Herbicide* 和 *Pesticide*。

*Biodiversity Hot Spot*（生物多样性热点地区）：地方性物种数量特别多的地区，具有较高的人类活动破坏风险。

*Biological Magnification*（生物放大效应）：指某种化学物质在生物体的脂肪组织中不断累积，并且逐步向食物链中的上一级浓缩。

*Biomagnification*（生物放大效应）：见 *Biological Magnification*。

*Biomass*（生物质）：任何形式的生物、动物及植物。

*Biomass Fuel*（生物质燃料）：由植物、动物或微生物产生的有机物，可以直接作为热源进行燃烧，或者转化为液体或气体。

*Biome*（生物群落）：单一主要生态区域内的总体生物构成。

*Biosphere*（生物圈）：含义同 *Ecosphere*，即人类生活所依赖的空气、水和地球的薄层，包括大气、地表水、地下水及上地壳。

*Birth Rate*（出生率）：含义同 *Crude Birth Rate*，指一年中的新出生人口数量与同一年的总人口数量（通常采用中点数据）之比，表示为每千人中的年出生人数。

*Blizzard*（暴风雪）：伴有大风的风雪。

*Boundary*（边界）：分隔不同政治单元的界线。

*Boundary Definition*（边界定义）：两国（或州）之间关于领土划分的一般约定。

*Boundary Delimitation*（边界划分）：在地图或航空照片上绘制边界线。

*Boundary Demarcation*（分界线）：地面边界线的实际标记，边界发展的最后阶段。

*Business Services*（商业服务）：向其他企业提供服务的第三产业（服务）部门，如会计、广告、商业地产、咨询工程及公司法律服务等。

*Butte*（孤丘）：小型孤山，顶部平坦，边部陡峭，常见于干燥气候地区。

# C

*Carcinogen*（致癌物）：产生或刺激癌细胞生长的物质。

*Carrying Capacity*（承载力）：由人类赖以生存的可用资源充分支撑的人口数量；对人类而言，即一个地区由已知可用资源（通常为农业资源）支撑的人口数量。

*Cartogram*（统计图）：以图表方式简化当前数据的一种地图，通常不适用比例尺。

*Cartography*（制图学）：制作地图的艺术、科学和技术。

**Caste**（种姓）：印度教的一个世袭社会阶层，决定一个人在社会中的职业及地位。

**Central Business District**（中央商务区）：城市的中心区域，也称市中心，集中了大量零售商店、办公室和文化活动，土地价值非常高。

**Central City**（中心城市）：城市区域的一部分，位于郊区圈内，通常有官方划定的界线。

**Central Place**（中心区位）：向周边腹地人口分配商品与服务的集散点。

**Central Place Theory**（中心区位理论）：克里斯·塔勒提出的一种演绎理论，通过参考分散农村人口对商品与服务供应的竞争，解释城市聚落（定居点）的规模和分布。

**Centrifugal Force**（离心力）：在政治地理学中，破坏国家稳定、威胁国家统一的力量。

**Centripetal Force**（向心力）：在政治地理学中，促进国家统一和民族认同的力量。

**CFCs**（氯氟烃，氟利昂）：见 *Chlorofluorocarbons*。

**Chain Migration**（链式迁移）：指移民从某个共同居住地分批次迁移至特定目的地的过程，由最初先驱者与后续追随者之间的友谊（或血缘）关系所支撑。

**Channelization**（渠道化）：河道整治的一种方法，包括修堤筑坝、裁弯取直和加宽挖深等。

**Channelized Migration**（渠道化迁移）：通过以往的迁移模式、经济贸易利益或其他亲密关系，移民们将社会与经济上相互依赖的地区联系在一起。

**Chemical Weathering**（化学风化）：由于氧化、水解和碳酸化等作用，导致岩石发生分解。

**Chlorofluorocarbons**（CFC，氯氟烃，氟利昂）：一类具有重要商业用途的合成化学品，但其排放物会导致臭氧层损耗。

**Choropleth map**（分级统计图）：通过改变图案和/或颜色来描述单位面积数量的地图。

**Circumpolar Vortex**（环极涡旋）：由西至东环绕两极的高空风。

**City**（城市）：拥有中央商务区的多功能核心聚落（定居点），既包含住宅用地，又包含非住宅用地。

**Climagraph**（气候图）：用于描述月平均气温和降水量的柱状图与曲线图。

**Climate**（气候）：某个地方或地区的长期平均天气状况。

**Climax Community**（顶级群落）：草地、灌木及树木与气候及土壤的融合达到一种平衡状态，属于生态演替的最终阶段。

**Cogeneration**（热电联产）：将单一燃料同时用于发电和低端集中供热。

**Cognition**（认知，感知）：个体为信息赋予精神意义的过程。

**Cohort**（群体）：按特定共同特征（如年龄）聚集在一起的人口群体，用作一种统计单位。

**Commercial Economy**（商品经济）：含义同 *Market Economy*，在竞争性市场中为交换目的而生产商品与服务，价格与可供性由供求关系决定。

**Commercial Energy**（商业能源）：通过商业模式进行交易的燃料，如煤炭、石油或天然气，不包括木材、蔬菜、动物粪便或其他生物质。

**Commodity Chain**（商品链）：生产单一商品所涉及的一系列活动，包括顾客与供应商之间的关系，以及原材料、货币和信息的流动。

**Common Market**（共同市场）：见 *European Union*。

**Compact State**（紧致国家）：领土接近圆形的国家。

**Comparative Advantage**（比较优势）：与同类产品的替代生产地区相比，或者与该地区资源的替代用途相比，某个地区生产活动的利润潜力。

**Concentric Zone Model**（同心圆模型）：将城市土地利用描述为围绕核心中央商务区的一系列环形地带，每个环形地带都有不同的土地利用类型。

**Conformal Projection**（等角投影，正形投影）：精确描绘较小区域形状的地图投影。

**Conic Projection**（圆锥投影）：一种基于格网系统的地图投影，将目标物投射到假定的圆锥体可展曲面上。

**Connectivity**（连通性）：连接两个地点的直接路径，意味着地点的所有有形和无形连通方式。

**Consequent Boundary**（顺向边界）：含义同 *Ethnographic Boundary*，指与某些文化（如宗教或语言）分界线相吻合的边界线。

**Conservation**（保护）：为满足当前及未来的需要，合理利用或保存自然资源，确保供应的数量和质量。

**Consumer Services**（消费者服务）：为个人及家庭提供服务的部分第三产业经济，如美发沙龙和零售商等。

***Contagious Diffusion***（传染扩散）：通过联系和/或交换信息，将理念、经验或文献从一个领域传播到另一个领域。

***Continental Drift***（大陆漂移）：原始单一陆地（联合古陆）的分裂假说，内部各大陆彼此之间撕裂并逐渐远离，缓慢地漂移到当前所在位置。

***Contour Interval***（等高线间距）：两条相邻等高线之间的垂直距离。

***Contour Line***（等高线）：所有点都具有基准面（通常为平均海平面）以上或以下相同高度的一条地图线。

***Conurbation***（集合城市）：由两个或更多独立城市合并而成的扩展城市区域。

***Convection***（对流）：上升暖气流与下降冷气流之间的循环运动。

***Convectional Precipitation***（对流降水）：暖湿空气遇热上升，形成降雨，然后冷却到露点以下。

***Coral Reef***（珊瑚礁）：位于热带浅水区的一种岩石状地貌，主要由珊瑚及其他有机物构成。

***Core***（核心）：一个地区或国家的核心所在地，即工业、商业、人口、政治和文化生活的主中心。在城市地理学中，指以集约土地开发为特征的中央商务区。

***Core Area***（核心区）：一个国家的核心区域，包括最发达的地区、最大量的财富、最密集的人口及最清晰的民族认同。

***Coriolis Effect***（科里奥利效应）：一种假想的力，用于描述相对于地球的旋转运动。具体地说，在北半球，物体或流体的移动方向出现右偏（顺时针）现象；在南半球，移动方向出现左偏（逆时针）现象。

***Countermigration***（逆向迁移）：见 *Return Migration*。

***Country***（国家）：见 *State*。

***Creole***（克里奥尔语）：从混杂语发展成为某个社会群体母语的语言。

***Critical Distance***（临界距离）：在人们的出行意愿中，成本、努力和方法发挥着主导作用的距离。

***Crude Birth Rate***（CBR，粗出生率）：见 *Birth Rate*。

***Crude Death Rate***（CDR，粗死亡率）：见 *Death Rate*。

***Crude Density***（粗密度）：含义同 *Arithmetic Density* 和 *Population Density*，指单位面积土地上的人口数量。

***Crude Oil***（原油）：地下储层中以液态形式存在的碳氢化合物的混合物，包括天然石油（如来自油井的石油）和去除外来杂质后的石油。

***Cultural Convergence***（文化趋同）：在现代世界中，文化具有越来越相似的趋势，越来越多地共享技术和组织架构，并通过逐步完善的交通及通信而融合在一起。

***Cultural Divergence***（文化趋异）：随着时间的流逝，孤立文化具有差异逐渐变大的可能性（或趋势）。

***Cultural Ecology***（人文生态学）：社会群体与自然环境之间的相互作用研究。

***Cultural Integration***（文化融合）：文化各方面均具有相互连锁的性质，任何部分的改变都会影响其他文化特质。

***Cultural Lag***（文化滞差）：尽管环境发生了变化，却仍然保留原有文化特质，使其变得不合时宜。

***Cultural Landscape***（人文景观）：由人类活动改变并带有文化或社会群体印记的自然景观（或建筑环境）。

***Culture***（文化）：某个社会群体的信仰、标志、价值观、行为方式和社会组织，连同其工具、建筑物和手工艺品一起，作为遗产而代代相传，并在传承过程中不断发展完善。

***Culture Complex***（文化情结）：由功能相互关联的多个单一文化特质所构成。

***Culture-Environment Tradition***（文化环境传统）：地理学的四大传统之一。在本书中，与人口、文化、政治和行为地理学有关。

***Culture Hearth***（文化发源地）：一个核心区域，发展了一套先进而独特的文化特质，并向周围地区扩散。

***Culture Realm***（文化圈，文化领域）：共享相关文化系统的文化区域的集合，文化特质与文化情结具有足够的独特性，可以视为与其他领域不同的主要世界区域。

***Culture Region***（文化区，文化区域）：具有共同主导性文化特征的正式或功能性区域，可能基于单一文化特质、文化情结，或者政治、社会或经济一体化。

***Culture System***（文化系统）：更广泛的一种概括，表示两个或以上文化情结的共同特质。

**Culture Trait**（文化特质）：某种文化中经常出现的单一独特特征，如使用筷子或遵守特定种姓制度，属于学习行为的单一元素。

**Cyclone**（气旋）：大量空气在低气压区域快速循环流动的一种大气扰动。

**Cyclonic (Frontal) Precipitation**（气旋降水，锋面降水）：当一个气团的潮湿空气被迫上升到另一个气团的边缘时所产生的雨或雪。

**Cylindrical Projection**（圆柱投影）：一种基于地球格网的地图投影，将目标物投射到假定圆柱体可展曲面上。

# D

**Database**（数据库）：见 *Geographic Database*。

**DDT**（滴滴涕，双对氯苯基三氯乙烷）：一种氯化烃，最持久的常用生物杀灭剂之一。

**Death Rate (Mortality Rate)**（死亡率）：一种死亡率指数，通常按每千人中的年死亡人数计算。

**Decomposers**（分解者）：以生物遗体为食的微生物和细菌，对其进行化学分解。

**Deforestation**（森林砍伐）：通过彻底清除森林覆盖物来清理土地。

**Delta**（三角洲）：当河流遇到缓慢水流时，淤泥、沙子或砾石沉积物在交汇处积聚。

**Demographic Equation**（人口方程）：总结特定时段内不同人口统计学过程对特定区域人口变化贡献的数学表达式：$P_2 = P_1 + B_{1-2} - D_{1-2} + IM_{1-2} - OM_{1-2}$，其中 $P_2$ 是结束日期（第 2 时间）的人口数量，$P_1$ 是开始日期（第 1 时间）的人口数量，$B_{1-2}$ 是第 1 时间与第 2 时间之间出生的人数，$D_{1-2}$ 是期间死亡的人数，$IM_{1-2}$ 是期间迁入的人数，$OM_{1-2}$ 是期间迁出的人数。

**Demographic Momentum**（人口趋势）：见 *Population Momentum*。

**Demographic Transition**（人口转型）：经济发展影响人口增长的模型。第一阶段，表现为高出生率和高死亡率；第二阶段，表现为高出生率、死亡率下降和人口增加；第三阶段，随着出生率下降至死亡率水平，人口增长减少；第四阶段，人口规模保持稳定，但数量大于转型周期开始时的数量。

**Demography**（人口统计学）：人口科学研究，重点强调数量。

**Density of Population**（人口密度）：见 *Population Density*。

**Dependency Ratio**（抚养率）：在生产年份中，每百人必须供养的老人或儿童的平均数量。

**Deposition**（沉降）：淤泥、沙子和岩石颗粒堆积并形成地貌（如河流三角洲或岩屑坡）的过程。

**Desertification**（荒漠化）：由于气候变化或人类活动（如过度放牧或滥伐森林）的影响，干旱及半干旱土地变成沙漠。

**Developable Surface**（可展曲面）：一种几何形态（如圆柱或圆锥），可以平整展开而不变形。

**Devolution**（权力下放）：将某些权力从中央政府转给各级地方政府，即下放政治控制权。

**Dew Point**（露点）：空气充分冷却即可凝结的临界温度。

**Dialect**（方言）：反映地区或社会经济特点的更广泛使用的地方语言。

**Diastrophism**（地壳形变）：褶皱、断裂、扭曲和挤压等作用于岩石的地球应力。

**Dibble**（挖洞器）：任何一种小巧的手工工具或木棍，主要用于点播种植。

**Diffusion**（扩散）：见 *Spatial Diffusion*。

**Distance**（距离）：两个物体、区域或点之间的距离；面积或线性度量的一种范围。

**Distance Decay**（距离衰减）：距离原点越远，活动或功能的指数逐渐衰减。

**Domestication**（驯化）：植物或动物物种从野生状态成功转变为依赖人类管理的状态，通常与其野生祖先存在明显的身体变化。

**Doubling Time**（倍增时间）：从任何时间开始计算，总量经历复合增长以后，规模翻倍所需时间即为倍增时间。

**Dune**（沙丘）：风沙形成的波浪状沙漠地貌。

# E

**Earthquake**（地震）：在接近地表或其他某些脆弱点附近，地球沿着地质断裂进行移动。

**Earth Science Tradition**（地球科学传统）：地理学的四大传统之一，相当于自然地理学。

*Ecology*（生态学）：研究有机体彼此相互作用及其分布与数量的决定因素的科学。

*Economic Base*（经济基础）：为满足城市的内外部需求，并赚取收入以支持城市人口，城市基础劳动部门开展的制造业及服务业活动。

*Economic Geography*（经济地理学）：研究人们如何谋生，生活系统如何因地而异，以及经济活动在空间上如何相互关联。

*Ecosphere*（生态圈）：见 *Biosphere*。

*Ecosystem*（生态系统）：存在于某一特定区域的生物群落，及其赖以生存的能量、空气、水、土壤和化学物质。

*Ecotourism*（生态旅游）：为保护环境质量并提高本地生活质量，开展面向相对原始自然环境的旅游。从理论上讲，生态旅游目的地提供相关资源，负责保护资源、教育游客、雇用本地工人和公司。

*Ecumene*（宜居地）：地球上适合永久居住的地区。见 *Nonecumene*。

*Edge City*（边缘城市）：一种非常独特的零售与办公空间的集中模式，位于都市区的外边缘。

*Electoral Geography*（选举地理学）：研究选区划分及选举结果空间格局的学科。

*Electromagnetic Spectrum*（电磁波谱）：整个辐射范围，包括最短波长和最长波长。

*El Niño*（厄尔尼诺）：在南美洲西海岸，周期性（每3～7或8年一次）出现的海水变暖。厄尔尼诺现象与浮游生物数量下降（及鱼类减少）和短期且广泛的天气变化有关，替代了秘鲁海岸外寒冷的洪堡洋流。

*Elongated State*（狭长国家）：领土狭长的国家。

*Enclave*（飞地）：被某个国家所环绕，但并非该国领土。

*Endangered Species*（濒危物种）：数量非常之少，濒临灭绝的物种。

*Energy*（能量）：工作所需能量。见 *Kinetic Energy* 和 *Potential Energy*。

*Energy Efficiency*（能效）：在转换过程中，输出有用能量与输入总能量之比。

*Environment*（环境）：以任何方式影响某个有机体的全部事物（包括自然及文化条件）；具有某种自然条件的区域。

*Environmental Determinism*（环境决定论）：认为自然环境（特别是气候）塑造了人类行为和条件的文化发展。

*Environmental Justice*（环境正义）：目标是为所有人提供健康环境，无论肤色、贫困程度或居住地点如何。

*Environmental Perception*（环境感知）：人们观察及解释周边环境的方式，及其对近处或远处的看法。

*Environmental Pollution*（环境污染）：见 *Pollution*。

*Environmental Racism*（环境族裔主义）：任何政策或做法，因族裔或肤色原因，对个人、团体或社区造成不同影响或伤害（有意或无意）。

*Epidemiologic Transition*（疾病转型）：随着死亡率从高到低，健康与疾病的模式发生长期变化。

*Equal-area Projection*（等面积投影，等积投影）：见 *Equivalent Projection*。

*Equator*（赤道）：环绕地球的假想线，位于南北两极中间。

*Equidistant Projection*（等距投影）：一种地图投影，从一个或两个中心点进行测量，所有方向均为真实距离。

*Equivalent Projection*（等积投影）：一种地图投影，区域面积与真实地球成正确或恒定比例，也称等面积投影。

*Erosion*（侵蚀）：疏松、溶解、磨损和移除岩土材料过程的结果，这些过程包括风化、溶解、磨蚀和运移。

*Erosional Agents*（侵蚀营力）：风、流水、冰川、波浪和洋流的力量，能够切割、磨蚀和移除岩石和土壤颗粒。

*Estuarine Zone*（河口三角洲）：海岸沿线的相对狭窄湿地，咸水与淡水相混合。

*Estuary*（河口湾，入海口）：河流的下游或河口，潮汐使淡水与来自海洋的咸水相混合。

*Ethanol*（乙醇）：发酵及蒸馏成酒精的有机物，与汽油混合后形成"汽油与乙醇混合燃料"，成为可选的替代汽车燃料。

*Ethnic Cleansing*（族裔清洗）：某个族裔群体被另一个更强大的族裔群体杀害或强制迁移。

*Ethnicity*（族裔）：某个国家中处于少数民族社会地位的族群，主要基于文化特质进行识别，如宗教、独特风俗习惯或土著（或祖先）的民族起源。

**Ethnic Religion**（民族宗教）：与某一特定族群有关的宗教，通常具有排他性。

**Ethnoburb**（民族郊区）：位于郊区的少数民族聚居地。无论是郊区位置还是中产阶级地位，民族郊区均不同于早期的民族城市聚居地。

**Ethnocentrism**（族裔中心主义）：认为本族裔比其他族裔更优越的信仰。

**Ethnographic Boundary**（人种边界）：见 *Consequent Boundary*。

**European Union**（EU，欧盟，欧洲联盟）：1957 年，一些西欧国家建立的促进成员国之间自由贸易的经济协会，通常称为共同市场。

**Eutrophication**（富营养化）：通过增加从流域侵蚀和径流中获得的营养，水体中的营养物质富集在一起。见 *Accelerated Eutrophication*。

**Evapotranspiration**（蒸发蒸腾作用）：通过土壤表面的蒸发作用和植物的蒸腾作用，水分从陆地返回大气。

**E-Waste**（电子废物，电子垃圾）：废弃电器或电子产品的流行名称。

**Exclave**（外飞地）：某个国家的一部分领土与主领土分离，并被另一个国家所包围。

**Exclusive Economic Zone**（EEZ，专属经济区）：根据《联合国海洋法公约》的规定，所有沿海国家均可向海洋中延伸 200 海里，建立拥有专属矿产和渔业权的开发区。

**Exotic Species**（外来物种）：某种植物、动物或其他有机体，被有意或无意引入未进化生态系统中；非二级物种。

**Extensive Agriculture**（粗放型农业）：一种耕作或养殖体系，在决定产出时，土地质量（或范围）比资本（或劳动力）投入更重要，可能成为商业经济或自给自足经济的一部分。

**Extensive Commercial Agriculture**（粗放型商业农业）：商业经济中的粗放型农业，如大规模的小麦种植业和畜牧业。

**Extensive Subsistence Agriculture**（粗放型自给自足农业）：自给自足经济中的粗放型农业，如游牧业和迁徙耕作。

**External Economies**（外部经济）：见 *Agglomeration Economies*。

**Extinction**（灭绝）：消灭某一特定物种的所有个体。

**Extractive Industries**（采掘业）：开采不可再生金属和非金属矿产资源的主要活动。

**Extrusive Rock**（喷出岩）：熔化的物质（岩浆）从地表以下流出并凝固而形成的岩石。

# F

**Fault**（断层，断裂）：由于地应力或岩石圈板块运动而形成的岩石破裂。

**Fault Escarpment**（断层崖）：地球沿断层垂向运动而形成的陡坎。

**Fiord**（峡湾）：底部充满海水的冰川槽。

**Flexible Production**（柔性生产）：利用计算机信息技术和准时生产工艺来生产小批量定制产品的生产系统，属于后福特主义工业战略，与福特主义的纵向联营和大规模生产形成鲜明对比。

**Floodplain**（河漫滩）：毗邻河流且易被洪水淹没的山谷地区。

**Flow-Line Map**（流线图）：用来描绘不同地点之间线性运动的地图；定性或定量。

**Fold**（褶皱）：处于塑性状态时，岩石因压缩而形成的弯曲或褶皱形态。

**Folk Culture**（民俗文化）：在同宗同源、独立自主、自给自足及基本定居的社会群体中，所蕴含的相同类型的组织结构、风俗习惯、服装服饰、手工艺品、集体智慧及文化传统等。

**Food Chain**（食物链）：能量和物质在生态系统中运移的一系列生物体。

**Food Security**（粮食安全）：所有人都能获得足够数量的安全营养食品，满足积极健康生活方式所需条件。

**Footloose**（流动生产）：一种用于制造业活动的描述性术语，在确定生产地点时，原材料或产品的运输成本不重要。

**Fordism**（福特主义）：从流水线产品批量生产和标准化商品大规模消费中，所衍生出来的制造业经济及相关系统。为表彰亨利·福特的技术创新，以其名字进行命名。

**Foreign Direct Investment**（FDI，外商直接投资）：跨国公司收购或建造外国工厂及其他固定资产，或者收购或合并外国公司。

**Formal (Uniform) Region**（同质区域）：具有一种或多种共同特征的区域，可以作为区域综合和与相邻区域对比的基础。

**Form Utility**（形式效用）：原材料或商品的形式与效用的增值变化。

**Forward-Thrust Capital**（前推首府）：专门选址于边境地区的州首府。

**Fossil Fuel**（化石燃料）：由地球演化过程中，由腐烂有机质形成的燃料，包括煤炭、石油、天然气、油砂和油页岩。

**Fragmented State**（分散型国家）：部分领土孤立（分离及不连续）的国家。

**Frictional Effect**（摩擦效应）：在气候学中，风的运动会因地表的摩擦阻力而减慢。

**Friction of Distance**（距离摩擦）：距离延迟效应在空间互动方面的度量。一般来说，距离越远，"摩擦"越大，互动或交换就越少，实现交换的成本也越高。

**Front**（锋面）：不同温度及湿度的两个气团之间的分隔线或分隔区域。

**Frontal Precipitation**（锋面降水）：见 *Cyclonic (Frontal) Precipitation*。

**Frontier**（边疆）：一个国家的边界附近的区域，邻近另一个政治单元。

**Frontier Zone**（边境地带）：位于两个国家之间、定居区与无人区（或稀疏定居区）之间的地带。

**Fujita Scale**（藤田级数）：龙卷风强度的分类尺度。

**Functional (Nodal) Region**（功能区域，节点区域）：以内部性质而非自然或文化现象的同质性来区分的区域；根据相关组织标准，被认定为单一行为单元的地球区域。

# G

**Gated Community**（封闭式社区）：限制外人进入的居住区，通常用障碍物围起来，只有居民及其客人才能入内；在土地利用与设计方面，通常进行了全面规划。

**Gathering Industries**（采集业）：主要活动包括采集土地或水的可再生自然资源；商业采集通常意味着林业和渔业。

**Gender**（性别）：女性与男性之间的气质差异，主要体现在社会性而非生物学方面。

**Gender Empowerment Measure**（GEM，性别权力测度）：概括妇女在所属社会群体中的经济、政治和职业参与程度的统计；相对性别平等的衡量标准。

**Gene Flow**（基因流动）：通过杂交，将某个育种群体的特征基因转入另一个育种群体的基因库。

**Genetic Drift**（基因漂移）：指某遗传性状在某个群体中偶然出现，并通过近亲繁殖而得到强化。

**Gentrification**（移居开发）：中高收入群体对古老但已破旧的住房进行复建或改建，从而取代低收入人群。

**Geocaching**（地理藏宝）：利用 GPS 设备来追踪藏宝地点。

**Geodetic Control Data**（大地测量控制数据）：指定某个地点的水平与垂直位置信息。

**Geographic Database**（地理数据库）：制图学中的地理信息数字记录。

**Geographic Grid**（地理格网）：以直角相交的一组虚拟经纬度线条，形成定位地球表面点的参照系。

**Geographic Information System**（GIS，地理信息系统）：一种计算机软/硬件配置，用于采集、存储、操作、分析及显示地理参照信息。

**Geometric Boundary**（几何边界）：含义同 *Artificial Boundary*，没有明显自然地理基础的边界，通常采纳部分经线或纬线。

**Geomorphology**（地形地貌学）：研究地形地貌的起源、特征、演变及其过程的科学。

**Geothermal Energy**（地热能）：利用自然蒸汽或热水（与地壳中的加热岩石接触而形成）所生成的能量。

**Gerrymandering**（不公正改划选区）：将一个地区划分为若干投票区，以分化投票区，使某个政党在选举中获得不公平优势，或实现其他非民主目标。

**GIS**（地理信息系统）：见 *Geographic Information System*。

**Glacial Till**（冰碛物）：冰川消退后，遗留下来的岩石、淤泥和沙子等沉积物。

**Glacial Trough**（冰川槽）：由于冰川侵蚀而形成的深 U 形山谷或沟渠。

**Glacier**（冰川）：缓慢移动的巨量陆地冰。

*Globalization*（全球化）：全球各地之间的相互联系日益紧密，影响着世界经济、世界政治及世界文化的格局与进程。

*Global Positioning System*（GPS，全球定位系统）：利用卫星观测来确定精确位置信息的方法。

*Global Warming*（全球变暖）：有些人认为，人类活动增加了大气中的温室气体浓度，放大了温室效应，从而引发了地球表面温度升高。

*Globe Grid*（地球格网）：见 *Geographic Grid*。

*Globe Properties*（地球仪属性）：地球仪上的经纬度格网系统特征。

*GPS*（全球定位系统）：见 *Global Positioning System*。

*Gradational Processes*（渐变过程）：导致地表覆盖减少的风化、重力传导及侵蚀过程。

*Grade (of Coal)*（煤炭分级）：依据废料含量，对煤炭进行分类。

*Graphic Scale*（图形比例尺）：地图图例中包含的刻度线，利用地图距离来测量地面距离。

*Great Circle*（大圆）：地球表面与穿过地球中心的平面相交所形成的一个圆形。赤道是一个大圆，经线（子午线）是半个大圆。

*Greenhouse Effect*（温室效应）：地球表面的热量（如穿过大气层的短波太阳能），对大气来讲是透明的，但对再辐射长波地球能量则不透明。也指通过增加二氧化碳、一氧化氮、甲烷和氟氯烃的数量，增加大气层的不透明度。

*Greenhouse Gases*（温室气体）：通过人类活动，添加到大气中的热捕获气体，如二氧化碳、氟氯烃、甲烷气体和氧化亚氮。

*Green Revolution*（绿色革命）：粮食产量的大幅度增长，主要在亚热带地区，通过引进高产粮食作物（特别是小麦和水稻）来实现。

*Greenwich Mean Time*（GMT，格林尼治标准时间）：本初子午线（零度经线）的当地时间，经过英国格林尼治天文台。

*Gross National Income*（GNI，国民总收入）：见 *Gross National Product*（GNP）。

*Gross National Product*（GNP，国民生产总值）：一个国家每年生产的全部商品与服务的价值总和，也称国民总收入（GNI）。

*Groundwater*（地下水）：在地下水位以下的含水层中，积聚在岩石和土壤的孔隙及裂缝中的地下水。

*Gyre*（涡旋）：在海洋学中，一种非常大的螺旋状表面海流。

# H

*Half-Life*（半衰期）：在放射性元素中，半数原子核发生衰变所需要的时间

*Hazardous Waste*（危险废物）：对于废弃的固体、液体或气体材料，如果处置、储存或运输不当，可能会对人类健康或环境造成重大威胁。

*Herbicide*（除草剂）：能够杀死植物（尤其是杂草）的一种化学物质。见 *Biocide* 和 *Pesticide*。

*Hierarchical Diffusion*（等级扩散）：人与人之间的接触及由此产生的事物或思想的传播，首先发生在同一等级的人群之间，然后扩散至较低等级的人群。例如与大城市相比，中小城镇居民获取事物或思想的时间普遍较晚。

*Hierarchical Migration*（逐级迁移）：个体从小地方向大地方逐级迁移的倾向。

*Hierarchy of Central Places*（中心位置层次）：按规模及功能进行分类的阶梯式城市单元系列。

*High-level Waste*（高放废物）：可保持放射性数千年的核废料，主要来自核电和核武器。

*Hinterland*（腹地）：向中心地带提供原材料或农产品的边远地区；城镇或城市所服务的市场区域或地区。

*Homeostatic Plateau*（稳态台阶）：可用资源能够充分支撑的人口均衡水平，相当于承载力。

*Human Interaction*（人际互动，人际交往）：人与人之间的沟通和相互依赖。有时，"空间互动"一词用于更具体地识别互动位置。

*Humid Continental Climate*（大陆湿润性气候）：中纬度东海岸和大陆内部的一种气候，冬季寒冷，夏季炎热，全年温差极大，四季均有降水。

*Humid Subtropical Climate*（亚热带湿润气候）：中低纬度大陆东海岸的一种气候，夏季炎热，有对流降水，冬季凉爽，有气旋降水。

*Humus*（腐殖质）：土壤中的深棕色或黑色已分解有机物。

*Hunting-Gathering*（狩猎采集）：一种经济与社会制

度，主要或专门狩猎野生动物，并从野生植物中采集食物、纤维及其他物质。

*Hurricane*（飓风）：风速超过 120 千米/小时的大型热带气旋，发源于大西洋、加勒比海或墨西哥湾的热带地区。

*Hydrologic Cycle*（水循环）：通过蒸发、凝结和降水，水在生物圈中连续循环的系统。

*Hydropower*（水电）：发电厂将流水转化为电能，发电厂的涡轮机由流水驱动。

*Hydrosphere*（水圈）：地球表面或其附近，未被化学物质束缚在岩石中的所有水，包括海水、地表水、地下水和大气中的水。

# I

*Iconography*（符号学）：在政治地理学中，国家统一的符号研究。

*Ideological Subsystem*（意识形态子系统）：以文化为特征的思想、信仰、知识及其交流方式的复合体。

*Igneous Rock*（火成岩）：由冷却、凝固的岩浆所形成的岩石，凝固位置可能在地下或地表。

*Incinerator*（焚化炉）：用来焚烧废物的设施。

*Inclination*（倾角）：地轴偏离垂线的倾角为 23.5°。

*Industrial Revolution*（工业革命）：18 世纪末，当英国将纺织业引入工厂体系以，农业与制造业迅速发生了极大的经济及社会变化。

*Infant Mortality Rate*（婴儿死亡率）：对死亡率的改进，以确定每 1000 名活产 1 岁或以下婴儿的死亡率。

*Informal Economy*（非正规经济）：未经官方认可、政府监管或征税的经济活动。官方统计数据中没有记录，包括易货、无牌供应商和私下就业。

*Infrared*（红外线）：波长大于可见光的电磁辐射。

*Infrastructure*（基础设施）：支持工业、农业及其他经济发展所需的服务与设施的基本结构。

*Innovation*（创新）：新思想、新实践或新事物的引入，起源于社会群体自身的习俗或文化的改变。

*Insolation*（日照）：地球表面接收到的太阳辐射。

*Intensive Agriculture*（集约型农业）：为增加产量，在单位耕地上，投入大量资本和/或劳动力；商业经济或自给自足经济的一部分。

*Intensive Commercial Agriculture*（集约型商业农业）：商业经济中的集约型农业，农作物产量高，市场价值高。

*Intensive Subsistence Agriculture*（集约型自给自足农业）：自给自足经济中的集约型农业，付出大量劳动力，耕种小块土地。

*International Date Line*（国际日期变更线）：根据国际协议，地球上新的一天开始的地方，通常为 180°经线（子午线）。

*Intrusive Rock*（侵入岩）：岩浆形成的火成岩在地表下硬化，穿透或进入已有岩石之间。

*IPAT Equation*（IPAT 方程）：反映社会群体对环境影响的方程式，与人口数量、富裕程度和技术水平等问题密切相关。

*Irredentism*（民族统一主义）：某个国家非常希望能够获得（或重新获得）邻国的某块特定领土，该领土上居住着与该国存在历史或文化联系的大量人口。

*Isochrone*（等时线）：距离共同起点的行程时间等距各点的连接线。

*Isoline*（等值线）：连接等值点的地图线，如等值线或等压线。

*Isotropic Plain*（各向同性平原）：假定地球表面的一部分是无边界、均匀平坦的平原，人口、购买力、运输成本及可达性等分布均匀。

# J

*J-Curve*（J 形曲线）：形如字母 J 的曲线，表示指数增长或几何增长。

*Jet Stream*（急流）：高层大气中的一条蜿蜒强风带，引导着天气系统的运动。

*Just-In-Time (JIT) Manufacturing*（准时生产，JIT 生产）：依靠原材料和零部件的快速反应和快速交付，而不是维持大量仓库库存的制造系统。

# K

*Karst Topography*（喀斯特地貌）：以岩坑、洞穴和地下河为特征的石灰岩地区。

*Kerogen*（干酪根）：油页岩中的一种蜡状有机物质，可以通过蒸馏转化为原油。

*Kinetic Energy*（动能）：粒子或物体运动所产生的能量。

# L

**Land Breeze**（陆风）：夜间气压梯度将风从较冷的陆地表面吹向较热的海面，由此产生从陆地吹向海洋的气流。

**Landform Region**（地形地貌区）：地球表面的一大块区域，地貌类型之间具有很大的均匀性。

**Landlocked State**（内陆国家）：没有海岸线的国家。

**Landsat Satellite**（陆地卫星）：一系列连续轨道卫星，装载了扫描仪器，可以测量光谱中可见光与近红外部分的反射光。

**Landscape**（景观）：某个区域的外观及其构成元素，通常仅划分为地形、自然植被、土壤等自然景观和文化景观。

**Language**（语言）：一种有组织的语言系统，人们通过它互相交流，相互理解。

**Language Family**（语系，语言谱系）：共同起源于某种单一早期口语的一组语言。

**Lapse Rate**（递减率）：对流层温度随高度变化的速率，平均下降速率约为 6.4℃/1000 米。

**Large-Scale Map**（大比例尺地图）：表达小块土地的地图，比例尺通常为 1:75000 或更大。

**Latitude**（纬度）：赤道以北或以南的角距离，以 0（赤道）到 90（北极和南极）之间的度数测量。

**Lava**（熔岩）：出现在地球表面的熔融物质。

**Law of the Sea Convention**（海洋法公约）：联合国于 1982 年批准的海洋法，除其他规定外，还授权领海从海岸向外延伸 12 海里，并且拥有 200 海里宽的专属经济区，通常称为《联合国海洋法公约》。

**Leachate**（渗滤液）：从卫生填埋场排放到地表或地下（土地或水中）的受污染液体。

**Leaching**（浸出，过滤）：水穿过土层向下运动，去除上层土壤中的可溶性矿物质。

**Least-Cost Theory**（最低成本理论）：含义同 *Weberian Analysis*，认为制造企业的最佳位置，位于运输成本、劳动力成本及集聚或分散优势最为有利的地点。

**Levee**（堤防）：在农业中，洪水淹没区域周围的连续堤岸。见 *Natural Levee*。

**Lingua Franca**（通用语）：一种辅助语言，在讲多种语言的地区，用作人们的共同语言。

**Liquefied Natural Gas**（LNG，液化天然气）：为存储或运输而冷冻液化的甲烷气体。

**Lithosphere**（岩石圈）：地球的最外层，由地壳和上地幔组成。

**Loam**（壤土）：农业生产性土壤，含有大致等量的沙子、淤泥和黏土。

**Locational Tradition**（地域传统）：地理学的四大传统之一；在本书中，与经济地理学、城市地理学和环境地理学相结合。

**Loess**（黄土）：风吹淤泥沉积物。

**Longitude**（经度）：本初子午线（0°经线）以东或以西的角距离，以 0°～180°度进行测量。

**Long Lot**（长地）：农场或其他财产，由从河流或道路延伸回来的狭长地带组成。

**Longshore Current**（沿岸流）：大致与海岸平行的一种水流，输送形成海滩和沙坝的沙子。

**Low-Level Waste**（低放废物）：主要由工业和核电厂产生的危险物质，放射性会在 100 年内降至安全水平。

# M

**Magma**（岩浆）：地下熔融物质。

**Malnutrition**（营养不良）：食物摄入量不足或质量不高，无法在最佳健康条件下维持生命。

**Malthus**（马尔萨斯）：马尔萨斯（1776—1834 年），英国经济学家、人口统计学家及牧师。他认为除非通过自我调控、战争或自然灾害，人口增长速度将不可避免地快于所需粮食的供应速度。

**Mantle**（地幔）：地壳与地核之间的地球圈层。

**Map Projection**（地图投影）：将格网系统从地球曲面转移至地图平面的一种方法。

**Map Scale**（地图比例尺）：见 *Scale*。

**Marine West Coast Climate**（海洋西海岸气候）：大陆西海岸中高纬度地区的一种区域性气候，四季多雨，夏季相对凉爽，冬季相对温和。

**Market Economy**（市场经济）：见 *Commercial Economy*。

**Mass Movement**（块体运动）：重力引起的地球物质向下运移。

**Mass Wasting**（块体坡移）：见 *Mass Movement*。

**Material Culture**（物质文化）：特定文化群体成员生

产及使用的有形物品，反映其传统、生活方式和技术。

**Mathematical Location**（数学位置）：见 *Absolute Location*。

**Maximum sustainable yield**（最大可持续产量）：在不损害更新（或补充）能力的情况下，可再生资源的最大利用率。

**Mechanical Weathering**（机械风化）：土壤物质的物理破碎，通常由冻融作用、植物根系作用或盐分晶体发育而引起。

**Mediterranean Climate**（地中海气候）：中低纬度的一种气候，冬季温和湿润，夏季炎热、干燥、阳光明媚。

**Megalopolis**（大都市绵延区）：一个人口密集的城市综合体，拥有开放的非城市土地，通过分散大都市区域的延伸及融合而形成；美国东北海岸的连续功能性城市地区名称，从缅因州到弗吉尼亚州。

**Megawatt**（兆瓦）：功率单位，等于 100 万瓦特电能。

**Mental Map**（心理地图）：个人头脑中所承载的世界、国家、地区或其他区域的地图形象，包括对实际位置和空间关系的了解，并按照个人的感知与偏好进行着色。

**Mentifacts**（精神意志）：文化的核心、持久元素，表达价值与信仰，包括语言、宗教、民俗、艺术传统等；文化子系统中的思想元素。

**Mercator Projection**（墨卡托投影）：一种真正的等角圆柱投影，首次发布于 1569 年，可用于导航。

**Meridian**（经线，子午线）：经度的南北向线，长度均相等，并在两极会聚。

**Mesa**（平顶山）：巨大平顶高地，含水平地层、抗风化盖岩和陡峭边坡；较大的山峰。

**Metamorphic Rock**（变质岩）：在地球应力（加热、挤压或化学反应）的作用下，火成岩和沉积岩转化为一种新的岩石类型。

**Metes-and-Bounds Survey**（界址测量）：应用自然特征（树木、巨石、溪流等）来描述和定义个人资产边界的资产描述系统。

**Metropolitan area**（城市群，都市区）：功能性大型实体，可能包含几个城市化地区，非连续建成，但作为一体经济而整体运行。

**Migration**（迁移，移民）：个人或群体永久性（或相对永久性）迁移到通常比较遥远的新居住地。

**Migration Field**（迁移场）：向指定地点输送或接收主要移民流的区域。

**Mineral**（矿产）：一种天然无机物，具有一定的化学成分和特有的晶体结构、硬度和密度。

**Ministate**（小型国家）：不精确术语，指人口与面积都很小的国家或地区。据联合国认可的非正式定义，人口低于 100 万，国土面积不足 700 平方千米。

**Monoculture**（单作，单种栽培）：以单一作物为主的农业系统。

**Monotheism**（一神论）：相信只有一个上帝。

**Monsoon**（季风）：季节性逆风系统，形成干湿季节，南亚、东南亚和东亚地区最为常见。

**Moraine**（冰碛）：由冰川搬运及沉积的碎片形成的几种类型地貌。

**Mortality Rate**（死亡率）：见 *Death Rate*。

**Mountain Breeze**（山风）：从山坡到山谷的较低位置，强冷空气夜间向下流动。

**Multiple-Nuclei Model**（多核模型）：大城市的发展理念是向周边拓展，不是从一个中心商业区，而是从几个增长节点，每个节点都有专门用途。

**Multiplier Effect**（乘数效应）：基础部门的每个新工作岗位都会创造额外的非基础工作岗位，从而提高城市的总体就业率。

# N

**Nation**（民族）：文化层面的独特群体，居住在特定地区，具有共同的族裔、信仰及习俗。

**Nationalism**（民族主义）：认同感将全国人民凝聚在一起；对特定民族利益的奉献；对国家的认同，对民族目标的接受。

**Nation-State**（单一民族国家）：国家领土与某一特定民族所占领土相同。

**Natural Boundary**（自然边界）：含义同 *Physical Boundary*，基于可识别的地形要素（如山脉、河流或沙漠）而划定的边界线。

**Natural Gas**（天然气）：碳氢化合物和少量非碳氢化合物的混合物，以气态或液态形式存在于天然储层的原油中。

**Natural Increase**（自然增长）：由于出生人口超过死

亡人口而实现的人口增长，不包括移民或移居所产生的影响。

***Natural Landscape***（自然景观）：不受人类活动影响的自然环境。人类对地球表面的持续及几乎完全的占领，确保了如此定义的"自然景观"几乎（或根本）没有保持完整。与"文化景观"相反。

***Natural Levee***（天然堤）：蜿蜒河流两侧的堤岸，洪水期间由淤泥沉积而成。

***Natural Resource***（自然资源）：对人类生存和幸福有用且必要的天然物质。

***Natural Selection***（自然选择，适者生存）：个体或群体的生存和繁衍成功的过程，最能适应环境才能使其遗传特性得以延续。

***Natural Vegetation***（天然植被）：在不受人类干扰的情况下，某地区将会存在的植物生命。

***Neo-Malthusianism***（新马尔萨斯主义）：倡导人口控制计划，维护及改善国家总体繁荣与幸福。

***Neritic Zone***（浅海地区）：位于大陆架上方相对较浅的海域。

***Net Migration***（净迁移）：某个地区的迁入人口与迁出人口数量之差。

***New International Division of Labor***（NIDL，新国际分工）：生产力的空间布局，在发达国家转向服务业的同时，工资较低的发展中国家更多地捕获了世界制造业活动。新国际分工与跨国公司的崛起有关，并通过逐步改进的全球运输及通信技术而实现。

***Niche***（生态位，生境）：生物或物种在生态系统中所占据的位置。

***Nodal Region***（节点区域）：见 *Functional Region*。

***Nomadic Herding***（游牧民族）：仅依靠天然饲料来饲养牲畜的受控迁徙。

***Nonbasic Sector***（非基础部门）：为居民提供商品及服务的城市单位经济活动。

***Nonecumene***（非宜居地）：含义同 *Anecumene*，地球表面无人居住或只是暂时（或间歇性）居住的部分。见 *Ecumene*。

***Nonfuel Mineral Resource***（非燃料矿产资源）：提供除能源以外其他用途的矿产。

***NonGovernmental Organization***（NGO，非政府组织）：游离于政府和主要商业机构之外的一群人，为特定目标进行鼓吹或游说。

***Nonmaterial Culture***（非物质文化）：某个文化群体的口头传统、歌曲、故事、信仰和习惯行为。

***Nonpoint Source of Pollution***（非点源污染）：来自广泛区域（而非离散源）的污染，如施用化肥或杀虫剂。

***Nonrenewable Resource***（不可再生资源）：无法通过自然过程进行补充或替代的自然资源，或利用率超过替代率的自然资源。

***North and South Poles***（北极和南极）：地球绕其旋转的轴的端点。

***North Atlantic Drift***（北大西洋暖流）：从加勒比海和墨西哥湾开始，朝向东北的不列颠群岛和斯堪的纳维亚半岛，大西洋中的温暖海水发生大规模流动。

***Not In My BackYard***（NIMBY，邻避效应）：本地居民的抗议活动，旨在阻止垃圾焚化炉等不必要的土地利用选址，担心拟议中的新设施会损害当地环境质量，或降低财产价值。

***Nuclear Fission***（核裂变）：原子受控分裂，以释放能量。

***Nuclear Fusion***（核聚变）：把两个氘原子结合成一个氦原子，以释放能量。

***Nuclear Power***（核电）：发电厂产生的电能，涡轮机由反应堆中核燃料裂变产生的蒸汽驱动。

***Nutrient***（营养物质，养分）：生物体正常生长和发育所需的矿物质或其他元素。

# O

***Offshoring***（离岸外包，国际外包）：将商业过程与服务转移至成本较低的国外某地，特别是白领技术、专业服务和文书服务。

***Oil Sands***（油砂）：浸有重油的沙子和砂岩。

***Oil Shale***（油页岩）：含有固态有机质（干酪根）的沉积岩，可通过蒸馏提取并转化为原油。

***Ore***（矿石）：可以从中获利的矿藏。

***Organic***（有机的，绿色的）：源于有机生物体；动植物。

***Organization of Petroleum Exporting Countries***（OPEC，石油输出国组织）：由 11 个国家组成的国际企业联盟，旨在推行共同的石油营销及定价政策。

***Orographic Precipitation***（地形降水）：当温暖潮湿

的空气被迫从山丘或山间上升并由此冷却时，所产生的雨或雪。

***Orthophotomap***（正射影像）：一种彩色、无变形的航空照片影像，添加了某些补充信息。

***Outsourcing***（外包，国内外包）：（1）在境外生产零部件或产品，供国内使用或销售；（2）将生产或服务外包给他人，不在境内进行。

***Outwash Plain***（冰川沉积平原）：冰川前的缓坡区，由整齐分层的冰川组成，直至由融化的水流冲出冰川。

***Overburden***（覆盖层）：覆盖在具有经济价值的矿床（如煤炭）上面，几乎没有价值的土壤和岩石。

***Overpopulation***（人口过剩）：某个地区的资源不足以维持其现有人口数量的价值判断。

***Oxbow Lake***（牛轭湖）：新月形的湖泊，包含在废弃的河曲之中。

***Ozone***（臭氧）：由 3 个氧原子（$O_3$）构成的一种气体分子，当双原子氧（$O_2$）暴露在紫外线辐射下时形成。在低层大气中，构成光化学烟雾的破坏性成分；在高层大气中，形成比较连续的薄层，能够阻挡紫外线。

***Ozone Layer***（臭氧层）：位于高层大气中，吸收太阳发出的紫外线辐射，保护地球上的生命。

# P

***Parallel of Latitude***（纬度平行线，纬圈）：指赤道以北或以南、间隔一定距离的东西向纬线。

***PCBs***（多氯联苯）：含有氯的化合物，在食物链中，可以被生物放大。

***Peak Value Intersection***（峰值交点）：在中央商务区和整个城市化地区，最易到达、最为昂贵的地块。

***Perceptual (Vernacular, Popular) Region***（感知区域，传统区域，热门区域）：居民或普通民众认为存在的区域。作为大众文化或民间文化的一种元素，在普通人的心理地图中成为事实。

***Perforated State***（穿孔国家）：领土被完全包含在其边界内的独立国家所"穿孔"的国家。

***Peripheral Model***（边缘模型，外围模型）：描述城市外围地带土地利用状况的一种模型，节点是就业或服务中心，开发区居民主要生活在城市外围。

***Permafrost***（永久冻土）：永久冻结的底土。

***Perpetual Resource***（永续资源）：来自取之不尽的资源，如太阳、风和潮汐。

***Pesticide***（杀虫剂）：杀死昆虫、啮齿动物、真菌、杂草及其他害虫的化学物质。见 *Biocide* 和 *Herbicide*。

***Peters Projection***（彼得斯投影）：阿诺·彼得斯提出的一种等面积圆柱投影，旨在保持发展中国家彼此之间的正确比例。

***Petroleum***（石油）：各种形式的石油和石油产品，如原油和粗加工石油。

***pH factor***（pH 值）：测量土壤或水的酸碱度，数值范围为 0～14，碱度随数值增大而升高。

***Photochemical Smog***（光化学烟雾）：在太阳光下，碳氢化合物和氮氧化物相互作用而形成的一种空气污染。

***Photovoltaic (PV) Cell***（光伏电池）：把太阳能直接转换成电能的装置。见 *Solar Power*。

***Physical Boundary***（物理边界）：见 *Natural Boundary*。

***Physiological Density***（生理密度）：单位面积农业用地的人口数量。见 *Population Density*。

***Pidgin***（混杂语）：一种辅助性语言，通过减少词汇量和简化结构，从其他语言中派生出来。它并非一种母语，而是为有限贸易或行政管理提供一种相互理解的工具。

***Pixel***（像素，像元）：数字图像中的极小感应单元。

***Place Utility***（区位效用）：（1）某地在社会、经济或环境属性上的感知吸引力；（2）为提供特定市场所需物品，第三方活动赋予商品或服务的价值。

***Planar (Azimuthal) Projection***（平面投影，方位投影）：基于地球格网，投射到作为假定可展曲面的平面上的地图投影。

***Planned Economy***（计划经济）：商品与服务的生产系统，通常由政府机构消费或分配，数量与价格由政府计划确定。

***Plantation***（种植园）：大型农业控股公司，通常为外商投资，专门生产单一出口作物。

***Plate Tectonics***（板块构造）：地壳由岩石圈板块构成的理论，这些板块承载着大陆和海底，缓慢漂浮在塑性上地幔上方，彼此之间相互碰撞及摩擦。

***Playa***（干盐湖）：沙漠环境中的临时湖泊或湖床。

***Pleistocene***（更新世）：距今 200 万年前～1 万年前的

地质时期，曾经发生过四个阶段的大陆冰川作用。

**Point Source of Pollution**（点源污染）：来自离散源（如烟囱或管道）的污染。

**Political Geography**（政治地理学）：在人文地理学中，关于政治现象空间分析的分支学科。

**Pollution**（污染）：由于物质的数量、化学性质或温度等原因，生物圈中存在对生态系统具有负面影响的物质，或不能通过自然循环过程轻易处理的物质。

**PolyChlorinated Biphenyls**（多氯联苯）：见 *PCB*。

**Polytheism**（多神论）：对许多神的信仰或崇拜。

**Popular Culture**（流行文化）：通过物质元素（获取自大规模生产）和非物质元素（获取自大众媒体）不断变化的混合，成为一个城市化、异质化的非传统社会群体。

**Popular Region**（热门区域）：见 *Perceptual Region*。

**Population Density**（人口密度）：在预先确定的范围（通常为政治或人口普查范围）内，单位土地面积上的人口数量。见 *Physiological Density*。

**Population Geography**（人口地理学）：人类地理学的一个分支，研究与地球空间条件变化相关的人类的数量、构成和分布。

**Population Momentum**（人口趋势）：含义同 *Demographic momentum*，尽管有严格的计划生育，但由于育龄期人口相对集中，人口增长趋势仍在继续。

**Population Projection**（人口预测）：基于当前数据，假设未来人口的规模、年龄及性别构成。

**Population Pyramid**（人口金字塔）：人口（通常为全国性）的年龄及性别构成的图形描述。

**Possibilism**（或然论）：自然环境为人类提供了一系列机会的哲学观点，人们可以根据自己的文化需要和技术掌握程度，从中（一定范围内）做出选择。

**Potential Energy**（势能）：存储在粒子或物体中的能量。

**Potentially Renewable Resource**（潜在可再生资源）：一种资源，如果不超过其自然更新率，就可以无限期地持续下去，如森林、地下水和土壤。

**Precipitation**（降水）：从大气中落到地表的所有水分（固态或液态）。

**Pressure Gradient Force**（气压梯度力）：诱发空气从高压区流向低压区的区域之间的气压差。

**Primary Activity**（初级产业活动）：使自然资源可供利用或进一步加工的经济部分，包括采矿业、农业、林业、渔业、狩猎及牧业等。

**Primary Air Pollutant**（一次大气污染物）：直接排放到大气中的物质（如尘埃颗粒或二氧化硫），数量足以对人类健康或环境造成不利影响。

**Primate City**（首位城市）：一个国家的主要城市，比任何其他城市都大得多，功能也更为复杂，通常是首都、财富中心和权力中心。

**Prime Meridian**（本初子午线，0°经线）：经过英国格林尼治皇家天文台的一条假想线，按协议用作零度经线。

**Projection**（预测）：基于当前趋势，推断未来状况。见 *Map Projection*。

**Prorupt State**（长紧致国家）：基本上紧凑的国家，存在一个或多个狭窄的扩展领土。

**Proto-Language**（原始语言，母语）：假定、重建或记录下来的现代语言或方言（一种或多种）的祖先语言。

**Proved (Usable) Reserves**（可采储量，可用储量）：已查明储量的部分自然资源，可利用现有技术开采并获利。

**Psychological Distance**（心理距离）：个体感知距离的方式。

**Pull Factor**（拉力因素）：迁移目的地具有足够吸引力，吸引来自其他地区的移民。

**Purchasing Power Parity**（PPP，购买力平价）：评估每个国家货币实际购买力的货币计量。

**Push Factor**（推力因素）：原居住地状况不佳，导致居民不满并被迫迁移。

# Q

**Quaternary Activity**（第四活动）：与研究、收集、信息传播及行政管理（包括其他经济活动层面的行政管理）相关的就业。

**Quinary Activity**（第五活动）：在所有类型的大型机构中，对于涉及最高级别决策的第三活动管理职能，存在一个有时被单独认可的部分，也被认为是第四活动的最高级形式。

# R

*Race*（人种）：人类群体的子集，成员具有某些独特、可遗传的生物学特征。

*Radioactive Waste*（放射性废物）：含有放射性同位素的固体、液体或气体废物，半衰期可在 1 秒至数百万年之间；通常根据物质中放射性的数量和类型，划分为低放或高放。

*Rank (of Coal)*（煤炭等级）：根据成煤期及所蕴含的能量，对煤炭进行分类，等级较高，煤越成熟，能量越多。

*Rank-Size Rule*（位序–规模法则）：某些国家城市规模的分布规律。在"位序–规模"体系中，任何给定城镇的人口数量与其位序成反比，即规模排名第 *n* 位的城市人口数量是规模最大城市人口数量的 1/*n*。

*Rate*（比率）：事件在指定时间段内发生的频率。

*Rate of natural increase*（自然增长率）：出生率减去死亡率，即不考虑净移民情况下的人口年增长率。

*Recycling*（回收利用，循环利用）：经过某种形式的处理，再利用处理后的材料，如将玻璃瓶熔化以后，重新制造成新瓶子。

*Redistricting*（选区重划）：根据不断变化的人口格局或法律要求，绘制新的选区边界线。

*Reflection*（反射）：地球接收的部分太阳光返回至外层空间的过程。

*Region*（地区，区域）：在地理学中，地球上的一个区域，显示出一组独特的自然或文化现象，或者作为单一组织单元的功能组合。

*Regional Autonomy*（区域自治）：国家某个地方分支机构的自治措施。

*Regional Concept*（区域观念）：一种观点，认为地球表面的自然现象与文化现象虽然复杂，但仍为可理解空间过程的合理安排。

*Regionalism*（地方主义）：在政治地理学中，部分少数民族只认同某个国家的某一特定地区，并不认同整个国家。

*Relative Direction*（相对方向）：含义同 *Relational Direction*，基于文化的位置参照，如遥远的西部、古老的南部或中东。

*Relative Distance*（相对距离）：将绝对距离转换为时间或货币成本等相对指标。这种测量方法对人类空间行为的解释不同于单纯的线性距离，地点之间的距离恒定不变，但随着交通或通信技术的进步，或人们对空间的不同心理感知，相对距离可能会发生改变。

*Relative Humidity*（相对湿度）：空气含水量的一种量度，表示为当前温度下存在的相对最大值的水蒸气量。

*Relative Location*（相对位置）：与其他地点（或活动）有关的地点（或活动）的位置。

*Relic Boundary*（遗留边界）：仍然清晰可辨的早前边界线，标识为一种文化景观特征。

*Religion*（宗教）：一种价值体系，包括对上帝和神灵的正式（或非正式）的崇拜与信仰。

*Relocation Diffusion*（迁移扩散）：通过迁移具有相关特征的人群，将某些思想、行为或物品从一个地方转移至另一个地方；同时，当转移至新地点时，有些现象会从空间上远离发源地。

*Remote Sensing*（遥感）：在没有传感器直接物理接触的情况下，获取某一区域图像的技术，如通过航空摄影或卫星传感器。

*Renewable Resource*（可再生资源）：一种自然产生的材料，由于连续流动（如太阳辐射或风）或可短时更新（如生物量），因此可能取之不尽。见 *Sustained Yield*。

*Replacement Level*（更替水平）：每个家庭的孩子数量刚好足以保持总人口不变。根据死亡率情况，更替水平通常计算为 2.1～2.5 名儿童。

*Representative Fraction*（RF，数字比例尺）：地图的比例尺，表示为地图距离单位与以相同单位测量的地面距离的比率（如 1:250000）。

*Reradiation*（再辐射）：地球将太阳能返回至太空的过程；一些被吸收到陆地和水中的短波太阳能，以长波地面辐射形式返回到大气中。

*Resource*（资源）：见 *Natural Resource*。

*Return Migration (Countermigration)*（回归迁移，逆向迁移）：移民返回先前迁出的地区。

*Rhumb Line*（等角航线，恒向线）：一条固定的罗盘方位线，以相同角度切开所有经线（子午线）。

*Richter Scale*（里氏震级）：用来表示地震震级的对数尺度。

# S

**Sahel**（萨赫勒）：撒哈拉沙漠与西非南部草原区之间的半干旱地带，属于反复出现的干旱、饥荒及环境退化地区。

**Salinization**（盐碱化）：由于地表水蒸发，表层土壤中的盐富集；通常由于灌溉不当，出现在干燥气候下排水不良的土壤中。

**Sandbar**（沙坝）：由波浪的反冲作用形成的离岸沙浅滩。

**Sanitary Landfill**（卫生填埋场）：为控制气味、老鼠和苍蝇，把固体废物铺成覆盖有足够土壤或灰烬的废物层。

**Savanna**（稀树草原）：一种热带草原，树木广泛分布，每年有明显的干湿季节。

**Scale**（尺度，比例尺）：在制图学中，地图上某一区域的长度或大小，与地球表面上该区域的实际长度或大小之比；地图比例尺可以用文字、图形或数字表示；一般来说，尺度是指研究区域的大小，从局部到全局。

**S-Curve**（S 形曲线）：指数 J 形曲线的水平弯曲或整平。

**Sea Breeze**（海风）：白天气压梯度将风从较冷的海面吹向较热的陆地表面，由此产生从海洋吹向陆地的气流。

**Secondary Activity**（第二产业活动）：经济的一部分，涉及从初级产业活动中获取的原材料的加工，包括制造、建筑及电力等行业。

**Sector Model**（扇形模型）：城市土地利用描述，沿着主要交通干线，从中央商务区向外辐射的楔形区域。对某些部门来讲，放射状通路具有特殊用途。

**Secularism**（现世主义，世俗主义）：对宗教及其信仰的漠视或排斥。

**Sedimentary Rock**（沉积岩）：由砾石、沙子、淤泥和黏土颗粒堆积而成的岩石，这些物质从已有岩石中被侵蚀出来并分层沉积。

**Seismic Waves**（地震波）：地震引起的地球内部振动。

**Self-Determination**（自决权）：各个民族有权治理自己的国家或领土，即自治权。

**Shaded Relief**（晕渲地形）：通过连续渐变色调，模拟阳光与阴影外观，展现某个区域的三维质量。

**Shale Oil**（页岩油）：油页岩中干酪根蒸馏产生的原油。

**Shamanism**（萨满教）：一种部落宗教形式，认为神灵、先祖灵魂和恶魔都隐藏在另一个世界中，只与萨满或代祷牧师进行交流。

**Shifting Cultivation**（迁徙耕作）：含义同 *Slash-and-Burn Agriculture* 和 *Swidden Agriculture*，森林空地将持续种植农作物，直到产出能力快速下降并消失，然后清空并废弃旧地块，重新开辟新场地。

**Sinkhole**（落水洞）：地面塌陷成地下洞穴时形成的表面深凹陷。

**Site**（场地，位置，地点）：某物所在的地方；周围环境及其属性。

**Situation**（场所，地理环境）：与较大区域的自然特征和人类特征相关的事物的位置。

**Slash-and-Burn Agriculture**（刀耕火种农业）：见 *Shifting Cultivation*。

**Small Circle**（小圆）：球面与不通过其中心的平面相交而形成的线。

**Small-Scale Map**（小比例尺地图）：大面积区域的一种表示法，较小要素（如高速公路和建筑物）不能按比例显示。

**Sociofacts**（社会事实）：个体与具有相同文化群体（包括家庭、政治机构、教育机构和宗教机构）之间的隶属关系及联系；文化的社会子系统的组成部分。

**Sociological Subsystem**（社会子系统）：人们期待与接受的人际关系格局的总和，为某种文化或亚文化所共有。

**Soil**（土壤）：存在于地球表面的松散物质的复杂混合物，包括矿物质、有机物、无机物、生物、空气和水等，能够维持植物的生命。

**Soil Depletion**（土壤贫化）：土壤中部分或全部重要营养物质的流失。

**Soil Erosion**（土壤侵蚀）：通过移动的水、风或冰等介质，从暴露表面磨蚀及去除土壤颗粒。

**Soil Horizon**（土层）：土壤形成过程中产生的土壤层，颜色、质地及其他特征不同于其他土壤带。

**Soil Order**（土壤等级）：成分、层位、风化及淋滤过程大致相似的一组土壤。

**Soil Profile**（土壤剖面）：土层的垂向横截面。

**Soil Properties**（土壤性质）：区别土壤类型的特征，包括有机物、无机物、质地、结构和营养物质等。

**Solar Energy**（太阳能）：太阳辐射，主要在地球表面转化为热能，其次在大气中。

**Solar Power**（太阳能发电）：太阳产生的辐射能，被人类捕获并直接转化利用。见 *Photovoltaic Cell*。

**Solid Waste**（固体废物）：生产或消费过程中形成的不必要固体（并非液体或气体）物质。

**Source Region**（源区）：在气候学中，形成气团的均匀表面和相对一致温度的较大区域。

**Southern Oscillation**（南方涛动）：澳大利亚附近周期性发生的大气状况，形成南美洲海岸的厄尔尼诺现象。

**Spatial Diffusion**（空间扩散）：物质、概念、实践或群体从起源地开始，向外传播到其他地区。

**Spatial Distribution**（空间分布）：地球表面物体的排列。

**Spatial Interaction**（空间互动）：不同地点之间的运动（如人、货物及信息）；区域之间相互依存的标识。

**Spatial Margin of Profitability**（空间利润率）：界定某个公司的可盈利区域的点集合。

**Special-Purpose Map**（特殊用途地图）：见 *Thematic Map*。

**Spring Wheat**（春小麦）：春季播种的小麦，夏季或秋季成熟。

**Stage in Life**（生命阶段，生命周期）：特定年龄组的成员。

**Standard Language**（标准语言）：在拼写、语法、发音和词汇等方面，基本保持一致的一种语言，表示公认的共同语言规范。

**Standard Parallel**（标准纬圈）：圆锥投影中的切线圆，通常与纬线平行；沿着标准线，刻度数标在地图上。

**State**（国家）：含义同 *Country*，一种独立的政治单元，永久性占据人口稠密的固定领土，并对其内政与外交事务拥有完全自主控制权。

**Step Migration**（逐步迁移）：从农场向村庄、小城镇及城市逐级迁移，可能为长距离迁移。

**Steppe**（干草原）：没有树木的中纬度草地。

**Stratosphere**（平流层）：位于对流层上方的大气层，向外延伸至约 56 千米。

**Stream Load**（水流荷载）：依据颗粒的不同大小与成分，水流以三种方式携带被侵蚀的物质：（1）溶解；（2）悬浮；（3）沿河床滚动。

**Subduction**（俯冲）：在岩石圈中，某一板块与另一板块发生碰撞，被迫向下冲，直至被挤入软流圈。

**Subnationalism**（亚民族主义）：认为个人应当主要忠诚于传统群体或民族（而非国家）的思想。

**Subsequent Boundary**（后继边界）：相关区域确定后建立的边界线，考虑了边界区域的文化特征。

**Subsidence**（地面沉降）：由于从地下沉积物中提取液体（如油或水）等原因，造成地表部分的沉降或下沉。

**Subsistence Agriculture**（自给自足农业）：农业经济的一种，大部分农作物都是为粮食而种植的，几乎只供本地消费。

**Subsistence Economy**（自给自足经济）：为生产商或其直系亲属创造商品与服务的体系，市场交易量有限，重要性不大。

**Substitution Principle**（替代原则）：在工业中，为了获得最佳的工厂位置及利润，用一种生产要素代替另一种生产要素。

**Suburb**（郊区）：位于中心城市边界以外的大型城市综合体的专业功能性区域。

**Succession**（接续，继承）：一种自然过程，有序的植物物种序列将占据新建立的地形，或者最近改变的景观。

**Superimposed Boundary**（叠加边界）：一种边界线，位于已有文化模式之上，但忽略这种模式。

**Supranationalism**（超国家主义）：顾及多个国家的利益，为保护共同利益和实现共同目标，建立国家联盟。

**Surface Water**（地表水）：地球表面的水，如河流、溪流、水库、湖泊和池塘中的水。

**Sustainable Development**（可持续发展）：经济发展和资源利用不仅满足当前需要，而且不危及子孙后代的需求。

**Sustained Yield**（可持续生产）：平衡收割与新库存增长的做法，避免资源消耗，确保永久供应。

**Swidden Agriculture**（火耕农业）：见 *Shifting Cultivation*。

**Syncretism**（融合）：通过融合独特的父辈元素，发展出一种新的形式，如宗教或音乐。

**Syntax**（语法）：单词在短语和句子中的组合方式。

**Systems Analysis**（系统分析）：研究大型系统的一种方法，（1）将整个系统划分为不同组成部分；（2）研究系统元素之间的交互；（3）研究系统内部的输入、输出、数据流、交互和边界。

# T

**Talus Slope**（岩屑坡）：岩石颗粒堆积在悬崖、山丘或山脉的底部所构成的地貌。

**Technological Subsystem**（技术子系统）：物质对象及生产活动所用技术的复合体。

**Technology**（技术）：在文化中发展起来的知识与技能的综合系统，可以成功地执行目标明确且富有成效的任务。

**Tectonic Forces**（构造应力）：地壳的形成与重塑过程，主要包括两种类型：地壳运动和火山作用。

**Temperature Inversion**（温度逆增）：由快速再辐射形成的一种状态，低空比高空温度低。

**Territoriality**（领地）：大多数动物对某一特定区域的持续依附；与保卫家园有关的行为。

**Territorial Production Complex**（地域生产综合体）：在苏联的经济规划中，对大型区域性工业、矿业和农业发展的一种制度设计，主要目标是实现本区域范围内的自给自足需求，并为更大的国家市场制造专门产品。

**Terrorism**（恐怖主义）：对平民及其他象征性目标采用暴力手段，目的是宣扬或减少人们对领导人、政府、政策或生活方式的支持，暴力行为实施者对此充满敌意。

**Tertiary Activity**（第三产业活动）：履行交换职能并提供商品市场可用性的经济部分，包括批发和零售贸易，或与运输、政府及信息服务等相关。

**Thematic Map**（专题地图）：含义同 *Special-Purpose Map*，显示特定空间分布或数据类别的地图。

**Thermal Pollution**（热污染）：将热水引入环境，对水生生物造成不利影响。

**Third World**（第三世界）：最初（20 世纪 50 年代）指未承诺加入"第一世界"西方资本主义集团或东方"第二世界"社会主义集团的国家；随后，指尚未完全发展或不发达（经济与社会）的国家。

**Threatened Species**（濒危物种）：数量明显减少并濒临灭绝的物种；濒临灭绝或易受攻击的物种。

**Threshold**（门槛，阈值）：在经济地理学中，支持产品或服务供应所需的最小市场。

**Topographic Map**（地形图）：描绘地形形状和高程的地图，通常非常详细。

**Toponym**（地名）：地点的名称。

**Toponymy**（地名学）：研究地名的科学。

**Tornado**（龙卷风）：一种小而猛烈的风暴，特征是在靠近冷锋的积雨云下形成一个漏斗状的旋风云，速度高达 480 千米/小时。

**Total Fertility Rate**（TFR，总生育率）：对于育龄期内的每名妇女来讲，如果按当年该年龄段妇女的生育率来生育子女，那么每名妇女将生育孩子的平均数量。

**Town**（城镇）：包含中央商务区的有核聚落（定居点），但比城市小，功能不太复杂。

**Township and Range System**（镇区与范围系统）：一种矩形测量系统，基本面积单位为镇区和范围；将镇区确定为特定基线的北部或南部，以及特定主经线（子午线）的东部或西部。每个镇区可划分为 1 英里见方的若干正方形"镇段"。

**Traditional Religion**（传统宗教）：见 *Tribal Religion*。

**Tragedy of the Commons**（公地悲剧）：当资源可供所有人使用时，在没有集体控制的情况下，每个人都认为自己应该最大限度地利用这种资源来获得最佳服务，意味着资源将会最终耗竭。

**Transboundary River Basin**（跨界流域）：河流从两个或以上国家流过的区域，这类区域需要在水资源管理方面开展国际合作。

**Transform Fault**（转换断层）：岩石圈板块水平滑过另一板块时所形成的岩石破裂。

**Transition Economies**（转型经济）：社会主义国家的经济正从中央计划转向自由市场交换。

**Transnational Corporation**（TNC，跨国公司）：在至少两个独立国家经济体中运作的大型商业机构。

**Tribal Religion**（部落宗教）：含义同 *Traditional Religion*，属于民族宗教类型，通常局限于未实现工业化的小型本地文化群体。

**Tropical Rain Forest**（热带雨林）：由高冠、常绿的落叶树种组成的树木，与持续湿润的热带低洼地有关。

**Tropical Rain Forest Climate**（热带雨林气候）：热带和赤道低地的持续温暖无霜气候，全年水量丰沛。

**Troposphere**（对流层）：距离地球最近的大气层，从两极向外延伸 11～13 千米，从赤道向外延伸约 26 千米。

**Truck Farming**（卡车耕作）：为市场集约生产水果和蔬菜，而不是为了加工或罐装。

**Tsunami**（海啸）：发生地震、火山爆发或水下滑坡时，海床突然移动，海水颠簸震荡，形成一种巨大的海浪。

**Tundra**（苔原）：北极树木生长线与永久冰盖区之间的无树地带。

**Typhoon**（台风）：发生在西太平洋地区的飓风。

# U

**Ubiquitous Industry**（普及型工业）：一种以市场为导向的产业，产业布局与人口（市场）的分布成正比。

**Underpopulation**（人口不足）：一种价值陈述，认为与资源和人口支撑能力相比，某个地区的人口数量太少。

**Unitary State**（单一制国家）：中央政府占据主导地位，负责确定地方或区域的自治程度，以及地方政府的责任与权限；文化冲突较少、人民具有强烈民族认同感的国家。

**Universalizing religion**（普世宗教）：声称适用于全人类的宗教，主张向全世界传播其信仰。

**Urban Hierarchy**（城市等级体系）：按规模和功能划分等级的阶梯式城市系列，如小村庄、村庄、城镇、城市及大都市。

**Urban Influence Zone**（城市影响区）：城市以外仍受城市影响的地区。

**Urbanization**（城市化）：人口由农村向城市的转变；城市的形成与扩张过程。

**Urbanized Area**（城区，城市化区域）：由建筑物和人口密度定义的连续城市景观，不涉及城市的政治边界，可能包含一个中心城市和许多相邻的城镇、城市、郊区和非法人区。

**Usable Reserves**（可用储量）：见 *Proved Reserves*。

# V

**Valley Breeze**（山谷风）：日间由山谷向山坡运动的上坡风。

**Value-by-Area Map**（面积数值图）：见 *Area Cartogram*。

**Variable Costs**（可变成本）：在经济地理学中，生产成本随着生产水平的变化而变化。农业或工业企业通常成本固定，不会随着生产量的变化而变化。

**Verbal Scale**（文字比例尺）：描述地图测量单位与地面距离之间的关系，如"1 英寸代表 1 千米"。

**Vernacular**（方言，白话）：（1）某个地区的非标准土著语言（或方言）；（2）与土著艺术或建筑物（如传统民居）有关；（3）与普通公众的感知与理解有关，如白话区。

**Vernacular Region**（传统区域，方言区域，白话区域）：见 *Perceptual Region*。

**Volcanism**（火山作用）：将地下物质（通常较热，有时熔化）输送到（或输送向）地表的地球应力。

**Von Thünen Model**（杜能模型）：约翰·海因里希·冯·杜能（1783—1850 年）开发的模型，解释了控制农产品价格的力量，以及这些可变价格如何影响农业土地利用模式。

**Von Thünen Rings**（杜能环）：杜能模型提出的围绕单一市场中心的农业用地同心分区模式。

**Vulnerable Species**（易危物种）：数量正在减少，可能面临威胁或危险的物种。

# W

**Warping**（挠曲）：由于大陆板块的运动或大陆冰川的融化，使地球表面发生大面积弯曲。

**Wash**（旱谷）：沙漠中的一条干涸辫状河道，雨水冲刷后依然存在。

**Water Table**（地下水位）：饱和带的上限，因此也是地下水的上限；含水层中的水的顶部。

**Weather**（天气）：给定时间与地点的大气状态。

*Weathering*（风化）：破碎及分解岩石的物理过程和化学过程。

*Weberian Analysis*（韦伯分析法）：见 *Least-Cost Theory*。

*Weber Model*（韦伯模型）：韦伯（1868—1958 年）设计的分析模型，解释了工业设施的最佳位置原则。

*Wetland*（湿地）：内陆或沿海的植被覆盖区，偶尔（或永久）被死水覆盖（或被水分浸透）。

*Wind Farm*（风电场）：用于商业发电的一组风力涡轮机。

*Wind Power*（风力发电）：风力涡轮机将风能转化为机械能，然后驱动发电机发电。

*Winter Wheat*（冬小麦）：秋季种植小麦，夏初收割。

*World City*（世界级城市）：少数相互关联的国际主导中心（如纽约、伦敦及东京），共同控制着全球的金融与商业体系。

# Z

*Zero Population Growth*（ZPG，人口零增长）：在出生、死亡和移民等因素的综合作用下，人口数量在一年之中未增长。

*Zoning*（区划）：根据相关条例规定，在某个城市中，为特定类型的土地利用划定区域。